Ferdinand Brunner · Der unverstandene Hund

Dr. med. vet. Ferdinand Brunner

Der unverstandene Hund

4., neubearbeitete und erweiterte Auflage

30 Farbfotos
55 Schwarz-Weiß-Fotos

NEUMANN - NEUDAMM

BILDNACHWEIS:
Die Farbfotos stammen von Horst Bielfeld, Jameln.
Sämtliche Schwarz-Weiß-Fotos stellte der
Verfasser zur Verfügung.

CIP-Titelaufnahme der Deutschen Bibliothek

Brunner, Ferdinand:
Der unverstandene Hund / Ferdinand Brunner. – 4., neubearb.
u. erw. Aufl. – Melsungen: Neumann-Neudamm, 1988
(JNN-Kynologie)
ISBN 3-7888-0507-2

© 1976, 1988 Verlag J. Neumann-Neudamm GmbH & Co. KG
Mühlenstraße 9, 3508 Melsungen
Printed in Germany
Titelgestaltung: Philipp Schneider unter Verwendung eines Dias von Andreas
Fischer-Nagel

Reprotechnik: monoLith, Steinfurt
Satz und Druck: Karl Strube Druckerei, 3582 Felsberg
Buchbinderische Verarbeitung: Buchbinderei Willy Keller, 6402 Großenlüder

Inhalt

Zur Einführung

Der von mehreren Seiten an mich herangetragene Wunsch, die wichtigsten Ergebnisse der nunmehr fünfzehnjährigen Erfahrungen aus meiner tierpsychologischen Beratungsstelle in knapper Form gemeinverständlich darzustellen, entspricht einem immer dringender werdenden Bedürfnis. Dies gilt insbesondere für die heutige Tierhaltung in Städten. Da ich, außer in der Beratungsstelle, hauptberuflich als praktischer Tierarzt in Wien – auf Kleintiere spezialisiert – tätig bin, bin ich in der Lage, Verhaltensabnormitäten nicht nur hinsichtlich der psychologischen Hintergründe, sondern vor allem auch hinsichtlich ihrer physischen Grundlagen beurteilen und praktisch bewährte Möglichkeiten über Behandlungsmethoden sowie Verhütungsmöglichkeiten angeben zu können.

Dieses Buch wendet sich in erster Linie an den großen Kreis der Hundeliebhaber, dem auch so mancher Tierbesitzer angehört, der Schwierigkeiten mit seinem vierbeinigen Gefährten hat. Deshalb wurden, soweit als möglich, medizinische Fachausdrücke umschrieben oder durch deutsche Worte ersetzt. Aus demselben Grund mußte auf Erörterungen hirnphysiologischer Hintergründe mancher Formen gestörten Verhaltens – so interessant deren Diskussion für den Fachkollegen wäre – verzichtet werden. Trotzdem wird auch der an vergleichend psychologischen und psychiatrischen Fragen interessierte Tierarzt, Arzt, Zoologe, Psychologe und Pädagoge so manche Anregung zu neuen wissenschaftlichen Fragestellungen und der erfahrene Hundezüchter, Hundeabrichter, Tierheimbetreuer, aktive Tierschützer und jeder, der mit Hunden besonders zu tun hat, Bestätigungen und Klärung vielfach selbst gemachter Beobachtungen und Vermutungen in diesem Buche finden. Um dem kleineren Kreis wissenschaftlich vorgebildeter Fachinteressenten jedoch ein tieferes Eindringen in die noch sehr junge Disziplin „Veterinärpsychiatrie" zu erleichtern, wurde im Anhang die – teilweise sehr verstreute – wissenschaftliche Grundlagenliteratur zusammengestellt, soweit sie bei Abfassung der einzelnen Kapitel Verwendung fand.

Da „Heildressur-" oder „Umerziehungsmaßnahmen" bei seinem verhaltensgestörten Tier der Tierhalter in erster Linie selbst vornehmen muß, wenn sie anhaltenden Effekt haben sollen, wurden diesbezügliche Ratschläge den Beschreibungen der verschiedenen Erscheinungsbilder abnormen Verhaltens stets angefügt. Es sei jedoch ausdrücklich betont, daß es selbst für den Spezialisten mitunter nicht leicht ist, auf den ersten Blick aus der Art einer Verhaltensabnormität auf deren Ursache zu schließen, da gänzlich verschiedene Vorgänge und auch organische Erkrankungen sehr ähnliche, ja manchmal gleichartige Erscheinungen gestörten Verhaltens bedingen können, so daß zur Diagnosestellung eingehende tierärztliche, womöglich fachtierärztliche Untersuchungen, häufig unerläßlich sind. Da erlebnisbedingte, also reaktive Verhaltensstörungen und solche aufgrund angeborener extremer Veranlagungen im echt krankhaften Sinne von gewissen unerwünschten arttypischen Verhaltensweisen, die infolge „mangelnder Erziehung" oder unbiologischer Umweltumstände auftreten können, nicht immer ohne besondere Beobachtungen und Versuche zu unterscheiden sind, wurden in diesem Buch alle Verhaltensformen aufgenomen, die vom erwünschten oder gewohnten Verhalten des Durchschnittes der Hunde unter häuslichen Bedingungen abweichen. Nur auf selten vorkommende, ausgesprochene Besonderheiten wurde aus Gründen der Übersichtlichkeit nicht eingegangen.

Wie eine noch ungeübte Köchin, selbst wenn sie alle Angaben eines Meisterkoches auf das Gewissenhafteste befolgt, nicht immer ein meisterliches Gericht auf den Tisch bringt, so muß auch nicht jeder Tierhalter mit den verschiedenen, hier empfohlenen Maßnahmen bei seinem Zögling den erwünschten Erfolg haben; dies um so mehr, als kein Fall dem anderen ganz gleicht und die verschiedenen Maßnahmen zur Umkonditionierung und die sonstigen Heilverfahren dem jeweiligen Fall und den Umständen angepaßt werden müssen. Um dieses Ziel zu erreichen, kann man sich eigene tierpsychologische Denkarbeit meist nicht ersparen, weshalb dem Leser empfohlen sei, nicht nur das sein besonderes Problem betreffende Kapitel des Speziellen Teiles, sondern das ganze Buch und vor allem auch die allgemeinen Einführungskapitel des Allgemeinen Teiles zu studieren. Da vielen Lesern die Vorstellungswelt der heutigen Verhaltenslehre noch nicht genügend vertraut sein wird, wurde in Kapitel 1 des Allgemeinen Teiles versucht, einige der allerwichtigsten Fachbegriffe dieser jungen Disziplin so kurz wie möglich zu erläutern.

Die in den Kapiteln des Speziellen Teiles beschriebenen Abweichungen vom Normalverhalten und deren Deutungs- und Behandlungsmöglichkeiten wurden nicht streng nach ethologisch-systematischen Gesichtspunkten, etwa nach Funktionskreisen oder nach Etappen im Verlaufe der individuellen Verhaltensentwicklung geordnet dargestellt, sondern ihre Reihenfolge entspricht teilweise der Häufigkeit ihres Auftretens unter den heute üblichen Haltungsbedingungen von Hunden. Die Schilderungen beruhen zum großen Teil auf mehrmals bis häufig vom Autor selbst beobachteten Fällen. Der Leser wird verstehen, daß es bei der Vielfalt des Materials notwendig ist, die einzelnen Darstellungen kurz zu halten und auf das Wesentlichste zu beschränken. Dabei wird vornehmlich die Geschichte eines typischen Falles herausgegriffen und repräsentativ für viele ähnliche beschrieben. Wenn einander äußerlich ähnliche Erscheinungsbilder zu einem Kapitel zusammengefaßt wurden, bedeutet das nicht immer, daß sie auch hinsichtlich ihrer zugrundeliegenden Triebstörungen oder hinsichtlich ihrer Entstehungsgeschichte als zusammengehörig betrachtet werden müssen; es werden dann jeweils die Unterschiede herausgearbeitet. Da diese Unterschiede aber bei einer bestehenden Neigung zu einer bestimmten unerwünschten Verhaltensweise auf den ersten Blick oft nicht erkennbar sind, erschienen mir zusammenfassende Darstellungen, die den Erscheinungsformen der konkreten Wirklichkeit der Praxis entsprechen, am angemessensten. Denn aus der Praxiserfahrung ist dieses Buch in erster Linie entstanden – der Praxis der Hundehaltung soll es auch zugute kommen – bzw. deren Verbesserung, wo dies nötig erscheint!

Wien, im Herbst 1973

Der Verfasser

Vorwort zur 4. Auflage

Von der Erarbeitung des ersten Manuskriptes dieses Buches bis heute zeichnen sich – weltweit – einige sehr erfreuliche Entwicklungen ab: Während früher Beschreibungen des artgemäßen und gestörten Verhaltens der Hunde, Katzen und anderer Heimtiere nur bruchstückhaft aus verstreuten, teilweise sehr schwer zugänglichen Publikationen mühsam zusammengesucht werden mußten, in der engeren tierärztlichen Fachliteratur fast gar keine und in gemeinverständlicher Fachliteratur, von wenigen Ausnahmen abgesehen, nur anekdotenhafte Darstellung fanden, bemüht man sich seit einigen Jahren in zunehmendem Maße von mehreren Seiten her (auf Universitäts-, Fachinstituts- und wissenschaftlicher Vereinsebene) um die ernsthafte Erforschung nicht nur der ethologischen Grundlagen des normalen und gestörten Verhaltens der verschiedenen Haustierarten, sondern auch um die Entwicklung praxisgerechter Methoden der angewandten Verhaltenswissenschaften sowohl hinsichtlich der Nutztierhaltung als auch im Rahmen der Heimtierhaltung, der Zootierhaltung und der Führung von Tierschutzasylen. Daß Biologen, Psychologen, Mediziner, Tiermediziner, Soziologen und sogar Juristen sich in interdisziplinärer Zusammenarbeit bereit finden, über den Wert, die Art und eventuelle Möglichkeiten zur Verbesserung der Mensch-Tier-Beziehungen im Rahmen der Heimtierhaltung nachzudenken und wissenschaftliche Studien zu erarbeiten, wäre damals völlig undenkbar gewesen. Heute finden in periodischen Abständen wissenschaftliche Symposien auf internationaler Ebene statt. Die Nutzanwendungen aus den Untersuchungsergebnissen werden dem tierliebenden Publikum auf vielfältige Weise zur Kenntnis gebracht, ja es existiert sogar bereits eine computerunterstützte Ankaufsberatung für Hundebesitzer in spe.
Allein die Fülle der neueren Beobachtungen am Hund und seinen wilden Verwandten – vornehmlich im Rahmen von Dissertationen, aber auch als sogenannte Postgraduate Studies erarbeitet – würde, wollte man sie auch nur halbwegs erschöpfend in dieses Buch inkorporieren, seinen Umfang auf weit über zweitausend Seiten anschwellen lassen. Da ein Großteil der

neuen Untersuchungsergebnisse auch in gemeinverständlicher Form Darstellung fand (z. B. von Fox, Trumler, Zimen, Feddersen) und heute jedermann zugänglich ist, war Beschränkung auf kurze Hinweise und auf die Aufnahme lediglich des für den vorgegebenen Rahmen Allerwichtigsten möglich; dies um so leichter, als bei näherem Zusehen sich herausstellte, daß viele der neuen Beobachtungen die schon früher dargestellten, wenn auch weniger genauen Beobachtungen (und damals oft nur vermuteten Zusammenhänge) vielfältig bestätigten.

Es ist die Aufgabe dieses Buches, dessen Umfang trotzdem ab dieser Auflage wesentlich erweitert wurde und das sich außer mit der Darstellung eigener Erfahrungen im wesentlichen mit ausgewählten Ausschnitten aus der angewandten Verhaltenslehre befaßt, sowohl dem Hundehalter als auch dem mit Kleintieren befaßten Tierarzt ein Leitfaden in vielfältigen Belangen zu sein. Obgleich es auf den theoretischen Konzeptionen der heutigen Verhaltensbiologie aufbaut, einer tierpsychologischen Fachrichtung, die auch Ethologie oder europäische vergleichende Verhaltensforschung genannt wird (welche besonders durch die Namen Lorenz, Tinbergen, Eibl-Eibesfeld, Tembrock, Immelmann u.v.a. bekannt geworden ist), wird in einigen speziellen Fragen der Verhaltensänderung nicht ganz auf die Nutzanwendung mehrerer bewährter Methoden und Grundsätze auch aus anderen theoretischen Richtungen, so insbesondere der sogenannten amerikanischen Verhaltenspsychologie (im wesentlichen Lernforschung) verzichtet. Dies zum einen, weil in der Praxis der tiergerechten Heimtierhaltung und den mit ihr verbundenen Problemen alle Methoden, wenn sie erfolgreich sind, vernünftigerweise ihre Existenzberechtigung haben (auch wenn deren theoretische Grundphilosophien nicht immer miteinander in befriedigenden Einklang gebracht werden können), und zum anderen um so mehr, als in den letzten Jahren einige amerikanische Verhaltensspezialisten (z. B. Fox, Campbell, Hart, Mugford, Borchelt, Voith, Tortora), die auf demselben praktischen Spezialgebiet tätig sind wie ich (seit nunmehr nahezu dreißig Jahren), mit teilweise ganz anderen theoretischen Annäherungen an die vorliegenden – selben – Probleme ebenfalls praktische Erfolge unter Beweis stellen. Obgleich die wichtigsten Beobachtungsergebnisse und praktischen Schlußfolgerungen aus den klassischen amerikanischen Konditionierungsexperimenten an Versuchstieren der Fachwelt schon seit Jahrzehnten bekannt sind, fanden sie

14

erst in den letzten Jahren vermehrt auch im deutschen Sprachraum Eingang und führten auf dem Humansektor zur Entwicklung des sogenannten programmierten Lernens und der teilweise sehr effizienten Lehrmaschinen sowie zur sogenannten Verhaltenstherapie auf klinischem Gebiet und auf dem Tiersektor zu Verfahrenstechniken wie beispielsweise der sogenannten Positivdressur bei Zoo- und Zirkustieren und in jüngster Zeit auch im Rahmen der Hundeabrichtung.

Letzteres ist besonders erfreulich, weil diese Methoden eine völlige Abkehr von den früher oft gebräuchlichen, unnötigerweise harten Zwangsverfahren mit sich bringen, zugunsten humanerem, tierschutzgerechterem Umgang mit den in Ausbildung stehenden Hunden. Im Rahmen der vierten Auflage dieses Buches wurde daher den neuen und neuesten Erfahrungen und Trends auf dem Gebiet der gesteuerten Verhaltensänderung bei Hunden nicht nur durch Ergänzungen in bestehenden Kapiteln, sondern auch durch Hinzufügung einiger neuer Kapitel Rechnung getragen und auf empfehlenswerte Anschlußliteratur verwiesen.

Mit Rücksicht auf die heterogene Zusammensetzung der interessierten Leserschaft hinsichtlich fachlicher Vorbildung wurde die allgemein verständliche Darstellungsweise weiterhin beibehalten, für den interessierten Kynologen jedoch weiterführende Literatur zu eingehenderem Studium spezieller Gebiete angegeben. Aus diesem Grunde wurde auch im Speziellen Teil die Reihenfolge der Besprechung der Verhaltensabnormitäten und unerwünschten Verhaltensweisen nach der Vorkommenshäufigkeit der jeweils auf den ersten Blick auffälligsten Abweichung vom erwünschten Verhalten beibehalten und nicht eine etwa nach aetiologischen Prinzipien sachlich geordnete Darstellung vorgezogen.

Aus gegebenen Anlässen sei abermals ausdrücklich darauf hingewiesen, daß es falsch wäre, wenn man mit seinem Tier etwa Probleme hat, nur dasjenige Kapitel des Buches zu lesen, welches sich näher darauf bezieht. Um Haltungsschwierigkeiten zu vermeiden oder bereits bestehende zu beseitigen, muß man sozusagen das ganze Lebewesen mitsamt seiner konkreten Umwelt richtig verstehen, und deshalb ist es unerläßlich, vorerst den gesamten Allgemeinen Teil des Buches studiert zu haben, ehe man aus den Darstellungen des Speziellen Teiles praktisch verwertbaren Nutzen ziehen kann.

Wien, im Februar 1987   Der Verfasser

1 Allgemeiner Teil

1.1 Ethologische Grundbegriffe zum Verständnis tierischen Verhaltens

Wer einmal den Versuch macht und an seinem Fernsehempfänger den Ton abstellt, wird feststellen, daß er den wesentlichen Vorgängen auf dem Bildschirm aufgrund der Bewegungen, der Gesten und des Gesichtsausdruckes der handelnden Personen trotzdem folgen kann, gleichgültig ob es sich um einen Film aus Japan, eine Szene in Afrika oder in unserem Kulturkreis handelt. Das Nacherlebenkönnen des Affektzustandes eines Artgenossen durch Beobachtung seines Ausdrucksverhaltens ist uns angeboren. Beobachten wir nun Vetreter einer Tierart, deren Verhalten wir nicht aus Erfahrung genau kennen, so meinen wir auch manchmal Vorgänge zu begreifen, weil wir unbewußt Ausdrucksweisen, die denen des Menschen ähnlich sind, so deuten, als wären es menschliche. Wie sehr man sich freilich durch solche „Vermenschlichungen" täuschen kann, beweist vielfältige Erfahrung. Dafür mag das Beispiel vom Hund stehen, der ein Spielzeug in seinem Fang hält und damit knurrend vor einer Person hin und her springt. Der Hundekenner wird aus Erfahrung wissen, daß dies ein Spielantrag ist, mit dem ein Hund einen anderen zum Balgen um die Scheinbeute auffordert. Einer im Umgang mit Hunden unerfahrenen Person wird die vermeintliche Bedrohung durch das Tier womöglich Angst einflößen.

Bei den meisten Säugetieren werden Stimmungen außer durch Körperhaltungen, Bewegungen und Lautgebungen durch charakteristische Ohren- und Schwanzstellung oder -bewegung ausgedrückt. Artgenossen verstehen dieses Ausdrucksverhalten ohne vorheriges Lernen, aufgrund angeborener Voraussetzungen.

Der Mensch, der ja keinen Schwanz und nur unbewegliche Ohrmuscheln besitzt, kann derartiges nicht einmal vermenschlichend deuten, er versteht zunächst gar nichts. Erst aus der Erfahrung im Umgang mit einer

Tierart lernt er die Bedeutung kennen und achtet darauf. Mit anderen Worten, wir können über die Seelenzustände eines Tieres nur etwas erfahren, wenn wir sein Verhalten in den verschiedensten Situationen möglichst genau beobachten und nichts vorschnell vermenschlichend interpretieren. Letzteres würde uns meistens für weitere Beobachtungen und zutreffendere Deutungen blind machen.

Dazu kommt noch eines: Jeder Mensch hat einen prinzipiell gleichen Gehirnaufbau wie sein Artgenosse, d. h. sein Mitmensch. Daß bei gleichem Ausdrucksverhalten in vergleichbarer Situation subjektiv sehr Ähnliches erlebt wird, darf demnach angenommen werden. (Trotzdem wissen wir, wie groß da noch die feineren Unterschiede sein können.) Da jeder Mensch zudem dieselben Sinnesorgane hat wie sein Artgenosse, präsentiert sich allen die sinnlich wahrnehmbare Umgebung prinzipiell gleich. Was wissen wir aber von der subjektiven Welt eines Hundes, bei dem das Erleben von Geruchswahrnehmungen die Wertigkeit hat wie in unserer Welt etwa der optische Eindruck oder Tastempfindungen? Wir sprechen von „Einsehen" und „Begreifen"; hätten wir die Sinnesausstattung der

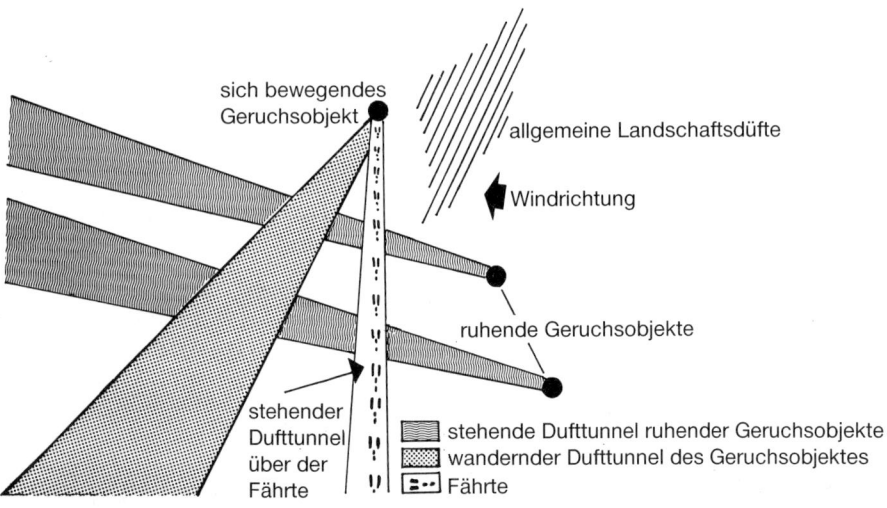

Von seiner Umgebung macht sich der Hund ein „Geruchsblickfeld" ähnlich dem, das wir uns mit den Augen machen (aus Klinkenberg, 1985).

18

Hunde, wir würden von „erriechbar" oder so ähnlichem sprechen müssen. Auch auf akustischem Gebiete sind uns unsere vierbeinigen Hausgenossen weit überlegen: Hunde und Katzen hören auch noch Töne und Geräusche bis weit in den Ultraschallbereich*), und sie können eine Richtungsänderung einer Schallquelle von bereits ein bis drei Grad unterscheiden (der Mensch erst ab sechzehn Grad).

Von dem konkreten inneren Erleben eines Tieres wird ein Mensch nie einen realen Eindruck haben können. Wie schon Uexküll feststellte, lebt jedes Wesen gewissermaßen in einer Seifenblase seiner eigenen Welt, in der nur ein bestimmter Teil aus der vorhandenen „Umgebung an sich" vermittels seiner Sinnesorgane und des die Sinneseindrücke weiter verarbeitenden Apparates als wirklich existiert. Diese Artwelten verschiedener Lebewesen können sich in manchen Bereichen überschneiden und dann teilweise sehr ähnlich sein; in solchen Bereichen werden auch Lebewesen weniger verwandter Art einander verstehen können. Viele Teile der Menschenwelt sind der Hundewelt im Prinzipiellen ähnlich – der Mensch wie der Hund sind Jäger, beide sind soziale Lebewesen, beide sind bis zu gewissem Grad Höhlenbewohner –, in anderen Bereichen werden sie einander immer fremd bleiben.

Tierpsychologie, will sie auf realem Boden bleiben und sich nicht in unbeweisbare Spekulationen und Wortspiele verlieren, kann also nur Verhaltensforschung sein.

Freilich ist man auch dabei bemüht, nicht nur zu beschreiben, sondern den Sinn und die Art und Weise der verschiedenen Verhaltenserscheinungen zu deuten, naturwissenschaftlich zu erklären; etwa so, wie die Physiologie körperliche Vorgänge und die Zusammenarbeit der verschiedenen Organe eines Organismus zu begreifen sucht. Zu diesem Zweck darf man die Verhaltensäußerungen eines Tieres nicht losgelöst von dessen Umgebung zu verstehen versuchen, denn das Verhalten dient der wechselseitigen Bezugnahme zwischen Individuum und Umwelt, so wie im Körper die Tätigkeit eines Organs sich auf die Funktion eines anderen Organs abstimmt, um einem übergeordneten Funktionsziel zu dienen.

---

*) Während die obere Hörgrenze beim Menschen zwischen 16 000 und 20 000 Hz liegt, liegt sie für den Hund und das Meerschweinchen zwischen 30 000 und 40 000 Hz, für die Katze bei etwa 50 000 Hz (nach Scheunert und Trautmann).

So betrachtet wird es dem Leser nun auch verständlich erscheinen, daß man ein Tier nicht einfach aus seiner Umwelt, an die sich Generationen seiner Vorfahren angepaßt haben, herausreißen und in eine ganz andere hineinstellen kann. In Tiergärten muß man sich beispielsweise der Mühe unterziehen, für eine verlorene Welt einen ähnlichen Ersatz zu bieten, wenn nicht mit erheblichen Verhaltens- und Gesundheitsstörungen oder gar dem baldigen Verlust eines neuen Zöglings gerechnet werden soll.

Ein drastisches Beispiel: Ein pflanzenfressender Waldbewohner, dessen Ahnen schon Jahrtausende in den Tropen lebten, kann in einer eisbedeckten Polarregion nicht bestehen. Er müßte nicht nur seine Wärmeregulation und seinen Verdauungsapparat, sondern auch alle seine Verhaltensweisen grundlegend verändern und den neuen Lebensbedingungen anpassen können.

Eine Anpassung so weiten Rahmens ist aber nicht möglich, denn so, wie die Körpergestalt und die Funktionsweise, beispielsweise der Verdauungsorgane, angeboren und in artcharakteristischer Weise festgelegt sind, so sind es auch gewisse elementare Grundzüge des Verhaltens: Eine Muskelgruppe eines Beines z. B. kann nur so bewegt werden, wie seine versorgenden Nervenbahnen sie zu erregen vermögen. Die Schaltmöglichkeiten dazu hängen aber vom Bau des Rückenmarkes und der zentralen „Befehlsstellen" im Gehirn ab. Gewisse funktionelle Variationen von Individuum zu Individuum sind möglich, prinzipielle Grenzen sind aber arttypisch festgelegt und können nicht überschritten werden. So sind auch Berichte von rechnenden Pferden und Hunden selbstverständlich unsinnig.

So wie nun gewisse Bewegungsformen als stammesgeschichtliche Umweltanpassung angeboren sind – man spricht von *Erbkoordination* –, so ist auch, rahmenweise, festgelegt, in welcher Situation sie auftreten, d. h., welche Reize sie auslösen können und welche nicht. Eine Katze, die ganz bestimmte Geräusche hört (z. B. Kratzen, Schaben, das Pfeifen einer Maus), wird, wenn sie nicht zu sehr anderweitig abgelenkt ist, sofort aufmerksam – erkenntlich an ihren Orientierungsbewegungen.

Die Sinnesorgane transformieren den physikalischen Vorgang eines Reizes in den Code der Nervenleitung. In den Nervenzentren, die den Sinnesorganen nachgeschaltet sind, wird eine gewisse Nachrichtenfilterung und „Sortierung" vorgenommen. Nur bestimmte „Informationen von außen" – man nennt sie Schlüsselreize – können so, im Zusammenwirken mit eini-

gen anderen Vorbedingungen (die man als innere körperliche Erregungs-
bereitschaft bezeichnen könnte), den Ablauf einer bestimmten angeborenen Handlungsweise in Gang setzen. Man spricht in diesem Zusammenhang vom sogenannten *angeborenen auslösenden Mechanismus* (AAM),
der von einem „Schlüsselreiz" angesprochen wird.
Die Verhaltensweisen, mit denen ein Tier, ohne vorherige Erfahrungen
machen zu müssen, mit seiner Umwelt in Beziehung tritt, nennt man
Instinkthandlungen. Eine Mutterhündin z. B. „weiß" auch bei der ersten
Geburt, daß und wie sie ihre Neugeborenen durch Abbeißen der Nabel-
schnur und Trockenlecken zu behandeln hat, sie legt sich in die richtige
Position, damit die noch schwachen und völlig blinden Jungen durch –
ebenfalls angeborene – Suchbewegungen die mütterliche Milchquelle finden können; sie vertreibt Störenfriede, widersetzt sich sexuellen Annäherungsversuchen männlicher Artgenossen, ja sie hat in den ersten Tagen
nicht einmal Zeit zum Fressen, denn sie muß die Jungen wärmen: Sie ist
ganz in Mutterstimmung. Die *Triebstimmung,* Verhaltensbereitschaft
(Motivation), oder spezifische *Appetenz,* von gewissen Lebensvorgängen
in den Gehirnzellen (endogene Triebproduktion oder sogenannte ak-
tionsspezifische Antriebsenergie) und der Zusammenarbeit mehrerer
Hormondrüsen und anderen Körpervorgängen (Innenreizen, z. B. Hunger bei leerem Magen), also kurz von verschiedenen Innenfaktoren abhängig, ist neben den Schlüsselreizen oder Signalwahrnehmungen (d. s.
die von den Sinnesorganen empfangenen Außenreize, die den passenden
AAM betätigen) die zweite wesentliche Vorbedingung für das Zustandekommen einer Instinktbewegung (siehe dazu Überblicksskizze am Ende
dieses Kapitels). Die Stimmungen zu den verschiedenen, einem Tier möglichen Instinkthandlungen sind nicht alle zur selben Zeit gleich stark, da
die Innenfaktoren für jede Instinkthandlung eigenen Rhythmen von Auf-
ladung und Entladungsnotwendigkeiten unterliegen.
Diejenigen Reflexe, die wie ein Steuerautomatismus das eine Instinktbewegung ausführende Organ (Fuß, Kopf, Ohr) in Richtung auf die Reizquelle oder das Handlungsobjekt einstellen, nennt man *Taxis*-Komponen-
te einer Instinktbewegung. Manchmal treten ungerichtete Instinktbewegungen (also ohne Taxisverschränkung) auf: Ein Hund, den man an der
Haut des Rückens kratzt, leckt mit der Zunge in der Luft und kratzt mit
den Krallen auf dem Fußboden oder seitlich durch die Luft. Erst die Funk-

tion des Steuermechanismus der Taxis würde das Kratzen und Lecken an der Körperstelle des empfundenen Juckreizes bewirken. Man muß unterscheiden zwischen einer längeren Instinkthandlung (Abfolge von zweckmäßigen Einzelbewegungen) und der Instinktbewegung. Aus Übersichtsgründen sprach man früher, wenn man die verschiedenen Umweltbeziehungsfunktionen beschreiben wollte, noch von sogenannten übergeordneten Hauptinstinkten, d. s. z. B. der Fortpflanzungsinstinkt, Nahrungsaufnahmeinstinkt, Körperpflegeinstinkt usw. Besonders bei niederen Tieren sind nämlich die einzelnen zu einem Instinkt gehörigen Teilhandlungen bei Vorliegen der entsprechenden Stimmung nicht regellos durcheinander (durch Schlüsselreizangebot aus einer wirklichen Situation oder durch Attrappen) auslösbar, sondern es besteht zwischen ihnen eine Art hierarchische Gliederung.

Man spricht von Instinkthandlungen höherer Ebene oder höheren Appetenzgrades, die vor dem Vollziehenkönnen einer *Instinktendhandlung* abgelaufen sein müssen. Nur die Endhandlungen aber verzehren die gestaute Triebenergie vollends oder führen zur sogenannten Endabschaltung und gewähren so Befriedigung, Spannungslösung, kennzeichnend für das Erreichen des unbewußten Triebzieles. Eine einmal im Ablauf befindliche Endhandlung ist durch Störreize nicht mehr, resp. nur ausnahmsweise hemmbar.

Während also bei niederen Tieren die einzelnen Instinktbewegungen, die eine bestimmte geschlossene Instinkthandlung zusammensetzen, stets nur in einer bestimmten Reihenfolge ausgelöst werden können, als wären sie fest aneinandergereiht wie die Glieder einer Kette (z. B. kann erst nach bestimmten verwickelten Zeremonien der Balz mit wechselseitigem Schlüsselreizangebot der beiden Partner schließlich als Endhandlung der Begattungsakt vollzogen werden), weichen Säugetiere von dieser Regel in vielen Belangen beträchtlich ab. Bei ihnen erscheint das ganze zunächst weniger leicht durchschaubar. Trotzdem unterscheidet man auch bei ihnen *Appetenzhandlungen* und Endhandlungen; da die Aufeinanderfolge von Appetenzhandlung und Endhandlung aber mitunter zeitweilig wechseln kann, spricht man bei ihnen von „Relativer Stimmungshierarchie". Nur im Appetenzbereich eines Instinktes kann durch Lernakte die Ansprechbarkeit des AAM stark verändert werden, worauf später noch genauer eingegangen wird.

Es kann vorkommen, daß ein Tier in der Triebstimmung (die ja durch innere Erregungsvorgänge bewirkt wird) zu einer bestimmten Handlung erregt ist, die Handlung aber nicht ausführen kann, weil die geeigneten Schlüsselreize aus der Umwelt fehlen: Ein Stubenhund wird auf die Gasse geführt, um sich zu entleeren. Er spürt, daß er es schon höchst notwendig hat, sich zu lösen, trotzdem sucht er herum und beschnüffelt Ecken. Erst die Wahrnehmung des Duftes von schon früher an einem Ort abgesetztem Urin bietet ihm den für diese Körperausscheidungshandlung notwendigen Schlüsselreiz, um die charakteristische Harnabsatzstellung unter gleichzeitigem Öffnen des Schließmuskels ausführen zu können. Dieses Suchen nach den nötigen Reizen, um das Triebziel verwirklichen zu können, ist als Appetenzverhalten zu betrachten.

Vielen Instinkthandlungen gehen aber auch bestimmte, ganz charakteristische Appetenzhandlungen voraus: Ehe sich ein Hund niederlegt, dreht er sich mehrmals im Kreis, legt sich zurecht (Ruheappetenz). Unter bestimmten Umständen kann ein Hund solche Appetenzhandlungen aber auch unterlassen bzw. unterdrücken.

Ist eine Triebstimmung, also die innere Reizstauung übermächtig stark und fehlt der nötige spezifische Schlüsselreiz, dann kann es auch ohne einen solchen oder auf nur ähnliche, aber eigentlich uncharakteristische Reize hin zum Abrollen einer Instinkthandlung kommen. Man bezeichnet diesen Vorgang als *Reaktion auf suboptimale Reize* oder sogenannte *Leerlaufreaktion;* sie soll das Nervensystem vor Schäden durch unerträgliche Reizstauung bewahren; ein Pudelrüde, der lange Zeit kein Weibchen hatte – unsere Hunde leiden ja meist an sexueller Not –, befriedigt sich an einem Polster oder einem männlichen Artgenossen.

Das Gegenteil der Leerlaufreaktion ist die *Intentionsbewegung:* Die Triebstimmung – als Antrieb – reicht nicht aus, auf einen angebotenen Schlüsselreiz hin eine ganze Handlungsfolge zum Abrollen zu bringen, es bleibt bei einer Andeutung, bei einem Bewegungsansatz. Bei noch geringerer Triebstimmung wird auf einen Schlüsselreiz überhaupt nicht reagiert. Besonders augenscheinlich läßt sich dies mit dem Beuteverhalten der Katze demonstrieren: Läßt man zu einer Katze in einen Versuchskäfig in kurzer Folge hintereinander viele Mäuse einlaufen, so werden etwa ab der zehnten bis fünfzehnten erbeuteten Maus alle weiteren längere Zeit hindurch nicht mehr beachtet. Man spricht hier von *Instinktermüdung.*

Dabei ist die Versuchskatze aber keineswegs körperlich müde; zu anderen Handlungen zeigt sie sich bereitwilligst aufgelegt. Jeder Hundebesitzer kann täglich erproben, wie lange oder wie kurz es bei seinem Hund dauert, bis er des Apportierens müde ist. Ehe er auf das geworfene Hölzchen (als „Beuteattrappe") gar nicht mehr reagiert, kann man beobachten, daß er noch mehrmals den Ansatz zum Nachlaufen macht, das Apportierding aber doch nicht mehr aufnimmt und bringt.

Auch aus anderen Gründen als den vorerwähnten kann es zu einer bloßen Handlungsintention kommen, nämlich wenn eine gleichzeitig aufgerufene, aktionsausschließende andere Instinktstimmung den Handlungsablauf konfliktartig blockiert: Ein Hund möchte sich aufs Sofa legen, sein Herr befindet sich aber im Zimmer. Aus Erfahrungen weiß er, daß sein sozial übergeordneter „Meutenführer" dies nicht duldet. Die Furcht vor Strafe hindert ihn daran, sein Vorhaben, auf dem begehrten Platz sich zur Ruhe zu begeben, auszuführen. Was aber tut er stattdessen? Er sieht nur kurze Zeit nach der begehrten Ruhestätte hin oder legt vielleicht den Kopf ein wenig am Sofarand auf.

Ist eine Erregung, und die konfliktartig blockierende Gegenerregung ebenfalls, von sehr viel stärkerer Intensität, dann kommt es zur sogenannten *Übersprungreaktion* oder der *Alternativbewegung* (auch als Displacement Behavior oder Ersatzhandlung, Entlastungsreaktion bezeichnet), die uns in diesem Buche in verschiedener Gestalt noch oft wiederbegegnen wird. Man kann sie als Schutzvorgang gegen Nervenschädigung durch Überreizung auffassen (umstritten).

Das Tier tut – ersatzweise – etwas, was scheinbar gar nicht in die Situation paßt, nur um sich irgendwie abzureagieren: Wenn z. B. zwei Hunde sich androhen und den einen verläßt der Mut zum Kampf, so nimmt er eine Demutshaltung ein. Dieser charakteristische mimische und pantomimische Ausdruck hemmt meistens den anderen an der Fortsetzung seiner aggressiven Aktionen. Wie soll er nun seine Wut loswerden? Er hebt das Bein und benäßt eine Ecke (Übersprung auf Körperausscheidungsverhalten, in diesem Falle gleichzeitig eine Demonstration von Überlegenheit).

Ein anderes Beispiel: Ein Hundeführer trifft Vorbereitungen, mit seinem vierbeinigen Gefährten spazieren zu gehen. Der Hund sitzt bereits mit Halsband und Maulkorb vor der Eingangstür und wartet auf den Herrn, der seinen Hut nicht finden kann. Stillsitzen und warten, wenn man so freudig erregt ist, ist aber eine Qual. Voll „Nervosität" fängt er daher an, sich kräftig mit den Hinterpfoten an der Schulter und hinter dem Ohr zu kratzen: Übersprung auf Körperpflegeverhalten.

Während bei niederen Tieren und auch noch bei Fischen und Vögeln für bestimmte Konflikte nur bestimmte situationscharakteristische Ausweichmöglichkeiten existieren, z. B. das Graben von Scheinnestern bei Stichlingen an Reviergrenzen angesichts des rivalisierenden Nachbarrevierinhabers, oder Übersprungputzen in Kampfpausen zweier sich zankender Hähne, so stehen Säugetieren viele verschiedene Instinkthandlungen als Ausweichmöglichkeiten zur Verfügung. Wohl aber gibt es auch bei Säugetieren Übersprungreaktionen, die für eine bestimmte Situation charakteristisch sind und solcherart beim Sozialpartner bestimmte Gegenreaktionen auslösen oder unterdrücken oder einen Stimmungsumschwung bewirken; man sagt dann, sie wurden *ritualisiert*.

Außer Übersprungreaktionen sind aber noch andere Erregungsabwehrmechanismen bekannt, die in einer Konfliktsituation möglich sind: *Ambivalente Bewegungen* sind eine Kombination mehrerer Intentionsbewegungen aus den unvereinbaren Trieben. Oft drücken sie sich in einer Körperhaltung aus. So kennt jeder den unterwürfig sich duckenden Hund, der zugleich wütend bellt. Viele soziale Situationen bei Säugetieren sind durch den gleichzeitigen Ausdruck zweier verschiedener Stimmungen gekennzeichnet, die einander überlagern.

Um *objektübertragene Bewegungen*, Handlungen am Ersatzobjekt oder umorientiertes Verhalten handelt es sich, wenn ein Affekt nicht an dem Objekt, das ihn erregt, sondern einem anderen, etwa zufällig in die Szenerie geratenen, ausgelassen wird. So stürzt sich z. B. mancher Hund auf seinen rangunterlegenen Gefährten, wenn ihn vor dem Gartenzaun jemand reizt, den er nicht beißen kann („Radfahrerreaktion" nach Grzimek). Wenn der Jäger seinen Hund mit einem Leckerbissen belohnt – „genossen macht" –, nachdem der Hund ihn auf der Schweißfährte zum erlegten Wild geführt hatte, so ermöglicht er ihm an einem Ersatzobjekt den „Fraß an der gemeinsam gefundenen Beute". Auch im Spiel werden manchmal unabreagierte Triebe an Symbolgegenständen ersatzweise ausgelebt. Viele Pudel werfen sich selbst Bälle und andere Gegenstände in die Luft, nur um sie wieder „erbeuten" zu können. Scheinträchtige Hündinnen tragen einen Gegenstand als Welpenersatz auf ihr Lager und bewachen ihn, belecken ihn wie ein Junges und suchen ihn verzweifelt, wenn man ihn entfernt und versteckt.

Ähnliche Verhaltensweisen, wie sie in Konflikten auftreten, können auch in Frustrationssituationen sichtbar werden. Während bei einem Konflikt zwei einander ausschließende Triebhandlungen gleichzeitig erregt werden, wird bei einer Frustration eine Triebhandlung stark erregt (Innenfaktoren und vorhandene Schlüsselreize), doch stehen äußere Umstände der Ausführung der spannungslösenden Endhandlung hinderlich im Wege: Ein Rüde im Zwinger riecht und sieht eine läufige Hündin im Nachbarzwinger.

Frustrationen, also Blockierungen eines Strebens und Enttäuschungen, lösen u. a. häufig Wut und die dazugehörigen aggressiven Verhaltensweisen aus.

Ein vollständiges Verzeichnis aller Instinktbewegungen einer Tierart bezeichnet man als deren *Verhaltensinventar* oder „Ethogramm". Um einen gewissen Überblick zu erleichtern, ordnet man die Instinktbewegungen in solche verschiedener Verhaltensbereiche, sogenannter Umweltbeziehungs- oder Funktionskreise: Sexualverhalten, Pflege- oder Mutterverhalten (epimeletisches Verhalten), Jungtier- oder et-epimeletisches Verhalten (Pflegehandlungen auslösend, Aufmerksamkeit erregend), Beutejagdverhalten, Nahrungsaufnahmeverhalten, Körperausscheidungsverhalten, Körperpflege- und Komfortverhalten, Neugierde- oder Erkundungsverhalten, Ruhe- und Schlafverhalten, Flucht- und Meideverhalten (Feindvermeidung, Ausweichen und Deckungnehmen vor gefährlichen Naturereignissen) und verschiedenes mehr.

Ein Begriff, der in der heutigen Verhaltensforschung eine wichtige Rolle spielt, ist der der sogenannten Territorialität. Ein Tier verhält sich auf dem als eigenes Revier betrachteten *Territorium* bekanntlich anders als im fremden Gebiet. Diese Lebensraumgrenzen sind aber bei ein und demselben Tier nach bestimmten Gesichtspunkten graduell gestuft: Das *Heim erster Ordnung,* in dem sich Schlaf-, Ruhe- und Freßplatz und auch das Wurflager für die Nachkommenschaft befinden, wird bei vielen Tierarten nicht beschmutzt (Stubenreinheit), gegen jeden fremden Artgenossen, oft auch gegen zufällige, ahnungslose Eindringlinge aufs heftigste verteidigt, nur engste persönliche Angehörige (Gatten, Kinder, eventuell Freunde) dürfen es bewohnen (und auch unter diesen herrscht je nach sozialer

Rangstellung nicht die gleiche Aktionsfreiheit). Rund um das Heim erster Ordnung erstreckt sich das Sexualterritorium, das man vielleicht als *Heim zweiter Ordnung* bezeichnen könnte. Ein männliches Tier betrachtet jedes Weibchen, das in diesen Bereich gerät, als seinen Besitz und hofiert es, bis es paarungsbereit ist und mit ihm die Wohnung teilt. Um diesen Bereich zu kennzeichnen, werden an dessen Grenzen Duftmarken plaziert: Rüden heben in bekannter Weise das Bein, und wenn sie Kot absetzen, scharren sie ausgiebig mit den Hinterbeinen. Andere Tiere markieren nach ähnlichen, aber auch nach manchen anderen Methoden. Markieren muß jedoch nicht immer einer Territoriumskennzeichnung dienen.

Über diesen Bezirk hinaus gibt es noch die Nahrungsreviere, das sind bei Pflanzenfressern das Weidegebiet, bei Raubtieren das Jagdgebiet. Die Jagdgebiete verschiedener Wolfsrudel z. B. können sich jedoch beträchtlich überschneiden. Bei Katzen wurden diese Verhältnisse bereits genauer untersucht: Um sich trotz des Überlappens der Jagdgebiete nicht in die Quere zu kommen, setzen Katzen frische Kotmarken (die hier nicht vergraben werden) zu Anfang des gewohnten gemeinsamen Katzenweges, der zu einem bestimmten Mäusefanggebiet führt, ab; der andere weiß dann durch ein solches „rotes Licht", daß der „Anstand" momentan vom Nachbarn besetzt ist und er diesmal eine andere Wegrichtung einschlagen sollte (Katzen betreten nämlich ein bestimmtes Jagdterrain fast immer über denselben gewohnten Wechsel und häufig auch nur zu bestimmten Tageszeiten). Bei hundeartigen Raubtieren, die in Gemeinschaft jagen – benachbart wohnende Wolfsfamilien heulen sich zusammen, um gemeinsam auf Jagd auszuziehen – ist dies anders; sie hängen weniger zäh an einem bestimmten Revier, sondern ergreifen – räuberisch – zeitweilig von neuen Revieren Besitz. Die Rudelgrößen sind jahreszeitlich verschieden, das ganze ist nicht so übersichtlich wie bei der Katze, leider auch viel schwieriger zu erforschen.

Instinktbewegungen, die ausschließlich den Zweck haben, mit einem Artgenossen in Kontakt zu treten, heißen *soziale Auslöser*. Dazu gehören auch Markierungshandlungen. Diejenigen sozialen Auslöser, die den direkten persönlichen Umgang mit Artgenossen regeln, sind *Ausdrucksbewegungen*. Sie bewirken entweder eine Erregung zu gemeinsamer Tätigkeit – *Stimmungsansteckung* (Social Facilitation) – oder die Hemmung einer Instinktappetenz (Social Inhibition) oder einen Stimmungsumschwung. Persönliche Kontakte können zwecks gemeinsamen Beuteerwerbs – Wölfe z. B. jagen in Rudeln –, zwecks Familiengründung, gemeinsamer Jungenaufzucht, gemeinsamer Abwehr von Artfeinden oder Rudelfremden usw. gesucht werden oder dem Kampf um Nahrung, Wohnung, Weibchen, also der Rivalität (Agonistic Behavior – führt zur Ausbildung einer sozialen Rangordnung) dienen. Ausdrucksbewegungen, -haltungen und -laute („Affektsprache") dienen beim Tier der Funktion, die bei uns zusätzlich von der Sprache bewerkstelligt wird. Man kennt: *Vorweisungsbewegungen,* bei denen bestimmte Körperstellen dem Partner auffällig zur Schau gestellt werden. So zeigt z. B. das Präsentieren der Analregion, d. h. das Vorweisen des Geschlechtsteiles bei seitlich hochgestelltem Schwanze seitens der läufigen Hündin deren Deckbereitschaft an, was für den Rüden einen optischen Schlüsselreiz zum Aufsprung bedeutet. *Formalisierte Intentionsbewegungen* sind Intentionsbewegungen, die zu Auslösern geworden sind. Es ist die Intention zum Beißen beim Wolf zum Drohen formalisiert: Er fletscht die Zähne. Der nächtliche Katergesang ist Kampfansage gegen männliche Rivalen, aber gleichzeitig Stimulans für rollige Weibchen. Das Imponiergehabe, das einen männlichen Rivalen einschüchtern, dem Weibchen aber gefallen soll, besteht aus übertrieben zur Schau gestellten Intentions- und Übersprunghandlungen: Die Haare werden gesträubt und die Muskeln gespannt, um durch Vergrößerung der Körperoberfläche mächtiger, stärker zu wirken, gleichzeitig werden auffällige und starke Laute ausgestoßen, der Kopf nimmt kampfbereite Stellung an (Hornträger zeigen ihre Waffen, Raubtiere ihre Zähne), und die Blicke fixieren einander. Weibchen besänftigen daraufhin mit Wegsehen und kindlichen Bettelgesten oder Zurschaustellung weiblicher Sexualmerkmale, männliche Artgenossen drohen zurück, fliehen oder eröffnen den Kampf. Da der Art nicht gedient wäre, wenn sich Artangehörige bei jeder Gelegenheit ausrotten würden, folgt ein solcher Kampf bei vielen Tierarten strengen „Turnierregeln": Kommentkampf oder Scheinkampf. Wenn die Kräfte gemessen sind, zeigt der Schwächere eine Demutsgeste oder nimmt eine Demutshaltung an. Ein Hund wirft sich auf den Rücken, wobei er uriniert – infantile Unterlegenheitsgeste –, oder er bleibt starr mit tief gesenktem oder seitlich weggedrehtem Kopfe, eingeknickten Beinen und eingezogenem Schwanze stehen (Körperverkleinerung), was beim Überlegenen eine Beißhemmung auslöst (abgesehen vom Ernstkampf um die Spitzenposition in der Meute und von der Aggression gegen Rudelfremde im Heimbezirk des Territoriuminhabers). Spätere Kämpfe werden vermieden, Droh- und Unterwürfigkeitszeremoniell genügen dann zur Aufrechterhaltung der sozialen Rangordnung: Der Schwächere geht bei neuerlicher Begegnung freiwillig aus dem Weg oder läßt auf Bedrohung seitens eines Stärkeren von einem Vorhaben ab. So z. B.: Ein unterlegener Hund liegt auf einem guten Ruheplatz; wenn der Ranghöhere die Szenerie betritt, steht er auf und räumt das Feld – nicht immer aber ohne zu murren. Die Gegenwart eines Ranghohen während des Fressens kann beim Unterlegenen so hemmend wirken, daß er keinen Bissen hinunterbringt. Es kann aber vorkommen, daß von zwei Individuen bei der Futterschüssel A ranghöher und B sozial unterlegen ist, beim Ruheplatz oder beim Kampf ums Weibchen es sich jedoch umgekehrt verhält. Ähnlich wie beim Menschen scheinen sich die Rangpositionen in verschiedenen Lebensbereichen überlagern zu können. Lebt ein Säugetier von frühester Jugend an längere Zeit hindurch in einer sozialen Umgebung, in der es eine extreme Rangposition einnimmt (Spitzenstellung alpha oder Prügelknabenstellung omega), so nimmt es gewohnheitsmäßig auch in anderer sozialer Umgebung oder auch allein das typische Auftreten sozialer Überlegenheit bzw. eine für tiefe soziale Position typische Haltung an. So frißt der ranghohe Hund sein Futter gelassen und unbekümmert um die Vorgänge ringsum, der tiefstehende hingegen äugt, auch wenn er allein ist, ängstlich nach allen Seiten und schlingt dann sein Futter hastig hinunter; betritt jemand das Zimmer, dann stößt er Drohlaute aus oder hört zu fressen auf. Bei Begegnung mit fremden Artgenossen nimmt der Tiefstehende sofort mißtrauisch-abwehrende Haltung an, geht offenem Imponieren aus dem Wege und versucht höchstens Angriffe von hinten, denen sofortige Flucht folgt. Bis zu gewissem Grade sind außer des sozialen Jugendmilieus aber auch erbliche Einflüsse für das Zustandekommen eines „selbstbewußt"-ranghohen oder demütig-servilen Verhaltens von Bedeutung. Das Bewußtsein der *sozialen Lagebefindlichkeit* spielt in der gemischten Familiengemeinschaft Hund-Mensch besonders bei Stubenhaltung eine wichtige Rolle, die uns in diesem Buche noch oft beschäftigen wird.

Auch der Kontakt zwischen Tieren verschiedener Arten, die im gleichen Lebensraum zufällig aufeinanderstoßen oder im Räuber-Beutetier-Verhältnis zueinander stehen, wird durch angeborene Verhaltensausstattungen geregelt. Bekannt sind das Beschleichen, Belauern und Verfolgen einerseits, das Deckungnehmen, Tarnen, Totstellen, Weglocken des Feindes vom Nest mit Jungen andererseits.

Die *Fluchtdistanz* ist derjenige Mindestabstand, bis auf den ein artunterlegenes Tier den biologischen Feind an sich heranläßt ohne zu fliehen. Wird dieser Abstand bei fehlender Fluchtmöglichkeit wesentlich weiter unterschritten, so erfolgt ab einer bestimmten kritischen Distanz Abwehraggression des Tieres, also Angriff mit dem Mut der Verzweiflung. Man beobachte von diesem Gesichtspunkt aus das Verhalten einer Katze bei Annäherung eines Hundes.

Das Wiederauftreten einer Fluchtdistanz und Abwehrdistanz bei einem Haustier dem Menschen gegenüber ist als Rückschlag zum Wildverhalten (Atavismus) in vielen Fällen als Verhaltensabnormalität anzusehen. Zur Aufstellung einer *biologischen Rangordnung* – im Gegensatz zur sozialen Rangordnung unter Artgenossen – kommt man, wenn man die Stärkeverhältnisse der in einem Lebensraum wohnenden verwandten Tierarten miteinander vergleicht. So dominiert beispielsweise, nach Tembrock, der Leopard über den Gepard und die Fleckenhyäne über die Streifenhyäne. Außer der Flucht- und Wehrdistanz kennt man noch weitere Distanztypen, von denen uns hier nur noch die sogenannte Individualdistanz interessiert. Das ist derjenige Abstand, auf den ein Artgenosse den anderen an sich heranläßt. Sie ist oft ein Maß für den persönlichen Bekanntheitsgrad zweier Individuen oder für die Instinktstimmung und abhängig von letzterer: Daher ist sie z. B. zeitweilig zwischen gegengeschlechtlichen Artgenossen geringer, für gleichgeschlechtliche größer. Während der Jungenaufzucht läßt manche Hündin nicht einmal den geliebten Herrn an sich heran, besonders während sie die Jungen säugt. Die Individualdistanz ist bei Katzen im allgemeinen viel größer als bei den bekanntlich viel kontaktfreudigeren Hunden. Während in der Hundemeute kaum Individualdistanz unter den Mitgliedern herrscht, legen Mitglieder eines Wolfsrudels großen Wert auf die Respektierung einer solchen.

Manche Tiere können ohne Gesellschaft einiger oder wenigstens eines Artgenossen gar nicht auskommen. Sie zeigen sich an Kumpane so gebunden wie an heimisches Territorium. Nach zwangsweiser Entfernung nehmen sie alle möglichen Entbehrungen auf sich, um den Gefährten oder das Heim wiederzufinden.

Bei vorwiegend sozial lebenden Tierarten kommt es durch bestimmte soziale Auslöser, die stimmungsübertragend wirken, zu sogenannten Gruppeneffekten. Die Panik als Gruppenfluchtreaktion ist ein bekanntes Beispiel dafür. Hunde, Schweine, Affen, Hühner, Ratten und viele andere Tiere nehmen in Gemeinschaft viel mehr Nahrung auf als allein, wobei nicht nur der sogenannte Futterneid, sondern sogenannte Stimmungsübertragung eine Rolle spielen können. Um gruppenkoordiniertes Verhalten (Allelomimetic Behavior) handelt es sich, wenn Wölfe sich zusammenheulen (Stimmfühlungslaute) und dann gemeinsam zur Jagd aufbrechen; ihre Treibtaktik macht den Eindruck einer äußerst zweckmäßig organisierten Gemeinschaftsleistung. Das Teilen der Beute unter der „Jagdgesellschaft" – wobei auch der Schwächere nicht zu kurz kommt – und die Tendenz des Zutragens, also das Apportieren von Beuten (für die Jungtiere zu Hause) sind weitere Anzeichen von auf Sozialpartner bezogenen Verhaltensanteilen. Das Verweisen des Hundes ist eine Verhaltensweise, mit der er seine menschlichen Kumpane auf etwas aufmerksam macht, das ihn erregt oder mit dem er allein nicht zurande kommt. Bei der Jagd wird davon praktisch Gebrauch gemacht (totverweisen, totverbellen). So manchem Menschen wurde durch diese Instinkttendenz seines Hundes schon das Leben gerettet. Immer wieder liest man Zeitungsberichte, denen zufolge ein Hund einem verunglückten Kind das Leben rettete, indem er einen Nachbarn oder die Eltern an die Unglücksstelle lockte. Er bellt dabei die betreffende Person an, winselt oder springt sie an, um dann sogleich vor ihr in Richtung des einzuschlagenden Weges mehrmals ein Stück vorauszulaufen. Wieder und wieder kehrt er um und läuft ein Stück voraus und versucht so dem Menschen mitzuteilen, wohin er ihn haben möchte; es handelt sich dabei um Intentionsbewegungen, mit denen ein Hund normalerweise einen Artgenossen zum Mitlaufen auffordert.

Auf der Grundlage des Kumpanverhältnisses und des Gruppeneffektes kann es zur sogenannten *Angleichungstendenz* kommen: Lebewesen, zu denen man soziale Beziehungen hat, behandelt man (und betrachtet man unbewußt) als Artgenossen. Das gilt für den Hund und die Stubenkatze dem Menschen gegenüber genauso wie auch für den Menschen seinem Pflegetier gegenüber. Ein mürrischer Herr hat nach jahrelanger Gemeinschaft schließlich auch einen gegen andere Personen mürrischen Hund – das Sprichwort „wie der Herr, so das Gescherr" drückt treffend diese altbekannten Tatsachen aus. Gesellig lebende Tiere wissen oft feinste, mitunter unbewußte Bewegungen des Kumpans zu verwerten: Für die sogenannten Zahlen bellenden Artistenhunde und Zahlen klopfenden Pferde ist das Signal, mit dem Bellen bzw. Klopfen anzufangen und wieder aufzuhören, mitunter nur ein Augenzwinkern oder Knacken mit den Fingernägeln ihres Meisters. Ein paar Pferde, die schon jahrelang einen Wagen ziehen, tun dies besser und mit weniger Ermüdung als eine neu zusammengestellte Gruppe. Ähnlich soll es sich mit den nordischen Schlittenhunden verhalten.

Eine soziale Anschlußtendenz und die ihr zugehörigen Verhaltenserscheinungen treten bei höheren Tieren nur auf, wenn sie in ein *Kumpan*-Verhältnis miteinander treten können.

Für verschiedene Instinktfunktionen kann ein Tier verschiedene Kumpane haben. Dies setzt Prägungsvorgänge voraus. Ein Wolfswelpe, der frühzeitig von der Mutter weggenommen und ohne Kontakt mit Artgenossen in menschlicher Umgebung aufgezogen wird, folgt später dem Menschen und verteidigt diesen gegen ein Wolfsrudel. Macht man dasselbe mit einem Pferd, so folgt es später dem Menschen durch ein Rudel Pferde hindurch, als hielte es sich für einen Menschen. Nicht nur während der Jugend betrachtet es offensichtlich seinen Pfleger als Muttertier, sondern auch im Erwachsenenalter sind seine sexuellen Anträge anfänglich nur auf diejenige Art (in diesem Falle auf den Menschen) gerichtet, auf die es als Jungtier geprägt wurde.

Bis zur achtundvierzigsten Stunde nach dem Schlüpfen können Kücken auf die Eltern geprägt werden, auf die Geschwister bis zur sechzigsten Lebensstunde. Sowohl Aussehen, charakteristische Bewegung als auch Lockruf wirken dabei als Prägemerkmal. Mehrere Merkmale wirken stärker als eines allein, wie Versuche mit künstlichen Attrappen zeigen. Die Fluchtbereitschaft kann während der Prägung auch bei Säugetieren von null gegen zehn steigen. Die angeborenermaßen für jede Tierart festgelegte Zeitspanne, in der der Vorgang der Prägung stattfindet, bezeichnet man als sensible Phase oder als kritische Periode. Falsche oder versäumte Prägungsvorgänge können nicht wieder gelöscht bzw. nachgeholt werden, weshalb sie zur häufigen Ursache abnormer Verhaltenstendenzen bei domestizierten Tieren werden können. Die Prägung auf das Muttertier, welche zur sogenannten Nachfolgereaktion führt, muß nicht identisch sein mit der Prägung auf einzelne Artmerkmale der Tierart, aus der – das wirkt sich erst viel später aus – einmal die Partner ausgewählt werden, auf die sexuelle Appetenzen gerichtet sind; es gibt dafür zwei zeitlich verschiedene sensible Phasen, beide jedoch in frühem Jugendalter.

Tiere, die man künstlich so aufzieht, daß normal ablaufende Prägungsvorgänge und andere Übungsmöglichkeiten, die bei natürlicher Aufzucht gegeben wären, möglichst verhindert werden, nennt man *Kaspar Hauser*. Kaspar-Hauser-Versuche dienen dazu herauszufinden, welche Verhaltensanteile bei einem Tier auf angeborenen Mechanismen beruhen und was erlernt wird. Bei höheren Säugetieren umfassen die angeborenen Verhaltensanteile meist nur kurze Bewegungsfolgen, die wie die Steine eines Mosaiks durch Dazulernen zu sogenannten *Erwerbskoordinationen* in verschiedenartiger Weise zusammengeschaltet werden können; man spricht von Instinkt-Dressur-Verschränkung.

Lern- und Intelligenzleistungen spielen bei den höheren Säugetieren, mit denen wir es in diesem Buch zu tun haben, eine sehr große Rolle; deshalb müssen wir uns damit etwas näher befassen. Lernen ist die zeitweilige oder langdauernde individuelle Veränderung angeborener Verhaltensweisen als Ergebnis von Erfahrung durch vorausgegangene Erlebnisse bei der Kontaktnahme eines Lebewesens mit seiner Umwelt. Es werden jedoch dabei nicht die einzelnen Instinktbewegungen selbst, sondern nur deren Auslösbarkeit und Aufeinanderfolge verändert. Das erfahrungsunabhängige (instinktive) Reaktionsvermögen der Tiere bildet sozusagen ein Gerüst für die verschiedenen möglichen Umweltkontakte eines Tieres. Die präzisere Anpassung an die Umweltgegebenheiten und den Bezug mit der jeweils individuell besonderen Umwelt ermöglicht die persönliche Erfahrungsbildung – das Lernen. Bei ein und demselben Tier können die AAM vieler Instinkthandlungen sehr weitgehende Anpassungen an besondere Lebensbedingungen erfahren, andere sind so „konstruiert", daß nichts „dazugelernt" werden kann. Von einer allgemeinen Lernfähigkeit eines Tieres zu sprechen, ist also falsch. Ein Tier, das sich in einem Verhaltensbereich äußerst gelehrig zeigt, kann in einem anderen geradezu stupid erscheinen. Ja selbst die Verwertung bzw. das Übertragen von Fähigkeiten, die im Rahmen eines bestimmten Instinktfunktionsbereiches erlernt wurden, in einen anderen Verhaltenszusammenhang geschieht nicht immer auf Anhieb: Ein Versuchshund, der gelernt hatte, durch Ersteigen einer Leiter eine Mauer zu erklimmen, auf der ihm Fleischbrocken gereicht wurden, kam lange Zeit nicht darauf, die an einen Zaun gelehnte Leiter zu besteigen, wenn er außerhalb des Geheges eine läufige Hündin sah und witterte und zu ihr gelangen wollte. Erregt lief er den Zaun entlang hin und her, ehe es ihm dämmerte – er bewegte sich anfänglich zögernd, viel langsamer als sonst –, daß das Hochsteigen an einer Leiter auch zur Erreichung anderer Triebziele, als an Nahrung zu gelangen, dienlich sein kann. Nach dieser erstmaligen Entdeckung des Tieres wurde die erlernte Fähigkeit nicht nur als Mittel, um fressen zu können, sondern als versuchsweise Verhaltensmöglichkeit zur Überwindung von Schwierigkeiten und Hindernissen in jedem Instinktbereich eingesetzt: Man kann über die Leiter aus dem Gehege entkommen, um dem Herrn nachzulaufen; man kann vor einem Feind über eine Leiter ins Heimatgehege zurückfliehen; man kann über die Leiter einer Katze aufs Dach nachjagen. Als in einem weiteren Experiment jenem Hund Futter angeboten wurde, das mit einem Gitter abgedeckt war, so daß er es nicht nehmen konnte, beobachtete man außer Scharren, Gähnen, Sich-Kratzen, Bellen, Hecheln, Speicheln, Urinieren, Hin- und Herspringen und „Anschlafen", bittenden Blicken nach dem Herrn u. a. auch einmal kurz den Versuch, eine zufällig in der Nähe stehende Leiter zu ersteigen – als ob damit sein Problem zu lösen wäre! Und das alles sogar bei einem so hochintelligenten Säugetier mit soviel mehr Lerndispositionen als sie etwa einem Vogel oder einem Fisch zur Verfügung stehen!

Es ist für jede Tierart festgelegt, in welchem Funktionsbereich und wie weitgehend das Instinktgefüge durch Lernleistungen ergänzt oder überlagert werden kann und wo im Instinktgerüst Lernleistung eingebaut werden kann. Die meisten und weitestgehenden Lern-(und Intelligenz-)Vorgänge finden als Veränderung der Auslösemechanismen in der Appetenzphase der verschiedenen Instinkte statt. Aber auch hier sind bestimmte Grenzen unübersteigbar; es ist erblich determiniert, wie weitgehend und in welcher Weise „angeborene Erfahrung" (Instinktschema) durch „individuell erworbene Erfahrung" – z. B. Ortskenntnis, körperliche Fertigkeiten, einen Fluchtweg zu ermöglichen oder Nahrung zu erlangen – ergänzt werden kann.

Ein angeborener auslösender Mechanismus spricht auf Reize sehr einfacher Art an. So reizt z. B. jedes nicht zu große, sich von der Katze wegbewegende Objekt, gleichgültig welcher Gestalt, deren AAM für Beuteinstinkthandlungen (Belauern, Anspringen usw.). Ein AAM, der durch Lernakte präzisiert wurde, spricht hingegen nur auf die Wahrnehmung vieler ganz bestimmter Merkmale an: Nur das persönlich bekannte Elterntier mit seinem individuell besonderen Aussehen und Verhalten wird von den Jungtieren in artcharakteristischer Weise begrüßt. Hunde erkennen ihren nackten Herrn nicht, wenn sie ihn nicht schon früher so gesehen haben, obwohl sie auch Geruchswahrnehmungen mitverwerten (der Geruch des nackten Herrn ist aber ebenfalls anders als der Mischgeruch des bekleideten). Wahrnehmungen zeigen Kennzeichen, die sie grundsätzlich von angeborenen auslösenden Mechanismen unterscheiden. Unter vielen anderen Besonderheiten gilt für sie die sogenannte T r a n s p o n i e r b a r - k e i t : Eine Ratte, die gelernt hat, ein Labyrinth zu durchlaufen, bewältigt diese Aufgabe auch schwimmend, ohne vorher umlernen zu müssen. Eine Katze, die dressiert wurde, nur denjenigen Kistendeckel zu öffnen, auf dem sich ein Dreieck befindet, um zum Futter zu gelangen, wählt unter verschiedenen Kisten die richtige auch dann, wenn das Dreieck viel größer als das zur Dressur verwendete ist oder auf dem Kopf steht, so daß eigentlich ein ganz anderes reales Bild auf der Netzhaut erscheinen muß. Wahrnehmung ist also „gestaltet".

Durch Lernakte kann die Wirkung eines angeborenen auslösenden Mechanismus somit im Endeffekt wesentlich verändert, manchmal sogar durch einen erworbenen auslösenden Mechanismus (EAM) gänzlich ersetzt werden. Es können aber, besonders bei Säugetieren, beide nebeneinander bestehen bleiben. In Situationen starker Erregung verschiedener Ursache und wenn der EAM nicht zum Ansprechen gebracht werden kann, weil Reizgegebenheiten dafür fehlen, kann wieder der weniger differenzierte AAM der gleichen Appetenz Handlungsauslösung ermöglichen. Auch bei dem mehr auf der motorischen Seite stattfindenden Lernen, dem Zusammenschalten einzelner angeborener Teilbewegungen zu einem neuen Bewegungsablauf, der oft trainiert werden muß, bis er als Einheit automatisch ablaufen kann, handelt es sich um „transponierbare Gestalten"; das fällt auf, wenn man an die von Affen erlernbaren Fertigkeiten wie Radfahren, oder gar an das Tanzen, Klavierspielen, Schreiben beim Menschen denkt; bei einem Hund, der eine Türschnalle zu öffnen oder irgendein kleines Zirkuskunststück erlernt hat, ist dies weniger deutlich durchschaubar.

Bei einer fertigen Handlung eines erwachsenen Säugetieres greifen angeborene Komponenten und Erlerntes oft wie Zahnräder ineinander; es können aber auch zur Meisterung ein und derselben Situation beide Möglichkeiten, eine erlernte und die angeborene Verhaltensweise, getrennt wahlweise zum Einsatz kommen, wie neuere Forschungsergebnisse Leyhausens an Katzen zeigten.

Die Ausbildung und vor allem Einhaltung von Rangordnungen in Tiergesellschaften beruht ebenfalls auf der durch persönliche Erlebnisse im Umgang mit dem Partner erworbenen Überformung angeborener Sozialverhaltensanteile.

Man kennt verschiedene Arten des Lernens: Eine in der Natur sehr allgemeine und schon bei niederen Tierarten vorkommende Form des Lernens ist das *„Abgewöhnen"* (nicht mit Gewohnheitsbildung zu verwechseln!). Viele, besonders kleine, schutzlose Tiere sind einer großen Anzahl von Feinden und allerlei anderen Gefahren im Leben ausgesetzt. Sie haben daher die angeborene Verhaltensausstattung, auf sehr viele Reize in erster Linie mit Flucht oder einer anderen selbstschützenden Reaktion (z. B. Sich-Totstellen zu antworten. Ein solcher Reiz sind etwa jedes sich plötzlich bewegende Objekt, jede optische oder akustische Erscheinung, die plötzlich oder in ungewöhnlicher Stärke auftritt. Würden nun solche Tiere nicht die Fähigkeit besitzen, nach mehrmaligen derartigen Erlebnissen zwischen wirklich für sie gefährlichen und harmlosen, für ihr Leben belanglosen Reizen unterscheiden lernen zu können, so würden sie infolge nahezu ständigen Flucht-Suchens und Deckung-Nehmens überhaupt zu nichts anderem mehr im Leben kommen. Die *Gewöhnung* an offensichtlich von keinem bestimmten (in unserem Beispiel: üblen) Erlebnis gefolgte Reize durch Hemmung der ursprünglich durch sie ausgelösten Instinktreaktion (in unserem Beispiel: Feindvermeidungshandlungen) ist also eine wichtige elementare Art des Lernens. Sie findet nicht nur, wie in unserem Beispiel dargestellt, im Funktionskreis der Feindvermeidung Anwendung, sondern auch zur Modifikation vieler anderer Instinkte. Besonders im Reviererkundungsverhalten (Territoriumserforschungsverhalten, wozu auch die „Neugierdereaktion" bei höheren Tieren gehört) spielt Gewöhnung (Habituation) eine große Rolle.

Gewöhnung ist nicht identisch mit „Instinktermüdung", „Sinnesadaptation", „Instinktatrophie" und „Vergessen".

Die nächste, von den beiden bisher beschriebenen Lernarten, Prägung und Gewöhnung, deutlich abgrenzbare, etwas kompliziertere Form zu lernen ist das sogenannte „assoziative Lernen", bei dem man zwei Untergruppen unterscheidet:

a) das Lernen nach Art der sogenannten *klassischen Konditionierung* (früher, nach Pawlow, als Lernen nach Art der *bedingten Reflexe* bekannt) und

b) das Lernen nach Art der sogenannten *operanten* oder *instrumentellen Konditionierung* (früher auch als Lernen nach Art der *bedingten Reflexe Typ II* oder als *Lernen am Erfolg,* auch *Lernen durch Versuch und Irrtum* bezeichnet).

Beide Lernfähigkeiten spielen eine wesentliche Rolle bei allen Tierdressuren und bei der sogenannten Gewohnheitsbildung der Tiere und der Menschen.

Das Lernen nach Art der klassischen Konditionierung oder der bedingten Reaktionen kann definiert werden als der Vorgang der Aneignung der Fähigkeit eines Tieres, auf einen gegebenen (bisher indifferenten) Reiz – z. B. ein Klingelzeichen – mit einer einem anderen Reiz zugehörigen Reaktion zu antworten – z. B. Speichelabsonderung des Hundes bei Futterwahrnehmung, wenn die beiden Reize zeitlich knapp aufeinanderfolgend mehrmals angeboten werden. D. h.: Anfänglich muß der x-beliebige indifferente Reiz, später „bedingter Reiz" genannt, mit dem Schlüsselreiz eines Instinktes („unbedingter Reiz" nach Pawlow) kombiniert, mehrmals angeboten werden, um später – quasi als Ersatz des Schlüsselreizes – dieselbe Instinktreaktion auszulösen.

Nach Auffassung der heutigen Verhaltensbiologie wird also nach Vollzug des Lernaktes die in diesem konkreten Fall vegetative Freßappetenz Speichelfluß durch den ursprünglich indifferenten Reiz Klingelzeichen ausgelöst (als Ersatz für die jetzt nicht mehr angebotenen Reize, die im Anblick und Geruch des Futters bestehen und auf angeborener Grundlage den Speichelfluß auslösen). Dabei bleibt die Reaktion – der Speichelfluß – eine angeborene Verhaltensweise aus dem Funktionskreis Nahrungsaufnahme –, unverändert, durch Lernen erworben wurde lediglich deren andere Auslösbarkeit. Der Verhaltensforscher Hassenstein spricht daher vom „Prinzip der bedingten Appetenz": Nimmt ein Lebewesen vor oder während einer Antriebsbefriedigung eine ursprünglich neutrale Reizsituation wahr, so kann das einen Lernvorgang hervorrufen, mit dem Ergebnis, daß diese Reizsituation künftig zum Anlaß oder auch zum Ziel für das dazugehörige Appetenzverhalten wird. (Ein Appetenzverhalten gewinnt hier also neue erfahrungsbedingte auslösende und richtende Reize.) Aber nicht nur in Situationen angenehmer Erfahrungen kann ein Tier lernen. Folgt auf die Wahrnehmung einer neutralen oder zuvor angestrebten Reizsituation ein- oder mehrmals eine schmerzhafte oder ängstigende Erfahrung, so verknüpft sich die Reizsituation mit der Verhaltenstendenz des Vermeidens, die je nach den Umständen zur Flucht oder zur Hemmung der Annäherung führt. In diesem Falle spricht man, nach Hassenstein, vom Erwerb einer „bedingten Aversion". Bei der bedingten Aversion wird das gesamte Vermeideverhalten (Abwehr, Abwendung, Flucht, Hemmung der Annäherung) an die abstoßend gewordenen Reize geknüpft; gegebenenfalls sind das Verhaltensweisen, die in der Lernsituation gar nicht vorkamen. Es sind aber angeborene Verhaltensweisen wie bei der bedingten Appetenz, verändert wurde wieder nur die Auslösbarkeit.

Schließlich kann man auch dem als Auslösereiz erlernten, ursprünglich indifferenten Reiz einen weiteren indifferenten Reiz vorausgehen lassen (und dies mehrmals wiederholen), dann bindet sich auch an jenen die Auslösewirkung für das Verhalten. Man kann nach diesem Mechanismus weitere bedingte Reaktionen zweiter, dritter, vierter und fünfter Ordnung ausbilden.

Ein Beispiel hierzu: Anfänglich löst nur Anblick und Geruch des Futters Speichelfluß aus – später löst auch Klingelzeichen (wenn es mehrmals knapp vor der Futtergabe ertönte) Speichelfluß aus (obwohl jetzt gar kein Futter sichtbar ist) – schließlich löst bereits das Hineinführen des Hundes in den Versuchsraum, in dem das charakteristische Klingelzeichen mehrmals ertönt, Speichelfluß, also Freßappetenz aus, und noch später speichelt der Hund schon beim Erscheinen des Wärters, der ihn regelmäßig vom Zwinger zum Versuchsleiter, welcher mit ihm dann allein den Versuchsraum betritt, führt. Werden die Versuche stets zu einer bestimmten Tageszeit durchgeführt, dann merkt man nach mehreren regelmäßig hintereinander vorgenommenen Fütterungen, daß der Hund bereits bei Heranrücken der Versuchszeit unruhig zu werden und etwas zu erwarten scheint.

Genauso kann es sich auch beim Erwerb einer bedingten Aversion verhalten: Es bildet sich schließlich eine hierarchische Kette von angstauslösenden Reizen aus.

Wird nun längere Zeit hindurch nur ein bedingter Reiz geboten, ohne daß dieser von der Möglichkeit des Durchführens einer Instinkthandlung als „Belohnung" oder „Bestrafung" (die Behavioristen sprechen von „Reinforcement", d. h. Bekräftigung) gefolgt wird, dann verschwindet seine reaktionsauslösende Wirkung nach bestimmten Gesetzmäßigkeiten zeitweilig oder dauernd, sie unterliegt einer Hemmung. Es sind auch noch andere Bedingungen für das Auftreten sogenannter innerer und äußerer Hemmungen – sowie auch für Verstärkungen – bedingter Reaktionen bekannt, ihre Beschreibung würde jedoch hier zu weit führen.

Während beim Lernen nach Art der bedingten Reaktionen nur die Auslösbarkeit von Instinkthandlungen verändert wird, geht das *Lernen am Erfolg* insofern noch einen Schritt weiter, als bei ihm sich der Lernakt auf das Vollziehen bestimmter freiwilliger Bewegungen oder Handlungen erstreckt, die mit den als „Belohnung" oder „Bestrafung" schließlich vollziehbaren Instinkthandlungen ursprünglich keinerlei Beziehung haben.

Mit anderen Worten: Die operante oder instrumentelle Konditionierung unterscheidet sich von der klassischen dadurch, daß hier nicht ein neuer Reiz an eine bereits vorhandene Reaktion gebunden wird, sondern daß eine neue Bewegung mit der Verminderung eines Bedürfnisses (z. B. dem Stillen von Hunger) in Beziehung tritt. Dazu ein Beispiel: Ein Hund ist in einen Käfig gesperrt, in dem sich eine Taste befindet, deren Betätigung ein Futterstück in den Käfig fallen läßt. Das Versuchstier, vielleicht motiviert, aus dem Käfig zu entkommen oder diesen neugierig zu untersuchen, drückt zufällig, unter vielen anderen Bewegungen, auch einmal auf die auf dem Boden des Käfigs angebrachte Drucktaste, worauf Futter in den Käfig fällt. Ist der Hund hungrig, so wird er die Instinktendhandlung des Futterfressens vollziehen und die Handlung davor, nämlich das Drücken auf die Taste, sich einprägen bzw. in neuerlicher Versuchsanordnung viel eher wieder ausführen als die vielen anderen unzweckmäßigen Bewegungen, die zu keinem Erfolg führten.

Durch eine etwas andere Versuchsanordnung lassen sich beide Lernarten, nämlich die klassische und die operante Konditionierung, verbinden, wie dies in der Praxis der Hundeabrichtung sehr oft stattfindet. Auch dies möge ein Beispiel veranschaulichen: Ein Hund befindet sich in einem Käfig, in dem plötzlich eine bestimmte Zeit lang eine Lampe aufleuchtet. Das Versuchstier – durch das Aufleuchten der Lampe vielleicht zu Neugier- oder Beunruhigungs- und damit Fluchtaktivität angeregt – drückt zufällig, unter vielen anderen Bewegungen, auch einmal auf eine auf dem Boden des Käfigs angebrachte Drucktaste, worauf durch eine Öffnung Futter in den Käfig fällt, das natürlich sogleich verzehrt wird. Die Versuchsanordnung ist so konstruiert, daß Futter nur dann in den Käfig fällt, wenn das Tier auf die Taste drückt, während (oder noch knapp nachdem) das Licht aufleuchtet. Durch häufige Wiederholung des Versuchs lernt es schließlich, auf den „Lichtbefehl" bzw. das Lichtsignal die Pfote auf die Taste zu drücken – eine Handlungsweise, die mit den Bewegungen des Nahrungsaufnahmeinstinktes, dessen Instinktendhandlung dann als „Belohnung" in Form von trieblösendem, lustvollem Fressenkönnen erfolgt, ursprünglich nichts zu tun hatte.

Natürlich kann – in anderen Versuchsanordnungen – nicht nur die Instinktendhandlung des Nahrungstriebes als „Belohnung" fungieren, sondern auch Befriedigung des Geschlechtstriebes, des Muttertriebes usw. Mit der Rolle der Motivation zum Lernen bei der Dressur werden wir uns später noch eingehender zu befassen haben.

Nach Hassenstein läßt sich die Lernkategorie der operanten Konditionierung wieder in zwei Unterarten aufteilen, nämlich in „bedingte Aktion" einerseits und in, gewissermaßen deren Gegenteil, die „bedingte Hemmung", je nachdem ob auf das neue Verhaltenselement gute oder schlechte Erfahrung folgt. Er definiert das Lernprinzip der bedingten Aktion folgendermaßen:

Folgen auf ein Verhaltenselement ein- oder mehrmals Erfahrungen, die eine Belohnung für das Lebewesen darstellen, so verknüpft sich der durch die Belohnung befriedigte Antrieb mit dem Verhaltenselement und stellt es in seinen Dienst. Antriebe können auf diese Weise neue ausführende Verhaltensweisen gewinnen. Das allgemeine Prinzip der „bedingten Hemmung" dagegen: Folgt auf ein Verhalten ein- oder mehrmals eine schmerzhafte oder ängstigende Erfahrung, so kann die betreffende Verhaltenstendenz unter Hemmung gesetzt werden, und das Verhalten erfolgt seltener oder gar nicht mehr. Ein Beispiel für die Lernart der bedingten Hemmung im Rahmen der Hundedressur ist das „ Abliegen" (in Verbindung mit „Bleib"): Der Hund lernt zunächst, auf Kommando „Platz" sich sofort hinzulegen. Er soll nun so lange liegen bleiben – egal, welche Sinnesreize ihn zum Aufstehen und Weglaufen verleiten –, bis sein aus der Sichtweite verschwundener Herr ihn durch ein (schon vorher nach dem Prinzip der bedingten Appetenz gelerntes) Signal zu sich ruft. Weder ein vorbeilaufendes Kaninchen noch ein Artgenosse oder was sonst auf ihn einwirken könnte, darf ihn dazu veranlassen, seine Liegeposition aufzugeben. Die Dressur, um diese Verhaltensdisposition entstehen zu lassen, besteht darin, daß der Hund bei jedem Aufstehen das scharfe Kommando „Bleib" zu hören bekommt, egal, aus welchem Grund er sich erhebt. Durch die Erfahrung, daß er bei jedem eigenmächtigen Aufstehen zurechtgewiesen wird, verknüpft sich das Verhalten des Aufstehens mit einer inneren Hemmung. Die Assoziation verbindet also mit der Hemmung ein inneres Verhaltenskommando, nicht einen bestimmten Reiz.

Nach Hassenstein ist also Lernen am Erfolg als eine Kombination von bedingter Appetenz und bedingter Aktion aufzufassen; Lernen aus Erfahrung als eine Sammelbezeichnung für vier verschiedene Lernarten, nämlich: bedingte Appetenz, bedingte Aktion, bedingte Aversion und bedingte Hemmung. (Die neobehavioristischen Lernforscher der sogenannten amerikanischen Verhaltenspsychologie, wie z. B. Skinner und seine Schüler, bezeichnen diese Situationen, die sie in vielen Versuchsanordnungen an Ratten, Tauben und anderen Tieren experimentell studierten, zwar mit anderen Fachausdrücken, entsprechend ihrer anderen Auffassung der Interpretierbarkeit tierlichen Verhaltens, doch kommt in praxi ungefähr dasselbe dabei heraus. Da jedoch die amerikanischen Lerntheoretiker ihre Erfahrungen ausschließlich an wenigen Tierarten und unter wirklichkeitsfremden, unnatürlichen Laborverhältnissen gewonnen haben und überdies das angeborene Verhalten bei Tieren nur ungenügend in Rechnung stellen, werden deren Auffassungen von der Mehrzahl der europäischen Verhaltensbiologen heute als unzulässige Vereinfachung der wahren Sachverhalte und daher als überholt betrachtet.)

Eigenartigerweise scheint es für höhere Tiere leichter zu sein, zugleich viele Merkmale einer Situation miteinander zu verknüpfen und im Gedächtnis zu behalten, als einzelne isolierte Assoziationen zu bilden. Jedenfalls geht beim Abrichten von Hunden etwa auf das Wort „Platz" zunächst die Situation mit zahlreichen Einzelheiten – Ort, Tageszeit, Person, Tonfall – in das Lernen ein; und es ist notwendig, alle unwesentlichen Züge nachträglich wieder abzudressieren, indem die Dressur an verschiedenen Orten, zu verschiedenen Tageszeiten und von verschiedenen Hundeführern wiederholt wird. Auch ist bei der praktischen Hundeabrichtung dem Umstand Rechnung zu tragen, daß Lernprozesse aufgrund schlechter Erfahrung generell nur eine geringe Chance haben, durch neuere Erfahrungen korrigiert zu werden. Das ist leicht einzusehen: Weil eine Lernsituation aufgrund von schlechten Erfahrungen hinfort gemieden wird, kommt das Tier mit ihr auch kaum wieder in Kontakt. Unerwünschte zufällige Einflüsse, die Unlust oder Angst auslösen, können während einer Dressur daher zu unerwünschten Fehlverknüpfungen führen, die nur zeitraubend wieder zu beseitigen sind. Bei Abrichtung und „Erziehung" von Säugetieren in Zoo und Zirkus und besonders natürlich im Rahmen der Hundeabrichtung spielen verschiedenartige Kombinationen der vorgenannten vier Lernformen eine wichtige Rolle. So z.B. die Kombination von bedingter Appetenz und bedingter Aversion bei der sogenannten „Differenzdressur": Bei Differenzdressur (Discrimination Learning) verknüpft man Reize, deren Unterscheidbarkeit durch das Versuchstier man untersuchen möchte, mit unterschiedlichen Konsequenzen, so mit Belohnung und Nicht-Belohnung, mit Strafe und Nicht-Strafe oder mit Belohnung und Strafe. (Letztere Kombination ist besonders wirksam.) Wenn das Tier die Reize unterscheiden kann, so behandelt es sie nach der Dressur verschieden: Es sucht den einen und ignoriert oder meidet den anderen. Auch darauf werden wir in späteren Kapiteln noch ausführlich zurückkommen.

Bei genauer Beobachtung von Tieren während des Ausführens erlernter Handlungen hat man häufig den Eindruck, daß das Tier die Situation auch bis zu einem gewissen Grade *versteht*: Ein Hund erwartet geradezu nach dem richtigen Ausführen der gelernten Handlungen nun die Belohnung, er führt die Bewegungen mit der sichtlichen Absicht aus, sich z.B. Futter zu verschaffen – d.h. in die Appetenzphase des Freßinstinktes wurde eine *Präappetenzhandlung* hineingelernt. Es gelingt allerdings selbst mit solchen Methoden nicht, einem Tier Bewegungsweisen beizubringen, die es auch sonst im Leben – im Zusammenhang mit irgendeinem anderen Instinkt – nicht auszuführen imstande wäre: Man kann nur seine angeborenen Bewegungselemente (Erbkoordinationen) sozusagen andersartig zusammensetzen, aber nicht prinzipiell verändern.

Sehr viele Tierdressuren und zahlreiche Lernakte der Tiere unter natürlichen Verhältnissen beruhen auf den vorgenannten Lernprinzipien. Ja, zahlreiche Gewohnheiten und Fertigkeiten selbst im Leben des Menschen werden aufgrund von „Lernen am Erfolg" (zu dem mehrmaliges bis häufiges Üben meist unerläßlich ist) erworben. Man unterscheidet dabei gedächtnismäßiges Behalten (und Wiedererkennen) von Wahrnehmungen und ein Behalten – im Sinne von Können – von neu zusammengeschalteten Bewegungsfolgen und Handlungsabläufen. Mit verschiedenen Besonderheiten des Lernens nach Art der Ausbildung und Löschung bedingter Reaktionen I und II und bedingter Handlungshemmungen werden wir uns im Kapitel über die Umkonditionierung (Heildressur) noch eingehender zu befassen haben.

Wer als Zuschauer im Zirkus den attraktiven und vielseitigen Tierdressuren applaudiert, hat meist kaum eine rechte Vorstellung von der schweren, oftmals langjährigen und geduldigen Arbeit der Dompteure. Schritt für Schritt bauen sie ihre Dressurnummer auf und bedienen sich dabei auch der Fähigkeit ihrer Zöglinge, am Erfolg zu lernen, wenn die gewünschten Handlungselemente angemessen belohnt werden. Aber sie machen auch von der Möglichkeit einer weiteren Lernart Gebrauch, dem sogenannten *kinaesthetischen Lernen* oder motorischen Lernen: Wird ein Tier durch eine immer wiederkehrende Folge von auslösenden Reizen oder durch äußeren Zwang häufig zur Ausführung der gleichen Handlungsfolge veranlaßt, so verkoppeln sich die Einzelhandlungen. Sie laufen dann in gleicher Weise nacheinander ab, auch wenn die steuernden Einflüsse ausbleiben. So versucht man, Tieren das Lernen besonderer Bewegungsmuster beizubringen: Soll ein Elefant z. B. einen Handstand oder Kopfstand vollführen, setzt die Dressur voraus, daß das Tier in kleineren Einzelschritten langsam eine Veränderung von Koordinationsmustern erlernt. Dabei werden durch menschliches Handanlegen oder auch mit Hilfe von Hebekränen jeweilige Positionen zunächst passiv erzwungen und danach belohnt. So kann man – bis zu gewissem Grad – Tieren sogar Handlungen oder Handlungsfolgen beibringen, die in ihrem natürlichen Verhaltensinventar gar nicht vorkommen! Auch durch fortwährendes Locken oder abwechselndes Auslösen von Flucht und Angriff (abwechselndes Unter- und Überschreiten der hierfür kritischen Distanz) wird das Tier so oft zu einer Folge von bestimmten Bewegungen veranlaßt, bis es sie mechanisch „auswendig gelernt" hat. Danach werden die genannten „Hilfen" abgebaut bis zu geringfügigen Intentionsbewegungen des Dompteurs, welche die Tiere dann jedoch weiterhin im gelernten Sinne beantworten. Um eine ähnliche Lernweise handelt es sich bei der Selbstdressur des Menschen zu geplanten Bewegungsweisen, wie z. B. dem Erlernen von Tanzbewegungen, Radfahren, Schwimmen, Bedienen von Maschinen, Autofahren u. a. m. – welche später völlig mechanisch ablaufen. Insbesondere beim Lernen von Tänzen erfahren die Lernenden durch eine andere Person gestellte Passivbewegungen, die sie später aktiv ausführen. (Der Lehrer bringt den Schüler durch manuelle Führung in die angestrebten Stellungen.) Manche Forscher betrachten dieses Lernprinzip als eine besondere Form des Nachahmungslernens.

Eine weitere Lernkategorie, die manche Forscher besonders unterscheiden zu müssen glauben, ist das sogenannte *latente Lernen:* Wenn man z. B. Ratten in ein für sie noch unbekanntes Versuchslabyrinth setzt, ohne besonderes Dressurarrangement zur Auffindung einer bestimmten Zielstelle (an der irgendeine Belohnung, etwa in Art des Fressenkönnens von Futter wartet), so laufen sie unter unspezifischer, d. h. nicht genauer klassifizierbarer Appetenz zunächst scheinbar planlos darin herum, beschnuppern da eine Ecke, besichtigen dort einen Blindgang usw. Entfernt man sie eine Zeitlang aus diesem Labyrinth, um sie später wieder in dieses zu verbringen, nun aber unter Beköderung einer Zielstelle, so stellt man fest, daß diejenigen Ratten, die früher Gelegenheit hatten, zwanglos im Labyrinth zu weilen, wesentlich rascher und mit geringerer Fehlerzahl den Weg von der Einlaßstelle zur Zielstelle finden lernen als eine Kontrollgruppe, die nicht Gelegenheit hatte, vorher das Labyrinth „kennenzulernen", woraus wohl gefolgert werden kann, daß Ratten die Anordnung eines bestimmten Labyrinths sich auch dann einprägen, wenn ein solcher Lernakt nicht durch das Vollziehenkönnen einer von starken Affekten begleiteten Instinkthandlung – wie etwa beim Lernen nach Versuch und Irrtum – belohnt wird. Tiere können auf diese Weise die Fähigkeit erlangen, das so Gelernte (unter zwanglosen Bedingungen der Neugierde, des Spielens usw.) später – wenn es um das Erreichen eines Triebzieles geht – sinnvoll zu verwenden. Es geht beim Erlernen eines Labyrinthweges daher nicht etwa, wie man ursprünglich annahm, um rein mechanisches „Einfahren einer Bewegungsfolge" des richtigen Weges, sondern um eine Art wirklichen Verstehens der räumlichen Anordnung, denn das Labyrinth wird auch dann „erkannt", wenn das Tier es schwimmend durchqueren oder an einer anderen Stelle als gewohnt betreten muß.

Auf der gleichen Basis prägt sich ein Tier in freier Wildbahn die markanten Örtlichkeiten seines Reviers, den richtigen Heimweg, einen Fluchtweg usw. ein.

Namentlich bei höheren Tieren – Wirbeltieren, besonders Säugetieren – kann man beobachten, daß eine ausgeprägte Neigung, die Umgebung zu untersuchen und kennenzulernen, also „Neugierde", besteht. Die Tätigkeit des Untersuchens einer neuen Umgebung – von höheren Tieren mit großer Aufmerksamkeit durchgeführt – nennt man Erkundungsverhalten. Manche Forscher halten dies für einen eigenen Trieb, es handelt sich, so betrachtet, dann nicht um eine besondere Lernkategorie „latentes Lernen", sondern nur um eine besondere Motivation.

Das in einer solchen eher unspezifischen Appetenzphase Gelernte steht später, wenn es aus irgendeiner vitalen Notwendigkeit eines anderen Instinktkreises gebraucht wird, zur Verfügung; es steigt sozusagen plötzlich in die Erinnerung auf. Bei den höheren Wirbeltieren ist ja der Kontakt mit der wahrnehmbaren Welt in geringerem Ausmaß als bei den stammesgeschichtlich älteren, also niederen Tierarten durch angeborene Dispositionen (starrer Instinktzwang) vorbestimmt bzw. festgelegt; der subtilen Anpassung an die wechselnden Gegebenheiten der persönlichen Umwelt ist durch die verschiedensten Lernakte also viel größerer Raum, d. h. handlungssteuernder Einfluß gelassen. Latentes Lernen, auch *Erforschungslernen* genannt, ist im Dienste des Heimfindungsvermögens jedoch bereits bei Insekten – z. B. Bienen – ausgeprägt vorhanden, also bei Tieren, in deren Leben Lernakte sonst nur eine begrenzte Rolle spielen.

Die höchste, weil komplizierteste Art zu lernen, die schon einen ziemlichen Intelligenzgrad voraussetzt, ist das sogenannte *Einsichtslernen*.

Man muß unterscheiden zwischen Einsicht an sich und Einsichtslernen. Unter Einsicht verstehen wir das Begreifen von kausalen Beziehungen, es ist also Sache der Organisation von Wahrnehmung; das bekannte „Aha-

Erlebnis" ist dafür kennzeichnend. Einsichtslernen hingegen ist das Vollführen einer zweckmäßigen – nicht angeborenen – Handlungsweise in einer neuen Situation (zur Lösung einer neuen Aufgabe) ohne vorheriges Versuch-und-Irrtum-Verhalten. Zur Erklärung dieses „vernunftgemäßen Handelns", bei welchem frühere, unter anderen Bedingungen gemachte Erfahrungen zur Lösung einer *neuen* Situation sinnvoll – ohne neuerlichen Versuch – *neu kombiniert* und zum Einsatz gebracht werden, müssen wir das Vorhandensein einer gewissen Denkfähigkeit voraussetzen, die das Tier instand setzt, bestimmte Folgen (bzw. Wirkungen) seiner beabsichtigten neuen (willkürlichen!) Bewegungskombination zu *erwarten*, also das Eintreten eines Wirkungsgeschehens vorwegzunehmen (richtig vorauszusehen), was nur durch Beziehungseinsicht – durch Begreifen von Zusammenhängen – möglich ist. Denken ist sozusagen Probehandeln in der Vorstellung. Bekanntlich kommt diese Fähigkeit nur den höheren Säugetieren zu, und diese „geistige" Tätigkeit scheint auch sehr anstrengend zu sein, also nahe der Grenze der psychischen Leistungsfähigkeit eines Tieres zu liegen, da relativ selten davon Gebrauch gemacht wird, wie Experimente und Freilandbeobachtungen zeigen. Interessant ist immerhin, daß die Wahrnehmung von Zeitpunkt und Dauer eines Ereignisses für den tierischen Organismus ebenso fundamental zu sein scheint wie die Wahrnehmung des Raumes bzw. einer räumlichen Beziehung.

Die einfachste Form einsichtigen Verhaltens kann, nach Immelmann, im sogenannten Umwegversuch getestet werden. Hier kann eine Einsicht in die räumliche Situation immer dann angenommen werden, wenn das Versuchstier bei versperrtem direkten Zugang zu einem Ziel einen Umweg ausführt, bei dem es sich zunächst von diesem Ziel entfernen muß, um sich ihm später hinter dem Hindernis wieder zu nähern. Das anfängliche Laufen in die falsche Richtung kann hier nur als Bestandteil des gesamten Umweges einen Sinn besitzen und läßt sich daher auch nur aus einer Einsicht in die Gesamtsituation verstehen.

Was ist *Begriffsbildung*? Sind Tiere dazu fähig? Diese Fähigkeit definiert Thorpe als das Vorkommen von Wahrnehmungen (wahrnehmungsartig strukturierte psychische Vorgänge – ohne dazugehörige äußerliche Stimulation) in Form von Vorstellungen, die einigermaßen abstrakt oder generalisiert sind und Gegenstand weiteren Vergleichens durch Lernprozesse (Denktätigkeit!) sein können.

Versuche Koehlers mit einigen Vögeln und Säugetieren beweisen, daß Tiere in beschränktem Maße sogar *Zahlbegriffe* bilden können und daß das vorsprachliche Zählvermögen bis höchstens sieben reicht. Dressurergebnisse bei Blindenführhunden zeigen, daß unter gewissen Umständen Hunde zu einer einfachen Abstraktion fähig sind. So z. B. bei der sogenannten „Personalerweiterung". Normalerweise beachtet ein Hund Hindernisse ja nur, wenn sie so in seinem Weg liegen, daß er mit seinem Körper daran stoßen würde. Ein Blindenführhund muß aber seinen Herrn auch dann einen Umweg führen, wenn z. b. ein offener Fensterflügel einer ebenerdig gelegenen Wohnung vom Haus wegragt. Der Hund würde nicht daran stoßen, wohl aber sein ihm anvertrauter Herr. Bei der Ausbildung von Blindenführhunden werden die Tiere daher in Hindernisgärten mit Hilfe von Wägelchen (in menschlichen Dimensionen), die sie ziehen müssen, dazu gebracht, auch Hindernisse im weiteren Bereich in ihre Reaktion mit einzubeziehen. Wenn das Wägelchen durch ein Hindernis zum Stoppen gebracht wird, fühlt der Hund einen schmerzhaften Ruck. Dabei zeigt sich, daß der Hund zunächst nur Hindernisse gleicher Form oder gleicher Höhe vermeiden lernt; ein Hindernis anderen Aussehens wird zunächst wieder nicht beachtet. Man muß daher die Gestalt der verschiedenen möglichen Hindernisse während der einzelnen Dressurlektionen häufig wechseln und variieren, bis der Hund begriffen hat, worauf es ankommt: Nicht das Aussehen eines Hindernisses ist entscheidend, sondern dessen Entfernung und Lage im Raum.

Die letzte Lernkategorie ist das sogenannte *„Lernen durch Nachahmung"*. Nachahmungslernen setzt als sogenannte echte Imitation eine besonders hoch entwickelte Intelligenz voraus. Vieles im Verhalten von Vögeln und Säugetieren erscheint auf den ersten Blick als Nachahmung, ist jedoch meist nur Instinktansteckung (auf dem Wege über soziale Auslöser), also nicht auf einem Lernakt oder gar zweckbewußter Einsicht – Absicht – beruhend. Um Instinktansteckung bzw. Stimmungsübertragung handelt es sich z. B. in folgenden Fällen: In einer Gesellschaft gähnt einer. Alle anderen tun daraufhin das gleiche. Ein Huhn frißt und wird dabei von einem anderen, bereits gesättigten Huhn gesehen – sofort läuft auch dieses wieder zum Futter und fängt zu picken an. Wahre Imitation aber ist das Kopieren einer neuen und dem Individuum bisher unbekannten Handlungsweise oder Lautäußerung (eine Handlung, für die eindeutig keine instinktive Tendenz vorhanden ist). Es ist nach dieser Definition also eine Art Bewußtsein des eigenen Wesens Voraussetzung und die – bewußte oder unbewußte – Absicht, von der Erfahrung anderer zu profitieren. Bisher konnte echtes Lernen durch Zusehen – also echte Handlungsnachahmung – erst bei Menschenaffen und bis zu gewissem Grad bei Katzen sicher nachgewiesen werden. Eine Versuchskatze z. B., die zusehen konnte, wie eine andere Katze in einem Käfig (dessen Türe von innen nur durch eine bestimmte Handlungsweise, etwa das Wegschieben eines Riegels, zu öffnen war) mühsam durch Versuch- und-Irrtum-Verhalten sich befreien lernte, hatte, wenn sie selbst in dem Versuchskäfig saß, sichtlich viel weniger Mühe, die richtigen „Handgriffe" vollführen zu lernen.

Macht man den Versuch mit Hunden, dann kann man beobachten, daß jeder Hund erst selbst mühsam durch Versuch und Irrtum auf die richtige Lösung kommen muß, das Zusehen-Dürfen beim Lernen des anderen erweist sich als keinerlei Hilfe. Es ist daher sinnlos zu glauben, einem Hund, dem man etwas beibringen will, erleichtere man seine Lernaufgabe durch Vorzeigen der gewünschten Tätigkeit, wie man das bei einem Kind tun würde. Lernen nach Art der Nachahmung spielt bekanntlich beim Menschen eine sehr große Rolle.

Das Spotten mancher Vögel (und das „Sprechenlernen" der Papageien) soll, wie Forscher, die sich eingehend damit befaßt haben, versichern, nicht auf Nachahmung, sondern auf einer besonderen Art des Lernens am Erfolg beruhen.

Wie im Verlauf dieses Kapitels mehrmals deutlich wurde, wird man bei der Erklärung verschiedener, oft recht zweckmäßig und sinnvoll erscheinender tierischer Handlungen leicht verleitet, sogleich Beweise für das Vorliegen höherer Intelligenzleistungen anzunehmen. Auch die tägliche Beobachtung eines Hundes und seine subtile Einpassungsfähigkeit in die menschliche Welt verleiten allzu leicht zu vorschnellen Schlüssen: „Unser Hund versteht jedes Wort, nur schade, daß er nicht sprechen kann!" Es kann aber nicht genug vor vorschnellen Schlüssen dieser Art gewarnt werden. Oft stellt sich bei näherer Prüfung eine Handlungsweise als auf viel einfacheren Lernleistungen oder ganz auf Instinkttendenzen beruhend heraus. Als oberste Regel tierpsychologischen Deutens gilt daher nach wie vor das sogenannte *„Prinzip der sparsamsten Erklärung".* Erst wenn eine Handlungsweise – nach Ausschaltung aller Irrtumsquellen – keines-

48

falls mit angeborener Auslösbarkeit oder den einfachsten Lernkategorien befriedigend erklärt werden kann, sind wir berechtigt, das Vorliegen komplizierter psychischer Fähigkeiten als Grundlage anzunehmen. Andererseits ist es der modernen tierpsychologischen Forschung gelungen, eindeutig zu beweisen, daß Tiere – innerhalb gewisser Grenzen und unter bestimmten Umständen – zu sogenannten echten Intelligenzleistungen tatsächlich fähig sein können und zur Meisterung ihrer Lebensprobleme davon gelegentlich auch Gebrauch machen.

Wie schwer es beispielsweise einem Hund fällt, eine relativ einfache räumliche Beziehung einsichtsvoll zu meistern, zeigen die sogenannten Bindfadenversuche, die jeder mit seinem Hunde zu Hause selber anstellen kann: Ein Hund wird an einer Leine gehalten, vor ihn legt ein Helfer ein Stück Fleisch, an dem ein Stück Schnur befestigt ist. Das Fleisch muß sich in solcher Entfernung befinden, daß der (angeleinte) Hund es wohl sehen, jedoch nicht mit den Pfoten oder der Schnauze erreichen kann; nur das freie Ende der Schnur wird bis in Reichweite des Hundes ausgelegt. Ein Schimpanse würde nun, ohne lange zu überlegen oder gar planlose Versuche zu machen, sofort die Schnur ergreifen, um sich den Leckerbissen heranzuziehen. Nicht so der Hund. Wir wollen uns in diesem Zusammenhang das Geschehen beim Bindfadenversuch konkreter vergegenwärtigen: Was kann man beim Hund beobachten? Er zerrt an seiner Leine, diese aber gibt nicht nach; er setzt sich hin und bellt, springt hoch und gähnt schließlich vor Erregung und Ungeduld (Übersprunghandlungen); er blickt seinen Herrn an – ist er doch gewohnt, daß dieser ihm in ausweglosen Situationen hilft. Er bellt und gibt Pfote – aus früheren Erlebnissen weiß er, wie sehr das zum Erfolg führen kann. Der Hund scharrt auf dem Fußboden, er probiert sein gesamtes angeborenes und erlerntes Verhaltensinventar durch, das früher einmal bei anderen Problemen zum Erfolg führte. Nichts hilft. Nun kommt der Augenblick, in dem sich mancher Hund (meistens Pudel, Foxterrier oder Dackel) als besonders intelligent erweisen könnte: Er setzt oder legt sich hin und betrachtet die Versuchsanordnung; er überlegt offenbar. Kommt ihm das „Aha-Erlebnis" (die plötzliche Einsicht), dann springt er auf und scharrt mit der Pfote auf der Schnur oder nimmt diese mit den Zähnen, um das Fleisch heranzuziehen. Diese „primäre Aufgabenlösung" ist jedoch sehr selten. Die meisten Hunde verbleiben weiter im Stadium des Versuch-und-Irrtum-Verhaltens, bis sie mehr-

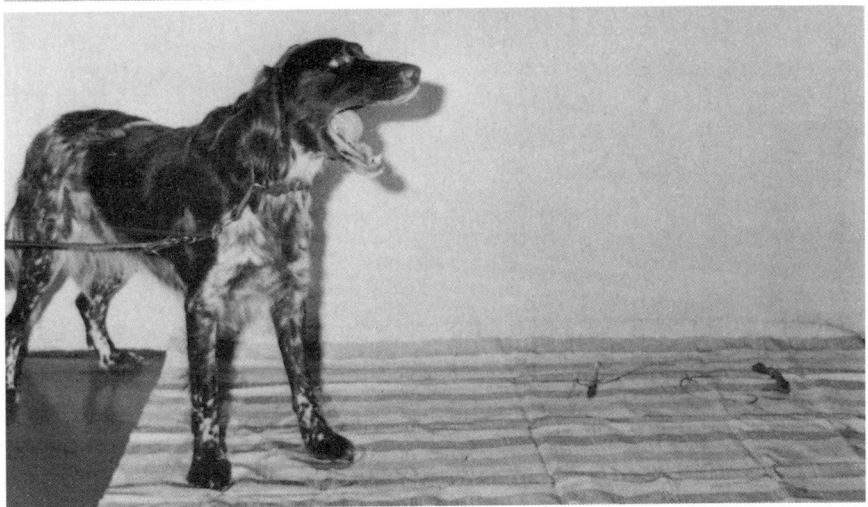

Der Bindfadenversuch ist eines der ältesten tierpsychologischen Experimente. Die Bilder auf dieser und nebenstehender Seite zeigen vier Phasen des Verhaltens eines in dieser Situation noch unerfahrenen Hundes.

50

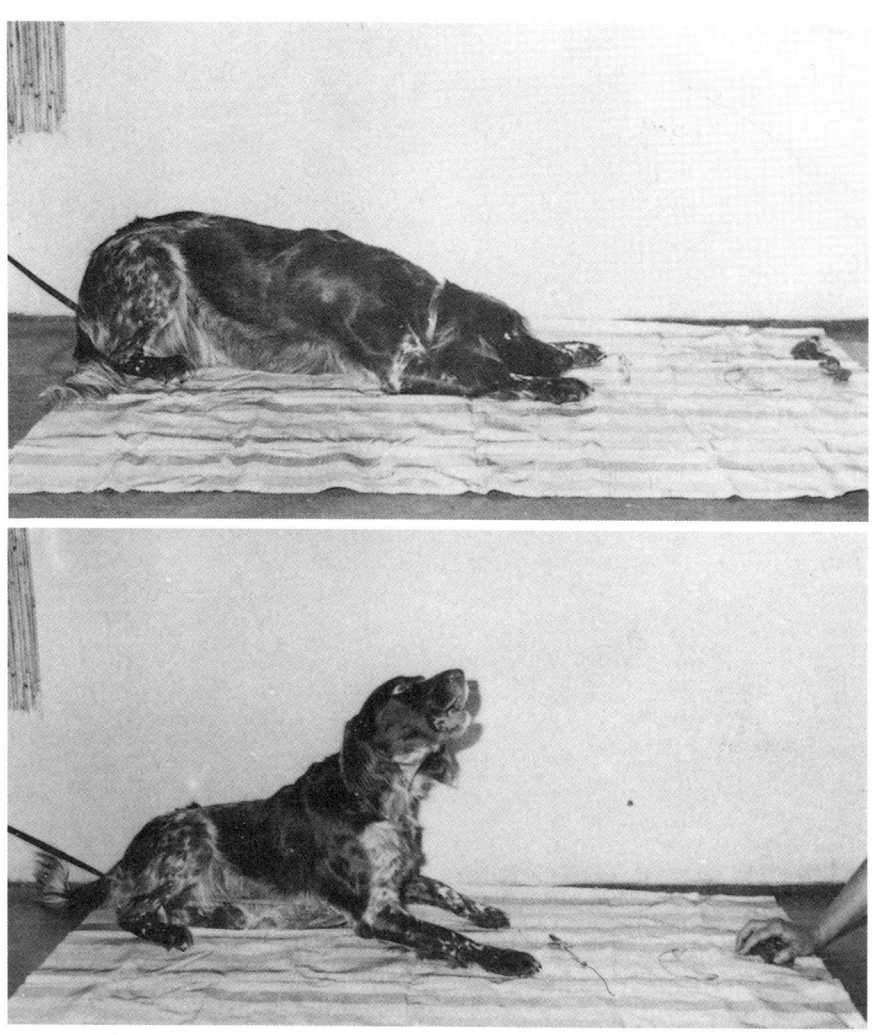

Nach der Orientierung folgt die Phase des Abwartens und Lauerns. Die Frustration löst ein Übersprunggähnen aus, das nach hilfeheischendem Blick zum Herrn durch Lautgeben abgelöst wird.

mals zufällig – bei ungeduldigen Scharrbewegungen mit den Vorderpfoten – die Schnur in Bewegung setzen und so das Fleisch näher rücken sehen. Viele begreifen auch dann noch nicht den Zusammenhang. Da das Fleisch noch immer nicht ganz erreichbar ist, werden wieder andere, unzweckmäßigere Handlungen versucht. Manche Hunde geben gar auf, wollen fort, ihr Interesse erlahmt. Schließlich ist das Ganze für sie nun zu einer argen Frustrationssituation geworden. Alle möglichen Entlastungsreaktionen sind daher zu beobachten. Da verschiedene Hunde sich in dieser Versuchsanordnung nicht ganz gleich verhalten, kann dieser Versuch als einfacher Test zur Feststellung individueller Verhaltensunterschiede in Belangen des Lernens und des Ertragens von Konflikten verwendet werden. Bei den meisten Hunden ist es so, daß sie, selbst wenn sie schon mehrmals durch zufälliges Scharren auf der Schnur das Fleisch herbeiangeln und fressen konnten, bei neuerlicher Wiederholung des Versuchs noch immer nicht die allein richtige Bewegungsweise als die einzige in diesem Fall „zweckdienliche", also erfolgversprechende „Anpassung" zu erkennen gelernt haben. Bei abermaligem Aufstellen der Versuchsanordnung, etwa zehn Minuten später, zeigen sie noch immer allerlei unzweckmäßige Reaktionen (u. a. aber auch das Scharren, welches allerdings allmählich bevorzugt versucht wird). Nach vielen wiederholten Experimenten (bei intelligenten Hunden bereits nach wenigen) wird dann nur auf der Schnur gescharrt und jede andere, überflüssige Bewegung unterlassen – so lange, bis das Fleisch in den Fang genommen werden kann. Der Hund hat durch „Versuch und Irrtum" gelernt, wie man sich bei diesem Experiment in den Besitz des Köders bringt; man sagt (nicht ganz richtig): Nun hat er die Aufgabe „verstanden".

Nach Ergebnissen amerikanischer Forscher läßt sich annehmen, daß das Lernen erwachsener Tiere auf einem *Primär-Lernen* basiert, das in der frühen Kindheit stattfindet und besonders die Art der Wahrnehmungs- und Auffassungsakte bestimmt. Späteres Lernen – *Sekundär-Lernen* – kann so durch die Art des früher Gelernten gefördert oder aber auch erschwert werden. Doch nicht jede Verhaltensweise, die bei einem jungen Säugetier erst später im Laufe seiner Entwicklung, manchmal gar erst nach der Pubertät auftritt, muß auf Erfahrungsbildung oder Übung, kurz auf Lernvorgängen beruhen. Es gibt angeborene Verhaltensweisen, die erst später reifen. So lernt auch z. B. ein Hund nicht gehen oder laufen oder schwimmen, diese Fähigkeiten sind wie viele andere angeborene Verhaltensweisen, die nur zum Zeitpunkt der Geburt noch nicht zur Funktionstüchtigkeit gereift sind. Ein Saugwelpe, den man tagelang am „Gehen-Üben" verhindert, kann in einem Alter, in dem seine Geschwister längst laufen können, dies sogleich auch, wenn man ihn von seinen Fesseln befreit. Allerdings fällt auf, daß er etwas ungeschickt ist. Eine gewisse Hilfsrolle für die Reifung angeborener Fähigkeiten spielt also die Übungsmöglichkeit doch; deshalb ist auch das Spielen in der Kindheit so wichtig. So ist es auch verständlich, warum manche Instinkthandlungen, zu deren Betätigung ein Tier unter bestimmten Umweltbedingungen die gesamte Jugendzeit hindurch keine Auslösereize vorfindet, nicht zu Leerlaufreaktionen führen, sondern verkümmern. Man kann sich dies etwa ähnlich vorstellen wie die Atrophie eines Muskels, der ebenfalls verkümmert, ja gar rückgebildet wird, wenn er lange Zeit untätig ist. Je nach besonderen Umweltbedingungen können angeborene Fähigkeiten somit nicht nur besonders entwicklungsgefördert werden, sondern auch einer Entwicklungshemmung unterliegen! Man spricht in diesem Zusammenhang von Instinktatrophie trainierbarer Instinkte.

Umgekehrt kann bei Säugetieren, besonders Haustieren, unter besonderen Umständen die Wirkung erworbener Verhaltensmechanismen so sehr „hypertrophieren", daß eine Störung in der Rangordnung der Instinkte entsteht: Die Befriedigung sogenannter *erworbener Bedürfnisse* („Quasibedürfnisse") wird dann so intensiv gesucht – erlangt also triebartigen Charakter wie ein Instinkt –, daß im Tagesablauf keine Zeit mehr verbleibt, um biologisch wichtige „natürliche" Betätigung auszuüben: So kann bei Hündinnen das Bedürfnis nach Verhätschelung durch den Besitzer so groß werden, daß sie ihre Jungen nicht pflegen und säugen.

Fassen wir dieses Kapitel zusammen. Ethologie ist die Lehre von den Instinkten. Instinkte sind ererbte Handlungsfähigkeiten, mit denen ein Tier biologisch zweckmäßig auf seine Umwelt reagiert, obwohl es den Zweck seiner Instinkthandlungen eigentlich gar nicht kennt. Instinkthandlungen sind so unveränderlich wie Körperteile. Alle Vertreter einer Tierart führen Instinkthandlungen in prinzipiell gleicher, arttypischer Weise aus. Damit eine bestimmte Instinkthandlung zum Abrollen gebracht werden kann, müssen verschiedene innere und äußere Bedingungen erfüllt sein (siehe Überblicksskizze „Motivation").

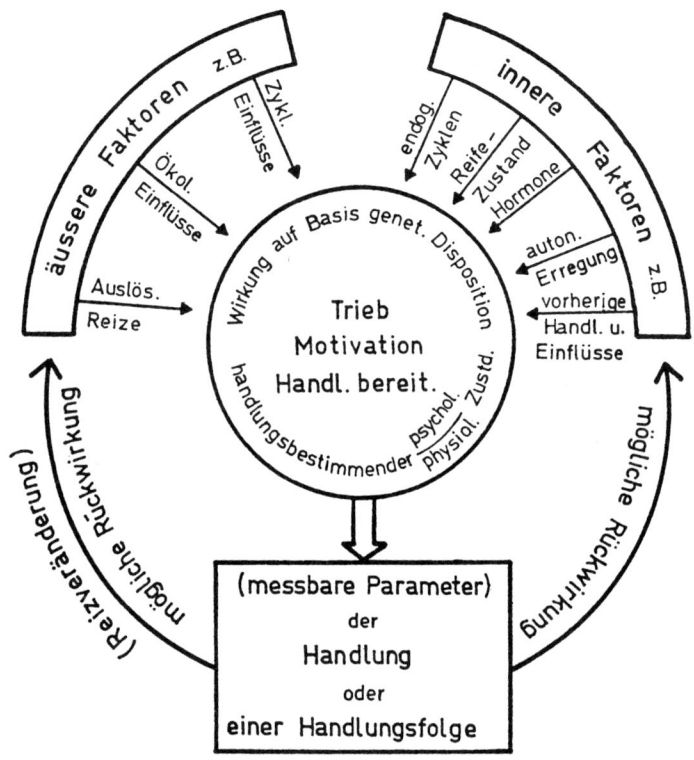

Mit „Motivation" bezeichnet man in der Verhaltensbiologie heute die Bereitschaft eines Tieres zu einem bestimmten Verhalten. Annähernd synonyme Begriffe sind Trieb, Drang, Gestimmtheit, Stimmung. Der wissenschaftliche Fachausdruck heißt „aktionsspezifisches Potential". Dieses ist, wie die Skizze überblicksweise veranschaulichen soll, die Resultante aus einer Vielzahl äußerer und innerer Faktoren (aus Becker, Carus et al., 1972).

Je höher ein Tier in der stammesgeschichtlichen Entwicklungsreihe steht, desto weniger meistert es die Auseinandersetzung mit seiner Umwelt nur auf Instinktbasis allein, in immer höherem Maße spielen auch verschiedene Lernvorgänge und einfache Intelligenzleistungen eine wesentliche Rolle; sie ermöglichen eine präzisere Anpassung an die jeweiligen, individuell besonderen Umweltgegebenheiten und gewähren solcherart ein gewisses Maß von Freiheit gegenüber dem starren Zwang der Instinktmechanismen.

Genaueres zu den heutigen Auffassungen über „Gedächtnis, Begriffsbildung und Planhandlungen bei Tieren" kann in dem Buch (dieses Titels) von Rensch nachgelesen werden, über „Instinkt, Lernen, Spielen, Einsicht" in dem ganz ausgezeichneten Taschenbuch von Hassenstein. Einen orientierenden Überblick über den heutigen Stand der Verhaltensbiologie verschafft auch die sehr kurz gefaßte „Einführung in die Verhaltensforschung" von Immelmann.

1.2 Einige Verhaltenseigentümlichkeiten der Hunde

Es ist unmöglich, hier ein auch nur annähernd vollständiges Verhaltensinventar des Hundes darzustellen. Es gibt aber hierüber ausgezeichnete neuere Literatur, auf die wir noch mehrmals zurückkommen werden, ist doch die Beurteilung von Verhaltensabnormitäten oft nur nach gründlicher Kenntnis des Normalverhaltens und des Verhaltensinventares der wildlebenden Verwandten und Stammformen einer Haustierart möglich. Dem hundebesitzenden Leser sind die konkreten Formen des arttypischen Verhaltens des Hundes größtenteils aus eigener Erfahrung bekannt (wenn er sie auch nicht immer richtig zu deuten weiß). Ich möchte mich hier lediglich übersichtsartig auf einige Teilgebiete beschränken.

Zunächst sei an die oft von Tierliebhabern übersehene Binsenweisheit erinnert, daß der Haushund, in so vielen Rassenformen er auch gehalten werden mag, zoologisch ein hundeartiges Raubtier ist und wie seine wilden Verwandten dem Bau und der Funktion seiner Körperorgane nach, für die Lebensweise eines in kleinen sozialen Gemeinschaften lebenden Laufraubtieres eingerichtet ist. Die Fähigkeit, lange Hungerperioden ohne Schwächung zu überdauern, Bewegungsgewandtheit, gutes Gehör, ausgezeichneter Geruchssinn, weniger leistungsfähiger Gesichtssinn (vornehmlich Bewegungsseher) und gutes Gedächtnis für Wege sind einige der typischen Vorraussetzungen für eine solche Lebensweise. Die Verhaltensweisen, die ein derartiges Tier instand setzen, sich biologisch zu behaupten, sind trotz Wegfallens der natürlichen Auslesebedingungen auch beim heutigen, jahrtausendelang unter den Bedingungen der Domestikation fortgepflanzten Tier in vielen wesentlichen Zügen unverändert geblieben. Freilich liegen so manche Instinkttätigkeiten, die für den Wolf lebensnotwendig sind, bei vielen Hunden mehr oder weniger brach, soweit sie nicht überhaupt bereits verkümmert sind. Andere Verhaltensformen, zu denen der Wolf nur Ansätze zeigt, wurden durch künstliche Zuchtauslese bei einzelnen Hunderassen so stark entwickelt – meist unter gleichzeitigem Verzicht auf andere Teile der Instinktausstattung –, daß wir heute, wenn man alle Hunderassen zusammen betrachtet, einen sehr viel größeren Spielraum von individuellen Verschiedenheiten des arttypischen Verhaltens bei Hunden feststellen können, als er jemals in Wolfspopulationen anzutreffen wäre.

Da ist z. B. das *Beutejagdverhalten,* das sich der Jäger als „menschlicher Jagdkumpan" zunutze macht: Hunde mancher Rassen hetzen, andere zeigen durch besonders ausgeprägtes Vorstehen an, wo ihr Gefährte Beute machen kann, bei wieder anderen ist die Eigenschaft des Stöberns, bei anderen die des Apportierens (Heimtragen von Beute) so dominierend, daß dagegen viele andere, ebenfalls zum Funktionskreis des Beutejagdverhaltens gehörige Instinkthandlungen in den Hintergrund treten oder überhaupt nicht mehr auslösbar sind oder, wenn erwünscht, erst durch besondere Lernakte und Übung wieder – und zwar willkürlich auf Signal des „Meutenführers" – auslösbar gemacht werden müssen. So kann die angeborene Fähigkeit der Hundeartigen, ihre Beute sowohl auf der Geruchsspur als auch unter Sicht verfolgen zu können, durch geschickte Dressur so abgewandelt werden, daß flüchtige oder vermißte Menschen anstelle von Wild erfolgreich gesucht werden können. Das geschickte Fangen von Tennisbällen, das man bei Hunden beobachten kann, die unter anderem zum Vernichten von Ratten und anderen Hausschädlingen gezüchtet wurden (Pinscher, Foxterrier), ist diesen nur durch meisterliche Ausprägung der

Pointer in typischer Vorstehpose, mit der er dem Leittier Mensch das Vorhandensein von Wild anzeigt.

auf kleine Beutetiere orientierten Instinkthandlung des haschenden Nachspringens und Zupackens möglich (auch Niederhalten mit den Vorderpfoten: „Mäuselsprung"). Das charakteristische Beute-Totschütteln und Futter-Abschütteln, das Hunde während des Spielens mit Lappen oder einem Stück Gummischlauch und dergleichen Ersatzgegenständen (Attrappen) zeigen, sowie das von Schweißhunden praktizierte Niederziehen waidwunden Großwildes an der Drossel, aber auch das Treiben (durch Beißen in die Hinterbeine) einer Herde seitens der Schäferhunde sind einige weitere Beispiele für Instinkthandlungen aus dem Funktionskreis des Beutejagdverhaltens des Wolfes (bekanntlich gilt eine kleinere Spielart des Wolfes als Hauptstammvater des Haushundes).

Bezüglich des *Nahrungsaufnahmeverhaltens* ist beim Hund als sozialem Lebewesen darauf hinzuweisen, daß die meisten Hunde gierige, rasche Fresser sind, sehr im Gegensatz zur Katze, die bekanntlich nicht in Rudeln lebt, sondern allein auf Beute ausgeht und diese dann in Ruhe verzehrt; sie

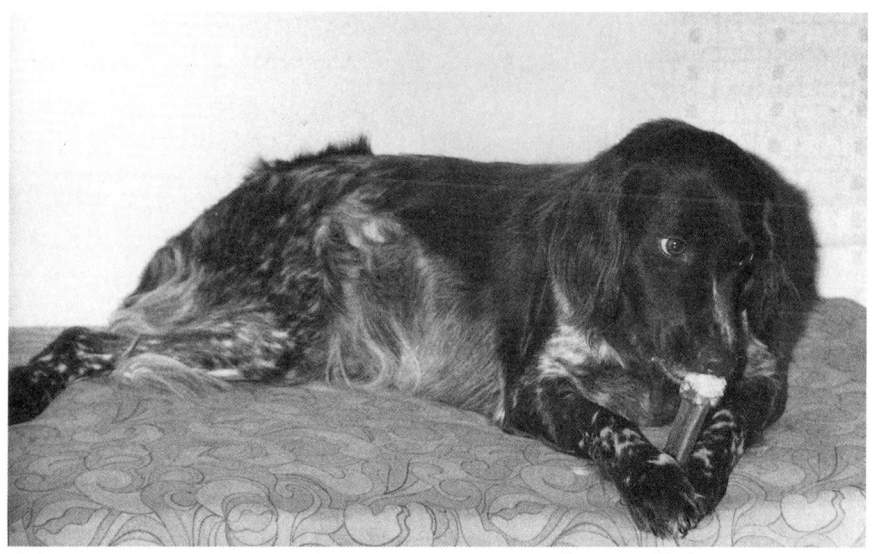

Das artspezifische Festhalten der Nahrung mit den Vorderläufen bei der Futteraufnahmehandlung, wenn es sich um einen festen Gegenstand handelt.

hat es nicht nötig, sich zu beeilen, da kein futterneidiger Gefährte da ist, der ihr die Beute abjagen könnte. Eine bekannte Nutzanwendung dieser Besonderheit ist der Trick, verwöhnte Hunde, die schlechte oder wählerische Fresser geworden sind, durch vorübergehende Einstellung eines vierbeinigen Kostgängers im selben Haushalt dazu anzuregen, mehr und rascher Futter aufzunehmen. Zum Funktionskreis des Nahrungsverhaltens im weiteren Sinne gehört auch das Vergraben von Knochen und augenblicklich nicht benötigter Futterreste. Im Gegensatz zu vielen anderen Säugetieren, die ähnliches tun – z. B. Eichhörnchen –, findet der Hund die Stelle wieder, an der er Futter versteckt hat, wenn er Hunger hat. Auch diese Instinkthandlung hat ihre auf konkurrierende Artgenossen bezogenen Charakteristika: Der Hund sieht sich vorerst nach allen Seiten um, ehe er sich seinem Versteck nähert; glaubt er sich beobachtet, dann tritt, wahrscheinlich übersprungartig, irgendeine andere Handlung – z. B. Schnüffeln – auf (als wollte er den vermeintlichen Konkurrenten absichtlich irreführen), und er entfernt sich von der Versteckstelle, um, allein und unbeobachtet, sofort wieder dahin zurückzueilen. Sehr instinktstarke Hunde zeigen das Knochenvergraben auch als Leerlaufhandlung auf dem Parkettboden der Wohnung. Bei vielen Hunden ist diese Instinkthandlung aber anscheinend ebenso wie der Regelmechanismus des Sättigungszentrums im Gehirn verlorengegangen. Sie fressen dann so lange, bis sie erbrechen, und leiden schließlich an Fettsucht.

Trotz neuerlicher Untersuchungen ist die Frage heute immer noch nicht befriedigend aufgeklärt, warum Hunde eigentlich regelmäßig, wenn sie dazu Gelegenheit haben, Gras fressen, auch dann, wenn sie nicht Magendrücken haben. Auf das sogenannte Aasfressen wird später eingegangen werden.

Nun ein kurzer Blick auf das *Orientierungsverhalten:* Schnüffeln auf dem Boden oder an Gegenständen und Wittern, also Luft-Einziehen mit hochgehobener Nase, ferner aufmerksam gespanntes Sehen (ein Ziel fixierend) und aufmerksames Horchen mit aufgestellten Ohren und manchmal schiefgestelltem Kopfe zählen zu den Orientierungshandlungen im engeren Sinne. Sie können bekanntlich während des Liegens, Sitzens, Stehens und Laufens, ja selbst während des Schwimmens beobachtet werden. Auch das planmäßige Absuchen eines Feldes durch den Stöberhund könnte genauso zum Orientierungsverhalten wie zum Beutejagdverhalten gezählt werden. Zum Orientierungsverhalten im weiteren Sinne wäre auch die angebliche Fähigkeit zur Fernorientierung oder ein sogenannter Richtungssinn des Hundes zu rechnen, mit dessen Hilfe viele – keineswegs alle – Hunde, auch wenn sie mit verbundenen Augen und auf Umwegen im Kraftfahrzeug viele Kilometer von ihrem Heim entfernt werden, wieder zu diesem zurückfinden (solche Versuche führte vor Jahren Schmied und später Müller durch). Welches Sinnesorgan dabei auf welche Reize reagiert, ist bis heute noch nicht eindeutig klargestellt. Merkwürdigerweise ist dieses Problem bei Insekten, Vögeln und Fischen, von denen viele ähnliche Fähigkeiten zeigen, wissenschaftlich viel eingehender untersucht und auch wirklich bereits aufgeklärt worden.

Jedem Hundekenner werden auch die typischen Bewegungen des Hundes bekannt sein, die dem *Körperpflegeinstinkt* zugerechnet werden: Sich-Kratzen, Sich-Schütteln, Sich-Lecken, Sich-Knabbern (Abflohbewegung und Krallenabbeißen), das charakteristische Wischen mit den Vorderpfoten über Augen, Nase und Ohren, das Reiben des Körpers an Gegenständen oder an einem geliebten Artgenossen. Fast alle diese Bewegungen können auch in Erregungssituationen im Übersprung, also als Entlastungsreaktion auftreten; dies gilt als typisches Kennzeichen dafür, daß es sich um echte Instinkthandlungen handelt. Ein Beispiel für soziale Körperpflegehandlungen ist das Belecken eines Genossen – meist der Jungen seitens der Mutter – an den Ohrmuscheln und anderen Körperstellen; nicht identisch mit Lecken an der Schnauze des anderen, was als Ausdruck aktiver Unterwerfung gilt und aus einer infantilen Bettelgeste hervorgegangen ist; beides sind jedoch freundliche Kontaktnahmen untereinander gut Vertrauten. Viele Hunde wälzen sich auf fauligem Fisch, Kot und anderen für menschliche Begriffe üblen Gegenständen. Ob diese Handlungsweise, deren biologischer Sinn bis heute nicht befriedigend geklärt werden konnte, ebenfalls dem Funktionskreis der Körperpflege und des Komfortverhaltens beizuordnen ist oder aber dem Nahrungs- bzw. Beutefunktionskreis (geruchliche Tarnung), wie Zimen vermutet, werden erst weitere Untersuchungen entscheiden. Eine weitere Handlung dieses Funktionskreises gilt ebenfalls noch als weitgehend unerforscht: Guten Beobachtern wird es schon aufgefallen sein, daß Hunde, nachdem sie sich an den Geschlechtsteilen oder Ohren beleckt haben, mit Lippen, Kiefern und Kaumuskulatur eigenartig klappende, rhythmische Bewegungen vollführen, die in der Fachliteratur einmal, nicht sehr glücklich, als „Schnattern der Hunde" benannt wurden. Das Sich-Durchstrecken der Hunde, wenn sie vom Schlafe aufstehen, ebenfalls eine Bewegungsweise, die dem *Komfortverhalten* zugeordnet wird, leitet über zu einem weiteren wichtigen Hauptinstinkt, dem *Ruhe- und Schlafverhalten:* Das Graben eines Ruheplatzes – Hunde zeigen dies besonders an heißen Sommertagen in lockerem feuchten Erdreich oder Sand – und das bekannte Kreistreten vor dem Niederlegen gelten so wie das Gähnen, Augenzwinkern und das Einnehmen charakteristischer Schlafhaltungen (bei kühler Temperatur möglichst zusammengerollt, bei warmer weit ausgestreckt) als Ausdruck der Ruheappetenz. Fast alle Hunde stoßen auch während des Schlafes verschiedene Laute aus und machen zuckende Bewegungen mit den Beinen – man nimmt an, sie träumen. Trotz enzephalographischer Untersuchungen (Aufzeichnungen des Hirnstrombildes) ist es noch nicht völlig klar, was dabei eigentlich vorgeht. Tatsache ist, daß diese Bewegungen und Laute – es gibt nur wenige verschiedene, ganz charakteristische Formen – sich bei allen Hunden auffällig gleichen. Sowohl einzelne Appetenzhandlungen als auch der Eintritt des Schlafes selbst können in Konfliktsituationen als Übersprungreaktion auftreten. Wer hätte nicht schon beobachtet, daß ein Hund in einer Situation ungeduldiger Erregung oder leichter Beklommenheit plötzlich fürchterlich zu gähnen anfängt.

Ausscheidungsverhalten, also Harn- und Kotabsatz, auch Erbrechen und Anal-Markierungsverhalten (Rutschen mit dem After auf rauher Unterlage, um das intensiv „duftende" Sekret der Analbeuteldrüsen zu entleeren), haben enge Beziehungen zueinander. Dies gilt besonders für den Rüden, von dem Harnabsatz gleichzeitig auch zur Markierung verwendet wird. Das Scharren mit den Pfoten, das viele Hunde nach dem Kotabsatz zeigen, sofern diese Instinktbewegung noch nicht verlorengegangen oder schwer auslösbar geworden ist, dient nicht, wie manchmal fälschlich behauptet wird, einem Vergraben der Körperausscheidung, sondern zusätzlichen Markierungszwecken.

Ausscheidungsverhalten kann in sozialen Situationen auch zur Rangdemonstration benutzt werden; ein sich ranghoch fühlender Hund uriniert mit hochgehobenem Bein seinem Gefährten, den er als tief unterlegen betrachtet, sogar in die Futterschüssel, oder er spritzt – unter Blickkontakt – auf ihn selbst oder in dessen Richtung. Manche Hunde urinieren in die

Schuhe ihrer – von ihnen tiefrangig eingeschätzten – Besitzer und zeigen möglicherweise damit an, daß die Schuhe als ihre Beutegegenstände betrachtet und als solche markiert werden. Da eine solche Art Beute meist sehr stark nach dem Körper des früheren Besitzers – des Herrn – riecht, ist es notwendig, diesen Geruch zu verwischen und intensiv mit einem Duftstoff des neuen Besitzers zu imprägnieren. Bei erwachsenen Wölfen gilt Spritzharnen als Teil des Imponierzeremoniells, das nur ranghohe Individuen, bei Haltung auf engem Raum gar nur der Rudelführer sich erlauben darf.

Wie schon einige Male angedeutet, können fast alle bisher genannten Instinkthandlungen auch in Konflikt- und Frustrationssituationen im Übersprung auftreten, wobei individuelle Unterschiede feststellbar sind: Der eine Hund bevorzugt häufiger diese, ein anderer jene Handlung als Entlastungsmöglichkeit, wobei die Art der Konfliktsituation meistens belanglos ist. Steigert sich die Erregung, so verschwinden diese individuellen Besonderheiten, und es treten vermehrt sogenannte vegetative Reizerscheinungen auf: Erbrechen, Kotabsatz, Zittern, Speicheln, sinnloses, gleichförmiges Hin- und Herrennen (ungerichtete Fluchtintentionen) oder Kreislaufen (sogenannte Bewegungsstereotypien). Wir kommen in einem späteren Kapitel ausführlich wieder darauf zurück.

Einige Verhaltensweisen des Hundes, die man dem *Komfortverhalten* im weiteren Sinne zurechnen könnte, dienen der *Thermoregulation,* also der Aufrechterhaltung der normalen Körpertemperatur. So ist z. B. das bekannte Hecheln des Hundes bei großer Hitze mit heraushängender Zunge ein lebenswichtiger Kühlmechanismus, da beim Hund die Schweißdrüsen außer an den Sohlenballen nicht funktionieren. Die Sohlenballenschweißdrüsen arbeiten bei seelischer Erregung besonders intensiv, möglicherweise soll dies den Zweck haben, eine deutliche Duftspur für etwa nachfolgende Rudelgenossen zu hinterlassen oder ein Zurückfinden auf der eigenen Fährte in fremder Gegend zu erleichtern.

Weitere Thermoregulationsmechanismen sind das Aufstellen der Haare und das schon erwähnte Zusammenrollen oder Ausstrecken während des Liegens. Sowohl das Haareaufstellen als auch das Hecheln sind außerdem aber charakteristische Kennzeichen starker Erregungszustände, insbesondere in sozialen Situationen, also Ausdrucksmittel. Es könnte sein, daß es sich dabei um ritualisierte Übersprungreaktionen handelt. (Man nennt eine Übersprungreaktion ritualisiert, wenn sie in einer bestimmten Situation konstant auftritt und die Funktion eines sozialen Auslösers übernommen hat.)

Und damit wenden wir uns der Betrachtung *sozialer Verhaltensanteile* zu: Dem, was wir zur besseren Übersicht als „Sozialverhalten" zusammenfassen, liegt kein einheitlicher Trieb zugrunde, sondern das Sozialverhalten setzt sich aus sozialen Verhaltensanteilen verschiedener Funktionskreise zusammen. Daß Hunde, im Gegensatz beispielsweise zu Katzen, auch beim Beuteverhalten und der Nahrungsaufnahme viele Verhaltensausprägungen zeigen, die ohne den Bezug auf einen Sozialgenossen unverständlich wären, dürfte gerade uns Menschen, die wir ähnlich stark sozialbezogene Lebewesen sind, nicht verwundern.

Im Funktionskreis des *Sexualverhaltens* und des *Mutterverhaltens* spielen soziale Auslöser die tragende Rolle. Die Handlungsweisen des Paarungsverhaltens der Hunde im engeren Sinne werden als bekannt vorausgesetzt. Es sei dazu nur bemerkt, daß das Aufreiten von der Seite und von vorne nicht immer nur Unerfahrenheit, sondern auch soziale Unsicherheit des Rüden anzeigen kann. Das „Präsentieren" des Genitales der läufigen Hündin, mit oder ohne seitlich weggestrecktem Schwanz, wird außerhalb der Läufigkeit auch in sexuell gefärbten Spielen unter Hunden und auch gegenüber dem Menschen gezeigt und bedeutet dann eine spielerische, mitunter leicht unterwürfige „freundschaftliche" Anbiederung. Es wirkt ungefähr ebenso entwaffnend wie etwa der kokette Augenaufschlag eines Mädchens gegenüber einem gestrengen Professor bei der Prüfung.

Zum Sexualverhalten im weiteren Sinne gehören auch das Reviergründen und das für Rüden typische Urinabsetzen an markanten Örtlichkeiten zu Markierungszwecken. Sowohl Rüden als auch Hündinnen interessieren sich für diese Düfte sehr, letztere ganz besonders während der Läufigkeit. Markiert wird, wie man heute weiß, nicht nur zur Territoriumskennzeichnung. Sexuelle Appetenzhaltungen, die im Ernstfall als Werbung, vielfach bei Begegnung verschiedengeschlechtlicher Artgenossen aber als galantes bis kokettes Spiel anzusehen sind – ähnlich wie Menschen dies auf Parties tun –, sind z. B. beim Hund: der Lauersitz (abruptes Niedersetzen mit der Hinterpartie bei weit vorgestreckten Vorderbeinen, so daß Bauch und Brust aufliegen, der Kopf fixiert den Partner), das gegenseitige Beriechen und Belecken (der After- und Geschlechtsregion, aber auch von Gesicht und Lippenwinkel), die Aufreitintention mit den Vorderpfoten (eine Art „Pfote-Geben" – es gibt deren mehrere) und Kopfauflegen auf den Rücken des anderen, Spritzharnen unter Blickfixierung des Partners, aber auch das sogenannte Wegtreiben oder Verjagen (Verfolgung von schräg hinten), das Abschütteln (nach körperlicher Berührung) und Aus-dem-Wege-Gehen, das Imponiergehabe (starr aufgerichtetes Stehen, Schwanz erhoben, Rückenhaare gesträubt, der Gegner wird fixiert); und nicht zuletzt verschiedene Lautäußerungen und charakteristische Lippen-, Ohrmuschel- und Schwanzstellungen und -bewegungen.

Außer sexuellem Spiel können wir bei Hundebegegnungen auch Besitz- und Beutespiel (mit Gegenständen als Symbolbeute – Verfolgen und gegenseitiges Abjagen) und – unter Gleichgeschlechtlichen – Drohen und Kampf um die Rangstellung beobachten.

Sowohl vor der Futterschüssel als auch angesichts eines Weibchens oder eigener Jungen im Wurflager erhitzen sich die Gemüter rivalisierender Ranggefährten besonders. Im Gegensatz zum Wolf erscheinen beim Hund Futterrangordnung und soziale Rangordnung als identisch (nach Zimen). Im gemeinsamen Heim einer sozialen Gruppe wird auch Kampf (und gegenseitiges Androhen) um den besseren Ruheplatz beobachtet. Es bildet sich schließlich eine Rangordnung, in der meistens der Aggressivere der Überlegene ist, doch spielen auch Alter, Geschlecht und andere Faktoren dabei eine Rolle.

Unter „feindselige soziale Kontakte", sogenanntem „Kampfverhalten", „Rivalität" oder *Agonistic Behavior"* werden in der einschlägigen Literatur Verhaltensweisen der Wölfe und Hunde behandelt, die jedermann sicherlich schon auf der Straße miterleben konnte: Drohen verschiedener Stärkegrade bis zum Zähnefletschen, Ohrenstoß („Anrempeln" als Angriffsintention), mehrere Angriffs- und Kampfesweisen (können bei verschiedenen Hunderassen verschieden sein), das sogenannte Durchschütteln des Gegners (ähnliche Bewegungsweise wie das Totschütteln beim Genick erfaßter Beutetiere; kleine Beutetiere werden nicht totgeschüttelt, sondern totgebissen), mehrere Formen des Ausdrucks von Unterwerfung, Demut und Unterordnung, worauf unter bestimmten Bedingungen das sogenannte Ablassen des Siegers als Anerkennung der Demut des Verlierers erfolgen kann. Auch gegenüber seinem Herrn zeigt ein gemaßregelter Hund eine Demutshaltung: geduckte Stellung, vorsichtig krie-

64

Die rassespezifische Kampfweise des Deutschen Boxers unterscheidet sich sehr von der vieler anderer Hunde. Es wird versucht, den Gegner umzuwerfen. ▶

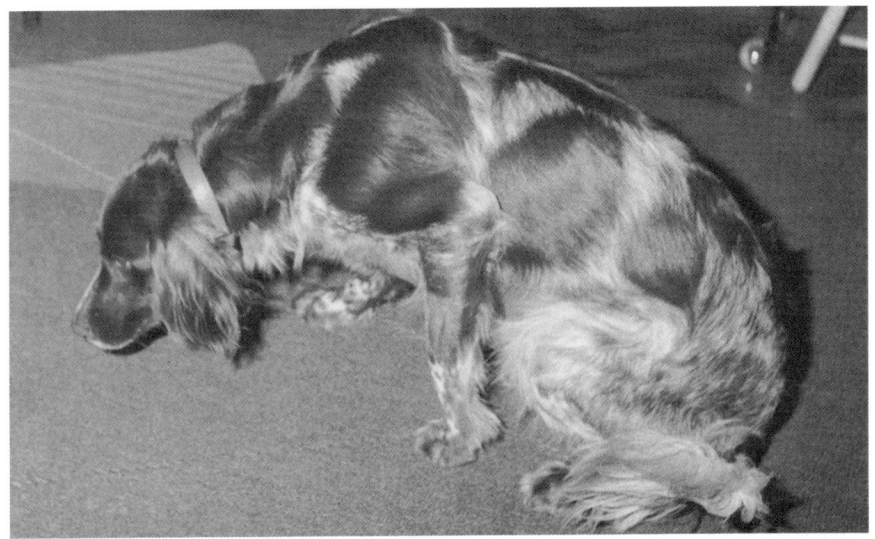

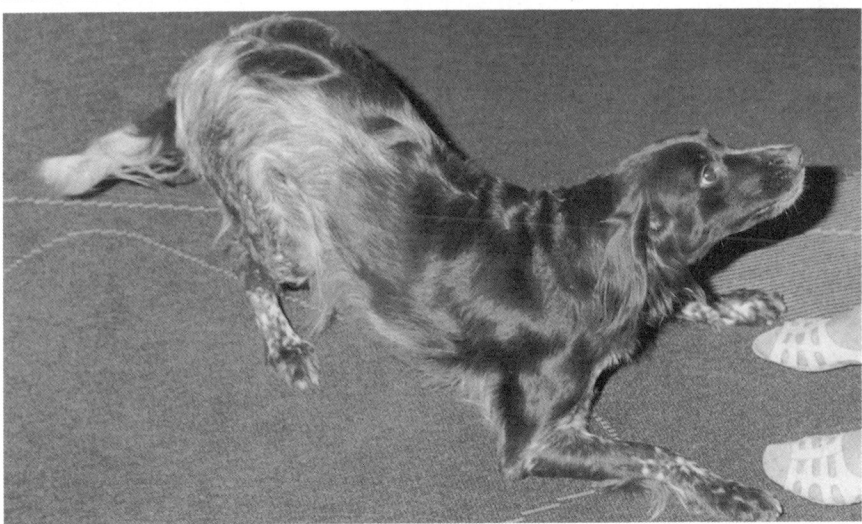

Die Demutshaltung des unterlegenen Wolfes zeigt der sich unterwürfig duckende Hund auch gegenüber seinem Herrn, wenn dieser mit ihm schimpft, „ihn androht".
Die Aufforderung zum Mitlaufen wird häufig auch als Spielantrag geübt.

66

Angelegte Ohrmuscheln, eingeklemmte Rute, angehobene Vorderpfote lassen den im ▶ Gange befindlichen, auf Flucht gerichteten Stimmungsumschwung erkennen.

Es ist das Vorrecht der „Führerpersönlichkeit", das Territorium zuerst zu erkunden, während der Rangniedere in abwartender Haltung verharrt.

Abwartend ambivalenter Ausdruck kennzeichnet einen Augenblick der Unsicherheit.
In voller Selbstsicherheit erfolgt der Ansprung mit imponierend hochgestellter Rute, wäh- ▶
rend Ohren und Augen den Gegner fixieren.

chend, Kopf gesenkt, Schwanz zwischen den Hinterbeinen bis zum Bauch eingeklemmt; manchmal legt sich der Hund ganz flach auf den Boden und verharrt bewegungslos, oder er wirft sich gar auf den Rücken. Hunde mit „schlechtem Gewissen" bleiben in solcher Stellung hinter dem Tisch verkrochen, statt, wie gewohnt, ihren Herrn bei der Heimkunft zu begrüßen, wenn sie während dessen Abwesenheit etwas taten, wofür, früheren Erfahrungen zufolge, „Strafe", also aggressives Verhalten ihres „Meutenführers" zu erwarten ist.

Auch das fälschlich als „Beleidigtsein" mißdeutete Wegsehen des Hundes (bei gleichzeitig zurückgelegten Ohren und eingezogenem Schwanz), wenn oder nachdem man ihn schimpfte, ist ein Unsicherheitsausdruck mit aggressionsbeschwichtigender Wirkung auf übergeordnete Artgenossen, nicht ein Zeichen von Stolz. Ebenso kommen nahezu alle anderen auf sozialen Kontakt bezogene Instinkthandlungen des Hundes, situationsgerecht übertragen, gegenüber dem menschlichen Partner zur Anwendung. So auch, wenn der Hund sich als sozial höher stehend fühlt und, auf dem Sofa liegend, seinen Herrn anknurrt, statt das Feld zu räumen, oder das Frauchen, das eben die Futterschüssel gefüllt hinstellte, in charakteristischer Weise aus der Küche wegtreibt. Auch das Ausführen sexueller Handlungen an einem nicht andersgeschlechtlichen Partner hat manchmal rangdemonstrativen Charakter. Mancher Hund uriniert in der Wohnung mit erhobenem Bein und fixiert dabei frechen Blickes seinen Besitzer. Würde der so behandelte Besitzer wie ein Hund empfinden, dann würde er verstehen, daß dies eine arge Beleidigung bedeutet, die sich nur ein sehr tiefrangiger Partner gefallen lassen muß. Ein daraufhin erfolgender Redeschwall berührt natürlich den Hund nicht mehr als das lächerliche Gekläff eines geduldeten machtlosen Zwerges, der da auch noch mitwohnt. Körperliche Berührung – Kämmen, Bürsten, Hochheben oder gar Pfote-Untersuchen – wird dann nicht immer geduldet, denn der Rangunterlegene hat Individualdistanz zu wahren. Die verschiedenen artcharakteristischen Verhaltensweisen, mit denen Hunde ihre besondere Zuneigung zum hundlichen und menschlichen Genossen ausdrücken, werden in einem späteren Kapitel noch gesondert behandelt.

Hunde sind soziale Tiere, die unter natürlichen Bedingungen ihr ganzes Leben in einem Rudel zubringen. Ein Rudel ist ein Verband, der durch seine vielfältige innere Struktur gekennzeichnet ist. Jedes Rudelmitglied spielt entsprechend seinem Geschlecht, seinem Alter und seiner Veranlagung eine bestimmte Rolle innerhalb des Rudels. Ein großer Teil der Aktivitäten aller Rudelmitglieder dient ausschließlich dem Zweck, die jeweiligen Rollen zu festigen und zu bestätigen. Menschliche Familienmitglieder des Hundes werden von diesem instinktiv gewissermaßen als „anders aussehende Hunde" betrachtet. Er erwartet gewissermaßen mit Selbstverständlichkeit, daß wir – als „Auch-Hunde" – seine Körpersprache genauso verstehen wie ein Artgenosse. Festgefügte soziale Ordnung verschafft Ruhe und Sicherheit im Rudel (für alle Mitglieder), weil Rollenkonflikte im Ansatz ausgeräumt werden. Jeder Hund hat das natürliche Bedürfnis, sich in einen solchen gegliederten Verband einzuordnen. Hunde verlangt es danach, ihre soziale Stellung gegenüber anderen immer wieder bestätigt zu bekommen.

Wenn man fremde Hunde in eine geschlossene soziale Gruppe bringt, werden sie anfänglich – bis zur Festlegung der Rangposition – um so eher von den Gruppenmitgliedern attackiert, je ähnlicher sie diesen in der Rasse und im körperlichen Aussehen sind. Wird ein erwachsener Hund verkauft, dann kann es vorkommen, daß dieser sich im neuen sozialen (menschlichen) Milieu ganz anders – ängstlicher oder aggressiver – verhält als im alten und sein Verhalten so lange unverläßlich – „launenhaft" – bleibt, bis er eine feste soziale Einordnung gefunden hat, was durch gleichbleibend-konsequente Behandlung seitens der neuen Besitzer wesentlich begünstigt und beschleunigt werden kann.

Der Hund bringt für das Zusammenleben mit dem Menschen erhebliche angeborene Voraussetzungen mit: Auch das Wolfsrudel baut sich aus familienartigen Gruppen als sozialen Einzelzellen auf, wobei diese Familen etwa den auch früher auf Bauernhöfen üblichen menschlichen Großfamilien entsprechen. Ein Spitzenmännchen, das sich geschlechtlich betätigt, und eine „Familienmutter" werden von mehreren Kindern verschiedenen und teilweise bereits erwachsenen oder halberwachsenen Alters umgeben, auch sind da manchmal noch ein paar „unverheiratete" Onkel und Tanten, die der Mutter bei der Aufzucht der Jungen und dem Vater, gemeinsam mit den großen Söhnen, bei Jagd und Verteidigung helfen. Bei Wölfen beteiligt sich der Vater nicht nur an der Erziehung, sondern auch an der Ernährung der Kinder. Für größere Unternehmungen heulen sich – besonders in mondhellen Nächten – benachbarte Familien zu gemeinsa-

Das Laufen des jungen Belgischen Schäferhundes erinnert an den federnden Schritt des Wolfes, unternehmungslustig ist die Rute erhoben.

mer Großjagd zusammen. Im Gegensatz zu Darstellungen früherer Untersucher soll, nach Zimen, bei Wölfen zwar eine unerbittliche, aber keine lineare Ranghierarchie bestehen. Die soziale Rangordnung bei Hunden wird dagegen zwar in viel jüngerem Alter ausgebildet, ist dann aber durch geringere Aggressivität stabiler (doch bestehen hierin erhebliche Rassenunterschiede).

Nun zu einem weiteren biologisch wichtigen Funktionskreis vorwiegend sozialer Instinkthandlungen, dem sogenannten *Mutterverhalten* oder, in erweitertem Sinne, auch als Fürsorgeverhalten (Epimeletisches Verhalten) bezeichnet: Eine Mutterhündin vollführt knapp vor, während und nach der Geburt eine Menge angeborener, sehr zweckmäßiger Handlungen. Das Wurflager wird hergerichtet (etwa eine Mulde gegraben); die Haare an der Brust-Bauchpartie werden ausgerupft, um das Gesäuge besser zugänglich zu machen, bestimmte Gebärhaltungen sind bekannt. Das

Abnabeln und Trockenlecken der Neugeborenen und das Auffressen der Nachgeburt geschehen in artcharakteristischer Weise, ohne daß eine Mutterhündin durch Zusehen oder eigenes Probieren dies jemals vorher hätte erlernen können. Alle diese Handlungen können bei Abkömmlingen hochgezüchteter Rassen infolge Instinktverlust begünstigender Inzucht (zu wenig sachgemäße Zuchtwahl) fehlen, unrichtig oder übertrieben stark auftreten, so daß der biologische Zweck – die optimale Sicherung des Fortbestandes der Art – ohne menschliches Zutun nicht mehr erreicht würde.

Der Geburt des Hundes widmet Trumler ein ganzes Buch. Auch andere Forscher, so Nacktgeboren, haben sich mit den Vorgängen um die Geburt des Hundes besonders intensiv beschäftigt.

In einem Kapitel des Speziellen Teiles wird auf Störungen der Pflegehandlungen und deren verschiedene Ursachen ausführlich eingegangen. Das Lecken der Mutter, um die Kotabgabe anzuregen, das Säugen der Jungen – die Säugehaltung wird je nach Alter der Kleinen verschieden ausgeführt –, das reinigende Belecken des Felles und der Ohren, das Bewachen der Jungen und Zurückschleppen derselben in das Wurflager sowie das Bewachen des Wurflagers und dergleichen mehr wurden ausführlich untersucht und schon so oft beschrieben, daß hier nicht weiter darauf eingegangen sei. Die Änderung der mütterlichen Verhaltensweisen richtet sich genau nach dem Entwicklungsfortschritt der Jungen. So beginnt durchschnittlich drei Wochen nach der Geburt die Zahl der täglichen Kontakte der Mutter mit den Jungen abzunehmen, was den Beginn der Entwöhnung vom Saugen und der allmählichen Umstellung auf feste Kost anzeigt. Das bekannte Futter-Vorbrechen tritt auf, es wird mit den Jungen gespielt, sie werden behütet. Das Behüten tritt bekanntlich bei vielen Hunden auch gegenüber menschlichen Kindern auf. Ein guter Hirtenhund geht ohne Befehl ein Stück Vieh suchen, wenn abends nicht alle Weidetiere von selbst heimgekehrt sind, auf kranke Stücke macht er durch auffälliges Anstoßen den Schäfer aufmerksam. Es ist nicht ganz klar, ob diese Verhaltensweise dem Mutterverhalten oder dem Beuteverhalten entlehnt ist. Behüten und Bewachen sind zweierlei. So schlecht hat man die vielen Jahrhunderte, ja Jahrtausende hindurch, seit der Hund mit uns Menschen lebt, diesen treuen Gefährten beobachtet, daß man heute noch vieles über ihn nicht weiß oder nur mangelhaft versteht und nicht recht einordnen kann. Jahrhundertelang projizierte bekanntlich der Mensch sein eigenes Spiegelbild in die Tiere und sah auch im Verhalten des Hundes ein Zerrbild des Menschen – der sich selbst nicht verstand.

Zu den mütterlichen Verhaltensweisen des Hundes gehört auch strafendes Verhalten (Schütteln beim Fell, Anknurren, unsanftes Anstoßen) und Meiden des Kontaktes mit den Welpen sowie das Spiel mit den Kleinen. Auch Hundeväter und andere erwachsene Meutegefährten spielen zuweilen mit den Kleinen, wobei Rangverhalten und Ernstbezug fehlen. Die wichtige Rolle des Hundevaters bei der Erziehung der Junghunde, insbesondere zu Disziplin und Unterordnung, beschreibt Trumler eingehend. Wenn eine Mutterhündin die Welpen ins Wurflager zurücktragen will, werden sie nicht immer bei der Schulterhaut erfaßt und getragen, manchmal beleckt die Mutter nur das Gesicht des Welpen und lenkt seine Selbstbewegung so in die gewünschte Richtung.

Beim Erkennen der eigenen Jungen spielen die Geruchsreize eine wichtige Rolle. Manche Hündinnen lassen aber auch fremde Junge und selbst Säuglinge anderer Tierarten bei sich trinken und können so als Amme benutzt werden. Während der sogenannten Scheinträchtigkeit können das Nestbereiten, ja sogar das Wehenstadium und später alle oder nur einzelne mütterliche Pflegehandlungen (Milchfluß) als Leerlauf oder an Ersatzobjekten beobachtet werden. Hierüber und über die Ursachen des gelegentlich vorkommenden Anfressens oder Auffressens der eigenen Jungen wird noch zu sprechen sein.

Einige Instinkthandlungen des Hundes können im Rahmen mehrer Funktionskreise auftreten, so z. B. das bekannte *Bewachungsverhalten:* Ein Hund bewacht Haus und Hof bzw. die Wohnung als das Heim erster Ordnung im Familien- bzw. Rudelterritorium. Er kann bestimmte Gegenstände bewachen, dann ist das übertragenes Beute-Bewachen, er kann aber auch Kinder und Haustiere und seine eigenen Jungen beschützen, verteidigen und solcherart bewachen. Mutterhündinnen legen dabei in charakteristischer Weise den Kopf über das Junge oder den zu bewachenden Gegenstand und fixieren den Feind drohenden Blickes unter warnendem Knurren. Auch das leere Wurflager, das ist in vielen Fällen der Schlafkorb, wird in ähnlicher Weise bewacht, was bei scheinträchtigen Hündinnen häufig beobachtet werden kann, die dem Besitzer – aus diesem häufig unerklärlichen Gründen – dann als plötzlich unberechenbar und völlig we-

Die arttypische Haltung beim Bewachen eines Gegenstandes. Auch Beute, Jungtiere und das Wurflager werden in dieser Weise verteidigt.

sensverändert vorkommen: Derselbe Hund, der sich eben streicheln ließ, beißt sein Frauchen, wenn dieses ihn auf seinem Ruheplatz fürsorglich mit der gewohnten Decke zudecken will. Übertriebenes und biologisch sinnloses Bewachungsverhalten bei Hunden wird uns bei der Betrachtung abnormer Verhaltensweisen noch mehrmals beschäftigen. Zum Bewachen des Territoriums gehört auch das Bellen. Selbst Füchse und Wölfe bellen

75

Störenfriede an, wenngleich sie von dieser Fähigkeit viel seltener Gebrauch machen als Hunde. Das Bellen soll wohl in Auslöserfunktion eine gemeinsame Aktion aller Sozialpartner zwecks Vertreibung des Eindringlings in Gang setzen. Wie weit es für Jungtiere auch als Warnlaut fungiert, ist noch zu wenig geklärt. Da Bewachen des Territoriums, also Verteidigung des Rudelheimes gegen Gruppenfremde (Hunde, fremde große Tiere, Menschen) meist erst mit vollendeter Geschlechtsreife auftritt, nehmen manche Forscher an, daß es dem Sexualverhalten im weiteren Sinne zuzuzählen sei. Dies ist aber kein zwingender Schluß, denn auch kastrierte männliche und weibliche Hunde bellen Fremde, die in Garten und Haus eindringen, an und verteidigen bzw. bewachen den gemeinschaftlichen Rudelbesitz (das Rudel ist dabei die menschliche Familie, in deren Haushalt der Hund lebt).

Der Aufzählung der Mechanismen mütterlicher Verhaltensweisen sollte konsequenterweise nun das vielfach als zugehöriger Schlüsselreiz bzw. sozialer Auslöser wirkende charakteristische *Infantilverhalten* folgen, das auch et-epimeletisches oder fürsorgeheischendes oder zuwendungsauslösendes Verhalten genannt wird: Man unterscheidet dabei mehrere Entwicklungsstadien, denen typische Säuglingshandlungen (z. B. Suchbewegungen der noch blinden Neugeborenen nach der Milchquelle, Milchtritt, usw.) einerseits und Jungtierinstinkthandlungen (z. B. Winseln, Schwanzwedeln, Schnauzebetteln, Anstoßen mit Pfote) andererseits zugeordnet sind, von denen ein Teil nach kurzer Zeit völlig verschwindet, um durch andere Verhaltensweisen ersetzt zu werden. Manchmal treten solche Verhaltensweisen im Spiel Erwachsener oder im Laufe des Sexualverhaltens später teilweise wieder auf. Auch dem Menschen gegenüber zeigen ja Hunde oft zeitlebens Verhaltensweisen aus dem Infantilinventar. Da in dem Kapitel über die Entwicklung und Reifung von Verhaltensweisen dieses Thema ausführlicher behandelt wird, sei an dieser Stelle nicht näher darauf eingegangen. Wohl aber möchte ich auf einige Verhaltensweisen der Jungtiere hinweisen, die unter besonders verzärtelnder Haltung eines Hundes häufig bis weit ins Erwachsenenalter bestehen bleiben und eine erhebliche Reifungsverzögerung anzeigen: Da ist zunächst das Winseln, wenn der Hund vom Besitzer (der Ersatzmutter) in der Wohnung allein gelassen wird, und die sogenannte – vermeintliche – „Ungezogenheit" des Hochspringens an Menschen zur Begrüßung. Bei den wilden Verwandten unserer Hunde springen die Jungen an der mit Beute heimkehrenden Mutter vorne hoch und versuchen, ihr mit den Vorderpfoten das Futter aus dem Fang zu treten. Manchmal lecken sie ihr auch die Lippenwinkel oder den Hals, was Futtervorbrechen auslöst. Werden die Sprößlinge größer, dann läßt sich die Mutter aber durch diese Handlungsweisen nicht mehr zur Futterabgabe bewegen, sondern reagiert auf eine derartige Begrüßung mit Drohung und strafender Aggression. So wird in der Natur diese Jungtierhandlung unter Hemmung gesetzt. Wenn ein Hundebesitzer es also eine Zeitlang nicht fertigbringt, den ihn so begrüßenden halberwachsenen Hund durch forsche Behandlung zum Unterlassen dieser Infantilhandlung zu zwingen, dann hat er mit dieser Eigenschaft das ganze Hundeleben hindurch seine liebe Not. (Als Abgewöhnungsmethoden werden folgende Maßnahmen empfohlen: rasches Umdrehen und Zurück- oder Zur-Seite-Treten; genügt das nicht, dann kann man den Hund auf den Liegeplatz beordern oder absitzen und Pfote geben lassen, bis die erste Begrüßungsfreude gedämpft ist, oder sich auf Befehl einen Gegenstand apportieren lassen; in hoffnungslosen Fällen: auf die Hinterpfoten steigen.) Begreiflicherweise widerstrebt es einem, das freudige Begrüßen seines Hundes durch Zwangsmaßnahmen dämpfen zu müssen. Doch bedenke man, daß Erziehung und Abgewöhnen ohne unangenehme Erlebnisse eben nicht möglich sind. Auch die Hundemutter, wenn sie in Freiheit ihre Jungen selbst aufzieht, erinnert ihre Kinder oft recht unsanft daran, was „von ihnen verlangt wird". (Die Meinung einiger anderer Autoren, man solle diese infantile Begrüßungsgeste einem Hunde nicht abgewöhnen, weil es sich ja um eine natürliche, angeborene Verhaltensweise handelt und als freundliche und freudige Begrüßungsgeste gemeint ist, kann ich nicht teilen. Freilich wird man ein solches Hundeverhalten nicht mit brutalem Strafreiz abzugewöhnen suchen, sondern mit den oben genannten milderen Methoden.)

Außer der beschriebenen psychologischen Ableitung des Hochspringens zur Begrüßung dürfte es noch mehrere Entwicklungswege geben, die zu den gleichen oder täuschend ähnlichen Verhaltensweisen führen, von denen ein Teil ebenfalls aus infantilen Instinkthandlungen abgeleitet werden kann, die, anstatt spätere Verdrängung zu erfahren, normalerweise zum Ausdruck freundlich unterwürfiger Kontaktnahme unter erwachsenen Artgenossen umfunktioniert werden. Gleichwohl wird man sie bei seinem

Hund in zivilisiertem Milieu nicht dulden können. Ein Hund lernt – auch unter Artgenossen – sehr schnell, gegenüber einem besonders ranghohen, direkten Kontakt abweisenden Rudelgenossen Freudenäußerungen und Begrüßung anstatt durch An-ihm-Hochspringen durch Vor-ihm-Hochspringen auszudrücken, er lernt auch, in die Luft zu lecken, wenn ihm direkte Kontaktaufnahme verwehrt wird – man verlangt also gar nichts Unnatürliches von ihm. Dasselbe gilt für einige andere, eigentlich zärtliche Unterwürfigkeit ausdrückende Verhaltensweisen wie Schnauzestoßen, Nasestupsen und Handlecken (die Hand gilt dabei als Ersatz für das Gesicht des Artgenossen). Dabei handelt es sich ebenfalls, so vermutet man wenigstens, um das Übertragen ursprünglich infantiler sozialer Auslöser in einen anderen Funktionskreis. In diesem Zusammenhang sei auch gleich das sogenannte Pfotegeben erwähnt. Dieses leiten viele Forscher vom infantilen Milchtritt (in der Form, wie ihn etwas ältere Welpen, die schon an der stehenden Mutter saugen, ausführen) her; man könnte es aber auch als einen bis zur Intention gehemmten Ansatz zu der vorerwähnten Futteranbettelungsbewegung auffassen (möglicherweise sind beide im Prinzip identisch, d. h. nur Weiterentwicklungen des AAM ein und derselben Instinktbewegung). So ist das Pfotegeben, um vom Herrchen einen Leckerbissen zu erbetteln, durchaus situationsgerecht angewendet. Bei sexuellen Spielen zwischen Hunden kann man manchmal beobachten, daß ein junger Hund, der sich nicht recht getraut, auf die umworbene Hündin aufzuspringen, ebenfalls nur eine Aufsprungintention, nämlich das zaghafte Hochheben einer Vorderpfote oder das Auflegen derselben auf den Rücken der Angebeteten, zeigt. Manchmal wird der Hündin anschließend der Kopf auf den Rücken gelegt (unter gleichzeitigem Ausdruck von Unsicherheit: Bettelverhalten). Das Auflegen des Kopfes auf ein Sofa oder andere menschliche Liege- oder Sitzgelegenheitenseitens eines Hundes, der genau weiß, daß er diese Sitz- und Liegegelegenheit nicht für sich beanspruchen darf (das aber so gerne tun möchte), ist wahrscheinlich analog zu deuten, kommt also nicht nur im Funktionsbereich des Sexualverhaltens vor.

Manche Forscher haben aber noch eine andere Erklärung für die Entstehung des charakteristischen Pfotegebens; das Primäre wäre dabei Pfoteheben: Jungtiere drücken der Mutter ihre Hilflosigkeit und Unterwürfigkeit mit einer Aufforderungsgeste zur Körperpflege aus. Zu diesem

Der Hund, der auf das Sofa will, zeigt die gleiche typische Bettelgeste wie der unsichere Rüde, der sich nicht aufzureiten getraut und seinen Kopf auf den Rücken der Hündin legt.

Zweck lassen sie sich auf die Seite fallen und strecken die Hinterbeine gespreizt von sich. Dies soll bedeuten, die Mutter möge – wie beim ganz jungen Saugwelpen – After und Geschlechtsteil zur Einleitung des Ausscheidungsgeschäftes belecken. Viele jüngere Hunde zeigen bekanntlich dieses Aufforderungsverhalten gegenüber dem menschlichen Betreuer. Nicht immer aber wird diese Handlungsweise vollständig ausgeführt, manchmal tritt nur der Ansatz dazu, also wieder nur eine Intention, auf: Es wird eine der Vorderpfoten gehoben. Wieder sind wir bei der manierlichen Bettelgeste. Sehr devote Jungtiere verlieren sogar ein paar Tropfen Harn, wenn sie einen guten Bekannten in dieser Weise freudig begrüßen.
Auch die infantile Demutsgeste, eine der Ausdrucksweisen aktiver und passiver Unterwerfung, kindliche Wehrlosigkeit demonstrierend, besteht in blitzartigem Auf-den-Rücken-Rollen, Beine-Strampeln, Rute-Einklemmen, Winseln und Harnabsatz in dieser Stellung. In affektgesteigerten Situationen entleeren Hunde dabei sogar auch den Mastdarm und das stinkende Sekret der Analbeutel. Dieses Verhalten kann ebenfalls nur in-

tentionshaft als zaghaft abwehrendes Heben einer Vorderpfote – mit oder ohne gleichzeitigem Harnträufeln – auftreten. Es bedeutet Unsicherheit, Beschwichtigung, Demut, soziale Unterordnung.

In der Wolfsfamilie ist es mehr noch als in der Hundefamilie üblich, daß nicht nur die Mutter, sondern auch der Vater mit den Jungtieren und die Jungtiere miteinander spielen. Im Spiel ist vieles erlaubt, was beim Ernstbezug die soziale Rangstellung verbietet. Die hauptsächlichsten Spiele sind Beutespiele (einer ist Beute, einer der Jäger), gemeinsame Feindabwehr und Abwehr Gruppenfremder, gemeinsame (gruppenbezogene) Beuteverfolgungsspiele, Raufen um Futter (endet oft mit ernsterem Kampf um soziale Dominanz) und sexuelle Spiele mit vielfach wechselnden Rollen. Da Instinktendhandlungen früher reifen als die zugehörigen Appetenzhandlungen, können bei sexuellen Spielen noch völlig unreifer Tiere bereits Begattungsbewegungen beobachtet werden. Derartiges ist also keineswegs als Abnormität zu bewerten. Meistens begleiten alle Variationen der hundlichen Lautgebung das munter von einem ins andere wechselnde Spiel.

Unter dem Titel „Allelomimetic Behavior" oder gruppenkoordiniertes Verhalten fassen amerikanische Forscher einige soziale Verhaltensweisen des Hundes zusammen, die verschiedenen Funktionskreisen zugehören können und den Zweck haben, die Zusammenarbeit der Mitglieder einer größeren Gruppe zur Lösung einer gemeinsamen Aufgabe zu koordinieren. Beim Beutejagdverhalten wurde schon auf solche Möglichkeiten hingewiesen. Das Ausstoßen eines Sonderlings durch Töten oder Verjagen (vom gemeinsamen Wohngebiet der Meute), Massen- und Panikreaktionen bei gemeinsamer Flucht (wobei die Mitglieder der Meute einander aber nicht verlieren), das sogenannte Mitlaufen in der Gruppe und das Heulen der Verlassenheit, das Verweisen, das gemeinsame Schlafen, gemeinsames Aufstehen, gemeinsames Schlafengehen usw. wären einige weitere Beispiele dafür. Die angeborene Grundlage des sogenannten „Bei-Fuß-Gehens" des Hundes ist das Vermögen, das Gehen und Laufen und Stehenbleiben hinsichtlich Richtung, Abstand und Geschwindigkeit auf einen Sozialpartner abstimmen zu können. So manche allelomimetische Verhaltensweise ist wahrscheinlich noch unbekannt, da sie nur in größeren Hundemeuten in Erscheinung tritt. Ohne Zweifel spielen dabei Mechanismen der Instinktansteckung (Stimmungsübertragung) eine wichtige

Rolle, ähnlich wie bei uns Menschen. Wir werden noch mehrmals auf diese Probleme stoßen.

Die Betrachtung der verschiedenen sozialen Verhaltensweisen wäre unvollständig, wollte man nicht noch die Lautgebung erwähnen. Neben optischen sozialen Auslösern, olfaktorischen (geruchlichen) und taktilen (Berührungsreize wie Lecken, Schnauzestoßen usw.) helfen auch akustische Auslöser, verschiedene soziale Situationen zu regeln und zu steuern. Revierverteidigendes Bellen, Begrüßungsbellen, drohendes und unterwürfiges Knurren, der Schmerzensschrei, et-epimeletisches Winseln, Stimmfühlungsheulen und das helle „Geläute" des Spurlautes nebst einigen weiteren vokalen Ausdrucksweisen im Beutejagdfunktionskreis sind nur die markantesten akustischen Kommunikationsmöglichkeiten des Hundes. Würde man auf die feineren Abstufungen des akustischen Stimmungsausdrucks innerhalb dieser Kategorien genauer eingehen, müßte man diesem Thema ein ganzes Kapitel widmen. Die Verhaltensforscher Herre, Tembrock und in neuerer Zeit Schwizgebel haben sich ausführlich damit beschäftigt.

Als letzter sei ein wichtiger Funktionskreis besprochen, in dessen Bereich zwischen dem Hund als Haustier und seinen wilden Verwandten und Ahnen sehr große, vielleicht sogar – abgesehen von den Unterschieden in der Aggressivität – die wesentlichsten Verhaltensunterschiede zu finden sind – das sogenannte *Meideverhalten*. Zu ihm gehören alle Verhaltensweisen, die eine Flucht, ein Aus-dem-Wege-Gehen, ein Deckung-Nehmen oder Verkriechen und das Unterlassen eines begonnenen Vorhabens mit dem Ziel der Erhaltung der persönlichen körperlichen Unversehrtheit zum Gegenstand haben. Natürlich gehören auch Demuts- und andere Unterwerfungs- und Unterlegenheitszeichen gegenüber einem stärkeren Artgenossen dazu. In erster Linie bezwecken aber die Verhaltensweisen der Feind- und Schädlichkeitsvermeidung das Sich-in-Sicherheit-Bringen vor bedrohlichen Naturereignissen und Artfeinden, also noch wehrhafteren Tieren, als es die hundeartigen Raubtiere selbst sind. (Manchmal gehören dazu auch in die Enge getriebene große Beutetiere, die sich wehren.) Bekanntlich gehen selbst die wildesten Tiere dem Menschen aus dem Wege, wenn er entschlossen auftritt und nicht flieht und sofern er noch nicht die kritische Distanz (Wehrdistanz) überschritten hat. Eines der besonderen Kennzeichen des Haustieres gegenüber dem Wildtier ist nun, daß ersteres gegenüber dem Menschen keine oder eine wesentlich verringerte Fluchtdistanz zeigt. Zwar zeigt auch ein seit frühester Jugend in menschlicher Hausgemeinschaft aufgezogener Wolf oder Fuchs gegenüber einem vertrauten Pfleger keine Scheu, Fremden gegenüber verhält sich ein solches Tier aber furchtsam und, wenn in die Enge getrieben, angstaggressiv. Umgekehrt verhält sich ein in Wildheit aufgewachsener Hund dem Menschen gegenüber oft zeitlebens recht mißtrauisch und ähnlich wie ein echtes Wildtier. Die Zahmheit eines Tieres beruht also auf zwei wesentlichen Voraussetzungen, nämlich einer Änderung des Erbgutes, gewisse Reizschwellen der Affektivität betreffend (durch generationenlange Zuchtauslese zu erreichen), und der Aufzucht in menschlicher Nähe, um Prägungsvorgänge und weitere Lernakte vom Typ der Gewöhnung (z. B. Futterzahmheit und Einordnung in eine Rangstellung) zu ermöglichen. „Härte" im Ertragen von unlustvollen Erlebnissen und starken Reizen und ihr Gegenteil, leicht auslösbare Fluchtbereitschaft oder sogenannte „Weichheit" bis Ängstlichkeit, „Mut" im Sinne von mangelnder Fluchtbereitschaft auch gegenüber stärkerem Gegner (Gegenteil „Fluchtsamkeit" bis sogenannte „Wesensschwäche") und ausgeprägter Schutztrieb sind neben Bereitschaft zu sozialer Unterordnung („Führigkeit") die hervorstechendsten Charakterunterschiede unter Hunden, in denen sie sowohl von Rasse zu Rasse als auch von Individuum zu Individuum quer durch alle Rassen hindurch sehr wesentlich variieren können. Wir werden uns mit diesen „Affektivitätsunterschieden" noch mehrmals zu befassen haben. Praktisch wichtige Unterschiede zwischen Hunden ergeben sich auch aus der sozialen Bindungsfähigkeit: Sowohl familienbedingte, also erbliche, innerhalb bestimmter Nachkommenslinien immer wieder gehäuft beobachtbare, als auch rassespezifische Grundlagen zur Ausbildung einer besonderen Meutenorganisationsform (in die der Mensch natürlich miteinbezogen wird) sind bekannt. So bekämpfen sich in großem Rudel z. B. Bracken, Cocker-Spaniels, Windhundarten nur wenig; solche Hunde bringen daher alle Voraussetzungen mit, auch weniger energischen Menschen gegenüber sich nicht ernstlich zu widersetzen. Bei Foxterriern, Jagdterriern, aber auch Deutschen Schäferhunden und einigen anderen großen Rassen würden Meutegefährten, die sich in der Höhe der sozialen Rangstellung nur sehr wenig voneinander unterscheiden (also einander annähernd gleichrangig sind), einander immer wieder erbitterte Kämpfe liefern, bis ein stärkeres Ranggefälle sich ausgebildet hätte oder einzelne Meutemitglieder eliminiert sind. In Zwingern kann man daher gleichgeschlechtliche erwachsene Tiere solcher Rassen nur in kleinsten und bezüglich der Zusammensetzung sorgfältig ausgewählten Gruppen halten, wenn sich die Tiere nicht ernstlich schädigen sollen. So ist es auch verständlich, warum Hunde solcher Rassen einen sehr strengen Herren brauchen, wenn sie nicht vollständig verlottern und u. U. – zwecks Dominanzumkehr – sich bei jeder sich bietenden Gelegenheit ernstlich gegen den eigenen Herrn stellen sollen, wenn dieser Mann nicht genügend Respekt einzuflößen imstande ist. Ältliche Personen sind daher häufig das Eigentum und nicht der Eigentümer ihres Schäferhundes, der sie an der Leine ausführt und zieht, wohin es ihm paßt. In der Wohnung bewacht ein solcher Hund verschiedene Gegenstände – so auch erbrochenes Futter – gegenüber dem Frauchen als persönlichen Besitz und läßt sie erst berühren oder entfernen, wenn er dazu in Stimmung ist oder mit List aus der Situation fortgelockt werden konnte.

Im Funktionskreis der Feindvermeidung kommen auch Instinktanteile vor, die auf die soziale Gruppe bezogen sind und sich durch Stimmungsansteckung auf die Gruppenmitglieder übertragen. Dazu gehören z.B. Warnlaute: Ein angstvoller oder schmerzlicher Aufschrei eines Artgenossen kann die ganze soziale Gruppe in Alarmbereitschaft setzen. Natürlich können durch Stimmungsansteckung auch aggressive Erregungen eines einzelnen den gemeinsamen Angriff aller auf einen Feind oder ein sich regelwidrig verhaltenes Gruppenmitglied auslösen und Angst in Aggression umschlagen lassen. Ein Hund in einer Situation, aus der er allein fliehen würde, fühlt sich stärker in Gegenwart eines übergeordneten Meutenangehörigen oder in Gegenwart mehrerer Meutenmitglieder: Hunde an der Leine ihres Herrn knurren Pferde oder Angehörige großer Hunderassen drohend an, vor denen sie allein sich eher drücken würden. Wie schon mehrmals betont, kommen alle auf den Artgenossen bezogenen Verhaltensanteile des Hundes auch Menschen gegenüber zur Anwendung, nur reagiert der Mensch nicht immer so, wie es der Hund als selbstverständlich von einem Sozialpartner erwartet, was manchmal zu Mißverständnissen führt. So fordert z.B. ein Junghund seinen Herrn zum Mitlaufen auf, indem er vor ihm davonläuft; der Herr will seinen Hund einfangen und läuft nach. Der Hund muß daraufhin annehmen, der Herr gehe solcherart auf sein Spiel ein und läuft daher noch weiter fort. Der Herr – fluchend und keuchend – ärgert sich über den unfolgsamen Hund. Würde der Herr vor dem Hund davonlaufen, so würde dieser – da er sich allein unsicher fühlt – umkehren und seinem Herrn nachfolgen. Dies und ähnliches wird uns bei der Besprechung der Erziehung des Junghundes zur richtigen Einordnung in die menschliche Gesellschaft – „Sozialisierung" – noch ausführlich be-schäftigen. Bezüglich der Feinheiten des Ausdrucksverhaltens (also der „Körpersprache") des Hundes und seiner wilden Verwandten sei auf die

Der Hund freut sich

...will spielen

...ist unterwürfig

...wird aufmerksam

...ist aufmerksam
und wachsam

...ist freundlich wenn er
wedelt – mißtrauisch wenn
er knurrt

Einige bekannte Beispiele für Ausdrucksverhalten des Hundes. Mißverständnisse zwischen Mensch und Hund lassen sich vermeiden, wenn man die „Körpersprache" des Hundes rich-tig zu deuten weiß (nach einer vom Institut für interdisziplinäre Erforschung der Mensch-Tier-Beziehung [IEMT], Wien, veröffentlichten Zeichnung).

ausführlichen und reich illustrierten Darstellungen von Zimen und Feddersen-Petersen verwiesen. Auch der Hundeforscher Trumler beschäftigt sich in seinen verschiedenen Büchern eingehend damit, darüber hinaus auch noch mit den Besonderheiten der Geruchswelt des Hundes. (Mit letzterer beschäftigten sich schon vor Jahren Neuhaus und viele andere. Eine zusammenfassende Darstellung neueren Datums stammt von Hager.)

1.3 Entwicklung, Reifung und Abbau von Verhaltensweisen

In diesem und einigen folgenden Kapiteln sollen spezielle Probleme des Normalverhaltens des Hundes, die schon teilweise kurz erwähnt wurden, unter besonderen Gesichtspunkten nochmals betrachtet werden, da sie zur möglichen Entstehung einiger Verhaltensabnormitäten besondere Beziehungen haben. Der Blickwinkel könnte etwa mit *„Lebenslauf als Funktion der Zeit"* näher charakterisiert werden.

Wie schon in anderem Zusammenhang angedeutet, ist das spontane Auftreten und die Auslösbarkeit verschiedener Instinkthandlungen nicht zu jeder Zeit im Leben eines Tieres gleichermaßen aktuell. So verhält sich das Jungtier in vielen Beziehungen anders als das vollreife, das erwachsene wieder je nach Geschlecht und Jahreszeit verschieden und das alte Tier anders als in seinen besten Jahren. Körperliche Vorgänge der Entwicklung und Reifung, Spuren einschneidender Erlebnisse und Erfahrungsbildung, Nachlassen der körperlichen Spannkraft und der Drüsenfunktionen sind nur einige der dafür verantwortlichen Innenfaktoren. Auch veränderte Umweltumstände, wie Verlust eines geliebten Kameraden, Verpflanzung vom gewohnten Heim und neue soziale Umgebung und damit eventuell verbundene veränderte Rangposition können zeitweilig oder dauernd das Verhalten eines Individuums in vielen Bereichen modifizieren.

Neben Erbfaktoren üben besonders Vorgänge und Erlebnisse in der frühen Jugendzeit nachhaltige Wirkungen auf die Ausbildung persönlicher Verhaltensunterschiede des später erwachsenen Tieres aus.

Die Reifungsvorgänge eines heranwachsenden Individuums verlaufen nicht gleichmäßig fließend, sondern treten, ähnlich wie beim Menschenkind, schubweise zutage. Beim Hund wurden diese Verhältnisse von älteren und neueren Forschern besonders gründlich studiert. Das für die Belange dieses Buches Wichtigste auf diesem Gebiet soll im folgenden kurz zusammengestellt werden:

Erste Entwicklungsstufe (Vorgeburtsstadium): Das Auftreten altersspezifischer Verhaltensweisen kann schon beim noch Ungeborenen im Mutterleib festgestellt werden. Leider ist über die auslösenden Reize, die Art der Bewegungsformen selbst sowie deren Zweck noch viel zu wenig bekannt.

Jeder Besitzer eines trächtigen Muttertieres kann zu bestimmten Zeiten besonders häufige und deutliche Stöße an der Bauchwand des Muttertieres beobachten, die von einem Aktivitätshöhepunkt der Föten herrühren. Da der Entwicklungszustand des Nervensystems in diesem Lebensalter noch sehr unreif ist, kann es sich dabei nur um mehr oder weniger einfache Massenreflexe handeln. Auch die zur Geburt nötigen Einstellbewegungen der Föten zum Geburtsweg (aktive Umdrehbewegung usw.) sind bereits als angeborene zweckmäßige Bewegungsweisen zu betrachten.

Zweite Entwicklungsstufe (Neugeborenenperiode): Diese Entwicklungsspanne, von früheren Untersuchern auch Schlauchstadium genannt, dauert von der Geburt bis etwa zum vierzehnten Lebenstag. Die Augen sind noch geschlossen, die Nahrungsaufnahme geschieht in der für Neugeborene typischen Art. Harn- und Kotabsatz werden durch Lecken seitens der Mutter reflektorisch ausgelöst. Bezüglich der Reflexauslösbarkeit beobachtet man – wie beim menschlichen Säugling – zuerst ein Überwiegen aller Beugemuskeln, später aller Strecker, besonders an den Hinterbeinen. Ein „Schnauzenwühlreflex" ist auslösbar, wenn man den Nasenspiegel mit der hohlen Hand berührt, und soll wohl dem Auffinden der mütterlichen Milchquelle dienen. Mit den Vorderbeinen werden zeitweilig abwechselnde tretende Bewegungen ausgeführt, der sogenannte Milchtritt. Obwohl die Welpen noch geschlossene Ohren haben, winseln sie laut, wenn ihnen kalt ist oder sie Hunger haben; es handelt sich dabei um Signale zur Erregung mütterlicher Fürsorgehandlung (sozialer Auslöser). Nimmt man einen Welpen von der Mutter weg und legt ihn irgendwo hin, so kriecht er meist im Kreise und pendelt mit dem Kopf hin und her. Im Gehirn sind erst die motorischen Rindenabschnitte relativ am besten entwickelt, die Hirntrockensubstanz beträgt zehn Prozent des Gesamthirngewichtes. Es findet vorerst ein sehr langsames Wachstum der Großhirnhemisphären statt.

Dritte Entwicklungsstufe (Übergangsphase): Sie dauert im allgemeinen vom vierzehnten bis zum einundzwanzigsten Lebenstag und ist dadurch gekennzeichnet, daß jetzt schon die Augen offen sind und ein schwaches Sehvermögen besteht; ferner können bereits – vorerst noch instabil – sogenannte bedingte Reaktionen gebildet werden. Auf Geräusche wird gegen Ende dieser Periode schon ein Zusammenzucken als Schreckreaktion gezeigt.

In bestimmten Regionen der Hirnrinde beginnt nun eine besonders rasche Entwicklung, die Trockensubstanz des Gehirns beträgt bereits zwölf Prozent des Gesamthirngewichtes (nach Fox). Die typischen Neugeborenenreflexe der Stamm- und Extremitätenmuskeln werden infolge Überwiegens zentraler Hemmechanismen anfänglich an den Vorderbeinen, dann auch in der hinteren Körperhälfte unsicher bis schwer auslösbar. Hirnelektrische (enzephalographische) Aufzeichnungen ergeben noch keine Unterschiede zwischen Schlaf- und Wachzustand.

Vierte Entwicklungsstufe (Beginn der ersten Sozialisierungsperiode): Diese Zeitspanne, die von vielen Untersuchern auch als Eruptionsstadium bezeichnet wird, weil in ihr sozusagen der erste Ausbruch des Lebens stattfindet, dauert durchschnittlich etwa vom Beginn der dritten bis zur fünften, manchmal sechsten oder gar siebten Lebenswoche (Rassenunterschiede) und könnte teilweise mit der Kriechlingsperiode des menschlichen Kleinkindes verglichen werden. In diesem Stadium bereits dürfte die Artprägung nicht nur auf das Muttertier, sondern auf gleichaltrige Artgenossen, also Geschwister und damit Objektmerkmale späterer sexueller Werbeziele stattfinden; man muß diese Zeit daher als Beginn einer sensiblen Periode oder sogenannten prägsamen Phase ansehen. Während die ersten drei Lebenswochen eine enge Verbindung jedes einzelnen der hilflosen Welpen nur zur Mutter zulassen, wendet sich nun, wo die Mutter die Welpen zeitweilig verläßt, das Interesse auch den Geschwistern zu. Diese Beziehungsaufnahme bildet die Grundlage für die spätere Organisation der Meute erwachsener Hunde. Die Welpen sind in diesem Alter äußerst empfindsam für emotionelle Reaktionen und auch bereits imstande, bedingte Reaktionen zu bilden, also zu lernen. Falsche oder fehlende Prägungsvorgänge und einschneidende Erlebnisse, die in diesem und dem folgenden Stadium stattfinden („Early Experience"), können tiefgreifende Folgen für die spätere Grundeinstellung des Tieres zu seiner Umwelt haben. In dieses Altersstadium fällt auch die Öffnung der Ohren, während Tastsinn und Geruchssinn bereits bald nach der Geburt funktionieren. Alle Sinne sind jedoch vorerst noch unreif funktionsfähig. Die Prägung soll beim Hund auch oder sogar vorwiegend auf osmische Reizqualitäten gerichtet sein.

Der Durchbruch der ersten Milchzähne in diesem Entwicklungsstadium bereitet schon die Umstellung von nur flüssiger Nahrung auf breiige Zusatzkost vor. Bei gesunden, sich kräftig entwickelnden Tieren verschwindet im Alter von drei bis vier Wochen der Saugreflex. Scheuen vor dem Anblick eines Abgrundes („visuelle Tiefenreaktion") ist in Testsituationen beobachtbar. Während zwischen der vierten und fünften Lebenswoche die Tierchen bei Erscheinen des menschlichen Pflegers oder fremder Personen auf diese zukriechen, also ein positives Annäherungsverhalten überwiegt, zeigt sich ab der achten Woche, also im folgenden Entwicklungsstadium, eher Fluchttendenz bzw. Meideverhalten, besonders wenn Unbekannte den Raum betreten.

Es beginnen die ersten Versuche, sich optisch und akustisch im Raum zu orientieren und entsprechend zielstrebig zu bewegen. Die typischen Neugeborenenreflexe sind nicht mehr auslösbar, es zeigen sich schon einige Instinktbewegungen des erwachsenen Tieres. Mit Vorder- und Hinterbeinen werden sogenannte Aufstützreaktionen immer deutlicher: Beginn des Aufstehens und der ersten Gehversuche. Zum Harn- und Kotabsatz ist nicht mehr auslösender mütterlicher Leckreiz erforderlich.

Zu Beginn dieser Periode werden im Elektroenzephalogramm erstmalig deutliche Unterschiede zwischen Wach- und Schlafaktivität des Gehirns erkennbar. Das besonders rasche Wachstum des Gehirns setzt sich bis zum zweiundvierzigsten Tag fort, dann erfolgt die Weiterentwicklung nur noch schubweise. Der Trockensubstanzgehalt beträgt mit sechsundfünfzig Tagen zwanzig Prozent des Gesamthirngewichtes. Mit neunundvierzig bis fünfzig Tagen erhält man EEG-Aufzeichnungen, die solchen erwachsener Hunde entsprechen.

Fünfte Entwicklungsstufe: Nach Angaben amerikanischer Forscher beginnt diese, rasse- und familienbedingt verschieden, etwa um die fünfte bis sechste Lebenswoche und dauert bis ca. zum siebzigsten Lebenstag, also der zehnten Woche. Es werden nun schon stabile bedingte Reaktionen gebildet, was an der Entwicklung von Gewohnheitsreaktionen und am Anpassungsverhalten erkannt werden kann. Zur Verrichtung der körperlichen Ausscheidungsreaktionen verlassen die Kleinen das Wurflager, um dieses Geschäft mit Vorliebe an Stellen zu erledigen, die schon Geruchsspuren von früheren derartigen Verrichtungen tragen. Wenn man die Tierchen daran gewöhnen will, später im Zimmer auf einem mit Zeitungspapier ausgelegten Teller ihr Geschäftchen zu verrichten, dann ist es zweckmäßig, schon jetzt die Umgebung des Lagers mit Zeitungspapier auszulegen, damit auch ein optischer Auslösereiz für dieses Verhalten erlernt werden kann. Manche Hunde sind schon mit zehn Wochen so weit, daß sie das „erweiterte Rudelterritorium" (das Wohnzimmer oder gar die ganze Wohnung) nicht mehr verunreinigen, sondern zum Harn- und Kotabsatz sich außerhalb seiner Grenzen begeben, wenn ihnen dies ermöglicht wird. Freilich passiert noch hier und da etwas an unerwünschten Orten. Ein Anzeigen – sei es durch Hecheln, Bellen, Scharren an der Tür –, daß unser Hündchen austreten muß, kann freilich erst viel später verlangt werden.

Nun beginnt auch die Zeit der Entwöhnung von der mütterlichen Milchernährung; die Mutter bricht den Kleinen das aus ihrer Futterschüssel aufgenommene Futter vor. Die Zeitspannen, die die Mutter die Jungen allein läßt, werden allmählich länger, und die Kleinen verbringen – außer mit viel Schlaf – die Zeit damit, ihre Umgebung mehr und mehr systematisch zu erforschen (Erkundungs- und Neugierverhalten) und spielerisch gegenseitige soziale Kontakte auszubilden und einzuüben. Gegenseitig wird an exponierten Körperteilen gesaugt. Flucht und Angriff, Balgen um Beutestücke und dergleichen Spiele, in denen die verschiedensten Intentions- und Instinkthandlungen zur Anwendung kommen, sind für die spätere psychische Gesundheit und normales artgemäßes Verhalten besonders wichtig. In dieses Entwicklungsstadium fallen auch schon die ersten halbernsten Balgereien zur Ausbildung und Festlegung persönlicher Rangpositionen. Für das selbstbewußte oder abhängige, sozial unterlegene Auftreten des später erwachsenen Tieres wird hier der Grundstein gelegt. Die Erkundung der eigenen „sozialen Stellung" auch gegenüber anderen Lebewesen, z. B. verschiedenen Menschen, beginnt bereits in dieser Altersstufe. Bei Hunden, die überdurchschnittliche Veranlagung zu Bissigkeit (im Vergleich zu den Geschwistern) zeigen, sollte schon in diesem Alter dagegen eingewirkt werden, etwa indem man das Hündchen eine Weile an der Lefze festhält, wenn es nach der Hand zu schnappen versucht.

E. Trumler sieht anhand vielfältiger Beobachtungen an Dingos und Haushunden verschiedener Rassen die Grenzen dieser Entwicklungsstufe, die er *Sozialisierungsphase* nennt, innerhalb etwa der neunten bis zum Ende der zwölften Lebenswoche; auch er betont die Wichtigkeit der Art der „Erziehungseinflüsse" während dieser Zeit. Die Erziehung der Kleinen

90

seitens der Hundemutter und des Hundevaters – Trumler widmet der ausführlichen Darstellung dieser Vorgänge in einem seiner Bücher viele Seiten – ist alles andere als antiautoritär, und der Mensch, der bei seinem neuangeschafften vierbeinigen Hausgenossen in diesem Alter Mutter- und Vaterstelle ersetzen muß, ist gut beraten, sich an den von der Natur vorgezeichneten Weg zu halten.

Die beste Zeit zur Trennung von Mutter und Geschwistern zwecks Eingewöhnung in den Haushalt des neuen Herrn und Erlernung des bei ihm erwünschten Verhaltens liegt zwischen der siebenten und neunten Lebenswoche.

Wird schon ab der vierten Lebenswoche ein Hund von seinen Wurfgeschwistern entfernt und kommt er in eine relativ isolierte, reizarme Umwelt, wie sie die Wohnung des neuen Besitzers u. U. darstellen kann, hat der Kleine außerdem keine Gelegenheit mehr, mit Artgenossen in Berührung zu kommen, dann zeigt er später soziale und oft sogar auch sexuelle Kontaktschwierigkeiten mit seinesgleichen und entwickelt sich – besonders bei übertriebener Verhätschelung – als von menschlichen Hausgenossen allzu abhängig. Wird er zu streng behandelt, häufig in seinem Zärtlichkeitsverlangen abgewiesen und für kleine Fehltritte in punkto Stubenreinheit roh bestraft, so entwickelt sich ein mißtrauisches, ängstliches, scheues und kontaktarmes Lebewesen. Natürlich spielen dabei auch Erbfaktoren eine wesentliche Rolle.

Sechste Entwicklungsperiode (erste Jugendstufe): Sie entspricht etwa der vorschulpflichtigen Kindheit beim Menschen und beginnt (nach Scott, Fox und einigen anderen Untersuchern) durchschnittlich um die neunte bis zehnte Lebenswoche, nach Trumler mit der dreizehnten Lebenswoche und dauert bis zum vierten Lebensmonat. Verschiedenste Erlebnisse im Umgang mit der engeren und weiteren Umwelt bis zur sechzehnten Lebenswoche sind von nachhaltiger Bedeutung. Innerhalb der Welpenschar findet nun eine Stabilisierung der Rangordnung statt (Rangordnungsphase – nach Trumler). Der Charakter des Hundes ist in dieser Zeit noch besonders plastisch, also formbar, später werden die Verhaltensstrukturen plötzlich starr, und alles weitere Lernen kann im wesentlichen eigentlich nur mehr auf den bis dahin vorgebildeten Grundstock aufbauen. Grundsätzliche charakteristische Einstellungen, die sich oft erst viel später auswirken, wenn alle Instinkte gereift sind, werden festgelegt.

Die motorischen Fähigkeiten und Gleichgewichtsreaktionen sowie die Geschicklichkeit nähern sich dem Status des erwachsenen Tieres, obgleich noch lange nicht alle Instinkte gereift und daher vollständig und in der richtigen Reihenfolge auslösbar sind.

Wenn ein Hund erst nach der sechzehnten Lebenswoche, also nach dem vierten Lebensmonat, einen extrem isolierten Zwinger verläßt und bis dahin keine Gelegenheit hatte, mit fremden Menschen und Reizen wie z. B. Großstadtlärm sowie mit den Bedingungen des häuslichen Lebens in der Großstadtwohnung in Berührung zu kommen, dann wird er sich lange Zeit hindurch unsicher, scheu und ängstlich verhalten, wenn der neue Besitzer mit ihm spazierengehen will; es wird Schwierigkeiten bei der Gewöhnung zur Stubenreinheit geben, und die Beziehung zu seinem Herrn wird u. U. viel weniger innig sein als die Beziehung zu einem anderen Hund als Wohnungsgenossen.

Aus dem Vorerwähnten wird verständlich, warum man sogleich, wenn man einen Hund ins Haus nimmt, mit der richtigen Erziehungsarbeit in zunächst kleinerem, aber absolut konsequentem Rahmen bereits beginnen soll (Stubenreinheit, Unterordnungsübungen, Gewöhnung an Beißkorb, Halsband und Leine sowie bestimmten Schlafplatz und Tageseinteilung, zeitweiliges Alleinbleiben usw.). Es ist bei uns vielfach üblich, erst viel später zu versuchen, den Junghund an derartige Lebensordnungen zu gewöhnen, was ganz unzweckmäßig, da dann viel mühsamer ist. Unerwünschte Erbanlagen (Aggressivität, Überängstlichkeit) sind am ehesten zwischen der sechsten und zwölften Lebenswoche durch erzieherische Einflüsse in ihrer späteren Auswirkung auf die individuellen Verhaltenseigenschaften des Hundes zu korrigieren; würde dies seitens der menschlichen Umgebung eines Junghundes öfter beherzigt, dann gäbe es weniger neurotische, psychopathische, „unerzogene" und im Grunde unglückliche Hunde, deren Verhalten in vielen Bereichen später nur schwer und mühsam, oft gar nicht mehr im Sinne einer annähernden Normalisierung zu ändern ist.

Die neuen Forschungsergebnisse zeigen eindrucksvoll, daß die bei uns landläufig verbreitete Meinung, ein junger Hund könne zu diesem oder jenem nicht erzogen werden – er sei noch zu jung, unernst, könnte noch nicht verstehen, was er solle, deshalb müsse man ihm allerlei nachsehen –, grundfalsch ist. Gerade im zartesten Alter lernt ein junger Hund, wenn man sich ihm nur richtig verständlich macht (nicht mit einem Wortschwall), viel rascher und müheloser die von ihm später plötzlich so selbstverständlich erwarteten „Manieren", als wenn man Gewohnheiten einreißen läßt, von denen der Hund später nicht verstehen kann, warum sie auf einmal unerwünscht sind. Wie man sich so einem kleinen Kerl richtig „verständlich macht", wird Thema eines besonderen Kapitels sein. Wichtig ist es, viel mit dem jungen Hund zu spielen; in diesem Alter kann und soll man ihn, auf Spielbasis, die Fähigkeiten ausbilden lassen, die er im fünften und sechsten Monat bereits beherrscht und im Ernstfall einsetzen kann. Die Einordnung unseres Hundes in das aus Menschen und Hunden bestehende Rudel glückt um so leichter, je regelmäßiger, umfangreicher und unbefangener die Kontakte und je eindeutiger und gleichbleibender sie sind. Hunde, die ihre Besitzer im wesentlichen beim Zwingersäubern, beim Füttern und bei der Arbeit auf dem Hundeplatz erleben, haben viel zu wenig Gelegenheit, ihre Rolle im Rudel „einzuüben". An solchen Hunden sieht man oft eine Mischung aus zärtlicher Unterwürfigkeit und Verhaltensunsicherheit. Finden sie Gelegenheit dazu, werden sie sich leicht Fremden anschließen. Es gibt Junghunde, die überwiegend im Zwinger aufgewachsen sind und als Welpen und Heranwachsende kaum Gelegenheit hatten, mit anderen Hunden zu spielen oder später einmal ohne Leine ganz unbefangen ihre ersten Auseinandersetzungen über die Rangordnung zu führen. Sie behalten eine gewisse Verhaltensunsicherheit manchmal lebenslang und zeigen sich bei Begegnungen mit anderen Hunden dann nicht selten aggressiv (selbst gegenüber Jungtieren). Auch im Kontakt mit Menschen sind solche Tiere verunsichert, einfach weil ihr Verhaltensrepertoire nicht voll entfaltet ist, weil sie die Vielfalt der hundetypischen Ausdrucks- und Antwortformen zwischen selbstbewußter Ablehnung und freundlicher Kontaktsuche nicht einüben konnten. Sie kennen nur die ängstliche Abhängigkeit von ihrem Herrn. (Manchem Hundehalter ist das allerdings erwünscht.)

Für den Beginn einer Spezialdressur oder Hundeabrichtung muß selbstverständlich eine erst mit ca. zwölf bis vierzehn Monaten eintretende, gewisse „vorgeschrittene Reife" abgewartet werden; sie wird wesentlich erleichtert und umso zwangloser zu bewerkstelligen sein, je mehr auf schon früher im Spiel Erlerntes aufgebaut werden kann.

Wie sehr unterschiedlich Hunde in verschiedenen Entwicklungsstadien auf Reize aus der Umgebung reagieren, zeigt ein von russischen Forschern durchgeführtes Experiment, in dem man mit dem Geräusch einer Klapper (Ratsche) die Jungtiere während des Freßbeginns zu stören versuchte. Auf die Darbietung dieses Schreckreizes tritt keine Hemmung des Freßverhaltens ein, wenn die Hunde zwanzig bis dreiunddreißig Tage und zwei bis drei Monate alt sind, während welcher Zeit auch ihr Neugierverhalten seinen Höhepunkt hat. Vierundzwanzig bis vierzig Tage und vier bis sieben Monate alte Jungtiere hingegen wurden (sofern sie sich nicht vorher gewöhnt hatten) durch dieses Störgeräusch bis zu neurotischen Verhaltensweisen gehemmt und unfähig, Futter aufzunehmen. Auch gegenüber anderen Reizen besteht in dieser Zeit gesteigerte Fluchtbereitschaft und Meideverhalten (also Angstauslösbarkeit). Man kann sich vorstellen, daß seelische Traumatisierungen in diesen Altersstufen besonders nachhaltige Folgen haben müssen. Individuelle Schwankungen hinsichtlich dieser Empfindlichkeit sind durch erbliche Veranlagung bedingt.

Siebente Entwicklungsperiode (zweite Jugendstufe oder sogenannte Vorpubertät): Diese Phase reicht ungefähr vom Ende des vierten bis zum Ende des sechsten Lebensmonats und ist im Vergleich zum Menschen – Grundschulalter – sehr kurz. Ein gut erzogener Hund dieses Alters kann bereits überallhin mitgenommen werden, ohne unangenehm aufzufallen. Würden die Wurfgeschwister mit den Alttieren im Rudel beisammen bleiben, dann könnte man in dieser Periode bereits ernsthafte Zusammenarbeit mit den Erwachsenen beobachten. Trumler vergleicht dies treffend mit der Stellung von Gesellen und nennt diese Zeit Rudelordnungsphase. Die Junghunde sind zu dieser Zeit besonders leicht erziehbar und unterordnungsbereit; eine in der vorhergehenden Entwicklungsperiode vielleicht manchen Tierbesitzer störende gewisse Aggressivität scheint nun geschwunden. Der Tierbesitzer sollte sich aber nicht zu früh freuen, es kommt nochmals eine Zeit, in der alle bisherige Sittsamkeit mit einem Male wie weggeblasen scheint und unser Hündchen sich benimmt wie ein halbstarker Rowdy, der weder im Guten noch mit Strafen zur Raison zu bringen ist. Diese Parallele zur menschlichen Jugendentwicklung kennzeichnet das folgende Entwicklungsstadium.

Achte Entwicklungsstufe (Stadium der Pubertät): Die zeitliche Festlegung dieses Entwicklungsabschnittes, der meist nur sechs bis acht Wochen

◄ Immer wieder ist eine gewisse Unsicherheit der sensiblen Hündin beim Spiel zu erkennen.

dauert, macht Schwierigkeiten, da er bei manchen Hunden früher, bei anderen beträchtlich später auftreten kann. Daran anschließend erreicht der Junghund das Stadium der Adoleszenz, später das des Erwachsenseins. Nach Meinung einiger Autoren soll die Prägung auf die Art der späteren Sexualpartner erst in der Pubertät stattfinden; nach Ansicht anderer Forscher findet sie bereits in der ersten Sozialisierungsphase bei der Prägung auf das Muttertier oder die Geschwister statt, wird aber erst nach der Pubertät wirksam. Auch wird Prägung und Früherfahrung in Form sexueller Spiele mit Geschwistern und anderen Artgenossen oft unzulässigerweise in einen Topf geworfen.

Das Zentralnervensystem erfährt seine endgültige Ausreifung; manche Hirnteile erreichen in funktioneller Hinsicht erst mit sechs bis acht bis vierzehn Monaten den endgültigen Entwicklungsstand. Große Rassen sind im allgemeinen später reif, besonders wenn die Tiere im Freien und nicht unter Bedingungen der Stubenhaltung aufgezogen werden. Die Veränderungen gehen Hand in Hand mit dem Funktionsbeginn verschiedener Hormondrüsen (Geschlechtsreife). Jetzt erst, manchmal gar noch später, reifen auch der Bewachungstrieb und der Schutztrieb – als Folge der Gründung des Sexualreviers –, und unser Hündchen begrüßt nicht mehr jeden Fremden vor der Tür als guten Freund, sondern behandelt ihn als feindlichen Eindringling (teilweise abhängig von den Vorerfahrungen und Aufzuchtbedingungen).

Das vorhin erwähnte „rowdyhafte Verhalten", der Drang zu entweichen, nicht zu gehorchen, oder gar gegen den eigenen Herrn sich aufzulehnen, oder aber ein besonderes, ja geradezu unerklärlich ängstliches Verhalten, mit einem Wort ein launenhaftes und unausgeglichenes Auftreten erscheint manchmal kurz vor den äußerlich erkennbaren Zeichen der erlangten organischen Geschlechtsreife, meist aber folgt es dieser erst nach. Mit dem Ende dieser Entwicklungsperiode ist auch das Längenwachstum abgeschlossen. So plötzlich, wie das unerklärliche, unwirsche Verhalten, in dem unser Zögling alle schon erlernten Manieren vergessen zu haben schien, auftritt, so plötzlich verschwindet es meistens wieder, und es zeigt sich nun, daß die früher investierte, spielerisch-ernste Erziehungsarbeit doch nicht vergebens war. Allerdings ist es nötig, daß der Junghund gegen Ende dieser Entwicklungsphase einmal ernstlich – körperlich schmerzhaft – erlebt, daß sein Herr der Stärkere und ein Entweichen gegen seinen Willen unmöglich ist. In diesem Stadium versucht nämlich mancher Wildhund (bei Wölfen wird dieses Stadium viel später, erst etwa mit zwei Jahren erreicht), die Familienbande zu durchbrechen und seine eigenen Wege zu gehen, was nach der Brautschau mit der Gründung einer eigenen Meute endet. Ernstliche Auflehnung gegen den Vater wird manchmal auch zu dessen Entthronung als Meutenchef führen. Zeigt sich der Vater aber als stärker, so kann dies das bisherige kindlich unterwürfige Verhalten des Jüngeren und den Zusammenhalt der Gruppe verlängern (auch für den Menschen ist es nachfühlbar, daß Unterlegenheitserlebnisse, je nach Veranlagung, die Neigung zu selbständigem Handeln nicht gerade fördern!). Hunde und andere Haustiere unterscheiden sich von ihren wilden Verwandten im Hirnbau und anderen Merkmalen nicht zuletzt dadurch, daß die geschlechtliche Reife sehr früh eintritt, womit auch das Wachstum des Körpers beendet ist, der gesamte Organismus und insbesondere die Kopf- und Hirngestaltung aber Züge stehengebliebener Jugendlichkeit (unabgeschlossener Ausreifung) beibehalten. Zeitlebens in gewissem Ausmaße beibehaltene Züge von Jugendlichkeit bei Haustieren sind im Verein mit der unter domestikativen Lebensverhältnissen wegfallenden Sorge um Nahrung und persönliche Sicherheit einige der Hauptvoraussetzungen für das lange Anhalten des Spieltriebes, der geringen Kampf- und Fluchtbereitschaft und der Unterordnung unter menschliche Autorität.

Untersuchungen Zimens zufolge können einzelne Merkmale aggressiven Verhaltens unabhängig voneinander unterschiedlich stark fetalisiert (d. h. verjugendlicht geblieben) sein; so entspricht z. B. die von einem erwachsenen Pudel mit Aggression verteidigte Individualdistanz etwa derjenigen fünf Monate alter Wölfe, seine Aggressivität gegen Fremde aber derjenigen anderthalbjähriger Wölfe. (Aus dieser Tatsache wird übrigens auch ersichtlich, daß das individuelle Ausmaß an Aggressionsbereitschaft und -stärke in den verschiedenen Funktionsbereichen bei einem Hund auf mehreren, getrennt vererblichen genetischen Faktoren beruhen muß!) In diesem Zusammenhang sind als besonders interessant die neueren Untersuchungen von Feddersen zu nennen, aus denen hervorgeht, daß bei Mischlingen aus Hunden und Schakalen und den dann aufspaltenden Erbanlagen zu unterschiedlichem Gesichtsausdruck für aggressive Stimmungen so unterschiedliche Formen entstehen, daß die Tiere gewissermaßen verschiedene Körpersprachen sprechen und einander dann nicht mehr richtig verstehen.

Würde man statt eines Hundes einen Wolf oder Dingo oder einen Schakal als Haustier halten, dann würde er von einem gewissen Alter ab seinem Herrn plötzlich nicht mehr in gewohnter Weise gehorchen, sondern seine eigenen Wege gehen. Ein Hund aber bedarf nichts als einige Male einer strengen Hand, um weiterhin „braves Kind" zu bleiben. Nur während der Läufigkeit und der Mutterschaft scheint bei manchen Hundeindividuen diese „kindliche Zahmheit" vorübergehend völlig aufgehoben, und es kann zu Situationen kommen, in denen der vertraute Hausgenosse den Anschein völliger Entfremdung erweckt.

Verschiedene Untersucher teilen die Entwicklungsstadien des Hundes etwas anders ein, im wesentlichen bestehen aber keine großen Unterschiede. Als Beispiel eine Einteilung von Bodingbauer (Wien):

I. Nesthockerstadium (entspricht dem menschlichen Säugling),
    0.–14. Tag.

II. Eruptives Stadium (entspricht dem menschlichen Kriechling),
    3.–5. Woche.

In beiden Stadien lebt das junge Tier von Umwelteinflüssen weitgehend unabhängig. Freedmann bezeichnet sie daher als vorkritische Periode. Die kritische Sozialisierungsperiode verlegt er in die Zeit zwischen der fünften und siebenten Lebenswoche. Nach wieder anderen Untersuchungen soll der Höhepunkt der Zuwendungsbereitschaft und damit der sozialen Prägungsvorgänge zwischen der sechsten und siebenten Lebenswoche liegen; mit der zwölften Lebenswoche erreichen Hemmungsmechanismen und Meideverhalten ihre Intensitätsspitze und zeigen damit die Beendigung der sensiblen Phase an. Das Schwanzwedeln des Hundes – und das Lächeln des Menschenkindes – werden zunächst gegenüber jedem Gesicht, später nur gegenüber einem bekannten Gesicht gezeigt, und lassen so einen vollzogenen Prägungsvorgang erkennen.

III. Welpenzeit (entspricht dem menschlichen Vorschulstadium),
     7. Lebenswoche bis Ende des 4. Monats.

IV. Vorpubertät, Ende des 4. bis Ende des 6. Lebensmonats.

V. Pubertät, 6. bis 10. (bei spätreifen 12.) Monat.

Dann folgt die Zeit der Adoleszenz, die sogenannte Reife. Auch sie läßt sich in charakteristische Lebensabschnitte unterteilen, wie dies einige

Humanpsychologen in gleicher Weise auch für den Lebensablauf des Menschen tun.

Sowohl an dieser als auch an der früher genannten Einteilung ist auszusetzen, daß sie den irrigen Eindruck erweckt, als sei ein Hund nach der Pubertät bzw. nach dem Erreichen der Geschlechtsreife bereits voll entwickelt und als vollwertig erwachsen zu betrachten. Davon kann nämlich gar keine Rede sein. Viele Instinkte reifen erst zwischen dem ersten und zweiten, manchmal gar erst gegen das dritte Lebensjahr hin voll aus, so z. B. das Verteidigungs- und Bewachungsverhalten, die Raubzeugschärfe, das Vorstehen usw. Gewiß gibt es frühreife Individuen und Sonderbegabungen. In solchen Fällen mag das entsprechende Verhalten schon viel früher voll funktionsfähig sein und dann weiter nur noch lernabhängig bleiben, die Regel ist dies aber keineswegs. Nicht umsonst auch unterscheidet man zwischen einer Geschlechts- und Zuchtreife, was man zwar wohl in erster Linie auf körperliche Belange bezieht, welchen jedoch hinsichtlich endgültiger feinerer Differenzierungen in mehreren Verhaltensbereichen Entsprechungen parallel gehen.

Eine wieder völlig andere Einteilung der frühen Entwicklungsphasen der Verhaltensontogenese entwirft Althaus anhand neuerer, sehr exakt ausgeführter Untersuchungen an Huskies, die in der ethologischen Station der Universität Bern begonnen wurden. Da sie vorerst ausschließlich von wissenschaftlichem Interesse ist, sei jedoch hier nicht weiter darauf eingegangen.

Soviel über den Anfang des Hundelebens.

Tägliche Gewohnheit im Alltag an der Seite seines vertrauten Herrn und inniger Kontakt mit ihm als ständigem Begleiter lassen das Band zwischen Hund und Herrn im Laufe der Jahre immer inniger werden, so daß so mancher Hundeführer ob der subtilen Aufmerksamkeit seines Hundes oft in Verblüffung gerät. Wenn man mit einem Menschen zu tun hat, der einem unsympathisch ist, so betrachtet ihn auch der Hund mißtrauisch und mürrisch (oft ist einem das gar nicht recht); oder unser Hund scheint schon zu wissen, daß wir heute abend ohne ihn ins Theater ausgehen wollen; noch ehe wir uns umkleiden, sitzt er schon bittenden Blickes vor der Tür, „laß mich nicht allein"!

Mit den Jahren – die für uns ja viel zu rasch verfliegen – wird unser vierbeiniger Gefährte müder, weniger lebhaft, weniger verspielt, weniger unter-

Als Kontrast zu dem jungen Pudel wirkt der schon taube vierzehnjährige Deutsche Schäferhund, dessen Ruhebedürfnis den ganzen Tag über anhält und dessen Gang nichts mehr von der Elastizität des Wolfes verrät.

nehmungslustig. Ein neues Stadium in seinem Leben fängt allmählich an: das Alter. Nicht nur die Körperkraft läßt nach, nicht nur die Sinne werden stumpfer. Mancher Hund wird eigensinnig und eigenbrötlerisch. Mißgünstig betrachtet er das Spiel junger Hunde und geht ihnen aus dem Wege, es scheint ihm sichtlich lästig zu sein; seine Individualdistanz vergrößert sich. Steht ein Fremder vor der Tür und der Hund bellt, so läßt er sich nicht das Schweigen befehlen, er knurrt noch mißmutig nach, was er früher nicht getan hätte: Er kann sich nicht mehr beherrschen, gewisse Hemmungen funktionieren nicht mehr. Vielleicht „passiert" ihm manchmal auch etwas mit der Stubenreinheit. Er steht schwer auf, er wird zusehends wetterfühlig, er kann sich auf neues Futter nicht umstellen und leidet erheblich unter jeder zeitlichen, örtlichen, personellen Veränderung in seiner Umgebung. Es geht ihm allmählich wie uns, wenn wir uns einmal dem Ende nähern.

Nicht nur in der Jugend unterliegt also die Verhaltensbereitschaft eines Individuums in vielen Lebensbereichen teils schubweisen und teils allmählichen Veränderungen. Neben der Entfaltung müssen wir bei Betrachtungen des Lebens stets auch die „Einfaltung", die Rückbildung und den Abbau berücksichtigen.

1.4 Die Rolle der sozialen Umwelt

Dem Leser wird u. a. aufgegangen sein, daß bei aufwachsenden Jungtieren die Erfahrungen und Erlebnisse mit ihrer sozialen Umgebung eine wichtige Rolle spielen für individuelle Verhaltensbereitschaften, also gewisse Grundeinstellungen des später erwachsenen Tieres („Charakterbildung"); man könnte in gewisser Hinsicht die Art der psychischen Einflüsse während der relativ kurzen, kritischen Perioden geradezu mit dem Programmierungsvorgang bei einem Computer vergleichen. Ein erstes charakteristisches Erlebnis genügt bereits zur Fixierung schwer oder nie mehr lösbarer (umlernbarer) Angst-, Aggressions- oder Zuneigungsbereitschaft. Es ist daher nicht gleichgültig, ob und wie ein Welpe und Junghund von Kindern behandelt wird, wenn er erstmalig mit solchen seine Erfahrungen macht. Es ist nicht gleichgültig, wie und wann man einen jungen Hund an Katzen, Meerschweinchen, Ziervögel gewöhnt, wenn er später mit ihnen in Frieden leben soll. Es ist auch nicht gleichgültig, ob ein Frauchen, das ihr kürzlich erstandenes Zwergpudelhündchen bei jeder nur denkbaren Gelegenheit ängstlich vor jedem Hund auf der Straße oder beim Überqueren verkehrsreicher Flächen hochnimmt, und wann und wie sich das Frauchen „am anderen Ende der Leine" verhält, wenn Hündchen – noch drollig – seinen Dickkopf durchzusetzen versucht, und ob das Frauchen ängstlich vor dem Hund zurückweicht, wenn dieser zum erstenmal seinen Knochen zu verteidigen versucht oder sich der Körperpflege erfolgreich zu widersetzen beabsichtigt und sich damit als „willensstärker" beweist. Für Tierbesitzer, die in der Hundehaltung noch besonders unerfahren, neurotisch oder außergewöhnlich verhätschelungsfreudig sind, oder aber zu besonders forschem Auftreten neigen, ist es daher besser, sich nach Möglichkeit einen Hund zu nehmen, der schon sechs bis acht Monate alt ist; die ungünstigen Einflüsse auf die Entwicklung des Junghundes sind so zu vermeiden, vorausgesetzt, daß der Hund bis dahin nicht isoliert, in der besonders einförmigen, reizarmen Umwelt einer vom modernen Verkehr entlegenen Zwingeranlage oder nur unter Artgenossen, ohne intensiven Kontakt mit Menschen aufgewachsen ist. Die Gefahr, einen reifungsbehinderten oder besonders unfolgsamen und gegen seinen eigenen Besitzer sogar bissigen Hund zu bekommen, wie dies heute in Groß-

Frühzeitige Sozialisierung bleibt entscheidend für das ganze Leben. Kind und Hund, zusammen aufgewachsen, stehen miteinander auf Du und Du. – Der Ausdruck des vom ehrgeizigen Besitzer überforderten Hundes verrät Unterwürfigkeit, Angst und Hemmung. ▶

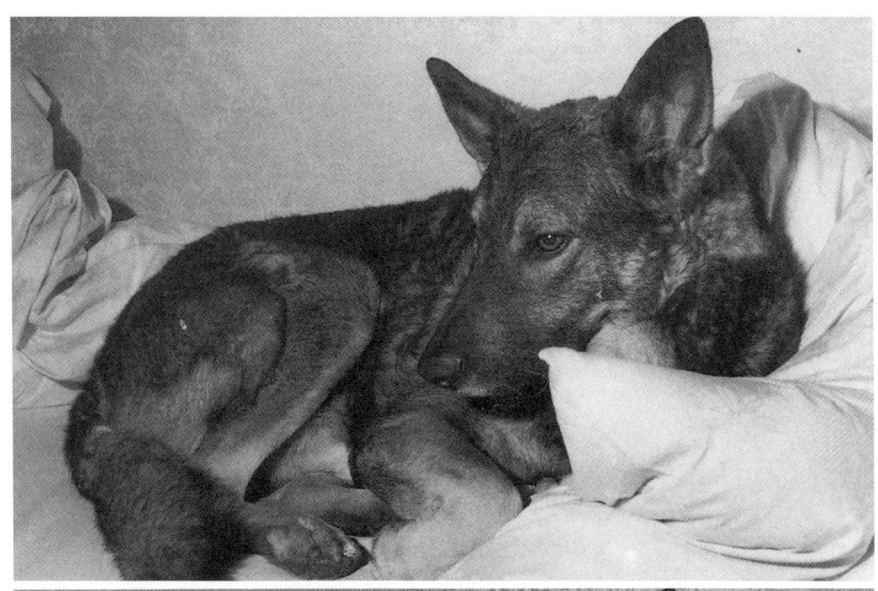

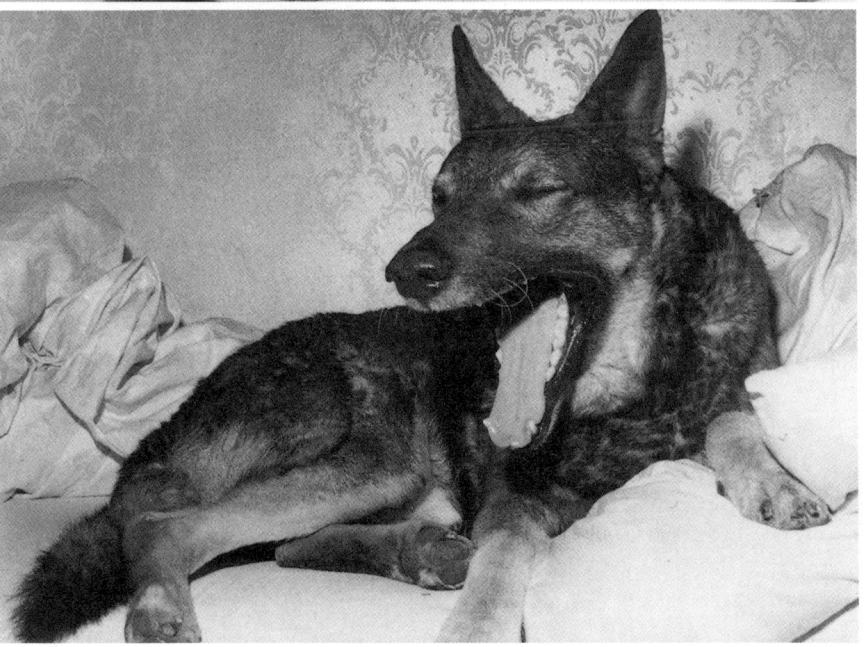

städten leider immer häufiger zur Beobachtung kommt, wird dadurch ganz wesentlich eingeschränkt.

Ein psychologischer Vergleich einiger markanter Wesenseigenschaften des Hundes im mittleren Lebensalter mit den entsprechenden Zügen seines Herrn ergab um so größere Übereinstimmung, je früher das Tier zu seinem Besitzer kam und je mehr dieser sich mit ihm befaßte, außer in Fällen, in denen der Hund „der psychisch stärkere", also der sozial überlegene war. Das Sprichwort „wie der Herr, so's Gescherr" besteht also meistenteils zurecht. Wer kennt nicht aus eigener Beobachtung das Bild einer mißtrauischen alten Jungfer mit ihrem sich ebenso mißtrauisch und kontaktscheu gebärdenden Hund an der Leine! Selbst der Gang der beiden macht einen geradezu verblüffend ähnlichen Eindruck. Derartige Beispiele ließen sich gar viele anführen.

Wenn man frühzeitig genug damit beginnt, kann man sogar Katzen mit weißen Mäusen oder kleinen Stubenvögeln aufwachsen lassen, ohne daß später etwas passiert. Sie verhalten sich zueinander – zumindest im gewohnten Heimterritorium – wie Spielgefährten. In sowjetischen Tiergärten zieht man nach dieser Methode sogar Löwen mit Gazellen in denselben Gehegen erfolgreich auf. Unter sozialem Jugendmilieu sind somit nicht nur Artgenossen, sondern alle im Haushalt mit dem Tier gemeinsam gehaltenen anderen Lebewesen zu verstehen, mit denen es zur Kumpanbildung kommen kann. Da ein Junghund zur Aufnahme sozialer Kontakte und Beziehungen nur die angeborenen Ausdrucksbewegungen, die auf Artgenossen orientiert sind, zur Verfügung hat, bildet sich auch das Mensch-Hund-Verhältnis nach solchen Gesetzen aus. Dabei ist es normalerweise so, daß der Mensch als geliebtes „Elterntier" zunächst ganz selbstverständlich als ranghöher eingestuft wird, dem gegenüber keinerlei ernste Rivalitäts- und Aggressionshandlungen zum Einsatz kommen, sofern es sich um bekannte Personen, also „Rudelgenossen" handelt. Freilich kommt es oft vor, daß unser Hündchen (wie Geschwistern gegenüber) auch einmal versucht, gegenüber einem menschlichen Hausgenossen ernstlich seinen Willen durchzusetzen, wenn es um die Verteidigung von Beute, einen Knochen etwa, geht. Zeigt sich der Mensch in dieser Situation nicht von der Seite, von der sich ein rangüberlegener Artgenosse geben würde – also „strafend" (aggressiv) und erfolgreich den Knochen „erobernd" –, dann lernt das Hündchen sehr schnell, Menschen als recht

◄ „Rex" ist das „Meutenoberhaupt" seiner Familie, er tut daher nicht nur, was ihm gefällt, sondern sucht sich auch die ihm genehmen Plätze für die Zeit des Nichtstuns aus.

furchtsame oder dumme, jedenfalls leicht durch Bedrohung einzuschüchternde Lebewesen einzustufen. Ein amerikanischer Dominanztest besteht darin, daß man Geschwister sich paarweise um einen Knochen balgen läßt und die Zeit stoppt, die jeder Rivale sich im Alleinbesitz der Beute befindet. So mancher später bissige Hund kam auf die „schiefe Bahn", weil man die ersten tastenden Versuche des kleinen Knirpses – wie weit er sich ungestraft aggressiv benehmen könne – anfänglich nicht ernst genug genommen hatte. Wenn es dem Hund gelingt, Erfahrungen zu sammeln, denen zufolge er seine menschlichen Hausgenossen wie Geschwister (also echte Rangrivalen) und nicht wie überlegene Elterntiere einstuft – auch im Wolfsrudel sind Elterntiere oder Geschwister früherer Generationen oft die Führer einer Meute erwachsener Tiere aus jüngeren Generationen –, dann erfolgt leicht Dominanzumkehr und sogar sexuelle Rivalität (Eifersuchtsverhalten gegen einen Familienteil, Bewachung des anderen), echte Futterrivalität (auch verschiedene Gegenstände, Spielzeuge, Kleidungsstücke des Besitzers werden dann als Symbolbeute vor letzterem bewacht) und Rivalität um den besseren Ruheplatz: Der auf dem Sofa liegende Hund knurrt seinen ins Zimmer tretenden Herrn an! Auf der Straße tut so ein Hund, was er will, und läßt seinen Herrn reden, was er will; ärgert er sich über etwas, reagiert er seine Wut am Herrn ab; will das Frauchen „sich die Frechheit herausnehmen", einen solchen Hund, der sich als Meutenführer fühlt, zu bürsten, wenn er nicht dazu in Stimmung ist, dann droht man ihm und weist es in die Schranken, denn körperliche Berührung hat sich der Untergebene dem Hochgestellten gegenüber nicht zu erlauben (Individualdistanz). Da einem solchen Hund aber der zur Befriedigung seiner sozialen Bedürfnisse notwendige Meutenführer fehlt, verhält er sich andererseits oft recht nervös, launenhaft und unsicher. Man tut also als Tierbesitzer seinem Junghund nichts Gutes, ihn antiautoritär, d. h. völlig wild aufwachsen zu lassen und jede Laune zu respektieren – in der natürlichen Hundefamilie würde er ein derartiges „soziales Milieu" nie erleben, sondern viel eher eine Art gnadenlose Zucht und Ordnung, in die er sich einzufügen hat. Sogenannte Unterordnungsübungen sind daher für einen Hund keine Erfindung pedantischer Tierquäler, sondern biologisch notwendiger Ersatz natürlichen, artgemäßen Sozialisierungsmilieus. Die Haltung des vor dem strafenden Herrn sich drückenden Hundes ist ein Demutsausdruck des sich geschlagen Gebenden. Nimmt ein Hund diese

Haltung an, ist jede weitere Bestrafung sinnlos und unnütze, „unnatürliche" Quälerei. Mehr als seine soziale Unterwürfigkeit anzeigen kann er ja nicht. Der Rangunterlegene geht dem Ranghöheren – wenn dieser seinen Weg oder seine Absicht zu erkennen gibt – mit Selbstverständlichkeit aus dem Weg, meidet die Ruhe- und Freßplätze des Überlegenen (z. B. respektiert das Bett seines Frauchens) und unterläßt etwa beabsichtigte Handlungen auf ein drohendes Signal seines Führers. Statt des Zähnefletschens und des Kopfhebens wird als hemmendes Drohen der bedingte Reiz des Wortklanges „pfui" und dergleichen durch Dressur erworbener Auslöser (und Handzeichen als stellvertretendes Signal) zu beachten gelernt. Das Verständnis für die verschiedenen Dressursignale, handele es sich nun um Laut- oder Sichtzeichen, *muß also erst auf Umwegen erlernt werden* – das halte sich jeder Hundeerzieher vor Augen und verliere nicht die Geduld, wenn er schon viermal seinem Hund (womöglich mit einem dem Tiere unverständlichen Wortschwall) etwas „erklärt" hat und dieser noch immer nicht begreift, was er soll. Der Hund muß nämlich alles zunächst körperlich erleben und durch wiederholten Versuch und Irrtum erlernen, was wir von ihm wollen, wobei es leider auch vorkommt, daß er gelegentlich einen zufälligen Geschehensablauf irrtümlich als Signal für eine bestimmte Handlungsweise auffaßt, statt, dessen Zufälligkeit richtig einschätzend, seine Aufmerksamkeit auf das gebotene Dressursignal zu richten.

Der gegenteilige Extremtyp des vorhin erwähnten Hundes, der sich als Herr seines Herrn betrachtet, ist der bis zur Infantilität unterwürfige, durch eine Entwicklungshemmung kindlich unselbständig gebliebene Schoßhund. Sein Besitzer versuchte in übertriebener Sorge, alles von ihm fernzuhalten, was ihn erschrecken oder gefährden könnte: Er wird seit frühester Kindheit nur getragen, muß bleiben, wo man ihn hinsetzt; selbständige Kontaktaufnahme mit Artgenossen oder Fremden wird unterbunden; er frißt nur, wenn man ihn füttert; greift ihn ein Fremder an, während er auf dem Schoß des Frauchens sitzt, dann schnappt er; würde man ihn vom Frauchen trennen, verhielte er sich völlig entwurzelt und hilflos wie ein Welpe, ein zitterndes Bündel Elend, mit dem man machen kann, was man will. In der menschlichen Erziehung würde man von einer sogenannten „overprotective mother" und deren unreif gebliebenem erwachsenen Kind sprechen. Wie bekannt ist doch der herrschsüchtige Muttertyp mit dem unverheirateten, auch im vierzigsten Lebensjahr immer noch mit „Bubi" bezeichneten und beherrschten Sohn!

Daß ein roh behandelter Hund, der die gesamte Jugendzeit hindurch nur gejagt und getreten wurde und die Wohnung seines „Meisters" überhaupt nicht betreten darf, das „hinterlistige" und mißtrauische Verhalten des sozial Tiefrangigen und auf ständige Abwehr und Flucht bedachten Unterdrückten als einzige Form des Bestehenkönnens erlernt und später auch dann nicht mehr ablegt, wenn er in eine günstigere soziale Stellung gerät, dürfte unschwer nachfühlbar sein; glücklicherweise sind solche Fälle heute immer mehr im Abnehmen begriffen.

Auch wenn wir ein Haustier nicht absichtlich etwas lehren, lernt es also etwas, nur ist das dann nicht immer das zweckmäßigste und vor allem selten das erwünschte Verhalten in zivilisiertem Milieu. Einmal Gewohnheit gewordene Fehlverhaltensweisen abzugewöhnen, ist viel schwerer – denken wir nur an uns selbst –, als von vornherein in diejenigen „Umgangsformen" übend hineinzuwachsen, die später so selbstverständlich erwartet werden. Es sei nochmals daran erinnert, daß nach Ablauf der Säugezeit die Hundemutter die Jungen vom Gesäuge wegbeißt und dann das Mutter-Kind-Verhältnis innerhalb kurzer Labilitätszeit in ein Meutenverhältnis hinübergleitet, in welchem zunächst die Mutter, später, wenn vorhanden, der Vater zum Leittier wird. Nach Darstellung einiger Forscher sollen immer nur zwei Mitglieder einer Meute – nach vorherigem Kampf – ein unmittelbares Rangverhältnis miteinander eingehen, so daß sich aus Zweiermeuten eine hierarchische Gliederung einer ganzen Hundepopulation aufbauen ließe. In verschiedenen Instinktfunktionskreisen können aber verschiedene soziale Stufen, verschieden gelagerte Kumpanbeziehungen zwischen den gleichen Meutenmitgliedern existieren. Bei manchen Hunderassen sehen wir eher den einen, bei anderen eher den anderen Typus der Sozialstruktur verwirklicht. In jedem Falle bieten diese natürlichen biologischen Voraussetzungen eine ideale Grundlage für das Verhältnis Herr-Hund, wobei als Ersatz für die Rangordnungskämpfe (andeutungsweise versuchen manchmal Halbwüchsige auch gegen die Mutter aufzumucken) andere Schmerzreize – Leinenruck, Hochheben bei der Genickhaut und kräftiges Schütteln, Schlag mit Zeitung usw. – zur Erzeugung der Unterordnungseinstellung und eines Rapportverhältnisses erlebt werden müssen. Auch das Hinsetzen, Stehenbleiben, Sich-Niederlegen auf „Befehlssignal" – „Ersatzdrohgeste" – findet man im natürlichen Inventar hundlichen Sozialverhaltens.

Nach Untersuchungen amerikanischer Psychologen werden in vierzig Prozent aller Haushalte mindestens ein Hund und (möglicherweise noch häufiger) eine Katze gehalten, wobei nicht praktische Gebrauchszwecke (Jagd, Bewachung, Ungeziefervertilgung usw.) als Motive an erster Stelle rangieren, sondern phantasiehafte Ausdrucksmöglichkeiten eigener Wünsche, Aggressionslust, Befriedigungsmöglichkeit von Beherrschungssucht, Fütterungs- und Pflegebedürfnis, Hilfsbedürfnis. Ein Hund kann dabei verschiedenen Mitgliedern einer Familie in verschiedener Weise direkt oder symbolisch dienlich sein (siehe auch Kapitel 7).

Nach Ausführungen des amerikanischen Tierarztes und Tierpsychologen Fox sollte der Tierarzt die besondere subjektive Bedeutung eines Haustieres für seinen Besitzer zu erkennen trachten, um beide besser behandeln zu können: Ein kranker Hund, der einstmals Symbol von Stärke und Männlichkeit war, wird von einem solchen Besitzer mitunter schlecht betreut werden, weshalb eine Aufnahme zur Pflege in einer Tierklinik vorteilhafter sein kann, während eine nachsichtige, pflegebereite Person ihr erkranktes Hündchen oder ihre verwöhnte Katze zu Hause besser umsorgen wird, als es je in einer Tierklinik möglich wäre.

Ein Stubentier kann wesentlich zur psychischen Hygiene alter, vereinsamter Menschen beitragen und solcherart einen echten, bisher viel zu wenig offiziell anerkannten „Gebrauchszweck" erfüllen. Als Spielgenossen für Kinder, besonders einzige Kinder in einer Familie, können Haustiere wichtige Erziehungsmittel – also ebenfalls Beitrag zur psychischen Hygiene – darstellen. Die Funktion der Haustierhaltung unterliegt in der modernen Gesellschaft mit ihren Wohnraumballungen in Großstädten einem Wandel gegenüber früheren Zeiten. Der Ausdruck Luxustierhaltung, wie er oft üblich ist, trifft für die Hunde- und Katzenhaltung des modernen Menschen eigentlich gar nicht richtig zu.

Der Psychiater Prof. Teirich verwendete schon vor vielen Jahren mit Erfolg Tiere als „Heilgehilfen" für seelisch erkrankte Menschen. Sein Beispiel hat in jüngster Zeit vor allem in den USA zahlreiche weitere Anwendungen gefunden und auch zu wissenschaftlichen Analysen der damit gemachten Erfahrungen geführt, über die in den letzten Jahren mehrmals bei internationalen Symposien berichtet wurde. 1986 hat Jurcik unter dem

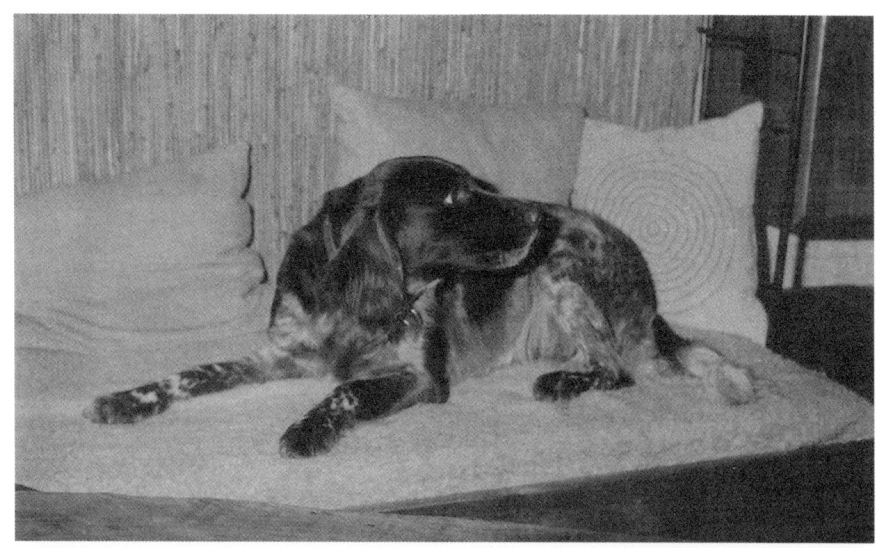

Ein Hund kann sich auf seinen jeweiligen sozialen Partner einstellen: Während die Frau des Hauses im Zimmer weilt, nimmt „Asta" gemächlich auf dem Sofa Platz.

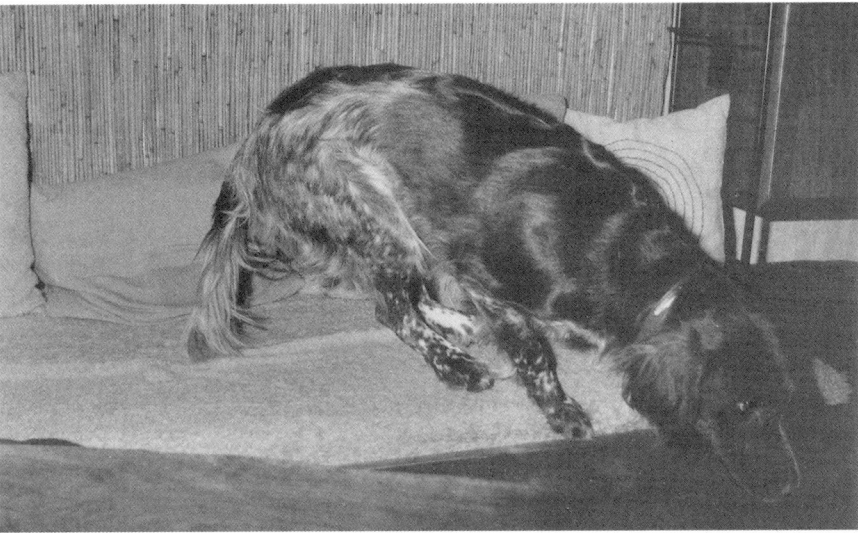

Sobald Herrchen das Zimmer betritt, räumt die Hündin murrend das Feld. Die an sich fällige Begrüßung wird erst später nachgeholt.

Titel „Hund als Therapie" über die bisher zu diesem Themenkreis erschienenen Publikationen in sehr übersichtlicher Weise referiert.

Da also das persönliche Verhältnis – die soziale Partnerschaft, Kumpanbeziehung – zwischen dem Tierbesitzer und seinem Tier verschiedener Art sein kann, ist es verständlich, daß an Tiere oft recht verschiedene Anpassungsanforderungen durch das Verhalten ihrer Besitzer – mit dem sie oft weitgehend isoliert zu leben gezwungen sind – gestellt werden; bei einem aufwachsenden Jungtier kann das natürlich nicht ohne bleibende Auswirkung für die individuelle „Charakterbildung" bleiben.

Abschließend noch ein Wort zu dem Problem der Stabilität der individuellen Verhaltenseigenschaften eines bestimmten (erwachsenen) sozialen Lebewesens im Sinne der Unveränderlichkeit und Einheitlichkeit eines einmal scheinbar fertig ausgeformten „Persönlichkeitsbildes". In diesem Zusammenhang müssen Beobachtungen erwähnt werden, denen zufolge außer den besonderen angeborenen Eigenschaftsanlagen und deren Modifikation durch frühkindliche und in der späteren Jugend stattfindende Umwelteinflüsse vor allem die *Art der jeweils aktuellen sozialen Partnerschaft* für das individualtypische Verhalten maßgeblich ist. Mit anderen Worten, ein und dasselbe Tier kann je nach Gesellschaft seines jeweiligen Sozialpartners ein verschiedenes Verhalten, ein anderes Charakterbild an den Tag legen; deshalb kann Besitzerwechsel bei einem unleidlichen Tier mitunter geradezu verblüffende Wirkungen, zumindest im Bereich seines Sozialverhaltens, haben. Derselbe Hund, der sich der pflegebereiten, verhätschelnden Hausfrau gegenüber ganz als liebeheischendes, empfindliches, mitunter auch recht unfolgsames Schoßtier verhält, kann sich als Begleiter seines Herrn als sehr folgsamer und, wenn notwendig, kampffreudiger Schutzhund, oder bei entsprechender Ausbildung als fermer Waidgenosse beweisen.

Die jeweilige Umwelt wird so zum integrierten Bestandteil des feiner abgestuften individuellen Verhaltensbildes eines Tieres. Beim Menschen ist ähnliches bekannt. Dazu ein besonders drastisches Beispiel: Ein despotischer Chef im Betrieb kann seinen Freunden ein guter Kamerad sein und zu Hause als Diener seiner herrschsüchtigen Gattin auftreten; hätte er aber eine Frau anderen Charakters, könnte er auch im Kreise seiner Familie als Tyrann gefürchtet sein (möglicherweise wäre er dann ein verständnisvoll eingestellter Chef). In wieder anderen Fällen kann ein im Beruf friedliebender Mensch gezwungen sein, sich zu Hause als zänkisch oder intrigant zu beweisen, während er mit einer Frau anderen Charakters eines harmonischen Zusammenlebens fähig wäre. Die Art der sozialen Umwelt ist also nicht nur im Laufe der Jugendentwicklung ein maßgeblicher, Wesenseigenschaften überformender Faktor. Damit kommen wir zu den feineren inter-individuellen Unterschieden arttypischen Verhaltens – des Charakters – oder, wie manche Kynologen sagen, des Wesens.

1.5 Individualitätsunterschiede zwischen Artgenossen und Methoden zu deren Messung

Trotz aller, die Wirkungen der Erbanlagen weitgehend modifizierenden Umwelteinflüsse wird sich ein Hund immer typisch in dem Rahmen verhalten, wie eben Hunde es tun, nicht etwa wie eine Katze, und eine Katze wird sich nie wie ein Kaninchen verhalten – diese hier besonders grob dargestellte Binsenweisheit ist gar nicht so selbstverständlich, wie sie klingt. Andererseits ist es aber wieder nicht so, daß sich kraft angeborener Instinktausstattung jeder Hund in allem genau wie der entsprechende Artgenosse verhält, sondern es bestehen feinere individuelle Verhaltensunterschiede, die den besonderen Charakter eines bestimmten Individuums ausmachen: Sie beruhen vor allem teils auf erblichen Faktoren und teils auf erlebnisbedingten Unterschieden in der persönlichen Entwicklung. Jeder Tierliebhaber und -züchter weiß, daß sich die einzelnen Tierindividuen ein und derselben Art und Rasse, ja selbst Geschwister, in vergleichbaren Situationen mitunter sogar ganz erstaunlich verschieden verhalten können. Besonders bei Haustieren ist ja, im Gegensatz zu wild lebenden Arten, die Spielbreite individueller Variationen des arttypischen Verhaltens besonders groß. Jedes Individuum hat sozusagen seine eigene Individualität, beim Menschen würde man von Persönlichkeit und Charakter sprechen. Die Zahl und Art der feineren Verhaltensunterschiede ist erheblich und kann fast alle Lebensbereiche betreffen. So gibt es bekanntlich Hunde – viele Cocker Spaniels sind beispielsweise dafür bekannt –, die wenig wählerisch beim Fressen sind und Unmengen an Futter vertilgen können (viel mehr, als ihrer Gesundheit zuträglich ist), während andere Hunde mit einem Leckerbissen kaum zu ködern sind und aus einer vollen Futterschüssel nur die besten Brocken heraussuchen. Bei freßgierigen Hunden kann man mit Futterbelohnung bekanntlich sehr leicht Dressurerfolge erzielen, während andere Hunde – mit intaktem Sättigungszentrum im Gehirn – wissen, wann sie genug haben, und (sofern der Hunger nicht erheblich ist) durchaus nicht bereit sind, für Futtergaben sich besonders anzustrengen; bei ihnen stellt die Instinkthandlung des Fressen-Könnens eine nur schwache Lernmotivation dar; et-epimeletische Appentenzen (der Wunsch, gestreichelt und belobt zu werden) bilden dann manchmal wesentlich stärkere Handlungsantriebe. An manchen Hunden fällt auf, daß ihnen das Kämpfen und Siegen große Lust zu bereiten scheint; ihr sozialer Ranganspruch, ihre persönliche Expansionstendenz – ihr „Geltungstrieb" – liegt erheblich über dem Durchschnitt. Wieder andere sind besonders schmerzempfindlich, oder aber hart (schmerzunempfindlich), andere besonders ängstlich und fluchtbereit, geräuschempfindlich, bewegungsfreudig oder träge, leicht erregbar oder stur und so fort. Wenn sich auch in allen Hunderassen Individuen finden, die besonders kampflustig oder besonders schreckhaft, besonders bellfreudig oder besonders gefräßig u. a. m. sind, so unterscheidet sich doch die Mehrzahl der Vertreter einer bestimmten Rasse oder Rassengruppe von denen anderer Rassen durch mehr oder weniger charakteristische Gemeinsamkeiten; man kann daher von *rassetypischem Charakter* und weiter von besserer oder geringerer Eignung bestimmter Rassen für bestimmte praktische Verwendungszwecke sprechen.

Um einem zukünftigen Tierbesitzer hier die Qual der Wahl zu erleichtern und das Eingehen eines möglichen Risikos zu verringern, möchte ich nachfolgend auffällige Charakterzüge einiger besonders beliebter Hunderassen wiedergeben.

Betrachten wir zunächst die sogenannten *Doggenartigen* (Bernhardiner, Neufundländer, Hovawart, Leonberger, Deutsche Dogge, Bordeaux-Dogge, Deutscher Boxer, Englische Bulldogge, Französische Bulldogge und Mops). Es handelt sich um eine bunte, wenig einheitliche Gruppe, von der manche Vertreter Formen aufweisen, die auf einen hohen Grad von Domestikation schließen lassen und tatsächlich zum Teil schon im Altertum bekannt waren; die großen wehrhaften Hunde vom Molossertyp wurden damals als Packer zur Großwildjagd und als Kampfhunde verwendet. Ausgeprägter Kampftrieb, Mut, Härte und ruhiges, manchmal geradezu etwas phlegmatisches Wesen, verbunden mit nur geringer angeborener Schärfe, also besondere Gutmütigkeit, sind ihre markantesten Eigenschaften. Die kleineren Vertreter (vom Deutschen Boxer abwärts) sind beweglichere, temperamentvollere Typen. Trotz der Gutmütigkeit sind diese Hunde gefährliche Gegner, wenn sie einmal in Wut geraten. Die größeren Rassen (vom Deutschen Boxer aufwärts) sind durch ihre Führigkeit besonders leicht abzurichtende Begleit-, Schutz- und Wachhunde, die auch zum Sanitäts- und zum Truppendienst gebraucht werden; sie sind kinderlieb, kontaktfreudig und werden in manchen Gegenden wegen ihrer körperlichen Größe und Kraft auch als Zughunde verwendet. Die Haltung dieser stattlichen, muskulösen Tiere ist infolge ihres Platzbedarfs in Städten leider nicht immer leicht; die kleineren Rassen (Französischer Bulli, Mops) sind dagegen vorzüglich geeignete Wohnungshunde mit unkompliziertem Wesen, ihrem Herrn treu ergeben, brauchen wenig Pflege und Auslauf, können auch Anfängern in der Hundehaltung empfohlen werden. Besonders bei den großen Formen handelt es sich um sich langsam entwickelnde, spätreife Hunde.

Die *Hirtenhunde* (Kuvasz, Komondor, Bergamasker) sind nach Ansicht mancher Forscher mit den Doggenartigen nahe verwandt. Auch sie sind große, sehr kampffähige und kampfbereite Tiere, weisen jedoch lebhafteres Temperament und manchmal mehr Schärfe und viel mehr Bewegungsbedürfnis auf. Durch die angezüchtete Hypertrophie bestimmter Verhaltensweisen (Hüteappetenzen) eignen sie sich als Hüter und Beschützer von Viehherden, als stattliche Wach-, Schutz- und Begleithunde. Den eigenen menschlichen „Meutengenossen" gegenüber gutmütig und anhänglich, sind sie gegen Fremde meist mißtrauisch und abweisend.

Durch ihr starkes Bewegungsbedürfnis, dessen Nichtbefriedigung zum Erwerb unerwünschter Verhaltensweisen führen kann, sind sie für ein beschäftigungsloses Dasein im Großstadtmilieu und in kleineren Gärten kaum geeignet.

Eine in bezug auf Charakter und Verwendungsfähigkeit den vorigen verwandte Gruppe stellen die *Treib- und Sennenhunde* dar (Berner Sennenhund, Rottweiler als Beispiel der größeren, Appenzeller und Entlebucher Sennenhunde als Vertreter der niederläufigen Rassen). Es sind dies die typischen Metzgerhunde, die einem helfen, ein Stück Vieh zu treiben und Herden zusammenzuhalten. Ihre Triebkonstellation, gute Führigkeit und Körperkraft sowie Furchtlosigkeit befähigen sie aber auch zum idealen Schutz- und Diensthund, zum Zughund, ja manche (z. B. Rottweiler) wegen ihrer unerschütterlichen Wesensfestigkeit besonders auch zum Blindenführhund. Als treuer Hüter von Haus und Hof und Kindern wird man sie kaum je wildern oder streunen sehen. Zur Haltung an der Kette, im Zwinger oder in einer engen Stadtwohnung sind sie nicht geeignet.

Als Spezialisten unter den Hirten- und Sennenhunden sind die *Schäferhunderassen* als eigene Gruppe abzutrennen. Bobtail, Deutscher Schäferhund, Belgischer Schäferhund, Schottischer Schäferhund, Sheltie, Puli und Pumi sowie der Welsh Corgi sind nur einige typische Vertreter. Von der vorgenannten Rassengruppe zeichnen sich diese durch kompliziertes, labileres Wesen aus; so sind sie oft recht mutig im Kampf, aber gleichzeitig schreckhaft und fluchtbereit bei plötzlich auftretenden starken Reizen in der friedlichen Situation. Sie sind meist weniger harte, dafür aber schärfere, also aggressivere, weichere Charaktere, ja manchmal geradezu ängstlich-empfindsam (bei Collies besonders häufig) und dann durch allzu strenge Behandlung und traumatisierende Erlebnisse leicht „verdorben". Die große Wendigkeit und Regsamkeit, neben der Tendenz, Herden (und bekanntlich auch Personengruppen) ständig zu umkreisen, sind wohl die Voraussetzungen für die Verwendung als Schafhüter. Gelehrigkeit, Führigkeit, Unterordnungsbereitschaft und mittleres Temperament lassen besonders den Deutschen Schäferhund als idealen Universaldiensthund (für alle außer jagdliche Verwendungsarten) geeignet erscheinen. Alte, zarte und wenig energische Personen sollten sich jedoch trotzdem keinen Hund einer größeren Schäferhundrasse halten (zumindest keine harten Charaktere), da sie unmöglich der Meutenführer eines so kräftigen Tieres sein können und der Hund dann tut, was er will, was bei der gewöhnlich außerdem vorhandenen Schärfe des Tieres nicht ungefährlich ist.

Die Rassengruppe der *Spitze* (Wolfsspitz, Großer Spitz, Schiperke, Zwergspitz) ist einheitlicher als die bisher genannten Verwandtschaftsgruppen. Es sind durchwegs temperamentvolle, ihren Besitzern sehr anhängliche, gegen Fremde mißtrauische (wachsame) Hunde mit lockerem Hals (ausgiebige Bellreaktion durch geringfügige und vielfältige Reize auslösbar), bei denen die Jagdpassion der wilden Vorfahren und Verwandten fast völlig einem Instinktverlust unterliegt, so daß sie als hoftreu gelten, d. h. nicht zum Streunen und Wildern neigen (was allerdings nicht immer tatsächlich der Fall ist). Gute Führigkeit und ausgezeichnete Intelligenz (Lernfähigkeit) lassen Spitze als Wach- und Haushund besonders geeignet erscheinen, sofern das häufige und anhaltende Gekläff nicht stört (letzteres trifft nicht für die großen Vertreter der Rassengruppe zu).

Die *Nordlandrassen* (Eskimohund, Malamut, Husky, Samojede, Chow-Chow, Laiki) zeichnen sich durch vielseitige Lern- und Verwendungsfähigkeit als Jagdhund, Hütehund, Zughund und unbestechlicher Wachhund aus, sind also sehr intelligent, aber wenig kontaktfreudig (an

Schmeicheleien uninteressiert!), nicht bellfreudig, hart, kaum je temperamentvoll, also ruhig, ja manchmal gar schwerblütig und nicht sehr führig, d. h. zuweilen bis zur Sturheit eigenwillig, so daß ihre Abrichtung nicht immer leicht fällt. Dem eigenen Herrn – stets nur *einer* bestimmten Person – sind diese Hunde jedoch außergewöhnlich treu. Durch ihre Genügsamkeit und Widerstandsfähigkeit gegen Witterungsunbilden eignen sie sich besonders zur ganzjährigen Haltung im Freien.

Die Vertreter der *Pinscher-Schnauzer-Gruppe* (Dobermannpinscher, Glatthaarpinscher, Zwergpinscher oder Rattler als kurzhaarige Formen und Riesenschnauzer, Mittelschnauzer, Zwergschnauzer und Affenpinscher als lang- bzw. rauhhaarige Spielart) zeichnen sich durch Temperament und besondere Schärfe sowie Kampflust – im allgemeinen verbunden mit Mut – aus, so daß die größeren Vertreter dieser Rassengruppen geschätzte Wach-, Kampf- und Schutzhunde darstellen. Wie der Name Rattler sagt, kann man die Zwergformen außer als Schoßtiere auch zur Vertilgung von Hausungeziefer (Nagetiere) halten, das sie mit großer Schnelligkeit und Sicherheit erbeuten, während Jagdpassion ansonsten nicht zu ihren nutzbaren Eigenschaften zählt. Die Haltung dieser meist sehr harten und eigenwilligen Hunde mit ausgeprägtem Betätigungsdrang als Wohnungs- und Schoßtiere ist aber nur energischen Leuten zu empfehlen, sonst wird der Hund „der Meutenführer" und tyrannisiert seine Umgebung. Die Vertreter der großen Rassen müssen unbedingt auf dem Abrichteplatz ausgebildet und regelmäßig gearbeitet werden, sonst treten nicht selten unerwünschte Haltungsschwierigkeiten auf. Gute Dressur- und Anpassungsfähigkeit lassen die mittleren Größen zu beliebten Begleit- und Familienhunden in Häusern mit kleineren Gärten prädestiniert erscheinen. Infolge Kinderfrommheit, Herrentreue, Unerschrockenheit und Mißtrauen gegen Fremde bieten sie alle Voraussetzungen für einen Wachhund und Schutzhund kleineren Körperformates.

Die große Familie der *Terrierrassen* zerfällt in zwei Hauptgruppen, in die hochläufigen Formen (Airedale Terrier, Bullterrier, Kerry Blue Terrier, Bedlington Terrier, Irish Terrier, Welsh Terrier, Deutsche Jagdterrier, Foxterrier und Tibet Terrier) und in die kurzläufigen Formen (Sealyham Terrier, Scotch Terrier, Skye Terrier und Cairn Terrier). So verschieden ihre Größen und ihr Aussehen sein können, so unterschiedlich sind sie auch in ihren Wesenseigenschaften. Hervorstechend und allen gemeinsam sind

Cavalier King Charles
Zwergspaniel, Blenheim

Glatthaar Foxterrier

Pekingese

Boxer

Chow-Chow

Englische Bulldogge

Bernhardiner

Dobermann

Deutsche Dogge

Eurasier

Collie

Deutscher Schäferhund

Bedlington Terrier

Mittelschnauzer

Affenpinscher

Zwergpudel

Langhaardackel

Cocker Spaniel

Afghane

Dalmatiner

Bobtail

Skye Terrier

Bullterrier

Yorkshire Terrier

Deutsch Kurzhaar

Kleiner
Münsterländer

English Setter

Wolfsspitz

Basset Hound

Rottweiler

besondere Härte, Eigenwilligkeit und unerbittliche Raubzeugschärfe sowie, mit einigen Ausnahmen, besonderes Temperament und sehr schnelle Reaktionsfähigkeit, weshalb viele von ihnen als Erdjagdhunde, andere zur Freihaltung von Haus und Hof von Ratten und Mäusen, die größeren Rassen besonders als Schutz- und Kampfhunde, die mittleren auch gerne als zuverlässige Apportierer verwendet werden. Daß der Terrier mit seinesgleichen recht unverträglich ist, so daß er nicht in großen Meuten gehalten werden kann, wurde schon erwähnt. Selbst die Vertreter der kleinsten Terrierrassen sind in den Straßen der Städte als Raufer bekannt, die unerschrocken auch viel größere Artgenossen angreifen. Die immerwährende Aktivität und Gespanntheit dieser Hunde – viele von ihnen bellen auch häufig und ausdauernd – läßt sie nicht als ideale Begleiter für Personen mit schwachen Nerven oder ebenfalls cholerischem Temperament empfehlenswert erscheinen. Die koboldartige Betriebsamkeit der Zwergformen wird aber viele Schoßhundliebhaber entzücken. Wenn man nicht energisch mit einem Terrier umgeht, macht er, was er will, während Vertreter dieser Rassen in einer festen Hand verläßliche Gebrauchshunde für vielerlei Zwecke darzustellen vermögen (Airedale Terrier sogar Blindenführhunde). Unter einigen Terrierrassen, z. B. Welsh Terrier, Tibet Terrier, Yorkshire Terrier, Brüsseler Griffon und den kurzläufigen Typen, kommen auch weniger temperamentvolle und weniger streitsüchtige Charaktere vor, die dann in jeder Hinsicht angenehm zu halten und gute Haushunde sind; besonders der Scotch Terrier kann als ruhiger, ausgeglichener Hund mit nicht allzuviel Bewegungsbedürfnis dem Städter zur Haltung empfohlen werden.

Eine bunte Gruppe stellen die *Bracken, Schweißhunde und Laufhunde*. Sie können in hochläufige Rassen (Bloodhound, Dalmatiner, Gebirgsschweißhund, Schweizer Laufhund und Deutsche Bracke) und niederläufige, also kurzbeinige Formen (Dachsbracke, Niederlaufhund, Dachshunde) unterteilt werden, oder man faßt die Schweißhundrassen (Englischer Bluthund, Hannoverscher Schweißhund, Bayerischer Gebirgsschweißhund) und die jagenden Hunde (Hubertushund, Foxhound, Bassethound, Otterhound, Coonhound, Beagle, Schweizer-, Berner- und Jura-Laufhund, also die hohen und niederen Laufhunde und die großen und kleinen Brackenrassen) getrennt zu eigenen Gruppen zusammen. Allen gemeinsam ist die ausgeprägte Jagdpassion, das große Interesse an der Ausarbeitung von Spuren und Fährten, wobei sie eine gefundene Fährte mit tiefer Nase lautgebend („spurlaut") verfolgen und mit andersklingendem Gebell („sichtlaut") das aufgespürte Wild hetzen, bis es der Jäger erlegt. Es sind schnelle, ausdauernde Läufer, die man infolge meist geringer sozialer Rangrivalitäten in großen Meuten halten kann, ohne daß es zu ernsten Raufereien kommt. Die Schweißhunde eignen sich darüber hinaus besonders zur Suche nach verletztem Wild, das sie niederreißen oder verbellen oder verweisen (d. h. durch Bellen dem menschlichen „Jagdkumpan" die Stelle des gefundenen erlegten Stückes anzeigen oder zum Jäger zurücklaufen, um ihn an die Fundstelle zu führen). Während die Schweißhunde harte und kampflustige Tiere sind, benehmen sich die Bracken gegenüber fremden Menschen meist nicht als sehr große Helden. Es sind oft eigenwillige, dabei aber nicht selten weiche Hunde, die eigentlich ausschließlich in die Hand des Jägers gehören. Obzwar anhänglich, fühlen sie sich nie so eng an eine bestimmte Person als Führerkumpan gebunden wie etwa ein Hund einer Nordlandrasse, ein Spitz oder ein Pinscher; sie sind bald jedermann zugetan, der freundlich zu ihnen ist und ihnen Futter bietet, was für viele Jagdhunderassen, z. B. auch für die Stöberhunde und Vorstehhunde gilt. Das Bewegungsbedürfnis der meisten Bracken ist bedeutend. Ein guter Begleit- und Haushund ruhigen Temperamentes, der seine Jagdpassion heute weitgehend verloren hat, ist der Dalmatiner. Wer ihm ausreichende Bewegung bieten kann, wird große Freude mit einem Vertreter dieser leicht erziehbaren Tiere haben.

Das schlaue und an jede Umgebung anpassungsfähige Wesen, bei gleichzeitiger Bewahrung einer „eigenen Persönlichkeit" – bis zum Dickschädel – ist bei der Dachsbracke angedeutet, bei den Dackeln (kurzhaarige, langhaarige, rauhhaarige und Zwergformen) aber erst zur höchsten Potenz erhoben. Manche Dackel können sehr scharf, mutig und hart sein, was nicht Wunder nimmt, wenn man bedenkt, daß diese doch relativ kleinen Hunde unter der Erde mit übermächtigen Gegnern kämpfen. Das relativ geringe Bewegungsbedürfnis, verbunden mit dem dreist-drolligen, aufgeweckten Wesen lassen den Dackel außer zur jagdlichen Verwendung vor allem zum beliebten Wohnungs- und Stadthund geeignet erscheinen. Dackel können sehr verschiedenen Temperamentes sein, so daß jeder Hundeliebhaber das seinem persönlichen Wesen ansprechendste, gleichartige oder komplementär ergänzende Individuum auswählen kann.

Während die jagenden Hunde das Wild mit der Nase auf dem Boden auf-suchen und dann verfolgen, beruht die Jagdmethode der Hetzhunde nicht auf geruchlicher, sondern auf optischer Orientierung. Es sind Sichtjagd-hunde größter Schnelligkeit, weshalb sie auch *Windhunde* genannt wer-den. Man kennt südliche Windhundrassen (Barsoi, Pharaonenhund, Afghane, Saluki, Italienisches Windspiel) und nördliche Windhundrassen (Irish Wolfhound, Scottish Deerhound, Greyhound, Whippet). Heute werden sie häufiger als Rennsporthunde als zur Jagdverwendung gehal-ten. Ihr eigenartiger, graziler Körperbau, ihr federnder Gang und ihr un-aufdringliches, ja eher zurückhaltend-verschlossenes, gegen Fremde ab-weisendes und „vornehm-ruhiges" Wesen läßt sie als Hunde für Liebha-ber von Besonderem imponieren. Wer einem solchen Tier nicht viel Be-wegungsmöglichkeiten bieten kann oder einen Hund ausschließlich zum Verhätscheln haben möchte, läßt besser die Finger davon. Die Vertreter der beiden kleineren Rassen, Italienisches Windspiel und Whippet, sind lebhaft, anhänglich und sozial kontaktfreudiger als ihre größeren Ver-wandten; sie eignen sich auch zur Haltung in der Großstadtwohnung und in kleineren Gärten.

Eine durch ihre Instinktausstattung ganz andere Jagdmethode als den Vertretern der beiden vorgenannten Rassengruppen eigen, besitzen die *Vorstehhunde* (Pointer, Irish, English und Gordon Setter, Deutsch Kurz-haar, Drahthaar und Langhaar, Griffon, Weimaraner Vorstehhund und Kleiner Münsterländer Vorstehhund). Die meisten von ihnen suchen das in Feldjagdrevieren verborgene Wild, hauptsächlich Feld- und Nieder-wild, mit hoher Nase, und zwar stumm, also ohne Laut zu geben, und zei-gen durch plötzliches Annehmen einer jeweils charakteristischen, unbe-weglichen Haltung (stehend, sitzend, liegend) dem Jäger an, daß sie es gefunden haben. Während Pointer und Setter geradezu als Spezialisten für ausschließlich diese Art von Jagd gelten, sind die deutschen Vorsteh-hundrassen zu universellerer Jagdverwendung abführbar. Obgleich diese relativ großen und kräftigen Hunde nicht unerhebliches Bewegungsbe-dürfnis haben und vornehmlich in die Hand des Jägers gehören, haben sich einige, hauptsächlich ihres eleganten Aussehens wegen und wegen ihres anmutig-elastischen Ganges und ihres liebebedürftigen, anschmiegsamen Wesens, in Städten viele Freunde erworben. So z. B. der Irish Setter und der Gordon Setter, die allerdings mitunter recht eigenwillig und unführig sein können (besonders wenn ihnen der nötige Auslauf fehlt), und der äußerst anpassungsfähige und leicht erziehbare Kleine Münsterländer, der als Wohnungs-, Haus- und Begleithund auch dem Nichtjäger viel Freude macht, selbst wenn dieser in der Stadt dem Tier nur sehr sporadisch Auslauf bieten kann. Obgleich auch als Wachhund geeignet, darf man einen kampffreudigen, standfesten Schutzhund allerdings in einem Vertreter einer Vorstehhundrasse nicht mit derselben Selbstverständlichkeit und in demselben Ausmaß erwarten wie etwa vom Dobermann, Deutschen Boxer oder Deutschen Schäferhund.

Wiederum ganz anders ist die Jagdmethode und Verwendungsfähigkeit der *Stöber- und Apportierhundrassen* (Golden Retriever, Deutscher Wachtelhund, Springer Spaniel, Cocker Spaniel, King Charles Spaniel, Papillon und Pekingese). Von vielen Fachleuten werden Papillon und Pekingese zusammen mit anderen Zwergrassen, darunter auch Tibet-Spaniels und Japan Chin, als eigene, nicht hierhergehörige Rassengruppe betrachtet; bei manchen Zwerghunderassen fällt eine eindeutige Zuordnung zu dieser oder jener Rassenverwandtschaftsgruppe recht schwer; dies gilt z. B. besonders auch für die Bichons (Bologneser und Malteser) und den Chihuahua sowie für die Nackthunde, die manche Fachleute den Terrierrassen angliedern.

Obgleich das Dasein als Schoßtier oder „Luxustier" bzw. typischer Wohnungshund großer Städte wohl immer vornehmlich den kleinen und Kleinstformen aller Rassengruppen vorbehalten bleiben wird, konnten seit Jahren die Vertreter einiger Stöberhundrassen mittlerer Größe, nämlich die Spaniels, sich in zahlenmäßig eindrucksvoller Weise ihr Plätzchen auf dem samtüberzogenen Sofa der gepflegten Wohnung sichern. Neben ihrem so oft gerühmten und preisgekrönten Aussehen haben wohl ihr anschmiegsames, besonders liebebedürftiges und sanftes Wesen viel dazu beigetragen. Leider kommen unter einfarbigen, besonders unter blonden Cocker Spaniels psychisch abwegige Typen vor, die ohne Hemmung ihr eigenes Herrchen oder Frauchen beißen, wenn diese „sich erlauben", etwas zu tun, was dem Hund nicht paßt. Diese Abnormität steht in krassem Gegensatz zum sonst jedermann so zugetanen, kontaktfreudigen Wesen dieser Hunde. Beim Ankauf eines Jungtieres sollte man daher stets besonders auf das Verhalten der Elterntiere achten, um Nachkommen unleidlicher Charaktere, auch wenn sie körperlich noch so wohlgeraten sind, zurückzuweisen. Cocker Spaniels brauchen viel Aufwand an Zeit und Mühe für Fellpflege, und ihre Neigung, schon bei geringen Erregungen reichlich zu speicheln (dasselbe gilt übrigens leider auch für den Deutschen Boxer) und meist unermüdlich zu fressen, bis sie verfetten, macht sie nicht gerade als appetitlichstes Wohnungstier empfehlenswert. Ein wirklicher Liebhaber dieser Rasse sieht jedoch über alle diese Fehler hinweg und hält sich trotzdem einen Cocker Spaniel – und es gibt viele solcher Liebhaber. Wenn man bedenkt, daß bei so manchem Cocker außerdem auch die Führigkeit nicht selten zu wünschen übrig läßt, daß es sich um im Freien leicht erregbare und ausdauernde Beller handelt und sie als Stöberer großes Bewegungsbedürfnis haben, das mitunter nur mit Mühe befriedigt werden kann (Zeitaufwand!), so muß man sich eigentlich wundern, sie trotz all dieser widrigen Umstände so oft in Städten anzutreffen.

Während die Brakierer das Wild indirekt, also auf kalter oder warmer Spur und Fährte suchen, nicht direkt im Winde, wie der Vorstehhund im Felde oder beim kurzen Buschieren im Walde, kann der gute Stöberer beides, er bedient sich beider Methoden, um das Wild in oft weitausholender Suche aufzufinden und seinem Herrn zum Schusse zuzutreiben. Als Jagdgebrauchshunde eignen sich die Stöberhunde in Feld und Wald zum lauten Stöbern, d. h. zum systematischen Absuchen eines Areals mit hoher Nase unter lebhaftem Gebell, um Wild aus dichtem Unterholz hochzumachen. Außerdem apportieren sie geschossenes Wild unermüdlich, auch aus dem Wasser. Einige eignen sich ganz besonders zur Vogeljagd. Cocker Spaniels werden auch bei Treibjagden vorteilhaft eingesetzt und eignen sich so wie der Deutsche Wachtelhund außerdem auch noch zur Schweißarbeit. Springer Spaniels sind außer als Jagdgebrauchshunde auch als friedfertige, ruhige, liebenswürdige Hausgenossen leicht zu halten. Die sogenannten Toy Spaniels und andere Zwergformen mit ihrem zwar lebhaften, aber nicht nervösen Temperament und anschmiegsamen, zärtlichen Wesen sind die geborenen Damenhunde, mit denen auch ein wenig energischer Besitzer zurande kommt.

Die letzte Gruppe, die hier besprochen werden soll und deren Vertreter über die ganze Welt in zahllosen Exemplaren seit Jahrhunderten verbreitet sind, sind die *Pudelartigen* (Großpudel oder Königspudel, Mittelpudel, Klein-und Zwergpudel sowie die Bichons, deren bekannteste Vertreter die Bologneser und Malteser sind). Ihre Vorliebe für Wasser, ihre große

Apportierfreudigkeit und vor allem ihre Anpassungsfähigkeit und ungewöhnlich große Gelehrigkeit wurden wiederholt von Dichtern gerühmt. Bei den Pudeln nimmt das Temperament im allgemeinen mit der abnehmenden Körpergröße zu. Die gute Führigkeit, die große Anhänglichkeit, das stets muntere Wesen und die besonders rege Kontaktfreudigkeit mit dem Menschen ließen die Pudel zu universellen Wohnungsgenossen des modernen Großstädters werden, die nur zu oft mit ihren menschlichen Kumpanen selbst das Bett teilen. Gelegentlich unerwünschterweise zu stark ausgeprägte Eigenschaften sind neben Nervosität (infolge ungenügender Zuchtauslese bei Inzucht) bei manchen Individuen ein extrem lokkerer Hals, also allzu große Bellneigung, und ein auf Waldspaziergängen manchmal sich bemerkbar machender, unbeherrschbarer Jagdtrieb; soll doch der Pudel aus Kreuzungen zwischen Schäfer- und Jagdhundrassen hervorgegangen sein.

Außer der Auswahl eines Tieres aus einer für den beabsichtigten Verwendungszweck geeigneten Rasse besteht eine weitere Möglichkeit, späteren Enttäuschungen und Schwierigkeiten vorzubeugen, darin, daß man sich nur ein solches Jungtier aussucht, dessen ganz besondere persönliche Veranlagungen sich mit den wichtigsten Eigenarten des Tierbesitzers und anderer Hausgenossen, die mit dem Tier leben werden, gut vertragen. Es kann nicht gut gehen, wenn ein besonders nachgiebiger, weicher, pflegebereiter Mensch sich den dominantesten, härtesten, aggressivsten und eigenwilligsten Hund eines Wurfs aussucht oder wenn eine forsch auftretende Person, deren unbewußtes Ideal ein Kampfhund darstellt, sich den weichsten, schreckhaftesten, ängstlichsten Welpen nehmen muß, weil alle anderen Tierchen (deren Anwesenheit zum Verhaltensvergleich wichtig wäre!) schon verkauft sind. Ein besonders weicher und schmerzempfindlicher, sprich wehleidiger, und dabei gleichzeitig scharfer Hund wird in einem Haushalt mit kleinen Kindern Kummer verursachen müssen. Und so könnte man die Reihe der Beispiele fortsetzen. Welchen Welpen soll man also wählen?

Wie kann man mit annähernder Sicherheit Klarheit über einige grundlegende und für das künftige Verhalten besonders wichtige Charaktereigenschaften zum Zeitpunkt des Kaufes (Alter des Welpen sieben bis zwölf Wochen) gewinnen? Oder – wenn man keine Möglichkeit mehr zur Wahl hatte – welche Erziehungsmethode wird dem besonderen Wesen am ehesten entsprechen? In welcher Richtung ist eine Korrektur angeborener Anlagen besonders anzustreben?

Proben dieser Art – sogenannte Puppy-Tests – sind meist recht einfach, leider aber auch nicht immer absolut zuverlässig. Wenn man den Zwinger in Begleitung des Züchters erstmalig betritt, was wird man tun? Zuerst achtet man darauf, in welcher Situation sich die Mutter mit ihren Kleinen befindet und wie diese Situation sich durch das Hinzutreten ändert. Scharfe Hündinnen bewachen manchmal auch noch in diesem Entwicklungsstadium ihre Kinder und das Wurflager, wenn Fremde sich nähern.

Dann wird man die Hündin hinausführen lassen und dem Treiben der Jungen zusehen, indem man sich mitten unter sie stellt. Wollen sie der Mutter nachlaufen? Welche laufen weg oder wollen sich in Ecken verkriechen, welche lassen sich beim Spiel überhaupt nicht stören, welche beknabbern kontaktfreudig die Schuhe des Fremdlings? Wie verhalten sie sich, wenn a) der Züchter, b) der Fremde sich niederhockt und die Hand ausstreckt? Man beobachte bei allen Proben auch die Körper-, Ohr- und Schwanzhaltung sowie die Art der Lautäußerungen! Dann tut man so, als ginge man auf jeden Welpen (der Reihe nach) direkt zu, daß man zusammenstoßen müßte, und bleibt erst knapp vor ihm stehen. Manche werden fliehen oder sich ängstlich auf den Boden legen, andere weichen ruhig aus, wieder andere verhalten sich unaufmerksam oder stur, mancher vielleicht gar aggressiv. So enthüllen sie der Reihe nach ihr Wesen. Dann hebt man die Hunde, einen nach dem anderen, an der Genickhaut hoch, setzt sie auf den Tisch und hält sie dort zunächst zart fest, um sie dann loszulassen und weiter zu beobachten. (Alles etwa zwei Minuten lang.) Welche Hunde wollen spielerisch-aggressiv nach der Hand schnappen und zeigen keinerlei Scheu, welche bleiben ruhig sitzen, wie man sie hinsetzt, und fügen sich in ihr Schicksal, welche winseln wehleidig, versuchen sich der Hand zu entwinden, welche sitzen zwar ruhig, aber mit eingeklemmtem Schwänzchen und ununterbrochen zitternd? Dann setzt man alle Welpen einzeln in einen bisher unbekannten Raum und beobachtet, ob sie diesen untersuchen oder ob ihr Interesse mehr den anwesenden Personen gilt. Dasselbe wiederhole man mit allen Welpen gemeinsam in einem fremden Raum: Spielen sie sichtlich gehemmt? Schließlich wirft man einen den Tierchen unbekannten Gegenstand plötzlich in ihre Mitte (etwa eine aufziehbare Spielzeugmaus oder ein anderes bewegliches kleines Ding, das Lärm macht, gegebenenfalls eine Kinderrassel). Wie untersuchen die einzelnen Geschwister das unbekannte Ding, das gefährlich und interessant zugleich erscheint? Ängstliche, schüchterne und draufgängerische Typen lassen sich deutlich unterscheiden, noch deutlicher (Ausschaltung von Hemmungen durch die Randposition einerseits und Mutsteigerung durch Stimmungsübertragung andererseits), wenn man die Tierchen auch einzeln, allein diesen Proben unterzieht. Schließlich bläst man einen Papiersack auf, hält ihn einen Meter über die Köpfe der Welpen und klatscht mit den Händen darauf, daß es knallt. Die schreckhaften und ängstlichen Tiere zucken besonders zusammen und fliehen, verkriechen sich in eine Ecke; die mit stabilem Wesen machen nur eine orientierende Kopfbewegung oder wenden, nach anfänglichem kleinen Sprung zur Seite, ihr Interesse der Reizquelle zu; die aggressiven hingegen verbellen die Reizquelle oder springen zur Seite, um gleich hinterher auf die Hand loszugehen. Tiere letzteren Typs hüte man sich zu kaufen, wenn man nicht sehr energisch sein kann. Die allzu schreckhaften und ängstlichen wieder wären zwar geeignete Schoßhunde für verhätschelungsfreudige Personen, werden aber auf der Großstadtstraße nicht immer zweckmäßig reagieren, so daß sie dort an der Leine geführt werden müssen; keinesfalls eignen sich diese Tiere zum Schutzhund.

Zur Beobachtung der sich in diesem Alter bereits anbahnenden sozialen Rangansprüche werfe man einen Knochen in die Menge und beobachte, welches Tier als das ranghöchste am längsten im Besitz des Knochens ist; dieses entferne man nach zwei Minuten und achte darauf, wer dann die Spitzenposition einzunehmen versucht. „Geltungssüchtige" Typen sind nichts für besonders energische Leute.

Schließlich werfe man noch irgendein tauartiges Beutespielzeug (Stück Gartenschlauch oder einen zusammengeknoteten Damenstrumpf) in die Welpenschar und beurteile die Art der Spiele.

Mit Hunden, die stark vom Verhalten der übrigen Geschwister abstechen, sich absondern, am Spiel nicht teilnehmen, besonders lästig oder gar ausgesprochen kontaktscheu erscheinen, wird man viel Sorgen haben, wenn man gerade sie zum Kauf auswählt.

Wieder im Aufzuchtzwinger, versuche man mit einem Besen, den man mehrmals nahe zu jedem Welpen hin- und herbewegt (man soll dies als Fremder nicht selbst tun, sondern vom Züchter ausführen lassen), die

Tierchen aufzureizen. Manche werden auf den Besen losgehen, andere sich der Situation zu entziehen versuchen. Erst wenn das Ergebnis mehrerer Proben eine Beurteilung nach der gleichen Richtung hin zuläßt, lassen sich halbwegs sichere Voraussagen machen. Wenn die akustische Probe mit dem Papiersack nicht eindeutig ausfiel, kann man sie nach einer Weile mit einer Klapper (Ratsche, Rassel) oder einer anderen Quelle lauter Geräusche wiederholen (auch plötzliches Händeklatschen ist geeignet).

Um Fehlbeurteilungen durch zufällige Indisposition der Prüflinge auszuschließen, sollte man womöglich zwei- oder dreimal (in etwa wöchentlichem Abstand) alle Beobachtungen wiederholen. Nur Tiere, die sich bei der Mehrzahl der Beobachtungssituationen gegenüber dem Verhalten ihrer Geschwister deutlich fluchtbereiter, ängstlicher, schreckhafter, besonders leicht hemmbar und vegetativ labil (zittern, speicheln) oder aber überdurchschnittlich aggressiv, draufgängerisch, rauflustig-kontaktfreudig zeigen, werden so ausgeprägt in dieser Richtung veranlagt sein, daß selbst mit noch so kluger Erziehung dieser Charakterzug nicht wesentlich zu korrigieren sein wird. Durch Beobachtung während dieser orientierenden Prüfungen lassen sich auch die besonders zärtlich kontaktsuchenden (Hand-Abschlecken), die abweisenden, kontaktscheuen, ferner die besonders temperamentvollen, lebhaften und die besonders ruhigen, phlegmatischen und die Hunde mit der Veranlagung zu extrem lockerem Hals (Winseln, Kläffen) herausfinden.

Wer Wert auf gute Nasenveranlagung legt, kann sich auch darüber bereits erste Orientierung verschaffen: Man begibt sich in ein unübersichtliches, umzäuntes Grundstück, hält das Tier fest und läßt den Züchter mit der Hundemutter an der Leine auf gewundenen Wegen hinter Deckungen verschwinden. Dann läßt man den Kleinen aus oder gibt seinem Leinenzug nach und beobachtet die Art und Fehlerfreiheit des geruchsorientierten Suchverhaltens.

Weitere Hinweise über Welpentests zur Beurteilung der Nasenveranlagung und anderer Orientierungsleistungs-Veranlagungen sind der Fachliteratur zu entnehmen.

Auch die spätere Führigkeit und Anpassungsfähigkeit auf hemmende Dressurreize kann bereits in so zartem Alter abgeschätzt werden: Man läßt den Züchter das Hündchen an Halsband und Leine nehmen (man mache das als Fremder nicht selbst) und beobachte die Reaktion auf diesen „Entzug der Freiheit" a) während des Stehens und b) während des raschen Gehens einige Minuten lang. Dann läßt man unter wiederholtem Aussprechen des Befehls „Sitz" das Hündchen hinten niederdrücken und beobachtet, wie lange es sitzen bleibt, wie oft man die Situation wiederholen muß, bis es sitzen bleibt, ob es sich weigert und in welcher Weise es sich widersetzt. Große Ausdauer darf natürlich in diesem Alter noch nicht erwartet werden. Vornehmlich interessieren Vergleiche mit den Wurfgeschwistern. Unführige Hunde widersetzen sich hartnäckig und unermüdlich jeder Freiheitseinschränkung und milden Zwangsanwendung. Gute Führigkeit und rasche Anpassung an die Dressureinwirkung darf aber nicht mit allgemeiner Hemmungsbereitschaft durch Verschüchterung und Angst verwechselt werden (beachte Ohren- und Schwanzstellung, Lautäußerungen, eventuell Zittern!). Dann läßt man vom Züchter dem Hund den Fang weit öffnen, die Ohren untersuchen, die Krallen der Vorderpfoten einzeln befühlen und bei Rüden das Vorhandensein beider Hoden vorzeigen und achtet darauf, ob sich der Hund derartigen Manipulationen ängstlich oder gar angstaggressiv widersetzt oder sich willenlos-deprimiert, oder offensichtlich emotionell nicht sonderlich berührt alles gefallen läßt und mehr als Spiel denn als Belästigung auffaßt. Angstbeißer und besonders widersetzliche oder übermäßig wehleidig winselnde Typen würde ich mir nicht zum Kauf aussuchen.

Schließlich kann man noch eine Art Vorstufe der späteren Anhänglichkeit (in diesem Falle Motivation zum Handeln) und einige Intelligenzkennzeichen (Raumorientierung und Geschicklichkeit in der Bewältigung eines Hindernisses) untersuchen, indem man in einem großen, dem Tier unbekannten Raum, Hof oder übersichtlichen umzäunten Grundstück einen niederen Gitterzaun so aufstellt, daß das Areal durch die Absperrung in der Mitte in zwei gleichgroße Abteile geteilt wird und nur an einer Seite ein zwanzig Zentimeter schmaler Durchgang freibleibt. In dem einen Abteil befindet sich der Züchter mit der Mutterhündin, in das andere Abteil wird von einer anderen Seite her von einer fremden Person der Welpe getragen (ohne daß der Zaungang dabei durchschritten würde), niedergesetzt und ausgelassen. Beobachtet wird die Art der Versuche des Kleinen, zur Mutter zu gelangen: Was tut er alles? Art und Zahl der Fehllösungen werden festgehalten, wieviel Zeit vergeht, bis er den Durchgang gefunden hat (die Mutter und der Züchter sollen dabei in der dem Durchgang entferntliegenden Ecke des Abteils postiert bleiben). Macht das Hündchen keine Anstalten, ins andere Abteil zu gelangen, dann läßt man es – zur Motivationsverstärkung – allein. Es ist gut, die Probe zu wiederholen und dabei den Durchgang jeweils auf die andere Seite zu verlegen.

Zur weiteren Untersuchung der Lerngeschwindigkeit und der Konfliktbelastbarkeit kann man noch den Bindfadenversuch anstellen und das Verhalten des Hundes während zehn Minuten des Alleinseins in a) bekanntem, b) unbekanntem Raum registrieren (ohne daß Geschwister, Mutter, bekannte Personen in der Nähe des Tieres sichtbar, hörbar oder riechbar vorhanden sind). Aus der Tatsache, daß die meisten Hunde in diesem Alter unter solchen Umständen kläglich winseln, dürfen allerdings nicht vorschnell falsche Schlüsse gezogen werden; verhält sich ein Tier aber ruhig, so wird es besonders leicht sein, es zu dem in Stadtwohnungen leider so oft notwendigen frühzeitigen Alleinbleiben zu bringen, ohne daß Störungen der Nachbarn befürchtet werden müssen.

In diesen Proben als emotional ausgeglichen, nicht allzu temperamentvoll, führig und kontaktfreudig erscheinende Hunde werden sich in das häufig reichlich unbiologische Großstadtmilieu ohne Schwierigkeiten einleben und auch unter besonderen Belastungsbedingungen kaum Verhaltensstörungen erwerben.

Während der bisherige Teil dieses Kapitels mehr den unmittelbar praktischen Bedürfnissen des Anfängers in der Hundehaltung im Hinblick auf „psychische Hygiene", also einigen Voraussetzungen zur Verhütung späterer eventueller Schwierigkeiten gewidmet war, beschäftigt sich der folgende Teil mehr mit Fachfragen, die den ernsten Hundesportler und Gebrauchshundemann interessieren. Der nicht an theoretischen und praktischen Problemen der Eigenschaftsbeurteilung und -messung Interessierte möge daher den folgenden Rest dieses Kapitels überspringen.

Um eine Tierpersönlichkeit beschreiben und mit einer anderen vergleichen zu können, muß man nach Bezeichnungen und Maßen suchen, die die graduellen Abstufungen der verschiedenen Charaktereigenschaften bzw. individuellen Verhaltensbesonderheiten eindeutig kennzeichnen. Damit sind wir bei einem sehr verwickelten und seit vielen Jahren intensiv bearbeiteten, aber noch immer nicht befriedigend gelösten Problem angelangt. Je nach Untersuchungstechnik (Prüfmethodik, Testverfahren) stellt sich uns ein Lebewesen nämlich in verschiedenen Eigenschaften vor. Und es erscheint zunächst unmöglich, alle Seiten einer Persönlichkeit durch geeignete Eigenschaftsbezeichnungen sowohl qualitativ als auch hinsichtlich der verschiedenen möglichen Dimensionen quantitativ zu erfassen, etwa so, wie man die räumliche Gestalt eines unregelmäßigen Körpers durch viele Richtungs- und Maßangaben erschöpfend definieren kann.

Der Mannigfaltigkeit der Lebensbereiche entsprechend, müßte man sehr viele Eigenschaften statuieren und die Individuen in Versuchssituationen oder durch längere Verhaltensbeobachtung daraufhin untersuchen, was eine praktisch kaum durchführbare Aufgabe darstellen würde. So muß man sich darauf beschränken, die zu kennzeichnenden Individuen nur hinsichtlich einiger weniger Eigenschaften zu testen, hauptsächlich solcher, die für eine praktische Zweckbestimmung des Tieres – z. B. Verwendungsfähigkeit als Jagdhund, Schutzhund, Schoßhund – besonders wichtig sind.

Die nächste Schwierigkeit ist die, daß es nicht möglich ist, diejenigen Faktoren so ohne weiteres und eindeutig aufzufinden, die – auf einfach vererblichen Anlagen beruhend – einer bestimmten komplexen (zusammengesetzten), vom Menschen willkürlich ausgewählten Charaktereigenschaft oder einem Leistungsbegriff (z. B. Spürleistung, Schutzeffekt, Apportierneigung) zugrunde liegen. Ein Individuum erbt ja nicht die körperlichen und seelischen Eigenschaften oder Merkmale seiner Eltern, sondern zahlreiche genetisch fixierte Anlagen, aus denen unter entsprechenden Umwelteinflüssen verschiedene Eigenschaftsgrundlagen hervorgehen, deren Zusammenspiel erst zu bestimmten Befähigungen, Leistungseigenschaften, individualtypischen Verhaltenskennzeichen führt.

Ein weiteres Problem liegt darin, wirklich diejenigen Verhaltenscharakteristika aufzufinden, die ein bestimmtes Tier als Individuum nicht nur zu einem bestimmten Untersuchungszeitpunkt, sondern womöglich sein Leben lang – also bei mehreren zeitlich auseinanderliegenden Untersuchungen oder Testsituationen in gleich typischer Weise – von anderen Artgenossen unterscheiden.

Aus Gründen der vergleichenden Psychologie schließlich wäre es zweckmäßig, sich auf Individualitätskennzeichnungen zu einigen, die nicht nur in begrenztem, spezialisiertem Rahmen einer Tierart oder gar nur hinsichtlich eines bestimmten Verwendungszweckes allein Sinn und Geltung haben; das ist allerdings bis heute noch nicht geschehen, weshalb die Ergebnisse verschiedener Untersucher nicht immer wiederspruchslos zueinander in Beziehung zu setzen sind.

Eine der ersten orientierenden Untersuchungen zur Feststellung individueller Variationen des arttypischen Verhaltens in einigen ausgewählten Verhaltensbelangen wurde von den Psychologen Katz und Toll an Hühnern durchgeführt. In der im Jahre 1923 veröffentlichten Untersuchung „Die Messung von Charakter- und Begabungsunterschieden bei Tieren" prüfte und verglich man Leistungen des Gedächtnisses, der Beziehungserfassung, des Zählvermögens, Erscheinungen des reaktiven Verhaltens bei erschwertem Ziel, das unterschiedliche Verhalten bei Umwegaufgaben sowie die täglichen Lebensgewohnheiten der Stallgenossen, die Kennzeichen der Rangstellung, die Reaktionszeiten beim Fressen, die individuell verschieden große Fluchtbereitschaft vor nahenden Feinden usw. In ihrem Schlußwort empfehlen die Autoren, die erarbeiteten Testmethoden abzuwandeln, damit sie auch bei Hunden anwendbar werden, um die Auswahl geeigneter Polizei-, Sanitäts- und Jagdhunde zu erleichtern.

Sarris vom Institut für Umweltforschung in Hamburg, besonders durch seine Pionierarbeiten für die Abrichtung der Blindenführhunde bekannt, war in Europa einer der ersten, der sich dann tatsächlich um die Verwirklichung obiger Forderungen bemühte. Seine Ergebnisse faßte er 1937 unter dem Titel „Die individuellen Unterschiede bei Hunden" zusammen und kommt zu dem Schluß, daß die hauptsächlichsten Unterschiede bei Hunden in der Affektivität (Gemütserregbarkeit), die er Temperament nennt, und in mehreren Intelligenzfaktoren bestünden. Er beobachtete Hunde bei zwanglosem Spiel, stellte ihnen einfache Umwegaufgaben (Gitterhindernisse) und komplizierte Umwegaufgaben (Labyrinth), verglich das Verhalten beim Lernen, eine Leiter zu ersteigen, die Art der Hindernisbeseitigung, wenn Blechdosen verschoben werden mußten, um zum Futter zu gelangen, oder wenn eine mit einem Stein blockierte Tür geöffnet werden mußte, und dergl. mehr.

Wenn man einen Fleischbrocken an einer Schnur befestigt und so vor einem angeketteten Hund (oder einem Hund, der hinter einem Gitterverschlag eingesperrt ist) auslegt, daß das Tier zwar die Schnur (an deren hundeseitigem Ende sich ein Holzknüppel als Griff befindet), nicht aber den Fleischbrocken mit Krallen oder Zähnen erreichen kann, dann enthüllt uns ein ausgehungerter oder freßgieriger Hund allerlei von seinem „Wesen": Er wird sich ausdauernd gebärden im Versuche, das ersehnte Ziel doch zu erreichen, oder bald aufgeben; er wird – bei Versuchswiederholungen und Vergleich mit anderen – als rascher oder langsamer Lerner erkannt werden können, man wird ihn anhand der Art des Ausdruckes seiner Erregung darüber, daß er das Futter nicht sogleich erreichen kann, als Bewegungstyp, als bellfreudig, als besonders grabefreudig erkennen; oder er wird sich als anfällig für vegetative Überreizungserscheinungen durch Erregungsstau infolge Unfähigkeit zu intelligenter Aufgabenlösung erweisen, bei gleichzeitiger Unfähigkeit, die Erregung wenigstens in Entlastungshandlungen abzureagieren (Disposition zur Neurose), u. a. m. Sarris erprobte an Hunden auch die damals von Intelligenzprüfungen an Affen her (Köhler) bekannten und beliebten tierpsychologischen Versuchsanordnungen der Prüfung der Fähigkeit zu Werkzeuggebrauch und Verwendung von Hilfsmitteln: Kisten konnten verstellt, Wägelchen mußten verschoben werden, um zu einem dem Tier unerreichbar hoch aufgehängten Futterziel zu gelangen, eine Problemstellung, der sich die Intelligenz der meisten Hunde als nicht gewachsen erwies.

Von der Warte des heutigen Standes der Verhaltensforschung aus muß betont werden, daß alle diese Versuche das individuelle Verhalten von Hunden zunächst nur in einem einzigen Instinktfunktionskreis enthüllen konnten, nämlich in der Freßappetenz. Ob ein beim Erlangen von Futter sich als sehr lernfähig oder sehr ausdauernd oder wenig erregbar erweisender Hund sich auch ausdauernd oder besonders intelligent oder beispielsweise wenig oder stark erregbar bei der Jagd, bei der Revierverteidigung, in einer Situation, in der ein Ertrinkender oder ein von einer Lawine Verschütteter gerettet werden soll, in einer Situation sozialen Kampfes oder Verteidigung seines Territoriums gegen Fremde verhält, ist daraus zunächst keinesfalls mit Sicherheit zu folgern. Ob ein solcher Hund aber sich dazu eignet, Schafe verläßlich zu hüten, bei der Jagd vorzustehen, statt einzuspringen oder zu hetzen, seinen Herrn zu verteidigen, statt zu fliehen wenn Gefahr droht, ob er derart kontaktfreudig ist, daß er jeden Fremden – auch einen Einbrecher – freundlich begrüßt, oder ob er ein derartiger Draufgänger ist, daß er auf einen Rivalen oder ein läufiges Weibchen ungestüm losstürmt (so daß sein etwa blinder Herr am anderen Ende des Führgeschirres ins Verderben gerissen würde), und vieles andere mehr, wird mit solchen Prüfungen leider überhaupt nicht erfaßt.

Deshalb ging die praktische Kynologie einen anderen, wirklichkeitsnäheren Weg. Zu den ersten und hervorragendsten Vertretern dieser Richtung gehört das Ehepaar Menzel.

Ehe auf die Menzelsche Konzeption von den Wesensgrundlagen des Hundes, ihre Vorzüge und Schwächen eingegangen sei, wollen wir noch ein wenig beim „Intelligenz"-Problem des Hundes verweilen, mit dem sich unter anderen der Tierpsychologe Fischel besonders gründlich beschäftigte. Nach Fischel ist „Intelligenz" keine besondere Anlage, sondern das Ergebnis des Zusammenwirkens verschiedener „seelischer Fähigkeiten". Ein Leistungsfaktor kann dabei den anderen teilweise ersetzen. Alle zusammen geben immer eine übersummative Einheit, die uns als Intelligenz imponiert. Fischel schreibt in diesem Zusammenhang, daß, ebenso wie das Wesen (also der Charakter, die Gemütseigenschaften im engeren Sinne) mit Typologien nicht erschöpfend beschreibbar sei, auch die Intelligenz nicht linear eingestuft werden könne. Unter Intelligenz des Hundes versteht Fischel das Zusammenwirken aller seelischen Faktoren, die Mittel zum Erreichen von Zielen betreffen.

Nach Überwindung der behavioristischen Periode in der Entwicklung der Psychologie, die mit ihren der Hundeumwelt biologisch unangepaßten Versuchen in Problemapparaten, Labyrinthen und dergl. keine brauchbaren Ergebnisse finden konnte, hat sich an praktischen Testverfahren zur Feststellung der individuellen Intelligenzunterschiede beim Hunde schließlich die Fischelsche Versuchsanordnung mit vier Zielstellen und drei Wahlmöglichkeiten am besten bewährt. Es handelt sich dabei um folgendes: Je drei Meter lange und einen Meter hohe gerade Zaunstücke, in deren Mitte je ein ein Meter langes Zaunstück rechtwinkelig angesetzt ist, werden so aufgestellt, wie die Skizze zeigt, und bis zur Höhe von siebzig Zentimetern mit starkem Papier verkleidet. An den in der Zeichnung mit römischen Ziffern bezeichneten Stellen wird als Lockmittel Fleisch oder Hundekuchen ausgelegt. Der zu prüfende Hund soll möglichst geradewegs auf Punkt 1 zugelaufen kommen. Der Hund steht an den Punkten 1, 2, 3 jeweils vor einer Entscheidung, nämlich ob er rechts oder links weiterlaufen soll. Jeweils an einer der Zielstellen I, II, III, IV wird das sinnlich wahrnehmbare (in anderen Versuchen in einer Kiste verborgene) Lockmittel deponiert. Hat ein Hund durch mehrmalige Wiederholung des Versuchs gelernt, sich immer für den richtigen kürzesten Weg zum Ziel I hin zu entscheiden, wird die Futterbelohnung an einer anderen Stelle ausgelegt. Jetzt zeigen sich anschaulich die Wirkung und die Art des Gedächtnisses der verschiedenen Hunde. Ein Hund soll während seines Suchens unbeeinflußt sein. Nach dem Finden des Zieles aber muß er sofort aus der Anlage herausgerufen werden. Ferner darf der Hund bei der Vorbereitung und dem Auslegen der Köder selbstverständlich nicht anwesend sein. Die Anlage soll wiederholt neu aufgestellt werden, auf verschiedenen Plätzen und in verschiedenen Himmelsrichtungen. Noch während des Versuches wird von einem Beobachter der Laufweg in Anlageskizzen oder durch Film festgehalten. Um an Hand eines Beispieles ein derartiges Testexperiment und seine Auswertbarkeit zu demonstrieren, zitiere ich auszugsweise Prof. Fischel selbst:

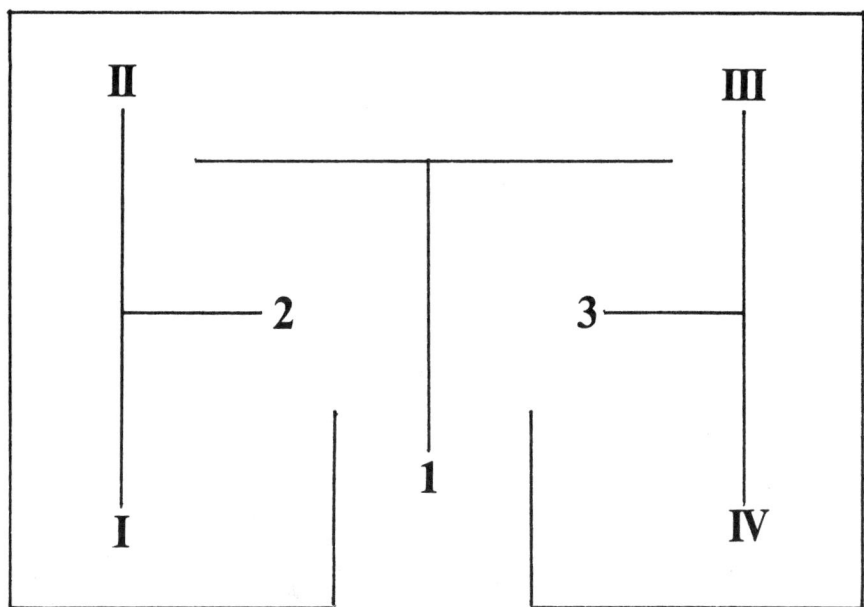

Fischelsche Versuchsanordnung mit vier Zielstellen und drei Wahlmöglichkeiten

„Ein Hund wird in erster Versuchsserie 20x in die Anordnung einlaufen gelassen und darf sämtliche Köder – zunächst werden alle vier Zielstellen gleichzeitig beködert – auffressen. 16x steuerte ein bestimmter Hund zuerst Zielstelle IV an, die restlichen Entscheidungen verteilten sich annähernd in gleicher Zahl auf die anderen Zielstellen. Das zeigt zunächst die Ungleichwertigkeit der Orte in der Umwelt des Hundes. In der zweiten Versuchsserie wird nur mehr eine der vier Zielstellen, z. B. II, beködert. Entschied sich der Hund 3x hintereinander ohne Zögern sofort auf kürzestem Wege für die richtige Zielstelle, so wird der Zielort gewechselt. Hier nun dasselbe Verfahren, also eine weitere Versuchsserie. Die aufeinanderfolgenden richtigen Leistungen und die Fehlleistungen werden für jede Zielstelle vom Versuchsleiter, resp. einem Beobachter auf einem Formblatt sofort angemerkt. Obwohl der Hund, in einem Beispiel, den Fleischgeruch jetzt von einer anderen Stelle her witterte, entschied er sich nicht für die neue Richtung, sondern gedächtnismäßig, d. h. nach dem letzten Erfolgsort. Es folgt daraus, daß bei diesem bestimmten Hund die Gedächtnisinhalte als Handlungsantrieb bei Entscheidungen über die sinnliche Wahrnehmung überwiegen. In anderen Fällen wieder, also bei anderen Hunden, war es genau umgekehrt. Sie sehen schon, was unsere Anordnung alles zu testen vermag: die Suchtendenzen, also den Eifer, Lerneigenheiten, Umstellungsfähigkeit, hauptsächlichste Orientierungsweisen usw. Am augenfälligsten wird uns dies aber alles beim Fehlervergleich zweier Hunde: Asta machte durchschnittlich drei bis vier Fehler vor einer Bestleistung, Flott beispielsweise nur einen bis zwei.
Noch treffender als Durchschnittswerte zeigen Fehlerdiagramme die psychischen Leistungsunterschiede der verschiedenen Hunde. Es wird dabei gezählt, wie oft ein bestimmter Hund den kürzesten Weg zum Ziel nach nur einem Fehler findet. Dies war beim Beispielhund Flott nur einmal, und zwar in der vierten Versuchsserie der Fall. Weiter wird dann auch auf die Häufigkeit der Bestleistungen nach zwei, drei, vier usw. Fehlern geachtet. Durch graphisches Auftragen der einzelnen Versuchsausfälle auf einem bestimmten Formblatt erhält man bei verschiedenen Hunden sehr verschiedene, für jeden Hund charakteristische Diagramme. Bei Asta z. B. sind nur zwei Fehler vor einer Bestleistung vorgekommen, und demgemäß ist auch die Spalte 2 die Höchste. Asta kann also – folgern wir daraus – den kürzesten Weg zum Ziel recht schnell erfassen, trotzdem war

aber auch ersichtlich, daß dieser zu guten Leistungen sehr befähigte Hund gelegentlich recht schlecht abschneidet. Es ist bekannterweise eine Tatsache, daß Höchstleistungen gelegentlich stärker schwanken als Durchschnittsleistungen. Gibt man Asta z. B. als Köder statt Fleisch Milch, die sie lieber hat, so steigt die Leistung unter der stärkeren Motivation gleich merkbar an. Dazu ist unser zweiter Beispielhund Flott nicht imstande. Bei einer durchschnittlichen Intelligenz ist bekanntlich die Höhe der Leistung bei geringem wie bei starkem Antrieb annähernd gleich. Aber die Leistungen des Begabten schwanken in der Zeiteinheit häufiger als beim Durchschnittlichen.

Anders zu beurteilen sind die Fehler natürlich bei Zielwechsel, wenn der Köder so geboten wird, daß der Prüfling ihn nicht zu wittern vermag. Eine weitere Auswertbarkeit besteht im Aufzeichnen der Art des jeweiligen Suchweges eines Hundes und Vergleich der Skizzen. So zeigt u. a. Vergleich der Suchskizzen nach Zielverlagerung, daß der eine Hund viel mehr Ausdauer beweist als ein anderer. Asta z. B. suchte nach Zielverlegung weit länger und nachhaltiger als Flott, die von den Suchleistungen gezeigten Wegskizzen Astas sind weit verwickelter. Weiter besuchte Flott aber die – jetzt leeren – Zielstellen in der Reihenfolge, wie er sie zuletzt beködert fand; dies bedeutet starke Nachwirkung des Gedächtnisses. Nach den Ergebnissen einer solchen Veranlagungsprüfung – die auf dem Raum eines kleinen Gartens durchgeführt werden kann – wäre also Asta zur Ausbildung für Aufgaben zu empfehlen, bei denen es vorwiegend auf das Suchen von Zielstellen außerhalb der Sinnesbereiche (z. B. Niederjagd) ankommt. Flott dagegen läßt gute Leistungen dort erwarten, wo der zuverlässige Einsatz erlernter Handlungsweisen gefordert werden muß, z. B. als Blindenführhund. Man kann in der Versuchsanlage auch Spuren verlegen, wenn man sie auf einem größeren Platz von Fall zu Fall an verschiedenen Stellen aufstellt. In diesem Fall soll man den vom Hund zu durchsuchenden Teil beim Umsetzen der Gitter nicht betreten, um nicht Fehlerquellen zu schaffen." Soweit die stark gekürzte (und nicht ganz wortgetreue) Wiedergabe der Ausführungen Prof. Fischels.

Auch optische Merkmale, Ablenkreize, akustische Signale lassen sich ohne weiteres auf dem rechten oder linken Teil des Gitters anbringen. Die Testanlage ist somit zu verschiedenen weiteren Verhaltensprüfungen ausbaufähig. Näheres siehe Originalliteratur.

Meischner, ein Schüler von Fischel, untersuchte mit dieser Testanordnung eine größere Anzahl Hunde hinsichtlich der Unterschiede ihrer Lernfähigkeit (in der Freßappetenz) und gelangte so zur Aufstellung von vier verschiedenen Typen:

a) Rasch lernende und leicht umlernende, also Hunde mit guter Anpassungsfähigkeit.

b) Rasch lernende, aber schwer umstellbare Hunde. Liegt das „Ziel" (die Futterbelohnung) an einer anderen Stelle als zu Anfang, so suchen sie es trotzdem lange Zeit immer wieder zunächst an der alten Stelle, um sich erst dann anderen Plätzen zuzuwenden. Einmal benötigte ein Hund siebzehn Übungsläufe, bis er sich auf den neuen Zielort umgestellt hatte und diesen ohne Umwege ansteuerte.

c) Hunde, die sehr wechselhaft lernen, einmal gleichen sie Typ a, einmal Typ b, bei weiteren Versuchen gelegentlich Typ d; ihre Leistungen schwanken.

d) Langsame Lerner; sie brauchen fünfzehn bis zwanzig Übungsläufe, um den kürzesten Weg zum ersten Zielort zu erlernen und ebenso lange, um auf einen neuen Zielort umzulernen.

Außerdem konnte man gleichzeitig u. a. auch beobachten, daß manche Hunde besonders raumgreifend suchen, offenbar weil ihnen Bewegung ein lustvolles Bedürfnis ist, daß manche sich mit der Nase am Boden geruchlich zu orientieren versuchen, während andere stöbernd, also mit hocherhobener Nase Witterung aufnehmen.

Der bekannte russische Physiologe Pawlow und seine Schüler befaßten sich ebenfalls mit den individuellen Besonderheiten des Lernverhaltens von der nervenphysiologischen Seite her (Erzeugung bedingter Reflexe). An Hand seiner Versuchsergebnisse an zahlreichen Hunden gelangte Pawlow zur Entdeckung von verschiedenen Nerventypen. Er unterscheidet zunächst zwischen einem schwachen Typ und einem starken Typ. Der starke Typ tritt in drei Varianten auf. Auch den schwachen Typ könnte man weiter unterteilen, was jedoch vernachlässigt werden kann, da die Unterschiede hier nicht so erheblich sind. Auch auf das Bestehen von Mischtypen wird in der umfangreichen Literatur hingewiesen.

Die vier Typen sind etwa folgendermaßen zu charakterisieren:

a) Der schwache Typ: Erregungs- und Hemmungsprozesse verlaufen schwach. Diese Tiere lernen langsam und behalten das Erlernte nicht lange und nicht verläßlich, sie werden durch Störreize leicht abgelenkt. Viele dieser Hunde sind außerdem ängstlich oder schreckhaft (starke Reize führen zu „passiver Abwehrreaktion"). Nicht alle furchtsamen Hunde müssen aber diesem Typ angehören. Hunde dieses Typs können sich nicht oder nur ungenügend den wechselnden Erfordernissen ihrer Umwelt anpassen, bei Belastungen durch Konflikte oder Frustrationen fallen sie besonders leicht in Neurosen mit vegetativen Reizerscheinungen und allgemeiner Handlungshemmung. Ihre Bewegungsaktivität ist gering (Langsamkeit, Trägheit). Oft wurden diese „wesensschwachen", vitalitätsarmen Individuen mit Menschen melancholischen Temperaments verglichen.

b) Der starke und unausgeglichene oder zügellos-erregbare Typ: Hunde dieses Typs lernen gut, schnell und verläßlich, sofern es um die Auslösung von aktiven Handlungsweisen geht. Hemmungen setzen sich bei ihnen dagegen nur schwer durch. Ein beispielsweise hinter einem Gartentor erregt hin- und herlaufender und vor Wut über den Briefträger oder einen Rivalen auf der Straße geifernder Foxterrier ist nur mit vielen wiederholten drastischen Maßnahmen seines Herrn zum Schweigen und zum Ablegen zu bringen – wenn überhaupt! Diese unermüdlichen, bewegungsfreudigen und meist kampfbereiten („aktive Verteidigungsreaktion") Hunde erwerben ebenfalls leicht Nervenschädigungen neurotischer (es überwiegen allgemeine Aggressivität und Zerstörungslust) oder psychosomatischer Art, wenn sie in Situationen gelangen, die sie zu starken Hemmungen zwingen. Sie werden mit dem menschlichen Choleriker verglichen. Die Anpassungsfähigkeit eines gemütsmäßig solcherart veranlagten Lebewesens an die wechselnden Anforderungen des Alltags ist daher etwas einseitig und somit nicht immer optimal.

c) Der starke, ausgeglichene und bewegliche Typ: Die Vertreter dieses vollkommensten aller Typen sind lebhaft, lernen gleichermaßen schnell und beständig, Handlungen auf bestimmte Reize (z. B. Dressursignale) auszuführen, wie auch Handlungen auf bedingte Reize zu unterlassen. Das Gleichgewicht zwischen Erregungs- und Hemmungsprozessen in ihrem Gehirn ist ausgewogen, so daß sich solche Hunde sehr zweckmäßig an ihre Umgebung anpassen und bei Änderung der Umweltbedingungen leicht umstellen können. Kontaktfreudigkeit,

Aufmerksamkeit auf subtilste Befehlszeichen seines Führers sowie rasches, exaktes und fehlerloses Reagieren läßt die Gesellschaft eines solchen Hundes für Abrichter und Herrn zu einem Vergnügen werden. Beträchtliche psychische Belastungen (Konflikte) erträgt er, ohne zu „zerbrechen". Hunde dieses Typs werden mit dem menschlichen Sanguiniker verglichen.

d) Der starke, ausgeglichene, ruhige Typ: Sowohl die bedingten handlungsauslösenden als auch die bedingten Hemm-Reaktionen werden von solchen Hunden zwar langsam (oft erst nach vielmaliger Wiederholung des bedingten Reizes, also des „Befehlssignals" – geringe Reaktivität!), aber verläßlich und beständig ausgeführt. Sie verhalten sich also ausgeglichen, sind aber etwas schwer erregbar und wenig bewegungsfreudig, wenig gesellig, lernen langsam, führen das Gelernte aber trotz widriger Störreize verläßlich und beharrlich aus. Wenn sie umlernen müssen, dauert es ebenfalls lange. Starke Reize bringen sie nicht aus der Ruhe, sie vertragen erhebliche Konfliktbelastungen, ohne daß ihr Nervensystem Schaden nimmt. Es sind die Vertreter des phlegmatischen Temperamentes.

Auf die für den praktischen Hundesportler viel zu komplizierte und sehr zeitraubende Methodik, den Nerventyp eines Hundes in der klassischen Weise experimentell mit Hilfe der Technik der Bildung bedingter Speichelreflexe in bestimmter Reizreihenfolge (dynamisches Stereotyp) zu bestimmen, kann in diesem Rahmen nicht eingegangen werden. Wissenschaftliche Interessenten seien auf die Pawlowsche Originalliteratur verwiesen, die auch in deutscher Sprache vorliegt.

In neuerer Zeit wurde auch versucht, die Prüfung der Ausbildung bedingter motorischer Nahrungs- oder Abwehrreaktionen (wir würden sagen: die Auslösung bestimmter Instinkthandlungen auf bedingte Reize besonderer eingelernter Reihenfolge) mit und ohne gleichzeitige Verwendung von Coffein und anderen reizsteigernden Drogen zwecks vereinfachter praktischer Durchführbarkeit der Typenbestimmung heranzuziehen, was in bestimmten Versuchsanordnungen nicht nur bei Hunden, sondern auch bei Kaninchen, Mäusen und anderen Versuchstieren, ja selbst bei landwirtschaftlichen Nutztieren – auch bei Rennpferden – sich als prinzipiell möglich erwies. Es dürfen jedoch dabei allerlei Besonderheiten und Fehlerquellen nicht übersehen werden, sonst ergeben sich falsche oder unverständliche Resultate. Es zeigt sich, daß die Ergebnisse, die man durch unterschiedliche methodische Verfahren (sekretorisch und motorisch) bei denselben Versuchshunden gewann, im wesentlichen übereinstimmen, wenn als unbedingte Bekräftigung („Belohnung" im Funktionskreis des Nahrungsaufnahmeverhaltens) Futterbissen angewendet werden.

„Der Vergleich der Ergebnisse über die Bestimmung des Typs des Nervensystems, wenn unterschiedliche unbedingte Bekräftigungen angewendet wurden (Nahrung und Abwehr auf Säure), zeigt, daß die Unterschiede in den Eigenschaften der Nerventätigkeit bedeutend ausgeprägt sind" – schreibt Krassuski in der Broschüre „Pawlows Lehre über die Typen der höheren Nerventätigkeit und ihre Bedeutung für die Tierzucht". Weiter heißt es dort: „Der Differenzierungsprozeß der Reize erwies sich bei der Methodik der Säureabwehr als schwächer als bei der Nahrungsmethodik. Die Beweglichkeit der Nervenprozesse zeigt sich bei der Säureabwehr schlechter (undeutlicher) als bei der Nahrungsmethode. Noch größere Unterschiede (Diskrepanzen) in der Charakteristik der Eigenschaften der Nerventätigkeit werden entdeckt, wenn die Methodik der Abwehr auf elektrische Hautreizungen angewendet wird. Die meisten Hunde konnten in diesen Versuchen nicht die Signalbedeutung umgestalten ..."

Nicht in allen Instinktfunktionskreisen (z. B. Umweltbeziehungskreisen wie Flucht und Schadensvermeidung) scheinen sich also die funktionellen Eigenschaften des Nervensystems eines Individuums gleich deutlich erkennen zu lassen. Möglicherweise sind aber auch die den Typ kennzeichnenden Nervenprozesse nach Beweglichkeit (Fähigkeit zum Umlernen) und Ausgeglichenheit (gleiche Wirksamkeit erregender wie hemmender Reizwirkungen) in anderen Funktionsbereichen nicht oder nicht vollständig den Verhältnissen in der Nahrungsappetenz analog. Meines Wissens wurden diese Fragen wissenschaftlich noch nicht genügend geklärt.

Genaue praktische Versuchsanleitungen des Vorbereitungstrainings und des Prüfungsstandards siehe bei Krassuski.

Obgleich für viele wissenschaftliche und medizinische Belange eine Nerventypbestimmung wichtig und aussagekräftig ist, erspart sie dem praktischen Kynologen und Hundezüchter nicht weitere Eignungsuntersuchungen; zahlreiche Eigenschaften in wichtigen Verhaltensbereichen kommen nämlich ganz unabhängig von der Art des Nerventyps oder nur in Kombination mit einer einzelnen funktionellen Besonderheit (z. B. der Beweglichkeit der Nervenprozesse) vor (Aleksejewa, Krassuski und Melichowa, 1958; Krushinski, 1962, u. v. a.).

Mit der Untersuchung des individuell unterschiedlichen Verhaltens verschiedener Hunde unter Konflikt- und Frustrationsbedingungen befaßten sich auch mehrere amerikanische und englische Forscher. Bis zu gewissem Grade stellen die Pawlowschen Versuchsanordnungen ebenfalls Experimente unter Konfliktbedingungen dar. Ähnliche Probleme wurden vor einigen Jahren nach einer neu erarbeiteten Versuchs-, Beurteilungs- und Auswertungstechnik von Martinek in Prag bearbeitet.

Vom Blickpunkt der vergleichenden Verhaltensforschung (Ethologie) aus befaßte sich Schmidt speziell mit dem Studium des Konfliktverhaltens der Hunde. Er war einer der wenigen Untersucher, welche Hunde nicht nur in einem Instinktfunktionsbereich hinsichtlich bestimmter charakteristischer Reaktionweisen, sondern unter dem Einfluß mehrerer verschiedener Motivationen testeten: Frustrationen im Bereich des Nahrungsaufnahmeverhaltens allein, soziale Konflikte im Bereich der Nahrungsaufnahme, Frustrationen und Konflikte im Bereich des Sexualverhaltens. Die Konflikte wurden auch hinsichtlich ihrer Stärke planmäßig variiert. Es wäre interessant, die von Schmidt begonnenen Untersuchungen mit vergleichbarer Methodik auch etwa im Bereich des Mutterverhaltens, des Beuteverhaltens, des Feindvermeidungsverhaltens und evtl. des Heimkehrens ins Revier 1. Ordnung fortzusetzen. Außerdem wäre es lehrreich, alle diese Experimente in gleicher Weise mit anderen Caniden, aber auch mit Katzen und anderen Tierarten anzustellen (Dissertationsthemen!).

Zur Futterfrustration verwendete Schmidt eine Versuchsanordnung, in der der zu prüfende Hund in einer Umzäunung, nach Art des Bindfadenversuches, lernen mußte, ein in einem Napf außerhalb des Zaunes befindliches Futter zu sich heranzuziehen. Am Napf war eine Stange und an deren freiem Ende ein Querbälkchen angebracht, welches der Hund erreichen konnte. Von einem Verschlag aus wurde durch ein nur einseitig durchsichtiges Fenster der Hund beobachtet; sobald der Köder aufgefressen war, wurde der Napf mittels Seilzug zur neuerlichen Füllung wieder außer Reichweite des Tieres gezogen. Sobald der Prüfling seine Bewegungsaufgabe zielsicher auszuführen gelernt hatte, folgten die Experimente, in denen man nach drei bis fünf jeweils sofort neulich erfolgenden

Futterfüllungen bei der nächsten die Schale so weit außer Reichweite zog und fixierte, daß der Hund den Stabgriff nicht erreichen konnte. Nach einem Verzögerungsversuch bestimmter Dauer erfolgten dann wieder weitere acht bis zehn regelmäßige Fütterungen. Zur Motivationssteigerung ließ man Hunde versuchsweise ein bis zwei Tage hungern.

In einem Kontrollexperiment bot man dem jeweiligen Prüfling Futter in einer allseitig zugänglichen Schüssel an, jedoch war dieses mit einem Gitter überdacht und so an die Schüssel fixiert, daß das Tier es wohl beriechen und belecken, nicht aber fressen konnte.

Der soziale Konflikt wurde erzeugt, indem man zwei hungrige Hunde – einen ranghohen und einen rangniederen – gleichzeitig im selben Gehege mit einer von der Decke herabgelassenen Schüssel konfrontierte. Durch die Umfriedung konnte sich keiner der Konkurrenten der Situation durch Flucht entziehen.

Die sexuelle Frustration bestand darin, daß man die zu prüfenden Rüden täglich einzeln für eine bestimmte Zeitspanne in ein Gehege ließ, in welchem sich eine läufige Hündin befand. Das Gehege war jedoch durch eine Gitterwand in zwei Teile geteilt, so daß sich die Hündin in einem, der Rüde jeweils im anderen Abteil aufhielten.

Die Experimente wurden mit jedem Hund zu gleichen und zu verschiedenen Tageszeiten mehrmals wiederholt, wobei man zeitweilig auch die Umwelt variierte (Sandboden, Bretterboden, ablenkende Reize usw.). Ein Beobachter registrierte, was während der stets gleichen Zeit jeder Hund tat und wie oft oder wie lange er es tat (z. B. Übersprungreaktionen, Art und Zahl anderer Entlastungshandlungen usw.). Bei der vergleichenden Auswertung der Ergebnisse zeigte sich u. a., daß

a) in allen geprüften Funktionsbereichen dem Hunde viele verschiedene Abreagiermöglichkeiten zur Verfügung stehen (z. B. Hin- und Herlaufen, Ansatz zu Bewegungsstereotypien, Übersprungharnen, Übersprunggähnen, Übersprungscharren, Sich-Schütteln, Sich-Kratzen, Schlafintentionen, stuporöse Verhaltenshemmungen, also Depression, Angriffsverhalten, Lecken, Winseln und Bellen, Sexualhandlungsintentionen sowie vegetative Reizreaktionen wie Hecheln und Atemfrequenzänderungen, Zittern, Zähneklappern, Erbrechen, Speicheln, Kotabsatz, Herzfrequenzänderungen, Blutdruckänderung, Steigerung der Körpertemperatur u. v. a.);

b) die Auswahl unter den Abreagiermechanismen nicht direkt von der Art der Triebfrustration bzw. dem Instinktfunktionsbereich – mit Ausnahme des sozialen Konfliktes –, sondern von offenbar persönlichkeitscharakteristischen Veranlagungen (vielleicht teilweise auch von früher stattgefundenen Lernvorgängen des Individuums) sowie auch von den Umgebungsfaktoren im Augenblick des Konfliktes abhängt (so scharren beispielsweise manche Hunde nur auf weichem Untergrund);

c) durch eine Verschärfung der Konfliktbedingungen sich nicht die Anzahl, sondern die Stärke der gezeigten Ausweichhandlungen ändert. Außerdem kommt es zu einem Verschwinden des individuellen Bevorzugens bestimmter Entlastungsreaktionen (bei starker Erregung verhalten sich also alle gleich!), vermehrten vegetativen Reizerscheinungen (Speicheln, Hecheln, Zittern, Erbrechen) und schließlich – als Zeichen beginnenden Nervenzusammenbruches – zu andauernden allgemeinen Hemmungserscheinungen (so wird z. B. Fleisch als Futter auch längere Zeit nach den Versuchen mit Zeichen von Aversion abgelehnt) oder aber allgemeinem Handlungszerfall (d. h. alle Verhaltenszüge wechseln rasch und abrupt in sinnloser Folge, werden unvollständig und ohne Taxiskomponente ausgeführt).

Würde man die Versuchsbedingungen so wählen, daß es zu noch stärkerer Konfliktspannung käme, dann wäre „akute experimentelle Neurose" das Endergebnis. Da nur im Bereich des Nahrungsaufnahmeverhaltens die blockierte Erregung nicht schnell unerträglich hohe Werte anzunehmen beginnt, eignet sich dieser Funktionskreis besonders zum Studium der am Konfliktverhalten beteiligten psychophysiologischen Individualitätskennzeichen. Diese Erfahrung deckt sich auffallend mit den Untersuchungsergebnissen der Pawlowschen Schule, denen zufolge sich zum Studium der Nerventypen ebenfalls Experimentalbedingungen im Funktionskreis des Nahrungsaufnahmeverhaltens besser als in anderen bewährten.

Anhand des zahlenmäßig leider noch nicht sehr großen Materials konnten bisher folgende Typen statuiert werden:

Hunde, die sich in der seelisch belastenden Situation durch eine große Spielbreite vieler verschiedener Entlastungshandlungen auszeichnen. Bei einem Teil dieser Tiere kommen besonders die Verhaltensweisen häufig zum Einsatz, die mit Bewegungsaktivität einhergehen; andere scheinen dagegen schwerer erregbar zu sein, sie bevorzugen als „Ruhetyp" mehr sitzende und liegende Stellungen mit Konfliktschlaf zum Erregungsübersprung. Daneben aber gibt es andere Hunde, deren äußerlichem Verhalten man die starke Erregung zunächst nicht ansieht. Sie bewegen sich wenig, sitzen oder liegen viel, verfallen aber nicht in echten Übersprungschlaf, sie können offenbar die Erregung nur in geringem Maße in Ersatzhandlungen entladen; sie fressen sozusagen den Konflikt in sich hinein, so daß sie unter Belastungen, die andere ohne Schädigung ertragen, bereits vegetative Überreizungserscheinungen und Anzeichen beginnender akuter Neurose zeigen, wobei entweder Aggressivität oder allgemeine Depression vorherrschen können. Geringe Befähigung zu Übersprungreaktionen und anderen Entlastungshandlungen, sogenannte Übersprunginsuffizienz, ist daher ein Kennzeichen neurosedisponierter Charaktere.

Es wäre reizvoll, solche Hunde auch nach der Pawlowschen Methode zu testen, um evtl. Korrelationen mit einem bestimmten Nerventyp aufdecken zu können.

Dasjenige Versuchstier Schmidts, das die deutlichste Übersprunginsuffizienz aufwies, fiel auch bei den täglichen Beobachtungen außerhalb der Experimente als Sonderling auf: allgemeine soziale Kontaktarmut, ja geradezu Kontaktscheu, bei gleichzeitig nur auf wenige Individuen beschränkter, dann aber intensiv – bis zur Lästigkeit – fixierter sozialer Bindung, Schwierigkeiten im Umgang mit dem anderen Geschlecht, Homosexualität, Fehlen der Demutsgeste bei Raufereien um die Rangposition und Mißachtung der Demutsgeste Unterliegender, Angriffswut selbst gegen Welpen und verschiedene weitere soziale Anpassungsstörungen. Leider ist über das Vorleben, die Abstammung und Verwandtschaft dieses Tieres nichts bekannt, so daß nicht entschieden werden kann, ob diese Instinktausfälle durch traumatisierende Erlebnisse oder durch isolierte Aufzucht entstanden, oder ob es sich um ererbte, also konstitutionelle Abartigkeiten handelt.

Auch die in den verschiedenen Laboratorien der pharmazeutischen Industrie und anderen Forschungsstätten heute verwendeten Versuchsanordnungen stellen ausgezeichnete Tests der psychischen Belastbarkeit und ihrer Grundlagen dar; ihr Hauptanliegen besteht darin, herauszufinden, wie verschiedene Drogen (Beruhigungsmittel, Reizmittel und Phanta-

stika, wie z. B. LSD) die psychophysiologischen Faktoren der Leistungsfähigkeit verändern oder bereits vorhandene neurotische und psychosomatische Störungen beeinflussen können, wobei ebenfalls das Problem individueller Unterschiede bei den Versuchstieren deutlich zutage tritt.
Einige solcher Versuchsanordnungen werden später in einem anderen Zusammenhang beschrieben.

Der Wunsch, mit einer einzigen oder möglichst wenigen – überall leicht
und rasch durchführbaren – Versuchsanordnungen die individuell kennzeichnenden Eigentümlichkeiten für möglichst viele Verhaltensbereiche
feststellen zu können, hat sich bisher als leider unerfüllbar erwiesen.
Amerikanische Forscher unterzogen sich daher der Mühe, eine ganze
Testbatterie für Hunde zu entwickeln und zu erproben.

In der Hamilton Station des B. Jackson Memorial Laboratory, Bar Harbor, Maine, wird seit Jahren unter der Leitung von Little, Scott, Fuller
u. a. an der Messung, Einteilung, Entstehung, Vererbung von Eigenschaften, an Auswahlmethoden für Spezialdressuren usw. mit modernsten
technischen Hilfsmitteln mit einem großen Tiermaterial gearbeitet.

Besonders die Genetik individueller Verhaltensanlagen, Begabungen und
Mängel gilt ja als noch recht wenig aufgeklärt. Man kann die amerikanischen Tests zunächst in zwei Gruppen einteilen: in Wesenstests, d. s. Versuchsanordnungen, die Eigenschaften der emotionellen Reaktivität mes-
sen, und in Leistungstests. Unter letzteren kann man drei Gruppen unterscheiden: solche, die vornehmlich die sensiblen Funktionen des Lernens
erfassen (d. s. Wahrnehmungsfähigkeit, Erkennen, Unterscheiden von
Reizgestalten, wie Beachten eines bestimmten Signales), solche, die vornehmlich die motorische Seite des Lernens, also das Einüben bestimmter
Handlungsweisen, Geschicklichkeit für bestimmte Bewegungsfolgen
(z. B. Leiter-Steigen) prüfen, und schließlich solche, die vornehmlich
angeborene, spezielle Veranlagungen („Begabung") für besondere
Instinktleistungen (z. B. Apportieren, Vorstehen usw.) möglichst sicher,
frühzeitig und eindeutig erkennen und beurteilen lassen sollen. Daneben
widmen sich einige Tests den Besonderheiten des Sozialverhaltens (Rela-
tionship-Tests), andere der Prüfung der Leistungsfähigkeit von Sinnesorganen (im optischen, olfaktorischen, akustischen Bereich), weitere prüfen
die Begabung zu besonderem Hemmungstraining, d. h., es wird die Fähigkeit gemessen, Instinkthandlungen auf Signal unterlassen zu können (sie

155

zeigen also das Ausmaß an „Beherrschungsfähigkeit" bzw. Hemmbarkeit motorischer Aktivität).

Einer dieser letzten Tests, die auch etwas über die Eignung eines Hundes zur Haltung unter Großstadtbedingungen aussagen, wird z. B. folgendermaßen ausgeführt: Ein vier bis sechs Wochen alter Welpe (Wiederholung mit acht bis zehn und sechzehn bis achtzehn Wochen) wird auf ein niedriges Tischchen gesetzt, das auf einem Fußboden steht, der mit Sägespänen bedeckt ist, und in a) fremdem, b) dem Tier bekannten Raum allein gelassen. Vom Halsband des Tieres läuft eine lange Leine zu einer Rolle an der Decke des Raumes und von dort weiter zum Versuchsleiter, der hinter einem nur einseitig durchsichtigen Fenster sitzt. Dem Hund wird „sitz" befohlen – was er schon vorher gelernt haben muß. Er darf von der Tischplatte nicht allein heruntersteigen. Ermittelt wird, wieviel Minuten der Welpe es auf der Tischplatte aushält, wieviel Korrekturen durch Strickanziehen (wodurch Halsbandruck als Strafreiz erfolgt) er braucht und was er sonst noch tut. Durch Vergleich des unterschiedlichen Verhaltens verschiedener Prüflinge lassen sich in Zahlen ausdrückbare Anhaltspunkte über die Veranlagung zur sogenannten Führigkeit eines Hundes gewinnen.

Verschiedene Tests können so ausgewählt und zu einer Testbatterie zusammengestellt werden, daß man bestimmte Seiten des Verhaltens genauer studieren kann; so dient z. B. zur Prüfung der Orientierungsleistungen eine Testanordnung aus Trailing Test (zum Prüfen der geruchlichen Orientierung), Delayed Response (Versuchsanordnung mit aufgeschobener Handlungsmöglichkeit, um das Gedächtnis für optische und akustische Reize zu prüfen), Habit Formation (läßt die Gewohnheitsfixierung des Prüflings, sich vorzugsweise nach bestimmten Raumrichtungen zu wenden, erkennen), Barrier Test, Maze Labyrinth Tests und Second Barrier Test (verschiedene Umwegversuche, optische Orientierung) sowie Discrimination Test (prüft die Unterscheidungsfähigkeit für Signale im optischen und akustischen Wahrnehmungsbereich).

Mit siebenundzwanzig verschiedenen Tests und zusätzlichen täglichen Beobachtungen wird das Verhalten einer großen Anzahl Hunde verschiedenener Rassen jeweils über ein Jahr lang qualitativ und quantitativ erfaßt; über jedes Tier wird ein Karteiblatt geführt, die Auswertung der Versuchsergebnisse erfolgt nach den verschiedensten Gesichtspunkten.

Manche Tests werden in verschiedenen Lebensabschnitten der heranwachsenden Tiere wiederholt. Schon das unterschiedliche Verhalten der Welpen auf der Waage, während der Impfung und anderer wiederkehrender Manipulationen wird registriert. Viele Tests eignen sich zur Früherkennung besonderer Charakterzüge.

Mit zweiundachtzig Lebenswochen wird das Sexualverhalten, später das Mutterverhalten unter möglichst gleichen, standardisierten Bedingungen beobachtet.

Es ist in diesem Rahmen unmöglich, auf weitere Einzelheiten einzugehen, das würde wohl ein eigenes Buch füllen. Interessenten seien auf die Originalliteratur verwiesen.

Da eine Durchführung so vieler Tests für die Praxis der Gebrauchshundeabrichtung und -züchtung viel zu umständlich und zeitraubend wäre, wurden in Zusammenarbeit zwischen kynologischen Experten und den Wissenschaftlern des Jackson Memorial Laboratory zur Eignungsauswahl von Hunden für besondere Gebrauchszwecke vereinfachte Verfahren entwickelt. Pfaffenberger geht in seinem Buch darauf ein. Ein solcher Schnelltest, dessen Ergebnis für Blindenführhunde von großer Bedeutung ist, besteht z. B. darin, daß dem an der Leine geführten Prüfling plötzlich von hinten und seitlich aus einem Gebüsch ein Karren mit großer Geschwindigkeit in den Weg geschoben wird. Ein als Führhund geeignetes Tier darf dann in dieser Situation weder davonlaufen noch in Wut geraten und aggressiv drauflosstürzen.

Auch in Deutschland wurden schon vor dem Kriege ähnliche Tests zur Auswahl von Blindenhunden, Such- und Rettungshunden usw. entwickelt und in großem Stile angewandt. Tests zur Auswahl von Kriegsmeldehunden entwickelte Brückner, Leiter der Gesellschaft für Hundeforschung (Hamburg). In der ehemaligen Heereshundeanstalt Grünheide wurden Junghunde-Eignungsprüfungen in drei Altersklassen wiederholt durchgeführt (mit drei Monaten, mit fünf Monaten und mit sieben bis acht Monaten). Sie beziehen sich hauptsächlich auf das Verhalten des Prüflings auf einer entsprechend vorbereiteten Hindernisbahn, in deren Verlauf allerlei Ablenkungen, Schreckreize und Geländeschwierigkeiten auf das Tier warten. Näheres darüber siehe Bodingbauer, „Wesensanalyse für Junghunde".

Im mitteleuropäischen Raum ist es vor allem aber das Verdienst des Ehepaares Menzel, Licht in das Dunkel der Benennung, Prüfung und Vererbung von einfachen und zusammengesetzten Charakter- und Leistungseigenschaften von Gebrauchshunden gebracht zu haben. Sie arbeiteten einfache – nahezu auf jedem Dressurplatz durchführbare – Versuchsanordnungen aus, um die einer komplizierten Leistungseigenschaft zugrundeliegenden „Wesensveranlagungen" bei Junghunden aufdecken zu können. Ihre Jugendveranlagungsprüfungen zur Eignungsauswahl und Zuchtwahl haben sich besonders bei Dienst- und Schutzhunden in tausenden Fällen seit Jahren praktisch bewährt. Da nur auf die Erkennung einiger weniger – aber für den jeweiligen praktischen Verwendungszweck wichtiger – individueller Verhaltenseigentümlichkeiten Wert gelegt wird, wird die Menzelsche Konzeption ihrer Einfachheit und Klarheit wegen noch viele Jahre für die praktische Arbeit richtungsweisend sein. Hier seien nur einige Ergebnisse herausgegriffen. So z. B. die für den Hundezüchter wichtige praktische Regel, daß der Erbwert einer besonderen Verhaltenseigenschaft um so sicherer und stärker sei, je früher und deutlicher (triebstärker) sich die besonderen Veranlagungen im Laufe der Jugendentwicklung eines Hundes zeigen. Dies sei mit der Grund für die Notwendigkeit, schon vor der Abrichtung „Jugendveranlagungsprüfungen" zu veranstalten. Natürlich entscheiden erst Probenachzuchtergebnisse und der Vergleich der Verhaltensveranlagung auch der Geschwister eines Elterntieres über den Wert eines Hundes für die Leistungszucht.

Menzel hat zuerst klar herausgestellt, daß viele besonders geschätzte Leistungsanlagen des Hundes *zusammengesetzte Eigenschaften* darstellen, d. h., daß der Grad einer bestimmten Leistungsfähigkeit außer von der Güte der Abrichtung vom Zusammenspiel einer ganzen Reihe erblicher Grundeigenschaften oder Verhaltensmerkmale abhängig ist. Als typisches Beispiel wird gerne der sogenannte „Spüreifer" genannt, der besser als Spürleistungsanlage bezeichnet werden sollte. Letztere hängt ab von der Riechfähigkeit, dem Spürtrieb, dem Apportiertrieb, dem Temperament, der Ausdauer und der Führigkeit.

Auch der Kampfeffekt eines Schutzhundes stellt eine Resultante mehrerer einfacher Eigenschaften, sogenannter „Wesensgrundlagen", dar: Je nach Ausmaß von Mut, Schutztrieb, Kampftrieb und Temperament ergibt sich ein recht unterschiedlicher Leistungseffekt.

Einige der für die Verwendung der Nichtjagdhundrassen *grundlegenden Charaktereigenschaften* und Begabungen, deren Ausmaß nach Menzel unabhängig voneinander vererbt werden kann und deren Zusammenwirken einen Hund für diesen oder für jenen Gebrauchszweck (und entsprechende Spezialabrichtung) besser geeignet machen, sind Temperament, Härte, Führigkeit, Ausdauer, Schutztrieb, Kampftrieb, Mut in der Kampfsituation (Standfestigkeit bzw. hohe Reizschwelle für Auslösung von Fluchtverhalten) und in der friedlichen Situation (Mangel an Schreckhaftigkeit), Schärfe, Mißtrauen, Wachsamkeit, Apportiertrieb, Spürtrieb, Stöbertrieb. Auf die Definitionen dieser gebräuchlichen Begriffe kann aus Raumgründen hier nicht eingegangen werden (siehe Seiferle: „Wesensgrundlagen und Wesensprüfung des Hundes").

In diesem Zusammenhang sei allerdings darauf hingewiesen, daß meines Erachtens viele dieser dem Nichtfachmann kaum geläufigen Ausdrücke ohne weiteres durch in der Psychologie allgemein gebräuchliche Begriffe ersetzt werden könnten. So sollte man, um nur wenige Beispiele zu nennen, statt von Natur- und Scheinschärfe von angeborener bzw. erworbener Aggressivität sprechen; statt von Temperament von leicht auslösbarer Reaktivität oder Reagibilität (niedrige Reizschwellen) verbunden mit großer Spontanaktivität (Bewegungsfreude); statt von „Härte", von Unempfindlichkeit gegenüber schmerzhaften körperlichen und belastenden psychischen Reizeinwirkungen (soziale Einschüchterung, Konfliktspannung) und statt von Führigkeit von hoher sozialer Unterordnungsbereitschaft verbunden mit besonderer Begabung für Allelomimetic Behavior (das sind Verhaltensanteile aus mehreren Umweltbeziehungskreisen, die gruppenkoordiniertes Zusammenwirken unter Rudelmitgliedern ermöglichen). Verhaltensbeschreibungen wären dann auch mit Befunden an anderen Tieren vergleichbar. Wie wichtig das wäre, zeigt auch der Umstand, daß selbst Hundefachleute mit dem Wort „Schärfe" oft gänzlich verschiedene Eigenschaften des Hundes bezeichnen (z. B. Raubzeugschärfe, hohe Aggressivität gegenüber Raubwild als Beute verbunden mit Schmerzunempfindlichkeit und andererseits Bissigkeit gegenüber menschlichen Personen). Wie außerdem sollte man derartige Ausdrücke übersetzen, zwecks internationaler Zusammenarbeit?

Der sogenannte Mut, also die Standfestigkeit in der Kampfsituation und ein Mangel an Schreckhaftigkeit (sogenannte „Wesensfestigkeit") bei plötzlicher Einwirkung starker Reize und eine niedrige Reizschwelle (sowie weitgehend unspezifiziertes Auslöseschema) für aggressive Handlungen (d. i. Schärfe oder Aggressivität) stellen verschiedene Eigenschaften dar, die in wechselndem Ausmaß kombiniert auftreten können. Schon in den dreißiger Jahren unseres Jahrhunderts wies das Forscherehepaar Menzel mit Nachdruck darauf hin, daß es mutig-unscharfe, mutlosscharfe, mutlos-unscharfe und mutig-scharfe Schutzhunde gäbe, was auch sowjetischen und amerikanischen Forschern unabhängig voneinander wiederholt auffiel. Ebenso gibt es harte und zugleich führige, harte und zugleich unführige, weiche führige und weiche unführige Hunde.

Ob Ausdauer das Ergebnis der allgemeinen neuroendokrinen Konstitution eines Individuums darstellt, wie die Menzels und andere Kynologen annehmen, oder aber ob ein Hund in einigen Funktionsbereichen (z. B. im Beutebereich oder Futteraufnahmebereich usw.) als ausdauernd, in anderen aber als wenig ausdauernd erscheinen kann, müßte noch genauer untersucht werden. Weiterer tierpsychologischer bzw. ethologischer Abklärung bedarf auch das Phänomen der Aggression. Es gibt sozial aggressive Hunde („Raufer") und „beuteaggressive" Hunde (raubzeugscharf), die keinesfalls fremden Menschen oder gar dem eigenen Besitzer gegenüber bissig sein müssen; es gibt aber auch gegen Menschen und sogar gegen die eigenen menschlichen Hausgenossen aggressive Hunde (fehlende soziale Hemmung?), wobei es sich nicht immer um den bekannten Angstbeißer oder um ein zum Meutenführer gewordenes Tier handelt. Es gibt Hunde, die ihren Herrn verteidigen, und Hunde, die nur kämpfen, wenn sie auch sich selbst angegriffen fühlen. Daß Hunde, die während der Schutzhundausbildung häufig das für ein soziales Raubtier so lustvolle Erlebnis des Siegens gegen den schutzärmel-bewehrten „Hetzer" erleben, dann besonders kampflustig werden, läßt noch nicht den Schluß zu, daß außer dem aktiven Abwehrverhalten ein besonderer „Kampftrieb" existieren müsse, der angeblich dem Spieltrieb nahestünde, wie manche Hundefachleute meinen. Überdurchschnittlich gesteigerte Kampfbereitschaft mit eigenen Rudelgenossen und Ersatzrudelgenossen (Menschen u. ä.) zur Steigerung der eigenen sozialen Rangposition – also aus Geltungstrieb – dürfte sicherlich eine der Wurzeln der Schutzhundeigenschaften sein, Bewachungsaggressivität und Kampfbereitschaft zur Verteidigung eigenen Territoriums und der eigenen Rudelangehörigen eine weitere. Die

Selbstverteidigungsaggressivität (für wild aufgewachsene Raubtiere nach Überschreiten der Fluchtdistanz typisch), die beim Angstbeißer leider so häufig und unangenehm in Erscheinung tritt und von beiden vorgenannten Aggressivitätsformen zu unterscheiden ist, kommt bei den Hundeahnen und Primitivhunden sowie bei Hunden, die ohne Sozialisierungsmöglichkeiten mit Menschen aufwachsen, als weitere, von den anderen Formen unabhängige Eigenschaft wechselnden Grades fast immer, bei normalaufgezogenen Hunden dagegen nur als Ausnahmeerscheinung (häufig genetisch bedingt) vor. Manchmal aktivieren erst soziale Konkurrenzsituationen (Beute, Sexualität, Ruheappetenz) oder die Mutterschaft in einem bislang friedlichen Tier vorübergehend aggressive Züge.

Die Herkunft und Vererbung von individualtypischen Verhaltensweisen, in denen Gehirnvorgänge eine Rolle spielen, die im äußeren Verhalten als aggressiv imponieren, bedarf noch tiefgehender experimenteller Analyse. Die Feststellung, ein Hund besitze „Kampftrieb" und „Schutztrieb" bei gleichzeitig vorhandenem Mut, Temperament, Härte, Führigkeit, Schärfe usw., er sei außerdem bewegungsfreudig, apportierfreudig u. a. und deshalb als wertvoller Schutzhund zu betrachten, mag für den Hundesportler genügen; für den Züchter und gar den Verhaltensforscher sind solche Aussagen unzureichend. Denn was versteht man unter „Trieb" heute in ethologischer Sicht? Trieb ist das Ausmaß an endogener spezifischer Reizproduktion plus Summe der einstimmenden aktivierenden Innenreize, was zu Appetenzverhalten im Rahmen eines bestimmten Hauptinstinktes führt. Von Trieben dieser Art sind Antriebe erworbener Art (sogenannte Quasibedürfnisse) zu unterscheiden. Das Ausmaß an spezifischer endogener Reizproduktion ist wohl von Erbfaktoren abhängig, die Konstellation der einstimmenden aktivierenden Innenreize ist aber teilweise auch milieuabhängig und damit wandelbar. Außer dem Vorhandensein von nach Entladung verlangender aktionsspezifischer Energie ist aber zu einer besonders häufigen, nachhaltigen und bereits auf geringfügige Reize hin prompt erfolgenden Auslösung einer bestimmten Verhaltensweise noch ein möglichst weiter (unspezifischer, undifferenzierter) angeborener oder erworbener Auslösemechanismus notwendig. Im Falle eines „mißtrauischen" Hundes z. B. kann die niedrige Reizschwelle für die Auslösung von Verteidigungs-, Flucht- oder Kampfhandlungen daher auf starken Appetenzen für diese Handlung oder aber auf besonders weitem Auslösemechanismus oder auf beiden beruhen. Ähnlich verhält es sich beim Geschlechtstrieb, beim Muttertrieb, aber auch beim untergeordneten Instinktverhalten des Schützens, des Bewachens, usw., also bei Instinkthandlungen niederer Ebene.

Eine Eigenschaftskennzeichnung von Individuen unter Verwendung von Begriffen wie Schutztrieb, Kampftrieb, Meutentrieb usw. ist also eigentlich eine recht oberflächliche, wenig exakte Kennzeichnung, nicht mehr als eine Art vorläufiger, notdürftiger Praxisbehelf. Leider fehlen z. Z. noch viele Grundlagen zur Festlegung besserer Kriterien und entsprechender Begriffe. Versuche in dieser Richtung liegen vorläufig nur von einigen amerikanischen Untersuchern vor.

So gelangte z. B. Royce (1955) nach der von Thurestone entwickelten mathematischen Methode der Faktorenanalyse zu zehn verschiedenen Grundlagenfaktoren („psychobiologischen Realitäten"), mit denen die verschiedenen Qualitäten und Quantitäten der Affektivität (Gemütserregbarkeit) von Hunden meßbar seien. Diese „Eigenschaften" wurden anhand der Auswertungsergebnisse von zweiunddreißig verschiedenen Tests an einem statistisch repräsentativen Untersuchungsmaterial gefunden und stellen psychophysiologische funktionelle Einheiten dar.

Es wurden auf diese Weise in bestimmten Situationen individuelle Besonderheiten der Lautgebung, der Körperhaltung und der Ausdrucksreaktionen, der Fluchtauslösbarkeit, der Bewegungsaktivität, der Hemmbarkeit, der sozialen Kontaktfreudigkeit, das Ausmaß an kindlichen Verhaltensweisen, der Aggressivität und Dominanz in sozialen Konkurrenzsituationen, das Verhalten während seelischer Belastungen wie Isolation und Gefangenhaltung, Bedrohung, Applikation von Schmerzreizen und die Anpassungsfähigkeit an menschliche Befehle und Manipulationen erfaßt. Dabei beschränkte man sich nicht auf die Beobachtung des äußerlich sichtbaren Verhaltens, sondern mit kostspieligem apparativem Aufwand wurden auch die jede Emotion begleitenden vegetativen Regulationsänderungen (wie z. B. Herzfrequenz, Atmung, Blutdruck, Rektaltemperatur, Hautoberflächentemperatur, Muskelspannung, elektrischer Hautwiderstand und Körpergewichtsänderung) mit erfaßt.

Nur einige der aufgefundenen Merkmale können sprachlich benannt und zu bisher bekannten Charaktereigenschaften in Bezug gesetzt werden. So setzt sich z. B. ein „Faktor A" aus zwei psychologischen und drei physiologischen Varianten (vegetativen Meßwerten) zusammen, ist also eine Art psychosomatisches Syndrom – „Timidity I" genannt – und kann mit Furchtsamkeit in Verbindung mit Kontaktscheue und Bewegungshemmung annähernd umrissen werden. Der „Faktor B" könnte „Erregbarkeit durch soziale Reize (einschließlich Herzfrequenzänderung und motorischer Hyperaktivität)" benannt werden. Ein „Faktor D" weist sich als „Aggressivität in Verbindung mit Mut" aus. Ein „Faktor F" gibt das „individuelle Aktivitätsniveau und den Spannungsgrad" an, ein „Faktor G" bezieht sich auf „audiogene Reaktivität" (Überempfindlichkeit auf akustische Reize), der „Faktor H" – „Timidity II" – drückt eine Eigenschaft aus, die mit Ängstlichkeit im Sinne von Flucht- und Bewegungshyperaktivität umschrieben werden kann. Alle anderen Faktoren sind mit herkömmlichen Eigenschaftsbenennungen nicht verständlich interpretierbar.

Wie weit diese Verhaltensphänotypen jeweils von einfachen Erbanlagen oder vom Zusammenwirken verschiedener genetischer Faktoren mit Umwelteinflüssen abhängen, konnte bis heute nicht durchgehend geklärt werden (genaueres siehe in der Originalliteratur). Auch der Genetiker W. Schleger betont, daß die Fähigkeiten zu zusammengesetzten höheren Leistungen eines Hundes („Intelligenzleistungen") außer von genetischen Faktoren sehr weitgehend von günstigen Umwelteinflüssen in der Jugend und dem Geschick der Ausbilder abhängen, so daß zwar theoretisch für den einzelnen Hundezüchter sehr wohl die Möglichkeit der züchterischen Einflußnahme auf Intelligenzleistungen bestünde, jedoch allgemein verbindliche Methoden, die die Intelligenzleistungen objektiv zu beurteilen gestatten, bisher noch nicht in die Praxis der Hundezucht genügend Eingang gefunden haben. Er schreibt (1986): „Damit über solche Parameter effektiver Leistungsvergleich möglich ist, müssen die Umweltbedingungen, unter denen der Lernvorgang abläuft, möglichst genormt sein." Und scherzhaft fügt er hinzu: „Die Varianz zwischen den Ausbildern ist größer als die Varianz zwischen den Hunden." Wegen der hohen Heritabilität einfacher Wesenseigenschaften wie Schußgleichgültigkeit, akustische Überempfindlichkeiten in Verbindung mit einer allgemein leichten Erregbarkeit, aggressive Verhaltensweisen und dergleichen ermahnt er die Hundezüchter, den genetischen Grundlagen von Verhaltens- und Wesensmerkmalen mehr als bisher bei der Zuchtauslese ihre Aufmerksamkeit zu schenken, nicht nur wenn es um Gebrauchs- und Jagdhunde geht, sondern besonders auch hinsichtlich der Zucht von Hunden als einfache Begleithunde und Heimtiere.

So wichtig und interessant diese Bemühungen um realitätsgerechte Eigenschaftsmessungen für die Grundlagenforschung auch sein mögen, für den Praktiker ist derartiges Neuland zunächst noch zu wenig faßbar und auch viel zu umständlich zu handhaben. Deshalb wird die Menzelsche Konzeption wohl noch lange Zeit Verwendung finden, weshalb nochmals kurz darauf eingegangen sei.

Um die Veranlagung eines jungen Hundes – noch möglichst ohne Veränderung durch umweltbedingte Einflüsse – feststellen zu können, um Eignungsauswahl für Zucht und besondere Abrichtungszwecke zu betreiben, ist es nötig, einen jungen Hund möglichst frühzeitig zu prüfen. Da einerseits in sehr zartem Alter aber noch nicht alle den Prüfer interessierenden Instinkte gereift sind und andererseits grundlegende Lernvorgänge schon sehr früh, nämlich während der „kritischen Perioden", also der Prägungsphasen der Entwicklung, stattfinden, erweist es sich als zweckmäßig, einen Hund nicht einmal, sondern in verschiedenen Altersstufen wiederholt geeigneten Jugendveranlagungserprobungen zu unterziehen, will man seine Wesenseigenschaften wirklich sicher erkennen. Dabei interessieren z. B. den Jäger ganz andere Eigenschaften als den Besitzer eines Hundes für Schutz-, Wach- oder Fährtenarbeit, den Schäfer wieder andere Eigenschaften, als sie etwa ein Wasserrettungs- oder ein Meldehund haben muß. Man muß sich daher über den beabsichtigten Zweck klar sein, ehe man sich ein Tier auszusuchen beginnt.

Abermals ist es das Verdienst des Forscherehepaares Menzel, klar umrissene *Wesensstandards* für die verschiedenen Verwendungszwecke von Gebrauchshunden entworfen zu haben.

So enthält etwa ein Wesensstandard für den idealen Wohnungshund die Forderung nach fehlender Schärfe, geringer Bellneigung, leichter Führigkeit und großer Anhänglichkeit, nicht allzu viel Bewegungsbedürfnis, Stabilität gegenüber plötzlich einwirkenden Schreckreizen, nicht allzu großem sexuellen und sozialen Kontaktinteresse an Artgenossen, geringem Mißtrauen gegenüber Fremden und spielenden Kindern, wobei die Qualitäten der geruchlichen Orientierungsfähigkeit und dergl. vernachlässigt werden können. Allzu viel Mut und Kampfbereitschaft, Mißtrauen, große Ängstlichkeit und Schreckhaftigkeit, Schärfe, Jagdambitionen und allzu viel soziales Geltungsstreben verbunden mit großer Härte sind, im Gegensatz zu anderen Verwendungszwecken, als schwere „Fehler" bzw. absolut unerwünschte Qualitäten anzusehen.

Nach R. und R. Menzel legt man von jedem geprüften Hund eine Art Charakterbeschreibung an. Ein solches Blatt enthält folgende Fragestellungen:

I. Nasenveranlagung:
a) Sucht der Hund mit der Nase oder mit den Augen?
b) Verlorensuche oder Führersuche?
c) Frei oder am Riemen?
d) Wie verhält er sich, wenn neben dem Gegenstand des Herrn ein fremdriechender liegt?

II. Temperament, Führigkeit, Apportier- und Spiellust:
a) Hat der Hund Vertrauen zum Herrn?
b) Spielt er gern?
c) Beißt er im Spiel bereits kräftig zu?
d) Verbeißt er sich?
e) Wie verhält er sich beim Apportieren?
f) Ist er aufmerksam auf den Herrn und folgt er ihm freudig?
g) Läßt er sich leicht, schwer oder gar nicht vom Herrn ablenken?
h) Wie überwindet er Hindernisse, die sich zwischen ihn und seinen Herrn stellen?

III. Schärfe, Wachsamkeit, Sicherheit des Gehabens:
a) Verhalten gegen harmlose Fremde?
b) Verhalten gegen freundliche Fremde?
c) Verhalten gegen drohende Fremde (auch mit Stock drohend)?
d) Verhalten gegen ungewöhnliche Erscheinungen:

akustische:
    Klappern hinter Deckung
    Klappern gegen den Hund
    Schüsse
optische:
    Schirmaufspannen
    Wehende Tücher

e) Zufällig sich ergebende Beobachtungen.

IV. Schutztrieb, Kampftrieb, Schneid:
a) Wie verhält sich der Hund beim Angriff
   auf den Herrn?
   auf ihn selbst?
b) Schützt er sofort, nach einiger Zeit oder gar nicht?
c) Wenn gar nicht, nimmt er die Sache als Spiel, oder fürchtet er sich?
d) Läuft er direkt davon, oder bleibt er in Respektdistanz?
e) Bellt er dabei oder nicht?
f) Beim Kampf:
   Wie verhält er sich gegen den Stock?
   Hält er Hiebe aus?
   Hält er Anschreien aus?
g) Bei besonders schneidigem Kampf:
Ergebnis der Henze-Mutprobe (siehe Seite 196):
a) mit Stock,
b) mit Schuß.
Anmerkungen:
Bewertung der Wesensgrundlagen:
Stärkeangaben mit + + +, + +, +, o, −
 1. Mut
 2. Schutztrieb
 3. Kampftrieb
 4. Schärfe
 5. Temperament
 6. Härte
 7. Führigkeit
 8. Apportierlust
 9. Spureneifer
10. Ausdauer
Bemerkungen über die körperliche Entwicklung.

Je nach Spezialverwendung eines Hundes schließt man weitere zu klä-
rende Punkte an, so z. B. für einen Wasserrettungshund das Verhalten in
einer Situation, in der eine Puppe ins Wasser geworfen wird oder der
eigene Herr ins Wasser springt, oder beim Meldehund in spe auch das Verhalten gegenüber ablenkenden Reizen, wie Futterangebot und Artgenos-

sen als Sexualpartner auf einer längeren Wegstrecke, die der Hund allein zurücklegen muß, um zu seinem Herrn zu gelangen. In neuerer Zeit haben sich auch andere Kynologen, so z. B. der schweizer Prof. Seiferle, um die weitere Bearbeitung dieser für das Gebrauchshundewesen so wichtigen Belange besonders verdient gemacht. Leider muß man in theoretischer Hinsicht seine Begriffe als heute nicht mehr vertretbar betrachten.

Die Eigenschaften, die ein Hund für die verschiedenen jagdlichen Verwendungsarten aufweisen muß, und wie sie in der Praxis geprüft und bewertet werden, sind in den Prüfungsordnungen der entsprechenden Rassenzuchtverbände festgelegt. So werden z. B. beim Vorstehhund bei der Frühjahrs- und Herbstzuchtsuche (entspricht dem Sinn der Jugendveranlagungsprüfung der Diensthunde) die Leistungsfähigkeit der Nase, die Art der Stöberarbeit, das Vorstehen, das sogenannte Nachziehen, die Schnelligkeit und Ausdauer des Suchens nach Wild und die Anlage zur Arbeit auf der Gesundspur sowie die Schußruhe (Wesensfestigkeit), die Führigkeit und die sogenannte Hasenreinheit bzw. Hasengehorsamkeit von Leistungsrichtern beurteilt und mit Punkten bewertet. Unter welchen Bedingungen und in welchen Situationen sich ein Hund wie verhalten soll, wird in der Festlegung der Verbände (Prüfungsordnungen) genau beschrieben, um einer mehr oder weniger subjektiven Beurteilung vorzubeugen und vergleichbare Ergebnisse zu erhalten; außerdem setzt sich jede „Prüfungskommission" aus geschulten und erfahrenen Fachleuten zusammen.

Wie man die Prüfungen im einzelnen durchführt, kann der entsprechenden Literatur entnommen werden, sie ist über die kynologischen Organisationen erhältlich.

Abschließend sei bemerkt, daß auch die Prüfungsordnungen zur Bewertung der nach Abrichtung erzielten Leistungen eines Hundes in den verschiedenen Disziplinen (Schutzhundarbeit, Fährtenarbeit usw.) letztlich eigentlich Anweisungen für „Tests" besonderer Art darstellen. Ein nicht genügend begabter Hund wird auch bei optimaler Abrichtung genormte Leistungsanforderungen nicht erfüllen können.

Da die in der praktischen Kynologie heute noch verwendeten Begriffe zur Eigenschaftsbeschreibung bei Hunden doch immerhin schon eine stattliche Anzahl Jahre alt sind (zurückgehend auf die Menzelschen Publikationen u. a.) und nichts auf der Welt stehen bleibt, am allerwenigsten die

Erkenntnisse auf dem Gebiete der Verhaltenspsychologie und der modernen Genetik, wird immer mehr Hundefachleuten klar, daß es an der Zeit wäre, die altgewohnten Beschreibungsbegriffe, Beurteilungsverfahren und Dokumentationsweisen den neueren wissenschaftlichen Erkenntnissen und höher geschraubten züchterischen Forderungen anzupassen. Obwohl in den letzten Jahren immer wieder von verschiedenen Seiten her Bemühungen in dieser Richtung im Gange sind, ist man bislang im deutschen Sprachraum über präzisere Definitionen altbekannter Begriffe (z. B. G. Marx) noch nicht wesentlich hinausgekommen. Völlig neue Ansätze – an wissenschaftlichen Untersuchungsergebnissen und Begriffen orientiert – scheinen in Ländern, in denen das Hundezucht- und Leistungswesen in den Händen privater Vereine liegt, wenig praktische Realisierungschancen zu haben, da es offenbar auf breiter Basis nicht gelingt, zahlreiche Mitglieder, ja selbst Vereinsfunktionäre dazu zu bewegen, ihre altgewohnten Beschreibungs- und Beurteilungsbegriffe hundlichen Verhaltens zugunsten wissenschaftlich realitätsgerechterer und für Zuchtwahlkriterien besser geeigneter aufzugeben, wie beispielsweise die Reaktionen auf die anhand der Untersuchungsergebnisse Sachers (1970) aufgestellten praktischen Forderungen und die vielfache Mißachtung der Empfehlungen Prof. Kochs (1964) beweisen (und dabei handelt es sich nur um relativ einfache Probleme organisatorischer Umstellungen in der Hundezucht). Günstiger für Neueinführungen (betreffend Beurteilungsmethoden und Beschreibungsbegriffe, die an heutigen wissenschaftlichen Forschungsergebnissen orientiert sind) im Bereich der praktischen Kynologie und des Diensthundewesens scheinen die Verhältnisse in der CSSR zu liegen (siehe z. B. Martinek und Lat, 1968; Martinek, 1973; Martinek, Lat, Sommerovà und Hartl, 1975).

1.6 Die besondere Lebenssituation des Stubenhundes und Anpassungsmechanismen

Die Lebensbedingungen in der menschlichen Wohnung und auf einer Großstadtstraße weichen von den natürlichen biologischen Umweltbedingungen, auf die die angeborene Verhaltensausstattung bei den verschiedenen Hunderassen abgestellt ist, mehr oder weniger weitgehend ab, so daß oft recht erhebliche, manchmal unerfüllbare und zu Frustrationen oder unlösbaren Konfliktsituationen führende Anpassungsanforderungen an das Tier gestellt werden. Auch das Kumpanverhältnis zum Menschen – als Ersatz für artgemäße Sozialpartner und Reviernachbarn – und das infolge der Artverschiedenheit (zwischen dem Menschen einerseits und dem Hund andererseits) unterschiedliche soziale Ausdrucksverhalten führt nicht selten zu „Mißverständnissen" und Konflikten, auf die das Tier oft durchaus artgemäß und – von seiner Lage aus – situationsangepaßt reagiert.

Oft genug bemüht sich der Mensch ja leider nur sehr wenig um *echtes* Verständnis für sein Tier, sondern begnügt sich mit einem „Liebhaben" auf der Basis der Vermenschlichung. Dies trifft besonders häufig für Leute zu, die ein Tier aus Gründen der Mode, der Eitelkeit, als Spielzeug für Kinder oder als Ersatz für eigene Kinder oder zum (unbewußten) Abreagieren von Herrschsucht angeschafft haben. Wie wenig werden doch manchmal sogar menschliche Kinder von ihren eigenen Eltern verstanden! Wieviel mehr Verzicht auf Voreingenommenheit, vorschnelles Urteil, Selbstgefälligkeit und Egoismus gehört erst dazu, ein Tier ruhig zu beobachten, um es verstehen zu lernen und dann artgerecht zu betreuen!

Wie soll sich ein domestiziertes „Raubtier" – das vom Wolf abstammt – in einer ihm nur teilweise verständlichen Umwelt, in der es weitgehend auf das Ausleben seiner Jagdtriebe und vieler anderer verzichten muß, in Gesellschaft von launischen, in ihrem „Rangverhalten" oft recht inkonsequenten Ersatzpartnern zurechtfinden, wenn es – was mitunter der Fall ist – noch dazu durch ungünstige Veranlagung, durch mangelnde Zuchtwahl und Aufzuchtschäden in seiner Anpassungsfähigkeit beeinträchtigt ist? Besonders bei Moderassen wird nicht selten nur sehr mangelhafte Ausmerzung von Zuchttieren betrieben, die zwar gute Formwerte (d. h.

Merkmale körperlicher Schönheit) vererben, gleichzeitig aber manchmal ungünstige Eigenschaftskombinationen, extreme Verhaltenseigentümlichkeiten (z. B. Überängstlichkeit, übermäßige Aggressivität) oder schlechte nervliche Konstitution (z. B. „schwacher Typ") aufweisen. Viele Menschen mit kleiner Wohnung in der Stadt schaffen sich einen Hund, beispielsweise einen Setter oder Angehörigen einer anderen großen Rasse an, der viel Bewegung braucht, und sind dann enttäuscht über das ungezügelte Verhalten eines solchen Tieres, das jede Gelegenheit benützt, seine bis zur Unerträglichkeit gestauten Energien und seinen Bewegungsdrang ersatzweise abzureagieren, da die gebotene geringe Betätigungsmöglichkeit für dieses Tier einfach nicht ausreicht. (Wir kommen im nächsten Kapitel nochmals darauf zurück.)

Manch anderer wieder, der selbst so nervös ist, daß es kaum mit ihm auszuhalten ist, wählt einen Hund einer Terrierrasse, und ältere Menschen, mitunter sogar wenig energische Damen mit geringer Körperkraft, wünschen sich einen Dobermann oder Deutschen Boxer oder Rottweiler oder einen Schäferhund. Die Enttäuschung kann bei einem so unvorteilhaften Gespann natürlich nicht ausbleiben. Ein harter, wehrhafter Hund braucht einen noch härteren Herrn, wenn er ihn als Meuteführer anerkennen können soll; das Temperament des Terriers ist nichts für Leute, die schon das Brummen einer Fliege am Fenster in Erregung versetzt. Ein großer kräftiger Hund, der keinen „menschlichen Leithund" über sich spürt und mit dem nicht von Zeit zu Zeit Unterordnungsübungen zur erneuten Festlegung seiner Rangposition gemacht werden, der außerdem bei guter Fütterung und wenig Bewegung nicht eine Aufgabe zu erfüllen hat, auf die seine besonderen Verhaltenseigenschaften und angeborenen Fähigkeiten angelegt sind, der muß ja verlottern, aus Langeweile allerlei Unarten erwerben und seine ganze Umgebung unsicher machen! Man kann diese Tatsache gar nicht oft genug betonen, denn ich erlebe solche Tiere und ihre völlig ohnmächtigen Besitzer seit neunundzwanzig Jahren fast jeden Tag mehrmals.

Zu der besonderen Lebenssituation des Stubentieres gehört nicht nur der Mangel an artgemäßer Betätigungsmöglichkeit in vielen Funktionsbereichen, sondern oft auch die Problematik besonders reizarmer Jugendaufzuchtbedingungen (Fehlprägungen, versäumte Prägungen, mangelnde Sozialisierungsmöglichkeit), gepaart mit der entgegengesetzten späteren

Forderung nach ruhigem, zweckmäßigem und angstfreiem Verhalten im Straßenverkehr. Ein Hund, der wegen der Gefahr der Straße bis zum dritten oder vierten Lebensmonat aus der engen Wohnstube überhaupt nie herauskommt und nichts als das tägliche Wohnungseinerlei kennenlernte, unterliegt, wenn er als Einzeltier gehalten wird, einer unbeabsichtigten teilweisen Kaspar-Hauser-Situation. Man kann nicht nachher verlangen, ein solches Tier müsse sich sogleich auf der Straße zweckmäßig und „gesittet" benehmen.

Das Leben des Stubentieres ist zwar scheinbar sehr behütet und materiell versorgt, gleichzeitig aber durch allerlei erhebliche Anpassungsforderungen und Verhaltensumstellungen recht schwierig und mitunter reich an Verzicht, Enttäuschungen und Konflikten.

Den Tierbesitzer interessiert im Zusammenhang mit seinem Tier besonders die lebendige Kontaktaufnahme mit ihm, die Gestaltung der Kumpanbeziehung.

Das soziale Zusammenleben eines Hundes mit dem Menschen im gemeinsamen Haushalt wird von mehreren Brennpunkten beherrscht: der Fütterung und allem, was mit ihr zusammenhängt, dem wechselseitigen Ausdruck der Zuneigung und der Aggressionshemmung (beides muß nicht immer gleichzeitig gegenwärtig sein) sowie dem Wohnen und Schlafen im gemeinsamen Heim, das auch sauber gehalten und verteidigt wird und Sicherheit vor Feinden und Störenfrieden gewährt. Schließlich spielen, wie in jeder Gemeinschaft, auch Angst und Konfliktverhalten eine wesentliche Rolle, worauf erst später näher eingegangen wird.

Abnormes Verhalten eines Tieres in den vorgenannten tragenden Bereichen stört erfahrungsgemäß den Tierhalter viel mehr als in anderen Verhaltensbereichen (etwa im Jagd-, Sexual- und Mutterverhalten).

Daß im Appetenzbereich des Nahrungsaufnahmeverhaltens viele – auch wilde – Tiere erstaunliches lernen, beweisen Beobachtungen in zoologischen Gärten, Naturschutzgebieten und Zirkussen und der Vögel im winterlichen Park. Daß Angst und Freßlust einander weitgehend verdrängen können, ist eine Binsenweisheit, deren wir uns, wie später noch beschrieben wird, auch zur Behandlung psychischer Störungen mitunter sehr erfolgreich bedienen können. Die Methode des Fütterns, Anlockens mit Nahrung usw., um das Vertrauen eines bisher fremden, hungrigen Lebewesens zu gewinnen, erscheint uns so selbstverständlich und uralt, daß man eigentlich keine Zeile darüber verlieren sollte. Mit einem gewissen Hochmut und einer gönnerhaften Verachtung denkt mancher Mensch an das „primitive Tier", das sich mit Futter ködern läßt. Er vergißt dabei auch von Menschen bekannte, diesen vergleichbare Reaktionsweisen (man denke z. B. an das Kriegsende).

Während der Ausdruck des Schmerzes und der Angst, oft auch der Bedrohung und Aggression, nicht nur von Angehörigen ein und derselben Tierart sofort richtig verstanden wird, können die Ausdrucksformen demütiger Unterwerfung, des Anbettelns, des Willens zur Zusammenarbeit und der Zuneigung von artfremden Gefährten nicht immer ohne weiteres, sondern oft erst über den Umweg früher stattgefundener Lernreaktionen (also Erfahrungsbildung) als solche erkannt werden. Ausgehend von der Tatsache, daß selbstverständlich auch der Mensch zoologisch ein Säugetier ist, gilt das nachfolgend Festgestellte gleichermaßen auch für ihn, und sein geselliges Zusammenleben mit einem Hund muß daher als eine Art besonderer Gemeinschaft aufgefaßt werden. Bei einer echten Symbiose leben Tiere verschiedener Art miteinander zu gegenseitigem Nutzen: Z. B. schützt der eine den anderen oder reinigt seinen Körper von Ungeziefer, der andere erhält dafür Hinweise, wo bessere Beute zu finden ist, oder frühzeitige Warnung vor nahenden Feinden oder Anteil am Futter usw. Die Haltung von landwirtschaftlichen Nutztieren oder von Gebrauchshunden zum Bewachen, zur Jagd, zum Viehüten und die Haltung der Katze als Vertilgerin schädlicher Nager stellen in gewissem Sinne auch derartige Symbioseverhältnisse mit dem Menschen dar. Etwa vorhandene, ans Abnorme grenzende Verhaltenseigentümlichkeiten einzelner Tiere stören dabei den Partner nur dann, wenn die wenigen gemeinsamen Kontakte dadurch betroffen werden. Bei Stubenhaltung kommen durch das viel innigere *Miteinander* gegenseitige Abhängigkeiten zustande, die sonst nur in Partnerschaften sozial eng verbundener Artgenossen auftreten. Ein plötzliches Auftreten einer ungewohnten Verhaltensweise des einen ändert zwangsläufig auch das Verhalten des anderen, dies aber hat weitere Rückwirkungen auf das Verhalten des ersteren. Man sollte daher die Ursache einer ausgebildeten Verhaltensstörung nicht immer nur beim Tier allein suchen – so mancher bissige Hund z. B. verhält sich in Gesellschaft eines anderen Hundeführers wie ausgewechselt. Wie sehr sich Haustiere an die besondere Situation der engsten Gemeinschaft mit dem Menschen anpassen können, zeigt die Tatsache, daß ein von Haus aus eigentlich nur wenig soziales Tier wie die Katze bei Stubenhaltung viele Verhaltensweisen, die sonst nur im Familienverhalten und während der Jugend auftreten und später verdrängt werden, zeitlebens beibehält, um so eine soziale Dauergemeinschaft mit dem Menschen zu ermöglichen. Daß dabei innige Zuneigung und intensiver persönlicher Kontakt die tragende Rolle spielen, weiß jeder Katzenliebhaber aus eigenem Erleben und ist einem anderen nur schwer und umständlich zu beschreiben. Wieviel mehr spielen derartige Belange erst bei einem so sozialen Tier, wie es der Hund ist, eine Rolle. Es sei daher der Rest dieses Kapitels einer kurzen Betrachtung der *Möglichkeiten des Zuneigungsausdruckes* gewidmet: Soziale Ausdrucksreaktionen (mimische und pantomimische Zeichen des Vorliegens bestimmter Affekte und Stimmungen) gehören bei allen Tieren und teilweise auch beim Menschen zu den Instinkthandlungen; ihre artspezifischen Formen sind angeboren. Sie sollen beim Partner, dem Kumpan, durch ein unbewußt dargestelltes Signal (eine bestimmte Bewegung, einen Gesichtsausdruck, einen Laut) einen Stimmungsumschwung, eine Reaktion bzw. eine Bezugnahme, einen Kontakt ermöglichen. So kennen wir bei Tieren auf sexuellem Gebiet, im Funktionskreis Eltern-Kind, beim Spiel der Kinder untereinander und vereinzelt auch noch in einigen anderen Instinktfunktionskreisen, außer rivalenartig-kämpferischen, „eifersüchtigen" Aktivitäten, auch Ausdrucksformen, welche als Analoga dessen aufzufassen sind, was wir beim Menschen als Zeichen von Zuneigung, Liebe, innerer Verbundenheit und dergl. bezeichnen. Der primär-biologische Sinn der „Liebe" – im weitesten Sinne – dürfte das „sichere Ausschalten etwaiger gleichzeitiger Stimmungen der Aggression", das Hemmen von Rang-, Futter-, Territoriumskonkurrenz, der Beutelust, der Feindvermeidung (Flucht) usw. zugunsten einer zur Erfüllung bestimmter Triebziele notwendigen, besonders engen körperlichen Annäherung sein. Körperliche Annäherung, körperliche Berührung bedeutet im Tierbereich nämlich ansonsten fast immer Feindseligkeit und Kampf, es sei denn, dieser Mechanismus ist durch „Liebe" unter Hemmung gesetzt.

Echte Territoriums- und „Hausgemeinschaft" finden wir bei vielen Tierarten normalerweise nur unter Ehegatten oder während der Zeit der Brutpflege. Bei ausgesprochen sozialen Tierarten ist das Zusammenleben des

Rudels oder der Meute auf relativ engem, gemeinschaftlichem Raum stets durch Rangordnungen genau geregelt – also begrenzt –, und die Überschreitung des Toleranzspielraumes in irgendeiner Richtung, so auch der Individualdistanz, würde ernste Drohung, ja Aggression zur Folge haben. Je enger begrenzt der gemeinsame Raum ist – Zoogehege, Haustierstall, Wildgatter –, desto unerbittlicher sind dabei die Rangordnung und die Mittel, mit denen sie durchgesetzt wird. In der freien Natur, in der rangniedrige Tiere oder Rudelaußenseiter Fluchtmöglichkeit bzw. größere Distanzmöglichkeit haben, sind die Reibereien viel milder, seltener, die Rangordnung wird nicht immer unerbittlich durchgesetzt, da man ja von vornherein kritischen Situationen aus dem Wege gehen kann. Neuere Freilandbeobachtungen an Wölfen sollen gezeigt haben, daß bei sozialen Kontakten die freundlichen Gesten viel häufiger vorkommen als die feindseligen.

Aus systematischer, vergleichender Betrachtung der verschiedenen Zuneigungsäußerungen bei den einzelnen Säugetierarten kann der Schluß gezogen werden, daß im allgemeinen Zuneigungsäußerungen um so vielfältiger sind und um so häufiger zur Anwendung kommen, je intelligenter und je wehrhafter das Tier ist und je unselbständiger sowie pflege- und schutzbedürftiger die Jungen sind; es erscheint demnach geradezu als selbstverständliche stammesgeschichtliche Weiterentwicklung, daß das „Säugetier" Mensch die Äußerungen der Zuneigung ganz besonders entwickelt und kultiviert hat. Bei ihm besonders vervollkommnen auch erlernte Handlungsweisen die instinktmäßig gegebenen Grundlagen der Ausdrucksmöglichkeiten dieser Gefühls- und Triebtendenzen.

Im Mutterverhalten und in der sexuellen Werbung kennen wir *bei allen* Säugetieren zahlreiche, in der langdauernden „eheartigen" Haus-, Kampf- und Wirtschaftsgemeinschaft kennen wir bei *vielen* Säugetierarten einige und in der überfamiliären Rudelgemeinschaft zwecks Nahrungserwerb, Verteidigung gegen biologische Feinde, gegenseitiger Körperpflege und Spiel kennen wir bei *einigen* Säugetierarten manche Ausdrucksweisen, die ohne Zweifel am treffendsten als Zuneigungsäußerungen gedeutet werden.

Das Zusammenleben mit dem Menschen, besonders in enger Hausgemeinschaft, veranlaßt insbesondere die höherstehenden Säugetiere, dem Pfleger gegenüber besonders reichliche, ausgeprägte und häufige Zunei-

gungsäußerungen zu zeigen, die von diesem oft unbewußt richtig verstanden und für das Tier auch verständlich erwidert werden: Belecken und Streicheln, reibende körperliche Berührung, Nägel-Abbeißen, Abflohen (als kampfhemmende soziale Komponenten aus dem Körperpflegeinstinkt). Ferner: Futter-Überreichen, statt dieses wegzunehmen; Aufhebung der Konkurrenz der sozialen Rangordnung an besonderen Territoriumsörtlichkeiten (Schlafplatz, Ruheplatz, Grenzen, Freßplatz); Verteidigung des Partners oder des Kindes gegenüber Feinden oder fremden Artgenossen – Drohverhalten bei bloßer Annäherung Fremder schon auf entferntere Distanz, als wenn nur der eigene Körper allein zu schützen wäre (also: Stimulation der Kampflust gegen „Außenstehende"). Weder von Angst- noch von Drohzeichen gefolgte Duldung von Mißhandlungen seitens des Sozialpartners (Artgenosse oder Menschenkind) ist ein weiteres hierher gehöriges Beispiel. Bekanntlich lassen sich viele Katzen und Hunde z. B. von mit ihnen aufwachsenden Kindern viel mehr gefallen als von Erwachsenen, vom Besitzer allgemein mehr als von Fremden.
Oft konnte ich beobachten – und wurde mir auch erzählt –, daß Hunde und Katzen friedlich vereint schlafen, daß der Hund sich von Katzen allerlei

Hund und Katz – in Eintracht, statt in Feindschaft.

„Mißhandlungen" gefallen läßt (offenbar nimmt er sie nicht als solche ernst) und der Katze auch den besseren Ruheplatz überläßt, wenn diese ihn beansprucht, und daß der Hund die vertraute Katze gegenüber fremden Tieren oder Personen verteidigt, wenn er aus der Situation heraus seinen Wohngenossen attackiert fühlt, und daß auch eine Katze umgekehrt den mit ihr lebenden Hund verteidigt, wenn dieser in Bedrängung gerät. Weitere, prinzipiell gleiche Ausdrucksformen der Zuneigung sind häufige gegenseitige Spielaufforderungen, gemeinsamer Nestbau, Duldung nur eines bestimmten Paares oder einiger bestimmter Individuen der gleichen oder einer anderen Tierart im „Nest" oder dessen Nähe (gemeinsames Schlafen) und gegenseitige Hilfe auf der Flucht (Affen z. B. tragen einander). Alle diese Reaktionen werden auch von Angehörigen einer anderen Art primär richtig gedeutet und geben auch dem Menschen sicherlich keine Probleme auf (wenn man von Ausnahmesituationen absieht). Manche Tierart neigt mehr zur Ausprägung einer der aufgezählten Handlungsweisen, bei einer anderen mag eine andere stärker ausgebildet sein. Ausdrucksweisen der Zuneigung zählt der Verhaltensforscher daher sehr oft zu den sogenannten interspezifischen (zwischenartlichen) Auslösern. Der Existenz solcher Verhaltensweisen ist es zu danken, daß ein Verständnis zwischen Tieren verschiedener Arten – oft durch Mißverständnisse häufig genug getrübt – überhaupt möglich ist, wovon die gemischten Tiergruppen in zoologischen Gärten und Zirkussen beredtes Zeugnis ablegen (allerdings spielen dabei auch Lernakte, ja manchmal sogar Prägungsvorgänge eine wesentliche Rolle).
Die „Ichsucht" zu überwinden und Futter freiwillig (ohne Furcht) dem Artgenossen zu bringen und zu überlassen; den eigenen Körper einem überlegenen Feind darzubieten, um einen Artgenossen zu schützen (anstatt zu fliehen); die Flöhe zuerst im Fell des anderen zu suchen (anstatt im eigenen) und den anderen zu belecken, um sein Fell zu reinigen und zu pflegen; vom anderen sich schlagen und beißen zu lassen und nicht zurückzubeißen (und zwar nicht etwa aus Angst oder Unterlegenheitsgefühl); dem anderen freiwillig den besseren Schlafplatz zu überlassen oder anzubieten, obwohl man der ranghöhere oder Territoriumseigentümer ist; beim Jagdspiel den anderen „gewinnen" zu lassen, also ihm den Vorrang, den scheinbaren Sieg zu lassen, obwohl man der viel Stärkere oder Erfahrenere ist (kann man beobachten, wenn männliche oder weibliche Eltern-

tiere mit ihren Jungen spielen); einen oder einige Artgenossen oder das gemeinsame Heim gegen fremde Artgenossen oder Feinde zu verteidigen; die gemeinsame Beute vor dem Zugriff Außenstehender zu schützen und sie doch nicht selber zu fressen; um den anderen so zu trauern (wenn er tot oder nicht wahrnehmbar ist), daß man z. B. keinen Appetit und keine Freude am Spiel mehr hat – das alles sind Haltungen und Tatbestände, die man beim Menschen bedenkenlos als Ausdruck von Liebe werten würde.

Nun gibt es bekanntlich keine Säugetierart, zu deren Verhaltensinventar nicht eine oder mehrere der aufgezählten Verhaltensweisen wenigstens zeitweilig zählen würde. „Zeitweilig" – auch beim Menschen unterliegt das psychologische Geschehen eines Affekts oder Gefühls, einer Stimmung oder einer inneren Einstellung zeitlichen Begrenzungen; das gilt selbstverständlich nicht für die Liebe im ethischen Sinne. Aus dem letztgenannten Grunde sollten wir bei Tieren statt von Liebe besser von *Zuneigung* sprechen. Außer der zeitlich länger oder kürzer begrenzten Zuneigung von Artgenossen untereinander ist auch eine solche zu Individuen anderer Art, insbesondere zum menschlichen Pfleger jedem Tierkenner bekannt. So betrachtet – und unter Berücksichtigung der Tatsache, daß die aufgezeigten Gesetzmäßigkeiten ja auch für das Verhalten des Menschen gelten – erscheint die täglich beobachtete Verhätschelung von Tieren, deren Besitzer mit ihnen wie mit einem kleinen Kind mit verniedlichenden und oft wiederholten Worten plappern, sie abküssen und wie menschliche Babies aufrecht tragen, gar nicht so abwegig. Auch der Mensch muß eben zum Ausdruck seiner Zuneigung auf den – vornehmlich unbewußt funktionierenden – Mechanismus des ihm angeborenen, spezifisch menschlichen „Brutpflege"-Verhaltens-Inventars zurückgreifen. Der Mensch vermenschlicht den Hund, und der Hund verhundlicht den Menschen – jeder drückt seine Zuneigung mit den ihm gegebenen Möglichkeiten aus.

1.7 Welcher Hund paßt in welchen Haushalt? (Motivation zur Heimtierhaltung und computerunterstützte Ankaufsberatung)

Ohne Zweifel waren es ursprünglich nützlichkeitsorientierte Überlegungen, die unsere Vorfahren dazu veranlaßten, die Domestikation von Hund und Katze vorzunehmen. Der Hund wurde nicht nur gegessen, sondern vornehmlich als Wächter und als Jagdgehilfe, die Katze wohl als Ungeziefervertilger gegen Vorratsschädlinge schon in prähistorischer Zeit gehalten. Auch als Kampfhund, als Zugtier und nicht zuletzt zum Treiben und Hüten von Herden wurde der Hund schon im Altertum vom Menschen eingesetzt. Der geschichtliche Verlauf zeigt eine zum Teil recht widersprüchliche Einstellung gegenüber Hunden und Katzen, die von Verehrung bis zu Verfolgung variiert. Heute wird die Beziehung der Menschen zu ihren Hunden und Katzen wohl nur zum kleinsten Teil von ökonomischen Überlegungen bestimmt. Im städtischen Bereich zeigt sich dies besonders deutlich: Aus den „Haustieren" Hund und Katze sind regelrechte „Heimtiere" geworden, deren Bedeutung primär auf das Freizeitverhalten des Menschen bezogen ist. Der Wandel der Rolle von Hund und Katze für den Menschen spiegelt sich in der Fülle von Erwartungen, die an diese Tiere herangetragen werden.

Wenn man städtische Kaufinteressenten in einer Zoohandlung (oder in einem Tierschutzhaus oder bei Züchtern) danach befragt, a) warum sie sich ein Tier kaufen, b) warum sie eine Katze kaufen und keinen Hund (vice versa) und c) warum sie gerade einen Hund dieser und nicht jener Hunderasse (oder einen/keinen Mischling) auswählen, dann hört man die unterschiedlichsten Begründungen. Wenn man genügend hartnäckig weiterfragt, dann hört man mehrere weitere verschiedene Begründungen (so z. B., weil man als Kind mit einem Hund aufgewachsen war oder vor kurzem ein ähnliches Tier verloren hatte, weil bei einem Nachbarn gesehen wurde, wie ansprechend so ein Hund doch sei, daß man einen Lebensgefährten zu betreuen haben möchte, um nicht völlig allein in der Wohnung zu sein, daß man in der Freizeit jemandem zum Spazierengehen habe, als Spielgefährte für Kinder, damit die Gattin während der Dienstreisen (des Gatten) nicht auf „dumme Gedanken" komme (wenn sie durch das Tier

mehr oder weniger ans Haus gefesselt sei), weil eine Katze so lieb zu streicheln ist, weil ein großer Hund im Garten als Schutz vor Einbrechern notwendig sei, weil man als Jäger einen Hund brauche, weil man vom Land stamme und darunter leide, in der Stadt überhaupt keinen Kontakt mehr mit Tieren zu haben, weil ein Hund erst ab einer gewissen Größe als Kamerad dienen könne, weil ein kleiner Hund besser als gar keiner sei und in einer Kleinwohnung und in einem Kleinauto ein größerer nicht gehalten werden könne, weil der Anblick eines Hundes gerade dieser Rasse als ästhetisch besonders ansprechend empfunden werde, und vieles andere mehr). Solche „Begründungen" werden nicht selten mit verlegenem Lächeln abgegeben (vielleicht weil nicht jedem eine „vernünftig klingende" Antwort auf Anhieb einfällt, oder weil nicht alles preisgegeben wird, was an hintergründigen – selbst nicht gern eingestandenen – Motiven auch noch mit im Spiele ist). Aus zufällig „herausgerutschten" Bemerkungen anläßlich ganz anderer Unterhaltung in der Ordination erfährt man dann aber – um nur einige Beispiele zu nennen: daß mancher Hundehalter seinem Tier ganz selbstverständlich unterstellt, daß Raufen mit Artgenossen im Park oder das Stellen und Ängstigen fremder Personen großes Vergnügen bereite und man ihm dieses von Zeit zu Zeit gönnen müsse! (Auf welcher Seite ist wohl das größere Vergnügen?) Oder gelegentlich auch, daß der Hund außer auf Mund und Brustwarzen seiner Herrin dieser auch im Intimbereich „Küsse" gibt, weshalb ein Rüde und keine Hündin bevorzugt werde. Oder daß man den Hund nicht mehr leiden könne, weil er bei Raufereien stets den Kürzeren ziehe und auch am Abrichteplatz kläglich „versage". Oder, daß der treue Hund sein Frauerl beschütze, sein Herrl aber hasse, bei jeder Gelegenheit beiße, nicht ins Bett lasse und überhaupt viel treuer sei, als Menschen je sein könnten (den Gatten eingeschlossen!). Oder daß das Tier seit seiner Erkrankung (z. B. Hautkrankheit) so aussehe, daß man sich schäme, es auszuführen (als Statussymbol wohl nicht mehr tauglich!).
Derlei Äußerungen werfen interessante psychologische Fragen auf und weisen wohl auch darauf hin, daß das Problem der Motivation zur Hundehaltung allgemein und das der Rassenauswahl im besonderen (will man es wissenschaftlich erschöpfend aufklären) wohl nur mit Testmethoden zu lösen sein wird, die auch die unbewußten oder nur ungern eingestandenen Motive auf Umwegen mit zu erfassen vermögen. In Ansätzen ist das – vor

vielen Jahren schon – von mehreren amerikanischen Forschern versucht worden. Auf einige solcher Untersuchungsergebnisse kommt Fox in seinem Buch „Canine Behavior" zu sprechen und führt dazu unter anderem folgendes aus:

„Nicht selten wählt eine Person aus psychologischen Gründen ihren Hund aus einer bestimmten Rasse; etwa, weil diese dem symbolischen Ausdruck eines Bedürfnisses oder verdrängten Wunsches des Besitzers besonders entgegenkommt, oder auch bloß aus Laune ‚wegen des Vergnügens' oder aber zur Hebung sozialen Ansehens und dergleichen. Oft ist das dann ein Tier, das gänzlich ungeeignet ist, in der bestimmten häuslichen Umgebung zu leben. Wenn auch eine frühzeitige Sozialisierung die Bewältigung dieses Problems erleichtern kann, so können doch genetische, konstitutionelle Faktoren der Anpassung an die Anforderungen und Gegebenheiten dieses Milieus entgegenwirken und dann Anlaß zum Entstehen von Verhaltensabnormitäten geben. Im allgemeinen tritt Lästigkeitstendenz, Tendenz zum Zerstören von Haushaltsgegenständen, aggressives Verhalten sowie mangelnde Verhaltensstabilität und Unverläßlichkeit gegenüber Kindern und Fremden auf, wenn man einen Hund einer Gebrauchshunderasse an den Haushalt fesselt."

Ohne Zweifel wurden viele Hunderassen seit Hunderten von Jahren für bestimmte Gebrauchszwecke erzüchtet, und die Verhaltenseigenschaften solcher Tiere sind durch Zuchtwahl an die bestimmten Aufgaben besonders angepaßt; Verhaltensweisen, die in der Haltung eines solchen Hundes als Heimtier brach liegen, unbefriedigt bleiben, unerwünscht sind und zu allerlei Haltungsschwierigkeiten führen. Nur wenige Rassen dienen heute den Aufgaben, für die sie ursprünglich bestimmt waren! Fox erwähnte eine Studie von Hartley und Shames, in der das gegenwärtige Verhältnis von Mensch und Hund in Amerika darzustellen versucht wird: Um die Vorliebe einer bestimmten Gesellschaftsschicht für Hundehaltung überhaupt festzustellen, wurde eine soziale Reihungsskala verwendet, um die ablehnende Haltung gegenüber verschiedenen ethnischen Gruppen damit in Vergleich zu setzen. Ferner wurden die Probanden für jede von zweiundzwanzig Hunderassen gebeten anzugeben, wie eng im Haushalt sie bereit wären, mit einem solchen Tier zusammenzuleben. Der ermittelte Index der Beliebtheit war nicht der gleiche wie die Reihung des amerikanischen Kennelclubs, was darauf hinweise, daß Untersuchungen an Teilgruppen Resultate ergeben, die von den gesamtnationalen stark differieren. Zwischen der Vorliebe für eine bestimmte Rasse und einer wirklichen Vertrautheit mit derselben wurden nur geringe Korrelationen festgestellt. In der herangezogenen sozialen Gruppe zeigte die relative Vertrautheit mit den verschiedenen Hunderassen die Tendenz, unter den Befragten ähnlich zu sein. Die Verteilungsmuster der Rassenvorlieben fielen ebenfalls ähnlich aus, wenn auch nicht so weitgehend wie jene der Vertrautheitsgrade. Es ergab sich nur eine geringgradige Tendenz zur Ähnlichkeit der Antworten bezüglich der Art der Kombination zwischen Vertrautheitsgrad und Rassenbevorzugung. Dann wurde auch noch ein Bildtest verwendet. Karten, auf denen die nachstehenden Rassen abgebildet waren, wurden den einzelnen Personen übergeben: Airdale Terrier, Chihuahua, Afghanischer Windhund, Englische Bulldogge, Pekingese, Deutscher Boxer, Cairn Terrier und Pudel. Die Befragten wurden ersucht anzugeben, wie sehr sie es wünschten, einen dieser Hunde als Hausgenossen zu besitzen, wobei eine Fünfpunkteskala für die Beliebtheit anzuwenden war. Die sich ergebenden Koeffizienten bestätigten die anhand der Sozialdistanzskala ermittelten Werte über die allgemeine Einstellung zur Hundehaltung. Manche Befragte gaben widersprechende Antworten mit der Angabe, daß sie manchmal vermeinen, Hunde zu lieben, manchmal aber nicht. Ein Hundebesitzer mag im großen und ganzen seinen Hund lieben, kann ihn aber auch zeitweilig ablehnen. In der Bildergruppe waren vier Hunde, die die Maskulinität anzusprechen scheinen, und vier, welche die Femininität ansprechen könnten. Da die soziale Gruppe aus achtundfünfzig Männern und vierundfünfzig Frauen bestand, hätte man gewisse Geschlechtsunterschiede finden können, dies war aber nicht der Fall. Zwischen den Geschlechtern konnten keine signifikanten Unterschiede in der Rassenbevorzugung gefunden werden, mit zwei Ausnahmen, nämlich Männer bevorzugten Boxer und Frauen eher Pekingesen.

Nach Ergebnissen anderer Untersucher ist man sich im allgemeinen darüber einig, führt Fox aus, daß Hunde nützliche Funktionen ausüben und menschliche Bedürfnisse entweder direkt oder in symbolischer Weise befriedigen. Er schreibt dazu (in dem schon genannten Buch):

„Diese psychologischen Berichte unterstreichen, daß Hunde ihren Besitzern als Mittel zum Ausdruck ihrer eigenen Aggressivität dienen können. Ferner, daß sie ihren Besitzern dazu dienen, beherrscht werden zu können, in anderen Fällen als Kindersatz, indem sie den Besitzer dazu zwingen, sich um sie zu kümmern, sie zu pflegen und sie zu ernähren. Umgekehrt kann aber auch der Hund dem Menschen auf verschiedenste Weise helfen, wenn auch zuweilen nur in der Fantasie. Diese Belange wurden unter Verwendung eines Persönlichkeitstests mit Noten für Aggressionslust, Herrschsucht, Fütterungs- und Pflegebedürfnis sowie Hilfsbedürfnis untersucht...“

Eine weitere Untersuchung wurde mit einer versammelten Gruppe von Hundebesitzern angestellt, die je Vertreter einer extremen Rasse, nämlich Deutsche Dogge und Chihuahua bevorzugt halten. Es wurde festgehalten, welche Rasse der Befragte besitzt und wie lange, dann das Geschlecht, Gewicht und Körpergröße des Befragten sowie Beschäftigung und Art bzw. Lage der Wohnung. Ferner wurden Fragen nach besonderen Ambitionen in der Kindheit gestellt, welche Art von Besitzer man für eine gewählte Rasse als am geeignetsten sich vorstelle usw. Die Hundebesitzer mußten auch eine Zeichnung einer Person und eines Hundes anfertigen. Auch Fragebogen wurden verschickt. Von neunzehn Antworten aus dem Kreis der Doggenbesitzer waren dreizehn Männer, von siebzehn Chihuahuabesitzern waren dreizehn weibliche Personen. Aus den auf solche Art gewonnenen Ergebnissen waren eindeutig geschlechtsbedingte Vorlieben abzulesen. (Auf ähnliche Ergebnisse könnte man möglicherweise stoßen, würde man einen Vergleich zwischen Hunde- und Katzenhaltern anstellen.) Es wurde festgestellt, daß die Wahl eines Chihuahua statt einer Dogge nicht mit der physischen Kraft einer Person zusammenhängt. Auch der zur Verfügung stehende Wohnraum beeinflußte merkwürdigerweise die Rassenwahl nicht. Man hat die Hypothese aufgestellt, daß die Dogge als Symbol von Maskulinität, Macht, Stärke, Prosperität, Dominanz und Potenz dient, und daß der Chihuahua (dasselbe gilt wahrscheinlich für eine ganze Reihe anderer Zwerghunde) als Symbol für weibliche Betätigung (Obsorge um pflegebedürftigen Säugling) zu dienen besonders geeignet ist und die Besitzer bei ihrer Rassenwahl durch den symbolischen Ausdruck unbewußter Motive beeinflußt sind.

Wenn wir das Verhältnis zwischen Mensch und Hund analysieren, erfahren wir zwar sehr viel über eine Person, doch sind Interpretationen vorsichtig vorzunehmen, weil das gleiche Symbol bei verschiedenen Personen verschiedene Bedeutungen haben kann, betonen Hartley und Shames.

Eine Arbeit von Heiman beleuchtet das Verhältnis zwischen Mensch und Hund vom psychoanalytischen Standpunkt aus. Es wird darin u.a. ein Fall beschrieben, in welchem eine Patientin ihren Hund dazu benützte, um Fantasien auszudrücken, die auf sie selbst und ihre unmittelbaren Verwandten betreffs verdrängter Wünsche (und ihres Wunsches, ein Kind zu haben) Bezug hatten. Es können Verschiebung, Übertragung, Identifizierung und Projektion unbewußter Sehnsüchte auf den Hund stattfinden, so daß ein solches Tier ein wichtiger Faktor zur Aufrechterhaltung des psychischen Gleichgewichtes seines Betreuers werden kann. Ein Hund kann sogar als ein tauglicheres Objekt als ein Kind angesehen werden, wenn es um die Aufrechterhaltung des seelischen Gleichgewichtes eines Patienten geht (durch ersatzweise Auslebung sadomasochistischer Konflikte). Schon die Wahl eines Hundes kann zum Ausdruck eines Konfliktes dienen, etwa als Ersatz für ein verlorengegangenes Objekt oder für Libidoverlust, sie kann phallische Symbolbedeutung haben oder mit Fetischismus, Phobie, sexueller Perversion oder Totemismus verbunden sein. Heiman betont das Vorherrschen weiblicher Fälle, wahrscheinlich wegen der Ähnlichkeit zwischen dem Mensch-Hund- und dem Mutter-Kind-Verhältnis. Der Hund kann einem Kind als Familienmitglied dienen, und es kann seine Frustrationen durch eines der Familienmitglieder auf den Hund übertragen bzw. am Hund abreagieren. Die Identifizierung eines Erwachsenen mit einem Tier kann ein Kompromiß sein, der unter weitergehenden Regressionen zustande kommt, als dies bei Zoophobie der Fall ist: Bei der Zoophobie dient das Tier als Schranke gegen Inzest, so daß der Patient Inzests- und Aggressionswünsche vermeiden kann, indem er einen Ersatzausdruck dafür im Tier findet. Heiman nimmt an, schreibt Fox, daß der Hund als Individualtotem (oder Talismann gegen den Tod) ein wichtiges Hilfsmittel darstelle, um auf harmlose Weise Kräfte zu sublimieren, die mit dem zivilisierten Zustand des Menschen nicht vereinbar sind. Er bemerkt weiter, daß der Hund tatsächlich ein besseres Objekt für die Zuwendung des Patienten darstelle als ein Kind, denn ein Kind könne durch eine solche psychopathische Beziehung ernstlich gefährdet werden. Daß Haustiere zur Behandlung gestörter Kinder oder Familien nützlich sein können, wurde auch von Levinson wiederholt beschrieben. Um Kindern in ihren verschiedenen Problemen zu helfen, eignen sich manchmal die einen, manchmal die anderen Stubentiere besser. Große Hunde werden von Kindern bevorzugt, die Schwierigkeiten im Umgang mit Menschen haben. Kleine Tiere werden von solchen vorgezogen, die innere Probleme haben. Von Kindern, die besonders zurückgezogen sind, werden Katzen bevorzugt gewählt, schreibt Fox. Daß Tiere als Heilgehilfen für alte oder kranke Menschen, als Erziehungshilfen, als Mittel zur seelischen Hygiene des Menschen verwendet werden können und darüber bereits eine ganze Menge wissenschaftlicher Publikationen vorliegen, wurde in Kapitel 4 des Allgemeinen Teiles schon erwähnt.

Vor einigen Jahren hat man erfreulicherweise nun auch in Europa (z. B. auf Anregung des Institutes für Interdisziplinäre Erforschung der Mensch-Tier-Beziehung) damit begonnen, diese und andere Fragen der Mensch-Tier-Beziehungen erneut wissenschaftlich zu bearbeiten (z. B. Zemanek, 1981; Guttmann, Predovic und Zemanek, 1983; Predovic, 1985; Guttmann, 1986).

Zahlreiche detailliertere Probleme wurden bisher meines Wissens aber noch nie bearbeitet, so z. B. die Frage, warum bestimmte Hunderassen plötzlich in Mode oder aus der Mode kommen, andere sich aber schon jahrzehntelang gleich gut halten. Gegenwärtig z. B. wählen viele ehemalige Zwergpudelbesitzer in Wien lieber einen Yorkshire Terrier; Cocker Spaniels erfreuen sich schon seit Jahrzehnten gleichmäßiger Beliebtheit, und für viele ist seit über vierzig Jahren ausschließlich der Deutsche Schäferhund der Inbegriff eines Hundes schlechthin, so daß sie schon den vierten oder fünften Hund dieser Rasse hintereinander halten und keinesfalls einen anderen ins Haus nehmen würden.

Es wären noch viele solcher Einzelfragen aufzuzählen, deren Bearbeitung nicht uninteressant wäre und jedenfalls von weitgehenden praktischen Konsequenzen ist, denn vielfach wird für einen bestimmten Haushalt der unrichtige Hund gewählt, was dann für das Tier wie für die Betreuer – und die Umgebung (!) – zu oft beträchtlichen Problemen führt, wie nicht nur allgemeine Erfahrung lehrt, sondern besonders auch meine speziellen Beobachtungen im Rahmen der tierpsychologischen Beratungsstelle mir immer wieder auf's neue vor Augen führen.

Das Thema zusammenfassend kann man vorläufig sagen: Die Motive zur Hundehaltung allgemein und zur Bevorzugung einer bestimmten Rasse können sehr verschieden sein. In die Hunderassewahl gehen Überlegungen darüber, ob die zu erwartenden Eigenschaften des ausgesuchten Tieres mit dem beabsichtigten Verwendungszweck in Einklang stehen, und darüber, ob die häuslichen, zeitlichen und „sozialen" Lebensbedingungen (Umweltbedingungen), die dem Tier zur Verfügung gestellt werden können, mit seinen rassebedingten besonderen Erfordernissen in Einklang stehen, oft ungenügend (manchmal gar nicht) mit ein; möglicherweise deshalb, weil die Hundehalter in spe über diese Erfordernisse in vielen Fällen zu wenig aufgeklärt sind.

Der Leser erinnere sich an das, was über die besonderen Verhaltenseigentümlichkeiten, Verwendungseignungen, Lebensansprüche (hinsichtlich Aktivität und Bewegungsbedürfnis, Haltungserfordernisse u. a. m.) im Rahmen der Besprechung der verschiedenen Hunderassen in Kapitel 5 des Allgemeinen Teiles ausgeführt wurde!

Da unrichtige Wahl die Entstehung von Haltungsschwierigkeiten vielfältiger Art begünstigt, erhebt sich die Frage: Wie kann man die richtige Auswahl einer bestimmten Hunderasse für die konkreten Bedingungen eines bestimmten Haushaltes (und einer bestimmten Person bzw. Familie) fördern, begünstigen?

Schon vor einigen Jahren hat man in England einen Computer mit den erforderlichen Daten gefüttert, um in Sekundenschnelle nach Einspeisung eines entsprechend den persönlichen Daten des Hundeinteressenten ausgefüllten Fragebogens die passenden Hunderassenvorschläge für den jeweiligen Haushalt gewissermassen „maßgeschneidert" zu erstellen. Wie mir berichtet wurde, soll man damit sehr gute Erfahrungen gemacht haben. (Ob sich auch bei uns vorgefaßte Wünsche und Meinungen wirklich in nennenswerter Zahl so leicht beeinflussen lassen, würde ich allerdings – leider – anhand eigener Menschenkenntnis eher bezweifeln.) Vor kurzem hat eine große Hunde- und Katzenfuttermittelfirma versuchsweise auf Hundeausstellungen unter dem Titel „Pal-Computer-Sevice" auch in Österreich die Möglichkeit eines solchen Beratungsdienstes vorgestellt, der Interessenten kostenlos zur Verfügung steht, sofern sie damit einverstanden sind, daß ihre Adresse gespeichert bleibt für spätere Zusendung von Werbematerial über die Erzeugnisse jener Firma.

Was es nicht alles schon gibt! An sich eine gute Idee, fürwahr (sofern ein solcher Computer von den richtigen Hundefachleuten programmiert wird und Dateneingabe sowie -abruf jederzeit prompt und anonym – etwa im Rahmen der ja in den nächsten Jahren auf uns zukommenden gewaltigen

Der auszufüllende Fragebogen lautet (Belehrungen gekürzt):

Die sorgfältige Wahl des richtigen Hundes ist sehr wichtig, handelt es sich doch dabei um eine Entscheidung für viele Jahre. Richtig getroffen, sichert sie auf Dauer Freude und eine glückliche Beziehung zu einem treuen vierbeinigen Freund.

Der Fragebogen „Welcher Hund paßt zu mir?" wurde entwickelt, um die Auswahl eines für den Hundehalter und seinen Lebensstil geeigneten Hundes zu erleichtern.

In welcher Wohnform leben Sie?
Wohnung in größerem Haus
Städtisches Ein-/Mehrfamilienhaus ohne Garten
Städtisches Ein-/Mehrfamilienhaus mit Garten
Einfamilienhaus im Grünen

In welcher Umgebung leben Sie?
Ländliches Gebiet
Vorort oder Randbezirk einer Stadt
Städtischer Wohnbereich
Stadt-Zentrum

Wie groß ist Ihr Garten?
Ich habe keinen
Klein (weniger als 100 qm)
Mittelgroß (ca. 100 bis 300 qm)
Groß (über 300 qm)

Wie nahe sind öffentlich zugängliche Grünflächen?
Keine in der Nähe
Sehr nahe (Gehzeit bis zu 5 Minuten)
Bequem erreichbar (5 bis 20 Minuten)
Weiter entfernt als 20 Minuten

Welche Spaziergänge würden Sie gern regelmäßig machen?
Keine
Kurze (bis zu 1/2 Stunde)
Mittlere (ungefähr 1 Stunde)
Lange (deutlich mehr als 1 Stunde)

Wie lange würde Ihr Hund täglich allein sein?
Überhaupt nicht/Unter 2 Stunden/
2 bis 4 Stunden/4 bis 6 Stunden
Anmerkung: Wenn Ihr Hund länger als 6 Stunden pro Tag allein wäre, empfehlen wir Ihnen ein anderes Haustier. Haben Sie schon an eine Katze gedacht?

Leben in Ihrem Haushalt ältere oder gebrechliche Personen?
Nein/Manchmal/Häufig/Immer

Welcher Altersgruppe gehören Sie an?
12 bis 17
18 bis 54
55 bis 70
Über 70

Wie würden Sie selbst Ihre Fitness und Bewegungsfreude einstufen?
Überhaupt nicht/Nicht sehr stark/
Ziemlich stark/Sehr stark

Wenn Sie Kinder haben, wie alt ist das jüngste?
Keine Kinder/Unter 5 Jahre/
6 bis 11 Jahre/Über 12 Jahre

Wie hoch sollten die wöchentlichen Futterkosten für den Hund sein?
Bis 90 Schilling/12,- DM
91 bis 150 Schilling/12,- bis 20,- DM
151 bis 200 Schilling/20,- bis 30,- DM
Über 200 Schilling/über 30,- DM

Wie lebhaft sollte Ihr Hund sein?
Eher ruhig
Etwas lebhaft
Ziemlich lebhaft
Sehr lebhaft

Wie groß sollte Ihr Hund sein?
Sehr klein/Klein/Mittelgroß/Groß

Was für ein Fell sollte Ihr Hund haben?
Kurz/Mittel/Drahtig-rauhaarig/Lang

Wie häufig und wie lange möchten Sie Ihren Hund bürsten?
Überhaupt nicht
Kurz und selten
Nicht allzu lange und allzu häufig
Lang und oft

Brauchen Sie einen echten Wachhund oder einen Hund, der nur gelegentlich bzw. gar nicht bellt?
Wachhund nein
Wachhund ja
Gelegentlich bellen nein
Gelegentlich bellen ja

Haben Sie schon einen Hund oder eine Katze?
Anzahl der Hunde/Katzen

Möglichkeiten der modernen Telekommunikation – durchführbar sind) und wenn man daran denkt, daß ein solcher Beratungsdienst im ganzen deutschen Sprachraum vielleicht einmal jedermann zur Verfügung stehen könnte. Die vorstehende Zusammenstellung kann jedenfalls, auch wenn man die Fragen nicht zwecks Computerbearbeitung beantwortet, als wertvolle Checkliste dafür dienen, was mindestens alles bedacht werden sollte, ehe man sich einen Hund oder ein anderes Heimtier anschafft. Eine vor der Aufnahme eines Hundes getroffene zweckentsprechende Wahl kommt später nicht nur dem menschlichen Betreuer, sondern auch dem richtig ausgesuchten Lebewesen – in seiner so vielfältigen Erscheinungsform – zugute und sollte in Zukunft die (bisher seit Jahren steigende) Zahl der Haltungsschwierigkeiten mit Hunden und neurotischer, frustrierter Tiere reduzieren helfen; denn der folgende, heute beispielsweise leider noch häufige Fall dürfte dann nicht mehr oder wenigstens seltener eintreten: daß sich jemand mit Kleinwohnung in der City einer großen Stadt und täglich höchstens einer Stunde oder noch weniger Zeit, um das Tier auszuführen (oder eine nachgiebige alte Dame etwa), einen Deutschen Boxer, einen Deutschen Schäferhund, einen Colli, einen Bobtail oder einen Setter und dergleichen anschafft, bloß weil diese Hunderasse ihm so gut gefällt – vielleicht seitdem ein solcher Hund in einer Fernsehsendung so klug und sympathisch agierte, oder weil die Eltern des Interessenten in dessen Jugend (in einem Haus am Stadtrand mit großem Garten!) einmal einen Hund dieser Rasse gehalten haben. Andere Beispiele für ungenügend überdachte Hunderasseauswahl könnten noch in großer Zahl angeführt werden.

Einige weitere wesentliche Gegebenheiten bleiben in Fragebogen für mechanisierte Beantwortung leider (zumindest vorerst) unerfaßt und damit für die engere Hundeauswahl unberücksichtigt: nämlich diverse Persönlichkeitsparameter des jeweiligen Hundehalters in spe, wie z. B. Temperament, die Neigung zu nachgiebigem oder herrischem Auftreten, alle „hintergründigen" Motivationen und vieles andere mehr, das nur über psychologische Tests zu ermitteln wäre. Auch ist mit der richtigen Auswahl der für einen bestimmten Haushalt geeignetsten Hunderasse allein noch nicht alles getan. Wie in verschiedenen früheren Kapiteln schon erwähnt, ist auch innerhalb der verschiedenen Hunderassen mit einer mehr oder weniger großen Eigenschaftsstreuung (nicht nur der sogenannten Temperamente) zu rechnen. Man sollte daher von der in die engere Wahl genommenen Hunderasse verschiedene zum Kauf angebotene Wurfgeschwister auch einigen einfachen Welpentests unterziehen (wie sie z. B. in Kapitel 5 des Allgemeinen Teiles dargestellt wurden), um die Wahl zu optimieren.

Eine persönliche Beratung durch einen erfahrenen Hundefachmann – der im Idealfalle sowohl die Hundehalterfamilie in spe, als auch den Hundezwinger, aus dem ein Welpe ausgewählt werden soll, kennt – wird wohl nie ganz zufriedenstellend durch eine Maschine ersetzt werden können.

1.8 Was ist eine Verhaltensabnormität?

Die „Verhaltensindividualität" eines einzelnen Hundes hängt vor allem sowohl von den angeborenen Anlagen als auch von den Umwelteinflüssen während seiner Jugendentwicklung ab, wie uns das ja schon geläufig ist. Da beides besonders bei Haustieren erheblich variieren kann, ist eine scharfe Grenze zwischen dem normalen Arttypischen und dem Abnormen nicht immer leicht zu ziehen. Im allgemeinen wird man sich die orientierende Frage stellen, wie sich wohl ein anderer Artgenosse derselben Rasse in derselben bestimmten Situation verhalten würde. Aber auch nach solchen Vergleichen ist es in Grenzfällen nicht immer leicht, zu entscheiden, ob eine abweichende Eigenschaft bereits als krankhaft oder lediglich als mehr oder weniger gelungener Versuch einer Anpassung an eine eventuell extreme Situation zu betrachten ist. Bei der Beurteilung der Situation sollte man nicht von der menschlichen Warte ausgehen! Verhaltensweisen, die ein Tier an eine bestimmte, nicht außergewöhnliche Umweltsituation *schlecht* angepaßt erscheinen lassen, sind z. B. übermäßige Ängstlichkeit auf der Großstadtstraße (so daß das Tier nur mit Gewalt festzuhalten ist) oder Aggressivität eines Hundes gegen den eigenen Besitzer in solchem Ausmaße, daß sie auch durch härteste Bestrafung nicht von einer Unterwerfung (Demutsgeste) abgelöst wird, oder plötzlicher Verlust der Stubenreinheit ohne organische Ursache; so auch manchmal die Gewohnheit, Körperteile unausgesetzt zu belecken und zu benagen, und dergl. mehr. In all diesen Fällen tut das Tier etwas, das keinerlei biologischen Sinn erkennen läßt, oder die Stärke einer Tätigkeit steht in gar keinem Verhältnis zu dem durch die Umweltsituation gegebenen Anlaß. Ein weiteres Kennzeichen, das Verdacht auf das Vorliegen „gestörten Verhaltens" nahelegt, besteht im Vorhandensein von Anzeichen emotionaler Verwirrung. Wir beobachten in rascher Folge und meist völlig regellos nacheinander auftretende, einander widersprechende Ausdrucksbewegungen, so etwa einen Hund, der zuerst den Kopf an der Seite seines Herrn reibt, um gestreichelt zu werden, und im nächsten Augenblick mit eingekniffener Rute die streichelnde Hand anknurrt oder gar ohne Vorwarnung hineinbeißt (um nur eines der vielen Beispiele zu nennen).

Meistens beobachtet man, daß abnorme Verhaltensweisen in bestimmten Situationen (in denen sich andere oder zumindest die Mehrzahl aller Artgenossen ganz anders verhalten würden) nicht nur einmal, sondern immer wieder in entsprechender Lage gezeigt werden, ja daß das Tier auch mit gutem Zureden oder durch Darreichung von Leckerbissen von seiner eingefahrenen abnormen Reaktionsweise nicht abzubringen ist.

Je mehr dieser Merkmale vorliegen, desto sicherer läßt sich auf das Bestehen einer Verhaltensabnormität schließen. In Auswertung seiner Versuchsergebnisse stellt (einem Bericht von Fox zufolge) der amerikanische Forscher Hebb folgende charakteristische Kennzeichen für das Bestehen einer Neurose heraus:

1. Emotionale Verwirrung, also Triebkonflikt (man beachte die oft einander widersprechenden Ausdrucksintentionen).
2. Unzweckmäßigkeit (Unangepaßtheit, Situationsunangemessenheit) des Verhaltens.
3. Der Zustand ist anhaltend (chronisch).
4. Er ist bei einer Minorität der Artgenossen vorhanden.
5. Er ist auffallend unterschiedlich gegenüber der ursprünglichen, grundlegenden (als normal zu betrachtenden) Verhaltensweise.
6. Der Zustand ist nicht durch eine bedeutende Läsion (organische Schädigung) neurologischer Art begründbar.

Für die Praxis sei jedoch betont, daß auch Verhaltensanomalien, d. h. dem Tierbesitzer ungewohnte und höchst unerwünschte Verhaltensweisen bei Haustieren vorkommen, die nicht immer alle vorgenannten typischen Kennzeichen aufweisen. So verhält sich z. B. ein Hund, der tagsüber von seinem Frauchen wie ein Kleinkind verhätschelt wird, dem abends heimkommenden Gatten gegenüber mitunter andauernd äußerst feindselig, während er in Abwesenheit seines Frauchens und besonders außerhalb der Wohnung seinem Herrn durchaus zugetan erscheint. Man braucht kein Psychologe zu sein, um einleuchtend zu finden, daß ein verhätscheltes Hündchen eifersüchtig reagieren muß, wenn es den ganzen Tag über einziges Pflegeobjekt und unausgesetzten Interessenmittelpunkt darstellt und am Abend erlebt, wie es das Auftauchen des Herrn zur Nebenfigur macht, da nun das Frauchen sich auch mit dem Herrn unterhält und nicht unausgesetzt für das Hündchen Zeit und Interesse hat. Da derartige Verhaltensweisen eines Hundes aber schon Ehekrisen heraufbeschworen haben und ein Tier, das seinen eigenen Herrn anknurrt oder beißt, wenn dieser ahnungslos ins Bett steigen will (welchen Platz neben dem Frauchen schon der Hund besetzt hält!), wirklich nicht die ungetrübte Freude der Familie darstellt, sollen derartige, durchaus artgemäße situationsangepaßte Reaktionsformen ebenfalls als Gegenstand dieses Buches betrachtet werden. Immerhin zeigt ja in solchen extremen Situationen nicht jeder Hund ein so unerwünschtes Verhalten, so daß derartige Reaktionen, wenn auch nachfühlbar und verstehbar, doch im Grenzbereich des Abnormen liegen. Weiter gibt es hartnäckige Verhaltensabnormitäten, die eigentlich die natürliche Reaktion auf frühere Erlebnisse (Erfahrungen) darstellen und nur dann als „unverständliches Gebaren" eines Tieres erscheinen, wenn man von diesen früheren seelischen Verwundungen (traumatischen Fixierungen) nichts weiß, was häufig der Fall ist. So beschreibt Jensen z. B. einen Cocker Spaniel, der lärmenden Kindern eher ängstlich aus dem Wege ging, außer wenn er sich in der Nähe eines Gewässers befand; dann attackierte er wütend jedes ahnungslos in der Nähe spielende Kind. Sonst war er ein völlig friedfertiges und freundliches Tier. Nachforschungen ergaben, daß dieser Spaniel als Junghund Kindern in üblicher Weise zugetan war, bis er einmal als Objekt eines dummen Scherzes von Kindern ins Wasser geworfen wurde und fast ertrunken wäre, da steile Betonuferwände das Anlandgehen fast unmöglich machten.

Extrem schockierende Erlebnisse wie dieses brauchen sogar nur ein einziges Mal stattzufinden, um Verhaltensbereitschaften eines Tieres einschneidend zu ändern, besonders wenn sie während der kritischen Entwicklungsstadien stattfinden; meistens aber bedarf es vieler ähnlicher unangenehmer Erfahrungen, damit eine ablehnende Einstellung erworben wird. Dabei spielen Veranlagungsfaktoren mit eine Rolle: einen harten Hund z. B. kann man so leicht nicht einschüchtern, ein sogenannter weicher Hund lernt sehr schnell aus unangenehmen Erfahrungen. Für ein labiles Tier genügen geringe verschärfende Einflüsse, um eine bislang tolerierte Situation zum unerträglichen, traumatisierenden Erlebnis werden zu lassen: Ein älterer Hund, der schon oft Gewitter erlebte, dabei aber immer in Gesellschaft war, erwarb, nachdem er ein einziges Mal während eines Gewitters allein in der Veranda einer Villa eingesperrt war, nachhaltende Gewitterfurcht. Seit jenem Erlebnis verkroch er sich unters Bett und zitterte und verweigerte die Aufnahme sonst beliebter Leckerbissen, sobald nur Gewitterwolken aufzogen. Erst Stunden nachdem ein Gewitter vorüber war, begann sich sein Verhalten zu normalisieren. Schreckerlebnisse können im Stadium des Aufwachens aus dem Schlafe sogar durch sonst durchaus harmlose Reize, wie z. B. das Geräusch eines vorbeifahrenden Lastwagens oder das Schrillen eines Telefons, ausgelöst werden und zu bleibenden „psychischen Überempfindlichkeiten" gegenüber demselben oder einem ähnlichen Reiz führen.

An sich normale und sehr vernünftige Lernakte können durch zufällige Fehlverknüpfungen manchmal recht hartnäckige, unerwünschte Reaktionsbereitschaften oder Ablehnungshaltungen heraufbeschwören. So kann es z. B. dazu kommen, daß sich ein Hund weigert, ins Auto einzusteigen, wenn sein Frauchen fährt. Wenn Frauchen fährt, darf er vorn neben dem Führersitz Platz nehmen. Bei einer Notbremsung stieß er einmal kräftig mit dem Kopf an, wofür er natürlich Frauchen „verantwortlich macht". Auch bei der Hundeabrichtung muß der Ausbilder stets darauf bedacht sein, unerwünschte Verknüpfungen und Überforderungen des Lernenden zu vermeiden, sonst kann dies zum entgegengesetzten Erfolg statt zum Dressurziel führen: Ein ungeduldiger Abrichter zwang einmal einen Hund, der schon nicht mehr wollte, etwas roh über eine Hürde zu springen. Erfolg: Der Hund zeigte von diesem Erlebnis an vor Hürden solche Abneigung, daß er überhaupt nie mehr zum Sprung zu bewegen war. Man sieht, daß die Übergänge von Verhaltensabnormität zu besonderen erworbenen Charaktereigentümlichkeiten recht fließend sind. Zudem ist so manches eine Verhaltensabnormität, ohne aber schon als krankhaft im Sinne gestörten arttypischen Verhaltens gelten zu müssen. Es gibt Verhaltenseigentümlichkeiten, die für die Wildform als normal gelten; wenn sie bei einem Haustier unter häuslichen Bedingungen aber ebenfalls wieder auslösbar sind, dann müssen sie als Abnormität angesehen werden: Dies trifft z. B. besonders typisch für die Scheuheit zu; wird ein vor menschlicher Berührung sich fürchtender Hund in die Enge getrieben, dann beißt er wie rasend um sich, wobei er meist gleichzeitig Harn, Kot und Analbeutelsekret entleert. Wer kennt nicht den Typ des Angstbeißers? Genauso würden sich ein in die Enge getriebener Wolf oder ein anderer Wildhund verhalten, wenn bei fehlender Fluchtmöglichkeit die Fluchtdistanz so weit überschritten wird, daß der „Feind" die kritische Distanz erreicht. Bei den verschiedenen Hunderassen finden wir einzelne auch beim Wolf vorhandene Verhaltenszüge besonders stark ausgeprägt, bei häufig gleichzeitigem Verlust anderer Instinktteile. Wenn man die natürliche Zuchtauslese durch das Leben in der Wildnis durch künstliche Zuchtwahl auf bestimmte, für einen Gebrauchszweck günstige Eigenschaftskombinationen unter den Lebensbedingungen eines Haustieres ersetzt, indem man fortgesetzt nur Tiere mit zufällig besonders starker Ausprägung eines bestimmten erwünschten Aussehens oder Verhaltensmerkmals miteinander paart, dann kommt man über spezifische Verwandtschaftsgruppen bei weiterer Reinerhaltung und Häufung der gewünschten Erbanlagen (Inzucht) schließlich zu Rassencharakteren. Beim Hund kennen wir daher eine Reihe von Rassen, deren Vertreter z. B. extrem kampflustig gegen Menschen sind; andere, die durch festes Vorstehen verborgenes Feder- und Niederwild anzeigen, statt vorwärts zu springen; andere wieder, die auf Sicht hetzen und damit schnelle Läufer sind; wieder andere, die sich vornehmlich zum Stöberhund eignen und solche, die infolge extrem leichter Auslösbarkeit der Treib-, Hüte- und Bewachungsinstinkte sich zum Viehüter eignen; und schließlich Hunde, deren Jagdweise sie zum gefährlichen Vertilger schädlicher Nagetiere besonders befähigt. Jede Verhaltensweise, die diesem Gebrauchsziel abträglich ist, wird als Fehler gewertet, und der disziplinierte Gebrauchshundezüchter trachtet Hunde, die Unerwünschtes vererben würden, auszumerzen. So werden eigentlich recht „natürliche" Raubtierverhaltensweisen, z. B. das sogenannte Anschneiden des Wildes oder die Schußscheue, mangelnde Führigkeit und dergleichen Eigenschaften bei manchen toleriert, da sie dem Gebrauchszweck der Rasse nicht unbedingt widersprechen; bei anderen aber können sie keinesfalls geduldet werden, und wenn sie doch einmal auftreten, gelten sie als fehlerhaftes Verhalten bzw. Verhaltensabnormität.

Von Verhaltensstörungen im engeren Sinne sind die sogenannten Verhaltensbehinderungen abzugrenzen, wie sie etwa als Folge des Ausfalles eines Sinnesorganes (z. B. Erblindung) oder der Beweglichkeit eines Beines und dergleichen körperlicher Bedingtheiten mehr sich ergeben. Nicht immer ist diese Unterscheidung auf den ersten Blick klar zu treffen: Erbrechen etwa kann die Folge von Gastritis, also Entzündung der Magenschleimhaut, aber auch die Folge eines Reizes auf das Brechzentrum im verlängerten Mark, einem bestimmten Gehirnabschnitt, sein.

Sowohl die Reizung der Magenschleimhaut als auch der Reiz auf das Brechzentrum können durch viele verschiedene Ursachen, wie Bakterien, Giftstoffe u. v. a., bedingt sein. Auch fortgesetzte Überforderungen des empfindlichen Gleichgewichtsorganes – von Seereisen her besonders bekannt – führen durch Mitirritation des Brechzentrums zu Erbrechen. Erbrechen kann aber auch ein Zeichen eines allzu starken Konfliktzustandes, also eine vegetative Entlastungshandlung darstellen; es kann darüber hinaus bei einer Mutterhündin und manchmal auch bei scheinträchtigen Hündinnen als „Normalverhalten" auftreten: Futter vorbrechen. Man müßte eher von einer Abnormität in Form eines Instinktausfalles sprechen, wenn in einem bestimmten Entwicklungsstadium der Jungtiere die Mutter ihnen Futter nicht vorbricht.

Es hängt also häufig von der Art der Umstände ab, ob eine Verhaltensweise als abnorm oder als normal aufzufassen ist. Erblich abnorm veranlagte oder durch ungünstige Umwelteinflüsse im Laufe der individuellen Entwicklung erst abnorm reagierend gewordene Tiere können oft einen recht normalen Eindruck machen, solange sie nicht unter dem Einfluß besonderer Situationen oder seelischer Belastungen stehen. Anhand ihres Verhaltens in konfliktgeladenen oder enttäuschenden (frustrierenden) Lagen tritt erst der Unterschied gegenüber dem gesunden, normalen Artgenossen deutlich zutage, der dieselben Belastungen ohne zu zerbrechen erträgt. Dem Verhalten von Tieren unter künstlich hervorgerufenen, extrem belastenden Bedingungen – sie führen zu Verhaltensstörungen, die als „experimentelle Neurosen" bekannt wurden – soll ein eigenes Kapitel gewidmet werden. Hier sei jedoch betont, daß auch unter normalen Haltungsbedingungen – manchmal ganz ungewollt und unbemerkt – für ein Tier ein Konfliktzustand hervorgerufen wird, der von längerer Dauer ist, da sich ja ein Stubentier den Einflüssen seiner Umgebung kaum entziehen kann.

Unter solchen Umständen beobachtet man dann bei labileren Typen je nach Disposition einmal das eine, manchmal das andere Entlastungsphänomen, so z. B. plötzlichen Verlust der Stubenreinheit, Zerstörungslust, Aggression gegen bekannte Personen, Erbrechen, unmotivierbare Angstäußerungen wie Zittern, Hecheln, Speicheln, Sich-Verstecken, übertriebenes Sich-Kratzen und -Belecken, oder Hemmungserscheinungen wie Futterverweigerung, Unfolgsamkeit, plötzliches Lahmen (Hinken mit einem Bein) und dergleichen. Fälschlicherweise werden solche Erscheinungen manchmal auch als Protesthandlungen aufgefaßt. Zu Bosheit und absichtlichem Protest fehlt Hunden und Katzen jedoch die dazu nötige hohe Intelligenz.

Konflikt- und Frustrationsursachen können für Stubentiere manchmal bereits in geringfügigen Veränderungen ihrer Umgebung gegeben sein, z. B. durch Verstellen von Möbeln, die Anschaffung eines weiteren Haustieres oder Geburt eines Kindes, die Ankunft eines Besuches, der den gewohnten Tagesablauf stört, die Abreise oder den Tod eines Familienangehörigen oder mitwohnenden Tieres.

Bei der Entscheidung darüber, ob eine beobachtete Verhaltensbereitschaft als Abnormität betrachtet werden muß oder nicht, dürfen auch einige verschiedene, nur zeitweilige, mehr oder weniger zufällige Einflüsse auf das Verhalten nicht übersehen werden, die infolge hemmender oder fördernder Einflüsse auf bestimmte Reaktionsbereitschaften das wahre individualtypische Charakterbild verfälschen können. Von Hundekennern wird daher oft empfohlen, Wesensbeurteilungen, wenn irgend möglich, mehrmals unter variierten Begleitumständen vorzunehmen. Ein Tier, das sich z. B. infolge Erkrankung nicht wohlfühlt, reagiert anders als gewohnt, ist nicht spielfreudig, nicht kampffreudig, fluchtbereiter, abwehrbereiter.

An Tagen mit aperiodischen Wetteränderungen verhalten sich Katzen auch im Zimmer ruhelos, an Tagen mit periodischen Wetteränderungen ist dagegen eine gesteigerte Neigung zur Ruhe zu beobachten. An heißen, schwülen Tagen sind Hunde und Katzen bei tierärztlichen Behandlungen abwehrbereiter, sie können sich bei relativ harmlosen Zwangsmaßnahmen, die etwa nötig sind, um einen Zahn zu ziehen, so aufregen, daß sie einen Schock erleiden.

Hunde, die im Warteraum Gelegenheit haben, einen Artgenossen im Behandlungsraum vor Schreck aufschreien und vor Schmerz winseln zu hören, werden, wenn sie selber zur Behandlung kommen, viel ängstlicher und widersätzlicher sein als ohne derartige Stimulierung.

Eine scheinträchtige Hündin wird Interesse an bestimmten Gegenständen und Örtlichkeiten finden und kann kontaktscheu gegenüber dem eigenen Herrn auftreten, was vor und nach dieser Zeit gestörten Hormonhaushaltes an ihr nie zu beobachten war.

Wenn man die Henzesche Mutprobe mit einem Hund in dessen eigenem Territorium anstellt, dann schneidet so mancher labile Typ viel besser ab als in fremder Umgebung. Bei der Henzeschen Mutprobe läuft ein „Scheintäter" vor dem Hund davon; nachdem ihm der Hund auf bestimmte Entfernung nachgehetzt ist, dreht er sich plötzlich um und stürmt mit Stock und Schreckpistole dem Hund entgegen; nur sehr mutige Tiere bleiben standhaft. An der Leine oder in der Nähe des eigenen Herrn sind die meisten Hunde rauflustiger, also aggressiver und mutiger als allein; sehr streng und unterdrückt gehaltene Hunde zeigen sich an der Seite ihres Herrn dagegen eher gehemmt und furchtsam.

So mancher Hund erlaubt sich unter der Betreuung alter Leute (etwa der Großmama, die auf Hund und Kind aufpassen soll) „Unarten", die ihm im Beisein seines Herrn oder Frauchens niemals einfielen. Sein Auftreten kann so verändert sein, als handle es sich um einen ganz anderen Hund!

Von Kindern lassen sich Hunde und Katzen oft Behandlungen gefallen, die sie seitens erwachsener Personen mit wehrhafter Verteidigung und Schmerzensschrei quittieren würden. Tiere, die in der Jugend mit Kindern nicht aufgewachsen, aber von fremden Kindern mißhandelt oder geneckt wurden, fliehen dagegen vor Kindern oder bedrohen sie ernstlich – diese Einstellung bleibt meist nicht auf ähnlich aussehende Kinder beschränkt, sondern wird dann oft gegenüber allen Kindern ähnlicher Altersklassen eingenommen.

Wird ein Junghund regelwidrigerweise von einem erwachsenen Artgenossen einer bestimmten Rasse attackiert, so führt das sehr häufig zu einer lebenslänglich anhaltenden feindlichen Einstellung gegen alle Angehörigen derselben Rasse; dasselbe Tier kann anderen Hunden gegenüber sich ganz anders, nicht aggressiv, nicht furchsam, spielerisch kontaktfreudig verhalten.

Bereits knapp vor dem Ablauf befindliche geschlechtliche Aktivität kann in Gegenwart oder bei plötzlichem Auftauchen eines ranghohen Rivalen (auch wenn dieser sich ganz friedlich verhält oder an der Leine geführt wird) schlagartig gehemmt werden. Von Besamungsanstalten her ist bekannt, daß ein sonst stets tüchtiger Sprungstier unfähig ist, seinen Samen abzugeben, wenn ein ihm ungewohnter oder unsympathischer Mensch (Erinnerung an frühere Mißhandlung – oft genügt es, nur die Kleidung des seinerzeitigen Mißhandlers anzulegen) dabei steht oder der weiße Mantel der Tierarztes (der ihn einmal schmerzhaft behandelte) in Sichtweite hängt; selbst das ungewohnte und unerwartete Betreten des Sprungraumes seitens einer oder mehrerer Personen kann das Sexualverhalten in der Appetenzphase hemmen.

Daß Hunde bei ungewohnter Anwesenheit vieler Zuschauer oder anderer Hunde ihren Herrn blamieren können, indem sie sich unfähig erweisen, sonst auf Anhieb gekonnte Kunststücke auf Befehlssignal vorzuführen, ja so schlecht „gehorchen", daß man ihnen die trivialsten Unterordnungshandlungen mehrmals signalisieren muß, ist eine bekannte und bei Prüfungen oft gefürchtete Tatsache (der Fachmann spricht von äußeren und inneren Hemmungen bedingter Reaktionen durch ungewohnte Störreize). Eine läufige Hündin kann die Leistungen aller anderen Hunde so beeinträchtigen – Hemmung der Aufmerksamkeit und Motivation durch ablenkende Schlüsselreize aus dem Sexualfunktionskreis –, daß eine Prüfung abgesagt werden muß.

Manche Katze legt als Mutter einen Mut und einen Angriffsgeist an den Tag, den man ihr niemals sonst zutrauen dürfte. Intelligenzprüfungen, bei denen mit Futterbelohnung gearbeitet wird, werden sinnlos, wenn das Tier infolge totaler Sättigung gegenwärtig gar kein Motiv hat, sich anzustrengen (oder der Leckerbissen nicht begehrt ist, weil andere Lieblingsspeisen vorgezogen werden); bekanntlich ist Appetenzverhalten am sichersten bei möglichst unbefriedigtem Trieb zu erwarten. So kann manchmal ein Tier einen umweltunangepaßten und damit abnormen Eindruck machen, nur weil man die Wirkung gewisser Begleitumstände nicht kennt oder bemerkt, die zufällig einwirken und die oft nur für ein bestimmtes Tier – infolge früherer Erfahrungsbildung – besondere Bedeutung besitzen können.

Um zu einem Urteil zu kommen, ob eine Verhaltensstörung vorliegt, wie sie einzustufen ist und welche verschiedenen Umweltbeziehungsbereiche des Tieres davon ursächlich oder in weiterer Folge betroffen sind, wodurch sie bedingt oder wie sie entstanden sein könnte und dergleichen mehr, erweist es sich oft als notwendig, über eine ganze Reihe besonderer Fragen Klarheit zu gewinnen (teils durch Beobachtungen und einfache Tests, teils durch Nachforschungen über das Vorleben des Tieres). Es seien daher nachfolgend die in dieser Hinsicht wichtigsten Punkte zusammengestellt:

1. Möglichst genaue Beschreibung des Verhaltens, das als abnorm betrachtet wird; welchen Ausdruck innerer Stimmung läßt das Tier dabei gleichzeitig erkennen (z. B. Art der Ohren- und Schwanzstellung, Augenausdruck, Mundstellung, Lippenhaltung)?
2. Durch welche Reizkombinationen bzw. in welcher Situation wird die abnorme Verhaltensweise ausgelöst – ist sie zu steigern, tritt sie unter den gegebenen Umständen immer auf; ist sie manchmal stärker; wodurch eventuell zu verhindern?
3. Welches Verhalten würden die gleichen Reizkonstellationen bei der Mehrzahl der als normal reagierend zu betrachtenden Artgenossen derselben Rasse, ähnlichen Alters, möglichst ähnlicher Aufzucht und Haltungsbedingungen bewirken?
4. Welchem (oder welchen verschiedenen) Instinktfunktionsbereich gehört die Störung an, und welcher Art ist sie demnach (Beute, Nahrungsaufnahme, Sexualität, Mutterverhalten, Körperpflege, Selbstschutz und Feindvermeidung, Erkundungsverhalten; soziale Anteile der verschiedenen Instinktbereiche)?
5. Bestehen oder bestanden auch in anderen Funktionskreisen Abweichungen vom Normalverhalten vor dem Untersuchungszeitpunkt, z. B. Schwierigkeiten mit dem Stubenrein-Werden in der Jugend, sexuelle Kontaktscheu und anderes mehr?
6. Wie reagiert der Patient bei anderen Reizkombinationen (oder in anderem Milieu territorialer, sozialer Art, also z. B. in fremder Umgebung und ohne Beisein des Besitzers), die denselben, von der Störung betroffenen Instinktfunktionskreis ansprechen?
7. Welche anatomischen und funktionellen Anteile des Sinnesapparates und zentralen Nervensystems sind an der Auslösung, Verarbeitung sowie Ausführung der abnormen Handlungsweise beteiligt? Auch eventuelle Mitwirkungen hormoneller und anderer organischer Einflüsse berücksichtigen! (Kann nur der Tierarzt entscheiden.)
8. Wann wurde die Hauptstörung (und die eventuell außerdem bestehenden geringeren Abnormitäten in anderen Verhaltensbereichen) zum ersten Mal beobachtet, wie alt war damals das Tier (vor oder nach beginnender Geschlechtsreife etwa); wie war die territoriale (z. B. zu Hause, in fremder Umgebung, beim Tierarzt) und soziale (z. B. Beisein des Besitzers, anderer stärkerer oder schwächerer Artgenossen)

Situation im Augenblick des Auftretens der ersten als regelwidrig betrachteten Verhaltensweise?

9. Wie alt war das Tier, als es in den jetzigen Haushalt eingestellt wurde; hat es schon mehrmals den Besitzer gewechselt (wie verhielt es sich dort)?

10. Wie ist in seinem derzeitigen Haushalt sein „soziales Umfeld" (einschließlich des menschlichen, d. h., hat es eine sehr „ranghohe" Stellung neben einem recht nachgiebigen Besitzer oder fürchtet es diesen; sind andere Tiere oder Kinder da, die stärker sind oder bevorzugt werden); wie sind die Lebensgewohnheiten im Haushalt (Ort der Schlafplätze, Häufigkeit von Spaziergängen und Zeiten des Alleinseins, Spannungen unter Familienmitgliedern); wem folgt das Tier am besten; von wem läßt es sich widerstandslos die Futterschüssel wegnehmen?

11. Ist etwas über einschneidende frühere Erlebnisse des Tieres bekannt; hat es eine besondere Ausbildung genossen (mit welchem Erfolg)?

12. Wie war die Situation des Tieres zur Welpenzeit (welches Verhalten im Vergleich zu den Wurfgeschwistern, Verhalten gegenüber der Mutter; wo befand sich der Wurfzwinger – etwa in reizarmer, entlegener Gegend?; wann wurde es von der Mutter entfernt – etwa zu früh)?

13. Ist etwas über regelwidrige, auffällige Verhaltenseigentümlichkeiten der Eltern, der Vorfahren oder Geschwister bekannt?

14. Bestehen auffällige Charakterzüge des Tierbesitzers oder eines Familienmitglieds (furchtsam, besonders inkonsequent und launenhaft, übertrieben streng, besonders verwöhnend)?

15. Was sind die bevorzugten Spiele des Tieres (daraus sind oft allerlei gestaute Triebtendenzen ablesbar – ähnlich wie bei menschlichen Kleinkindern!); was scheint es besonders in Furcht zu setzen; worauf reagiert es besonders aggressiv; was scheint ihm am meisten Lust zu bereiten (bei Zerstörung von Gegenständen; wie werden sie zerstört)?

16. Was für sonstige, für das Tier als Individuum charakteristische elementare Verhaltenseigenschaften lassen sich feststellen? Gemeint ist hier etwa die Temperamentsart, also Art und Ausmaß der Affekterregbarkeit und Besonderheiten des Lernverhaltens, z. B. Nerventyp nach Pawlow, ferner das Ausmaß an Bewegungsdrang, die soziale Kontaktfreudigkeit gegenüber Menschen, Artgenossen, anderen Tieren (auch

Art dieser Kontakte zu beurteilen versuchen!). Dauer einer intensiven Erregung nach dem Wegfall der auslösenden Reize; reagiert das Tier auf plötzliche Reize (optische, akustische, geruchliche, Berührung), die ihm ungewohnt oder neu sind, regelmäßig mit Schreckreaktion, Flucht, Aggression oder erkundungsbereitem Orientierungsverhalten?

17. Wie fiel das Ergebnis einer tierärztlichen Prüfung der Funktionstüchtigkeit der einzelnen Sinnesorgane aus? Zeigte sich das Tier etwa vermehrt schmerzempfindlich oder ungewöhnlich unempfindlich?

18. Wenn es aus der Besonderheit des Falles notwendig erscheint, sollten auch orientierende Prüfungen der Intaktheit sogenannter Intelligenz- und Bewußtseinsfunktionen durchgeführt werden:

a) „Urteilsfähigkeit" und Merkfähigkeit (Bekanntheitserlebnis), wie Orientierung im Raum (z. B. Verteidigung des eigenen Heimes gegen Fremde, hingegen Unsicherheit und Erkundungsverhalten in fremder Umgebung), Zeichen von Wiedererkennen vertrauter Gegenstände wie Futterschüssel, Schlafplatz, eigenes Leinenzeug, offensichtliches Wiedererkennen von Örtlichkeiten, Haustoren, Wegen.

b) Orientierung in der Zeit: Finden gewohnheitsmäßig fixierte Fütterungen, Ausgehzeiten und Zeiten, zu denen der Besitzer nach Hause zu kommen pflegt, im Ausdrucksverhalten des Tieres – wie von früher gewohnt und bei Artgenossen üblich – ihren Niederschlag (welchen, zeigt das Tier z. B. bei Heimkunft des Herrn etwa Angst, statt freudige Begrüßung)?

c) Blieb die Urteilsfähigkeit des Tieres über seine soziale Lagebefindlichkeit erhalten (Vergleich des Ausdrucksverhaltens bei Begegnungen bekannter und fremder Tiere und Menschen, denen gegenüber das Auftreten des Tieres von früher her bekannt ist)?

d) Sind erlernte und auf Signal („Befehl") ausführbare Handlungen (wie etwa Unterordnungsübungen, Kunststücke, jagdliche Gebrauchsfähigkeiten) ungestört auslösbar oder plötzlich gehemmt?

e) Ausfall sogenannter Wesenstests. Wer viel Zeit hat, kann das Tier auch weiteren Verhaltensprüfungen wie Leistungstests unterziehen. Wie ist das Ergebnis des „Bindfadenversuches" (etwaige sogenannte Übersprunginsuffizienz und frühzeitiges Auftreten von vegetativen Überreizungserscheinungen, die eine Herabsetzung der Frustrationstoleranz anzeigen; oder auffällige Motivations- bzw. Antriebslosigkeit; geringer Lernerfolg)?

19. Was hat das Tier schon an Krankheiten durchgemacht; kam es im Verlaufe einer Erkrankung vielleicht zu vorübergehenden Bewegungsbehinderungen; wurden während der Pflegezeit vielleicht ansonsten unerwünschte Verhaltensweisen geduldet? (Der Tierarzt kann angeben, ob neurologische Folgeerscheinungen nach gewissen, durchgemachten Krankheiten des Tieres möglich oder wahrscheinlich sind.)

20. Gründliche Untersuchung (womöglich seitens eines Fachtierarztes für Kleintierkrankheiten) der gegenwärtigen gesundheitlichen Verfassung des Tieres nach den üblichen klinischen und neurologischen Methoden.

Dieser letzte Punkt ist sehr wichtig, wie folgendes Beispiel illustrieren soll: Ein Dackel attackierte wütend sein Frauchen, wenn die Telefonklingel ertönte. Diese Verhaltensabnormität war mit Beruhigungspillen und verschiedenen Maßnahmen der Dressurtherapie nicht unterdrückbar. Schließlich entdeckte man eine einseitige Mittelohrentzündung; das Tier empfand wahrscheinlich besonders starke Schmerzen beim Läuten der Klingel, als deren Verursacherin infolge Fehlverknüpfungen offenbar das Frauchen angesehen wurde. Da dessen Rangstellung nicht sehr hoch über der des Hundes stand, wies dieser sein Frauchen für plötzliche Schmerzzufügung zurecht. Das gestörte Verhalten verschwand nach Gabe von Antibiotika, mit denen die Mittelohrentzündung geheilt wurde.

Schleichend verlaufende Gehirnentzündungen mit umschriebenen Degenerationsprozessen können manchmal als einziges Symptom Überängstlichkeit in Form gesteigerter Fluchtbereitschaft verursachen. Nur genaueste medizinische Untersuchungen des Liquor cerebrospinalis (der Hirn-Rückenmarks-Flüssigkeit) können darüber weiteren Aufschluß geben und diese Ursache überängstlichen Verhaltens von den vielen anderen möglichen unterscheiden lassen, was für die richtige Behandlung unumgänglich notwendig ist.

Um diagnostische Irrtümer und erfolglose Behandlungsversuche möglichst zu vermeiden, ist es daher notwendig, auch in zunächst noch so klar erscheinenden Fällen jede der angeführten Fragen zu klären.

Eine einheitliche „tierpsychiatrische Diagnostik" steht erst im Anfangsstadium.

Bei einer organischen Erkrankung ist die Voraussetzung jeder gezielten Behandlung eine möglichst genaue Diagnose, also das Erkennen der den verschiedenen Krankheitssymptomen zugrunde liegenden gemeinsamen Ursachen. Im Prinzip ist es im Bereich der psycho-physischen Störungen und der Verhaltenspathologie nicht anders. Um daher die eigentliche Natur einer Abweichung vom gewohnten Verhalten erkennen, beschreiben, vergleichen und praktisch erfassen zu können, ist es notwendig, die Verhaltensabnormitäten nach verschiedenen Gesichtspunkten zu ordnen, in ein System zu bringen. Im Bereich der Psychiatrie ist das aber etwas komplizierter als in der Neuropathologie, der inneren Medizin, der Dermatologie usw., da je nach dem Gesichtspunkt und der erforderlichen Berücksichtigung mehrerer Einzelheiten sich zum Teil andere Einteilungsprinzipien ergeben. Für die Zwecke dieses Buches genügt es, im folgenden lediglich einen orientierenden Überblick über die wichtigsten verschiedenen Einteilungsgesichtspunkte zu vermitteln.

Man kann z. B. die Verhaltensabnormitäten nach der Art ihrer auffälligsten Erscheinungen ordnen, so etwa indem man zwischen Bewußtseinsstörungen, Intelligenzdefekten (Störung des Auffassens, des Lernens, der Gedächtnisfunktionen allgemein), Instinkt- oder Affektivitätsstörungen, Sinnesdefekten, vorwiegend vegetativen oder sogenannten psychosomatischen Störungen und reinen Bewegungsstörungen unterscheidet und jede dieser Gruppen wieder in zahlreiche weitere Untergruppen zergliedert. Die Instinktstörungen lassen sich in zwei weitere Hauptgruppen, sogenannte Ethopathien oder angeborene Instinktveränderungen und die sogenannten umweltreaktiven Störungen, gliedern.

Man kann weiter die Verhaltensabnormitäten nach dem vorwiegend betroffenen Verhaltensbereich oder Umweltbeziehungsbereich (Instinktfunktionskreis, resp. Hauptinstinkt) ordnen (und dann zu beurteilen versuchen, ob ein Zuviel oder ein Zuwenig an charakteristischen Verhaltensanteilen der einzelnen Triebbereiche gegenüber dem Durchschnitt festgestellt werden kann oder gar eine Dysfunktion, Verschiebung, Maskierung). Eine solche Klassifizierung deckt sich im wesentlichen mit einer Unterteilung der Instinkt- oder Trieb- bzw. Affektivitätsstörungen, wie dies Inhelder zur Ordnung der bei Zootieren beobachtbaren Abnormitäten versuchte und als Grundschema einer biologisch orientierten „vergleichenden Psychiatrie" aller Säugetiere (einschl. des Menschen!) vorgeschlagen hat. Es zeigt sich aber, daß bei Haustieren und dem Menschen infolge der domestikativen Veränderungen Verhältnisse vorliegen, die mit einer so vereinfachenden, einheitlichen Betrachtung nicht voll zu erfassen sind. Wenn man zwischen reinen Störungen der Nahrungsaufnahme, der Körperausscheidung, der Körperpflege und des Komfortverhaltens, des Ruhe- und Schlafverhaltens (und der Aktivitätsperioden), des Beuteverhaltens, des Flucht- und Meideverhaltens, des Erkundungs- und Neugierverhaltens, des Sexualverhaltens, des Mutterverhaltens (epimeletisches Verhalten), des fürsorgeheischenden Kinderverhaltens (et-epimeletisches Verhalten) sowie den verschiedenen sozialen Anteilen aller dieser Triebkreise (wie gruppenkoordinierte Tätigkeiten, Rangrivalität, Kommunikation, Markierung, Revierverteidigung usw.) unterscheiden will, kann man so einige Störungen wohl eindeutig abgrenzen, viele andere Abnormitäten aber nicht. Auch sind bei Haustieren viele Instinktteilhandlungen getrennt und in anderen als den zugehörigen eigentlichen Funktionskreisen auslösbar; manche Instinktteile sind verkümmert, andere übertrieben stark ausgebildet usw.

Die mit der Domestikation verbundenen, typischen Veränderungen in der Instinktausstattung eines Tieres hat Lorenz vor Jahren als erster genauer untersucht und herausgefunden, daß Senkung oder Hebung der Reizschwelle für die Auslösbarkeit bestimmter Instinkthandlungen durch Unter- oder Überfunktion der sogenannten spezifischen endogenen Reizproduktion, Erweiterung, also Entdifferenzierung des angeborenen Auslösemechanismus verschiedener lebenswichtiger Instinkthandlungen und ein Auseinanderfallen vieler beim Wildtier „kettengliederartig zusammengehöriger", also ursprünglich nur in bestimmter Aufeinanderfolge auslösbarer Einzelhandlungen beobachtet werden können.
Zimen, der das Verhalten von Wölfen mit dem von Pudeln vergleichend studierte, betont als weitere Charakteristika noch das Verbleiben gewisser Jugendmerkmale des Wildtierverhaltens bei der Haustierart auf Lebenszeit, Neukombinationen und Entwicklung völlig neuer – erbfester – Verhaltensformen, Veränderungen in der Bewegungsintensität mancher Verhaltensweisen und Veränderungen in der Entwicklungsgeschwindigkeit (z. B. sexuelle Frühreife).

Durch die domestikativen Lebensbedingungen werden ja viele Umweltsituationen vereinfacht, bestimmte angeborene auslösende Mechanismen können verlorengehen, ohne daß dies existenzgefährdend auffiele, ja gewisse Instinktverluste sind sogar erwünscht. Es wäre sonst z. B. nicht möglich, daß eine Kuh ihre Milch nicht nur an das Kalb abgibt, ja daß sie durch „künstliche Verlängerung der Säugezeit" überhaupt so lange Milch gibt, wie sie es tut; es wäre nicht möglich, daß ein Schutzhund es lernt, auf Befehl fremde Menschen anzugreifen, vor überlegenen, wehrhaften Gegnern nicht zu fliehen; daß eine Katze sich vom Tierbesitzer widerstandslos ihre Jungen wegnehmen läßt; daß ein Schwein mit dem vom Menschen ausgesuchten Partner ohne vorheriges, langwieriges Liebesspiel zum Sexualakt bereit ist usw.

Mit dem heutigen Wissen kann jede Einteilung dieser Erscheinungen zunächst nur vorläufigen Charakter tragen; dies gilt auch für die folgende Gliederung, die einen Ordnungsversuch der Verhaltensstörungen nach ihren Ursachen darstellt und für praktische Belange im Hinblick auf Auswahl der jeweils geeigneten Behandlungsverfahren als besonders wichtig anzusehen ist. Sie nimmt auch diejenigen Erscheinungen in ihr Schema auf, die eher als indirekte Verhaltensbehinderungen im weitesten Sinne anzusehen sind, bei der Diagnosestellung mit echten Verhaltensstörungen aber verwechselt werden könnten.

A) *Symptomatische Verhaltensstörungen*
   (Hier liegt die Ursache organischer Art nicht in einer Schädigung oder Beeinträchtigung von Hirnfunktionen: z. B. Erbrechen bei Gastritis, widernatürlicher Appetit, wie z. B. die Tendenz, harte, rauhe, unverdauliche Gegenstände aufzunehmen bei chronischer Tonsillitis, „Schlitten-Fahren" bei Analbeutelentzündung, Stubenunreinheit infolge Darmerkrankung, Anrennen an Gegenstände infolge Erblindung, Bewegungsbehinderung infolge Gelenk-, Muskel-, Knochen-, Sehnenerkrankungen, alle Erkrankungen des Rückenmarkes und peripherer Nerven.)
B) *Angeborene, organpathologisch bedingte Verhaltensstörungen*
   (z. B. durch Hirnmißbildungen, bei Kryptorchismus, Schädigungen während der Embryonalentwicklung.)
C) *Erworbene, organpathologisch bedingte Verhaltensstörungen*
1. Infolge entzündlicher und degenerativer Schädigung oder Funktions-

störung des Gehirns oder einzelner Hirnteile durch verschiedene Noxen, wie z. B. Staupevirus, Tollwutvirus, Hirntumor, Altersinvolution, Urämie, Eklampsie, Leberkoller. (Eine Zuordnung gewisser Syndrome zur Art der Hirnschädigung – akut oder chronisch und diffus oder lokal –, wie dies in der Humanpsychiatrie z. B. eine Differenzierung der „exogenen Psychosen" in „akuten exogenen Reaktionstyp", „organisches Psychosyndrom" und „hirnlokales Psychosyndrom" gestattet, ist – nach eigenen Beobachtungsergebnissen – analog auch bei den Störungen des Hundes möglich, wenn man nur genau genug beobachtet.)

2. Infolge endokriner Störungen (z. B. Schilddrüsenüberfunktion, Scheinläufigkeit infolge Eierstockzysten).

D) *Verhaltensabnormitäten aufgrund angeborener funktioneller Störungen der Tätigkeit von Hirnzellen*

1. Allgemeine oder auf einen bestimmten Sinnesbereich oder zentralen vegetativen Regulationsbereich beschränkte „funktionelle Schwäche" des Nervensystems (z. B. beim „wesensschwachen Hund", verwandt dem sogenannten „schwachen Typ" nach Pawlow – vergleichbar dem menschlichen „Neurastheniker"). Auch angeborener Intelligenzmangel ist hier einzuordnen.

2. Veranlagung zu bestimmten vegetativen und hormonalen Dysregulationen, die in weiterer Folge zu abnorm schwacher oder starker Stimulierung der spezifischen Erregungsproduktion für bestimmte Instinkthandlungen und damit zur Änderung des Schwellenwertes für auslösende Reize führen (z. B. die Veranlagung mancher Hunde zu einer Hormondysregulation, die immer wieder zur Scheinträchtigkeit führt).

3. „Ethopathie" in einem bestimmten Instinktfunktionskreis (zur Illustration einige der vielen Beispiele: Instinktverluste, denen zufolge ein Muttertier die Neugeborenen nicht mehr richtig abnabeln kann oder als deren Folge ein Rüde durch die Demutsgeste eines anderen nicht am Zubiß gehindert wird, so daß ein solches Tier zum gefährlichen Killertyp werden kann; Rückschläge zur Wildform, denen zufolge Hunde und Katzen sich wieder berührungsscheu und angstaggressiv gegen Menschen verhalten, sofern diese Eigenschaften auf erblicher Grundlage beruhen; Vorstehhunde, die nicht richtig und lange genug vorstehen, sondern durch vorzeitiges Einspringen das Wild verscheuchen,

statt es dem Jäger anzuzeigen; Jagdhunde, bei denen der Beutetrieb so stark ist, daß sie das Wild anschneiden oder eingraben, anstatt es zu apportieren oder zu verweisen. Diese, den menschlichen „Psychopathien" vergleichbaren Instinktalternationen sind erblich.

4. Erbliche Epilepsie.
5. Den menschlichen, sogenannten endogenen Geisteskrankheiten des manisch-depressiven Formenkreises und den Schizophrenien analoge Störungen (mit den verschiedenen diesen zugeordneten Erscheinungsformen).

E) *Nicht primär organpathologisch bedingte, erworbene Verhaltensabnormitäten*
1. Alimentäre, toxische, klimatisch bedingte Abnormitäten (z. B. widernatürlicher Appetit bei gewissen Mangelerscheinungen, Süchte, Fright disease).
2. Umweltreaktiv bedingte Abnormitäten:
a) Früh erworbene reaktive Verhaltensstörungen (z. B. Fehlprägungen oder versäumte Prägungsvorgänge, reizarme Aufzucht, Instinktatrophie infolge fehlender Auslösereize, traumatisierende Kindheitserlebnisse).
b) Aktualreaktive Verhaltensstörungen (z. B. durch konfliktauslösende oder triebfrustrierende Umweltgegebenheiten – gekennzeichnet durch Auftreten von Entlastungsphänomenen; durch regelwidrige, extreme soziale Rangpositionen bedingte Störungen).
c) Residualreaktive Verhaltensstörungen (auch nach dem Wegfall länger dauernder konfliktbedingender oder frustrierender Umweltsgegebenheiten beibehaltene inadäquate Reaktionsweisen vom Typ der Entlastungshandlungen; durch traumatisierendes Erlebnis in adultem Alter fixierte unangepaßte Verhaltensbereitschaft; auch ein Teil der sogenannten „experimentellen Neurosen" wäre hier einzuordnen).

Wenn man die bisher bekannten wissenschaftlichen Untersuchungsergebnisse über die Entstehungsbedingungen von Verhaltensstörungen bei Hunden (unter den üblichen Haltungsbedingungen, nicht unter besonderen Laborbedingungen) kurz zusammenfaßt, so ergibt sich etwa folgendes:

An oberflächlich ähnlich erscheinenden Verhaltensstörungen können bei näherer Analyse und Berücksichtigung der Begleitumstände insofern manchmal wesentliche Unterschiede entdeckt werden, als an ihnen Fehlreaktionen oder Fehlentwicklungen oder angeborene Fehlveranlagungen einzelner oder mehrerer, oft ganz verschiedener Instinktverhaltensbereiche beteiligt sind. Gleichartige traumatisierende Umwelteinflüsse müssen – von einigen bestimmten Situationen abgesehen – nicht in jedem Falle zu gleichen oder ähnlichen, ja überhaupt zu Verhaltensstörungen führen. In vielen Fällen kommt es nur durch das Zusammentreffen mehrerer Faktoren zur Ausbildung einer chronischen Verhaltensabnormität.

Die am häufigsten vorkommenden Ursachen von nicht organpathologisch bedingten Verhaltensstörungen bei Hunden und Katzen scheinen teils angeborene Instinkthypertrophien, -atrophien, -verschiebungen und -ausfälle infolge mangelnder Zuchtwahl einerseits und teils Fehlprägungen und versäumte Prägungsvorgänge infolge unbiologischer oder reizarmer (zu isolierter) Aufzucht andererseits zu sein; ferner kommen noch in Betracht: Fixierung unangepaßter Reaktionsweisen durch ein- oder mehrmalige schockierende bzw. traumatisierende Erlebnisse und Dauerfrustrationen, also durch soziale, territoriale oder sonstige Umweltumstände bedingte Aufrechterhaltung eines Konfliktzustandes oder einer Situation, in der ein Trieb andauernd an seiner Befriedigung gehindert wird.

Andauerndes Fehlen von natürlichen Auslösereizen für verschiedene Instinkthandlungen muß nicht immer zu Leerlauf- und Ersatzhandlungen führen, manchmal kommt es unter solchen Umständen, insbesondere wenn sie von frühester Jugend an für das Tier bestehen, zu individuell verschieden weit gehenden Verkümmerungen einzelner Instinktanteile (ähnlich etwa einer Inaktivitätsatrophie, d. h. Unterentwicklung eines nie benützten Muskels). Viele dieser ungünstigen Umstände entstehen unnützerweise durch unrichtige Haltung und unverständige Behandlung des Tieres seitens seines Besitzers.

Die Rolle sogenannter konstitutioneller Faktoren (wie etwa Art des Nerventyps, besondere Veranlagung zu Übersprunginsuffizienz und dergleichen) für den Erwerb von Verhaltensabnormitäten oder neurotischen Fehlhaltungen sowie von psychosomatischen Schäden unter belastenden Umweltbedingungen ist zweifellos groß, doch wird besonders auf diesem Gebiet noch viel Forschungsarbeit geleistet werden müssen, ehe über die Art und Weise dieser „inneren Prädestinationsbedingungen" sowie deren eventuelle Erblichkeit oder Entstehungsmöglichkeiten im Laufe individueller Entwicklung ein klares und wissenschaftlich gesichertes Bild entsteht.

Akut oder chronisch verlaufende Verhaltensabnormitäten, die im Verlauf oder als Folgezustand verschiedener körperlicher Erkrankungen auftreten, können gar nicht so selten gewissen reaktiven Verhaltensstörungen phänomenologisch gleich oder sehr ähnlich erscheinen, weshalb mitunter sehr eingehende tierärztliche Untersuchungen notwendig sind, um die Natur eines Falles sicher abklären zu können.

Die Chance, eine Verhaltensabnormität zu beseitigen, bzw. eine unerwünschte, schlecht situationsangepaßte Verhaltensweise ändern zu können, scheint um so größer zu sein, je weniger angeborene oder durch Früherlebnisse bedingte Faktoren oder irreparable Organschäden an ihr ursächlich beteiligt sind.

Wie schon erwähnt, haben alle bisherigen Versuche, die Verhaltensstörungen systematisch einzuteilen, ihre Vorzüge und Schwächen (wie ja in der Humanpsychiatrie ganz ähnlich).

Die Möglichkeit eines weiteren Einteilungsversuches sei aber zum Vergleich dem Schluß dieses Kapitels noch angefügt (ohne näher darauf einzugehen):

Nach Prof. Hassenstein (1980) gilt das Verhalten eines Tieres dann als gestört oder als krankhaft, wenn es das Individuum selbst, seinen Sozialverband oder seine Art schädigt, oder aber wenn es aufgrund von äußeren Schädigungen oder nachteiligen Einflüssen auftritt, ohne den Organismus gegen sie zu schützen.

In einem Kapitel „Verhaltenspathologie" teilt er die Verhaltensstörungen bei Tieren ein in:

A) Nachteilige Einflüsse auf das Antriebsgeschehen (1. Einengung des Bewegungsspielraumes, Stereotypien; 2. Aktionen am Ersatzobjekt; 3. Ersatzbefriedigung am eigenen Körper: Retrojektion; 4. Versiegen von Bereitschaften, Partnerverlust).

B) Nachteilige Auswirkungen von Lernprozessen (1. Überforderungskrisen; 2. Auswirkung chronischer Konfliktsituationen: Rituale, Fehlreaktionen und körperliche Symptome; 3. Traumatische Wirkung einzelner Vorfälle; 4. Irrwege bedingter Aktionen).

C) Beeinträchtigte Verhaltensentwicklung (1. Entwicklungsverlangsamung und Entwicklungsrückschritte: Retardation und Regression; 2. Fehlprägung; 3. Fehlender Elternkumpan; 4. Spätere Folgen isolierter Aufzucht; 5. Aggressives Muttertier anstelle von Spielgefährten).

D) Gestörte Verhaltensbeziehungen zwischen Artgenossen (1. Krisen aufgrund von frühzeitiger Teilreifung; 2. Disharmonie zwischen angeborener Verhaltensstruktur und individueller Verhaltensanpassung; 3. Disharmonisches Sozialverhalten von Artbastarden; 4. Soziale Krisen bei Überbevölkerung).

1.9 Konfliktverhalten und sogenannte „Experimentelle Neurosen" bei Tieren

Das Thema der sogenannten „experimentellen Neurosen" hat in neuerer Zeit sehr an praktischer Aktualität gewonnen, die weit über den Interessenkreis von Fachleuten hinausgeht, seitdem zu Hundeabrichtezwecken sogenannte drahtlose elektrische Strafreizgeräte im Handel sind, die bei unsachgemäßer Anwendung – was leider nicht zu selten der Fall ist – dem Tier schweren psychischen Schaden von langer Dauer und schwerer Behebbarkeit zufügen, der den typischen Erscheinungsbildern „klassischer experimenteller Neurosen" entspricht, welche ansonsten, in vollständiger Form, nur unter besonderen Laborbedingungen zur Beobachtung gelangen. Aus diesem Grunde erscheint eine gesonderte Betrachtung dieses Themas in diesem Buche notwendig, während noch vor einigen Jahren die Behandlung derartiger Fragen in erster Linie nur den fachkundigen Leser interessierte. Der einfache Hundehalter, dem es in erster Linie, außer um Vertiefung des Verständnisses für sein Tier, um die Beseitigung eventueller Schwierigkeiten geht, muß sich nicht unbedingt mit den in diesem Kapitel zwangsläufigerweise mitbehandelten allgemeinen und teils historischen Grundlagenproblemen auseinandersetzen.

Um die Entstehungsbedingungen psychogener, also seelisch bedingter – sogenannter „umweltreaktiver" – Erkrankungen und deren Begleiterscheinungen im Hinblick auf den Menschen genauer erforschen zu können, stellten besonders sowjetische und amerikanische Forscher Tierversuche vornehmlich mit Hunden, Katzen, Affen, Ratten und auch Schafen an. Dabei handelt es sich im wesentlichen fast immer um dasselbe Prinzip; die Versuchstiere werden in der Experimentalsituation, aus der sie nicht entweichen können, unlösbaren Konflikten oder unerträglichen Frustrationen ausgesetzt. Nach der Art und der Dauer der dann auftretenden Reaktionen kann man die Versuchstiere hinsichtlich ihrer individuellen Eigenart in verschiedene Typen einteilen. Wird die seelische Belastung lange und intensiv genug fortgesetzt, so verschwinden viele individuelle Unterschiede, und es tritt ein Tage, ja manchmal Monate anhaltender Zustand ein, der als Verhaltenszusammenbruch (Nervenzusammenbruch) oder akute experimentelle Neurose bezeichnet wird; an ihn schließen sich meist weniger auffällige, jedoch manchmal lebenslang verbleibende Verhaltensabnormitäten (chronische experimentelle Neurosen, häufig in Kombination mit sogenannten Organneurosen) an. Schon der bekannte Physiologe Pawlow beobachtete bei seinen Lernexperimenten mit Hunden, daß manche Tiere, offenbar wenn sie überfordert wurden, laut und widersetzlich, ruhelos, zerstörungswütig und aggressiv sowie unbeherrscht wurden, während andere alsbald in allgemeine Hemmung, also Passivität, Depression, Schläfrigkeit, weitgehende Reaktionslosigkeit, allgemeine Überängstlichkeit und Schreckhaftigkeit verfielen, wobei ihre Lernleistungen sich nicht verbesserten, sondern fast völlig verschwanden. Manche verweigerten dann sogar das Futter und blieben auch außerhalb des Versuchsraumes im vertrauten Stall apathisch oder bösartig (sogar gegen ihresgleichen); auch stundenlanges Zittern, Speicheln, Hecheln oder Schlafstörungen, ja Erbrechen und Durchfall oder Verstopfung wurden registriert. Bei genauerer Untersuchung solcher Tiere ließ sich feststellen, daß manche Funktionen sogenannter autonomer Organtätigkeit (Herz und Kreislauf, Magen-Darm-Kanal, Schilddrüse usw.) in Mitleidenschaft gezogen wurden. Bei dem Typ, in dessen äußerlichem Verhalten die Erregungserscheinungen überwiegen, weicht nicht immer auch die Tätigkeit der inneren Organe in Richtung Überfunktion von der Norm ab, sondern manchmal entgleist sie kompensatorisch ins gegenteilige Extrem (allgemeine Funktionshemmung, Unterfunktion). Bei dem Typ, in dessen äußerlichem Verhalten ein Überwiegen der allgemeinen Depressionshaltung zu beobachten ist, verhält es sich manchmal entsprechend; die vegetativen Organfunktionen können durch einen Zustand kompensatorischer Übererregung, Überfunktion gekennzeichnet sein. Es gibt aber auch Fälle, in denen nur Verhaltensstörungen, aber keine Abweichungen von der vegetativen Funktionsnorm zu registrieren sind; vereinzelt konnten aber auch starke vegetative Störungen bei einem äußerlich sich normal verhaltenden Versuchstier beobachtet werden.

Liddell und einige andere amerikanische Forscher führten ähnliche Versuche mit Schafen und Ziegen durch. Dabei konnten einmal die Bedingungen gefunden werden, unter denen Tiere die psychische Belastung des Versuches nicht mehr ertragen konnten, zum anderen jene, unter denen sie den sogenannten „psychogenen Streß" gerade noch ohne Schaden ertrugen.

Um dem Leser eine konkrete Vorstellung zu geben, wie solche Versuche in etwa durchgeführt werden, sei eine Stelle aus dem Buch Liddells herausgegriffen und (gekürzt) teilweise wörtlich, teilweise sinngemäß zitiert: „In dem Experiment werden Zwillingslämmer der üblichen Prozedur unterworfen (zwanzig Lichtsignale, gefolgt von einem sehr milden elektrischen Schlag durch eine an einem Fuß befestigte Elektrode; zwei Minuten Intervall; Beginn der neuen Reizserie). Einer der Zwillinge wird in Gegenwart der Mutter getestet, der andere allein. Das Experiment (fünfzig Serien täglich) wurde nach zweiunddreißig Tagen abgeschlossen, die Lämmer zur Herde zurückgebracht. Trotz günstiger Umstände starb das isoliert getestete Lamm mit etwa zehn Monaten, das andere lebte weiter."

„... nach vierundzwanzig Versuchstagen bereits zeigte das isoliert getestete Lamm auffallende Anzeichen anormalen Verhaltens. Am nächsten Tag *weigerte* es sich bereits, der Mutter und dem Geschwister ins Labor zu folgen. Unsere erwachsenen, experimentell neurotischen Schafe zeigen ähnliche Störungen im Verhalten gegenüber der Herde ..."

Was geschah im Prinzip? Das Tier wurde geängstigt, es konnte aus der unheimlichen Situation nicht entfliehen (Frustration durch Käfigwände), die Erregung durch Aggression abzureagieren war sinnlos, denn es war kein anzugreifendes Lebewesen oder ein zerstörbarer Gegenstand in Sichtweite. Die Lichtsignale zeigten nicht regelmäßig das Nachfolgen des unangenehmen Reizes an (zwischendurch wurde auch Futter gereicht). Das Tier konnte nicht herausfinden, wonach es sich richten sollte, was jetzt oder später zu erwarten war. Alles anfängliche Sträuben erwies sich als sinnlos. Die meisten Versuchsserien dauerten täglich fünfzig Minuten – dagegen konnte man nichts unternehmen. So legte das Tier sich selber den Zwang einer fatalistischen Haltung auf, es resignierte, war gebrochen, desorientiert. Es war niemand da, dessen Anwesenheit wenigstens das Gefühl von Schutz geben konnte (im Falle des isoliert getesteten Zwillings).

In zoologischen Gärten kommt es häufig ungewollt zu Konflikt- oder Frustrationssituationen; sie führen bei manchen Tieren zu den bekannten Bewegungsstereotypien. Wem ist nicht aus eigener Erfahrung das Weben der Bären und Im-Kreis-Laufen hundeartiger Raubtiere in zu engen Käfigen bekannt? Es ist das Verdienst der schweizerischen Tierpsychologin Meyer-Holzapfel, die sich neben Hediger als eine der ersten um die Erforschung seelischer Störungen bei Tieren verdient gemacht hat, die Natur dieser Erscheinungen aufgeklärt und beschrieben zu haben. Ihnen können verschiedene konkrete Konfliktursachen zugrunde liegen. Tembrock beschreibt ebenfalls solche Erscheinungen, und zwar bei gefangenen Füchsen, die gehemmter Fluchttrieb (also Frustration des Fluchtstrebens durch das vorhandene Käfiggitter) eintönig an einer Wand ihres Käfigs hin und herlaufen läßt, wobei die gesamte Körperhaltung gegenüber dem normalen Lauf verändert erscheint und die Sinnesorgane geringe Umweltbeziehung anzeigen. Tembrock schreibt: „Das Maul ist leicht geöffnet, die Bewegungen scheinen eingefroren in einem starren Ablauf. Mitunter können abnorme Verhaltenskomponenten, wie das Drehen eines Kopfes ...". Und ein weiterer, anderer Fall: „Ein Fuchs, der in der Hochranz von einem Ranghöheren niedergekämpft wurde (in Anwesenheit seiner Fähe), zeigte einen vollständigen Zusammenbruch seines Verhaltens und lief von Stunde an nur mehr stereotyp durch den Raum, ohne irgendeine Fähe auch nur zu beachten. Erst die Entfernung von dem überlegenen Fuchs heilte seine Leiden." Derartige Erscheinungen könnte man als unbeabsichtigte oder unfreiwillige experimentelle Neurosen bezeichnen.

Um verstehen zu können, wieso es zu derartigen Verhaltensabnormitäten unter seelischen Belastungsbedingungen kommt, müssen wir uns noch einmal mit dem Konfliktverhalten bei Säugetieren befassen. In gut fünfzig Prozent aller Fälle liegt nämlich die Ursache einer Verhaltensstörung, besonders bei Hunden und Katzen, aber auch bei anderen Haussäugetieren, in irgendeinem Konflikt, der nicht gelöst werden kann oder der lange zurück liegt.

Wollen wir uns ins Gedächtnis rufen, was schon im Verlaufe des Kapitels 1 des Allgemeinen Teiles im Zuge der Erläuterung einiger Fachausdrücke kurz gestreift wurde:

Wann befindet sich ein Tier in einer seelischen Konfliktsituation? Wenn ein angeregter Trieb (Ablauf einer beginnenden Instinkthandlung z. B. aus dem Sexualfunktionsbereich, dem Nahrungsaufnahmeverhalten, dem Fluchtkreis) durch äußere Umstände oder durch eine innere Hemmung an seiner weiteren Abreaktion gehindert, also das Erreichen des erstrebten Triebzieles vereitelt wird. Man spricht bei dieser Art von Konflikten in der Fachwelt von sogenannten „Frustrationen". Ein Hund z. B. sieht vor einem Gartenzaun Futter oder einen Feind oder eine läufige Hündin, kann aber nicht durch das Gitter gelangen. Auf einer Pferdekoppel möchte einer der Junghengste sich einer rossigen Stute nähern, der „rang-hohe" Leithengst steht aber in der Nähe; der Junghengst „weiß", der alte würde dies nicht dulden. Seine Rangordnung legt ihm soziale Hemmun-gen auf, die die weitere Verfolgung seines Triebzieles in der augenblicklichen Situation vereiteln. Der Konflikt besteht in diesem Falle aus einer Angstkomponente (Fluchtbereitschaft infolge Rangunterlegenheit), einer schwächeren Rivalenkomponente (unterdrückte Aggression) und der frustrierten Sexualwunschkomponente. Man sieht, wie ambivalent so-ziale Begegnungen sein können!

Auch eine zu unruhig gelegene Abferkelbox im Schweinestall kann für die Muttersau eine Konfliktatmosphäre bedeuten, so daß die eigenen Jungen statt gesäugt, gefressen werden. Damit kommen wir zu einer Reihe ande-rer Konfliktarten, die nicht in einer Vereitelung, sondern in der gleichzei-tigen, gleich starken Erregung zweier, in der Ausführung einander aus-schließender Triebe bestehen (z. B. Kampf und Junge säugen). Daran müssen nicht immer nur angeborene Triebe, also durch die Umweltsitua-tion erregte Instinkttendenzen teilnehmen, es kann sich auch um Kollision mit einem „erworbenen Trieb", also einem sogenannten „Quasibedürf-nis" handeln. Hierzu ein Beispiel: Ein von Natur aus ängstlicher Hund hatte wiederholt auf der Straße verkehrsbedingte Schreckerlebnisse durchstehen müssen und möchte daher aus Furcht die Straße am liebsten überhaupt meiden. Der Geruch einer läufigen Hündin, seine Stubenrein-heit oder die Folgsamkeit gegenüber einem Befehl seines Herrn zwingen ihn aber, die gefürchtete Straße doch zu betreten.

Unter den Ausweichmöglichkeiten, die einem Tier zur Verfügung stehen, wenn es in einem unter natürlichen Bedingungen sich ergebenden Trieb-konflikt steht, nennt Schmidt, der diese Belange beim Hund nach etholo-gischen Gesichtspunkten ausgiebig studiert hat, folgende:

a) Ambivalente Bewegungen. Sie sind eine Kombination mehrerer, den unvereinbaren Trieben entsprechender Verhaltenselemente, meist eine gleichzeitige Kombination ihrer Intentionsbewegungen, manch-mal in Form bestimmter Körperhaltungen oder deren kuzzeitiger Auf-einanderfolge, meist regellos wiederholt.

b) Übersprungbewegungen. Sie werden definiert aus ihrem spezifischen

214

Ein Beispiel für die mögliche Umorientierung einer Instinkthandlung gibt das Bild der sich in einen Birkenast verbeißenden vierjährigen Teckelhündin, die nach einer Verfolgungs-jagd den vor ihr auf den Baum geflüchteten Vogel nicht erreichen kann. ▶

Einbettungsverhältnis: Es sind dies Bewegungen, die aus einem zur gegebenen Situation nicht passenden Instinktbereich stammen.

c) Reaktionen auf suboptimale Reize (siehe Kapitel 1 des Allgemeinen Teiles unter Leerlaufreaktion).

d) Objektübertragene Bewegungen oder sogenanntes umorientiertes Verhalten. Es erscheint, wie schon früher erwähnt, z. B. häufig, wenn Angriffs- und Fluchtstreben miteinander konkurrieren und eines der beteiligten Tiere seinen Angriff gegen ein drittes, hinzukommendes Tier oder auf einen Gegenstand richtet.

Alle erwähnten Reaktionsformen haben den gleichen Effekt: Sie führen zu einer Entspannung der Situation, zu einer Lösung des Konfliktes; das Verhaltensgleichgewicht soll wieder hergestellt werden.

Nun gibt es auch Tierindividuen, die konstitutionell nicht in der Lage sind, solche normalen Notventile in Form von Entlastungsreaktionen zu öffnen, sie sind Neurose-disponiert. Auch zufällige Umstände können den Vollzug einer Entlastung verhindern (z. B. enger Stall, daher keine Möglichkeit, sich der Situation zu entziehen; ranghohes Tier oder gefürchteter Mensch anwesend). Dann kommt es zu nervalen Überreizungserscheinungen (Vorstadien einer Neurose), zu denen gehören:

a) *Hemmungssymptome:* kataleptische Zustände und stuporöse Zustände (also Steifheit und stumpfsinnige Reaktionslosigkeit), Futterverweigerung, körperliche Erschlaffung und Schlaf einerseits oder Schlafstörungen andererseits, Unterlassung der Körperpflege, Störungen im Schlaf-Wach-Rhythmus, Störungen im Raum-Zeit-System (täglicher Tätigkeitsablauf in örtlicher und zeitlicher Hinsicht), Störungen in den sozialen Beziehungen (Rangverlust, Impotenz). Das Trauerverhalten des Hundes, wenn sein Herr verreist ist, ist eine bekannte, hierher gehörige Erscheinung.

b) *Erregungssymptome:* allgemeine motorische Unruhe und Stereotypien (gleichförmige Zwangsbewegungen wie Hin- und Herlaufen, Im-Kreis-Laufen, Achterschlingen-Laufen, Bellsalven, Drangwandern), Bösartigkeit gegenüber Menschen und Artgenossen (Erregungsstauung kann solches Ausmaß annehmen, daß selbst starke soziale Hemmungen überwunden werden, so daß auch der Ranghöhere nicht respektiert wird), ununterbrochenes Winseln, Heulen oder Stöhnen, unermüdliches sinnloses Rennen an die Wand und Hochspringen sowie

Zerstörung von Gegenständen (die Aggression gegen unbelebte Objekte ist besonders beim Schwein und beim Menschen beliebt).

c) *Sogenannte vegetative Störungen:* Herzklopfen, Zittern, Atemnot, verstärkter oder verminderter Speichelfluß, Verlust der Reinlichkeit (also Harn- und Kotabsatz im Heim 1. Ordnung, oder gar Beschmutzung des eigenen Körpers), Erbrechen; ferner sogenannte neurodystrophische oder psychosomatische Symptome wie Ekzeme, Furunkulose, Sarkome, Gastritis, Dünndarmgeschwüre, Unfruchtbarkeit, Versiegen der Milchsekretion, Darmentzündung, Asthma usw.

Typische Anzeichen einer bestehenden Konfliktsituation sind: vermehrtes Gähnen in unpassenden Situationen, Zittern, Speicheln, sinnloses Hin- und Herspringen, Scharren am Boden oder an Wänden; Winseln, Kotabsatz, Erbrechen; viele Hunde heben wiederholte Male das Hinterbein zum Spritzharnen, legen sich in ungewöhnlichen, unbequemen Stellungen hin, als wollten sie schlafen; sie können auch allerlei unvollständige Instinktbewegungen (Intentionen) zeigen, die gar nicht zur Situation passen. Auf sonst unbeachtete Störreize reagieren sie unnatürlich heftig, verkriechen sich und weigern sich, angebotenes Lieblingsfutter zu fressen. Mutterhündinnen können ihre Jungen in Konfliktsituationen vernachlässigen oder auffressen. Bekannt ist auch das übertriebene, besonders häufige Kratzen und Sich-Schütteln, sowie Pfoten-Belecken als Erregungsableitung in Verlegenheitssituationen. Manche Hunde reagieren Erregungen ab, indem sie zur Schüssel laufen und Wasser lappern oder Futter aufnehmen oder indem sie vor aller Augen einen Teppich mit Kot oder Harn verunreinigen.

Dauerschäden nach Schockerlebnissen (z. B. während eines Gewitters allein eingesperrt; als Junghund auf der Straße von erwachsenem Hund angefallen; Verkehrsunfall; rohe Behandlung während des Deckaktes) oder nach längere Zeit hindurch zwangsweise ertragenen Konflikten (z. B. Fehlen eines Meutenführers, da Herr zu nachgiebig; Hund fühlt sich lieblos ausgestoßen, da er nicht im Schlafzimmer neben dem menschlichen Meutengenossen schlafen darf; langes Dasein als Kettenhund; immer der Rangtiefste in einer Meute) können in Überängstlichkeit, sozialen Kontaktstörungen, Bösartigkeit, Impotenz und sexuellen Kontaktstörungen, Neigung zu Stereotypien bei Aufregung, Stubenunreinheit u. a. als dauernde neurotische Fehleinstellung das ganze weitere Leben hindurch hartnäckig bestehen bleiben oder sich nur unter sehr verständiger Behandlung langsam und teilweise zurückbilden. Manche Hunde ertragen, wie schon erwähnt, ein höheres Maß an seelischer Belastung, andere verfallen besonders rasch in Neurose. Statt aus einer Situation zu lernen, geben sie auf; das sind die sogenannten übersprunginsuffizienten Individuen (nach Schmidt), also Tiere, denen veranlagungsgemäß die Möglichkeit fehlt, übermäßige Erregungen durch reichliche Betätigung von Entlastungshandlungen abzureagieren, um ihr Nervensystem vor Überreizung zu bewahren. Ihnen entsprechen nach der Darstellungsweise Pawlows der sogenannte „schwache Nerventyp" und der „starke zügellose Nerventyp".

Auch von den neobehavioristischen, lerntheoretischen und neueren psychoanalytischen Schulrichtungen aus wurden Untersuchungen zum umfassenden Problem des Konfliktverhaltens angestellt.

Eine der bekanntesten Versuchsanordnungen, die sogenannte Skinner Box, die besonders in den Laboratorien der pharmazeutischen Industrie zur Prüfung der konfliktabschirmenden Wirkungen verschiedener Beruhigungsmittel Eingang gefunden hat, wurde von Massermann in die psychiatrische Forschung eingeführt und standardisiert. Diese im deutschsprachigen Raum u. a. von Hotovy publizierte Versuchsanordnung sei hier wiedergegeben (sie wurde zunächst für Katzenversuche, später auch für Hunde verwendet):

„Die Tiere (in einem besonders konstruierten Versuchskäfig – Anmerkung des Verfassers) wurden so dressiert, daß sie nach Drücken auf eine Taste, die sich auf der einen Käfigseite befand, durch Öffnen eines Deckels aus dem Futterkasten auf der anderen Seite des Käfigs beim Aufleuchten einer grünen Lampe und Ertönen eines Schnarrgeräusches von fünf Sekunden Dauer sich den Leckerbissen holten. Durch ein unerwartetes, sehr starkes Anblasen mit Stickstoff (ein bis drei Atmosphären) beim Öffnen des Futterkastens und vorherigem Aufleuchten einer roten Lampe konnte eine Konfliktsituation ausgelöst werden. Diese äußerte sich einerseits in einem größeren Zeitintervall bis zur nächsten Bedienung der Taste zum Zwecke des Futterholens (in Würfel geschnittene, geräucherte Pferdefleischwurst), andererseits in einem wiederholten Niederdrücken der Taste. Außerdem wurde das Verhalten der Tiere verändert. Die dressierten Katzen verhielten sich vor dem Erschrecken durch Anblasen gesellig und zufrieden. Je nach der Veranlagung der Katzen bedienten diese die Taste entweder mit der Pfote oder mit dem Kopf. Die Ausführung der gestellten Aufgabe (Niederdrücken der Taste, Abwarten des Niederfallens des Futterwürfels bei Beendigung des akustischen Signals und Verlöschen der grünen Lampe, Öffnen des Futterbehälters und Entnahme des Futters, Aufsuchen der gegenüberliegenden Käfigseite und Wiederbedienen der Taste) erfolgte bei den Katzen – im Gegensatz zu den Hunden – ruhig und ohne Hast (im Mittel in zwanzig bis dreißig Sekunden). Nur die Futterentnahme aus dem Kasten wurde meist durch einen raschen Pfotenschlag ausgeführt. Die Katzen verfolgten während der Tastenbedienung ab und zu mit den Augen die Bewegungen des Versuchsleiters, kamen an die Käfigseite, an der dieser sich befand, und rieben sich dort in typischer Art und Weise an der Käfigwand, miauten, schnurrten, putzten sich und gingen dann mit erhobenem Schwanz von der Taste zum Futterkasten. Bei Ingangsetzung der Anblasevorrichtung sprangen die Tiere zurück, liefen unruhig im Bogen um den Kasten, miauten langgezogen und kläglich, die Schwanzhaare wurden gesträubt und der Schwanz ringelte sich schnell hin und her. Dies sind alles Zeichen einer Erregung (Furcht) nach Norton und De Beer. Sie beachteten nicht mehr den Versuchsleiter, und es konnte zu den von Norton und De Beer beschriebenen feindseligen Verhaltensweisen mit Knurren, Fauchen und Zittern kommen. Nach einiger Zeit (dreißig bis zweihundertsiebzig Sekunden) drückten die Katzen einmal bzw., je nach der Schreckwirkung, mehrmals die Taste nieder und näherten sich langsam und vorsichtig dem Futterkasten. Sie probierten vorsichtig öfters, den Deckel des Kastens zu heben, wobei sie bei dieser Tätigkeit noch mehrmals zurücksprangen. Die Anzahl der Tastendrucke und das Öffnen des Kastens, bzw. die Zeitabstände zwischen Tastendruck – Deckel öffnen – Tastendruck und den einzelnen Tastendrucken wurden mit Hilfe von Druckzählwerken bzw. Zeitwerken der Firma Irion registriert. Die verschiedenen Arbeitsvorgänge waren so geschaltet, daß nach einmaligem Niederdrücken der Taste ein akustisches Signal ertönte. Dieses konnte erst bei Erfüllung des Programmes (Hochheben des Deckels) wieder ausgelöst werden. Die eingeschaltete rote Warnlampe erlosch nach Ablauf von zwanzig Sekunden, wobei anschließend beim Hochheben des Kastendeckels die Anblasevorrichtung blockiert war. Durch geeignete Abstimmung der Arbeitsvorgänge durch verschiedene Relaisschaltungen konnte eine genaue Einhaltung der Versuchsbedingungen erzielt werden. Das von den Katzen bzw. Hunden erzielte Arbeitspensum wies eine bemerkenswerte Regelmäßigkeit auf." (Es existiert darüber übrigens ein Lehrfilm der Fa. Pfizer, der an der Psychiatrischen Klinik der Wiener Universität gedreht wurde und den Titel „Alkoholismus" trägt. Man sieht unter anderem auch, daß eine neurotisierte Katze alkoholversetzte Milch reiner Milch vorzieht und daß gewisse Psychopharmaka das Tier von dem psychogenen Streß abzuschirmen in der Lage sind.)

„Das Verhalten von Bastardhunden (sieben bis zwölf Kilogramm Körpergewicht) war in dieser Versuchsanordnung anders als das der Katzen. Die Hunde erfüllten hastig das eingeschulte Programm (zehn bis fünfzehn Sekunden) und waren vor Empfang des Futters in einem Erregungszustand (Zittern, Anbellen des Käfigs, gespannte Haltung und Aufmerksamkeit). Die Futterbelohnung schluckten sie hastig hinunter, um sofort von neuem die Taste niederzudrücken. Bei Erschrecken durch Anblasen verhielten sich die Hunde abwartend und äußerten Zeichen von Furcht (Niedersetzen in größerer Entfernung vom Futterkasten, Hängenlassen des Schwanzes, Winseln usw.). Bei wiederholtem Erschrecken mit vorherigem Aufleuchten der Warnlampe konnte auch ein Furchtzustand allein durch Aufleuchten der roten Lampe erzielt werden. Durch die oben genannte Konfliktsituation wurden Hunde für längere Zeit (zwei bis drei Wochen) vergrämt und konnten erst durch wiederholtes Training zur Erfüllung des Arbeitsprogrammes eingesetzt werden.

Die Dressur der angeführten Arbeitsleistung dauerte bei Katzen (jüngere männliche Tiere waren am besten hierzu geeignet) drei bis vier Wochen bei fünftägigem Training in der Woche. Hunde erlernten die vorliegende Aufgabe in einer Woche. Sämtlichen Versuchstieren wurde vierundzwanzig Stunden vor den Versuchen das Futter entzogen ..."

Nach einer weiteren, ähnlichen Versuchsanordnung mußten verschiedene Versuchstiere lernen, nur während des Aufleuchtens (für zehn Sekunden – oder spätestens bis sechs Sekunden nachher) einer Lampe Futter aus dem Versuchskasten zu entnehmen, andernfalls erhielten sie einen elektrischen Schlag (der Käfigboden bestand aus einem elektrisch aufladbaren Gitter). Von Katzen erlernen, nach verschieden langer Zeit, nur einzelne, diese Aufgabe zu meistern, für andere stellt sie ein unlösbares Problem und damit eine unentrinnbare Konfliktsituation dar; sie beginnen nach kurzer Zeit schon beim Einsetzen des Signalreizes (Ertönen einer Glocke, die sie – zufolge früherer Lernmöglichkeit – zum Futterkasten locken sollte), sich zu verkriechen, kläglich zu heulen und, da die Käfigwand einen Fluchtweg versperrt (Frustration), in die Gitterstäbe zu beißen, Harn oder Kot abzusetzen usw.

Auch Menschen zeigen, wenn man sie vor unlösbare Aufgaben in einer ausweglosen Situation stellt, die verschiedensten Konfliktentlastungsreaktionen wie Weinkrämpfe, Wutanfälle und andere situationsangepaßte Verhaltensweisen.

Das eigentlich Pathologische eines neurotischen Zustandsbildes ist jedoch nach Schmidt erst durch chronische, also längere Zeit (auch nach Wegfall der auslösenden Situation) anhaltende Überängstlichkeit, verstärkte Neigung zu Schreckreaktionen mit erhöhter Fluchtneigung, Rückschritt auf kindliche Verhaltensweisen, oder aber (bei anderen Charaktertypen) in anhaltender (erworbener) Neigung zu extrem leicht auslösbaren Aggressionshandlungen selbst gegen die gewohnten, vertrauten Sozialpartner, manchmal auch gegen Ranghöhere, kurz in einer Dauerhaltung der Unangepaßtheit an jegliche Umweltanforderung gegeben.

Auf die zahlreichen weiteren Methoden, mit denen man ebenfalls experimentelle Neurosen erzeugen kann, sei hier nicht eingegangen, da derartig verschärfte Nervenüberreizungen im natürlichen Leben eines Tieres niemals auftreten, so daß uns diese „Kunstprodukte" hier nur am Rande interessieren.

Dieses Kapitel abschließend, wollen wir noch einen Blick auf eines der vitalsten Urerlebnisse, nämlich die Angst werfen.

Was ist Angst eigentlich?

Angst ist ein Affekt, also ein psychosomatischer Vorgang. Auf der subjektiven (erlebnishaften) Seite wird intensive Unlust empfunden, verbunden mit Vorstellungen über deren Verursachung und Handlungsmöglichkeiten, sich letzterer zu entziehen. Je nach Bewußtseinsgrad der Begleitvorstellungen resultiert eine aktionsaktivierende oder handlungshemmende Wirkung. Die Aktionsaktivierung kann je nach weiteren, besonderen Umständen in Verteidigungsaggression oder Flucht und – bei Fehlen der Fluchtmöglichkeit (oder bei konflikthafter Sperrung) – in Handlungszusammenbruch (führt zu Schock oder Neurose) durch Auftreten sinnloser, ungerichteter Intentionsbewegungen verschiedenster Instinkthandlungen übergehen. Bei der Aktionshemmung – rascher Anstieg von Angst höchster Intensität – spricht man auch vom sogenannten Totstellreflex. Bei deutlich erlebten Begleitvorstellungen über die – vermeintlichen (!) – Unlustursachen oder „Gründe" sprach die ältere Psychologie von *Furcht vor etwas* und unterschied somit zwischen einer mehr vorstellungslos erlebten Angst und der gerichteten Furcht. Diese Unterscheidung hatte allerdings rein akademischen Charakter und erklärt – wie sich später zeigte – gar nichts, weshalb sie von vielen Fachleuten wieder aufgegeben wurde. Für die Stärke der Unlust, also die erlebte Intensität der Angst, ist es nämlich völlig belanglos, ob dieser Affekt mit Vorstellungen von Tod und Vernichtung, sozialem Rangverlust bzw. Unterlegenheit in Rivalenkämpfen, echter oder vermeintlicher Schuld oder sonstigem assoziiert erlebt wird. Dies gilt, wie die vergleichende Verhaltensforschung heute mit guten Gründen vermutet, für Menschen und höhere Säugetiere gleichermaßen! In affektiver Beziehung, schreibt Hediger, steht uns das Tier sehr viel näher als in intellektueller Beziehung.

Es mag auf den ersten Blick vielleicht paradox erscheinen, daß das Verhaltenskorrelat der Angst, das Fluchtverhalten, als echte Instinkthandlung einen eigenen spezifischen Antrieb besitzt, der, wenn er nicht von Zeit zu Zeit entladen wird, ein Lebewesen dazu drängt, in einer Art Appetenz Situationen aufzusuchen, die entsprechende Schlüsselreize zum Abrollenlassen von Flucht- oder Abwehrhandlungen bieten. Bei entsprechendem Triebstau kann es dann auch zu „Angstverhalten im Leerlauf", also Reaktionen auf suboptimale Reize in diesem Funktionsbereich kommen. Katzen fordern bekanntlich manchmal Hunde mutwilligerweise zu Aggressionsversuchen auf, und jemand, der sich vor keiner echten Bedrohung zu fürchten hat, wird von vielen unwichtigen Phantasien geängstigt. Näheres zu diesem Thema siehe Lorenz und Leyhausen, „Antriebe tierischen und menschlichen Verhaltens".

Es ist in der Erbstruktur festgelegt, welche Umweltreize (und in welcher Situation) bei den verschiedenen Tierarten Fluchtverhalten auslösen, also angsterregend wirken, und wie weitgehend diese angeborenen Auslösemechanismen durch erlebnishafte Umwelteinflüsse, also durch Lernakte (während der Jugendentwicklung eines Individuums stärker als durch spätere Erfahrungen), eingeengt oder erweitert werden können. Diese Veränderungen des angeborenen Auslöseschemas können mitunter sehr weitgehend sein. Überdies zählt die Angst zu den trainierbaren Instinkten, d. h., ihr individuelles Maß kann durch Umwelteinflüsse besonders stark modifiziert werden.

Den Höhepunkt der Unlust scheint ein Individuum in einer Situation der Ausweglosigkeit zu erleben; in solchen Situationen kann, besonders wenn sie wiederholt auftreten, das Nervensystem ernstlichen Schaden erleiden. Damit sind wir beim zweiten, dem physischen Aspekt der Angst. Das physiologische Bild der Angst repräsentiert sich in der Ausschüttung gewisser Hormone und dadurch Veränderungen der Durchblutung, Blutdrucksteigerung und Herzfrequenzänderung sowie in höchster Aktivität bestimmter Gehirnteile, Tonusveränderungen des vegetativen Nervensystems und dessen Erfolgsorganen (kann z. B. zu Kotabsatz, Urinieren, Erbrechen führen), Veränderung der Pupillenweite u. a. m. Aus den körperlichen Begleiterscheinungen der Angst sind objektive Maßstäbe zur Messung der Stärke des Angstaffektes ableitbar.

Eine Überreizung des Nervensystems durch wiederholte Ängstigung eines Tieres kann so weit führen, daß das Tier stirbt; und zwar nicht etwa plötzlich durch einen Herzschlag, sondern infolge Erschöpfung des Schilddrüsenkolloids. Beispiele intensiver, ja irreversibler Nervenschädigungen in auf den ersten Blick völlig harmlos erscheinenden Situationen gibt es in großer Zahl. Messungen haben ergeben, daß die Angst des Tieres sehr häufig – manche Experten behaupten sogar, immer – Todesangst ist, weil das Tier nicht beurteilen kann, wie weit eine als bedrohlich empfundene Situation nicht doch relativ harmlos ist.

Das Leben des Tieres in freier Wildbahn verläuft keineswegs so frei und glücklich, wie man vielleicht bei oberflächlicher Betrachtung anzunehmen geneigt ist; das Wildtier lebt ständig unter der Rahmeneinstellung der Angst, immer bereit zur Flucht vor Artfeinden und anderen Bedrohungen. Der Hirsch, der mit dem anderen einen Kommentkampf ausficht, ist dabei keineswegs frei von Angst. Die Ambivalenz zeigt sich besonders deutlich in Kampfpausen, wenn die gleichstarke Flucht- und Aggressionsbereitschaft einen Konflikt ergeben, der inadäquat in Form von sogenannten Übersprungreaktionen – im Falle des Hirsches durch Scheinäsen – abreagiert wird. Als wichtig betont in diesem Zusammenhang Prof. Hediger die Tatsache, daß man zwischen Pseudoaggressivität, die reinen Notwehrcharakter trägt und durchaus dem Rahmen des Flucht- bzw. des Feindvermeidungsverhaltens angehört, und grundsätzlich verschiedener sozialer Aggressivität und der davon weiterhin prinzipiell andersartigen Beuteaggression zu unterscheiden habe. Auch beim Hund kennen wir Charaktere, die mehr zu Verteidigungs- oder sogenannter Notwehraggressivität (der scharfe Hund), solche, die mehr zur Sozialaggressivität, also zu Meutenführerambitionen neigen (der kampflustige, mutige Hund), und solche, die beide Eigenschaften in wechselndem Maße und dazu als dritte selbständige Eigenschaft die sogenannte Raubzeugschärfe besitzen, also ein besonders aggressives Verhalten im Beutefunktionskreis haben. Darüber hinaus kennen wir bei Caniden noch eine weitere – gnadenlos geübte – Aggressivitätskategorie, die Aggression gegen rudelfremde Artgenossen, die Zimen besonders instruktiv bei Wölfen beobachtet und beschrieben hat. Jede dieser Eigenschaften kann bei einzelnen Hunden auch fehlen. Weder territorial noch zeitlich ist das Tier frei, es ist – nach Hediger – ebenso in ein unerbittliches Raum-Zeit-System eingespannt wie wir und bangt oft genug ebenso wie wir um persönliche Sicherheit, sein Heim und seinen „Besitz" sowie um das Wohlergehen der mit ihm wohnenden Kumpane, sei es nun im Instinktkreis des Sexualverhaltens oder der Jungenaufzucht oder sonstiger integrierter Gemeinschaft. Aus der Tatsache, daß eine Tiermutter auch gegen übermächtige Gegner ihre Jungen zu verteidigen bereit ist, darf nicht geschlossen werden, daß sie diesen Kampf angstfrei auf sich nähme oder daß sie, im Falle der Flucht, sich um ihre Kinder nicht mehr sorgt! Selbstverständlich bestehen tierartliche Unterschiede, und man darf nicht erwarten, daß das einfach gebaute Vogelhirn hier ähnliche Leistungen vollbringt wie das wesentlich höher entwickelte Säugergehirn.

Von manchen Jägern wurde früher behauptet, daß Tiere offensichtlich Todesangst nicht kennen, da sie völlig ungerührt an toten Artgenossen vorbeigehen. Diese Beobachtung ist jedoch nicht beweiskräftig. Man könnte nämlich mit einer ebensolchen Vermutung vom Menschen behaupten, daß dieser das Phänomen des Todes nicht zu begreifen scheint, weil er sich in einem konkreten Fall völlig ungerührt zeigt. Amerikanische Forscher stellten mit einigen Schlachtrindern einen ebenso interessanten wie lehrreichen Versuch an. Sie ließen vier ausgewählte Tiere am Schlachthof zusehen, wie ihre Artgenossen getötet wurden. Äußerlich sah man ihnen nicht an, was sie dabei erlebten. Später schaffte man diese Tiere wieder auf die gewohnte Weide zu ihren Artgenossen zurück. Nach einigen Jahren erst ließ man verschiedene Personen sich der Herde nähern, ihren früheren Stallburschen, ihren Besitzer, Personen, die die Tiere noch nie gesehen hatten, einen Tierarzt und unter anderen auch die beiden Schlächter, denen die Rinder seinerzeit zusehen mußten. Während die Tiere auf die bekannten Personen zugingen und von Fremden wenig beeindruckt waren, flohen sie panisch vor den Schlächtern. Eines der Tiere versuchte, die Schlächter anzugreifen. Wir sehen daraus, daß Tiere auch dann etwas Einschneidendes erleben können, wenn man ihnen äußerlich keine deutlichen Anzeichen von Erregung anmerkt, und daß dies lange Zeit in ihrem Gedächtnis haften bleibt. Wobei allerdings nicht anzunehmen ist, daß sie sich an die seinerzeit wahrgenommenen Vorgänge – deren Bedeutung sie wohl gar nicht voll verstanden – erinnerten, sondern lediglich, daß das Erkennen der beiden Schlächter eine Art „Stimmung des Unheimlichen" in ihnen wiedererweckte.

1.10 Was sind psychosomatische Störungen und Erkrankungen (Organneurosen)?

Bereits im vorhergehenden Kapitel wurde mehrmals erwähnt, daß starke, erschütternde Erlebnisse und vitale Affekte nicht nur im subjektiven Erleben und – objektiv betrachtet – in der Erregung bestimmter Hirngebiete und diesen angeschlossener „Erfolgsorgane" (z. B. Ausdrucksmuskulatur) ihren Niederschlag finden, sondern im ganzen Körper. Das sogenannte vegetative Nervensystem und die Hormonausschüttung gewisser Drüsen mit innerer Sekretion bewerkstelligen die Änderung der Blutverteilung, der Atmung, der Herzaktion, der Schweißdrüsentätigkeit und des Funktionszustandes der Verdauungsorgane mit dem Ziel, die Abwehrbereitschaft oder Fluchtbereitschaft des Organismus zu erhöhen; sie stellen – im Normalfall und beim Gesunden – Situationsanpassungsvorgänge des Gesamtindividuums dar. Nun kann es aber vorkommen, daß durch zu starke oder durch zu häufige Erregung oder durch besondere Überempfindlichkeit einzelner Organe (angeboren oder infolge überstandener Krankheiten) diese Regelungsvorgänge nicht ausgeglichen und zweckmäßig auf das Ziel der Erhaltung des Organismus ausgerichtet verlaufen; es entsteht eine gewisse Unordnung, die bei einer teilweisen Übersteuerung einzelner Organfunktionen eine Mindererregung anderer mit sich bringt, so daß die biologische Anpassung an eine „Notfallsituation" nicht erreicht wird, ja eher besonders gefährdet erscheint. So können wir manchmal als psychoreaktive Überreizungserscheinungen vegetativer Art bei Hunden schon nach einmaligem Schreckerlebnis (z. B. Unfallschock) oder infolge länger anhaltender unbiologischer Konfliktsituationen oder Enttäuschungen (Frustration) außer den oder statt der schon beschriebenen, scheinbar inadäquaten Instinkthandlungen vom Entlastungscharakter folgende Organstörungen beobachten:

Störungen des Verdauungsapparates: Speichelfluß, Appetitlosigkeit, Erbrechen, Gastritis, Geschwürbildung, Durchfall, Verstopfung, Speiseröhren- und Darmkrämpfe.

Störungen des Kreislaufs: Herzbeschleunigung, Herzfrequenzsenkung, Herzkrämpfe, Herzinfarkt, zu hoher oder zu niedriger Blutdruck, Durchblutungsstörungen einzelner Organe.

Störungen des Atmungsapparates: Verstärkte Nasensekretion, Hecheln, Bronchitis, asthmaähnliche Störungen.

Störungen des Harn- und Geschlechtsapparates: Nierenzellenschädigung im Gefolge von Störungen der Nierendurchblutung, Nierenentzündung, vermehrter Harnabsatz oder aber Harnabsatzstörungen; Zyklusstörungen, Ausbleiben der Brunst, Unfruchtbarkeit, Milchmangel, Geburtsstörungen (ungenügende Öffnung resp. Verkrampfung des Muttermundes, Wehenschwäche); Impotenz.

Außerdem wurden bisher bekannt: Störungen der Blutbildung, Steigerung der Anfälligkeit gegen Infektionen, verschiedene Hormonstörungen (z. B. Basedowsche Erkrankung), Wundheilungsverzögerungen, dermatologische Erkrankungen (Juckreiz, Ekzeme, Fußschweiß, Haarausfall, plötzliches Ergrauen der Haare), Pupillenerweiterung, Nickhautvorfall am Auge, Überempfindlichkeit von Hautbezirken, Verspannungen und Schmerzempfindungen in Muskeln oder Gelenken („Sympathy Lameness" nach Fox), Bewegungseinschränkungen durch allgemeine Müdigkeit und Muskelspannungsverlust oder gesteigerte Muskelspannung, epileptiforme Krampfanfälle.

Der Zeitfaktor spielt dabei häufig eine Rolle: Während kurzdauernde psychische Belastungen nur zu vorübergehenden Funktionsstörungen führen, können länger dauernde (bei entsprechend Veranlagten) zu chronischen Erkrankungen mit anatomisch feststellbaren Organschäden führen. Man hat sich schon oft die Frage vorgelegt, warum bei manchem Neurotiker die eine Organstörung, beim anderen eine andere auftritt, was also für die Wahl des gestörten Organs verantwortlich sei. Manche Forscher nehmen angeborene Dispositionen, sogenannte „Organminderwertigkeiten" als Ursache an, andere betonen, daß zufällige Einflüsse im persönlichen Entwicklungsverlauf eines Individuums eine mindestens ebenso große Rolle spielen müßten. Aus sowjetischen Forschungen ist nämlich bekannt, daß ein und dasselbe Tier, wenn man es im Laufe seines Lebens mehreren experimentellen Neurosen unterwirft (die nach drei bis zwölf Monaten häufig wieder von selbst ausheilen), einmal die eine Organstörung und ein andermal eine andere haben kann und daß meistens dasjenige Organ am stärksten von einer psychosomatischen Funktionsstörung betroffen wird, das knapp vor der Erzeugung der experimentellen Neurose aus irgendeinem Grunde erkrankt war. Hatte z. B. ein Hund mehrmals infolge einer Vergiftung oder Infektionskrankheit Gastritis, dann ist mit großer Wahrscheinlichkeit damit zu rechnen, daß im Falle einer darauffolgenden psychischen Belastung, die zur Neurose führt, der Magen das Erfolgsorgan der nervösen Überreizung sein wird.

Nach Ansicht der psychoanalytischen Schulrichtungen hat beim Menschen die „Organwahl" über das Vorgenannte hinaus manchmal auch Symbolcharakter, also psychologische Bedeutung. Man spricht daher von Konversion, d. i. Umwandlung eines seelischen Konfliktes in Organfunktionsstörungen mit Ausdruckscharakter: Der klassische hysterische Anfall, der mit der Darstellung des Orgasmus unterdrückte sexuelle Triebtendenzen offenbart, die hysterische Erblindung als unbewußte Selbstbestrafung infolge verdrängter Schuldgefühle (oder des unbewußten Wunsches, nichts sehen zu wollen, etwas nicht wahrhaben zu wollen), der eitle, aggressive Ehrgeizling mit der Herzneurose und den Hochdruckbeschwerden und der passive Dulder, der Enttäuschungen und Überforderungen ohne aufzumucken ertragen und „hinunterschlucken" muß und daher an Schluckauf und u. U. an Magengeschwüren leidet, sind einige bekannte Beispiele hierfür.

Auch zufällige, ungewollte Lernvorgänge (nach dem Mechanismus der bedingten Reflexe) können eine Rolle spielen. So ist es z. B. möglich, auf dieser direkten Basis Organneurosen experimentell zu erzeugen: Wenn man einem – möglichst isoliert aufgezogenen und isoliert gehaltenen – Hund oftmals beim Geräusch eines Metronoms Coffein oder ein anderes herzfrequenzsteigerndes Mittel injiziert, so genügt später das Geräusch allein, um die charakteristische Steigerung der Stärke und Dauer auszulösen, die unter normalen Umständen nur mit der bestimmten Coffeindosis erzielbar gewesen wäre. Auch beim Menschen gibt es ähnliches, und man spricht dann mitunter von Autosuggestion. So erinnere ich mich eines eigenen Erlebnisses: Eine Südamerikanerin, deren Hund ich behandelte, schenkte meiner Frau einmal eine Dose brasilianischen Kaffees, der ganz vorzüglich schmeckte, für unsere Begriffe jedoch einen ungewöhnlich hohen Coffeingehalt hatte. Regelmäßig nach dem Genuß dieses Kaffees verspürte ich unangenehmes Herzklopfen. Wochen später, als ich wieder nach der Jause dieses Herzklopfen wahrnahm, äußerte ich zu meiner Frau, daß ich eigentlich nicht so viel von diesem Kaffee trinken sollte, da ich ihn schlecht vertrüge. Daraufhin sagte mir meine Frau, daß sie schon seit etwa zehn Tagen den Kaffee aus einem coffeinfreien Konzentrat bereite, da der brasilianische schon längst verbraucht sei. Das verspürte Herzklopfen – die Herzfrequenzsteigerung war objektiv meßbar – nach dem Genuß des Kaffees konnte also keinesfalls von Coffein verursacht sein, sondern beruhte auf einer bedingten Reaktion auf den Genuß eines Getränkes mit typischem Kaffeegeschmack.

Die Einsicht bzw. das Wissen um vorher unbewußte Zusammenhänge kann beim Menschen manchmal – bekanntlich aber durchaus nicht immer – ein Umlernen erleichtern, also beim Löschen der bedingten Reaktion behilflich sein. Bei Tieren ist das nicht bzw. nur auf Umwegen zu erreichen.

Warum mancher Hund nach einer psychischen Belastung nur Verhaltensstörungen, andere Hunde Verhaltensstörungen und Organstörungen und wieder andere keine Verhaltensstörungen, sondern nur Organstörungen davontragen, ist noch nicht befriedigend geklärt. Hingegen scheint es – sowjetischen Forschungsergebnissen zufolge – gesichert zu sein, daß überhaupt nur Tiere, die dem schwachen bzw. dem starken zügellosen Nerventyp angehören, Schädigungen (einerlei welcher Art) nach psychischen Belastungen davontragen.

Psychogene Organstörungen können durchschnittlich zwei bis zwölf Monate anhalten, manchmal auch über Jahre hinweg.

Bei Hunden mit experimenteller Neurose heilten versuchsweise gesetzte Brandwunden viel langsamer als bei psychisch gesunden; auch die Toleranz einer tödlichen Strahlendosis scheint vom funktionellen Zustand des Nervensystems und vom Nerventyp abzuhängen, wie neueste sowjetische Untersuchungen zeigten.

Aber auch psychosomatisch bedingte Wundheilungsförderungen sind bekannt: Wenn man Mutterhunden oder -katzen, auch Großkatzen in zoologischen Gärten, nach einem notwendig gewordenen Kaiserschnitt die Jungtiere beläßt, dann heilt die Bauchwunde trotz erhöhter Wundinfektionsgefahr und mechanischer Irritation rascher ab, und die Milch versiegt (trotz der Narkose- und Operationsbelastung) weniger stark, als wenn die Jungtiere tot sind oder aus irgendwelchen Gründen von der Mutter getrennt werden müssen.

Psychosomatische Organfunktionsstörungen bei Hunden dürften in der Praxis viel häufiger vorkommen, als sie tatsächlich diagnostiziert werden.

Nur zu leicht ist man als Tierarzt geneigt, als Ursache eines plötzlichen Durchfalls oder einer Verstopfung, eines Schmerzzustandes, wiederholten Erbrechens, einer Herzschwäche, einer Wehenschwäche usw. ausschließlich die üblichen, unmittelbar „materiellen" Schädigungen, wie Giftstoffe, Bakterien, Temperatureinflüsse, mechanische Einwirkungen, körperliche Überanstrengungen usw. verantwortlich zu machen, die ja nur selten mit Sicherheit auszuschließen sind. In vielen weiteren Fällen spielen psychische Belastungen sicherlich die Rolle einer Mitursache für Ausbruch, Verlauf und eventuelle Folgezustände verschiedener organischer Erkrankungen.

Jeder Tierarzt, der mit Kleintieren zu tun hat, weiß, wie sehr Hunde unter dem Einfluß der Angst während einer Untersuchung an den Sohlenballen schwitzen können und daß die Körpertemperatur mancher Hunde besser vom Besitzer in gewohnter Umgebung gemessen wird statt im Rahmen der tierärztlichen Untersuchung, da schon relativ geringfügige Erregungen, wie sie die Manipulation eines Fremden am Tierkörper darstellen, eine Steigerung der Rektaltemperatur bis um ein Grad Celsius, in seltenen Fällen bis auf 40 Grad Celsius, also bis ins hoch Fieberhafte, hervorrufen können. Auch Blutdruckmessungen und Herzfrequenzzählung werden in ihrem diagnostischen Aussagewert bekanntlich sehr durch die Fehlerquelle Aufregung beeinträchtigt, so daß sie bei manchen, außergewöhnlich sensiblen Hunden, besonders wenn sie lange im Wartezimmer warten mußten oder gar einen Artgenossen Schmerzensschreie ausstoßen hörten, geradezu wertlos werden können.

Auf plötzliche Schreckreize reagieren Tiere nicht wie bei Angst mit Steigerung, sondern mit Senkung der Herzfrequenz, die bei herzkranken Individuen in seltenen Fällen zum plötzlichen Tode führen kann.

Alle an den Stoffwechselvorgängen im Organismus beteiligten Regelmechanismen scheinen im Zustand der Aufregung in Mitleidenschaft gezogen werden zu können. Ähnlich, nur meistens im umgekehrten Sinne, können sich Depressionszustände auswirken.

In Hundepensionen und Tierspitälern kann man immer wieder die Beobachtung machen, daß besonders verhätschelte und isoliert aufgezogene Tiere, wenn sie während des Urlaubs des Besitzers als Pensionäre eingestellt wurden, von der ersten Stunde an mit angstgeweiteten Augen bewegungslos in einer Ecke ihres Käfigs sitzen und tagelang kein Futter anrühren. Der Prozentsatz an Erkrankungen (sogar infektiöser Art) war bei diesen Tieren viel höher als bei denen, die sich vom ersten Tag an normal verhielten, also an die Gegebenheiten der neuen Situation anpaßten. Depression wirkt sich, wie man sieht, nicht nur auf den Appetit und die Bewegungsfreude ungünstig aus.

Die gelegentlich in Zeitungen auftauchenden Berichte über Hunde, die nach dem Tode ihres geliebten Herrn selber zu kränkeln begannen und bald ihrem Herrn in den Tod nachfolgten – der Gram hätte sie umgebracht – erscheinen somit heute immerhin glaubhaft. Weiteres über reaktive Depressionen und deren organische Begleiterscheinungen siehe im entsprechenden Kapitel des Speziellen Teiles.

Eikmaier berichtet von einem Jagdhund, der jedesmal mit Durchfall reagierte, wenn er nach längerer Pause wieder einmal zur Wasserarbeit mitgenommen wurde, und von einem anderen Hund, der regelmäßig Durchfall bekam, wenn er nicht beim gewohnten Sonntagsspaziergang mitgehen durfte. Sowohl freudige Erregung als auch ihr Gegenteil können also, durch überschießende vegetative Gegenregulation, bei entsprechend disponierten Individuen gelegentlich zu den äußerlich gleichen Organfunktionsstörungen führen!

Aus dem Inhalt dieses Kapitels ist besonders ersichtlich, wie wichtig es ist, daß ein Tierarzt sein Augenmerk nicht nur auf unmittelbare „materielle" Krankheitsursachen richtet und daß der Besitzer eines kranken Tieres ihm beim Bericht über die Vorgänge vor Ausbruch der Erkrankung diese Aufgabe erleichtert; dazu gehören auch Umstände, die psychisch ungünstige Wirkungen auf sein Tier ausgeübt haben könnten.

1.11 Methoden zur Änderung abnormen Verhaltens und unerwünschter Verhaltensbereitschaften

1.11.1 Einige grundlegende Vorgänge bei der Tierdressur im Lichte der vergleichenden Verhaltensforschung

Der Leser möge sich nicht daran stoßen, daß hier von „Dressur" die Rede ist. Dieser Ausdruck bedeutet nichts anderes als alle neueren Bezeichnungen wie Abrichtung, Ausbildung, Tierlehre und dergl. Modeworte: Das Tier lernt etwas, wozu der Mensch ihm in bewußter Absicht verhilft. Worauf die meisten Dressurmethoden im Prinzip aufbauen, soll im folgenden erläutert werden, denn nur wenn man weiß, worauf es wirklich ankommt, wird man zweckentsprechende Umerziehungsarbeit, resp. „Heildressur" zum Einsatz bringen können. Um umfangreiche Wiederholungen zu vermeiden, wird in diesem Kapitel an das in der zweiten Hälfte des Kapitels 1 des Allgemeinen Teiles über das Lernen bei Tieren Ausgeführte direkt angeschlossen, der Leser möge daher jenen Abschnitt zunächst noch einmal kurz rekapitulieren, um sich die für das Verständnis des Folgenden nötigen Grundlagen wieder ins Gedächtnis zu rufen.

Ein Tier kann durch Lernen lediglich die Auslösbarkeit angeborener Handlungen verändern und angeborene Handlungselemente (Teilbewegungen bestimmter Instinkthandlungen) zu neuen Handlungsabläufen zusammenfügen. Es wurde auch bereits erwähnt, daß Verhaltensweisen unter bestimmten Umständen über den zweckmäßigen Rahmen hinaus „ins Triebhafte" übersteigert werden, bzw. daß sekundäre Bedürfnisse einen dranghaften Charakter annehmen können.

Eine große Bedeutung für den praktischen Erfolg jeglichen Lernens hat die Motivation (der Antrieb). Anhand einiger Beispiele wollen wir daher zunächst die Rolle der Motivation zum Lernen etwas genauer betrachten. Je stärker die Motivation ist, eine Handlung zu vollführen (triebhaft, in einem bestimmten Instinktappetenzbereich), desto leichter, d. h. rascher und sicherer erfolgt die gedächtnisartige Verknüpfung zwischen den „Fakten eines Problems" und den „Möglichkeiten zu seiner Lösung". Diese für die Lernpsychologie aller Lebewesen einschließlich des Menschen geltende, heute allgemein anerkannte Regel wurde zunächst in zahlreichen

Labyrinthversuchen und anderen Lernaufgaben an Laboratoriumsratten ermittelt. Sie gilt besonders für sogenanntes konditioniertes Verhalten, also die Ausbildung von bedingten Reaktionen, Aktionen und Hemmungen. Bei der Hundeabrichtung und anderen Tierdressuren handelt es sich fast ausschließlich um diese Arten des Lernens in verschiedenen Kombinationen. (Außer diesem Lernen gibt es noch ein Lernen, das mehr auf der motorischen Seite des Nervensystems stattfindet: Das Einüben von Fertigkeiten, den reibungslosen Ablauf einer Handlung aus neu kombinierten einzelnen Instinktbewegungskomponenten betreffend, worauf in diesem Rahmen nicht näher eingegangen sei. Ein interessierter Leser sei diesbezüglich auf die Ausführungen Leyhausens „Die Willkürmotorik und der bedingte Reflex" in dem Buche Lorenz und Leyhausen, „Antriebe tierischen und menschlichen Verhaltens" verwiesen; seine Darstellung beruht auf den Forschungsergebnissen E. v. Holsts).

Eine erlebnisbedingte Umformung angeborener auslösender Mechanismen dient präziserer Umweltanpassung. Je biologisch wichtiger dieses Anpassungserfordernis – je einschneidender der Erlebnischarakter –, desto weniger Wiederholungen sind nötig, um den angeborenen auslösenden Mechanismus zu modifizieren. Im Endeffekt handelt es sich hier also um ähnliche Ergebnisse, wie sie die sogenannten Reflexologen, Behavioristen und Assoziationspsychologen fanden: Je stärker die Trieb-„Motivation", desto rascher die erlebnisbedingte (gedächtnismäßig fixierte) Änderung (und Aneinanderreihung) der Auslösbarkeit bzw. Abfolge angeborener Handlungselemente, die zur Lösung einer Aufgabe (besten Umweltanpassung) sich als geeignet erweisen. Gelernt wird, von gewissen Ausnahmen abgesehen, wahrscheinlich ausschließlich in der Appetenzphase der Instinkte.

Wie sieht nun dies alles in der praktischen Anwendung beispielsweise auf die Hundedressur aus?

Im Dienste welcher Instinktfunktionskreise wird der Hund überhaupt zum Handeln aktiviert oder, mit anderen Worten, welches „Ziel" haben die einzelnen Tätigkeiten des Hundes? (Wobei, um Mißverständnissen vorzubeugen, ausdrücklich betont sei, daß Handlungen eines Tieres zwar zielstrebig, aber nicht zielbewußt erfolgen.) Da kennen wir zunächst einmal das sogenannte Erkundungs- und Orientierungsverhalten: Ein Hund untersucht mit Augen und Nase eine neue Umgebung, lernt die für ihn

„interessanten" Örtlichkeiten und Gegenstände eines Gebietes kennen. Hört er ein Geräusch, so wird dessen Ursache bzw. der Ort der Reizquelle zu ermitteln versucht: Wir beobachten gespannte Aufmerksamkeit. In diesem Appetenzverhalten lernt er seine Umwelt kennen. Je nach Ausfall der Ereignisse – Erfahrungsbildung – verhält er sich später ähnlich oder anders, wenn er wieder in die gleiche Gegend kommt. Erkundung der Umgebung ist eine Motivation zum Lernen, ein Antrieb zum Handeln. Man spricht von Neugierde. Beim Menschen fußt die gesamte wissenschaftliche Forschung auf diesem Antrieb.

Das Erreichen eines sexuellen Triebzieles ist ein weiterer Lernantrieb. Auch in der Appetenzphase des Sexualverhaltens wird die angeborene Handlungsauslösbarkeit durch Lernen modifiziert: Diejenige Handlungsweise, die einmal zum Erfolg führte, wird später in ähnlicher Situation wieder eingesetzt. Das so Gelernte kann aber auch – wenngleich nicht immer auf Anhieb – im Dienste eines anderen Funktionskreises handlungssteuernd wirken, also weitere Verwendung finden (gilt wahrscheinlich nur für Säugetiere). Dazu ein Beispiel: Ein Rüde etwa lernt einen hindernisreichen Weg aus einem Startgehege (in dessen Verlauf evtl. auch eine Leiter zu überwinden ist) viel schneller meistern, wenn er zu einem – seinen Sinnen wahrnehmbaren – läufigen Weibchen gelangen möchte und nur so gelangen kann. Hat er einmal diese Lösung gefunden, so kann es sehr leicht sein, daß er auf dieselbe Weise aus dem Gehege entweicht, wenn ihm nur langweilig ist, oder wenn er sich verlassen fühlt, oder wenn er seinem Herrn nachlaufen möchte. Jeder Hundeabrichter weiß hingegen, wie schwierig es oft ist, einem Hund das Leitersteigen „beizubringen", wenn man als Motivation, sprich Belohnung, für das Tier nichts weiter als die Worte „so ist's brav" oder einen Futterbrocken zu bieten hat. Stärkere Motivationen, größere „Belohnungen" (oder auch Abschreckwirkungen) bringen rascheren Lernerfolg. Die „Belohnung" für das Tier stellt im allgemeinen die Betätigung einer Instinktendhandlung dar, weil die dabei stattfindende Spannungslösung lustvoll erlebt wird. Auch das Aufhören von Unlust kann Triebziel sein.

Einen starken Antrieb und damit eine potente Lernmotivation für eine Mutterhündin bildet der Trieb, zu ihren Jungen zu gelangen, um sie zu schützen, zu säubern, zu säugen usw., wenn man sie gewaltsam von diesen getrennt hatte.

In der „Par-Force-Dressur" stützt sich die Abrichtung auf Anwendung von „Starkzwangmethoden". Sie arbeitet mit dem sogenannten Flucht- und Meideverhalten als Handlungsmotivation: Durch Unterlassen oder Ausführung einer bestimmten Instinkthandlung (oder etappenweises Aneinanderknüpfen mehrerer einzelner angeborener Bewegungsweisen zu einer neuen Handlungsfolge) auf ein bestimmtes Signal hin lernt das Tier, schmerzhafte oder unangenehme Einwirkungen von sich fernzuhalten. Oft besteht dabei anfänglich ein Konflikt, wenn nämlich etwas verlangt wird, wozu das Tier gar nicht in Stimmung ist oder dessen Ausführung ihm unangenehm ist. Es lernt – begreiflicherweise sehr langsam – durch Ausführen von Unangenehmem noch Unangenehmerem zu entgehen. Ein vortreffliches Beispiel hierfür liefert die bekannte „Schmerzlautmethode" zum Erlernen des Apportierens auf „Befehl" (etwa Hörzeichen, also akustisches Signal eines Führers): Zur leichteren Lösung des im Hunde hervorgerufenen Konfliktes wird Doppelmotivation ermöglicht, also „Peitsche und Zuckerbrot" geboten. Man nennt dieses Dressurverfahren Kontrastmethode. Das Apportierholz wird dem Tier, auch wenn es nicht in Apportierstimmung ist, vor den Fang gehalten; sodann erfolgt plötzlich ein Ruck am Halsband; das Tier reißt vor Schreck oder Schmerz den Fang auf, worauf ihm das Holz in den Fang gesteckt wird und statt Fortsetzung des Unlustreizes sofort Worte der Belohnung (dem Tier aus früheren Erfahrungen mit seinem Herrn als angenehm bekannt) und Streicheln folgen. Das Streicheln wird wie das als Welpe erlebte, beruhigende Lecken der mütterlichen Zunge empfunden: fürsorgliche, soziale Körperpflegehandlung. Die Lernsituation besteht also im Vermeiden von Unlust und Gewinnen von Lust durch Aufnehmen einer Beuteattrappe (Apportierding) auf bestimmtes Zeichen des Führers. Im Urzustand (Freileben) wird durch die Handlungsweise des Apportierens von Beute dem Rudelgenossen (meist den eigenen Jungen) Futter zugetragen, oder nicht mehr selbst benötigtes Futter wird zwecks Vergrabens zu einem Versteck geschleppt. Nun muß der Hund dies auf bestimmtes Zeichen und ohne die zugehörigen Appetenzhandlungen bzw. Stimmungseinbettungen und darauf folgenden Endhandlungen tun.

Was der Hund im Funktionskreis des Meideverhaltens gelernt hat, wird er aber viel verläßlicher tun als Handlungen aus der Motivation der Nahrungsaufnahme. Hat er keinen Hunger, dann fehlt nämlich der Handlungsantrieb; die Angst vor Strafe aber ist fast immer aktuell oder aktualisierbar (in der sozialen Situation); eine Bekräftigung des Erlernten (Reinforcement) durch unmittelbare, sogenannte ursprüngliche Einwirkung ist hier häufiger und einfacher vom Abrichter durchführbar als Reizeinwirkungen, die andere Instinktmechanismen ansprechen. Durch zeitweilige und dauernde Loslösung des einmal Gelernten von der ursprünglichen Motivationssituation während des Lernens wird es häufig später dem Hund ein freudiges Bedürfnis (sekundäre Bedürfnisbildung), im Kontakt mit seinem Herrn all sein Können wieder zur Funktion bringen zu dürfen. Auch wir lernen z. B. eine Fremdsprache in der Schule vielleicht unter Stöhnen und Ächzen, weil wir müssen und sonst durchfallen würden, können wir sie aber einmal, dann brennen wir darauf, sie auch anzuwenden. Außer den vorgenannten gibt es aber heute auch angenehmere Lern- und Lehrmethoden, so etwa das sogenannte „programmierte Lernen" (für den Menschen) und z. B. die sogenannte „Positivdressur" für den Hund. Dabei wird eine Lernaufgabe in viele kleine Schritte zerlegt, die so leicht erlernbar sind, daß für die richtig erfolgte Teilleistung stets Belohnung erfolgen kann; das weckt nicht nur das Interesse am Lernen selbst – eine zusätzliche Motivation –, sondern führt schlußendlich auch zum selben Endziel wie die herkömmlichen Methoden, die nicht bei jedem Zögling gleich gefahrlos anwendbar sind, weil sie bei besonders sensiblen Typen zu Überforderungen und den damit verbundenen Leistungshemmungen führen können. Freilich erfordern solche neuen Alternativmethoden vom Lehrer mehr Überlegung, Geduld und allenfalls ein gewisses Umdenken zwecks Einhaltung einiger ungewohnter Grundregeln. Wir werden in Kapitel 13 des Allgemeinen Teiles eingehender auf diesen Sachverhalt zurückkommen.

Das sogenannte et-epimeletische Verhalten, also die Betätigung von Verhaltensweisen und Ausdrucksmitteln zur Auslösung von Pflegehandlungen seitens eines Sozialpartners wird bekanntlich von Hunden im erwachsenen Alter noch gegenüber dem Herrn zur Anwendung gebracht. Das dazugehörige epimeletische Verhalten (liebe- und fürsorgespendendes Verhalten) des Herrn wird durch gute Worte und Streicheln repräsentiert. Der Tonfall belobenden Zuspruches und die tätschelnde Handbewegung können also neben der Futterbelohnung (Freßappetenz) ein recht wirksamer Lernantrieb sein, wenn nicht vitalere („primitivere") Triebtendenzen in momentaner Konkurrenz damit stehen. Letzteres ist leider oft der Fall, sonst wären bei der Hundeabrichtung die Wachhaltung der Aufmerksamkeit (Konzentration auf die Lernaufgabe) und die Vermeidung unerwünschter Verknüpfungen nicht so schwierig.

Je weiter sich eine Lernanforderung von der natürlichen instinktgemäßen Handlungssituation entfernt, desto schwerer ist es, den dadurch entstandenen Konflikt durch Schaffung genügend starker Motivationen in der Dressuranordnung im Sinne des Lernzieles zu überwinden. Viele Erlebnissetzungen werden notwendig, um eine klare Handlungsentscheidung und damit präzise Handlungsfolge auf Signal zu bahnen.

In vielen Fällen wird die spezifische Triebenergie eines Instinktes durch Frustration absichtlich gestaut und ihr Abfluß in eine natürlicherweise gar nicht in die Situation passende (situationsinadäquate) Handlung als Entlastungsreaktion bzw. „künstlicher Übersprung" (erlernte Übersprunghandlung) kanalisiert: Einem Hund wird Futter vorgehalten; will er es nehmen, deckt man es mit der Hand zu – Frustration der Freßhandlung. Er scharrt und winselt, legt sich nieder oder stürmt aggressiv auf einen zufällig herankommenden Artgenossen los – alles Abreagierhandlungen. Mancher Hund wird sich auch niedersetzen und kratzen, ein anderer wird gähnen. Den sozial höher stehenden Herrn zu beißen, getraut sich der Rangtiefere nicht, aber dies wäre die adäquate Erregungsentlastung. Er will aber das Futter haben: Konflikt. Unter anderem bellt er auch einmal, nur um seiner Erregung Luft zu machen. Daraufhin erlebt er, daß ihm das Futter freigegeben wird. Verständnislos bleiben ihm dabei die dieses Erlebnis begleitenden Worte seines Herrn „Gib Laut", vielleicht hat er sie gar nicht bemerkt, gar nicht beachtet – noch nicht darauf geachtet. Er konnte diesen akustischen Reiz noch nicht von der Gesamtsituation „differenzieren" (d. h. aussondern, loslösen, unterscheiden, als Signal beachten). Als ihm neuerlich Futter vorgehalten und abgedeckt wird, versucht er abermals alle möglichen Ersatzhandlungen, doch bellt er nun schon eher, und wieder erhält er das Fleisch. Allmählich verbessern sich die Leistungen, bis er in dieser Problemsituation nur mehr bellt, um das Futter zu erhalten. Zwangsläufig nahm er stets gleichzeitig akustisch die Worte „Gib Laut" wahr. Spricht später der Herr „Gib Laut" allein, wird der Hund sofort an die ursprüngliche Lernsituation erinnert, da sich ja durch immer wieder erlebte Gleichzeitigkeit der Reizangebote eine bedingte

Reizkoppelung, eine Wahrnehmungsverknüpfung, herausgebildet hatte. Das akustische Zeichen wurde zum stellvertretenden Reiz für die das Bellen ursprünglich auslösende Gesamtsituation. Freilich würde die erworbene Reaktion durch Ausbildung einer Hemmreaktion sehr bald erlöschen: Das Gelernte wird vergessen (richtiger „verdrängt"), wenn nicht von Zeit zu Zeit „Bekräftigung" in Form von tatsächlich erteilter Futterbelohnung erfolgen würde (Instinktendhandlung des Fressen-Könnens). Später genügt stattdessen als „Belohnung" auch Streicheln oder lobender Zuspruch. Dabei ist, theoretisch betrachtet, folgendes geschehen: Zum Hervorlocken der Bellreaktion wurde eine Frustrationssituation im Funktionsbereich des Nahrungsaufnahmeverhaltens geschaffen. Die einmal, zunächst aus Entlastungsmotivation, auf bestimmte Reizkombination auslösbar gewordene und durch wiederkehrende Futterbelohnung („Lernen am Erfolg") unter vielen möglichen Entlastungsreaktionen bevorzugt gebahnte Instinkthandlung wird später durch einen für die Gesamtsituation stellvertretenden Teilreiz, einen sogenannten bedingten Reiz allein auslösbar, wobei als gelegentliche Bekräftigung später statt Futter epimeletisches Verhalten (Spendung mütterlicher Körperpflege) in unbedingter (Streicheln) oder nur mehr bedingter Form (gute Worte) geboten wird. Die Motivation zum „Bellen auf differenzierten Signalreiz" ändert sich daher von inadäquater Erregungsentlastung über Freßappetenz zu et-epimeletischem Verhalten.

Da nicht alle Hunde gleich veranlagt sind, kann man dieselbe Dressurleistung bei verschiedenen Individuen oft auf gänzlich verschiedenen Wegen erreichen. Und darin besteht die „Kunst" des erfahrenen Hundelehrers: für den jeweiligen Schüler die für ihn stets geeignetste Lehrmethode einzusetzen, anstatt alle „über denselben Leisten scheren" zu wollen.

Für viele Verhaltensweisen des Hundes, besonders im sozialen Bereich, bestehen Mehrfachmotivationen; dies entspricht auch natürlichen Situationen im Rudel (z. B. bei Wölfen).

Von den hier beschriebenen prinzipiellen Vorgängen wird bei der Hundeabrichtung – meist dem praktischen Tierlehrer völlig oder teilweise unbewußt – häufig Gebrauch gemacht; die konkrete Handhabung dieses Prinzips für die einzelnen Zweckdressuren wird in den verschiedenen Abrichtungsanleitungen beschrieben.

1.11.2 „Heildressur" – die „Psychotherapie" für Tiere (Behaviortherapie und verwandte Methoden)

Viele Korrektionsdressuren sind einander prinzipiell sehr ähnlich. Die meisten beruhen auf verschiedenen Abwandlungen der Erzeugung einer „reziproken Hemmung" nach Pawlow. Sie sind auch in der Psychotherapie beim Menschen in den angloamerikanischen Ländern noch heute im Gebrauch (Behaviortherapie). Die verschiedenen Techniken des Um- und Verlernens unerwünschter neurotischer Verhaltensweisen werden von Meyer und Chesser, Yates, Eysenk, Rachmann und vielen anderen beschrieben. Sie alle beruhen auf Weiterentwicklungen und Nutzanwendungen der Konditionierungstechniken, die letztlich aus ein und derselben Basis heraus entwickelt wurden, nämlich der bekannten Lehre von den bedingten Reflexen. Sie sind vielfach auch unter Praxisbedingungen bei Hunden und Katzen anwendbar, wurden sie doch ursprünglich an Versuchstieren erarbeitet.

Dazu ein Beispiel: Ein bestimmter Hund reagiert auf einen bestimmten Reiz, etwa Motoren-, Schuß-, Klingelgeräusch oder Lichtblitze, mit Flucht oder Bellen oder etwa mit Aggression gegen den Besitzer. Bei Auftreten des Reizes (oder auch nachdem man den Hund zwangsweise in die Reizsituation führte und festhielt) wird dem Hund ein Leckerbissen gereicht. Flucht, Bellen oder Aggression und gleichzeitiges Fressen schließen aber einander aus. Der nicht mit einem besonderen Beruhigungsmittel (Tranquilizer) vorbehandelte Hund nimmt jedoch in den meisten Fällen in einer solchen Situation den Leckerbissen auch dann nicht, wenn ihm – was Tierbesitzer nur ungern tun – ein oder zwei Tage lang sein Futter vorenthalten wurde. Nach Vorbehandlung mit geringen Tranquilizergaben (das in dem individuellen Fall am günstigsten wirkende Präparat muß durch Vorversuche ermittelt werden) wird der Leckerbissen angenommen und so die Möglichkeit der Bahnung eines Erregungsabflusses in eine andere Instinktverhaltensweise eröffnet. Es handelt sich sozusagen um das „Erlernen einer bestimmten Entlastungsreaktion". Wenn nach etwa zehn bis zwanzig solcher, ohne Ausnahme etwa innerhalb zwei bis drei Wochen hintereinander erfolgender Erlebnisse das Tier dann ohne vorherige Tranquilizergabe den erregenden Reizen ausgesetzt wird, tritt in vielen Fällen die frühere, unerwünschte Verhaltensweise nicht wieder auf, auch dann nicht, wenn später kein Leckerbissen mehr verabreicht wird. Der ehemals erregende Reiz ist nun zum bedingten Auslöser für Freßverhalten oder aber auch völlig indifferent geworden. Diese Methode ist in verschiedenen Abwandlungen an die jeweilige Situation anpaßbar und kann sehr vielfältig zur Abdressur unerwünschter Verhaltensweisen eingesetzt werden. Wichtig ist es dabei, stets darauf zu achten, daß der zu bietende konkurrierende unbedingte Reiz noch in die Appetenzphase der zu hemmenden oder durch eine andere zu ersetzenden Instinkthandlung fällt. Wenn es sich ermöglichen läßt, daß die Reize, die wirksam verknüpft werden sollen, auf möglichst verschiedene Sinnesbereiche einwirken, steigert das die Geschwindigkeit des Eintrittes des beabsichtigten Lernerfolges und die Wirkungssicherheit unter zufälligen Störeinflüssen erheblich.

Tranquilizer sind Beruhigungsmittel, die ihre dämpfende Wirkung besonders gegen mit Angst verbundene Erregungsvorgänge in bestimmten Gehirnabschnitten entfalten, ohne (in Normaldosis) die Lernfähigkeit oder motorische Aktionsfähigkeiten des Patienten mit zu beeinflussen. In hoher Dosis, die meist immer noch recht ungefährlich ist, machen sie das Tier schlafbedürftig und manchmal so müde, daß es, wenn man es in Ruhe läßt, dahindöst oder einfach einschläft, wobei es aber durch starke Reize jederzeit erweckbar bleibt (im Gegensatz zu einem Schlafmittel oder einem Narkotikum).

Manche Hunde können, wenn sie infolge übertriebener Angst gehemmt auftreten, nach Tranquilizergabe lebhafter, unternehmungslustiger und unter Umständen auch unfolgsamer werden. Nur gelegentlich applizierte – sozusagen gezielt verabreichte –, prophylaktische Tranquilizergaben vor einem zu erwartenden, auf das Tier erregend wirkenden Ereignis bewähren sich ausgezeichnet zum Abfangen der unerwünschten Aufregungszustände und Angstreaktionen (ungewohnte Bahnfahrten, Lärm von Feuerwerk usw.) sensibler Tiere. Auch gegen Erlebniseinwirkungen, die bei bestimmten Tierindividuen erfahrungsgemäß zu starken Depressionen führen (z. B. plötzliche Umweltänderungen durch Handwerker in der Wohnung oder infolge Verbringung in fremdes Territorium), schirmt rechtzeitig vorher mit Futterbissen oder als Zäpfchen verabreichter Tranquilizer ab, so daß sich solche Tiere ohne störende psychoreaktive oder vegetative Manifestation an das Vorhandensein der neuen Reize (oder das Fehlen der gewohnten Umgebung) gewöhnen. Dabei darf ebenfalls nicht zu hoch dosiert werden, sonst tritt kein Lernerfolg ein – sofern ein solcher angestrebt würde und das Tier nicht lediglich vorübergehend ruhiggestellt werden soll.

Es gibt Hunde, die sich weigern, an bestimmten Häusern vorbeizugehen oder bestimmte Straßen zu betreten, nachdem sie vom Geräusch eines bewegten Rollbalkens oder eines knallenden Auspuffes ein- oder mehrmals erschreckt worden sind. Verabreicht man solchen Tieren eine Stunde vor dem beabsichtigten Spaziergang mit einem Leckerbissen eine Tranquilizergabe, so zeigen sie – so lange dessen Wirkung anhält – ihre „Phobie" nicht, wenn man sie mit den erregenden Reizen (oder mit der Umgebung, in der ein Schreckerlebnis einmal stattfand) konfrontiert. In manchen Fällen genügt es, das Tier einige Male hintereinander unter Tranquilizereinwirkung den vormals fluchtauslösenden Erlebnissen auszusetzen, und die abnorme Verhaltensbereitschaft verschwindet und tritt nie wieder auf, obgleich sie vorher monatelang unverändert bestand und kein gütliches Zureden das Tier beruhigen konnte. Es handelt sich also um Begünstigung eines Reizgewöhnungsvorganges („Lernen durch Abgewöhnen", eine im Tierreich weitverbreitete Lernkategorie). In anderen Fällen hat man bei genauer Beobachtung den Eindruck, daß die Tranquilizerwirkung bei Wahrnehmung der erregenden Reize (auf die das Tier infolge früherer Erlebnisse unangepaßt, sozusagen seelisch überempfindlich reagiert) eine zu starke Affektwallung so weit hintanhält, daß eine „Umkonditionierung", also ein Umlernen, eine Änderung des unerwünscht fehlkonditionierten Auslösemechanismus erleichtert wird. Diese Erklärung wird besonders durch weitere Beobachtungen an Fällen gestützt, bei denen eine „Umdressur" besonders angestrebt, die Umkonditionierung anfänglich aber nicht recht gelingen will, während sie unter geringen Tranquilizerdosen dann aber rasch und dauerhaft gebildet wird. Eine zu hohe Tranquilizerdosis läßt dagegen, wahrscheinlich u. a. auch dadurch, daß die Lernfähigkeit beeinträchtigt wird, diese begünstigende Wirkung vermissen. Die individuell optimale Dosierung muß bei jedem Tier daher durch Versuche ermittelt werden.

Praktische Umerziehungsmaßnahmen bei Hunden gibt es in großer Zahl, und einem geschickten Hundeabrichter dürfte es nicht schwerfallen, die jeweils geeigneten Methoden stets von neuem zu finden bzw. abzuwandeln. So findet man in der Literatur über Hundeabrichtung eine ganze Reihe äußerst bewährter Hinweise, die Anleitungen und Empfehlungen für solche Zwecke geben. Außer neueren amerikanischen Autoren in der letzten Zeit hat die Engländerin Woodhouse schon vor Jahren ein Spezialbuch über „Schwierige Hunde" verfaßt. Unter vielem anderen beschreibt sie z. B. auch eine Methode, wie man manchen ängstlichen Hunden die Schußscheue abgewöhnen könnte: Man solle jedesmal, wenn es knallt – zunächst in größerer Entfernung oder außerhalb des Raumes, in dem sich der Hund befindet –, das Tier durch Zurufe zur Kampfstimmung anfeuern; der Hund lernt so, die durch den akustischen Reiz ausgelöste Erregung statt in Fluchtverhalten, Deckungnehmen und Zittern in wütendes Bellen und angriffsfreudiges Darauflosspringen umzuleiten und abzureagieren.

In England und noch mehr in Nordamerika existieren sogar besondere Erziehungsheime für „verdorbene Hunde", in denen Spezialabrichter mit vielen Helfern tätig sind. Hunde, die Kinder und andere Personengruppen nicht mögen, sich vor Autos fürchten, durch Klingelgeräusche in Wut geraten, unverbesserliche Raufer, Jagdhunde, die erlegtes Wild vergraben statt zu apportieren, und dergl. mehr werden – meist ohne jede Strafanwendung (im groben Sinne) – einer „Korrektionsdressur" unterzogen. Gelingt es dem Spezialabrichter durch Nachforschungen, die erstmalige Entstehungsursache des Fehlverhaltens eines Pfleglings zu rekonstruieren, so ist die Dressur besonders schnell und sicher erfolgreich zu gestalten, indem man das Tier ein der traumatisierenden Ursituation möglichst ähnliches Ereignis unter besonderen Einwirkungen, die ihm eine andere Reaktionsweise ermöglichen, nochmals erleben läßt. Daneben erwies es sich immer als sehr zweckmäßig, solche Tiere einer allgemeinen Grundausbildung in Form der üblichen sogenannten Unterordnungsübungen („Sitz", „Platz", „bei Fuß", „Komm" usw.) zu unterziehen, was bei Hunden jeden Alters und jeder Größe möglich ist und eine Art Ersatz für die im Naturrudel übliche „Meutendisziplin" darstellt (auf die hin der Hund angelegt und die für ihn gewissermaßen lebensnotwendig ist!).

Zur Illustration einige Beispiele aus dem Hundeerziehungsheim der National Canine Defense League, in dem Herr Horsfall die Dressurarbeit leitet (es sei eine Stelle aus einem Bericht von Jensen zitiert): „Wenn ein Hund Angst vor Autos hat, spielen seine Ausbilder mit ihm in der Nähe eines geparkten Wagens, später öffnen sie die Türen und gewöhnen den Hund daran, im Auto zu sitzen. Als nächstes schließen sie die Türen, dann lassen sie den Motor laufen, und zu guter letzt machen sie ein paar Fahrten mit ihm. Wenn ein Hund Briefträger anfällt, zieht sich ein Ausbilder eine Briefträgeruniform an, um ihm zu helfen, seine Ängste zu überwinden." Ein Hund, der Angst davor hatte, ins Wasser zu gehen, wurde zunächst wochenlang an seinen neuen Ausbilder gewöhnt. Dann ließ dieser sich ins Wasser fallen und tat, als würde er ertrinken. Der Hund sprang ihm nun nach, um ihn zu retten (neue Motivation, die Angstaffekte gar keinen Raum gibt!). Daraufhin wurde das Tier belobt und im Wasser mit ihm gespielt. Von da an war das Eis gebrochen.

Hunde, die auf ein Familienmitglied oder auf ein neues Haustier eifersüchtig sind, weil sie vom anderen Familienteil zu viel verhätschelt werden, sollten streng und nicht weiterhin bevorzugt behandelt werden, man soll vor ihren Augen aber auch nicht andere bevorzugen. Der zeitweilige Milieuwechsel, der mit dem Aufenthalt in der „Hundeschule" verbunden ist, wirkt sich besonders günstig aus. Im Erziehungsheim kann er an die Bevorzugung anderer vor seinen Augen besonders gewöhnt werden, und auch die fehlende Disziplin ist ihm dort leichter beizubringen als in der gewohnten Umgebung.

Auch deutsche Hundeausbilder befassen sich vereinzelt schon lange mit solchen Dingen. So beschrieb z. B. Maria v. Hornstein in dem Buch „Reich der Seele" von Heyer-Seifert unter vielen anderen Fällen einen Hund, der ihr von seinem Besitzer übergeben wurde, weil er, statt auf Anruf zum Herrn zu kommen, davonlief und wütend um sich biß, wenn man ihn einfangen wollte, um ihn an die Leine zu nehmen.

Die Abrichterin beobachtete, daß sich der Hund ihren Befehlen entzog, indem er sich unter ein Bett oder einen Kasten verkroch und von dort aus knurrte, anstatt zu gehorchen. Sie legte ihn daraufhin an eine dünne Schnur, ließ deren Ende aber aus, so daß der Hund sich frei fühlte. In den ersten Tagen verlangte sie nichts von ihm, er sollte sich vorerst an sie gewöhnen, Vertrauen gewinnen. Gelegentlich gelang es dann, daß er freiwillig das eine oder andere tat oder unterließ, wie ihm befohlen wurde (die Bedeutungen der Befehlssignale waren ihm bekannt), worauf er natürlich belohnt und gelobt wurde. Als er aber wieder einmal in seinen alten Fehler verfiel, brauchte die Abrichterin lediglich an dem Ende der Schnur, das bis in einen anderen Raum reichte, zu ziehen, um den Hund hinter seinen Barrikaden mit einem Ruck hervorzuholen. Dies wirkte Wunder und war kein zweites Mal nötig!

Auf dem Prinzip der bedingt reflektorischen *„Erzeugung einer Aversion"* beruht beispielsweise die altbekannte Methode, Hunden das Aufnehmen von Steinen oder Kot abzugewöhnen, indem man ein solches Tier mehrmals einen heißen Stein, bzw. ein mit Brechmitteln oder Bitterstoffen vergälltes Stück Kot aufnehmen läßt. Auch Freß- und Trinkzwang als Entlastungsphänomen (näheres siehe im entsprechenden Kapitel des Speziellen Teiles) läßt sich nach diesem Prinzip hemmen. Alkoholentziehungskuren und manche Raucherentwöhnungsmethoden beim Menschen beruhen auf ähnlichem Vorgehen.

Nach einer volkstümlichen Methode hängt man hühnerjagenden Hunden ein gerissenes Huhn sogleich nach der Missetat für vierundzwanzig Stunden an das Halsband. Dies stört sehr, und viele Hunde machen nach einem derartigen Erlebnis künftig einen weiten Bogen um Hühner und alles, was nur nach Hühnern riecht. In den USA gewöhnt man Hunden das Wildern ab, indem man ihnen mehrmals ein Duftkonzentrat ins Gesicht sprüht oder auf das Halsband träufelt, das den Geruch des betreffenden Wildes so intensiv ausströmt, daß es von der feinen Hundenase als widerwärtig empfunden wird. Der Hund läßt nur diejenige Wildart unbehelligt, mit deren spezifischem Geruch er vorbehandelt wurde. (Näheres entnehme man den Gebrauchsanweisungen dieser als „Breaking Scent" und „Scent off" bezeichneten Präparate.) Konditionierte Verknüpfungen, deren Reize verschiedene Sinnesgebiete betreffen, werden ja oft sehr schnell und dauerhaft gebildet.

Nach einer anderen Methode wird der Wildduft versprüht und dem Hund gleichzeitig ein schmerzhafter elektrischer Reiz mit einem „elektrischen Dressurstock" oder „elektrischen Halsband" verabreicht. Wird diese Reizkombination mehrmals geboten, so entwickelt sich auf bedingt-reflektorischem Wege die Verbindung Duft-Meideverhalten (Unlusterlebnis), und der Aufforderungscharakter des Spurengeruches (der betreffenden Wildart) zu lustvollem Beutesuchen wird damit unter Hemmung gesetzt. Natürlich hilft dies nicht gegen das Sichthetzen. Doch auch dagegen gibt es Möglichkeiten.

244

Verweilen wir noch ein wenig bei den praktischen Anwendungen von Duftstoffen, da in Zukunft häufiger als bisher auch bei uns davon Gebrauch gemacht werden wird. Unter der Bezeichnung „Stubenreinlotion" wird eine nach Urin und Ammoniak riechende Substanz vertrieben, mit der man Hunden schneller als bisher und ohne Strafreize die Stubenreinheit beibringen kann. Hunde bevorzugen bekanntlich für ihre Ausscheidungsgeschäfte Stellen, die schon nach Urin „duften". Gibt man in eine dem jungen Stubenhund jederzeit zugängliche flache Plastiktasse einige Tropfen dieses Duftstoffes, dann „weiß er, was er soll", und es bleibt der Teppich verschont. Später – oder auch von Anfang an – kann man natürlich auch durch Verwendung eines derartigen Duftstoffes eine schnellere Entleerung des Hundes in einem Hof, Garten oder auf der Straße bewerkstelligen, es entfällt das manchmal längere Herumsuchen nach der geeigneten Stelle.

Das Einsprühen der hinteren Körperpartie einer läufigen Hündin mit Citronellöl zur Fernhaltung belästigender Rüden oder das Einsprühen von Verbänden mit demselben oder mit Verdünnungen von künstlichem Pfefferöl (z. B. Nonylsäurevanilylamid) zur Verhinderung des Beleckens und Beschädigens der Verbände sind weitere, schon länger bekannte Anwendungen von verhaltensbeeinflussenden Hilfsmitteln auf Duftstoffbasis. Zur Verhinderung des Benässens von Geschäftsportalen und Häuserecken durch Hunde werden sogenannte Outdoor und Indoor Repellents in Aerosoldosen im Fachhandel angeboten. Während erstere zumeist scharf riechende Stoffe wie z. B. künstliches Senföl (Allylisothiocyanat), Citronellöl und dergleichen enthalten, verwendet man für letztere Riechstoffe, die für Menschen weniger störend, der Hundenase aber trotzdem ein Greuel sind. Eine solche Substanz ist z. B. Methylnonylketon. Wird es in etwa zweiprozentiger Verdünnung auf einen Teppich oder vor eine Zimmertür oder rund um Zimmerpflanzen gesprüht, dann meiden die meisten Hunde den Aufenthalt an jenen Örtlichkeiten; leider ist die Wirkungsdauer kaum länger als einen Tag, dann ist neuerliches Besprühen notwendig. Manche Hunde gewöhnen sich mit der Zeit an den Geruch, so daß es notwendig werden kann, ihn öfters mit Strafreizen kombiniert anzuwenden, um seine ursprüngliche Wirkung – nun über einen Lernprozeß – wieder herzustellen. Man darf keine Wunder von solchen Präparaten erwarten, sie sind jedoch brauchbare und recht humane Hilfsmittel, um unerwünschte Gewohnheiten zu brechen, wenn sie mit weiteren Dressurmaßnahmen kombiniert werden.

Bedingte Reaktionen auf Geruchsempfindungen stellen mitunter die Ursache manchen unerklärlichen Verhaltens eines Hundes dar: Ein Schnauzer mied alle Gartenbeete, die mit Hornspänen gedüngt waren, seitdem er einmal auf einer Alm von einer Rinderherde gejagt und arg bedrängt worden war.

Ähnlich wie auf dem Sektor der Geruchswahrnehmungen kann man auch Gehörreize – und zwar mit großem Erfolg seit neuestem in dem für das menschliche Ohr bereits zum Ultraschallbereich gehörigen, also unhörbaren Frequenzbereich – zur Beeinflussung unerwünschten Verhaltens nutzbar machen, womit harte „Strafmaßnahmen", wie sie früher üblich waren, vermeidbar werden. Untersuchungen haben ergeben, daß in der Appetenzphase befindliche Instinkthandlungen allein durch Wahrnehmung plötzlicher Ultraschallgeräusche (in bestimmten begrenzten Frequenzbereichen und in für das Tier ungefährlich geringer Intensität) gehemmt werden können und daß bekannte Befehlssignale eher beachtet werden, wenn sie in einer bestimmten Weise gleichzeitig mit gewissen Ultraschallreizen

Die Ultraschallkette „Hi-Fido" und eine herkömmliche Wurfkette.

angeboten werden. Zur Erklärung dieser Phänomene sind weitere Forschungen im Gange. Miller, Gründer und Leiter des Canine Behavior Institute in Los Angeles, hat auf diesem Prinzip eine komplette Abrichtelehre aufgebaut. Als Hilfsmittel wird eine besondere Miniaturwurfkette verwendet, „Hi-Fido" genannt, die beim Schütteln in der Hand eine Intensitätsspitze (von Zimmerlautstärke) bei 34 200 Hz in einem unregelmäßigen Klangspektrum von 5 Hz bis 45 000 Hz abgibt. Näheres entnehme man den Gebrauchsanleitungen für diese Geräte. Es handelt sich dabei um prinzipiell andere Vorgänge als beim Dressieren eines Hundes auf einen bestimmten Ton der bekannten sogenannten unhörbaren Ultraschallhundepfeifen als Signal für ein bestimmtes Verhalten. Viele Hunde zeigen bei einem durchaus nicht lauten Ton (wenn man ihn hören könnte) bestimmter Ultraschallfrequenzen, die zur drahtlosen Fernbedienung der verschiedenen Regeleinstellungen bei modernen Fernsehgeräten Verwendung finden, Fluchtverhalten (ohne daß vorher irgendein Lernakt stattgefunden hätte). Es tritt jedoch schneller Wirksamkeitsverlust durch Gewöhnung ein.

Erprobungen dieser speziellen amerikanischen Dressurtechnik in Deutschland haben in den letzten Jahren ergeben, daß man erstaunlicherweise – wenn man sich nur genau an die gegebenen Anweisungsrichtlinien hält – denselben Abrichteeffekt ebenso gut erzielt, wenn man statt der speziellen Ultraschall emittierenden Originalwurfkette eine gewöhnliche, handelsübliche Wurfkette (wie sie seit Jahrzehnten zu Hundeabrichtezwecken in Gebrauch sind, wenn auch in völlig anderer Anwendungsart), ja sogar einfach nur seinen Schlüsselbund als „Achtungssignalerzeuger" zur Aufmerksamkeitserregung verwendet. Eine genaue Anleitung zu der notwendigen Vorgangsweise findet man in der Broschüre von Konz, „In vier Tagen gehorcht Ihr der Hund auf's Wort". Wie Miller, so baut auch Konz ein ganzes Erziehungs- und Abrichtungsprogramm (auf völlig gewaltloser Basis) auf dieser bemerkenswerten, aber für den Hundehalter nicht ganz leicht zu erlernenden Technik auf. Sie beschränkt sich also nicht nur auf das Abdressieren schlechter Gewohnheiten. Wir werden im letzten Viertel des nachfolgenden Kapitels noch eingehender darauf zurückkommen. (Leider bringt Konz in seiner Broschüre auch Anleitungen zur Hundepflege, Ernährung und Krankenbehandlung, die, da nicht zum Thema gehörig, besser weggeblieben wären, insbesondere weil viele von ihnen dem heutigen Stand der Veterinärwissenschaften nicht entsprechen, ja manche sogar geradezu als gefährlich bezeichnet werden müssen.) In Einzelfällen wird die sogenannte *„Therapie durch Überreizung"* bei Hunden anwendbar sein. Bei dieser Behaviortherapiemethode (am Menschen) wird der Patient so lange zu einer unerwünschten Handlungsweise gezwungen, bis Reizübersättigung und auf diesem Wege Aversion auftritt. Auch dazu eines der vielen praktischen Anwendungsbeispiele dieses Prinzips: Ein Jagdhund gebärdete sich als unbeherrschbarer Hasenhetzer (Sichthetze). Alle üblichen, bewährten Methoden des Hasenreinmachens von Hunden hatten versagt. Versuchsweise übergab man das Tier einem Förster, in dessen Revier es von Niederwild nur so wimmelte. Als der Hund täglich ins Revier mitgenommen wurde, stand so viel Wild vor ihm auf, daß er buchstäblich nicht mehr wußte, welchem Hasen er zuerst nachhetzen sollte. Der Hund wurde solcherart mit spezifischen Reizen so übersättigt, daß er für alle Zeit hasenrein wurde. Es war „Reizschwellenerhöhung infolge Gewöhnung" eingetreten, so daß er für die Signale seines Führers wieder empfänglich wurde.

Darstellungen weiterer Behaviortherapietechniken (in ihrer Anwendung auf den Hund) findet man ausführlich bei Tortora, so z. B. den kunstgerechten Einsatz von „Teilbelohnung" und „Teilstrafe", „Verhaltensformung" (Shaping), „Verkettung", „differenzierte Belohnung und Strafe", die Anwendung von „Lernhilfen" (sogenannte Prompts) und das sogenannte „Ausschleichen" (Fading), „Auslöschung", „Habituation", „Überflutung", „Gegenkonditionierung" und „systematische Desensibilisierung" sowie Anleitungen zur Entwicklung einer an den jeweiligen Hund individuell angepaßten planmäßigen Behandlungsstrategie (nach vorheriger quantitativer „Umweltbeziehungs- und Verhaltensanalyse" zur Erstellung einer „persönlichen Belohnungsliste" des jeweiligen Hundes und diverser anderer Hilfsunterlagen).

Beschäftigungstherapie (Bewegung, Dressurübungen, Spiele) beseitigt destruktive Tendenzen (Zerstörungslust) und andere unerwünschte Ersatztätigkeiten, die unter den bewegungsarmen Großstadtbedingungen besonders bei Hunden großer Rassen aus Langeweilesituationen heraus auftreten. Auf ähnlicher Basis bemüht man sich heute auch in zoologischen Gärten, die Tiere vor den schädlichen Auswirkungen (wie z. B. Aggressivität und Hypersexualität sowie Verfettung mit all ihren Folgeerscheinungen) der Beschäftigungslosigkeit und der brachliegenden, unbefriedigten Instinkte zu bewahren. Man läßt sie arbeiten und spielen, man läßt sie Kunststückchen erlernen, man gliedert ihren Wohnraum reichhaltiger, um vielfältigere Aktivität zu ermöglichen.

Viele Fälle von Verhaltensabnormitäten (insbesondere Aggressionen gegen den Besitzer) sind nur deswegen unbeeinflußbar, weil man das inkonsequente und nachgiebige Verhalten des Besitzers und seiner Familienangehörigen dem Tier gegenüber nicht genügend ändern kann. Menschliches Verhalten beruht ja bekanntlich stark auf festgefahrenen Gewohnheiten und der Verwirklichung unbewußter Triebtendenzen sowie widersprüchlicher geheimer Wünsche und ist daher von der verstandesmäßigen Seite her nicht immer genügend zu beeinflussen.

Der Erfolg einer „sozialen Gruppentherapie", bei der das Tier z. B. vorübergehend in einer Hundeabrichtungsanstalt oder im Haushalt einer anderen Familie eingestellt wird, um durch strengere Behandlung soziale Unterlegenheitserlebnisse zu gewinnen oder durch gemeinsame Haltung mit anderen Artgenossen sich ohne bevorzugte Sonderstellung eifersuchtslos einordnen zu lernen, geht daher mitunter sehr bald wieder verloren, wenn das Tier in das frühere Milieu zurückkommt und dort neuerlich die Erfahrung macht, daß seine menschlichen Kumpane sich nach wie vor rangunterlegen oder gegensätzlich oder sonstwie naturwidrig und widersprüchlich verhalten. Neben der Umerziehung eines Hundes ist daher häufig auch eine Schulung seiner menschlichen „Meutenmitglieder" notwendig.

In vielen Fällen werden durch unvermeidbare oder vom Besitzer nicht genügend beachtete, vermeidbare Umstände in der Umwelt des Tieres unnötige Konfliktursachen aufgerichtet, die durch einfachen Ratschlag dem Besitzer erklärt und dann oft mehr oder weniger mühelos beseitigt werden können. (Sehr typische Beispiele hierfür bieten viele der in den Kapiteln des Speziellen Teiles beschriebenen Fälle.) Diese als „Milieutherapie oder Milieusanierung" zu bezeichnenden, nach den jeweiligen Umständen gänzlich verschiedenen Maßnahmen bewähren sich mitunter ganz überraschend, besonders in den oft hartnäckigen Fällen plötzlich auftretender und anhaltender Stubenunreinheit. Auch in Fällen konflikt- und frustrationsbedingten Erbrechens und anderer aktualreaktiver Verhaltens- und Organfunktionsstörungen kann Änderung gewisser territorialer und sozialer Milieubedingungen die Verhaltensstörung schlagartig zum Verschwinden bringen. Nicht immer sind die Ursachen einer bestimmten, erworbenen Verhaltensstörung auf den ersten Blick zu ergründen. Die Kenntnis der Entstehungsursache ist aber für Behandlungsart, Dauererfolg oder Beseitigung der die Störung aufrechterhaltenden Umweltgegebenheiten fast immer wesentlich. Leider kann man einen Hund nicht wie einen menschlichen Neurotiker einer Verbalexploration, also Methoden der Psychoanalyse unterziehen, um sich an die einer Störung letztlich zugrunde liegenden, besonderen Ursachen heranzutasten. Was wird man tun, wenn aus den Aussagen des Tierbetreuers über mutmaßlich einschneidende Erlebnisse seines Hundes oder die besondere Art seiner Lebensweise (örtliche oder soziale Begleitumstände) keine verwendbaren Anhaltspunkte zu erfahren sind?

Dann muß man das Tier beobachten, wie es in bestimmten Verhaltensarrangements reagiert. Kinderpsychiater bedienen sich teilweise ähnlicher Methoden: Sie lassen Kinder spielen, etwa mit anderen Kindern in einer Theatergruppe, allein mit Baukästen usw. Aus der Art des Spieles oder der Vorliebe für eine bestimmte Rolle kann der geschulte Psychologe dann manchmal gewisse Schlüsse auf bestehende konflikthafte Probleme seines kleinen Patienten ziehen. So kann man auch aus der Art, wie ein Hund bestimmte Situationen offensichtlich „deutet" – wir können seine „Auffassung" an seinen Reaktionen und Ausdrucksmerkmalen ablesen –, manchmal gewisse Rückschlüsse auf die Natur seiner Störung ziehen und so die Vielzahl der möglichen, noch aktuellen, oder bereits lange zurückliegenden eigentlichen Ursachen einer abnormen Verhaltensbereitschaft auf einige wahrscheinliche Begebenheiten oder Umstände einschränken. Meist sind es ja Menschen oder Ereignisse, die mit menschlichem Tun irgendwie zusammenhängen, die das Tier zwingen, in unnatürlichen, unbiologischen Verhältnissen zu leben oder Konflikten nicht entfliehen zu können. Dies trifft, wie schon wiederholt betont, besonders für das Haustier in der modernen Großstadt zu. Mit einigermaßen echter Beziehung zum Tier und seiner Erlebniswelt lassen sich jedoch unschwer eine Fülle von Möglichkeiten entdecken, einem Hund auch in der Stadtwohnung Lebensverhältnisse zu bieten, die selbst bei besonders sensiblen Tieren nicht zwangsläufig zu Verhaltensstörungen führen müssen. Freilich sollte einem dabei klar sein, daß man ein Tier nur dann richtig verstehen kann, wenn man es nicht als verkleinerten Menschen betrachtet, vermenschlichend behandelt, und daß auch im Leben eines Tieres Fressen und Faulenzen nicht alles bedeutet! Auch Hunde- oder Katzenpersönlichkeiten wollen ebenso individuell behandelt werden wie menschliche Kinder; was den einen freut, muß dem anderen noch lange nicht von Nutzen sein. Mit naturfremder, mißverstandener Tierliebe, die nicht selten nur die Befriedigung eigener unerfüllter Wünsche zum unbewußten Ziel hat und damit eigentlich nichts als Egoismus, Rücksichtslosigkeit, Denkfaulheit und vor allem Unbeherrschtheit darstellt (um nicht von „Komplexen" zu sprechen), kann man ein Tier mitunter sehr quälen – auch wenn das nicht immer sofort grobsinnfällig ersichtlich ist! Marie von Ebner-Eschenbach sagte einmal treffend: „So mancher meint ein gutes Herz zu haben und hat doch nur schwache Nerven!" So kommt es, daß in vielen Fällen von psychoreaktiven Verhaltensstörungen bei Tieren eigentlich nicht das Tier, sondern primär oder gar ausschließlich der Besitzer „behandelt" werden müßte.

1.11.3 Medikamentöse und andere Heilmaßnahmen

Es gibt heute bereits sehr viele Psychopharmaka. Obgleich sie alle vor der Anwendung am Menschen in unzähligen Tierversuchen (hauptsächlich an Mäusen, Ratten, Katzen, Hunden und Affen) getestet werden, hat nur ein kleiner Teil von ihnen auch in der praktischen Tierheilkunde Bedeutung erlangen können.
Nach ihrer Wirkung beim Menschen kann man die Medikamente, die psychisches Befinden beeinflussen können, wie folgt einteilen:
In beruhigende bzw. dämpfende Substanzen, das sind die sogenannten Neuroleptica (oder Major-Tranquilizer) und die milder wirkenden (Minor-)Tranquilizer sowie die Hypnosedativa (allgemein dämpfende Mittel, die in höherer Dosis als Einschlafmittel wirken, wie z. B. die bekannten Barbiturate); und in psychisch aktivierende Substanzen, das sind die Antidepressiva (Thymoleptica und Thymeretica), die Psychostimulantia und die sogenannten Halluzinogene (Psychotomimetica, Delirantia u. a.).

Bekannte Vertreter der ersten Gruppe stellen z. B. die Phenothiazine und ihre Abkömmlinge, Thioxantene, Butyrophenone und das Reserpin dar, die wegen ihrer starken Wirkung und nicht ungefährlicher Nebenwirkungen nur unter persönlicher Kontrolle eines Tierarztes verabreicht werden können. Sie dämpfen nicht nur Angst- und Angstaggressions-(Verteidigungs-)Erscheinungen, sondern auch den Kampftrieb sozial rivalisierender Artgenossen, wie sich in tierpsychologischen Versuchsanordnungen mit kämpfenden männlichen Mäusen zeigen läßt. Leider läßt sich das Verhalten hyperaggressiver Hunde nicht immer so sicher und prompt beeinflussen (zumindest nicht in Dosen, die frei von unerwünschten Nebenwirkungen sind).

Einige der häufig gebrauchten Vertreter der zweiten Gruppe, der sogenannten Minor-Tranquilizer oder eigentlichen Tranquilizer, sind z. B. die Meprobamat- und Benactycin-Präparate, Hydroxycin- und Benzoctamin-Präparate sowie die bekannten Benzodiazepine Chlordiazepoxid, Diazepam, Dikaliumchlorazepat, Oxazepam, Medazepam, Lorazepam u. a. (in verschiedenen Ländern unter verschiedenen Spezialitätennamen im Handel, daher hier nur mit der internationalen Kurzbezeichnung angeführt). Es gibt von ihnen auch Kombinationspräparate, die außer der psychischen Wirkung auch einen vegetativ dämpfenden Effekt entfalten, wie z. B. die Kombination des Tranquilizers Oxazepam mit dem Anticholinergicum Finalin. Sie stellen alle relativ ungefährliche Beruhigungsmittel dar, die auch der Laie seinem Tier nach Verschreibung durch einen Tierarzt selbst verabreichen kann. Bei nicht allzu hohen Überdosierungen kommt es als unerwünschtem Nebeneffekt höchstens zu Gleichgewichtsstörungen und starker Schläfrigkeit. Dasselbe gilt für das Dikaliumchlorazepat, das neben der angstdämpfenden auch gewisse aggressionsmindernde Wirkungen entfaltet. Lorazepam und besonders das Thymolepticum Amitriptylin wirken außer sedierend auch stimmungsanhebend, bei Hunden psychisch stabilisierend. Besonders das letztere hat sich in vielen Fällen ganz ausgezeichnet bewährt und entfaltet seine Wirkung, anders als in der Humanmedizin, nicht erst nach Wochen, sondern schon vom ersten Tag an (so z. B. auch bei Trennungsängsten und damit verbundenen Verhaltensproblemen, gelegentlich zur Behandlung des exzessiven Markierens, übermäßigen Heulens, Destruktionshandlungen, übermäßigen Putzens und vieles andere mehr).

Viele dieser Medikamente können außer zur Beruhigung in gelegentlichen Fällen auch zu paradoxen Erregungszuständen führen.

Weitere bekannte Vertreter der Thymoleptica, deren versuchsweiser Einsatz bei manchen ausgewählten Indikationen bei Hunden von Interesse ist, sind Imipramin- und Dibenzodiazepin-Präparate.

Da die individuelle Ansprechbarkeit besonders von Tieren mit Verhaltensabnormitäten sehr verschieden sein kann, gilt die allgemeine Dosierungsrichtlinie, daß ein zehn Kilogramm schwerer Hund dieselbe Dosis wie ein erwachsener Mensch von sechzig bis achtzig Kilogramm Körpergewicht erhalten soll (ein schwererer Hund entsprechend diesem Schlüssel mehr) nur als Richtwert für Probegaben. (Der Tierarzt findet genauere Dosierungsangaben in der Broschüre von Anderson und Meyer, 1984.) Zur Erzielung der erwünschten erregungs- und angstdämpfenden Wirkung, die in einem nebenwirkungsfreien Dosenbereich erreicht werden soll, wird es daher fast immer nötig sein, durch mehrere Vorversuche die individuell günstigste Drogenmenge herauszufinden, die etwa bei der Hälfte, aber auch beim Doppelten der Richtdosis liegen kann. Manches Tier, bei dem das eine Mittel versagt, spricht auf eines der angegebenen anderen prompt an, so daß gelegentlich auch das Präparat mehrfach gewechselt werden muß. Ausnahmsweise ist Wirkungsumkehr, sogenannte paradoxe Erregung statt Beruhigungswirkung feststellbar; auch dies muß nicht für jede der genannten Drogen bei einem Tier zutreffen. Bei länger dauernden Kuren tritt meistens eine Wirkungsabnahme ein, so daß die Dosis gesteigert oder mit einem anderen Präparat fortgesetzt werden muß. Bei Individuen, bei denen die täglich mehrmalige Eingabe der Medikamente mit einem Leckerbissen auf Schwierigkeiten stößt, können manche Präparate in Zäpfchenform verabreicht werden. Alle genannten Präparate dürfen nur über Rezept von Apotheken abgegeben werden, die Behandlung muß daher ein Tierarzt einleiten.

Die Verabreichung solcher Mittel in Form von Langzeitkuren, in täglich mehrmaligen Gaben über sechs bis acht Wochen lang (wenn nötig auch länger), bewährt sich vor allem in Fällen von Überängstlichkeit infolge reizarmer Aufzuchtverhältnisse. Bei den meisten abnormen Aggressionsneigungen von Hunden und Katzen und bei Überängstlichkeit auf angeborener Grundlage ist keine anhaltende Besserung nach Beendigung der Kur zu erwarten.

Mehr aus theoretischem Interesse sei noch erwähnt, daß das Coffein und die sogenannten Weckamine (wie etwa das bekannte Pervitin) Beispiele für typische Vertreter der Klasse der Psychostimulantia darstellen; sie bewähren sich u. a. in verschiedenen Versuchsanordnungen als Hilfsmittel zur rascheren und sichereren Bestimmung des Nerventyps und merkwürdigerweise – paradoxerweise – zur Behandlung von Hyperaktivität mancher Hunde (z. B. mit Dextroamphetamin).

Das berühmt-berüchtigte LSD (Lysergsäurediäthylamid) und das Mescalinsulfat sind Vertreter der Halluzinogene, die auch im Tierversuch wissenschaftlich sehr interessante Wirkungen entfalten. Man kann mit ihnen charakteristische Verhaltensstörungen hervorrufen. Eine praktische Anwendungsmöglichkeit zur Behandlung von Hunden und Katzen mit Verhaltensabnormitäten hat sich bisher nicht finden lassen.

Hormone und einige andere Substanzen, die in verschiedene Stoffwechselvorgänge des Körpers einzugreifen vermögen, beeinflussen abnormes Verhalten auf Umwegen, weshalb man sie nicht direkt den Psychopharmaka zurechnet. Hypersexualität, manche Formen von Überaggressivität und übertriebener Bellneigung bei Rüden sprechen beispielsweise sehr gut auf Gestagene in Depotinjektionsform (z. B. Chlormadinonacetatkrystallsuspension) oder Tablettenform (z. B. Megestrolacetat) an.

Gaben von Vitamin B_1 bei Angstzuständen, die durch Vitamin-B_1-Mangel entstanden, können diese schlagartig zum Verschwinden bringen; Calciumgaben können die Krampfzustände bei sogenannter Eklampsie der säugenden Hündin beseitigen, und Schilddrüsenhemmstoffe können abnorme Aggressionsneigungen, sofern sie im Gefolge einer Schilddrüsenüberfunktion entstanden, mitunter rasch bessern. Bei der scheinträchtigen Hündin verschwindet das leerlaufende Mutterverhalten zumeist nach mehrmaliger Injektion synthetischer männlicher Sexualhormone (kann dann vorübergehend von Scheinläufigkeit und typisch männlichen Verhaltensweisen, wie z. B. Hinterbeinheben beim Urinabsatz, abgelöst werden). Neuerdings stehen dem Tierarzt für derartige Indikationen auch Hormonhemmstoffe bzw. hypophysenbremsende Substanzen zur Verfügung, mit denen unerwünschte Nebeneffekte vermeidbar sind. (Ähnliches gilt auch für die Behandlung hypersexueller Rüden.) Sogar Akupunkturbehandlungen haben sich bei diesen Störungen bewährt. In manchen Fällen läßt sich übererregbares, ruheloses Verhalten von Hunden durch blutzuckersenkende Mittel beseitigen, wenn dieses mit Erhöhung des Blutzuckerspiegels einherging.

Da alle diese Behandlungen nur dem tierärztlichen Spezialisten nach strenger Indikationsstellung vorbehalten bleiben, sei hier nicht näher darauf eingegangen. Dasselbe gilt für die folgenden Behandlungsmöglichkeiten, die nur der Vollständigkeit halber erwähnt werden sollen:

Medikamentöse Schlafkuren vermögen manchmal neurotisch überaggressive (oder andersartig verhaltensgestörte) Hunde im günstigen Sinne zu beeinflussen.

In besonders darauf angelegten Laborversuchen an verschiedenen Tierarten wie auch in der tierärztlichen Praxis (gelegentlich der Versorgung von Kleintieren nach Unfällen) kann man die Beobachtung machen, daß sowohl narkotisch wirksame Mittel wie Äther, Morphinabkömmlinge, Barbitursäurederivate, als auch Cardiazol-, Insulin- und Elektroschock eine sogenannte retrograde Amnesie, d. i. eine bleibende Erinnerungslosigkeit hinsichtlich Ereignissen bewirken können, die kurz vor der Medikamentenanwendung stattfanden. Es werden damit nämlich die zur Verankerung im sogenannten Langzeitgedächtnis notwendigen hirnphysiologischen Vorgänge unterbrochen, die sich an ein frisches Erlebnis anschließen. Als Nutzanwendung daraus ergibt sich, daß man länger anhaltende Schockwirkungen und evtl. darauf folgende, bleibende Fehleinstellungen sensibler Tiere nach einem außergewöhnlichen, seelisch stark belastenden – sogenannten „traumatisierenden" – Erlebnis durch möglichst unmittelbar anschließende Medikation solcher Art verhüten kann.

Leider zeigen Elektroschockbehandlungen (sowie Cardiazol- und Insulinschock) bei überaggressiven Hunden keine Dauereffekte (Rückfälle zwei bis vier Wochen nach Behandlungsende). Sowohl die feinere Diagnostik bezüglich der vielen möglichen Ursachen überaggressiven Verhaltens als auch die Technik der Schocktherapie bedürfen bei Tieren noch weiterer wissenschaftlicher Erfahrung, ehe über die praktische Anwendbarkeit ein endgültiges Urteil abgegeben werden kann.

Die bekanntesten operativen Beeinflussungsmöglichkeiten mancher Formen abnormen und unerwünschten Verhaltens sind die Kastration männlicher und weiblicher Tiere, die operative Schilddrüsenverkleinerung sowie gewisse Eingriffe im Gehirn, wie z. B. Leukotomie, Lobotomie u. ä. (Dimič und Nonin, 1954; Kramer, 1958; Phillips, 1968; Kiloh et al., 1974;

Redding, 1975; Berg und Ostertag, 1978, sind einige der Chirurgen, die sich damit beschäftigt haben).

Kastration männlicher Hunde bei abnorm aggressivem Verhalten führt nicht immer zum Erfolg, näheres hierüber siehe im Speziellen Teil.

Operative Eierstockentfernung bei der Hündin beseitigt, wie jedem Tierarzt bekannt ist, nicht nur die periodische Wiederkehr der Läufigkeit, sondern auch die bei vielen Hündinnen immer wieder auftretende Scheinträchtigkeit und Scheinmutterschaft (Lactatio falsa).

Auf die therapeutischen Maßnahmen bei weiteren symptomatischen und organpathologisch bedingten Verhaltensstörungen wird in diesem Rahmen nicht eingegangen, wohl aber sei abschließend betont, daß bei der häufig auf mehreren verschiedenen inneren Bedingungen beruhenden Entstehung mancher abnormer Verhaltenstendenz (wozu beispielsweise auch perverser Appetit zählt) schon Besserungen und Heilungen erzielbar sind, wenn nur einer der verursachenden Faktoren beseitigt wird.

Auf die Möglichkeit des Einsatzes von Akupunktur zur Verhaltensbeeinflussung wurde schon hingewiesen; der interessierte Tierarzt findet weiteres in meinem Akupunkturlehrbuch (1980). Wolff behandelt in seinem Buch „Unsere Hunde – gesund durch Homöopathie" unter anderem auch Möglichkeiten der Verhaltensbeeinflussung.

Auch auf die zu Unrecht seit Jahren in Vergessenheit geratene Möglichkeit der Anwendung von Hypnose zur Verhaltenstherapie bei Tieren möchte ich in diesem Zusammenhang aufmerksam machen. (Der Interessent findet Näheres bei Völgyesi, 1963, der darin nicht nur u. a. beschreibt, wie er allerlei Raubtiere im Budapester Zoo in Hypnose versetzen konnte, sondern daß damit auch Verhaltenstherapie bei aggressiven Hunden betrieben wurde.)

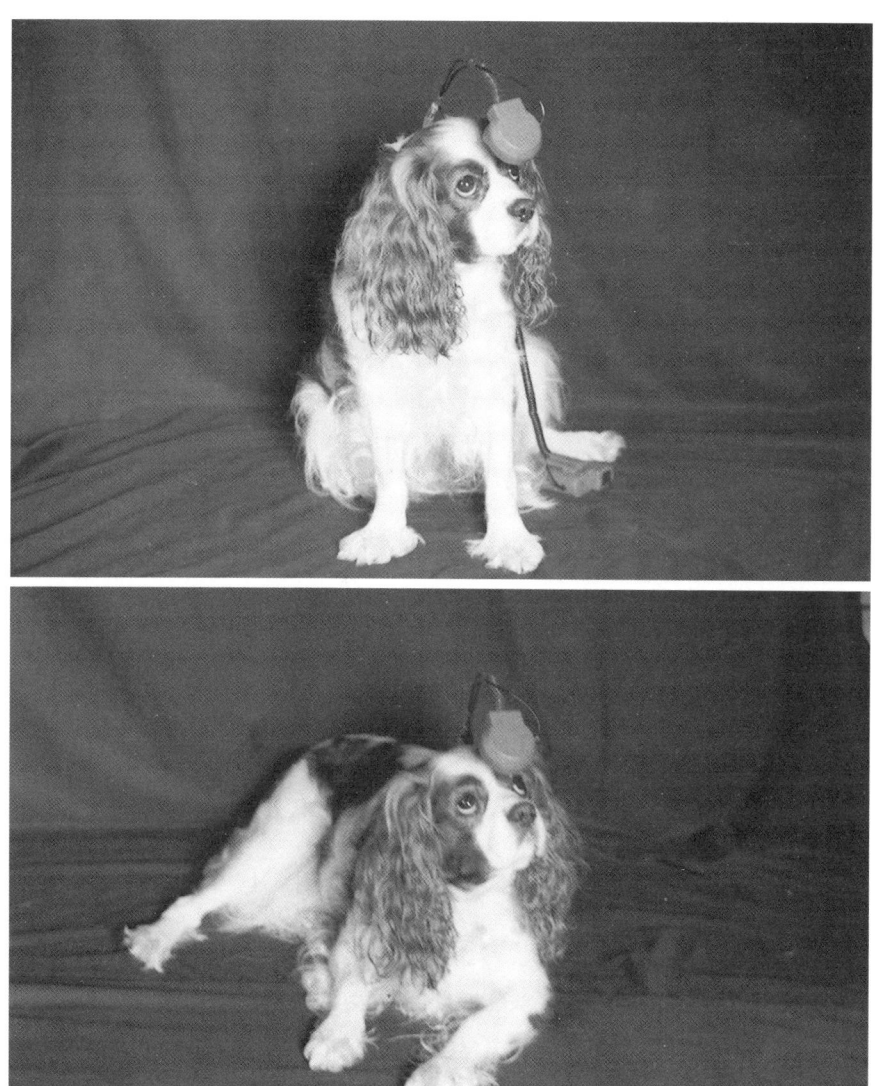

Ein Lämpchen über der Stirne – nach Völgyesi eine von mehreren Möglichkeiten, einen Hund in „Hypnose" zu versetzen.

1.12 Vorbeugen ist besser als heilen
(Die richtige Grunderziehung)

Wie unangenehm, wenn ein Hund an Besuchern hochspringt und ihnen die Kleider beschmutzt, wenn er ins Bett springt und sein Frauchen anknurrt, wenn es wagt, sich auch in dieses Bett zu begeben. Wie unangenehm, wenn unser Liebling an der Leine zerrt und keucht, da er nicht „bei Fuß" gehen gelernt hat, und so in einer Großstadtstraße prinzipiell nur an der Leine geführt werden kann. Wie arm ist doch ein Hund, der auch bei Waldspaziergängen nicht von der Leine gelassen werden kann, da er sofort hemmungslos wildert und weder auf Ruf noch auf Pfiff reagiert; wie anstrengend ist es, wenn der vierbeinige Begleiter während des Autofahrens andauernd bellt, und wie peinlich, wenn er im Gasthaus, anstatt ruhig unter dem Tisch zu liegen, andere Gäste um Leckerbissen anbettelt oder andere Hunde belästigt! Hund und Besitzer sind alsbald nicht gern gesehen. Muß das so sein?

Die Erziehung eines jungen Hundes obliegt wohl meistens der Frau des Hauses; erst später, wenn dies überhaupt beabsichtigt ist, wird er in eine Hundeschule geschickt oder geht mit dem Herrn auf den Dressurplatz, um etwa eine Sonderausbildung zu erhalten. (Letzteres wird häufig bei Hunden kleinerer Rassen, die zu keinem bestimmten „Gebrauchszweck" angeschafft wurden, nicht für notwendig erachtet.) Dieses Kapitel wurde daher besonders für die *Hundebetreuerin* verfaßt.

Unter Hygiene versteht man alle Maßnahmen und notwendigen Bedingungen, die der Gesunderhaltung dienen; auf das Verhalten angewendet – Psychohygiene –, bedeutet das die Bereitstellung aller Entwicklungsbedingungen und Anwendung aller notwendigen Maßnahmen, die ein Entstehen abnormer Verhaltensweisen möglichst sicher hintanhalten. Dies beginnt hinsichtlich des Hundes schon bei der Auswahl geeigneter Elterntiere seitens des Hundezüchters, der Führung des Zwingers in einer Form, daß den Jungtieren geeignete Sozialisierungsmöglichkeiten geboten und traumatisierende Einwirkung von ihnen ferngehalten werden, setzt sich fort mit der Auswahl eines Tieres einer geeigneten Rasse im Hinblick auf den späteren Verwendungszweck und die Haltungsart seitens des neuen Herrn in spe und im Idealfalle weiter durch die Auswahl eines zum

Wesen des neuen Herrn möglichst gut passenden Einzelindividuums aus den Wurfgeschwistern.

Außer der Wahl des *richtigen* Zeitpunktes für die Einstellung des neuen Hausgenossen sind die jeweils ersten Eindrücke des jungen Tieres im neuen Heim – von der ersten Stunde an! – und weiterhin während der ersten Wochen für sein gesamtes späteres Verhalten von besonderer Bedeutung. Es ist nicht gleichgültig, wo dem Tierchen sein Ruheplatz angeboten wird, ob und wie man mit ihm spielt usw. Auf all das wurde an einschlägigen Stellen im Laufe der bisherigen Kapitel ja schon hingewiesen. Der Leser erinnere sich ganz besonders an das, was in Kapitel 3 des Allgemeinen Teiles über die Entwicklungsphasen des Junghundes und in Kapitel 4 des Allgemeinen Teiles über die große Rolle der sozialen Umwelt mitgeteilt wurde. Daran anschließend wollen wir uns hier noch einigen konkreten Erziehungsmaßnahmen im Detail zuwenden. Die Grunderziehung oder „Einführung in den Umgang mit Menschen" wurde drastischerweise mit der Programmierung eines Computers verglichen. Die Zeitspanne der „günstigen Programmierungszeit" beim Hund ist, wie wir heute wissen, sehr begrenzt. Wird sie versäumt, so ist nur mühsam und mit einem Vielfachen an Zeitaufwand (und harten Dressurmaßnahmen) das aufzuholen, was im Alter von acht bis zwölf, spätestens bis zu fünfzehn Lebenswochen ganz einfach und rasch gelänge, sofern man richtig auf den Hund einwirkt. Es ist z. B. falsch, einem kleinen Hündchen „Unarten", wie etwa Knurren, wenn man ihm einen Knochen wegnehmen will, Hochspringen auf Polstermöbel und vieles andere mehr, durchgehen zu lassen, weil sie zunächst eher possierlich wirken und man entschuldigend meint: „er versteht es halt noch nicht!" Er würde es aber noch viel weniger verstehen, warum er plötzlich etwas nicht tun soll, das er sich bisher angewöhnen durfte!

Wie behandelt man einen Junghund richtig?

Zunächst mache man sich von dem Irrtum frei, man könne mit Worten dem Tier irgend etwas erklären oder ihm etwas durch Vormachen zeigen.

Die sozialen Instinktanteile des Hundes sind darauf eingestellt, daß er durch Handlungen und Gesten seines menschlichen Ersatzkumpans grobsinnlich erleben muß, welches Verhalten seinerseits Lust- und welches Unlustfolgen hervorruft. Ein in bestimmten Situationen zusätzlich immer wieder gesprochenes Wort oder ein anderes Signal, wie Pfiff oder Handzeichen, ersetzt – nach genügend oft stattgefundener Wiederholung – später die „manuelle Behandlung", wie etwa Streicheln oder Schütteln der Genickhaut. Das ist nichts anderes als das auch uns bekannte Lernen nach Art der Gewohnheitsbildung infolge oftmaliger Wiederholung gleichartiger Erlebnisse bzw. Erfahrungen. *Um diesen Vorgang zu erleichtern, gibt uns die Kenntnis der Psychologie des Hundes die Möglichkeit der Anwendung einiger „Kunstkniffe", weshalb bei der Erziehung systematisch, d. h. in bestimmter Reihenfolge vorgegangen werden sollte, wenn man die Erreichung des Zieles nicht unnütz erschweren will.*

Schließlich sei noch betont, daß es *„Belohnung"* und *„Strafe"* im eigentlichen Sinne nicht gibt, da der Hund ja keine Moralinstanz hat. Wir können – stark vereinfacht dargestellt – eigentlich nur angeborene Handlungsbereitschaften durch gleichzeitig mit einem Signal dargebotene lustauslösende bzw. fördernde Reize (Leckerbissen, Streicheln, Spielen) fördern oder durch Setzen von Unlust hemmen (Ruck an der Leine, Schütteln bei der Genickhaut, Festhalten bei den Lefzen, Zuhalten des Fanges, Schlag mit der Zeitung ins Gesicht oder auf Gegenstände neben dem Tier, lautes Anschreien usw.). Hiebe sollten vermieden werden. Maßlose Prügelei dokumentiert nur die Unfähigkeit (und Unbeherrschtheit) eines Erziehers. Die Art und das Ausmaß von Lustreizen und die Stärke und Häufigkeit von Unlust erzeugenden Einwirkungen sowie die Länge einer bestimmten Erziehungsübung müssen unbedingt auf die „Härte" oder „Weichheit", also auf das Wesen und auch auf das Alter („Konzentrationsfähigkeit"!) eines bestimmten Hundes abgestimmt werden. Überforderungen und mutwillige Gewaltmaßnahmen führen zum Gegenteil des Erwünschten.

Wichtig ist auch die Beachtung der folgenden praktischen Grundregel: *Man gebe nie einen „Befehl", wenn man ihn nicht auch durchsetzen kann!* Konsequenz ist bei jeder Erziehung das Wichtigste. Eine einzige Erfahrung des Tieres, daß man sich „ungestraft" der Ausführung eines „Befehls" widersetzen oder durch Flucht entziehen kann, macht zahlreiche vorangegangene Übungen wieder wirkungslos.

Ehe auf die einzelnen praktischen Maßnahmen zur Vermittlung der in zivilisiertem Milieu nun einmal erforderlichen Grunderziehung eingegangen wird, noch ein Wort über den Unterschied zwischen Erziehung und Abrichtung, worüber häufig Unklarheit besteht: Wie schon früher betont, lernt ein Hund, trotz aller Bemühungen des Menschen, sein Verhalten durch Laut- oder Sichtsignale zu beeinflussen, im allgemeinen weder Sinn noch Zweck noch die inneren Zusammenhänge des von ihm Verlangten einzusehen.

Unter dem Begriff Lernen faßt man in der Ethologie alle Prozesse zusammen, die zu einer individuellen Anpassung des Verhaltens an die jeweiligen Umweltbedingungen führen. Man erkennt sie im allgemeinen daran, daß sich ein Verhalten in einer spezifischen Reizsituation als Ergebnis früherer Begegnungen mit dieser Situation verändert.

Alles Lernen auf der Basis der klassischen und operanten Konditionierung ist entweder zufälliger Erfahrungswert („Lernen am Erfolg", „Lernen durch Versuch und Irrtum"), Gewohnheitsbildung oder, wenn vom Menschen bewußt angestrebt, Dressur. Der Begriff Erziehung hingegen ist im streng psychologischen Sinne nur auf bewußt angestrebte oder unbewußt stattfindende Lernvorgänge nach dem Prinzip der Nachahmung und der Einsicht beschränkt. Diese Lernkategorien kommen beim Hund aber, von wenigen seltenen Ausnahmefällen abgesehen, nicht vor. Von der „Erziehung" eines Hundes zu sprechen, ist daher, streng genommen, falsch. Tiere werden dressiert und trainiert.

Die Dressur eines Hundes zur Verrichtung bestimmter Spezialaufgaben nennt man Abrichtung. Um aber einen gewissen Unterschied in der Methode der Setzung bestimmter Reaktionen und Hemmungen zwischen einer im Wohnungsmilieu notwendigen Unterordnung eines Junghundes und der eigentlichen Abrichtung des erwachsen gewordenen Hundes deutlich zu machen, spricht man doch im ersten Falle von „Grunderziehung", im zweiten von Ausbildung oder Abrichtung. Während bei der Abrichtung auf die Anwendung von sogenannten Zwangsmitteln, also Setzung von Unlust (der Ausdruck „Strafe" ist in diesem Zusammenhang fehl am Platze!), bei der Dressur nicht immer verzichtet werden kann, werden für die Grunderziehung in den letzten Jahren immer häufiger Verfahren propagiert, die ausschließlich den – gelenkten – Zufall und Lusterwartung („Belohnung") als Motivationsfaktor bei der Lernarbeit zum Einsatz bringen. Die Ergebnisse überblickend, kann man aber nicht sagen, diese oder jene Methode sei die bessere oder richtigere, man muß eher sagen, bei diesem oder jenem Hundecharakter und in einem bestimmten Alter wird die eine Methode sicherer und rascher zum gewünschten Erfolg führen als die andere. Es kommt auch darauf an, was erlernt werden soll: etwas zu tun oder etwas zu unterlassen.

„Harte" Dressurmethoden, wie sie besonders früher üblich waren, können bei sehr weichen Hunden sogar zum Gegenteil des Gewünschten, ja zur psychischen Erkrankung führen.

Wie bei jedem Lernen sind das Wichtigste eiserne Konsequenz und individuell wohldosierte Erholung. Ausdauer und Geduld sind daher die Grundanforderungen, die an jeden Erzieher zu stellen sind. Geschickte Kombination von „Belohnungs-" und „Strafreizen" (auch wieder an die individuelle Wesensart des Lernenden angepaßt) führt in jedem Falle am raschesten zum gewünschten Lernerfolg. Entsprechende, nach wissenschaftlichen Gesichtspunkten ausgearbeitete neuere Dressurmethoden für Hunde stehen schon seit längerer Zeit in der UdSSR und den USA in Erprobung und sollen sich besser bewähren als die bisher bei uns bekannten und mehr aus der praktischen Erfahrung allein entwickelten Verfahren.

Der Hund als soziales Lebewesen hat nicht nur die natürlichen Voraussetzungen, sondern auch ein ausgesprochenes Bedürfnis, sich in eine räumliche, zeitliche und „soziale" Ordnung einzufügen – auch im Hunderudel herrschen ja bekanntlich strenge Regeln –; und wenn man ihm nicht durch unnachgiebige Haltung eine sichere Einordnung als Ersatz für die natürlichen Regelungen (im Hunderudel) möglich macht, dann lernt er eben nach „Halbstarkenart" allerlei „Unarten", die ihm selbst, seinem Herrn und seiner Umgebung zum Schaden gereichen, da sie ein der Lebenssituation des Hundes in zivilisierter menschlicher Umgebung schlecht angepaßtes Verhalten ergeben. So mancher Hund muß deswegen eine neurotische Fehlhaltung annehmen, weil ihm eine wesentliche Notwendigkeit seiner Umwelt fehlt: ein sich wirklich sozial übergeordnet verhaltender Kumpan! Das alte Sprichwort, ein Hund lecke einem für Schläge dankbar die Hand, trifft im Grunde tatsächlich zu. Wer also seinen Hund liebt, erzieht ihn streng vom ersten Tag an; auch wenn die gegenwärtig herrschende Zeitmode autoritären Erziehungsmethoden beim Menschen zuwiderläuft. Mit Strenge sind hier aber nicht Rohheit und Brutalität oder unpersönliche Gefühllosigkeit gemeint, sondern lediglich Unnachgiebigkeit. Sollte man durch verschiedene Erziehungsfehler schon allerhand versäumt und verdorben haben, so ist, bei entsprechender Ausdauer, in einem Abrichtekurs oder durch besondere Bemühungen eines erfahrenen Hundelehrers einiges nachträglich wieder zu verbessern. Häufig kommt es in solchen Fällen jedoch dazu, daß sich der Hund in Gegewart seines Dresseurs wohl „zivilisiert" verhält, nicht aber, wenn er sich wieder in gewohnter häuslicher Umgebung befindet. Schließlich hat er nicht vergessen, daß er hier die ganze Jugendzeit hindurch tun und lassen konnte, was ihm beliebte.

Bedenken Sie daher immer: Auch Tiermütter erziehen ihre Sprößlinge; es besteht eine fein abgestimmte Wechselbeziehung zwischen Eltern und Pflegling, und wenn wir das junge Tier von seiner Mutter wegnehmen und in eine ganz andere Welt stellen, dann müssen wir ihm die Mutter nicht nur als Nahrungsspenderin, sondern auch als Erzieherin ersetzen, die dafür zu sorgen hat, daß es sich auch psychisch normal entwickelt und an seine besondere Umwelt zweckmäßig und optimal anzupassen lernt.

Nun gibt es aber eine ganze Reihe von Tierfreunden, die sagen, wir wollen kein „dressiertes" Tier, wir wollen einen Hund gewissermaßen „naturbelassen" sein Hundeleben genießen lassen. Dazu muß nochmals betont werden, daß ein solcher „Tierliebhaber" keine Ahnung von einem wirklichen Hundeleben hat und daß er nur dann einen – soweit in menschlicher Umgebung überhaupt möglich – naturnah sich verhaltenden Hund bekommt, wenn er der Meutenführer ist und sich als Ersatzkumpan möglichst so „sozial" verhält, wie es ein Artgenosse im Rudel tun würde. Nur dann kann ihn ja der Hund ohne Schwierigkeiten sofort verstehen. Nur dann paßt sein Verhalten zu den angeborenen Bedürfnissen seines Hundes. Und da in keinem Hunderudel jedes Mitglied ohne Rücksicht auf das Verhalten des anderen tun kann, was es will, weil eine – je nach Rasse – mehr oder weniger strenge hierarchische Ordnung herrscht, sind wir wieder bei der ursprünglichen Empfehlung angelangt: Erziehe Deinen Hund, um ihm eine möglichst eindeutige Einordnung in seine soziale Umgebung zu ermöglichen, dann hast Du einen „naturbelassenen" Hund!

Obwohl es ausgezeichnete Literatur gibt, die dem Anfänger das notwendige Wissen über Hundeerziehungsmethoden vermittelt, sei hier kurz auf einige der wichtigsten Punkte eingegangen, wobei betont sei, daß auch das Spiel mit dem Hund und überhaupt jegliche Art des intensiven Kontaktes mit dem Tier erzieherisch wirkt und die Unterordnungsübungen nur einen kleinen Teil der umfassenden erzieherischen Einwirkungen darstellen, nämlich besonders den Ersatz des „Kampfes um die Rangstellung".

Stubenreinheit wird nur dann rasch erlernt, wenn man mit dem Junghund anfangs alle zwei Stunden auf die Straße geht, besonders sofort nach dem Aufstehen, nach einem Schläfchen, nach dem Essen und Trinken oder nach einem Spiel. Morgens sollte er – zwangsweise gehindert – nicht früher seinen Schlafplatz verlassen dürfen, bis jemand Zeit hat, ihn hochzunehmen und sogleich ins Freie zu tragen, damit nicht vorher ein Malheur passiert. Zum Zwecke der Dressur, die Ausscheidungsgeschäfte auf einem Gefäß in der Wohnung oder auf einem kleinen Balkon zu erledigen, was besonders bei Kleinhunden in Großstadthäusern mitunter sehr wünschenswert erscheint, muß man noch früher mit bestimmten Maßnahmen beginnen: Schon der Züchter sollte die Hündchen ab dem Alter von drei Wochen so mit der Mutter unterbringen, daß die Kleinen aus einem als Wurfhöhle benutzten, allseitig bedeckten gemeinsamen Schlaflager nur in einen mit Zeitungspapier ausgelegten größeren „Vorgarten" (z. B. etwa eine große Schale) gelangen können, so daß die Tierchen die optische Wahrnehmung von Zeitungspapier als Hilfsauslösereiz für das Ausscheidegeschäft ganz zufällig und zwangsläufig erlernen (denn der Schlafraum wird ja von gesunden Hunden nicht beschmutzt). Später „weiß" das Tierchen dann, was es soll, wenn man es aus seinem Schlafkörbchen, in das es nachtsüber am besten eingesperrt wird, am Morgen rasch auf die mit Zeitungspapier ausgelegte Schale hebt. Eine gute Hilfe ist es auch (besonders wenn man erst später mit dieser Dressur anfängt), den Hund, wenn er es schon sehr nötig hat, auf eine Schale in der Badezimmerecke zu stellen und dort mit einem Brett so lange am Verlassen dieses Ortes zu hindern (ungeachtet eventueller Proteste!), bis er das Gewünschte erledigt hat, worauf man ihn ausgiebig lobt, streichelt, Leckerbissen reicht und – vor allem – von dem versperrten Orte freiläßt. „Bestrafungen" nach einem bereits passierten Lapsus, etwa in Form von Schnauze-Eintauchen und dergl., führen in vielen Fällen dazu, daß der Hund sich nach einem im Zimmer vollbrachten Geschäft möglichst rasch zu verstecken, nicht aber das Unerwünschte zu unterlassen lernt. Störreize in Form von plötzlichem Hochheben bei der Genickhaut und Schütteln (noch besser: aus der Stube sofort ins Freie tragen) haben nur einen Sinn, wenn sie in dem Augenblick zum Einsatz kommen, in dem sich der Hund *soeben anschickt,* die unerwünschte Verrichtung auf dem Teppich oder sonstwo im Zimmer zu erledigen; das erkennt man daran, daß er sich in charakteristischer Weise niederzuhocken versucht. Daß im Freien Ruhe herrschen sollte – also Fehlen hemmender oder ablenkender Störreize –, wenn der Hund dort sein Geschäftchen möglichst schnell zu verrichten lernen soll, und daß Sand, Erde, Laub und Wiesenfläche das In-Gang-Kommen dieser Instinkthandlung unterstützen, ist eine altbekannte Tatsache. Regen und ungewohnte Kälte sind dem Sich-lösen-Können nicht förderlich, weshalb diese Dressur zu gewissen Jahreszeiten schwerer als in anderen gelingt. Die Möglichkeit der Anwendung von Hilfsmitteln wie „Stubenreinlotion" oder „Hi-Fido"-Kette zur Überwindung etwaiger Schwierigkeiten wurde im vorhergehenden Kapitel schon erwähnt.

Zum *Abreagieren der Kaulust* dienen ein festes Stück Plastikschlauch, einige verknotete alte Damenstrümpfe, ein festes Stück Röhrenknochen oder die bekannten Kauknochen aus Büffelhaut. Dieses Spielzeug wird mit dem Fuß spielerisch vor dem Hund hin und her bewegt, nachdem man ihm den Schuh, den er in Ruhe lassen sollte, mit einem Klaps weggenommen hat. Das Hin- und Herbewegen vor dem Hund erweckt sein Interesse, da es einen Auslösereiz für Beutehaschbewegungen darstellt. Oft genügt es auch, mit zusammengerollter Zeitung *neben* dem Hund auf den Boden oder *auf den Gegenstand,* den er in Ruhe lassen soll, zu schlagen, um ihm begreiflich zu machen, was „verboten" ist.

Einen *eigenen Platz* in einer ruhigen Zimmerecke braucht jeder Hund. Er soll sich zurückziehen können und wissen, daß er dort in Ruhe gelassen (auch nicht gestreichelt und zugedeckt!) wird. Er ist auf diesen Platz auch zu verweisen, wenn er irgendwo im Wege steht oder wenn z. B. der Briefträger, Fremde oder Gäste an der Wohnungstür empfangen werden.

Gewöhnung an Halsband, Leine und Beißkorb wird am ehesten erreicht, indem man in der ersten Woche der Einstellung das Halsband überhaupt nicht abnimmt, die Leine zunächst in der Wohnung kurzzeitig, besonders vor dem Futterreichen und vor einem anregenden Spiel unter Liebkosungen einklinkt und den Beißkorb mehrmals über Nacht umgibt, ohne von den anfänglichen Abwehrmaßnahmen des Tiers auch nur die geringste Notiz zu nehmen.

Vor Vollendung des ersten Lebensjahres ist es nicht ratsam, den Hund in belebten Großstadtstraßen unangeleint zu führen, denn allzugroß ist noch seine Ablenkbarkeit, auch wenn er recht gelehrig ist und schon brav „bei Fuß" geht.

Bevor man mit dem Tier aus einem Haustor heraustritt, sollte man es regelmäßig anleinen oder „bei Fuß" rufen, um ungestümes Auf-die-Straße-Stürmen erst gar nicht zur Gewohnheit werden zu lassen. Wird das Geschäft im Rinnstein verrichtet, so ist unter Streicheln ausgiebig zu loben. Grundsätzlich sollte der Hund von Anfang an lernen, sein Ausscheidungsgeschäft an der Leine zu verrichten.

Betteln bei Tisch lernt der Hund nicht, wenn er vor der Mahlzeit der Menschen sein Futter bekommt und während des Speisens womöglich in einem anderen Zimmer bleibt oder auf seinen Platz verwiesen wird (ausnahmslos!). Wenn nötig, ist der Hund dort anzuleinen; Winseln und ungebärdiges Benehmen sind völlig zu ignorieren! Niemals aber dürfen Futterbissen vom Tisch gereicht werden.

Das Alleinbleiben ohne zu heulen muß schrittweise, zuerst kurz und dann immer länger, sowie anfänglich im Anschluß an eine ausgiebige Mahlzeit geübt werden. Manchmal sind harte „Strafen" nicht zu umgehen: Man muß sich heimlich vor der Tür postieren und, sobald das Tier sein Geheul anstimmt, *wortlos* in großer Eile hineinstürzen, unter „Pfuiruf" und „Platz" Strafreize verabreichen (Schütteln bei der Genickhaut, Schlag mit zusammengerollter Zeitung auf die Schnauze, Stoß, um den Hund unsanft auf seinen Platz zu befördern und dergl.) und ebenso *rasch und ohne weitere Worte zu verlieren* wieder eiligst verschwinden. Als bewährt kann auch das Zuhalten des Fanges durch mindestens fünf Minuten empfohlen werden; nach einigen derartigen Erlebnissen fügt sich der Hund ohne Protestgejaule in sein Schicksal. Es spricht dies wahrscheinlich einen angeborenen auslösenden Mechanismus zur Unterlassung seitens eines Ranghöheren unerwünschter Aktivität an (über dieses sogenannte „Über- die-Schnauze-Beißen" siehe in Kapitel 11 des Speziellen Teiles).

Bei sehr jungen Tieren handelt es sich oft um das Weinen des Verlassenseins; dann sollte man nicht gleich zur „harten" Methode greifen.

Eine ganz andere Strategie hat sich ebenfalls bewährt: zwecks Anhänglichkeitsverminderung überhaupt kühlere Beziehung, besonders vor dem Weggehen, statt Verabschiedezeremonien. Dafür herzliche Wiedervereinigung bei der Rückkunft. Das Nachlaufen in der Wohnung verhindern! Vor dem Weggehen dem (hungrigen!) Hund Futter hinstellen und während des Fressens unauffällig verschwinden. Überbrückungsreize wie eingeschalteter Radioapparat oder Anschaffung eines Tiergefährten, wie z. B. eine Katze. In schweren Fällen muß man Tranquilizer für einige Tage einsetzen. Oft wird ein Hund erst unruhig, wenn er Stiegenhausgeräusche hört – in solchen Fällen den Zutritt zum Vorzimmer verhindern. Von Medikamenten sind auch Thymoleptica von Interesse, sie müssen jedoch lange vor dem Verlassen der Wohnung gegeben werden.

Die Befolgung des Befehles „aus Laut", wenn Bellen unerwünscht ist, kann ebenfalls am sichersten durch langdauerndes Zuhalten des Fanges, wenn nötig verschärft durch vorhergehenden Klaps mit der Zeitung oder der bloßen Hand – oder Hochheben und Schütteln bei der Genickhaut –, verständlich gemacht werden. Geduld, ausnahmslose Konsequenz und wiederholte Übung von frühester Jugend an sind bei Hunden mit anlagebedingt „lockerem Hals" erforderlich. Belohnung mit Leckerbissen, wenn der Hund dem Befehl sofort gehorcht, ist nach der Verhinderung des Bellens besonders wirksam, da die gehemmte Energie sich durch das Kauen ersatzweise entladen kann! Da es naturgemäß unmöglich ist, zugleich zu bellen und zu fressen, eignet sich diese Methode des Ausspielens einer Instinkthandlung gegen eine andere auch zur Verhinderung des Bellens im Auto. Weitere Methoden, bei einem Hund unerwünschtes Bellen zu unterdrücken, werden im Kapitel „Der Hund mit dem lockeren Hals" beschrieben.

Zeigt ein Welpe oder Junghund die Tendenz, spielerisch nach der *Hand des Herrn oder anderer Personen zu schnappen*, dann lasse man diese, zunächst harmlos und lächerlich aussehende Verhaltensweise, mit der der Hund seine soziale Rangposition zu erkunden beginnt, keinesfalls durchgehen, sondern ergreife bei dieser Gelegenheit *sofort* eine Lefze (Oberoder Unterlippe), evtl. auch die langen Tasthaare und halte sie, trotz Gegenwehr und Gewinsel, ein bis zwei Minuten fest. Diese Erfahrung soll der Hund jedesmal machen, wenn er nach menschlichen Körperteilen zu schnappen versucht. Zwei oder drei derartige, eigentlich recht harmlose Erlebnisse genügen, und er versucht es nie wieder. Augenblicklich und eindeutig unduldsam sollte man auch reagieren, wenn der kleine Hund das erste Mal versucht, durch Knurren einen Knochen oder anderen Gegenstand gegen den Besitzer zu verteidigen. Man nimmt ihm in solchen Fällen sofort den Gegenstand weg, und bestraft den Hund durch Schütteln bei

267

der Genickhaut. Diese Behandlung wiederhole man so oft, bis der Hund seinen Knochen freiwillig fallen läßt, wenn man ihm nur in die Nähe kommt, wie es einem rangtieferen Mitglied geziemt. Tut man dies nämlich nicht, dann gewinnt das Tier die falsche Einstellung, Menschen seien sehr rangtiefe Lebewesen, mit denen man tun kann, was man will, wenn man nur aggressiv genug droht. Statt das Drohverhalten eines kleinen Knirpses belustigt zu belächeln, sollte man es also ernst nehmen und richtig darauf reagieren, wenn man nicht später einen unbeherrschbaren, womöglich bissigen Hund haben möchte; denn später wäre jede derartige Erziehungsmaßnahme wirkungslos.

Das Hemmen einer Instinkttätigkeit: Die richtige Einwirkung in jenen Fällen, in denen der Hund etwas zeitweilig Unerwünschtes unterlassen soll (Graben an einer bestimmten Stelle im Garten, Schnüffeln an einer Ecke, Aufnahme eines Gegenstandes, Fortsetzung eines Spieles usw.), erfolgt durch einen abrupt durchgeführten Leinenruck oder durch Festhalten des Tieres (wenn nötig auch Hochheben und Schütteln bei der Genickhaut); knapp vorher spreche man energisch das Befehlswort „Aus". In Fällen, in denen eine Handlung des Hundes *stets* unerwünscht ist (wie etwa Kot-Fressen, Unter-den-Kleidern-Schnüffeln, An-Fremden-Hochspringen), wird ähnlich, nur noch strenger verfahren. Ich denke hier an einen Schlag mit einer zusammengerollten Zeitung und gleichzeitiges lautes „Pfui"-Rufen. Auch das Klatschen mit einer Zeitung oder ein Gertenhieb neben dem Hund auf den Fußboden (als hätte man ihn verfehlt) sind wirksame Abschreckungsmittel.

Die sogenannten eigentlichen *Unterordnungsübungen* werden in der Reihenfolge „Sitz", „Komm", „Platz", „Hier" und „Fuß" gelehrt. Man übt sie bei den Hunden bereits zwischen der achten und zwölften Lebenswoche (!), und zwar jeden zweiten Tag zweimal fünfzehn Minuten lang. Jeder Befehl wird eine Woche lang durchgenommen, wobei das bisher Gelernte bei jeder sich bietenden Gelegenheit wiederholt wird. Bei richtigem Reagieren des Tieres wird sofort ausgiebig belohnt und belobt (Streicheln, Leckerbissen). Anfänglich werden alle Übungen nur mit dem angeleinten Hund durchgeführt, um ein Entweichen aus der Lernsituation, die zeitweilig psychologisch sehr komplexer und sogar konflikthafter Natur sein kann, zu verhindern. Schließlich lernt der Hund von zwei Übeln das Geringere zu wählen – was wir dann mit „gehorchen" bezeichnen.

Das Verständnis für die Bedeutung der einzelnen Signalworte wird folgendermaßen vermittelt:

„Sitz":

1. Man beachte, wann der Hund sich von selbst anschickt, sich niederzusetzen, und spreche dann schnell das Wort „Sitz" aus.
2. Man spricht das Wort „Sitz" und drückt mit der linken Hand an der Hals-Brustpartie unter Erfassung des Halsbandes den Hund sanft nach hinten und gleichzeitig mit der rechten Hand am hinteren Körperende nach vorn und unten. Ist der Hund bereits so weit, daß er sich sofort nach jedem Aussprechen des Befehlswortes setzt, dann wird er unter Streicheln belobt („so ist's brav"); steht er in einem solchen Falle auf, so ist das Lob wegzulassen! Dieser Vorgang ist immer wieder zu üben und zwar in jeder Situation und mit jedem Familienmitglied. Zum Umlegen von Maulkorb und Halsband sowie zum Einklinken der Leine und zur Körperpflege soll man den Hund grundsätzlich vorerst absitzen lassen.

„Komm":

1. Sitzt der Hund und wurde er evtl. dafür belobt (unter Festhalten, denn er darf von selbst nicht aufstehen!), dann entfernt man sich ein paar Schritte, bleibt schließlich stehen und ruft „komm". Steht der Hund früher auf, so ruft man bei Hunden jungen Alters schnell „komm", bleibt er trotz des Befehles sitzen, erfolgt ein sanfter, gleichmäßig anhaltender, nicht ruckartiger Leinenzug unter gleichzeitigem Weglaufen des Hundeführers. Kommt das Tier heran, so wird es wieder ausgiebig belobt und belohnt; läuft es aber fort, so ist es sofort einzufangen, bzw. ohne nachzugeben straff an der Leine zu halten und stets zum neuerlichen Absitzen zu veranlassen. Niemals sollte zum Schluß der Hundeführer nachgeben.
2. Zeigt der Hund die Tendenz, auf das Signal nicht sofort heranzukommen (er hat auch zu kommen, wenn er vorher nicht saß, letzteres ist nur eine Lernhilfe für den Anfänger), so laufe man von ihm weg oder in eine seiner Bewegungsrichtung entgegengesetzte Richtung. Ist dies nicht möglich, dann versuche man den Hund zu überholen und ihm vorauszulaufen. Anschließend oder bereits während des Laufens wird mit den Händen auf die eigenen Knie geklatscht und erneut mehrmals das Wort „komm" gerufen. Immer sollte der Hund für das freiwillige (und auch zwangsweise) Herankommen belobt werden. Ihn zu „bestrafen" –

und damit Unlustreize zu setzen – ist selbst dann unzweckmäßig, wenn man vorher mehrmals vergeblich rufen mußte.

„Platz“:
Das Abliegen auf das Wort „Platz" soll, evtl. mit einer hinweisenden Handbewegung, auf der Stelle oder dem gewohnten Ruheplatz erfolgen. Der Hund muß lernen, daß er unaufgefordert auch dann nicht aufstehen darf, wenn sich der Begleiter entfernt. Als Hilfe legt man ein Kleidungs-stück neben ihn. Zu langes Abliegen kann von ganz jungen Hunden nicht verlangt werden. Zur „Erklärung" des Befehlswortes, also Setzung des bedingten „Reflexes", läßt man den Hund zuerst absitzen. Dann verfährt man unter Aussprechen des Befehles auf eine der beiden folgenden Arten:
1. Man zieht dem sitzenden Hund die Vorderbeine mit der linken Hand soweit nach vorne, bis die Brust des Tieres den Boden berührt; gleich-zeitig drückt man mit der rechten Hand auf Nacken, Schulter oder Rük-ken. Liegt der Hund flach, so wird er belobt und gestreichelt, dabei aber niedergehalten (Passiv-Dressur).
2. Eine weitere bewährte Methode, die für ältere Junghunde und beson-ders harte und widersetzliche Charaktere bestimmt ist, besteht darin, daß man sofort nach dem Aussprechen des Befehlswortes knapp neben dem Halsband mit dem Fuß auf die Leine steigt, so daß der Hund ruck-artig niedergezogen wird. Man kann solcherart den Hund aus dem Stand zum Abliegen zwingen.
Übung in jeder Situation ist auch hier wesentlich, also Abliegen aus dem Laufen, während des Spielens und auch dann, wenn der Hund etwas wei-ter entfernt läuft. Wird in letzterem Falle dem Befehl nicht Folge geleistet, so wirft man dem Hund – während er nicht in die Richtung zum Herrn sieht – eine Wurfkette, ein Kettenhalsband oder eine Handvoll kleiner Kiesel-steine oder Erdbrocken nach; dadurch erschrickt er und wird unserem Signal eher folgen. Man kann auch an einer zehn Meter langen Wäsche-leine üben, um einen kurzen abrupten Halsbandruck (Kettenzughals-band!) auslösen zu können. Natürlich kann das Abliegen auch auf einen bestimmten Pfiff eintrainiert werden. Diese Methode ist bei Waldspazier-gängen zur Verhinderung des Wilderns, aber auch zur Vermeidung von Hunderaufereien im Park recht zweckmäßig. Immer aber sollte der ent-

sprechende Befehl knapp vorher gegeben werden, denn sonst ist er wirkungslos. Wurde der Befehl zu spät erteilt, dann ist dessen Nichtbefolgung *nicht* als „Ungehorsam" aufzufassen!

In diesem Zusammenhang sei nochmals daran erinnert: Ist eine Situation so gelagert, daß sich der Hund der „Befehlsausführung" ohne Unlusterlebnis entziehen kann, dann wird der Befehl besser überhaupt nicht gegeben! (Übungen ohne lange Leine daher zunächst nur im geschlossenen Hof oder umzäunten Grundstück!)

„Hier":
Dieses Signalwort ist in der üblichen Abrichtesprache die akustische Reizgestalt für das Herankommen des Hundes aus größerer Entfernung. Natürlich kann man auch auf einen bestimmten Pfiff dressieren. Man befestigt am Halsband des Hundes eine zehn bis fünfzehn (oder auch zwanzig) Meter lange Leine, die sogenannte „lange Dressurleine" (es kann auch eine Leine aus Kunststoff sein) und läßt zunächst abliegen oder entfernt sich vom stehenden Tier. Aus größerer Entfernung erfolgt dann das Signal, dessen Bedeutung man dem Hund anfänglich durch leichtes Ziehen an der langen Leine vermittelt. Der Zug erfolgt solange, bis man das Tier zu sich herangebracht hat oder bis es sich anschickt, freiwillig herbeizulaufen. Der Zug an der Leine soll optimal eine halbe Minute nach Abgabe des Signals, also des Befehlswortes oder Pfiffes beginnen. Während der letzten drei oder vier Meter soll der herankommende Hund ununterbrochen gelobt werden, etwa mit „so ist's brav" und „hier" (mit Nennen seines Namens). Nachher wird das Tier gestreichelt und evtl. mit Leckerbissen belohnt (auch dann, wenn man es gewaltsam herbeiziehen mußte, weil es sich sträubte). Der Hund hat auf das Signal aus jeder Situation (Laufen, Schnüffeln, Stehen, Sitzen, Liegen) sofort herbeizueilen. Später übt man auch so, daß der Hund den Abrichter während der Befehlsgabe nicht sehen kann. Man steht hinter einer Hausecke, einem Zaun oder einem Auto. Die Verbindung mit der langen Leine muß natürlich vorhanden sein. Ist der Hund herangekommen, so läßt man ihn, wenn er schon zu den vorgeschritteneren Schülern gehört, erst abliegen oder setzen, ehe man ihn belobt.
Die Arbeit mit der langen Leine kann man sich ganz wesentlich erleichtern, wenn man diese auf eine federnde Automatikspule aufwickelt, wie

271

sie Sportangler am Griff ihrer Angelrute benützen. Es kann dann nicht vorkommen, daß sich die lose Kunststoffschnur im Gelände an diversen Gegenständen verwickelt oder sich zu einem „Seilsalat" verwirrt. Die Verwendung einer solchen Vorrichtung gestattet dann eine Dressur an viel längerer Leine (fünfzig bis achtzig Meter), also aus viel größerem Abstand als dies mit den handelsüblichen Laufleinen möglich wäre, was ungleich wirksamer ist. Teure, aber ungemein praktische Hilfsmittel sind die sogenannten elektrischen Dressurhalsbänder (z. B. „Teletakt"), die auf drahtlosem Wege bedient werden können. Der Hundeführer hat einen kleinen UKW-Sender in der Tasche, der Hund einen entsprechenden Empfänger zur Fernbedienung eines batteriegespeisten Strafreizgerätes (Induktionsspule) im Halsband eingebaut. Alle Übungen, die wir noch mit der „langen Leine" oder mit einer „Wurfkette" oder der sogenannten „Zwille" (kleine Steinschleuder) mühsam und zeitraubend durchexerzieren müssen, können mit solch einem Gerät viel einfacher und wirksamer vorgenommen werden. Wenn der Hund, auch in Entfernungen von einhundertfünfzig Metern, einen „Fehler" macht, dann genügt ein Knopfdruck, und ein ungefährlicher, milder elektrischer Schlag am Hals erinnert ihn daran, daß er sich anders zu verhalten hat. Solcherart verbindet das Tier ein Fehlverhalten direkt mit einem unangenehmen Reiz. Die verschiedenen Dressurziele sind mit dieser Methode in einem Viertel der Zeit erreichbar, die nach herkömmlicher Art benötigt wird. Die Stärke des elektrischen Strafreizes kann bei ganz modernen Geräten auf die individuelle Empfindlichkeit des Hundes eingestellt werden. (Trotzdem nicht vor Ablauf des 1. Lebensjahres anwenden.)

Selbstverständlich eröffnen diese Geräte auch weitere Anwendungsmöglichkeiten. Hoffnungslosen Wilderern und Streunern konnte z. B. mit nur vier bis sechs Lektionen diese unerwünschte Verhaltensweise für immer abgewöhnt werden. Bei Verwendung solcher Geräte muß man sich genauestens an die beigegebene Gebrauchsanweisung halten, sie sollten – wenn überhaupt nötig – in erster Linie nur von Berufsabrichtern verwendet werden; von Unerfahrenen ist damit schon Schaden angerichtet worden.

„Bei Fuß gehen":
Das *Frei-bei-Fuß-Gehen* zu erlernen, ist für einen sehr jungen Hund von allen bisher aufgezählten Übungen die schwierigste, da die dazu notwen-

Das drahtlose elektrische Dressurhalsband, ein Strafreizgerät, hat in der Hand Unkundiger schon viele Hunde neurotisiert, was hier soviel wie „verdorben" heißt. ▶

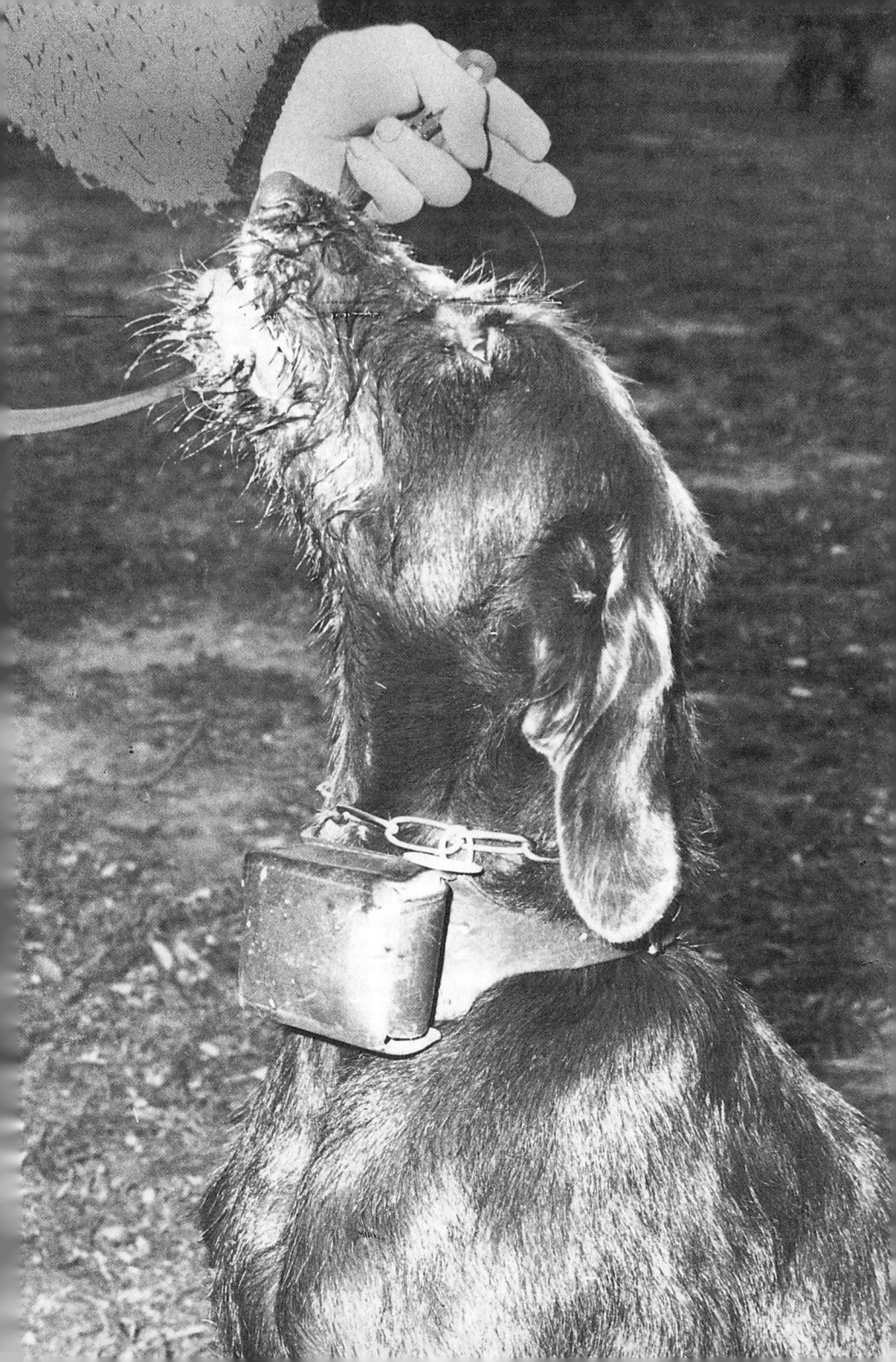

digen Instinktvoraussetzungen des sogenannten „Allelomimetic Behavior" noch nicht voll ausgereift sind. Wegen der Wichtigkeit des Beherrschens dieser Tätigkeit unter den heutigen Verkehrsverhältnissen muß aber empfohlen werden, auch mit diesen Übungen so früh wie möglich zu beginnen. Zunächst wird man schon damit zufrieden sein, wenn das Hündchen zumindest ein paar Minuten ohne Wiederholung des Befehls *an der Leine bei Fuß* geht, also neben dem linken Fuß des menschlichen Führers, ohne zurückzubleiben, vorauszuzerren oder seitlich wegzustreben, im gleichen Gehtempo an der locker durchhängenden Leine läuft. Hat der Hund dies verläßlich gelernt, so übt man später das „Frei-bei-Fuß-Gehen", indem man die Lederleine vom Halsband ausklinkt, aber zur notwendigen Zwangseinwirkung eine zweite, schon vorher befestigte Leine benützt (evtl. die schon früher erwähnte Schnur). Auch ist es ratsam, anfangs an einer Mauer oder einem Zaun entlang zu gehen, so daß der Hund auf der einen Seite von der Mauer, auf der anderen Seite von seinem Führer flankiert wird.

Doch nochmals zum „Bei-Fuß-Gehen-an-der-Leine": Die Leine soll locker durchhängen; zerrt der Hund an ihr, so wirkt man mit kurzen und scharfen Rucken auf ihn ein. Gleichmäßiges Ziehen ist zu vermeiden, denn das führt zum Gegenteil des erwünschten Verhaltens; der Hund würde noch mehr zerren und sich zu befreien versuchen. (Pawlow sprach treffend von einem sogenannten „Befreiungsreflex".) Ein grobgliedriges Zug-Ketten-Halsband, das bei Beendigung der anfangs nur kurzen Dressurübungen gegen ein Lederhalsband ausgetauscht wird, leistet sehr wertvolle Dienste. Etwa eine viertel bis eine halbe Minute vor dem Leinenruck wird das Kommandowort „Fuß" mit scharfem, aber nicht unbedingt lautem Ton gesprochen. Reagiert der Hund richtig, so soll er kurz belobt werden, allerdings ohne das Weitergehen zu unterbrechen. Man muß dem Hund Gelegenheit lassen, vorzupreschen und zurückzubleiben, und dann sofort Strafreize setzen, nur so lernt er, worauf es ankommt: „Nur *neben* dem linken Fuß des Herrn kann ich mich geborgen und vor Unangenehmem sicher fühlen!" Zieht der Hund aber vor, so macht man plötzliche Linkswendungen, so daß das Knie des Führers recht unsanft den Hund anstupst. Auch ein Gertenhieb auf oder vor die Vorderpfoten verhindert das Vorauszerren. Nach mehreren derartigen Erlebnissen geht der Hund schon brav bei Fuß, wenn er nur sieht, daß man die Gerte in der Hand hält!

Der Hundeführer wird viel Geduld aufbringen müssen, Mühe und Konsequenz lohnen sich aber, wenn später der vierbeinige Begleiter seinem menschlichen Freund überallhin frei folgen kann und nicht sein ganzes Leben lang an der Leine gegängelt verbringen muß. Abermals sei betont, daß es bei Hundebegegnungen und anderen Ablenkungen (dazu genügt bei Junghunden schon ein vorbeifliegendes Blatt) besonders wichtig ist, knapp bevor sich unser Hund anschickt, davon in irgendeiner Weise Kenntnis zu nehmen, das weitere „Bei-Fuß-Gehen" durch erneutes scharfes Kommando in Erinnerung zu rufen. Ähnlich verfährt man, wenn der Hund Lust zeigt, vorbeifahrenden Radfahrern oder Autos nachzulaufen. Häufiger Schritt- und Richtungswechsel bewährt sich als Lernhilfe. Damit der Hund die Erfahrung macht, daß auch seitliches Wegziehen, etwa um irgendwo zu schnüffeln, zu unangenehmen Wahrnehmungen führt, gehe man mit ihm knapp an einem Baum vorbei. Der Hund wird dann links und der Hundeführer rechts vom Baume sein, während sich die Leine um den Stamm legt. Einer muß nun nachgeben, und das muß natürlich der Hund sein. Es bedarf nur weniger derartiger Situationen, und unser Liebling ist durch Schaden klug geworden.

Einwände, man solle einem kleinen Hund unangenehme Erfahrungen ersparen, sind kurzsichtig, denn auch für Hunde gilt der wohl überall bekannte Satz: Was Hänschen nicht lernt, lernt Hans nimmer mehr! Auch kleine Kinder lernen durch unangenehme eigene Erfahrungen, sich zweckmäßig in ihrer Umgebung zu bewegen, d. h. ihr Verhalten an die Erfordernisse der nie ungefährlichen Umwelt anzupassen. Wenn man erst später damit anfängt, braucht man viel mehr Zwangsmethoden. Freilich darf die „Zeit der Beherrschung" bei einem noch jungen Hund nur kurz sein; zwischendurch lege man ihm ein anderes Halsband um und lasse ihn an langer Leine tun, was er will (das andere Halsband ist deshalb wichtig, denn der Hund soll das Gefühl des einen Halsbandes mit dem Sich-beherrschen-Müssen verbinden lernen und das Gefühl des anderen Halsbandes mit größerer Freiheit, um nicht vorher schon erreichte Dressurwirkungen wieder zunichte werden zu lassen). Vorsichtshalber würde ich in der Großstadt einen noch so führigen Hund vor dem vollendeten zweiten Lebensjahr lieber nicht frei bei Fuß laufen lassen. Unvorhergesehenen Ablenkungen kann – von Einzelfällen abgesehen – ein so junges Tier nicht immer verläßlich genug widerstehen, und bei dem heutigen Verkehr könnte ein einziger Fehler tödliche Folgen haben. In Feld und Flur aber soll so zeitig wie möglich mit der Übung des Frei-bei-Fuß-Laufens begonnen werden. Mein Ratschlag zur Vorsicht gilt besonders für Jagdhundrassen.

Zum Thema Unterordnung sei noch ein von Kennern manchmal streng gehütetes Geheimnis verraten: Man sollte alle genannten Übungen unter vier völlig verschiedenen Umgebungsbedingungen üben (z. B. Zimmer, umzäunter Park in Anwesenheit anderer Hunde, Feld oder Wald, von Menschen frequentierte Straße oder Platz); tut man dies, dann folgt der Hund auch unter beliebigen weiteren, andersartigen Begleitumständen verläßlich.

Mancher Hundebesitzer möchte gerne, daß sein Tier auch einige Kunststückchen kann (Bitten, Pfote-Geben, Apportieren, auf Befehl bellen, nur auf Befehl fressen, von Fremden angebotenes Futter verweigern usw.). Wie man auch solche Sachen erreicht, wird in den meisten Erziehungs- und Abrichtebüchern beschrieben. Es würde hier zu weit führen, darauf einzugehen.

Soll ein Hund später zu einem bestimmten Gebrauchszweck abgeführt werden, dann wende man sich an einen Ausbilder oder besuche die Abrichtekurse der Hundeverbände. Eine solche Sonderausbildung zu beginnen, hat im allgemeinen frühesten nach Ablauf des ersten Lebensjahres einen Sinn, bei spätreifen Tieren eher noch später. Sie verläuft umso erfolgreicher, je präziser die Grunderziehung, also das Eindrillen der Unterordnungsübungen durchgeführt wurde und je begabter der Hund ist.

Da viele Hunde während der Pubertätszeit für eine Zeitspanne von meist sechs bis acht Wochen aus dem Hundeliebhaber unerklärlichen Ursachen plötzlich alles bisher Gekonnte wieder vergessen zu haben scheinen, meinen manche, man solle einen Hund überhaupt erst nach diesem Zeitpunkt abzurichten beginnen und jede vorherige Erziehungsarbeit unterlassen. Dies gilt mit Recht heute als überholt. Man sollte aber während jener kurzen Zeitspanne die Zügel etwas lockerer lassen, selbst starke Strafmaßnahmen führen ohnehin nicht zum erwünschten Erfolg.

Alle vorgenannten Grunderziehungserfordernisse und Unterordnungsfertigkeiten können auch anders, nämlich mit viel weniger Zwangsmaßnahmen, gewissermaßen auf die „sanfte Art" gelehrt werden.

Eine detaillierte Beschreibung all dieser aus dem amerikanischen Neobehaviorismus heraus entwickelten Alternativmethoden ist in diesem Rahmen zwar nicht möglich, doch möchte ich dem Leser ein grob orientierendes Bild über einige solcher Techniken nicht vorenthalten:

„Operant" nennen die amerikanischen Lernforscher jedes Verhalten eines Tieres, welches auf die Umwelt einwirkt, um von ihr etwas zu erreichen. Wenn die Umwelt mit einer Belohnung antwortet, wird der Hund sich das nächste Mal wieder entsprechend verhalten. Falls die Folge aber eine Bestrafung ist, wird der Hund aufhören, das zu tun, was die unlusterzeugende Wirkung auslöste. Mit anderen Worten wird als „operant" dasjenige Verhalten bezeichnet, welches durch Belohnung und Strafe verändert wird. So können durch geschicktes Arrangement der Lernumgebung des Hundes Teile der Sequenzen von angeborenen Verhaltensmustern durch die – entsprechend arrangierten – Folgen des Verhaltens beeinflußt werden. Wie wir schon wissen, läßt sich eine Kette angeborener Verhaltensweisen am besten am Anfang beeinflussen, also in der Appetenz, d. h., wenn der Hund mit dem Verhalten beginnt, das schließlich zur Endhandlung führt. Die eigentliche Art der Endhandlung selbst, z. B. das Fressen, Trinken, Kopulieren, ist zwar nicht beeinflußbar, aber man kann das Objekt, auf welches sie ausgerichtet ist, austauschen. (So könnte man bekanntlicherweise einem Hund beibringen, seine Sexualhandlung statt am Genitale einer Hündin auf einem Frottierhandtuch auszuführen.) Bei unbeabsichtigt entstandener falscher Belohnung oder Strafe – die auf eine bestimmte Handlung eines Hundes folgt – kann das natürlich auch zu allerlei Schwierigkeiten, nämlich zu Verstärkung unerwünschten Verhaltens, zu Fehlverknüpfungen führen.

Alles was ein Hund wahrnimmt, kann schon dadurch zu einem Befehlssignal werden, daß der Reiz konsequent angewendet und das nachfolgende Verhalten belohnt wird. Eine aus diesen Tatsachen entwickelte Formel für jedes Gehorsamstraining lautet demnach:

Befehl geben – Hund reagiert richtig – Hund sofort belohnen. Befehl geben – Hund reagiert falsch – Hund nicht belohnen. Wenn man diese beiden Regeln konsequent befolgt, wird der Hund gehorsam sein.

Man muß dabei beachten, daß der Hund das richtige Verhalten produzieren soll, nachdem er das Befehlssignal erhalten hat. Dies kann auf mehrere Arten erreicht werden: So kann man bekanntlich den Moment abwarten, in dem der Hund von sich aus das Gewünschte tut, ihm gleichzeitig den entsprechenden Befehl geben und ihn dann belohnen. Wenn

z. B. der Hund lernen soll, auf Befehl Kot abzusetzen, dann warte man, bis der Hund die typische Appetenzhandlung des Kot-Absetzens, also das charakteristische Im-Kreise-Drehen und Niederhocken zeigt – und sage schnell in diesem Augenblick „mach Häufchen". Der Hund setzt dann Kot ab und wird dafür mit einem kleinen Leckerbissen belohnt. Oder, damit der Hund auf Befehl herankommt: Warten, bis der Hund von selbst herankommt – und in diesem Augenblick seinen Namen rufen und sagen „Hasso hier". Der Hund kommt heran und wird belohnt (Streicheln, auf die Brust klopfen).

Falls man eher ein ungeduldiger Mensch ist, kann man es auch auf andere Art machen: Man zwingt den Hund sanft zu dem Verhalten, das man von ihm will, und belohnt dann die Ausführung des Verhaltens. Soll der Hund etwa auf Kommando sich setzen, dann sagt man „Sitz" und drückt die Kruppe langsam zu Boden und hebt gleichzeitig den Kopf des Tieres. Der Hund sitzt nun – und wird sofort belohnt. Diese Art der Dressur funktioniert nur bei Bewegungen. Es ist dagegen unmöglich, mit dieser Methode einen Hund zum Fressen, Kot-Absetzen, Urinieren und dergleichen zu zwingen. Aber man kann alle diese Verhaltensweisen dadurch eher herbeiführen, daß man dem Hund eine Zeitlang keine Gelegenheit gibt, sie auszuführen. Wenn der Hund dann wirklich stark motiviert ist, die Handlung auszuführen, gibt man ihm den Befehl, läßt ihn machen und belohnt ihn.

Um den Hund zu lehren, Handlungen auf Befehl einzustellen, muß man warten, bis der Hund die unerwünschte Handlung vollzieht, und ihn dann sowohl verbal wie auch physisch unterbrechen – danach aber belohnen, sobald er sich von der unerwünschten Handlung abbringen ließ. So kann man beispielsweise das Bellen in den Griff bekommen: Man hält dem bellenden Hund den Fang zu und sagt „Aus Laut" – und gibt ihm zur Belohnung ein Häppchen. Oder man wartet, bis der Hund von selber gerade am Ende des Bellens ist – spricht schnell den Befehl „Aus Laut" – und belohnt (sofern der Hund wirklich aufgehört hat).

Nach Ansicht der amerikanischen Lernpsychologen kann man einem Hund beinahe alles beibringen, indem man wartet, bis das Verhalten auftritt, oder indem man es fördert, oder indem man das Verhalten nach einem Befehl erzwingt. Wichtig sei lediglich die stets sofort darauffolgende Belohnung.

Etwas anders verhält es sich mit dem Kommando „Nein". Es soll jedes Verhalten sofort beenden. Die Handlungsaufeinanderfolge ist in diesem Falle: Man erwischt den Hund bei der Missetat – sagt den Befehl „Nein" – und straft sofort (etwa durch Ziehen am Ohr). Jeglicher Strafreiz ist jedoch nur dann sinnvoll, wenn er sofort erfolgt! Man muß dem Hund richtig Gelegenheit geben, eine Missetat auszuführen, um das üben zu können (natürlich nur dann, wenn man wirklich ihn dabei auch erwischen und unmittelbar bestrafen kann). Man sollte ihn richtig dazu verführen, einen Fehler zu begehen. Wenn er ihn dann macht, befehle man „Nein" und strafe sofort. (Sehr ausführlich auf die verschiedenen Arten und Techniken einer „milden" Unterlassensabrichtung wird auch in dem Buch von Klinkenberg, „Hundeabrichtung ohne Zwang", eingegangen.)
Im Idealfall sollte ein Befehl von schwächster Intensität sein. Ein Befehl in Zimmerlautstärke ist stets besser als lautes Schreien. Flüstern ist noch besser als Zimmerlautstärke. Ein Wink mit dem Finger ist besser als eine Handbewegung. Ein schwacher Signalreiz ist deshalb vorzuziehen, weil er mehr Aufmerksamkeit vom Hund erfordert, damit er an eine Belohnung gelangt. Wenn der Hund auf Zimmerlautstärke hört und gehorcht, so spreche man das nächste Mal etwas leiser, das nächste Mal noch leiser und setze das fort, bis er sogar auf Flüstern reagiert. Ähnlich verhält es sich mit Sichtzeichen: Bewegt man vorerst den ganzen Arm, dann nur noch die Hand, sollte am Ende eine Fingerbewegung als Kommando genügen.
Man soll die verschiedenen Befehle mit dem Hund in möglichst verschiedenen Situationen üben. Anfänglich dort, wo die Ablenkung am geringsten ist, allmählich ist der Ablenkungsgrad immer mehr zu steigern.
So viel über die Anerziehung von einfachen Verhaltensweisen. Der Hund weiß nun, wie er sitzen, liegen, bellen usw. soll. Wir haben erreicht, die Kontrolle über diese Dinge mit einer Handbewegung oder einem geflüsterten Wort als Befehl zu erreichen. Wie aber steht es mit schwierigen Verhaltensweisen, solchen, die eine lange Aufeinanderfolge von einzelnen Reizbeantwortungen erfordern? Man kann nicht warten, bis diese Handlungen zufällig von selber eintreten, in vielen Fällen würde das wahrscheinlich nie passieren.
Das Vorgehen, mit dem man kompliziertere Verhaltensweisen in den Griff bekommt, nennen die amerikanischen Lernpsychologen „*Formen*"

(„Shaping" nach Skinner). Formen bedeutet, daß man Verhaltensweisen belohnt, die allmählich dem Ziel immer näher kommen. Auch dazu ein Beispiel: Wir nehmen an, wir wollen unserem Hund aus irgendeinem Grund beibringen, eine Tür zu öffnen, wozu er die Türklinke mit dem Fang betätigen muß. Die einzelnen Lernschritte, die dazu notwendig sind, sind die folgenden:

Stufe 1: Befehl „mach Tür auf" – man führt den Hund zur Türe, sobald der Hund sich der Tür nähert, bekommt er zur Belohnung ein Häppchen.

Stufe 2: Neuerlicher Befehl „mach Tür auf" – man bringt die Schnauze des Hundes mit der Türklinke in Berührung (oder bringt dort Futtergeruch an). Sobald der Hund an der Türklinke nur riecht, erfolgt Belohnung.

Stufe 3: Befehl „mach Tür auf" – man bringt den Hund dazu, daß er die Türklinke mit den Zähnen festhält, indem man etwas Fleisch darum wickelt. Sobald der Hund die Türklinke mit den Zähnen festhält, erfolgt Belohnung.

Stufe 4: Befehl „mach Tür auf" – man drückt mit dem Hund die Türklinke etwas herunter oder wartet, bis er es selbst tut. Sobald der Hund die Türklinke drückt, erfolgt Belohnung.

Stufe 5: Befehl „mach Tür auf" – nun erfolgt Belohnung nur dann, wenn der Hund stärker auf die Türklinke drückt.

Stufe 6: Befehl „mach Tür auf" – es gibt nur Belohnung, wenn der Hund die Klinke ganz herunterdrückt, so daß die Tür aufspringt. In jedem anderen Falle gibt es keine Belohnung.

Wesentlich bei dieser „Verhaltensformung" ist, daß man erst zum nächsten Schritt übergehen darf, wenn der Hund den vorangegangenen richtig ausgeführt hat. Dies erfordert freilich Geduld und etwas Fantasie. Man muß stets trachten, eine solche Lernsituation so zu schaffen, also geschickt zu arrangieren, daß der Hund imstande ist, jeden Schritt richtig zu vollziehen, um ihn mit Belohnung „verstärken" zu können. (Man wird daher – in unserem Beispiel – zunächst eine Tür verwenden, die verhältnismäßig leicht zu öffnen ist, und die Türklinke anfänglich mit einem Stoffüberzug versehen, damit sie sich leichter fassen läßt. Die Belohnungen müssen nach Beendigung jedes einzelnen Lernschrittes sofort erfolgen.

Fast jedes schwierige Verhalten könne geformt werden, wenn es sich innerhalb der physischen Möglichkeiten des Hundes befindet, behaupten die amerikanischen Lerntheoretiker.

Eine wieder ganz andere Erziehungstechnik für Hunde hat Miller entwickelt (unter Zuhilfenahme einer ultraschallaussendenden Wurfkette oder einer beliebigen Wurfkette), wir erwähnten sie schon kurz im vorigen Kapitel.

Zunächst unterscheidet er bei seiner Lehrmethode „*Gebote*" und „*Verbote*". Bei den Geboten oder Befehlen soll gleichzeitig mit dem Aussprechen des Namens des Hundes und des Befehlswortes die Kette in der hohlen, halboffenen Hand kurz von oben nach unten oder von links nach rechts hin und her geschüttelt werden, so daß sie klingelt oder rasselt. Bei Verboten soll – ohne Namensnennung des Hundes – die Kette allein, also ohne begleitende, vorhergehende oder nachfolgende Worte (oder gar Bestrafung) geschüttelt oder nach den Beinen des Hundes oder auf einen vom Hund in Ruhe zu lassenden Gegenstand geworfen werden. Man präge sich den Grundsatz ein, niemals ein Gebot anzuwenden, wo ein Verbot zweckmäßiger wäre. Beispiel: Wenn ein Hund unerwünschterweise jemanden belästigt, soll der Besitzer ihn nicht rufen, sondern – im Sinne der Vorgangsweise zur Handlungshemmung – wortlos mit der Kette rasseln oder, wenn dies nicht genügt, sie nach ihm werfen.

Verweilen wir gleich bei der Verbotsdressur: Je nachdem, ob der Hund eine unerwünschte hundliche Tätigkeit, also eine bestimmte Instinkthandlung, unterlassen oder von einem bestimmten – „verbotenen" – Objekt ablassen soll, wird die Kette also entweder zwischen die Beine des Hundes oder, im zweiten Falle, auf den vor dem Hund befindlichen Gegenstand geworfen. In beiden Fällen sollte man dies möglichst so tun, daß der Hund nicht sieht, daß sein Herr es ist, der die Kette wirft. Es ist weiter von Wichtigkeit, die Kette bereits zu werfen, sobald der Hund eben mit der unerwünschten Handlung beginnt (Bellen, Katzen-Nachrennen) oder sich eben einem verbotenen Gegenstand zuzuwenden anfängt (z. B. Tür, Polster, Möbel); nicht später!

Sogleich, wenn der Hund daraufhin vom Gegenstand abläßt oder mit der Fortsetzung der unerwünschten Tätigkeit aufhört, oder aber nur bereits zögert, ist mit ausgiebigen Worten des Lobes einzusetzen und, sollte er zum Herr kommen, zu streicheln (wozu man sich anfänglich zu ihm niederhocken oder niederknien soll). Keine Angst, der Hund wird nicht – wie man vielleicht befürchten könnte – eine Fehlverknüpfung bilden und die Belohnung etwa auf die unerwünschte Handlung beziehen! Anschließend ist wortlos und behutsam die Kette aufzunehmen (so daß sie kein Geräusch von sich geben kann) und einzustecken. Wenn der Hund die unerwünschte Handlung wiederholt, so ist die Kette in der Hand zu schütteln und, sollte das nicht genügen, wieder zu werfen. Man soll abwechselnd schütteln und werfen. Je überraschender der Reiz der Kette auf den – abgewendeten – Hund einwirkt (Überraschungsmoment), desto wirksamer. (Man darf anfangs nicht ungeduldig werden und sich keinesfalls zu begleitenden Strafmaßnahmen oder zu Scheltworten hinreißen lassen.) Sobald sich nur die geringste Wirkung zeigt, ist immer unverzüglich ausgiebig zu loben. Wenn man zwei Ketten zur Verfügung hat, dann braucht man nicht stets die eine gleich aufzuheben.

Niemals soll der Hund das Rasselgeräusch ohne zwingende Notwendigkeit hören, sonst schwächt man die Wirkung. (Dies ist wohl mit ein Grund, warum Miller eine besondere Ultraschallkette verwendet und nicht einfach die Verwendung des Schlüsselbundes empfiehlt wie Konz.) Man soll daher auch die anleitungsgerechte Handhabung der Kette (oder des Schlüsselbundes) vorerst ohne Anwesenheit des Hundes einüben.

Ein paar besonders häufig vorkommende praktische Beispiele zur Verbotsdressur:

Der Hund soll nicht auf Polstermöbeln liegen: Man wirft die Kette auf das Polstermöbel in dem Augenblick, in dem der Hund sich eben anschickt, dieses zu besteigen; nicht erst dann, wenn er schon dort liegt. Wenn er abläßt – sofort loben und streicheln! Wenn man dies mehrmals tut, wird der Hund auch in Abwesenheit von Personen das Polstermöbel meiden. Das ist das Wunderbare an dieser Erziehungsmethode, daß nämlich auch Verbote in Abwesenheit des Erziehers eingehalten werden.

Auf Leute aufspringen: Sobald der Hund versucht, an jemandem hochzuspringen, wirft man ihm – wortlos – die Kette vor die Beine. (Er soll nicht sehen, wer die Kette wirft.) Die Aufmerksamkeit des Hundes wird auf die Kette abgelenkt – in diesem Augenblick setzt sein Herr mit Lobesworten ein und streichelt ihn, wenn er zu ihm herankommt. Dann wird die Kette möglichst ruhig und unauffällig aufgehoben und eingesteckt. Wenn man das mehrmals, mit vier verschiedenen Personen macht, ist das unerwünschte Aufspringen fast stets für immer behoben, verspricht Miller.

Durchzwängen des Hundes als erster durch Wohnungs- oder Autotüren: Man gehe zur Tür und öffne sie einen Spalt, wobei man die Kette auf den

Fußboden dieses Spaltes fallen läßt (knapp vor dem Hund), just in dem Augenblick, in dem er dazu ansetzt, sich durchzuzwängen. Die Bewegung der Tür soll mit dem Auffallaut der Kette wenn möglich zusammentreffen. Wenn der Hund zurückweicht, wird er belobt, wenn nicht, wiederhole man den Vorgang – mit alternierendem Schütteln in der Hand und Werfen gegen den Spalt, bis der Hund abläßt. Mindestens bei vier verschiedenen Türen soll man diese Übung so lange wiederholen, bis der Hund darauf verzichtet, vor oder mit menschlichen Personen drängelnd durch die Tür hinauszustreben. Meist unterläßt er diese Unart dann für immer.

Unerwünschtes Bellen: Noch vor dem zu erwartenden Bellen, oder nach ein bis zwei Warnungsbellern, schüttelt man mit der Kette – und wirft sie abwechselnd gegen die Beine des Hundes, ohne zu sprechen (es ist günstig, wenn man zwei Ketten zur Verfügung hat). Sobald er ruhig ist, wird belobt (und während des Belobens natürlich auch gestreichelt).

Der Hund rennt Autos, Radfahrern, Katzen oder Kindern nach: Man beobachte den Hund aufmerksam, wenn sich ein Radfahrer oder ein Kind nähert. Knapp bevor er losspringen will (oder in dem Augenblick des Losspringens), muß ihn die Kette auf die Füße treffen. Dabei wird kein Wort gesprochen.

Unerwünschtes Vorausrennen (z. B. vom Gehsteig auf die Straße oder um mit einem anderen Hund Kontakt aufzunehmen): Just in dem Augenblick, in dem der Hund seine Augen von seinem Führer abwendet, muß die Kette geschüttelt oder, wenn dies nicht genügen sollte, vor ihn hingeworfen werden (nicht erst dann, wenn der Hund bereits zwei bis drei Meter entfernt ist).

An der Leine zerren: In dem Augenblick, in dem die Leine gespannt zu werden beginnt, macht man einen kurzen, scharfen Ruck (indem man etwa mit der rechten Hand auf die – in der linken Hand gehaltene – Leine schlägt, wobei die Kette in der halboffenen rechten Hand ein kurzes Schüttelgeräusch von sich geben soll); abwechselnd wird dem Hund auch in dieser Situation die Kette vor die Vorderbeine geworfen. In diesem Falle wird nicht gelobt, sondern alles geschieht völlig wortlos. Versucht der Hund wiederholt, an der Leine zu zerren, so macht man öfters plötzliche Kehrtwendungen, indem man scharf nach links oder ein andermal scharf nach rechts biegt oder überhaupt wendet und die entgegengesetzte

Richtung einschlägt – so lange, bis der Hund mit dem Zug an der Leine nachläßt. Bei jedem Wenden wird die Kette wortlos in der Hand geschüttelt.

Gebotsdressur

Die Grundlage für jedes weitere Rapportverhältnis eines Hundes mit seinem Betreuer ist das prompte und verläßliche „Komm" in jeder Situation. Wenn man das „Komm" (und später besonders das „bei Fuß" Begleiten) in der richtigen Weise lehrt, wird man zum „Leithund", zum Führerkumpan – ganz automatisch! Und nur ein Hund, der sich unter eine Leitpersönlichkeit unterordnen kann, wird seelisch gesund bleiben, d. h. sich normal verhalten und sich wohlfühlen. Er braucht einen sich konsequent verhaltenden „Rudelführer", seine Natur ist darauf angelegt. Dieser muß allerdings nicht ein brutaler Tyrann sein! Aus diesem Grund kann einem niemand die Erziehungsarbeit mit seinem Hund abnehmen, man muß selbst mit dem Hund trainieren. Anfänglich soll in einer Familie stets nur ein und dieselbe Person mit dem Hund trainieren. Erst später auch alle anderen Familienmitglieder. Er lernt dann schneller. In die Lernsituation gehen nämlich auch alle möglichen Begleitumstände mit ein, wie etwa Stimme und Gestik, die Art, sich zu bewegen, der Körpergeruch und vieles andere mehr. Und in der frühen Lernphase sollen die Begleitreize vorerst möglichst stets dieselben bleiben. Erst in der vorgeschrittenen Lernphase sollen sie planmäßig variiert werden.

Um die richtige Herr-Hund-Beziehung zu etablieren, ist das Hauptziel des Konditionierens auf das Kommando „Komm" (oder „Hier") bei dieser Methode anfänglich gar nicht das Herankommen an sich, sondern das Erreichen einer sofortigen Reaktion des Hundes auf ein von seinem Herrn ausgehendes Signal. Die nachfolgend beschriebene sogenannte „*Rhythmische Konditionierungstechnik*" Millers (deren theoretische Grundlagen in diesem Rahmen nicht näher erläutert werden können) wird genauso wie für das Lehren des *Herankommens unter allen Umständen* (sogenannter „Hauptbefehl" oder „Dringlichkeitsruf" genannt – der wie eine unsichtbare Leine den Hund an den Herrn binden soll) in prinzipiell gleicher Weise auch zum Lehren und zum Festigen aller weiteren, später beschriebenen Unterordnungsdisziplinen angewendet. Deshalb ist es wichtig, diese Technik durch einige Minuten der Übung vorerst ohne Hund so lange zu erüben, bis man sie automatisch vollkommen beherrscht. Man soll überhaupt die Arbeit mit dieser Erziehungsmethode nicht mit der Verbotsdressur, sondern mit dem „Komm" im Rahmen der Gebotsdressur beginnen!

Es werden in gleichmäßiger Aufeinanderfolge fünf Rufe abgegeben, jeder Ruf besteht aus zwei Worten, das erste ist der Name des Hundes, das zweite das Befehlswort, welches stärker betont, aber freundlich-wohlwollend ausgesprochen wird. Um alle fünf Rufe in gleichen zeitlichen Abständen anzubieten, kann man anfänglich – um den Rhythmus besser zu finden – mit den Füßen den Takt dazu klopfen, so etwa z. B.: „Hasso Komm" (aufstampfen mit dem linken Fuß) – dann „Hasso Komm" (aufstampfen mit dem rechten Fuß) – dann wieder „Hasso Komm" (aufstampfen mit dem linken Fuß) und so fort, immer unter stärkerer Betonung des Wortes „Komm". Alle fünf Rufe zusammen sollen schließlich binnen fünf Sekunden ausgesprochen werden können. Es entsteht also eine sehr schnelle rhythmische Folge (jedes Wortpaar darf nicht länger als eine Sekunde dauern). Man braucht einige Übung dazu, dies um so mehr, als zwischendurch, genau gleichzeitig während des zweiten Mal Aussprechens des Wortes „Komm", mit der Kette in der Hand einmal kurz aufgeschlagen, resp. geschüttelt werden soll und während des vierten „Komm" die Kette (aus verschiedenen Entfernungen – man übe das zunächst an einem Polster als Hundeattrappe) so nach dem Hund geworfen werden soll, daß sie seine Beine berührt – und zwar just in dem Augenblick, während das „Komm" ausgesprochen wird. Ja nicht früher und nicht später, das ist sehr wichtig! Man wird daher die Kette – und zwar mit möglichst unauffälliger Handbewegung – schon während des Wortes „Hasso" abwerfen und zwar im raschen Wurf (also mit einiger Kraft), damit sie beim anschließenden „Komm" fristgerecht aufschlägt, ohne daß der Sprechrhythmus verändert werden muß. Es ist wichtig, nur bei jedem zweiten Ruf in der beschriebenen, alternierenden Weise die Kette zu betätigen.

Nachdem man das Ganze genügend lange aus verschiedenen Entfernungen zu einem Polster hin als Übungsziel trainiert hat, den Rhythmus automatisch beherrscht und die ganze Folge in fünf Sekunden abrollen lassen kann, beginnt man mit der Arbeit am Hund zunächst in einem allseits geschlossenen, möglichst leeren Raum, damit der Hund sich der Lernsituation nicht durch Verkriechen entziehen kann. Die rhythmisch gesprochene Folge: (1) „Hasso Komm" / (2) „Hasso Komm" – und Schütteln der Kette gleichzeitig mit dem Aussprechen des Wortes / (3) „Hasso Komm" / (4) „Hasso Komm" – und Werfen der Kette wie beschrieben / (5) „Hasso Komm" soll jedoch sofort unterbrochen werden, sobald der Hund in irgendeiner Weise mit Zuwendung reagiert (und sei es zunächst nur mit einer leichten Kopfbewegung). Man hocke sich unverzüglich nieder, klopfe sich auf die Knie und lobe den Hund mit deutlicher, überschwenglicher Freude in der Stimme: „So ist's brav, guter Hund". Dabei soll man ihn nicht mit dem Blick fixieren. Kommt er ganz heran, wird er auch gestreichelt. Kommt der Hund nicht heran, so beginne man wieder von vorne mit der ganzen Folge. Reagiert der Hund nicht, so schalte man ablenkende Reizquellen aus und wiederhole das rhythmische Reizangebot immer wieder, so lange, bis man auf eine, wenn auch geringe Reaktion hin mit sofortigem Lob einsetzen kann. Wenn der Hund dreimal hintereinander prompt und vollständig herangekommen ist, kann man die Lektion abbrechen, um sie nach einem halben Tag wieder vorzunehmen. Das Ganze ist so oft zu wiederholen (evtl. mehrmals täglich), bis der Hund bereits auf das erste Kommando „Hasso Komm" (noch ohne die Kette in Tätigkeit setzen zu müssen) sofort ganz herankommt.

Wenn das unter den ungestörten, gewohnten Bedingungen des bekannten Zimmers stets verläßlich klappt, dann beginne man dasselbe auch unter anderen Umgebungsbedingungen zu üben, so etwa in einem abseits gelegenen Hof; klappt es auch dort jedes Mal, dann in einem – vorerst umzäunten – Grundstück oder Park und schließlich in Gegenwart anderer Tiere und Menschen, zuletzt auf einem frequentierten Stadtplatz. Man kann es kaum glauben, richtig ausgeführte Dressur nach dieser Methode wirkt wie „Zauberei"!

Natürlich kann man nach derselben Konditionierungstechnik, wie sie für das Wort „Komm" als Lautzeichen für das Herankommen angewendet wird, den Hund stattdessen oder außerdem auf einen bestimmten Pfiff oder ein Sichtzeichen als Signal für das Herankommen abrichten.

Sobald der Hund das sofortige „Komm" in jeder Situation (und ohne Hilfsreiz durch die Kette) beherrscht, beginnt man mit den anderen Unterordnungsübungen: Das „Sitz" wird gelehrt, indem man im Prinzip ähnlich verfährt, wie für das „Komm" beschrieben, nämlich so, daß

zunächst die Befehlssignale in gleichmäßigem Rhythmus fünfmal angeboten werden. Man stellt sich dabei mit seiner linken Seite an die rechte Seite
des Hundes und hält die linke Hand mit der eingeschlossenen Kette über
ihn. Beim zweiten „Hasso Sitz" wird gleichzeitig mit dem betonten Aussprechen des Wortes „Sitz" die Kette in der Hand kurz geschüttelt. Sollte
der Hund beim vierten „Hasso Sitz" nicht schon sitzen, so läßt man die
Kette auf seinen Schwanzansatz fallen, und zwar so, daß sie gleichzeitig
mit dem Aussprechen des Wortes „Sitz" den Hund berührt. Der Eintritt
der gewünschten Reaktion, also das Setzen des Hundes, beendet die weitere Befehlsfolge, sofort wird gelobt und der Hund an Nacken und Brust
gestreichelt. Man wiederhole den Vorgang so lange, bis der Hund sitzen
bleibt; sollte er wegspringen, wird er mit dem Befehl „Komm" zurückge-
holt. Alles soll wieder unter mindestens vier verschiedenen Umgebungsbedingungen und gesteigertem Ablenkungsgrad geübt werden, bis es auf
Anhieb, also auf das erste „Hasso Sitz", ohne notwendige Wiederholung
des Kommandos und ohne notwendiges Zusatzreizangebot mit der Kette,
klappt.

Das „Bleib": Dies ist ein im häuslichen Milieu und in der Öffentlichkeit
sehr wichtiges Signal, um den Hund zu lenken, daß er nicht zu Schaden
kommt oder im Wege steht. Im Gegensatz zu anderen Geboten wird dieses aber am besten nach der Verbotstechnik gelehrt. Man läßt den Hund in
gewohnter Weise absitzen oder ablegen – stets an der linken Seite des
Herrn –, dreht sich dann so, daß man vor dem Hund steht, und sagt – *ohne*
seinen Namen vorher auszusprechen – „Bleib", währenddessen man die
geöffnete linke Hand (die Kette befindet sich in der rechten) vor die
Schnauze des Hundes – quasi in abwehrender Geste – hält (die Hand darf
nicht hastig bewegt werden, sie soll langsam hingeführt, dann aber abrupt
angehalten werden). Anschließend dreht man sich um und macht – wortlos – einen Schritt vom Hund weg, bleibt aber sofort stehen und wendet
sich gegen den Hund (unter Schütteln der Kette in der rechten Hand und
unter begleitender Bewegung der linken Hand, wie eben beschrieben),
wenn er versuchen sollte, nachfolgen zu wollen. Ist er schon aufgestanden
und nachgelaufen, so beginnt man wieder ganz von vorne, aber nicht an
der neuen Standortstelle des Hundes, sondern man setzt oder legt ihn an
derselben Stelle wie vorhin ab. War das nicht notwendig und konnte man
die Tendenz nachzufolgen rechtzeitig hemmen, dann geht man, sobald er

sich wieder in Ruhe gefaßt hat, langsam, ganz langsam nach rückwärts davon, den Hund dabei längere Zeit mit dem Blick fixierend, bis er abermals versucht nachzukommen. In diesem Augenblick bleibt man sofort wieder stehen und schüttelt die Kette in der Hand. Genügt das nicht, dann macht man einen raschen Schritt auf den Hund zu (manchmal mit, manchmal ohne Schütteln der Kette). Genügt das auch nicht, so wirft man ihm die Kette vor die Vorderfüße, wobei man jedoch kein Wort spricht (nicht etwa das Befehlswort „Bleib" wiederholt – bei der Verbotsdressur darf ja nicht gesprochen werden!).

„Geh auf deinen Platz" oder „Geh Korb" und später das „Geh weg" (was man dazu verwenden kann, um zu verhindern, daß ein Hund seinen momentanen Standort verläßt, wenn er z. B. im Korridor im Wege steht), das „Platz" oder „Down", das Frei-Begleiten „bei Fuß" und viele andere wichtige Fertigkeiten, die ein Begleithund von frühester Jugend an verläßlich erlernen sollte, damit er sich ohne Störung im menschlichen Milieu bewegen und vor allerlei Gefahren bewahrt werden kann, sind weitere Anwendungsgebiete der Dressurlehre Millers, die sogar zum Andressieren von Fertigkeiten der diversen vorgeschrittenen Gebrauchshundedisziplinen und Jagdhundedisziplinen in entsprechend modifizierter Form verwendet werden kann. Es würde in diesem Rahmen viel zu weit führen, auch diesbezüglich detaillierte Darstellungen zu geben; sie können im Interessenfalle in seinem Buch nachgelesen werden (Bezugsquelle: Canine Behavior Institute, 11969 San Vicente Boulevard, Los Angeles, California 90.049, USA). Wie schon erwähnt, beschreibt eine ganz ähnliche Erziehungsstrategie auch Konz, allerdings nur auf die elementare Grunderziehung zugeschnitten.

Der besondere Vorteil all dieser „amerikanischen Hundeerziehungsmethoden" liegt nicht zuletzt in ihrer Ungefährlichkeit: Macht man Fehler, so stellt sich die erwartete Wirkung nicht ein, aber der Hund wurde wenigstens nicht unnütz mißhandelt.

Nach welcher Methode man seinen Hund auch erzieht, Grundregel jeder Erziehung ist stets: Niemals darf ein Verhalten belohnt werden (und sei es auch nur durch eine unbeabsichtigte Reaktion des Hundehalters), das nicht erwünscht ist. Erwünschtes Verhalten aber sollte anfänglich stets (ganz zu Anfang sogar auch dann, wenn es nur ansatzweise und nicht vollständig auftritt), später aber nur gelegentlich belohnt und belobt werden.

Alle Belohnungs- und Strafeinwirkungen haben nur dann den gewünschten Effekt, wenn sie sofort nach der Handlung des Tieres erfolgen. Man fertige sich anhand von Beobachtungen eine Liste an über die von seinem Hund offensichtlich besonders begehrten Belohnungen und über besonders nachhaltig gewesene Hemmreize. Konsequenter Einsatz der so gesammelten Erfahrungen zur „Verhaltensmanipulation" seines Hundes wird sich als individuell optimal wirksame, gewissermaßen „maßgeschneiderte" Erziehungs- und Abrichtehilfe erweisen.

Von Wichtigkeit ist auch – es kann nicht oft genug betont werden –, vom ersten Tage des Ins-Haus-Nehmens an den Hund bereits bewußten erzieherischen Einwirkungen auszusetzen (hauptsächlich auf Belohnungs- und Belobungsbasis, anfangs möglichst ganz ohne oder nur mit sehr sehr milden Hemmeinwirkungen). Milde Hemmreize können z. B. schon dadurch gesetzt werden, daß man eine (gemeinsame) Tätigkeit plötzlich unterbricht und sich abwendet, um etwas anderes zu tun, das ohne Bezug auf den Hund ist. *Kontaktentzug und Nichtreagieren* können – wenn sie oft genug im gleichen Sinne konsequent angewendet werden – viel wirksamer sein, als man vielleicht zu vermuten geneigt wäre. Körperliche Strafen verschrecken nur allzuleicht einen Welpen allzusehr und unnütz.

Allgemeinen Richtlinien zufolge, die für jegliche Erziehungsarbeit und moderne Tierdressur Geltung haben, sollte man, um Überforderungen und damit Lernrückschläge und mögliche Etablierung neurotischer Fehlhaltungen hintanzuhalten, nach Empfehlungen amerikanischer Lerntheoretiker prinzipiell folgendes zu vermeiden trachten:

a) Nach Möglichkeit sollte man nicht zu oft bedingte Reize setzen, die starke angeborene Reaktionen hemmen oder Konflikte zwischen verschiedenen, einander ausschließenden Handlungen hervorrufen.

b) Man verabreiche nicht gleichzeitig oder knapp aufeinanderfolgend einander sehr ähnliche bedingte Reize als Signale für einander ausschließende Verhaltensweisen.

c) Man halte möglichst immer die gleiche Zeitspanne zwischen dem bedingten Reiz und dem Angebot des Bekräftigungsreizes („Belohnung") ein.

d) Man lasse eine gewisse Zeit verstreichen oder unterbreche die Übungslektion, ehe man von den Übungen der Reaktion auf einen bestimmten Dressurreiz zu einer anderen Übung fortschreitet, in der auf (anderen)

Dressurreiz eine zur ersteren konträr gerichtete Reaktionsweise geübt werden soll.

e) Man dehne Übungen durch Wiederholungen der Lektion nicht so lange aus, bis sichtlich Unlust und Überreizung auftritt, gebe aber auch nicht momentanen Launen des Tieres nach.

f) Zufällige Störreize aus der Umgebung sollen im Anfang einer Lernaufgabe möglichst von dem Tier ferngehalten werden, später soll, vorsichtig dosiert, allmähliche Gewöhnung an gleichzeitiges Vorhandensein von Störreizen und verschiedenen veränderten Umweltumständen erfolgen.

g) Ein und derselbe Dressurreiz (Signal), der früher eine instinktreaktionshemmende Wirkung hatte, soll nicht später zur Reaktionsbekräftigung (Belohnungswirkung, Reaktionsablauf förderndes Signal) zu benützen versucht werden.

h) Sehr starke Reize, besonders wenn sie dem Tier bisher ungewohnt waren, sollen überhaupt vermieden werden. Die Auswahl der Stärke von Dressurreizeinwirkungen (besonders hemmender oder fluchtauslösender, also „Meideverhalten" motivierender Art) sollte auf die individuelle Erregbarkeit des Tieres abgestimmt werden, wozu oft viel Geschick und Erfahrung gehört.

Mit einem jungen Hund sollte man so oft als möglich spielen, auch mal richtig herumbalgen – das macht große Freude und verbindet! Aber man muß als Mensch immer bestimmen, wann Schluß ist. Stets folgt ein Hund demjenigen in der Familie am liebsten, der viel mit ihm spielt und der ihn am häufigsten ausführt, der also in echtem Sinne sein aktiver „Kumpel" ist, nicht dem, der ihm zwar die Futterschüssel hinstellt, aber ansonsten in falsch eingestellter „Affenliebe" allzu permissiv – oder gar wirklich zu willensschwach – das Tier uneingeschränkt gewähren läßt, was immer an „Dreistigkeiten" es sich einfallen läßt. Spielerisch ertastet schon ein Junghund, wie weit er gehen kann, bis er Grenzen findet. Wehe für den Hundehalter, wenn er keine klaren und immer gleichen Grenzen zu setzen imstande ist . . . – Ich betonte das schon viele Male. Und jeder echte Hundekenner wird das auch versichern – selbst die amerikanischen Verfechter der ganz milden Erziehungsmethoden kommen nicht darum herum.

Zum Abschluß dieses Kapitels noch ein paar Worte über die Frage, was ein verständnisvoller, hilfsbereiter Tierfreund tun kann, wenn er an seinem Schützling plötzlich oder allmählich Lebensäußerungen beobachtet, die ihm ungewohnt, abnorm oder sonstwie nicht situationsgemäß vorkommen, wenn er also auf Erziehungsschwierigkeiten stößt: Das wichtigste Erfordernis ist, zunächst so passiv wie möglich zu bleiben! Beobachten Sie, greifen Sie nicht gleich aktiv durch Setzung von Zwangsmaßnahmen (wie gütliches Zureden, Hochhebenwollen oder dergl.) in die Handlung des Tieres oder den Geschehensablauf ein! Versuchen Sie, sich an die Stelle und in die subjektive Situation des Tieres zu versetzen, und bedenken Sie dabei, daß dieses nicht logisch denken kann. Manches Unverständliche erscheint dann gleich viel weniger unerklärlich, und das nächste Mal werden Sie vielleicht die Umstände so arrangieren können, daß ein zu Verhaltensabnormitäten neigendes Tier nicht provoziert, sondern rechtzeitig abgelenkt wird.

Handelt es sich aber um grobe und womöglich noch zunehmende Verhaltensänderungen oder -störungen, für die Sie keine Erklärung finden oder sich keine Entstehungsmöglichkeit vorstellen können, dann zögern Sie nicht, möglichst bald einen mit derartigen Besonderheiten vertrauten Tierarzt zu Rate zu ziehen. Hüten Sie sich vor allem davor, durch vorschnelle, eilfertige Meinungen und ungenügende Beobachtung ohne genaue Analyse der Situation eine Erklärung zu suchen, die Ihren Blickwinkel einengt oder die gar von menschlichen Moralbegriffen ausgeht. Keinesfalls sind Sie berufen, sich als eine Art „Richter" über das Verhalten Ihres Hausgenossen zu betätigen. Bedenken Sie immer: Ein Tier ist stets ohne Schuld, schuldig kann nur ein Mensch werden!

Ich kenne eine ganze Reihe von Tierfreunden, die „schwierige" Hunde besitzen (wobei es sich um Tiere handelt, die an recht unangenehmen Verhaltensstörungen leiden, wie etwa abnormen Aggressionsneigungen u. a.) und die, seit sie sie besser zu verstehen und damit verständnisvoller zu behandeln wissen, doch eine Möglichkeit für das weitere Zusammenleben finden konnten und ihr Tier nicht töten ließen. Wenn Sie aber Tiere züchten sollten, ob dies nun gelegentlich, aus persönlichem Interesse oder regelmäßig und gewerbsmäßig geschieht, dann sollten Sie Individuen mit mit labilem Wesen und abnormen Verhaltensbereitschaften unter allen Umständen von einer Vermehrung ausschließen, auch wenn nicht sicher bewiesen werden kann, daß es sich um erbliche Mängel handelt.

1.13 Programmiertes Lernen für den Hund? (Alternativmethoden)

Im Zusammenhang mit der Darstellung und Analyse von Dressuren im Schweizer Nationalzirkus Knie mit zahmen, teilweise handaufgezogenen Tigern, Nashörnern und Elefanten kommt Frau Prof. Meyer-Holzapfel, 1985, nach Schilderung der praktischen Vorgangsweise der Dressur in kleinen vorsichtigen Schritten bis zum Aufbau einer neuen fertigen Handlung, zu nachfolgender Zusammenfassung, aus der einige Sätze wörtlich wiedergegeben seien: „Im Gegensatz zu der von Hediger seinerzeit untersuchten Dressur von wild eingefangenen Tigern durch den Dompteur Vojtek Trubka ist die Ausnützung der Fluchtdistanz und der kritischen (Wehr-)Distanz bei den nun verwendeten zirkusgeborenen, halbzahmen Tigern nur in Spuren vorhanden (Ausweichen vor Stock und Peitsche, Knurren und Prankenheben, Beißen). Stattdessen benützt man die Longe, mit der man die Tiere heranzieht, bremst und wegzieht, bis die übrigen, die Longenführung begleitenden Kommandos allein wirksam sind. Um diese zur Wirkung zu bringen, muß der Dompteur dauernd fehlende oder unrichtige Reaktionen mit Drohgebärden durch Stock und Peitsche, mit einem Klaps oder mit lauten Worten ‚bestrafen' und gute Leistungen mit Fleischbrocken, Streicheln, ‚lobenden' Worten in ruhigem Ton ‚belohnen', und zwar zeitlich u n m i t t e l b a r nach der betreffenden Handlung, damit das Tier beides assoziiert. Dadurch bilden sich b e d i n g t e R e a k t i o n e n und b e d i n g t e H e m m u n g e n. Die Leistung ist das Resultat eines K o n f l i k t e s, der auch nach Erlernung der Aufgabe nie ganz aufhört. Sogar innerhalb der gleichen Übung kann die Ambivalenz mehrmals nach der einen oder anderen Seite hin und her pendeln. Während die abstoßenden Reize mit Abwehr- und Meidereaktionen beantwortet werden, wenden sich die Tiger den positiven Reizen zu.
Wenn die heutige Lernpsychologie glaubt, daß sich das Verhalten jedes Organismus weitgehend nach seinen positiven Konsequenzen richtet (vergl. Althaus, 1977), so scheint mir diese Auffassung zu einseitig zu sein. Der Dompteur als zentrale Figur und sozial überlegenes Wesen muß die ambivalente Haltung der Tiere aufrecht erhalten. Durch Belohnungen erregt er ein gewisses Zutrauen. Damit allein kann er aber die Tiere nicht

dressieren. Besteht kein Respekt, kommt keine geordnete Dressur zustande. ‚Respekt' ist die auf Straferfahrung beruhende Angst. (Unter Strafe wird dabei jede Art von Reizen, die das Tier zu meiden sucht oder abwehrt, verstanden. Z. B. auch Anschreien)... Der Dompteur darf weder das Zutrauen noch die Angst allzu sehr zum Überwiegen bringen. Dabei muß er die Individualität jedes Tieres berücksichtigen.

Es ist klar, daß die Größe der Gehorsamsmotivation von der Wirksamkeit sowohl der anziehenden als auch der abstoßenden Reize abhängig ist, so daß, je nach Situation, bald jene, bald diese ausschlaggebend sein können. Bei gleichstarken Reizwerten von Belohnung und Strafe ist die Gehorsamsmotivation jedenfalls doppelt so wirksam, als wenn nur einer dieser Reizwerte erwartet wird (wie bei der Dressur nur durch Belohnung oder nur durch Strafe)."

Dies trifft – wie ich aus vierzigjähriger Abrichteerfahrung versichern kann – in vielen Fällen auch für die Hundeabrichtung zu (entgegen der Meinung mancher Neulinge). Soviel als kritische Vorbemerkung, ehe auf das eigentliche Thema dieses Kapitels eingegangen sei.

Nicht nur bei Tierdressuren in Zoo und Zirkus, sondern wohl auch auf dem Hundeabrichteplatz (und selbst bei der Grunderziehung des jungen Hundes im Hause) ist es zweckmäßig, wenn der Abrichter gewisse – und notfalls stets neue – „Tricks" anwendet, um die Aufmerksamkeit des Tieres möglichst wach zu erhalten (denn ohne Aufmerksamkeit kein Lernen), und anfänglich häufig, später seltener belohnt. Wird als Belohnung Futter verwendet, so wird dies nur motivierend wirken, wenn das Tier Hunger hat, man wird daher trachten, alsbald zusätzlich zur Futtermotivation auch andere „Belohnungen" einzuführen, wie Spielen-Dürfen oder irgend etwas anderes, was der Hund besonders gerne tut, und vor allen Dingen reichlich Streicheln und Loben. Da aber auch letztere Belohnung nur einen Anwert hat, wenn sie nicht allzu freigiebig in anderen als den Lernsituationen erteilt wird, wird man knapp vor der beabsichtigten Abrichteübung mit seinen Zuneigungsäußerungen dem Tier gegenüber eher sparsam sein müssen.

Eingedenk der Tatsache, daß ein Hundeerzieher nur das annähernd richtig tun wird, das ihm persönlich am besten liegt, sei nachfolgend zur Illustration der sogenannten „Positivdressur"-Methoden eine alternative Möglichkeit geschildert, mit der man anders als nach den auf Hundesportplätzen zumeist übliche Verfahren einem Hund die „Bringleistung" beibringen kann.

Im Gegensatz zur sogenannten „Schmerzlautmethode" wird hier auf jegliche Gewalteinwirkung verzichtet. Dabei muß das Lernprogramm in kleinen Schritten systematisch aufgebaut werden, ähnlich wie beim sogenannten programmierten Lernen für den Menschen, das in letzter Zeit ja sehr von sich reden macht.

Nehmen wir an, wir wollen unserem Hund beibringen, die Pantoffeln aus einem Schrank im Schlafzimmer zur Eingangstüre in einem tiefergelegenen Stockwerk zu bringen. Aus welchen einzelnen Handlungen besteht diese Leistung?

Der Hund muß auf den Befehl „Bring Pantoffeln" erstens die Treppe hochlaufen, zweitens das Schlafzimmer betreten, drittens zum Schrank gehen, viertens den Schrank öffnen, fünftens mit dem Kopf in den Schrank hineinlangen, sechstens die Pantoffeln auffinden, siebentens die Pantoffeln ins Maul nehmen, achtens den Schrank verlassen, neuntens nach unten gehen, zehntens zum Befehlserteiler hinlaufen, elftens die Pantoffeln zu Füßen des Befehlsgebers ablegen. Die elf Schritte dieser Verhaltensaufeinanderfolge müssen so miteinander verkettet werden, daß jeder Schritt zum nächsten führt, um letztendlich die zusammengesetzte Gesamtleistung zu ergeben. Um diese Verkettung zu bewerkstelligen, beginnt man mit dem Ende dieser Handlungsabfolge und fügt jedesmal eine neue Stufe ein, wenn der Hund den vorherigen Lernschritt verläßlich zu meistern gelernt hat.

Etwa so: Wir bewegen einen Pantoffel vor dem Hund hin und her oder werfen ihn ein Stückchen, um sein Interesse zu erregen und ihn zu veranlassen, den Pantoffel aufzunehmen. Tut er das, so wird er sofort belobt und gestreichelt. Um ihn zum Abgeben der Pantoffel zu bewegen, bieten wir ihm ein Stückchen Leckerbissen an. Für den Hund ein vorteilhafter Tausch! Er legt den Pantoffel zur Seite, um sein Häppchen zu verzehren (gleichzeitig Belohnungswirkung). Das üben wir mehrmals. Sobald das sitzt, vergrößern wir die Bringentfernung, indem wir den Pantoffel weiter werfen. Für die richtige Leistung gibt es jedesmal Belohnung. Für etwa falsche Leistung gibt es keine Belohnung (sonst nichts bitte, keine Schelte!). Damit das Ganze auf Befehl in Szene gesetzt wird, wird jedesmal das Befehlswort „Bring Pantoffeln" ausgesprochen, sobald der Hund einen der Pantoffel aufnimmt. Und „Gib Pantoffel", sobald er ihn abgibt. Haben wir ursprünglich diese Verhaltensweise hervorgelockt durch Erregen der Beuteappetenz und den Schlüsselreiz (in der Sprache der Lerntheoretiker: „Unbedingten Reiz") des sich bewegenden Pantoffels, so bringen wir durch mehrmalige Übung und gleichzeitiges Aussprechen des Befehlswortes den Hund schließlich dazu, auch die ruhig daliegenden Pantoffeln auf den bedingten Auslöser des Befehlssignales hin aufzunehmen und zu bringen. Um von der Beutemotivation auf soziale Verhaltensweise – nämlich dem Abgeben des Pantoffels – umzuschalten, konditionieren wir den Tausch Futter für Pantoffel-Abgeben auf das Befehlssignal „Gib Pantoffel". Sobald der Hund so weit ist, fügen wir die nächste Stufe ein: Wir legen die Pantoffel vor die Schlafzimmertür, also oberhalb der Stiege hin und befehlen „Bring Pantoffel". Wird tatsächlich gebracht, so wird der Hund wieder gestreichelt und belobt und auf Befolgen des Befehles „Gib Pantoffel" erhält er wieder einen Leckerbissen. (Es versteht sich von selbst, daß zum Zeitpunkt dieser Dressurübungen der Hund hungrig sein muß, daß also vor der Hauptmahlzeit geübt werden muß, sonst hätte ja der Leckerbissen keinen Belohnungswert.) Sobald die vorgenannte Übung verläßlich sitzt, wird der nächsthöhere Komplizierungsgrad zugeschaltet: Die Pantoffeln werden im Schlafzimmer bei offener Tür in den zunächst noch offenen Schrank gelegt. Bringt der Hund sie auch dann auf Befehl mehrmals verläßlich – wofür er jedesmal belohnt und belobt wird –, so können wir dazu übergehen, die Schlafzimmertür geschlossen zu halten (die Schranktür jedoch noch weiterhin offen), und später auch dazu, die Schranktür geschlossen zu lassen. Das Öffnen der Zimmertür und das Öffnen der Schranktür muß natürlich vorerst gesondert erlernt werden, ehe man es in diese Leistungskette mit einbeziehen kann. (Wie? Durch „Verhaltensformung", wie Ende des Kapitels 12 des Allgemeinen Teiles beschrieben.) Man achte darauf, daß der Hund die Verkettung immer in der richtigen Reihenfolge macht und am Ende der Sequenz belohnt wird. In einem vorgeschritteneren Stadium kann man dann die Futterbelohnung weglassen und nur mehr streicheln und beloben.

Durch „Verketten", wie hier beschrieben, können angeblich die kompliziertesten Verhaltenssequenzen programmiert werden. Es bedarf nur einer guten Analyse, um die Aufgabe in einzelne Komponenten zu zerlegen: Eine Denkarbeit für den Hundeabrichter, nicht für den Hund!

In ähnlicher Weise können auch ernsthafte Leistungen, wie z. B. das „Bringen" beim Gebrauchshund oder das „Bringen des kranken Hasen" beim Jagdhund, gelehrt werden. Klinkenberg (1979) hat auf dieser Basis eine ganze Abrichtelehre aufgebaut, die er „Positivdressur" nennt. Er unterscheidet darin zwischen Abrichtung auf Tätigkeitsleistungen und Unterlassungsleistungen. Bei der ersteren sollten ausschließlich Belohnungsreize und nie Strafreize zum Einsatz kommen, die zweite ist ohne Strafreize nicht zu bewerkstelligen. Dort wird auch beschrieben, wie Strafreize zeitlich richtig gesetzt werden, und betont, daß diese nicht schmerzhaft sein müssen, um wirksam zu sein, sondern einen Überraschungseffekt beinhalten sollten.

An der fertigen Leistung eines Hundes sind sowohl Tätigkeitsleistungen als auch Unterlassungsleistungen beteiligt.

Man unterscheidet beim Lernen des Hundes (und eines anderen Tieres) zwischen einer „Lernphase" und der „Kannphase". Während man in der Lernphase häufig und nach jedem kleinsten Schritt belohnt, ist man in der Kannphase mit Belohnungsreizen wesentlich sparsamer: Diese sollten nur gelegentlich und in unregelmäßigen Abständen erfolgen und auch nur am Ende einer richtig vollzogenen, zusammengesetzten Leistung. (Diese Taktik steigert die Motivation und damit die Verläßlichkeit.)

Bei der positiven Abrichtung von Tätigkeitsleistungen werden methodisch drei Stufen unterschieden: Das *Stadium des Herbeiführens* der erwünschten Handlung, das *Stadium des Verknüpfens* der Handlung mit dem Befehlssignal und schließlich das *Stadium des Motivationswechsels* (von sekundärer Motivation auf primäre Motivation). Klinkenberg schreibt zur „Motivation des erwünschten Verhaltens":

„... zwar können wir jetzt annehmen, daß der Hund verstanden hat, was wir wollen: Mehrmals hintereinander reagierte er sichtbar und zweifelsfrei nicht auf das Futterbröckchen, sondern allein auf die Wahrnehmung unseres Befehlssignales; damit ist das Kernstück der Abrichtung einer Übung geschafft, aber bei weitem nicht die ganze Abrichtung. Denn der bisher erreichte Leistungsstand bleibt unbefriedigend. Wir wollen den Hund ja auch dann zuverlässig heranrufen können, wenn das verheißungsvolle Ereignis des Fütterns nicht ansteht. Wir müssen also die Motivation des erlernten Verhaltens verändern. Dazu müssen wir uns von der bisher benutzten Antriebskraft Hunger lösen. Wir müssen für das erwünschte

Verhalten eine Motivation finden, die erstens von dem wechselnden Triebstatus des Tieres unabhängig ist und zweitens in dem erwünschten Verhalten selbst ihren Ursprung hat. Das Ziel der Abrichtung ist uns durch das Vorbild des Instinktverhaltens vorgegeben: Der Hund verfolgt das flüchtende Objekt, den Hasen, das Auto, den Vogel, wenn keinerlei Aussicht besteht, es zu erreichen. Der Hund hetzt aus Freude am Hetzen! Er ist für das Hetzen passioniert. Eine entsprechende Motivation müssen wir für jede Tätigkeitsleistung des Hundes aufbauen. Das Ziel einer primären Motivierung besteht darin, daß der Hund aus Freude an der ihm befohlenen Handlung gehorcht, nicht weil er in der Handlung eine Möglichkeit sieht, die Befriedigung eines angeborenen Triebes, das Fressen-Können, zu erreichen." (Weiteres siehe im Buch von Klinkenberg! Die an sich wirksame Methodik ist bedauerlicherweise mit neobehavioristischen Vorstellungen über die Art des Hundeverhaltens verquickt, denen vom Standpunkt der Ethologie nicht immer beigepflichtet werden kann.)

Hinsichtlich weiterer „Alternativmethoden zur Hundeabrichtung" auf Basis der Skinnerschen Lerntheorien siehe auch die Darstellung der gewaltlosen Erziehungsmethoden im vorhergehenden Kapitel.

Schließlich sei auch in diesem Zusammenhang nochmals an die in anderem Zusammenhang schon mehrmals genannten Methoden von Miller und von Konz erinnert.

Mehrere, unabhängig voneinander vorgenommene Analysen des Hundeverhaltens und des Hundeführerverhaltens auf Abrichteplätzen (z.B. von Schwizgebel, 1983, in der Schweiz, von Owren, 1985, in Norwegen u.v.a.) haben gezeigt, daß in vielen herkömmlichen Hundeschulen der Hund heute immer noch weitgehend als „unverstandenes Wesen" behandelt wird:

So wird z.B. ein Hund, der zur Abrichtung als Pensionär eingestellt ist, scharf zurechtgewiesen, wenn er an seinem ihn besuchen kommenden Herrn hochspringt, um diesen im Gesicht abzulecken. Diese im natürlichen Hunderudel als Begrüßungszeremonie eines rangunterlegenen gegenüber dem ranghohen Rudeltier dienende Geste – wohl aus dem infantilen Futteranbetteln entstanden – wird als „Ungezogenheit" dargestellt und mit Strafe quittiert. Gewiß, man kann als Mensch nicht jede typisch hundliche, angeborene Gestik akzeptieren wollen (Kleiderbeschmutzung, Hygienegründe). Eine Frustration zu ertragen, hält ein normaler

Hund ohne gesundheitliche Schäden an Leib und Seele auch durchaus aus – was alles an Frustrationen müssen nicht wir selbst im gesellschaftlichen Zusammenleben ertragen, ohne deswegen gleich unglücklich oder gar neurotisch zu werden! Aber man kann doch wenigstens versuchen, die natürliche Verhaltenstendenz des Hundes in eine andere, weniger störende Verhaltensweise umzukonditionieren (wie das früher schon beschrieben wurde), und man muß nicht so „grausam" sein, sein Tier für das liebgemeinte Verhalten noch auszuschelten, wegzustoßen oder gar mit Fußtritten zu bestrafen. Hunde haben wohl ein sehr gutes Herz, daß sie unsere Gefühllosigkeiten und Grobheiten hinnehmen und trotzdem in abgöttischer Liebe weiter an uns hängen!

Weitere Fehler – von manchen langjährigen Tierlehrern selbst begangen, die es eigentlich besser wissen müßten – bestehen z. B. darin, daß ein Hund brutal bestraft wird, wenn er einen Fehler gemacht hat (weil er offenbar eine Aufgabe noch nicht richtig verstanden hat), auch dann noch, wenn er bereits auf die drohende Haltung des Abrichters hin Zeichen der Unterwürfigkeit (wie Lecken der eigenen Schnauze, gekrümmten Rücken und viele andere Demutszeichen mehr) zeigt. Wozu soll er denn noch weiter gequält werden? Es steigert dies keineswegs den Lernerfolg! Die moralisierende Einstellung mancher „harter" Abrichter, der Hund habe zwar „schlechtes Gewissen" gezeigt, aber nicht die geforderte Leistung erbracht und soll lernen, daß man einer Mißhandlung durch unterwürfige Gestik nicht entgehen kann, sondern nur durch Erbringen der geforderten Leistung, ist eine falsche Einstufung der psychologischen Situation, in der sich der lernende Hund befindet. So zeigte sich denn auch beim Häufigkeitsvergleich von Unterwürfigkeitsgesten der in Ausbildung stehenden Hunde in der Hand eines „milden" im Gegensatz zu der eines „harten" Abrichters – bei gleichermaßen schnell erzieltem Dressurerfolg –, daß in der Hand des „harten" die Hunde vorwiegend in einer Atmosphäre der Angst arbeiten und daß dies eigentlich als überflüssige Streßbelastung angesehen werden muß, ja als „nicht tiergerechte Behandlungsweise", wie sich Schwizgebel ausdrückt.

So wären denn überhaupt die z. Z. auf vielen Abrichtplätzen (dasselbe gilt für die jagdliche Abführung) gewohnheitsmäßig noch üblichen Dressurgepflogenheiten einer ethologischen und lernpsychologischen Analyse zu unterziehen und vieles zu ändern! Nachfolgend seien daher ein paar

Sätze aus einem Vortrag von Owren sinngemäß wiedergegeben, die diese Situation beleuchten: Bei der Abrichtung von Hunden wird ein Kommunikationssystem verwendet, das aus dem Abrichter, dem Hund, Signalen und Schlüsselreizen und anderen äußeren Einflüssen (Geräuschen usw.) besteht. Die Verhaltensänderung ist dauerhafter (wie Untersuchungen gezeigt haben), und ein neues Verhaltensmuster setzt sich schneller durch, wenn die Abrichtung so aufgebaut wird, daß Schlüsselreize und konditionierte Signale, welche gewünschte Verhaltenssequenzen auslösen, vorerst möglichst oft wiederholt werden, ehe ein gesprochener Befehl den Reiz begleitet.

Owren (1985) beschreibt das dann am Beispiel des Apportieren-Lernens (welche Wiedergabe hier zu umfassend wäre) und kommt schließlich zu den folgenden allgemeinen Feststellungen: „Zwischen dem Hund und dem Hundeführer muß eine enge soziale Bindung aufgebaut werden, ehe ein zufriedenstellendes Ergebnis der Abrichtung erwartet werden kann. In diesem hierarchischen Sozialmodell muß der Hundeführer als Alphatier auftreten. Die wichtige Rolle eines Führers ist, daß er die Initiative übernimmt. Es liegt im Verantwortungsbereich des Hundeführers, den Hund zum endgültigen Ziel zu führen.

Um als Führer arbeiten zu können, muß der Hundeführer eine neue Aufgabe analysieren, bevor die Abrichtung stattfindet. Er muß sehr genau darauf achten, welche Sequenzen zu einem neuen Verhaltensmuster aneinandergekettet werden. Man muß genau über Schlüsselreize und konditionierte Signale Bescheid wissen. Es obliegt dem Hundeführer, die Abrichtung so vorzunehmen, daß der gesamte Abrichtungsvorgang dem Hund Freude bereitet. Die eingesetzten Reize müssen nicht nur eine gewünschte Verhaltenssequenz auslösen, sondern auch einen Zustand positiver Gefühle konditionieren. Das bedeutet, daß die Abrichtung Schritt für Schritt erfolgen muß, damit die Reaktionen positiv bestärkt werden können: Das Tier muß Erfolg haben.
Ehe ein Verhalten verändert wird, muß eine Problemlösung erfolgen. Das zeigt, daß das Verhaltensmuster so analysiert werden muß, daß spezifische Verhaltenssequenzen und fixe Aktionsmuster ordentlich definiert werden. Aktionen zur Lösung des Problems können nicht vorgenommen werden, ehe dies nicht geschehen ist."

Lehrbücher für Abrichter, die sich mit der Methodik im angedeuteten Sinne befassen, sind leider noch rar im deutschen Sprachraum, Klinkenbergs Buch „Hundeabrichtung ohne Zwang" kann aber als solches empfohlen werden, sowohl für Jagdhunde- als auch für Gebrauchshundedisziplinen.

1.14 Dem eigenen Verhalten auf der Spur (Selbstexploration: wozu und wie?)

Erst vor wenigen Tagen wieder führte mir die Erzählung einer Hundehalterin vor Augen, wie wichtig es wäre, in erster Linie statt der Hunde die Hundebesitzer auszubilden und ihnen zu einer besseren Einsicht in ihr eigenes, oft fortgesetzt grob unrichtiges Verhalten dem Hunde gegenüber zu verhelfen. So wurde mir in plastischer Darstellung detailliert mitgeteilt, wie ein Hund (in der Großstadt Wien) die ganze Nacht über von zu Hause fortblieb, um herumzustreunen. Die Tierhalterin erging sich in Schilderungen ihrer Angstzustände und ausführlich darüber, wie sie den Hund nach dem Heimkommen verdrosch – „weil er mich so in Aufregung versetzt hat und damit er das nie wieder tue!"
Solche und andere Mitteilungen über naiv unsinniges Verhalten ihren Vierbeinern gegenüber höre ich jedes Jahr ein paar hundertmal (ich kann es schon nicht mehr hören).
Jemand führt seinen an der Leine zerrenden und schnaufenden Schäferhund durch das Stiegenhaus eines vier Stock hohen Hauses und ruft dabei fortwährend: „Sitz" – „Platz" – „Fuß". Der Hund reagiert auf diese widersinnige Geräuschkulisse natürlich überhaupt nicht. Dabei habe man „sogar Geld ausgegeben für einen Abrichtekurs!" Im Wartezimmer meiner Ordination bellt ein Hund ungebärdig, weil man ihn nicht mit anderen dort Anwesenden spielen läßt. Was macht der Tierhalter: Er streichelt den Hund und sagt „Brav, Brav" (wohl in der Absicht, den Hund zu beruhigen). Wie muß das aber der Hund erleben? Er wird für das eben gezeigte Verhalten belobt und durch Streicheln belohnt – das unerwünschte Verhalten wird also verstärkt! Seitenlang könnte ich noch weitere Beispiele anführen.
Der amerikanische Psychologe Tortora widmet der sorgfältigen Analyse falschen Hundehalterverhaltens sogar einen wesentlichen Teil seines Buches („Schwieriger Hund – was tun") und schildert, wie er mühsam in vielen Sitzungen – die an die Psychoanalyse Freuds erinnern (nur daß sie hier nicht auf der Couch, sondern durch Verbalexploration und mittels Testfragen, deren Beantwortung „als Hausaufgaben" dem Tierbesitzer aufgetragen werden, stattfinden) – schrittweise seine Klienten dazu

bringt, all ihre im Lauf eines Tages, der Woche, des Monats erfolgenden falschen Reaktionen auf das Verhalten ihres Hundes selbst zu erkennen und stufenweise abzubauen bzw. umzulernen. Das unerträgliche Verhalten der – wir würden sagen „völlig ungezogenen" – vermeintlich „neurotischen" Hunde normalisiert sich parallel zu den Fortschritten ihrer menschlichen Familiengenossen dann ganz von selbst. Das Buch ist lesenswert und sehr unterhaltsam geschrieben!

Man fertige sich eine Tabelle an, die aus folgenden Rubriken besteht: Verhalten des Hundes/Datum/Uhrzeit/Art der Umgebung/Vorgänge in der Umgebung/Verhalten des Besitzers vor dem auffälligen Verhalten des Hundes/Verhalten des Besitzers nachher. Nachdem man sich auf einem Blatt Papier eine derartige Rubrikeneinteilung erstellt hat, fülle man das Blatt während eines Beobachtungszeitraumes von etwa zwei Wochen gewissenhaft aus. Was genau tut der Hund? Was – genauestens bitte – tun (nicht denken oder fühlen) Sie währenddessen? Wenn man seine schriftlichen Unterlagen fertig hat, dann überlege man, ob das eigene Verhalten mit den im Verlauf dieses Buches mitgeteilten Grundsätzen im Einklang oder in Widerspruch steht. Durch diese „Gewissenserforschung" wird man seine eigenen Verhaltensfehler entdecken und dann – weil voll bewußt geworden – künftig eher vermeiden, bzw. sich leichter anders verhalten können als bisher!

Weitere Testschemata zur Selbstexploration des Hundehalters sind derzeit in Ausarbeitung und Erprobung.

Verehrter hundebesitzender Leser! Denken Sie immer daran, daß auch dann, wenn Sie es gar nicht absichtlich anstreben, Ihr eigenes Verhalten auf den Hund wirkt, denn auch ein ganz junger Hund schon lernt – wenn auch nicht voll bewußt oder gar beabsichtigt – am „Erfolg" seiner Handlungen: Wenn Sie z. B. Ihren Junghund kämmen oder ihm die Ohren ausputzen, und er wehrt sich, und Sie lassen daraufhin Ihren Griff locker oder geben gar auf – was wird die Folge sein? Er wird, wenn Sie ihn das nächste Mal wieder kämmen oder den Gehörgang säubern wollen, nur noch mehr winseln und zappeln, vielleicht sogar versuchen zuzubeißen, um sich aus der Situation zu befreien! Warum? Es ist ihm das letzte Mal gelungen loszukommen, er hat am Erfolg seiner Handlungsweise gelernt, daß man sich der lästigen Maßnahme des Frauchens entziehen kann, wenn man sich nur heftig genug wehrt. Lassen Sie abermals los, verstärken („bekräftigen")

Sie damit sein Verhalten weiter. Das nächste Mal wird er sich vielleicht nicht einmal mehr die Pfoten säubern oder den Maulkorb umgeben lassen. Wenn Sie aber den Hund nur noch fester halten, je mehr er zappelt, und unbeirrt fortfahren mit der von Ihnen als notwendig erachteten Tätigkeit, bis Sie damit fertig sind, ganz gleich, wie immer der Hund sich dabei verhält, dann wird er beim nächsten Mal sich schon viel weniger wehren und beim dritten oder vierten Mal sich bereits ganz ruhig und duldsam verhalten. Wenn Sie ihm dazu – nach Beendigung Ihrer „Belästigung" – auch noch einen Leckerbissen reichen und ihn beloben (letzteres ja nicht früher!), dann wird er sich schließlich sogar darauf freuen, von Ihnen „behandelt" zu werden.

Das Beispiel lehrt: Man soll im Kontakt mit seinem Hund immer daran denken, wie das eigene Verhalten von der Warte des Hundes aus erlebt wird. Das bezieht sich sogar auf nicht voll bewußte Rahmeneinstellungen und Erwartungshaltungen:
Jemand kauft sich einen Rüden einer großen, wehrhaften Rasse und erwartet insgeheim und uneingestanden selbstverständlich dann auch, daß dieser im Umgang mit anderen Hunden im Park sich nicht als Feigling entpuppt, sondern „seinen Mann steht". Ist es doch sein Hund – der Repräsentant seiner Persönlichkeit, der sich da in Prestigekontakt mit anderen – „Fremden" – einläßt! Während sein Hund mit anderen in Kontakt tritt, verhält sich der Herr – völlig unbewußt vielleicht – so, daß er den Hund ermutigt, ja auffordert und belohnt für sein aggressives Verhalten anderen gegenüber. Selbst dann noch, wenn er ihn an der Leine zieht und pro forma (vor den anderen Hundehaltern) seinem Hund ein „Pfui" zuruft (in einem Ton, der für seinen Hund nicht überzeugend klingt). Subtile Veränderungen an Körper, Gesichtsausdruck, Muskeltonus, Art des Leinenzuges, ja Geruchsausstrahlung verraten dem Hund die wahre Einstellung seines Führers! Da solchen Hundehaltern gar nicht gewahr wird, daß sie selbst es sind, die unwissentlich ihren Hund in der Appetenzphase – also schon bei den ersten Intentionen zum Imponiergehabe – zum Raufen bekräftigen, ist ihnen sogar ohne weiteres zu glauben, daß sie sich schlußendlich ärgern über die „Scherereien" mit ihrem Hund! Wirkliche Selbsterkenntnis des Hundeführers ist daher die erste Voraussetzung für eine Änderung der Verhaltenstendenzen des Hundes!

Selbsterkenntnis fällt einem aber nicht so ohne weiteres in den Schoß, man muß sich darum bemühen! Man muß alles, was man über sein eigenes Verhalten in Erfahrung bringen kann (im Zusammenhang jeder Situation mit seinem Hund), kritisch analysieren. In vielen Fällen wird man dann als letzte Ursache für ein unerwünschtes Verhalten seines Hundes sich selbst, seine eigene Art zu reagieren oder etwa eigene, nur halb eingestandene Erwartungen oder Nebenabsichten entdecken. Haben Sie daher Acht auf Ihr Verhalten, nicht auf Ihre subjektiven Gefühle und augenblicklichen Empfindungen. Schauen Sie sich sozusagen von außen an! Ehe man sich über das Verhalten seines Hundes beklagt, denke man immer daran, wie weit man selbst dem Entstehen eines solchen Verhaltens Vorschub geleistet haben könnte, und reagiere nicht impulsiv aus der Augenblicksverfassung heraus, sondern überlege, planmäßig, vorausschauend, endzielorientiert, „strategisch"! Bei kritischen Situationen denke man seinem Hund immer einen Augenblick voraus, wenn man sein Verhalten vereiteln möchte. Das Führen und Erziehen eines jungen Hundes fordert volle Konzentration, ununterbrochene Aufmerksamkeit. Wenn der Hund in der Jugend richtig geführt wurde, reagiert er später von selbst richtig. Dann kann man auch Schaufensterauslagen ansehen oder sich mit jemandem länger unterhalten, ohne ununterbrochen nur achtsam auf den Hund sein zu müssen. Aber auch nur dann!

Ein Hund liegt im Bett seines Frauchens und knurrt das später ins Bett steigende Herrchen an – ist es wirklich nur allein die Tendenz des Hundes, mit dem Frauchen ungestört allein zu sein? Oder ist unterschwellig schon die Ehe in der Krise und die Reaktionsweise des Hundes nur ein weiterer Indikator unter vielen? (Wenn Frauchen wirklich noch am Herrchen interessiert wäre, würde es dann nicht vorher den Hund aus dem Bett jagen? Oder würde Herrchen, das ernstlich noch am Frauchen interessiert wäre, nicht schon früher zu Frauchen in Bett steigen, ehe der Hund dazu Gelegenheit hat?)

Der Leser möge mir dieses provokante Kapitel – das eigentlich erst angefangen und noch lange nicht zu Ende geschrieben ist – verzeihen!

Ein Gewitter naht: Ängstlich zieht sich der Hund in eine Deckung zurück und ist vor dem Ende des Gewitters nicht einmal mit Leckerbissen hervorzubringen.

Ein straßenängstlicher Deutscher Schäferhund ist nur mit Gewalt ins Freie zu bringen, um seine Ausscheidungsgeschäfte zu erledigen.

2 Spezieller Teil

2.1 Formen der Überfunktion des Flucht- und Meideverhaltens: Schreckhaftigkeit, Überängstlichkeit, Berührungsscheue und ähnliches

Angst- und Aggressionszustände spielen nicht nur beim Menschen, sondern auch im Leben der Tiere eine sehr große Rolle. Während sie beim zivilisierten Menschen im allgemeinen beherrscht und verdrängt werden, weil die gesellschaftliche Konvention es verbietet, Affekte unbeherrscht zur Schau zu tragen, treten sie beim Tier wie bei einem Kind offen zutage. Es ist sicher kein Zufall, daß die häufigsten Verhaltensstörungen bei Hunden situationsunangemessenes Angstverhalten einerseits und Aggressionsverhalten andererseits betreffen.

Zur Illustration zunächst ein paar „Krankengeschichten" im Telegrammstil:

Sechs Jahre alter Deutscher Schäferhundbastard „Billy". Nimmt Reißaus, wenn Geräusche ertönen, die an Schüsse erinnern, zeigt aber keinerlei Angstreaktionen bei Donner und anderen lauten Geräuschen. Der Hund ist hart, ruhig, schwer erregbar, die Erregungsdauer ist kurz, auf der Straße zeigt er keinerlei Ausdruckszeichen von Angst vor herannahenden Fahrzeugen. Der Hund war früher schußfest. Seitdem er vor zwei Jahren (im Alter von vier Jahren) von Kindern mit Kapselrevolvergeräusch erschreckt und gejagt wurde, flieht er aber vor allen Geräuschen, die sich ähnlich anhören. Dauererfolg nach Umkonditionierung mit Tranquilizerunterstützung binnen zehn Tagen.

Ein männlicher Deutscher Boxer, „Hasso", etwa drei Jahre alt, weigert sich seit einem halben Jahr, in Kombiautos einzusteigen. Sein Besitzer besaß mehrere verschiedene Wagen. Durch Nachforschungen ließ sich in Erfahrung bringen, daß der Hund in einem Kombiwagen zweimal eine Notbremsung erlebt hatte und auf der glatten Plattform des Fahrzeuges arg hin und her rutschte; einmal sollen bei solcher Gelegenheit auch

Pakete auf ihn gefallen sein. Der Hund, der sonst leidenschaftlich gern Auto fuhr, war weder mit gutem Zureden und Leckerbissen noch mit drohendem Befehl und Leinenruck dazu zu bewegen, in diesem oder einem anderen Kastenwagen auf die Ladefläche zu steigen. Verfrachtete man ihn zwangsweise dorthin, so legte er sich zitternd und speichelnd flach auf den Boden und versuchte zu entweichen, sobald die Tür nur einen Spalt breit geöffnet war. Unter Tranquilizereinfluß durchgeführte Umkonditionierungsmaßnahmen (das erste Mal nach drei Hungertagen) führten nach vier Übungserlebnissen binnen acht Tagen zur dauerhaften Beseitigung dieser „Phobie".

Drei Jahre alte Münsterländer Vorstehhündin „Asta". Flüchtet (auch im Zimmer) unter nächste Deckung, unter Tisch und Bett (auf der Straße Hauseingänge), wenn Lastwagen vorbeifahren. Der Hund wurde vor ca. einem Jahr in der Phase des Aufwachens aus dem Schlafe (im Zimmer) von einem vorbeifahrenden Lastwagen erschreckt; er zeigte früher keinerlei Angstreaktionen auf diese akustischen Reize. Einige charakteristische Eigenschaften des Hundes: weich, lebhaft, leicht erregbar, Erregungsdauer lang. Dauererfolg nach Umkonditionierung mit Tranquilizerunterstützung binnen vierzehn Tagen.

Deutsche Schäferhündin „Gina", etwa zwei Jahre alt. Verkriecht sich bei plötzlichem Ertönen *lauter* Geräusche *verschiedenster* Art. Die Reaktionen nehmen an Häufigkeit zu (Auslösreizgeneralisation): anfänglich bei Flugzeuggeräusch, später auch beim Motorlärm von Autos und Mopeds, bei Donner, schließlich schon beim Anblick aufziehender Gewitterwolken. Zuletzt weigerte sich das Tier sogar, die Straße zu betreten, besonders zu verkehrsstarken Zeiten. Der Besitzer nimmt an, daß das Tier, das sich früher solchen Reizen gegenüber gleichgültig verhalten hatte, bei einem Blitzeinschlag im Nachbarhaus einen Schock erlitten habe und seither sich so abnorm verhalte. Es habe sich damals noch viele Stunden nach diesem Ereignis zitternd nicht aus seinem Versteck hervorgewagt. Drei Wochen lange Umkonditionierung mit täglich zwei Übungen (Tranquilizerunterstützung) brachte vollen Erfolg.

Der männliche Deutsche Schäferhund „Rex", zum Untersuchungszeitpunkt zwei Jahre alt, kam erst mit acht Monaten in die Hand des Endbesitzers. Er weigerte sich, voll Ausdruck von Angst, von Anfang an, Plätze mit vielen Leuten oder Lärm zu betreten, hatte die Tendenz, eng an Hausmauern entlangzugehen, und zog, auch an der Leine, in dunkle Hauseingänge; ging freiwillig nicht auf die Straße. Beim Vorbesitzer ließ sich erheben, daß dieser Hund sowie auch seine Mutter und seine Geschwister schon seit frühester Jugend überdurchschnittlich schreckhaft und scheu waren und Erregungen durch den Lärm eines knallenden Auspuffs oder das plötzliche Aufleuchten von Scheinwerfern oder durch Vorbeihuschen rasch bewegter Objekte, Erscheinen eines Fremden usw. außer durch Flucht noch durch langandauerndes Zittern, Verkriechen und mitunter auch Nahrungsverweigerung quittierten. Bei Berührung seitens Fremder erfolgte Angstbeißen, wenn Fluchtmöglichkeit fehlte. Gegenüber anderen Rassegenossen fiel der übertrieben zarte Körperbau auf. Der Behandlungsversuch brachte keinen Dauererfolg.

Der weibliche Dackel „Era", der erst im Alter von einem Jahr aus einem sehr engen Zwinger in entlegener, ländlicher Gegend in die Großstadt verkauft wurde, weigerte sich beim neuen Besitzer, Räume mit spiegelglattem Fußboden zu betreten, Treppen zu steigen, Unterführungen zu durchqueren; auch die vorbeihuschenden, lärmenden Fahrzeuge verwirrten ihn sichtlich, so daß man ihn unmöglich von der Leine loslassen konnte. In Wald und Flur verhielt er sich so, wie man das von Dackeln gewöhnt ist; er war auch raubzeugscharf. Das Tier hatte sich nach ca. einem halben Jahr Großstadtdasein noch immer nicht an das Wohnungs- und Straßenmilieu gewöhnt; es bewegte sich nur im Garten und in Räumen mit Teppichen ungehemmt; die täglichen Gänge auf die Straße waren für Hund und Besitzer quälend. Behandlung mit sechswöchiger Tranquilizerkur konnte das Verhalten des Tieres völlig normalisieren.

Zwergpudelhündin „Mücke", sechs Jahre alt, flüchtet bei Begegnung mit anderen Tieren, auch Hunden jeder Rasse und beiderlei Geschlechts (selbst während der Hochläufigkeit). Wird das Tier verfolgt, winselt es und springt an Herrchen oder Frauchen hoch. Das Hündchen war der einzige Welpe einer Mutter, die einige Tage nach der Geburt an Eklampsie zugrunde ging. Es wurde ausschließlich in menschlicher Umgebung aufgezogen, sehr verhätschelt und wegen besonderer Zartheit erst etwa ab dem fünften Lebensmonat auf die Straße mitgenommen, und da meistens nur auf dem Arm der Besitzerin. Fahrzeuglärm schien keine übertriebene Angst auszulösen, vielleicht war dies dem Tier eine gewohnte Geräuschkulisse, denn die Wohnung, in der das Tier – in unbeabsichtigter teilweiser

Kaspar-Hauser-Situation – aufwuchs, befand sich in einer sehr belebten Staße. Die Kontaktflucht vor Artgenossen konnte das Schoßtier zeitlebens nicht überwinden, wozu betont werden muß, daß aber auch von seiten der überängstlichen Besitzerin keinerlei Versuch unternommen wurde, das Tier mit anderen Lebewesen sich selbständig auseinandersetzen zu lassen. Man sieht, daß übersteigerte Ängstlichkeit nicht nur als Überfunktion des Flucht- und Meideverhaltens vor vermeintlichen Lebensgefahren, sondern auch als gestörtes Sozialverhalten auftreten kann. Daß soziale Kontaktflucht (und auch sexuelle Schwierigkeiten) bei Tieren vorkommen, wenn sie in der Jugend nicht auf ihre Artgenossen geprägt werden, wurde an anderer Stelle schon betont.

Ein angeblich als Streuner – also ohne Kontakt mit Menschen – großgewordener einjähriger Vorstehhundbastard wurde gefangen und in ein Tierasyl eingeliefert. Hingestelltes Futter fraß er wohl gierig, sobald man sich aus seinem Käfig entfernt hatte, berühren ließ er sich aber nicht. Betrat man sein Gehege, um es zu säubern, flüchtete er in die äußerste Ecke, näherte man sich weiter, so setzte er vor Angst Kot und Harn ab und fletschte die Zähne wie ein wildes Tier, dessen kritische Distanz überschritten wurde. Erst nach vier Monaten ließ er sich von seinen vertrauten Pflegern kurz streicheln, die Berührungsscheue hielt aber im Prinzip weiterhin an. In der Jugend versäumte Prägungs- und Sozialisierungsvorgänge sind offenbar nie mehr ganz aufzuholen. Mehrere Wochen lang applizierte Dauergabe von Tranquilizern mit dem Futter und eine zunächst möglichst passive, nicht Zuwendung aufdrängende Haltung eines neuen Besitzers, der den Hund in seinen Garten aufnahm, führte dann wohl binnen kurzer Zeit zu einem etwas weitergehenden „Zähmungserfolg", doch hörte ich später, daß der Hund mehrmals aus dem ihm später zur Verfügung gestellten Garten entwichen sei, um zu streunen. Möglicherweise kann eine gewisse Revierbindungsfähigkeit bei fehlender Bindung an soziale Partner nie mehr ganz ersetzt werden, auch wenn es einem noch so gut geht (hinsichtlich täglich voller Futterschüssel, bequemem Schlafplatz, Obhut unter einem gütigen Herrn und Sicherheit vor Verfolgung und Mißhandlung). Fremden gegenüber blieb dieser Hund zeitlebens angstaggressiv, wenn sie nahe an ihn herantraten. Eingehende Untersuchungen von Körperteilen wie Behandlung der Ohrmuschel, Einführung eines Fieberthermometers in den After, Besichtigung der Mundhöhle usw. gestattete er auch seinem vertrauten Führer nie und waren nur unter Zwangsfixierung möglich, bei der sich das arme Tier unter Entleerung von Analbeutelsekret und Harn sowie Kotabsatz verzweifelt wehrte. Wollte man den Hund ohne Zwang untersuchen, mußte man ihm vorher mit dem Futter Beruhigungsmittel in hoher Dosis applizieren. Eine Behandlungsmethode, die eine andauernde Änderung der mißtrauischen Einstellung des Tieres bewirkt hätte, konnte nicht gefunden werden. Gelegentlich können Autounfälle, eine Niederlage in einem Hundekampf auf eigenem Territorium, aber auch andere seelisch erschütternde Vorgänge zu schockähnlichen Zuständen führen, die längere Zeit hindurch von verändertem Verhalten, ja sogar vegetativen Regulationsstörungen, ähnlich wie wir sie bei der experimentellen Neurose kennenlernten, gefolgt sein können.

So beschreibt z. B. Prof. Lorenz folgenden Fall: „... es war für meinen Bulli ein harter Schlag, als ich den schon erwähnten Hannoveraner Schweißhund heimbrachte, der es durchgesetzt hatte, mich nach Wien zu begleiten. Hätte ich Bullis Eifersucht vorausgesehen, dann hätte ich den schönen Hirschmann doch nicht heimgebracht. Tagelang währte die Atmosphäre verhaltenen Grimmes, ehe sich die Spannung in einem der erbittertsten Hundekämpfe entlud, die ich je erlebt habe, übrigens dem einzigen, der im Zimmer des Herrn stattfand, wo gewöhnlich auch die stärksten Feinde Burgfrieden halten. Als ich die Kämpfer trennen wollte, geschah es, daß mich Bulli versehentlich in den Kleinfingerballen meiner rechten Hand biß. Der Kampf war damit zu Ende, Bulli war vom schwersten Nervenschock befallen, den es für einen Hund überhaupt geben kann: Er brach buchstäblich zusammen. Denn obgleich ich ihm nicht die geringsten Vorwürfe machte, sondern ihn sofort streichelte und ihm freundlich zusprach, lag er wie gelähmt auf dem Teppich, unfähig, sich zu erheben. Er zitterte wie im Schüttelfrost, und in Abständen von wenigen Sekunden durchlief ein Schauer seinen Körper. Seine Atmung war ganz oberflächlich, von Zeit zu Zeit nur drang ein tiefer, stoßender Seufzer aus seiner gequälten Brust, aus seinen Augen kollerten dicke Tränen. Ich mußte Bulli an jenem Tage in meinen Armen zur Straße hinuntertragen; den Weg zurück ging er zwar selbst, doch hatte die vegetative Störung den Tonus, die Spannkraft der Muskulatur so verringert, daß er nur mit Anstrengung die Stiege zu erklimmen vermochte. Jeder, der den Hund sah, ohne die Vorgeschichte zu kennen, mußte ihn für körperlich schwer krank halten. Es dauerte mehrere Tage, bis er wieder fraß, und selbst dann nahm er Futter nur nach langem Zureden und nur aus meiner Hand. Wochen nachher noch verharrte er vor mir in übertriebener Demutsstellung, die von dem sonstigen Verhalten des eigenwilligen und wenig botmäßigen Hundes traurig abstach ...".

Auf noch andere Fälle von reaktiver Depression wird in einem späteren Kapitel eingegangen.

Um eine ganz andere Entstehungsursache veränderten Verhaltens handelt es sich hingegen bei folgendem Fall. Der Dackelrüde „Whisky", acht Jahre alt, zeigte ab dem zweiten Monat nach einer überstandenen Staupeerkrankung bis zum Untersuchungszeitpunkt (eineinhalb Jahre später) zeitweilige Erregungszustände unter Ausdruck von Angst (Hecheln, Zittern, eingekniffene Rute, Verkriechen in dunkle Ecken), ohne – soweit ersichtlich – bestimmte auslösende Umweltreize. Auch zunehmende Schreckhaftigkeit, ziellose Flucht vor Schatten, Lichtreflexen, lauten Geräuschen und anderen Hunden wurde beobachtet. Eine Kur mit zehn Injektionen eines Kombinationspräparates aus hundert Milligramm Vitamin B_1, hundert Milligramm Vitamin B_6 und einem Milligramm Vitamin B_{12} konnte diese sogenannte Neurasthenie als Staupespätfolgeerscheinung wieder zum Verschwinden bringen.

Ähnliche Erscheinungen einer mehr allgemeinen Angstauslösbarkeit und offenbar völlig außenreizunabhängiger Affektentstehung, bei der sinnloses Fluchtverhalten oder Bellen ohne ersichtliche auslösende Ursache noch deutlicher im Vordergrund stand, konnte von einem Kollegen bei ca. einjährigen Hunden beobachtet werden, die fast ausschließlich mit rohem, nur mit heißem Wasser oder Suppe übergossenen Maisgries und anderen halbrohen Getreideprodukten aufgezogen worden waren. Vitamin-B_1-Injektionen, die bei der klassischen „Fright Disease" oder der sogenannten „Hundehysterie" (Vitamin-B_1-Mangelkrankheiten bei hunde- und katzenartigen Raubtieren infolge unzweckmäßiger Ernährung) die Verhaltensstörungen rasch beheben, zeigten sich hier ohne Erfolg; desgleichen Tranquilizergaben. Einige Injektionen von Calcium- und Phosphorpräparaten, in denen auch gewisse Aminosäuren enthalten waren, konnten in diesen Fällen das Verhalten der Tiere schlagartig normalisieren. Zur Verhütung von Rückfällen wurde der jeweilige Tierbesitzer

312

belehrt, wie der Hund als Raubtier richtig ernährt werden müsse (weniger Körnerfrüchte, mehr Fett und Fleisch, eventuell Beifütterung von Hefepräparaten, Wurmfreihaltung durch mehrmalige Wurmkuren in der Jugend). Auffällig erscheint, daß diese Erscheinungen zur Zeit beginnender oder vor kurzem erst erlangter Geschlechtsreife besonders deutlich waren. Der Hund befindet sich zu diesem Zeitpunkt nämlich in einem Stadium besonderer psychischer Unausgeglichenheit, so daß stoffwechselbedingte Nervenschädigungen und Mangelerscheinungen sich möglicherweise besonders kraß auswirken. Auf dem Höhepunkt der Verhaltensänderung kamen in Einzelfällen sogar tetanische und epileptische Anfälle zur Beobachtung.

Seitdem durch Laboratoriumsversuche bekannt ist (Parry, Vet. Rec. 1948 – zit. nach Bachmann), daß nicht nur Vitamin-B_1-Mangel (nach übertriebener Fütterung mit gebleichten Stärkeprodukten oder bei starkem Bandwurmbefall), sondern auch Prolamine (das sind Stoffe, die in Getreide- und Mais-Eiweiß vorkommen, z. B. Gliadin) solche Störungen der Tätigkeit des Zentralnervensystems hervorrufen können, wobei auch Stoffwechselstörungen (Regelung des Wasser- und Salzhaushaltes) mit eine Rolle spielen, erscheint der Erfolg der zitierten Behandlung verständlich. Da die geschilderte unzweckmäßige Ernährung des Hofhundes gebietsweise Brauch ist, erscheint das Wissen um diese Erkrankungserscheinungen zur Abgrenzung der Diagnose Tollwut, die bekanntlich mit ähnlichen Verhaltensstörungen beginnen kann, wichtig.

Unter den zahlreichen Fällen von Ängstlichkeit und Schreckhaftigkeit lassen sich zunächst drei verschiedene Verhaltenstypen unterscheiden: Solche, in denen Fluchtreaktionen, also Bewegungssteigerung, bevorzugt werden; solche, in denen vornehmlich Meideverhalten im Sinne von Verkriechen, Deckungnehmen, Bewegungshemmung, Weigerung sich der auslösenden Reizquelle zu nähern, auftritt; schließlich solche, in denen verschiedenartige Angstreaktionen beider Typen ohne erkennbaren Zusammenhang mit jeweils bestimmten, aktuellen, auslösenden Reizen aus der Umwelt zu beobachten sind.

Bei einem Teil der Patienten wird eine der beiden erstgenannten Reaktionsweisen durch stets gleichbleibende, bestimmte, relativ eng begrenzte, also differenzierte Reizgegebenheiten ausgelöst. Es handelt sich bei diesen Tieren um nicht besonders ängstliche Charaktertypen, die seit

einem einmaligen oder mehrmals stattgefundenen gleichartigen Schreckerlebnis (in der Jugend oder im Erwachsenenalter, manchmal auch in der
Phase des Aufwachens aus dem Schlaf) diesen Reaktionstypus erwarben
und bei wiederkehrenden gleichen oder ähnlichen Reizgegebenheiten
stets neuerlich zeigen, obwohl sie sich vor dem Schreckerlebnis in vergleichbaren Situationen besser adaptiert oder indifferent, jedenfalls nicht
emotional überempfindlich gezeigt hatten. Solche Reize sind beispielsweise Schußgeräusche, Motorenlärm, der optische und akustische Eindruck beim Herablassen von Rolläden, bei Feuerwerk, Gewitter, gewissen ärztlichen Untersuchungsprozeduren, aber auch ein bestimmter
Geruch. So wurde ein Deutscher Schnauzer einmal auf einer Alm von
Rindern gejagt und wäre fast zertrampelt worden. Seither nahm das Tier
Reißaus, wenn es den Geruch von Hornvieh in die Nase bekam; es mied
auch Gartenbeete, die man frisch mit Hornspänen gedüngt hatte.
In manchen Fällen entwickelt sich die Tendenz zu zunehmender Reizge-
neralisation, also Erweiterung der Auslösemöglichkeiten: Wird anfangs
nur Reißaus genommen, wenn ein bestimmtes Auto in der Nähe vorbei-
fährt, so werden später alle fahrenden Autos, dann auch stehende mit lau-
fendem Motor, schließlich belebte Straßen überhaupt gefürchtet. Alle
diese Fälle sprechen auf sogenannte gezielte Umkonditionierung unter
Tranquilizerhilfe besonders rasch und sicher mit Dauererfolg an.

Bei einem anderen Teil der Patienten handelt es sich um Tiere, bei denen
die eine oder die andere der beiden Reaktionsweisen nicht durch
bestimmte, in der Situation begrenzte, sondern durch fast alle starken
oder für das Tier ungewohnten oder plötzlich und unerwartet auftretenden Reize ausgelöst wird. Diese Tiere, bei denen eine derartige Reaktionsbereitschaft (allgemeine Ängstlichkeit) meist schon von frühester
Jugend an bestand, kann man hinsichtlich der Ursache in zwei Gruppen
weiter unterteilen: solche, bei denen besonders reizarme, isolierte Aufzuchtverhältnisse von frühester Jugend an ohne Unterbrechung über alle
prägsamen Entwicklungsperioden hinweg bis ins reife Jugendalter hinein,
also etwa bis zum sechsten bis achten Lebensmonat bestanden (sogenannte „Zwingerscheue"); und solche, bei denen eine besonders extreme
Konstitution (häufig auch in der körperlichen Erscheinung auffällig: übertriebene Zartheit, unterentwickelter Unterkiefer, schmale Brust) gege-

ben ist (erbliche Veranlagung). Häufig konnte ich unter Schäferhunden und deren Bastarden solche neurasthenischen Typen antreffen. Sind bei der erstgenannten Gruppe, deren Angehörige im gewohnten Zimmer oder Garten sich meist frei von Überängstlichkeit und Hemmungen bewegen, längerdauernde Tranquilizerkuren sehr geeignet, um eine rasche und bessere Einordnung und Anpassung an die neue Umgebung zu erzielen, so erwies sich bei den letztgenannten bisher jede Therapie als erfolglos.

Den vorgenannten Verhaltenserscheinungen ähnlich, jedoch nicht immer von frühester Jugend an bestehend, sind weitere Fälle bekannt, bei denen anfänglich nach einem starken Schockerlebnis allgemeine Ängstlichkeit und Depression vorkommt, der länger dauernde Bereitschaft zu abnormem Reagieren in verschiedenen einzelnen, mehr isolierten Erlebnisbereichen folgt (die mit den Reizgegebenheiten des ursprünglichen Traumas keine Ähnlichkeit aufweisen müssen!). Diese Zustände erinnern deutlich an den Verlauf der als „experimentelle Neurosen" bekannten tiefgreifenden chronischen Verhaltensstörungen. Im akuten Stadium sind sie mit medikamentösem Dauerschlaf, aber auch mit Schockkuren (Elektro, Cardiazol, Insulin) zu kurieren; die chronischen Folgeerscheinungen sprechen nur zögernd auf längerdauernde Tranquilizerkuren an. Auch längerdauernde Umkonditionierungsmaßnahmen unter verändertem Milieu (besonders wichtig!) haben gelegentlich gute Erfolgsaussichten.

Das Erscheinungsbild generalisierter Auslösbarkeit situationsunangemessener Angstreaktionen und von Ängstlichkeitszeichen (Verkriechen, Angstabwehr oder sinnloses Herumstreunen als Flucht vor allem und jedem, Heulen, Zittern, Zusammenschrecken auf harmlose Reize) ohne ersichtliche oder hinreichende auslösende Ursachen kann auch im Gefolge gewisser Vitaminmangelerscheinungen, Vergiftungen, Hormonstörungen (z. B. Basedowsche Erkrankung, d. i. Schilddrüsenüberfunktion) und organischer Gehirnerkrankungen verschiedenster Art und Ursache (z. B. sogenannte Nervenschwäche als Spätfolge überstandener Gehirnerschütterung, Gehirnhautentzündung, Gehirnentzündung) allein oder als Begleiterscheinung anderer Krankheitssymptome vorkommen. Die gefürchtete Tollwut beginnt ebenfalls häufig mit derartigen Wesensveränderungen. Auch Tiere mit inneren Schmerzzuständen benehmen sich nicht selten scheuer als gewohnt. Tierärztliche Untersuchung und die

Einleitung der in solchen Fällen je nach Krankheitsursache zweckmäßigsten Behandlung ist daher notwendig.

Schließlich gibt es dann noch die sogenannten „verdorbenen" Hunde und Katzen, die vornehmlich Menschen oder bestimmten Menschen gegenüber mißtrauisch sind; sie stammen häufig aus Tierasylen. Ihr Verhalten ist eine natürliche Folge dessen, was sie im Umgang mit der Spezies Homo sapiens wahrscheinlich erlebt haben. Ein ehemals durch rohe Behandlung „sozial entmutigter" und typisch „rangtief" sich verhaltender Hund wird aber durch verständnisvolle Betreuung in der Hand eines neuen Besitzers relativ rasch ein normales Tier, es sei denn, es hätte sämtliche Sozialisierungsphasen der Jugendentwicklung unter hierfür extrem ungünstigen Bedingungen verbracht. Besonders bei Katzen, die in völliger Freiheit und ohne menschlichen Kontakt wild aufgewachsen sind, kommt dies häufig vor. Viele derartige Tiere können sich bis zu einem gewissen Grad persönlicher Distanz wohl später noch an einen einzelnen menschlichen Betreuer anschließen, anderen Haushaltsmitgliedern oder Außenstehenden gegenüber verhalten sie sich aber vielfach (nicht immer!) ähnlich wie ein in Freiheit großgewordenes Wildtier, das es in Gefangenschaft bis zur Futterzahmheit gebracht hat. Fluchtdistanz, kritische Distanz und Angstaggressivität bei Überschreiten derselben oder gar bei körperlicher Berührung sind in verschiedensten Graden erhalten geblieben. Individuell unterschiedliche angeborene Faktoren, die Variationsbreite der Scheuheit betreffend (oder deren Fehlen bei gleichzeitig verstärkter Neugierde), spielen dabei sicherlich mit eine Rolle.

Bei der Aufgliederung all dieser Fälle soll eine Sondergruppe nicht vergessen werden: Es gibt Hunde, die im allgemeinen nicht den Eindruck ängstlicher oder schreckhafter Tiere erwecken, die aber bei lauten und schrillen Geräuschen, auch wenn diese Reize nicht plötzlich oder unerwartet auftreten, Zeichen von Schmerzempfinden – und aus diesem Grunde auch – Fluchtverhalten zeigen; tatsächlich gelang es einer amerikanischen Forschergruppe, im Zuge einer Faktorenstudie des emotionalen Verhaltens von Hunden mehrerer Rassen den Nachweis zu erbringen, daß es sich hierbei um das Vorliegen eines bestimmten Erbfaktors handelt. Es versteht sich von selbst, daß unter „hochgezüchteten" Inzuchttieren sich derartige Individuen häufen können, wenn ungenügende Zuchtauslese betrieben wird.

2.2 Abnorme Aggressivität

In theoretischer Hinsicht müßte man die Aggressionsneigungen, die beim Hund störend in Erscheinung treten können, von ethologischen Gesichtspunkten aus in folgende, der Motivation nach prinzipiell verschiedene unterteilen: a) Selbstverteidigung infolge Überschreitung eines für ein Haustier abnormerweise wieder vorhandenen Fluchtkreises (also Selbstverteidigung als Feindvermeidung) einerseits und zur Verteidigung eventuell nicht respektierter Individualdistanz andererseits (Protestverhalten). Ersteres dürfte bei sogenannten Angstbeißern, beides könnte für die Berührungsscheue zutreffen, sofern die letztere Eigenschaft nicht früherlebnisbedingt, also erworben, sondern angeboren auftritt. Derartige Veränderungen bei einem Haustier sind wohl als eine Art Atavismus (d. i. Rückschlag auf das Verhalten der wilden Urform) aufzufassen. b) Aggression gegen Menschen als vermeintliche Konkurrenten infolge Überfunktion des Beutebewachungsinstinktes. (Was natürlich nicht verwechselt werden darf mit der Aggression gegen Rudelfremde, derzufolge ein „scharfer Hund" die Familienmitglieder und das Inventar seines Herrn auch außerhalb des gewohnten Heimbezirkes bewacht!) c) Aggression im Funktionskreis des Junge-Beschützens. d) Aggression infolge sexuellen Rivalenverhältnisses (kommt auch pervertiert vor; statt auf Artgenossen als Triebobjekt auf Menschen oder andere Lebewesen gerichtet) einerseits und sogenannten et-epimeletischen Konkurrenzverhältnisses („Zuwendungseifersucht", Wettbewerb um alleinige Inanspruchnahme mütterlicher Fürsorge) andererseits. e) Aggression infolge Territoriumsverteidigung. Die Aggression gegen Rudelfremde ist im eigenen Territorium besonders heftig; wahrscheinlich sind beide als zwei Erscheinungsformen ein und desselben Antriebes zu betrachten. Verteidigt wird besonders das „Heim 2. und 1. Ordnung". Bei Mangel eines geeigneten Ruheplatzes, „wo man von menschlichen Meutegenossen nicht berührt oder sonstwie gestört wird", reagieren viele Hunde ebenfalls mit Drohen, Abwehr, Aggression, auch gegen „befreundete" Personen. Letzteres könnte auch als eine regelwidrig wiederauftretende Erscheinungsform der bei Wölfen in solchen Situationen stets streng gewahrten Individualdistanz gedeutet werden (Protestverhalten). f) Aggression zur Festlegung oder als Versuch der Änderung der Rangstellung in der – gemischten – „sozialen Hausgemeinschaft" (es gibt bei jeder Rasse Individuen mit besonders starkem „Geltungstrieb" und „mangelnder Unterordnungsbereitschaft"). g) Gegenüber einem stets sehr nachgiebigen Besitzer oder anderem als unterlegen betrachteten Genossen treten oft auch als sogenannte „Reaktionen gegen rangtiefe Dritte" in Konfliktsituationen oder bei Frustrationen Aggressionen eines Hundes gegen ersteren als Entlastungshandlung auf. h) Aggressivität gegen zurückkehrende, von der Meute längere Zeit abwesend gewesene Mitglieder (gilt bei Wölfen als normal, wird bei Hunden sehr selten beobachtet). i) Während die bisher genannten Formen, mit teilweiser Ausnahme der Selbstverteidigung zur Feindvermeidung, vorwiegend als innerartliche Aggressivitäten angesehen werden müssen, ist die bei manchen Kampf- und Jagdhunderassen so sehr hochgezüchtete sogenannte Raubzeugschärfe ein typisches Beispiel dafür, daß auch zwischenartliche Aggressivität, hier im Beutefunktionskreis, hypertrophiert auftreten kann. k) Aggression gegen den Störenfried (kann bei manchen Hunden auch gegenüber gewohnten Familienmitgliedern zur Anwendung gelangen, wenn diese zu besonders hastigen, fahrigen, das Tier erschreckenden Bewegungen neigen). l) Aggressionsverhalten als Fehlanpassung, auf bestimmte, normalerweise indifferente Reize fixiert; eine solche Verhaltensweise ist auf ein früher stattgehabtes, zufälliges, „traumatisierendes" Erlebnis zurückzuführen.

Wie die in der Praxis tatsächlich vorkommenden Fälle zeigen, lassen sich aber nicht alle Fälle einer dieser Kategorien zuordnen, manche müßte man als mehreren Funktionskreisen zugehörig bezeichnen, andere lassen sich gar nicht eindeutig einordnen. So sind manche Hunde z. B. nur aggressiv gegen benachbarte Artgenossen gleichen Geschlechtes oder auch unabhängig vom Geschlecht, gegen bekannte wie fremde Menschen aber freundlich und unterordnungsbereit.

Auch hier wieder zunächst ein paar konkrete Fälle als typische Beispiele, wobei uns von den verschiedenen Formen überaggressiven Verhaltens bei Hunden diejenigen ganz besonders interessieren, die als Ausdruck gestörten Sozialverhaltens aufgefaßt werden müssen (so daß die eigenen, vertrauten Wohngenossen attackiert werden): Schwarzer Cocker Spanielrüde „Benny", zwei Jahre alt, bewacht seit ca. einem Jahr Personen und Gegenstände, die sich jeweils in der Nähe befinden, besonders wenn er kurze Zeit an der jeweiligen Stelle gelegen hat; fällt plötzlich ins Zimmer tretende Familienmitglieder an. Liegt der Hund unter dem Bett der Besitzerin oder eines anderen Familienmitgliedes, fällt er jeden Vorübergehenden ohne Vorwarnung an. Diese Verhaltenstendenzen treten jedoch in wechselndem Grade auf: stunden- und tagelang sehr gemildert, dann in gleichen Situationen (und Tageszeiten) wieder bis zur äußersten Aggressivität gesteigert. Bestrafungen erweisen sich als sinnlos, der Hund ist einfach nicht einzuschüchtern, nimmt keine Demutsgeste an. Gegenüber anderen Hunden verhält er sich nicht außergewöhnlich, vor stärkeren, älteren Artgenossen in normaler, arttypischer Weise unterwürfig. Soll schon als Jungtier mit vier Monaten Knochen gegen die Besitzerin ernstlich drohend verteidigt haben. Da sich die damalige Besitzerin, die das Tier als neun Wochen alten Welpen in einem Tiergeschäft kaufte, vor dem Hund fürchtete, wurde er im Alter von ca. neun Monaten an eine andere Familie weitergegeben. Weder Erziehungsmaßnahmen, noch Tranquilizer, noch Dauerschlafkuren, noch Schockbehandlungen und Kastration sowie Milieuwechsel konnten die Verhaltensstörungen länger als jeweils für einige Wochen bessern, so daß das Tier schließlich auf Wunsch des Besitzers getötet wurde, weshalb eine Beobachtung des weiteren Erkrankungsverlaufes nicht möglich war. Ebenso endeten leider einige weitere derartige Fälle. Eine Gehirnoperation (frontale Leukotomie) hätte möglicherweise Erfolg gezeigt. Die Sektionsbefunde der Gehirne ergaben nichts Außergewöhnliches, vor allem keine Anhaltspunkte für entzündliche oder degenerative Prozesse oder Mißbildungen. H. Schmidke beschrieb mehrere ganz ähnliche Fälle, ebenfalls einfarbige, hauptsächlich blonde Cocker Spaniels betreffend: „Die ersten Störungen zeigen sich im Alter von zwei bis drei Jahren zunächst anfallsweise. Bei irgendeiner Gelegenheit, bei der der Besitzer dem Hund zu nahe kommt, beißt dieser heftig und wütend zu, meist ohne vorherige Warnung . . .“. „. . . während dieses Anfalles führt Strafe niemals zur Unterwerfung . . . später werden diese Anfälle zunehmend länger, sie dauern Stunden, später ganze Tage. Zugleich werden die Intervalle normalen Verhaltens kürzer, anfangs Monate, dann Wochen, dann Tage, bis nach einer Krankheitsdauer von ein bis vier Jahren die Asozialität zum Dauerzustand geworden ist. Der Hund ist dann ständig ängstlich wütend, der Anblick einer – früher vertrauten – Person von Ferne genügt schon, ihn zugleich in ängstlich geduckte und knurrend drohende Haltung zu versetzen . . . in einigen anderen Fällen wurden wahllos für den Hund eigentlich indifferente Dinge verteidigt. So bewachte einer jeden Gegenstand, der zu Boden fiel, aber auch wechselnd, heute den Eisschrank, morgen den Schuhschrank usw...". Organische Erkrankungen konnten (durch klinische Untersuchungen und anhand hirnhistologischer Untersuchungen der Tiere nach der Tötung) nicht diagnostiziert werden. Tranquilizerkuren beseitigten die Verhaltensstörungen kaum, gegebenenfalls nur für kurze Zeit. In der Zusammenfassung der Charakteristika zehn derartiger Fälle wird besonders hervorgehoben, daß in den Anfällen die normalen sozialen Beziehungen und Bindungen aufgehoben erscheinen und später völlig erlöschen; daß von einigen Hunden außerdem – situationsinadäquat – für sie normalerweise indifferente Gegenstände inkonstant bewacht werden; und schließlich, daß die Störung erst im Erwachsenenalter beginnt, schubweise verläuft und auf einer gewissen erblichen Veranlagung zu beruhen scheint. Einen ähnlichen Fall beschreibt der amerikanische Forscher Fuller. Es handelt sich um einen schwarzen männlichen Dobermannpinscher, bei dem verschiedene wechselnde Zeichen abnormen Verhaltens – die allerdings schon in der Jugend aufzutreten begannen – zu beobachten waren. Außer Zeichen von Aggressivität und zeitweiligen abnormen Reizbeantwortungen wurden auch unnatürliche Körperstellungen registriert. Ein Teil der Vorfahren und Geschwister dieses Tieres soll ebenfalls abnorme Verhaltenszüge aufgewiesen haben und wegen Bissigkeit gegen den eigenen Besitzer getötet worden sein. Im Zusammenhang mit diesem Fall wirft Fuller die berechtigte Frage auf, ob bei Hunden Schizophrenie vorkomme, von der man bisher angenommen hatte, daß sie nur beim Menschen möglich ist. Wenn man den Verlauf der Verhaltensstörungen dieses sowie der selbst beobachteten und besonders der von Schmidke beschriebenen Fälle betrachtet, fallen tatsächlich Ähnlichkeiten zu Verlaufsformen der menschlichen Schizophrenie auf. In einigen Fällen könnte es sich aber ebensogut auch um analoge Erscheinungen zur „akuten episodischen Geistesstörung" als Anfallsäquivalent der Epilepsie gehandelt haben. Auffällig ist jedenfalls die bei anderen bissigen Hunden nicht feststellbare Tatsache, daß das abnorme Verhalten während der Jugendentwicklung im Gegensatz zum Psychopathen fehlt oder nur gelegentlich andeutungsweise kurz auftritt; daß die Erkrankung zunächst schubweise beginnt (im Gegensatz zum sich als Meutenführer fühlenden Hund); daß zwischen den Anfallzeiten das Tier einen normalen Eindruck macht (im Gegensatz zu organischen Psychosen, also beim sogenannten „akuten exogenen Reaktionstyp" im Gefolge organischer Hirnschädigungen); ferner, daß die Verhaltensveränderungen allmählich zunehmen, indem die freien Intervalle kürzer werden und die nicht von der regelwidrigen Reaktionsbereitschaft betroffenen Umweltbeziehungsbereiche immer geringer werden, bis schließlich ein Zustand völlig aufgehobenen sozialen Kontaktes erreicht ist; und daß schließlich bei der pathologisch-histologischen Gehirnuntersuchung weder Mißbildungen noch Geschwülste, noch entzündliche Veränderungen oder Ganglienzelldegenerationen oder sonst irgend etwas Anormales zu finden ist (neueste histochemische Untersuchungen wurden meines Wissens bisher bei solchen Fällen noch nicht durchgeführt). Es wird unter Heranziehung subtilster neurologischer Untersuchungsmethoden noch sehr viel Forschungsarbeit zu leisten sein, ehe sicher und eindeutig entschieden werden kann, worum es sich bei solchen Fällen tatsächlich handelt und ob Analoga zu den menschlichen endogenen Geisteskrankheiten des schizophrenen und des manisch-depressiven Formenkreises bei Tieren tatsächlich vorkommen.

Das Vorkommen der sogenannten genuinen (angeborenen) Epilepsie beim Hund gilt heute als erwiesen, wenn auch die Fälle sogenannter epileptiformer Anfälle, die als symptomatische Epilepsie aufzufassen sind, zahlenmäßig bei weitem überwiegen. Die Schwierigkeiten der Klarstellung dieser Belange liegen nicht zuletzt auch darin, daß kaum jemand dazu bereit ist, ein derartiges Tier länger am Leben zu erhalten, um längere Verlaufsbeobachtungen zu ermöglichen. Auch zur Durchführung größerer Gehirnoperationen als letzter Versuch vor der Tötung und der anschließend notwendigen Pflege sowie Beobachtung eines solchen Tieres nach der Operation finden Tierbesitzer selten den Mut und die erforderliche lange Opferbereitschaft. Selbst die Prozeduren, die mit einer elektroenzephalographischen Untersuchung, und die Gefahren, die mit einer Entnahme der Hirnrückenmarksflüssigkeit durch Punktion verbunden sind, werden meistens gescheut, von der zu mancher Röntgendarstellung notwendigen Luftinsufflation gar nicht zu reden.

Zurück zu den Cocker Spaniels. Außer den eben beschriebenen Erscheinungen wird besonders bei blonden Cocker Spaniels – wie übrigens vereinzelt auch schon bei Pudeln und anderen Moderassen – eine weitere Verhaltensstörung aggressiver Art beobachtet, die etwa um die Zeit der Geschlechtsreife beginnt; sie verläuft nicht immer deutlich oder überhaupt nicht schubweise und verschlimmert sich auch nicht, ja sie kann in höherem Alter manchmal etwas nachlassen. Letzteres liegt vielleicht auch nur daran, daß der Besitzer eines solchen Tieres dieses mit der Zeit besser zu behandeln gelernt hat. In vielen Fällen steht mehr eine Kontakt- oder Berührungsaversion statt übertriebenes Bewachungsverhalten im Vordergrund: Die Dackeldame „Joppi" knurrte ihr Frauchen ärgerlich an und schnappte manchmal auch nach der Hand, wenn dieses das Tier kämmen, bürsten, die Krallen pflegen oder gar hochheben, ja manchmal nur streicheln wollte. Versucht man, so ein Tier zu bestrafen, so widersetzt es sich meist aggressiv. Keine Einschüchterung erwies sich als groß genug, um den Widerstand des Tieres zu brechen und Demutverhalten auszulösen. Aus einer Deckung heraus wird ohne Vorwarnung geschnappt. Manchmal erfolgen auch plötzliche Angriffe gegen fremde Personen auf der Straße, wenn diese nahe vorübergehen oder das Tier ansprechen. Während der Aggressionen zeigen solche Hunde gewöhnlich einen Ausdruck (Gesicht, Schwanzstellung) angstvoller Erregung; sie befinden sich also in einer offenbar ambivalenten Situation.

In anderen Fällen lautet der typische Vorbericht, „immer wenn durch eine momentane aktuelle Situation ein Stimmungsumschwung erzwungen wird, reagiert das Tier aggressiv, wobei kein Unterschied zwischen bekannten Personen und Fremden gemacht wird". Ein Pudel namens „Cherry" attackierte seinen Herrn stets, wenn dieser sich bewegte oder Tätigkeiten verrichtete, die ihm gerade nicht genehm zu sein schienen, manchmal auch dann, wenn sein Herr regungslos in einem Lehnstuhl ruhte und las (was dem Hund offenbar nicht paßte, wenn er Aufmerksamkeitszuwendung wünschte). Er ließ sich auch Leckerbissen reichen und schnappte in die Hand, wenn diese dann von ihm weggezogen wurde.

Ein Irish Setter, der ähnliche Verhaltenseigentümlichkeiten hatte, biß überdies noch in die Hand, die ihn streichelte, nachdem er selbst durch Reiben seines Kopfes am Bein des vertrauten Pflegers die streichelnde Kontaktnahme gesucht hatte.

In wieder einem anderen Falle, bei der vierjährigen Schäferhündin „Senta", „präsentierte" sich das typische Bild des „reizbaren Psychopathen": Der Hund biß auch während des Spiels unvermittelt, immer wenn durch die Situation ein Stimmungsumschwung erzwungen wurde. Das Tier zeigte sich sowohl gegen den Besitzer und bekannte Personen wie gegen Fremde, Artgenossen und bewegte Fahrzeuge aggressiv. Mit aufgestellter Rute verfolgte der Hund seine Opfer knurrend und bellend und biß ungehemmt und unbeherrschbar zu. Führte man ihn an der Leine, so knurrte er Wohnungsnachbarn und Fremde, denen man in Gängen oder im Treppenhaus begegnete, an. Durch Tranquilizergaben steigerte sich die Aggressionslust nur noch mehr.

Bei allen derartigen Hunden, bei denen dieses abnorme Verhalten meist unverändert über Jahre hinweg gleichartig bestand, konnte nach dem Tode nie irgendein außergewöhnlicher Hirnbefund erhoben werden. Bei manchen Hunden zeigte sich schon mit vier bis fünf Monaten vermehrte Neigung, nach menschlichen Körperteilen zu schnappen (böse, nicht spielerisch), in anderen Fällen erst nach Erreichen der Geschlechtsreife. Manche Hunde zeigen gleichzeitig sexuelle Kontaktschwierigkeiten mit Artgenossen und belästigen den Besitzer.

Nur in einigen Fällen führte Kastration zur Besserung: Da ist z. B. „Tasso", ein einjähriger schwarzer Schäfer-Vorstehhund-Bastard. Seitdem er das Bein zu heben begann, schleppte er Gegenstände auf sein Lager und bewachte sie. Wenn der Besitzer nur in die Nähe kam, wurde er ohne Vorwarnung wütend angefallen. Auch Teppiche und Decken wurden gelegentlich zerfetzt. Auf der Straße zeigte dieser Hund Angst vor Artgenossen. Eines Tages mußten der Besitzer und seine Gattin in einem Hotel übernachten, weil der Hund den Eingang zum Schlafzimmer nicht freigab. Ein andermal mußte ein Theaterbesuch versäumt werden, weil der Hund nicht gestattete, daß der Pelzmantel vom Kleiderhaken genommen wurde. Kastration brachte in diesem Falle binnen einer Woche schlagartigen Erfolg: Das Tier spielte wieder mit Gegenständen und Artgenossen wie früher, seine mißtrauisch-feindselige Haltung gegen Personen war wie weggeblasen. Er war folgsam und zerstörte keine Gegenstände mehr. Auffällig ist, daß es sich bei diesem Tier – wie in anderen, ähnlichen Fällen – um einen Kryptorchiden gehandelt hatte (ein oder beide Hoden sind in der Bauchhöhle verblieben). In anderen, ähnlichen Fällen war durch Kastration lediglich eine, wenn auch deutliche Milderung des „schwierigen Verhaltens" mit Dauererfolg erzielbar. In wieder anderen Fällen aber kehrte vier bis sechs Wochen nach der Kastration die vordem vorhanden gewesene Verhaltensstörung in vollem Umfange wieder.

Auch bei weiblichen Hunden wurde Aggressivität dieser Ausprägung beobachtet.

Anders lautet die Geschichte vieler Hündinnen, die sich nur ein- bis zweimal im Jahr für ca. sechs bis acht Wochen abnorm aggressiv verhalten: Meist ziemlich genau zwei Monate nach jeder Läufigkeit zeigen die Tiere den Drang, sich im Zimmer zu verkriechen, an Fußboden oder Wänden zu kratzen, Gegenstände auf ihr Lager zu schleppen und ihre menschlichen Familienmitglieder drohend anzuknurren, wenn diese sich nähern oder das auf seinem Platz „brütende" Tier zu streicheln oder zuzudecken versuchen. Der Kopf wird waagerecht über den Boden weit vorgestreckt, die Augen sind weit aufgerissen. In vorgehaltene Gegenstände wird hineingebissen, selbst wenn es sich um Holz- oder Eisenstücke handelt. Die Hündin weigert sich während dieser Zeit, ihren Platz oder irgendeinen anderen Platz, an dem sie länger als etwa zehn Minuten gelegen hatte, zu verlassen. In diesen Fällen handelt es sich um eine Überfunktion des Wurflagerbewachungsverhaltens als Begleiterscheinung der sogenannten Scheinträchtigkeit (richtiger „Scheinmutterschaft"). Wie noch später bei der Besprechung der Störungen des Mutterverhaltens näher auszuführen sein wird, sind diese Verhaltensveränderungen durch eine Störung in der hormonellen Regelung bedingt und kommen bei dazu veranlagten Hündinnen meist immer wieder vor (trotz etwa dazwischen liegender echter Mutterschaften). Übersensible und übertrieben „nervöse" Hündinnen neigen besonders zu diesen Entgleisungen des Zusammenspieles verschiedener Hormondrüsen. Durch Sedativagaben und Injektionen von Stoffen, die die Hypophysenfunktion bremsen, verschwinden die verschiedenen leerlaufenden Mutterverhaltensweisen alsbald. Operative Entfernung der Eierstöcke verhindert nicht nur die Wiederkehr der normalen Läufigkeitszyklen, sondern auch die davon abhängige periodische Wiederkehr der unerwünschten Verhaltensweisen der Scheinträchtigkeit auf Lebenszeit. Bei Hündinnen, die sich zu jener Zeit besonders aggressiv gebärden (andere wieder zeigen gesteigerten Drang zu entweichen, bei völlig aufgehobener Unterordnungsbereitschaft), ist diese Operation ein geeignetes Mittel, sofern nicht auf Nachzucht Wert gelegt wird, die diese Eigenschaften allerdings vererben könnte. Weiteres über die verschiedenen Verhaltens-

324

abnormitäten bei Scheinmutterschaft und echter Mutterschaft, insbesondere auch über Aggressionen gegen die eigenen Jungen, Anfressen der Neugeborenen und dergleichen siehe im Kapitel über Störungen des Mutterverhaltens.

Der junge Dobermannrüde „Wotan" riß seiner wenig energischen Besitzerin wiederholt die Kleider vom Leib, wenn diese die Wohnung verlassen wollte, ohne ihn mitzunehmen. Er zeigte auch Drohverhalten, wenn Familienmitglieder die Küche betraten, während er aus seiner Schüssel fraß. Die „abnorme" Verhaltensweise hatte im Alter von etwa vier bis fünf Monaten mit Futterbewachen begonnen.

Von Deutschen Schäferhunden, die ihren Schlafplatz gegen Berührung verteidigen, der Besitzerin Erbrochenes vom Fußboden zu entfernen verwehren, männliche Besucher besonders verbellen, sich den Maulkorb nur umgeben lassen, wenn sie dazu in Laune sind, und an der Leine zerren, weil sie sich als der Meutenchef ihres menschlichen Kumpans fühlen, war schon mehrmals die Rede. Aber auch kleine Miniaturpudel benehmen sich mitunter ähnlich und können ihr Frauchen erheblich verletzen, wenn sie sich nicht hochheben lassen wollen, weil sie Verhätschelung in Form körperlicher Berührung als offenbar „unter ihrer Würde" aufs Entschiedenste ablehnen. Da außer falscher Erziehung meistens auch besondere Veranlagung am Zustandekommen eines derartigen Verhaltenstypus beteiligt ist, sollten Züchter von Schoßhunden trachten, Zuchttiere, deren Nachkommen derartige Ambitionen entwickeln, von der weiteren Zuchtverwendung auszuschließen.

In diesem Zusammenhang sei auch die Vermutung geäußert, daß nicht immer ungeschickte Erziehung oder angeborene extrem leicht auslösbare Aggressivität, nebst verschiedenen organpathologischen Zuständen, die Ursache mangelnder Führigkeit bei Hunden bilden müssen, es könnte sich gelegentlich auch einmal um partielle Instinktverluste handeln, deren Natur noch ungenügend erforscht ist. So führt Eibl-Eibesfeldt (1967) im Verlaufe der Darstellung der verschiedenen sozialen Verhaltensformen unter anderem folgendes aus: „Eine Rangordnung setzt nicht allein voraus, daß einige Mitglieder der Gruppe sich Autorität verschaffen, sei es durch Rangkämpfe oder besondere Leistungen, sondern auch, daß die Untergeordneten diese Ordnung annehmen. Erst eine solche Fähigkeit und Bereitschaft zur Unterordnung schafft stabile Sozietäten. Das fällt erst dann deutlich auf, wenn man ein höheres Säugetier zu erziehen hat. Meinem durchaus intelligenten, zahmen Dachs fehlte die Fähigkeit zur Unterordnung so gut wie völlig. Er blieb ausgesprochen eigenwillig und ließ sich nichts verbieten. Versuchte man ihn z. B. für irgendeine Untat durch einen Klaps zu bestrafen, dann wurde er sogleich ernstlich aggressiv. Ein Hund dagegen paßt sein Verhalten an und ordnet sich auch unter. Er ist von Natur aus ein Gruppenwesen." Ich halte es für naheliegend, daß auch diesbezüglich unter Hunden gewisse genetisch bedingte, individuelle Unterschiede bestehen dürften wie bei vielen anderen Eigenschaften domestizierter Tiere auch.

Der „ranghohe" Dackel „Jibsy", der gewohnt war, im Bett neben dem Besitzer und dessen Gattin seinen Schlafplatz zu genießen, biß ungeniert sein Herrchen ins Bein oder in den Arm, wenn sein Platz zu beengt war, um nach Wunsch und Laune alle Viere von sich strecken zu können. Er war zeitlebens der Meutenchef seiner menschlichen Familie, und es durfte nichts gegen seinen Willen geschehen. Wenn ein besonders zum Meutenführer prädestinierter Hund, also ein Individuum mit Veranlagung zu starkem Geltungstrieb, mit einem in der Hundeerziehung unerfahrenen menschlichen Meutenkumpan besonders nachgiebigen, wenig energischen oder gar furchtsamen Charakters zusammentrifft, dann können die Folgen gelegentlich so katastrophal sein, daß man den Hund abschaffen muß, sollen nicht erhebliche Verletzungen der ihn betreuenden Personen in Kauf genommen werden.

Der vier Jahre alte Schottische Schäferhundrüde „Lord" attackierte seit etwa drei Monaten vor der Untersuchung seinen Besitzer bei verschiedenen Begebenheiten, wenn dieser sich mit dem Hund im gleichen Raum oder im Garten innerhalb einer Distanz von zwei Metern befand. Als Vorgeschichte ließ sich rekonstruieren, daß der Hund diese Verhaltenstendenz erst zeigte, seitdem der Besitzer vermählt war und die junge Frau statt des Hundes mit ihm das Schlafzimmer teilte. Gegen die in den Haushalt eingetretene junge Frau, die er schon längere Zeit gut kannte, zeigte sich das Tier aber ohne jegliche Aggressionstendenz. In anderen, ähnlich gelagerten Fällen wieder richtet sich die Eifersuchtsaggression aber, wie zu erwarten, gegen das neu hinzugekommene Familienmitglied. Beruhigungsmittelgaben zeitigen in solchen Fällen kaum überzeugende Wirkungen. Die Fälle, in denen das verhätschelte Hündchen, das tagsüber mit der

Besitzerin allein zusammen und deren ausschließliches Interessenzuwendungsobjekt zu sein gewohnt ist, den heimkommenden Ehemann zwar begrüßt, sich ihm gegenüber aber bei jeder nur denkbaren Gelegenheit aggressiv verhält, wurden in anderem Zusammenhange schon erwähnt. Strengere Behandlung seitens der Besitzerin und Fütterung sowie vermehrte Verhätschelung (nicht aufdringlich!) durch den Ehemann bringen in solchen Fällen immer Erfolg, sofern sich die Tierbesitzer gewissenhaft an die ihnen gegebenen Ratschläge halten; häufig nämlich – dem Tierbesitzer gar nicht bewußt – kommt das Verhalten eines solchen Hundes gewissen, unterschwellig vorhandenen, aggressiven Tendenzen zwischen Eheleuten sehr entgegen. Manche Frau möchte ein Pflegeobjekt an kindesstatt *allein* besitzen und wünscht in Wirklichkeit gar nicht, daß der Hund auch dem Gemahl zugetan und folgsam ist.

Aus noch viel zu wenig erforschten Gründen kann die Zusammensetzung einer Gruppe auf das Sozialverhalten eines oder mehrerer ihrer Mitglieder einen so erheblichen Einfluß haben, daß ein oder mehrere Tiere nach Änderung der Gruppe geradezu wie andere Individuen erscheinen. So wurde mir u. a. beispielsweise folgender Fall bekannt: Ein Herr, der zwei Pudel besaß, Vater und Sohn, klagte, daß der Sohn sich berührungsscheu und gegen alle Familienmitglieder mürrisch-aggressiv verhalte; auch gegenüber dem anderen Hund und fremden Tieren bestand ängstlich-aggressive Ablehnung. Alle Versuche, das Verhalten des Tieres zu ändern, waren vergeblich, so daß man annahm, es müßte sich um eine angeborene abwegige Veranlagung handeln. Kurz nachdem der andere Hund, der Vater, verstorben war, wurde jenes Tier aber freundlich und zugänglich, verlor weitgehend seine Berührungsaversion und mißtrauisch-ablehnende Haltung gegenüber Menschen sowie seine Kontaktscheu vor anderen Hunden. Dieser Zustand dauert nun schon Jahre an.

Eine interessante Frage, die einmal Gegenstand eines tierpsychologischen Gutachtens für eine Gerichtsverhandlung bildete, ist die: Kann ein Hund bösartig werden, wenn er beim Vorbesitzer ein völlig friedfertiges Tier war? Die Gutachter Trautwein und Zeeb vom tierhygienischen Institut der Universität Freiburg beantworteten diese Frage selbstverständlich mit ja und führten eine Menge Beispiele an, aus denen hervorgeht, was es alles für Möglichkeiten gibt, daß sich das Wesen des Hundes bei einem neuen Besitzer sehr weitgehend ändern kann. Unter roher Behandlung eines neuen Besitzers etwa kann ein Hund nicht nur ängstlich, mißtrauisch und „verdorben" werden, es kann auch ein beim Vorbesitzer musterhaft folgsames Tier in kürzester Zeit im neuen Milieu verlottern. In dem vorliegenden Fall, bei dem es sich um einen Setter handelte, wurde vermutet, daß das Tier in der neuen sozialen Umgebung durch aggressives Verhalten seine soziale Rangstellung zu verbessern versucht haben könnte. Bekanntlich tasten soziale Lebewesen, wenn sie in eine neue Gemeinschaft eingegliedert werden, mitunter sehr fühlbar aus, wie weit sie gehen können und ob sie sich im neuen Milieu vielleicht eine höhere Rangposition als im alten verschaffen könnten. Verschiedene zufällig mitspielende Faktoren können dann durchaus eine Situation entstehen lassen, in der es den Anschein hat, als handele es sich um ein gewohnheitsmäßig aggressives, also „bösartiges" Tier.

Nun einige ganz andersartige Fälle: Der zweijährige, sehr von sexueller Not geplagte Pudelrüde „Blacky" hatte die Gewohnheit, seine sexuellen Annäherungsgelüste an den Beinen der Familienmitglieder und Besucher abzureagieren. Von einem einzigen Familienmitglied wurde ihm dies jedoch stets verwehrt. Dies hatte zur Folge, daß er stattdessen aggressive Handlungen auf die Beine jenes Familienmitgliedes richtete.

Die etwa sechsjährige Dackeldame „Weibi" reagierte seit Jahren die durch Türklingelgeräusche erzeugte Erregung durch Angriff auf die Besitzer, besonders die Tochter der Besitzerin ab. Durch strengere Erziehung und den steten Befehl, in den Hundekorb zu gehen (unter anfänglichen Zwangsmaßnahmen mittels langer Leine), sobald Klingelgeräusche ertönten, konnte in diesem Falle – in einem anderen durch sofortiges Vorwerfen eines Leckerbissens bei Klingelgeräusch (funktioniert nur bei jederzeit freßgierigen Individuen) – der Hund von dieser unliebsamen Gewohnheit abgebracht werden.

Wichtig für das Gelingen dieser Umkonditionierung ist es, daß der Besitzer auf Klingelgeräusche nicht sofort in Richtung auf die Tür losrennt, wie das zuweilen geschieht, sondern als erste Reaktion sich dem Hunde in der geschilderten Weise zuwendet, um nachher langsam, ohne jede Hast ins Vorzimmer zu schreiten und die Türe zu öffnen.

Derartige Fälle kommen in verschiedensten Abwandlungen vor, auch auf Telefonklingeln hin wurden sie schon beobachtet. Ein Hund zeigte diese Reaktionsweise nur in der Stadt, nicht im Landhaus seines Besitzers,

wohin er nur zur Jagdverwendung mitgenommen wurde und infolge hinlänglicher Auslastung durch jagdliche Arbeit offenbar weniger „überschüssige Energien" zur Verfügung hatte.
Als Beispiel für Aggression gegen einen dritten, weil man den eigentlichen Zornverursacher nicht zu fassen bekommt (Frustration!), präsentiert sich auch die Geschichte zweier Dackel, Vater und Sohn, die in einem heftigen Dauer-Rivalenverhältnis um die jeweilige Rangposition zueinander standen. Beim Futternapf respektierte der Sohn das Primat des Vaters. Im Garten aber, wenn vor dem Zaun sich ein fremder Hund zu schaffen machte und beide Dackel wütend bellten, geschah es oft, daß sich der Sohn auf den Vater stürzte und ihn erheblich verletzte. Menschlichen Personen gegenüber waren beide Dackel nicht sehr freundlich gesinnt, wenn sie diese nicht gut kannten; bei tierärztlichen Untersuchungen mußte man stets vorsichtig sein, um nicht gebissen zu werden.

Noch zwei – gänzlich andere – Beispiele für ausschließlich auf Artgenossen gerichtete feindliche Einstellungen: Die Langhaardackelhündin „Hexy", sieben Jahre alt, ist ein recht freundliches, friedfertiges Tier, wenn sie aber Deutsche Boxer, beiderlei Geschlechtes, sieht, wird sie zur Furie. An der Leine ihres Herrn zerrt sie voraus und versucht, mit hochgestellter Rute laut keifend, jeden Boxer anzugehen. Als Junghund wurde sie nämlich von einem erwachsenen Boxer – ganz gegen hundliche Sitten Jungtieren gegenüber – überfallen und gebissen. Alle Boxer sind seither für sie offenbar das Urbild des Bösewichtes schlechthin.
Der Deutsche Schäferhund-Boxer-Bastardrüde „Pongo", unbekannter Herkunft aus einem Tierasyl, ist ein gefürchteter Raufer. Alle Hunde und deren Besitzer in seinem Wohnviertel trachten eine Begegnung mit ihm zu vermeiden. Auch Hündinnen sind vor ihm nicht sicher, von der sonst sprichwörtlichen männlichen „Ritterlichkeit" eines hundeartigen Raubtieres einem Weibchen gegenüber scheint er nichts zu halten. Er ist sogar so „unfair", daß er Welpen anfällt und einen Kampf beginnt, trotzdem der Kontrahent einen Unterlegenheitsausdruck annimmt. Sind derartige „kriminelle" Killertypen Psychopathen, oder ist eine schreckliche Jugend daran Schuld? Vertrauten Personen gegenüber verhielt sich dieses Tier freundlich, ja übertrieben anhänglich (kontaktfixiert), bei oberflächlicher Beurteilung kaum anders als andere Hunde. Bei Wölfen kommt analog

Die abwehrdrohend gefletschten Zähne, die zurückgezogenen Lefzen und die zurückgelegten Ohren zeigen Bereitschaft zum Angstbeißen. ▶

ungehemmte Aggressivität gegenüber Rudelfremden besonders in der Nähe des Heimbezirkes (Rudelterritoriums) normalerweise vor. Bekannt ist die Tatsache, daß manche Hunde nur gegen bestimmte Personengruppen, also nicht gegen alle Fremden aggressiv sind. Auch dazu ein typischer Fall: Die achtjährige Wachtelhündin „Asta" wechselte mit zwei Jahren den Besitzer, weil sie bei der ersten Familie wiederholt das ca. sechsjährige Kind gebissen hatte. Durch Nachforschung ließ sich erheben, daß während der ersten Scheinträchtigkeit jener Hündin das Kind ein Spielzeug wegnahm, welches das Tier als Jungenersatz bewacht hatte. Auch sonst wurde die etwas sensible Hündin schon als Jungtier häufig von den Spielgefährten des Kindes geneckt und erschreckt. Jahre später noch im Hause des neuen Besitzers, der kinderlos war, murrte das Tier böse, wenn auf der Straße unter den Fenstern im ersten Stock Kinder spielend vorbeizogen. Die Hündin, die als zu jedermann freundlich bekannt war, mußte straff an die Leine genommen werden, wenn im Freien Kinder in der Nähe waren. Wiederholt hatte sie Kinder angesprungen.

In einigen anderen Fällen waren es nur Männer, nur Uniformierte, einmal nur Angestellte, die das Objekt der Feindschaft eines Hundes waren. In der Vorgeschichte dieser Fälle – die eigentlich nicht unter die Störungen des Sozialverhaltens im engeren Sinne einzureihen sind – ist auffällig häufig feststellbar, daß bestimmte, ungünstige Jugenderlebnisse diese Einstellung bewirkten. Auch für Hunde scheint das Sprichwort zu gelten: „Der erste Eindruck ist der entscheidende." Daß anfängliche Ängstigung infolge Mißhandlung sich später zu Feindschaft und damit zu aggressivem Verhalten umwandeln kann, ist ja auch uns Menschen nicht fremd.

Anders liegen die Verhältnisse beim sogenannten Angstbeißer. Das ist ein Hund, der eigentlich fluchtbereit und feige ist, der aber, in die Enge getrieben oder von Fremden (gleichgültig, ob Mensch oder anderes Lebewesen, auch Artgenosse) berührt, nicht in Demutshaltung zusammenbricht, sondern wie ein wildes Raubtier, bei dem die Wehrdistanz überschritten wurde, sich mit dem Mut der Verzweiflung mit allen Mitteln, Krallen und Zähnen um sein vermeintlich bedrohtes Leben wehrt. Der echt aggressive Hund ist zum Unterschied von diesem angstaggressiven Typ dagegen frei von Furcht, erkenntlich daran, daß er während des Angriffes den Schwanz hoch aufrichtet und nicht zwischen die Hinterbeine bis an den Bauch eingeklemmt trägt und daß er ein Drohgesicht macht, ohne defensiv zurück-

◄ Halbwegs zutraulich läßt sich die Hündin anfassen, nachdem ein durch das Hantieren des Kameramannes aufgetretenes Mißverständnis beseitigt werden konnte; näher kommen dürfte er nicht.

gezogene Mundwinkel und angelegte Ohren. Aus neueren amerikanischen Untersuchungen geht eindeutig hervor, was österreichische Kynologen schon in den dreißiger Jahren dieses Jahrhunderts vermuteten, daß nämlich die Eigenschaft besonderer Ängstlichkeit und die besonderer Aggressivität getrennt vererblich sind, so daß aus der Kreuzung eines nur furchtsamen Tieres mit einem übermäßig kampflustigen nicht etwa ein normaler Hund mit stabiler, ausgeglichener Affektivität, sondern ein ängstlich-aggressives Tier entsteht. Diese schon im Allgemeinen Teil erwähnte Tatsache wurde hier neuerlich wiederholt, weil sie nicht oft genug betont werden kann, um Züchtern nahezulegen, daß sie in ihren praktischen Entscheidungen derartige Tatsachen beachten sollen. Ein übertrieben kampflustiger Hund ist sicher für Spezialzwecke recht brauchbar, für den Privatierhalter, besonders in der Großstadt, jedoch eher eine Quelle ständiger Unannehmlichkeiten. Wenn auch ein „wesensschwacher", also feiger und schreckhafter Hund ein armes Tier ist, weshalb man mit solchen Vererbern nicht weiterzüchten sollte, das Allerunerträglichste ist der Angstbeißer! Ihres Mißtrauens wegen werden diese Ethopathen (Psychopathen) zu Unrecht manchmal als besonders „scharfe Wächter" angepriesen, um die Individuen loszuwerden!

Allerdings beruht das charakteristische Verhalten eines Angstbeißers nicht immer auf angeborener (und erblicher) Grundlage. Mir sind Haushalte bekannt, in denen mehrmals hintereinander jeder Hund – der sich beim Vorbesitzer völlig normal verhalten hatte – sich binnen kurzer Zeit zum Angstbeißer entwickelte. Die Zusammensetzung dieser Familien und die Art der Behandlung des Hundes waren dabei nicht in jedem Falle identisch. In vielen Fällen führt unterschiedliche Behandlung eines Hundes seitens verschiedener Familienmitglieder und inkonsequentes Verhalten ein und derselben menschlichen Person zu sozialer Unsicherheit und dauernder Abwehrbereitschaft eines Hundes. In anderem Zusammenhang wird auf diese Sachverhalte näher eingegangen.

Obgleich Fälle von Aggressionen gegen unbelebte Gegenstände und eigene Körperteile nicht unter die typischen Beispiele für gestörtes Sozialverhalten eingereiht werden können – auch der ausschließlich gegen Fremde gefährliche und scharfe Hund gehört ja nicht dazu –, seien an dieser Stelle noch ein paar Fälle solcher Art erwähnt, weil einige davon, ähnlich der Dackelhündin „Hexy" und der Wachtelhündin „Asta", treffende

Beispiele für aggressive Einstellung aufgrund lange zurückliegender Erlebnisse darstellen.

Der Cocker Spaniel „Jibsy" wurde vom Vorbesitzer weggegeben, weil dieser ihn in die neue Wohnung, in die er übersiedelte, nicht mitnehmen wollte (auch ein Motiv, sich von einem Kameraden zu trennen – man glaubt es kaum!). Im Haushalt des neuen Besitzers lebte sich das Tier rasch ein; Cocker sind ja bekanntlich nicht selten „Jedermanns Hund". Nicht wenig erschrak man aber, als das Tier plötzlich bei einer Geburtstagsfeier, zu der Gäste geladen waren, sich wie ein Teufel gebärdete, als die Sektflaschen aufgetragen wurden. Immer wieder versuchte der Hund, auf den Tisch zu springen und in die Flasche zu beißen. Da das wütende Gebell nicht verstummte, sperrte man ihn schließlich in einen Nebenraum. Anfänglich kam niemand darauf, daß die Wut den Sektflaschen galt, so daß man sich vor dem Tier fürchtete und glaubte, es hätte grundlos den Verstand verloren. Wie spätere Nachforschungen ergaben, bestätigte sich die Vermutung, daß der Hund beim Vorbesitzer von knallenden Sektkorken erschreckt worden war, worauf sich nicht – wie manchmal bei anderen Hunden – Fixierung von Flucht- und Meide-, sondern Aggressionsverhalten einstellte; eine Erscheinung, die bei „wesensfesten" Hunden ja durchaus keine Seltenheit zu sein pflegt.

Aus ähnlichen Gründen attackieren viele Hunde Staubsauger, sobald man diese einschaltet und mit den Düsen hantiert; das lärmend-blasende Ungeheuer geht dem Tier „auf die Nerven" – es versucht, den Störenfried zu verjagen.

Anders liegt die Sache mitunter, wenn Hunde in einen vorgehaltenen Stock oder in den Besen beißen, der dem auf seinem Schlafplatz ruhenden Tier zu nahe gekommen war oder es gar anstupste. Hier dürfte die Aggression nicht dem Gegenstand, sondern doch mehr der „verlängerten" Hand der menschlichen Person gelten.

In einem interessanten Falle galt die Aggression dem Stock des seit einem Unfall gehbehinderten Herrn, wenn dieser den Stock ergriff, um aufzustehen. Der Hund schien den Stock wie einen unerwünschten „Verursacher" des wackeligen und langsamen Ganges seines Herrn zu behandeln; es hatte den Anschein, als suchte er den Herrn vor dem Stock zu beschützen oder von dem Stock zu befreien – so deutete der Besitzer die Situation phantasievoll. Da der Hund den Befehlen des Besitzers überhaupt nicht gehorchte, könnte man aber ebensogut annehmen, daß es sich einfach um eine Art Symbolbeutespiel gehandelt habe. Geschlagen wurde der Hund mit dem Stock nie. Auffällig an der Sache war, daß der Hund jedesmal fünf- bis zehnmal in einförmiger, geradezu stereotyper Weise in den Stock biß, so daß man den Eindruck einer Zwangshandlung bekam. Bezeichnenderweise handelte es sich um einen Foxterrier, bei denen Handlungen, die den Eindruck von Zwangscharakter erwecken, besonders häufig vorkommen. Es sind auch Fälle bekannt, in denen Angehörige dieser Rasse beutehaschend immer wieder Lichtreflexen nachspringen, ähnlich wie sie dies mit Tennisbällen tun, oder stereotyp in die sich bewegende Fahrrad- oder Motorradspeichen zu beißen versuchen, oder die Spitze ihres (kupierten) Schwanzes wieder und wieder zu verfolgen trachten und sich dabei vor Erregung hechelnd im Kreise drehen und dergleichen mehr, worauf im Kapitel über die Zwangshandlungen und Bewegungsstereotypien eingegangen wird. Umkonditionierungsmaßnahmen erwiesen sich in solchen Fällen nicht immer als erfolgreich.

Junge Hunde, besonders häufig Foxterrier und Dackel, verfolgen in ausgelassener Stimmung oder wenn sie nach langem Stubenaufenthalt endlich zum Haustor heraus dürfen, in beutehaschender Art (also im Funktionskreis des Jagdverhaltens!) nicht selten vorübergehende Passanten, Kinder oder zufällig besonders nahe vorbeisausende Motorräder, Fahrräder, manchmal auch Wagen. Diese, dem Sichthetzen von Hasen verwandte, unerwünschte Verhaltensweise kann, wenn sie nicht frühzeitig unter Hemmung gesetzt wird, eine mitunter recht hartnäckige Unart darstellen, die zu schweren Unfällen führt. Um dieses Verhalten unter Hemmung zu setzen, hängt man den Hund mit einem stumpfen Stachelhalsband (nur bei sehr harten Tieren notwendig) oder einem aus Kettengliedern gefertigten Dressurzughalsband an eine lange Leine, die man lose aufgerollt in der Hand hält, und lasse den Hund bei Fuß gehen. Wichtig ist, den Befehl „Fuß" zu wiederholen, oder gar das Signal „Platz" gerade in dem Augenblick zu geben, in dem der Hund eben beginnt, seiner „Ersatzbeute" nachzuhetzen. Die kurze Zeit der Korrektionsdressur erfordert also große Aufmerksamkeit und Konzentration. „Überhört" das Tier das Lautzeichen seines Führers und stürmt los, dann wird es, sobald sich die Schnur gespannt hat, recht unsanft daran erinnert, daß diese seine Handlungsweise zu Unlust führt. Nach mehrmaligen derartigen Erlebnissen wird der

Schmerzreiz automatisch mit der Tätigkeit des „Nachhetzens ohne Aufforderung" assoziiert und setzt diese Handlungsweise unter Hemmung. Wie man hühnerjagenden Hunden ihre „Untugend" abgewöhnen kann, wurde schon früher erwähnt.

Nun wieder zurück zu Aggressionsfällen, die typische Beispiele für gestörtes Sozialverhalten sind: Bekanntlich können Schmerzzustände verschiedener Art, seien es entzündliche Ohrenerkrankungen, Zahnweh, eine Verletzung, ein Darmkrampf, bei entsprechend veranlagten Hunden, besonders wenn die soziale Rangdifferenz zum Besitzer nicht sehr groß ist, zu allerlei Abwehr- oder Angriffshandlungen führen, wenn der Hund sich vom Tun des Besitzers irgendwie „belästigt" fühlt. Mir sind Fälle bekannt geworden, in denen es ausreichte, den körperlichen Schmerzzustand zu beheben, um den Hund wieder „friedfertig" zu machen: ein Foxterrier biß sein Frauchen jedesmal, wenn das Telefon läutete. In diesem Falle – ein ähnlicher wurde an anderer Stelle besprochen – genügte es, eine bestehende Mittelohrenentzündung auszuheilen, und das Tier verhielt sich wieder normal.

Auch andere organische Erkrankungen können zu Charakterveränderungen in Richtung gesteigerter allgemeiner Aggressivität (ohne Hemmung gegenüber den eigenen Hausgenossen!) führen. So war es möglich, ein Verhaltensbild im Sinne einer Kombination des über die Dackelhündin „Joppy" und den Pudel „Cherry" beschriebenen mit dem Schilddrüsenhemmstoff Dijodthyrosin binnen weniger Wochen völlig zum Verschwinden zu bringen. Untersuchungen hatten ergeben, daß eine Schilddrüsenüberfunktion vorgelegen hatte. Einige Verhaltensänderungen, die sich an Funktionsstörungen der Sexualhormondrüsen anschließen können, wurden schon erwähnt, weiteren werden wir im folgenden begegnen.

Im Bild der akuten Gehirnstaupe, der Toxoplasmose und natürlich auch der Tollwut können in gewissen, kürzer oder länger dauernden Stadien neben verschiedenen organischen Krankheitssymptomen gelegentlich Gebarensänderungen ähnlicher Art auftreten, auch wenn sie – außer bei Tollwut – nicht zu deren typischsten Symptomen zählen. Auch Staupespätfolgen, Hirntumore, Folgen nach Schädeltraumen mit Gehirnblutungen, Leberschäden, Bleivergiftung und anderes können sich in gesteigerter Aggressivität äußern. Der Bericht des Tierbesitzers lautet dann wie bei der Schäferhündin „Senta", oder aber so:

Der Hund benimmt sich unhemmbar bissig gegen bekannte sowie fremde Personen, wenn diese etwas tun oder befehlen, was dem Hund nicht in die jeweilige Stimmung zu passen scheint. Die aufwallende aggressive Erregung ist weder durch Anschreien noch durch Drohen oder Bestrafungen, noch durch zärtliches Zureden zu beeinflussen. Manche Hunde beißen – wobei die Rute furchtsam eingeklemmt wird – ihren Besitzer bei der Begrüßung, andere sind außerdem noch von Hypersexualität geplagt, von manchen werden auch in der Wohnung verschiedene Gegenstände scharf bewacht, zu denen Hunde sonst keinerlei Beziehungen haben. Das Erscheinungsbild der Verhaltensstörungen kann monatelang unverändert bleiben; einige Male nahmen die Störungen innerhalb von drei Wochen schubweise stark zu (Aggressionen auch gegen Möbelstücke ohne ersichtliche auslösende Ursache). Irgendwelche Anzeichen bekannter Organkrankheiten sind nicht immer feststellbar, auch über die Vergangenheit solcher Tiere war nicht immer ein Bericht erhebbar, der auf durchgemachte Staupeinfektion oder dergleichen schließen ließe. Bei der Dressur solcher Hunde erwies sich die Lernfähigkeit als dem Dressurdurchschnitt durchaus entsprechend. Ein Tierbesitzer faßte das absonderliche Verhalten seines Hundes einmal treffend in dem Satz zusammen: „Alle Gespräche in der Familie bezieht er mißtrauisch auf sich" – eine Art Parallele zum Verfolgungswahn beim Menschen! Da weder Tranquilizergaben noch verschiedene andere Behandlungsversuche zu Dauererfolgen führen, läßt ein Besitzer eines solchen Tieres dieses meist töten. Die histologischen Befunde deuten in solchen Fällen häufig und ganz im Widerspruch zum Vorbericht und dem klinischen Befund auf verstreute, oder auf bestimmte Hirngebiete begrenzte Nervenzellschädigungen hin. Für Interessenten aus Fachkreisen seien einige Befunde wiedergegeben: Hund I: submeningeales Ödem im Bereich des Groß- und Stammhirns, Deformation und Erfüllung mit eiweißreicher Substanz im Zentralkanal und der Medulla oblongata; Hund II: Hyperaemie und Plasmastase in der grauen Substanz der Großhirnrinde, herdförmige Degeneration der Purkinjezellen, Status cribrosus im Marklager des Kleinhirns; Hund III: Pyknosen von Ganglienzellen im Bereich der Großhirnrinde und Neuronophagie; Hund IV: Ödem der Virchow-Robinschen Räume, Stauungshyperämie, kleine Pyknosen im Großhirn. Staupeeinschlußkörperchen und Negrikörperchen, Kerneinschlüsse, die auf Tollwutinfektion schließen lassen, wurden bei keinem dieser Hunde gefunden. Man sollte also Hunde mit Verhaltensstörungen, insbesondere aggressiver Art, nicht nur den üblichen, sondern auch neurologischen Untersuchungen (z. B. der Gehirnrückenmarksflüssigkeit) unterziehen, um etwaige, seltener vorkommende Verlaufsformen entzündlicher Prozesse des Zentralnervensystems erfassen zu können.

Wegen der besonderen Aktualität, welche die Tollwuterkrankung in einigen Gebieten heute wieder hat, und wegen der außergewöhnlichen Gefährlichkeit dieser Seuche für den Menschen sowie wegen der mitunter zum Verwechseln ähnlichen Erscheinungsbilder (in punkto Verhaltensstörungen bei Hunden und Katzen) sei ihr folgende kurze Charakterisierung zur Information des Laien gewidmet:

Ähnlich der Hundestaupe ist die Tollwut eine durch Viren hervorgerufene Infektionskrankheit. Während der Erreger der Hundestaupe durch Kontakt mit den Körperausscheidungen kranker Hunde auf andere übertragen wird und im wesentlichen nur hundeartige Raubtiere und Frettchen erkranken, muß der Tollwuterreger in eine Wunde gelangen. Das natürliche Seuchenreservoir stellen in erster Linie Füchse und Dachse dar. Wild- und alle Haustiere sowie der Mensch können aber ebenfalls infiziert werden und gehen bei nicht rechtzeitiger Schutzimpfung elend zugrunde. Im flüssigen Speichel ist das Virus etwa vierundzwanzig Stunden, im eingetrockneten zwölf Stunden ansteckungsfähig. Die natürliche Ansteckung erfolgt fast nur durch den Biß, wenn Speichel kranker Tiere in die Wunde eindringt. Das Virus wandert entlang der Nervenbahnen von der Bißstelle zum Gehirn. Schon eine Woche vor Ausbruch der Erkrankung kann der Speichel eines infizierten Tieres das Virus enthalten, weshalb man Hunde und Katzen, die einen Menschen gebissen haben, in Gewahrsam hält und binnen zehn Tagen zweimal tierärztlichen Untersuchungen unterzieht, um feststellen zu können, ob sie infiziert waren oder nicht und der Betroffene daher einer vorbeugenden Heilbehandlung unterzogen werden muß. Interessant ist, daß nur ein Fünftel der Bisse Wutkranker tatsächlich zur Infektion führen.

Die Inkubationszeit (die Zeitspanne von der Ansteckung bis zum Ausbruch der ersten Erkrankungserscheinungen) kann ein bis sechs Wochen und manchmal auch mehr betragen; bei Kopfverletzungen, bei denen der Weg der Erreger zum Gehirn besonders kurz ist, liegt sie an der unteren

Grenze. Wenn der Erreger ins Gehirn gelangt ist, verbreitet er sich von dort aus entlang aller Nervenbahnen über den ganzen Körper und gelangt so auch in den Speichel. Bei Hunden unterscheidet man hinsichtlich des Erkrankungsverlaufs drei Stadien:

a) Das sogenannte Prodromalstadium, in dem Hunde manchmal auffällig ungehorsam und scheu oder besonders liebebedürftig und kriecherisch werden. Darauf folgt große Unruhe. Die Hunde schlafen und fressen kaum und bellen ohne ersichtlichen Anlaß, manchmal schnappen sie nach Fliegen, die gar nicht da sind. Bald danach zeigen sich besondere Schreckhaftigkeit, erweiterte, meistens ungleich weite Pupillen und heftiges Kratzen und Benagen der Bißstelle. Schließlich können sich Steigerung des Geschlechtstriebes, erschwerter Harnabsatz, Schluck-beschwerden, Würgen und Speicheln einstellen. Letzteres und das Belecken und Aufnehmen unverdaulicher Gegenstände sind dem Ver-halten bei einer akuten Mandelentzündung ähnlich.

b) Das Exzitationsstadium. Es ist durch besonderen Drang zum Entwei-chen und sinnlosem Wandern gekennzeichnet. Fremde Tiere und Menschen werden ohne ersichtlichen Grund angefallen und oft ohne vorwarnende Drohung gebissen. Tollwütige Hunde geben dabei kei-nen Laut von sich. Sind solche Hunde eingesperrt, so toben sie und zer-stören Gegenstände. Zerzaust, mit Speichel beschmiert und ver-schmutzt bietet ein solches Tier das typische Bild der „rasenden Wut", was heute relativ selten beobachtet wird. Viel häufiger kommt es hin-gegen in diesem Stadium zur sogenannten „stillen Wut", bei der die Verhaltensstörungen viel uncharakteristischer sind; die für dieses Sta-dium typischen Erscheinungen können sogar ganz fehlen. Statt dessen kann man blutiges Erbrechen oder Kaukrämpfe wie bei der nervösen Staupe beobachten. Dieses Erkrankungsstadium kann zwei bis vier Tage dauern, dann kommt es zum:

c) Lähmungsstadium. Zuerst werden die Kaumuskeln kraftlos, der Ge-sichtsausdruck des Hundes lauernd und schielend, dann wird das Bel-len heiser, alle Lautäußerungen klingen rauh und gehen häufig in lang-gezogenes Heulen über (oft mit tiefen Tönen beginnend und hohen ausklingend). Futter und Wasser werden verweigert, manchmal zeigt sich ausgesprochene Wasserscheu. Der Unterkiefer hängt schließlich schlaff herab und die Zunge heraus, und allmählich werden auch alle anderen Muskelgruppen gelähmt: Augenlider, Schwanz, Hinterbeine. Unter ungemein rascher Abmagerung und in völliger Erschöpfung verendet das Tier nach insgesamt vier- bis vierzehntägiger Krankheitsdauer.

Das Krankheitsbild ist aber nicht selten unvollständig, einzelne oder viele typische Symptome können fehlen, so daß es schwer erkennbar und von anderen Erkrankungen kaum abgrenzbar wird. Manche Hunde können ihrem Herrn folgsam bleiben; die infizierte Bißwunde kann längst abgeheilt sein, ehe die Krankheitserscheinungen auftreten, selbst die typischen Lähmungserscheinungen vor dem Tode können ausbleiben. In Gebieten, in denen Tollwut vorkommt, muß daher jede plötzlich auftretende Verhaltensänderung eines Hundes oder einer Katze sicherheitshalber so lange als tollwutverdächtig angesehen werden, bis das Gegenteil bewiesen ist – also binnen längstens vierzehn Tagen der Eintritt des Todes nicht erfolgte. Da das Vorliegen der Tollwut ausschließlich in hierzu geeigneten Instituten festgestellt werden kann, muß entsprechend den gesetzlichen Bestimmungen jeder Tierarzt in begründeten Verdachtsfällen Untersuchungsmaterial einsenden.

Wird man von einem verdächtigen Tier gebissen, so sollte man auf dem schnellsten Wege den Arzt rufen oder aufsuchen, der alles weitere veranlassen wird. Ist dies nicht möglich, sollte die Wunde ähnlich wie bei Schlangenbissen gereinigt werden. Tiere mit Bißverletzungen unbekannter Herkunft müssen in Tollwutgebieten jedenfalls als vorläufig der Tollwutinfektion verdächtig betrachtet und in Gewahrsam gehalten werden. Ein Tierarzt muß unbedingt verständigt werden.

Seuchenpolizeiliche Maßnahmen sind länderweise verschieden. In Italien und der Schweiz, in den Beneluxländern, in Portugal und in Marokko sowie in den USA und einigen anderen überseeischen Ländern ist z. B. derzeit bereits Tollwutschutzimpfung aller Hunde vorgeschrieben; weitere Länder werden diesem Beispiel möglicherweise bald folgen. Eine Nachimpfung muß regelmäßig jedes Jahr erfolgen. Impfstoffe zur aktiven Immunisierung des Menschen sind bereits erhältlich. Eine Heilung schon ausgebrochener Tollwut wird noch für unmöglich gehalten.

Um einen Überblick über die verwirrende Fülle der vielen, verschiedenartigen Fälle abnorm aggressiven Verhaltens bei Hunden zu gewinnen, präge man sich folgende Zusammenfassung ein: Die Auslösbarkeit

Ein abwegig veranlagter Hund bewacht das Auto auch gegenüber seinem eigenen Herrn, wenn dieser erst nach dem Hund einzusteigen versucht.
Die „Futterschüssel des Leittiers Mensch" sollte dem Hund tabu sein.

aggressiver Verhaltensweisen ist bei manchen Hunden abnorm schwellenerniedrigt (d. h. durch bereits geringgradige Anlässe auslösbar); teils tritt sie in für ein domestiziertes Tier situationsfremder, unpassender Weise oder unüblich intensiv auf und ist nicht oder nicht immer nur gegen Fremde, sondern gegen die eigenen menschlichen Betreuer (oft gegen diese allein) gerichtet. Auch Aggressionen gegen Gegenstände, ja selbst eigene Körperteile des Tieres kommen vor und sind, von Ausnahmen abgesehen, nicht Ausdruck gestörten Sozialverhaltens (siehe über Zwangshandlungen). In einem Teil der Fälle tritt Aggressivität als abnormes Sozialverhalten nur in wenigen bestimmten, bezüglich der Auslösereize eng begrenzten Situationen auf, in einem anderen lösen zahlreiche verschiedenartige Umweltreize Aggression gegen die „eigenen Meutegenossen" aus. Die Rassen, bei denen derartige verhaltensabnorme Tiere am häufigsten angetroffen werden, sind nach bisherigen Beobachtungen in erster Linie Pudel, Dackel, Cocker Spaniels und Deutsche Schäferhunde (wobei allerdings zu bedenken ist, daß alle vier Rassen Moderassen sind und es sich daher um eine große Zahl von Tieren handelt).

Zur weiteren Unterteilung kann man diese Fälle wie folgt grob abgrenzen:

a) Hunde mit Überfunktion des Bewachungsverhaltens. Einerseits wird Beute bzw. symbolische Beute, andererseits die Schlafstelle – evtl. auch die Couch des Besitzers – bewacht; andere Hunde bewachen Junge – manche Hündinnen nur während der sogenannten Scheinträchtigkeit – oder ein bestimmtes Familienmitglied; vereinzelt wurde solches Verhalten auch aus allen diesen Motivationen heraus gezeigt. Dieses Verhalten kann graduell unverändert bleiben oder sich mit der Zeit erweitern (generalisieren), manchmal tritt es nur periodisch auf. Bei manchen Hunden ist diese Art Aggressivität mit weiteren Aggressivitätsformen oder anderen auffälligen Verhaltenstendenzen gepaart, so z. B. mit Ängstlichkeit, Hypersexualität, mit Ausdruck besonders hoher Rangstellung oder mit Anzeichen verschiedener körperlicher Erkrankungen.

b) Eine weitere Gruppe von Hunden stürzt sich aggressiv auf ins Zimmer tretende Personen, auch wenn diese dem Tier gut bekannt sind.

c) In wieder anderen Fällen lautet der typische Vorbericht übereinstimmend: Immer wenn der Besitzer etwas tut (oder befiehlt), was dem Hund momentan nicht paßt (also einen Stimmungsumschwung erfor-

343

Ein Hund, der sich so auch gegenüber seinem Herrn verhält, ist zweifelsohne psychisch gestört.

derlich macht), reagiert das Tier mit Drohverhalten oder Aggression ohne Vorwarnung.

d) Weitere Fälle zeichnen sich durch ausgesprochene Berührungsscheu aus: Der Hund widersetzt sich z. B. der Körperpflege durch den Besitzer (läßt sie sich von entschlossen auftretenden Tierpflegern dagegen oft widerstandslos gefallen), läßt sich nicht hochheben und nicht streicheln, oder er läßt sich streicheln und schnappt anschließend nach der streichelnden Hand.

e) f) g) betreffen den allbekannten übertrieben „scharfen" Hund (mißtrauisch gegenüber Fremden); den Hund, dessen spezifische endogene Triebproduktion sich in Richtung überfunktionierenden („Instinkthypertrophie") Kampfverhaltens auswirkt; den von manchen Kynologen als atavistisch (Rückschlag zur Wildform) aufgefaßten angstaggressiven Hund sowie den notorischen „Raufer" mit Artgenossen. Tritt letzteres nur gegenüber Angehörigen *einer* bestimmten Rasse auf, so sind fast immer bestimmte traumatisierende Jugenderlebnisse mit einem Vertreter dieser Rasse die Ursache; diese besonderen Fälle sind daher als wieder eigene Gruppe abgrenzbar und den folgenden an die Seite zu stellen.

h) Es gibt Hunde, die nur auf ganz bestimmte Bewegungen des Besitzers (oder fremder Personen in der Nähe) aggressiv reagieren, und wieder andere, die z. B. nur weibliche Angestellte oder nur Briefträger oder nur Kinder attackieren. Den Schlüssel zu diesem Verhaltenstyp liefert ebenfalls die Kenntnis vorausgegangener Jugenderlebnisse. Oft ist die Art der ersten Begegnung mit einem anderen Lebewesen (oder einer bewegten Sache, wie z. B. einem Auto) für das ganze Leben entscheidend, wenn das Erlebnis einschneidend genug war. Im allgemeinen bleibt eine so eingestellte Verhaltensweise um so hartnäckiger fixiert, je früher sie im Leben des Tieres stattgefunden hat. Geschickte Umkonditionierungsmaßnahmen sind hier aber häufig erfolgversprechend, wenn auch nicht immer ganz so wirksam und einfach wie bei vielen Angstzuständen.

i) Anders ist die Entstehungsweise der abnormen Aggressionsreaktionen bei Hunden, die nur Damen mit Pelzmänteln, Invalide mit Stock, Betrunkene, Träger großer Gepäckstücke, laufende Kinder verbellen und verfolgen bzw. attackieren: Das gegenüber den gewohnten Personen ungewöhnliche Aussehen oder Benehmen solcher Menschen stimmt das Tier „mißtrauisch", der Störenfried aktiviert „Vertreibungsverhalten" gegen Meutenfeinde oder gar Artfeinde. Man könnte dieses Verhalten aber auch noch anders deuten, nämlich als eine Art „Anstoßnehmen" an fehlender Uniformität oder Konstanz der gewohnten Umwelt, eine Eigenschaft, die bei vielen sozialen Lebewesen zu beobachten ist.

k) Manche Hunde betrachten ihren Besitzer als derart rangtief, daß sie eine durch Türklingelgeräusche aktivierte und eigentlich gegen den vor der Tür unerreichbaren, fremden Eindringling gerichtete Erregung durch Aggression auf den Besitzer im Sinne der „Radfahrerreaktion" abreagieren. Auch gegenüber mitwohnenden rangtiefen Artgenossen oder anderen Tieren können solche Abreagierhandlungen am „Ersatzpartner" stattfinden.

l) Ein frustrierter Trieb kann aber auch in eine andere Form pervertiert ausgelebt werden, so z. B. etwa nach Art einer gewohnheitsmäßig fixierten Übersprungreaktion von Sexual- auf Kampfverhalten (man erinnere sich an das Beispiel des Hundes, der immer wieder versuchte, an den Beinen seiner menschlichen Mitbewohner Geschlechtsaktbewegungen auszuführen. Einzig von der Frau des Hauses wurde ihm dies verwehrt – er wurde also allein von ihr frustriert –, worauf er sie alsbald stets wütend attackierte). Bekanntlich kann Erregungsstauung ein solches Ausmaß annehmen, daß selbst starke soziale Hemmungen überwunden werden und gut bekannte Meutengenossen ohne Ansehen ihrer Rangstellung – ja selbst die eigenen Kinder – angegriffen werden können.

m) In Fällen von Aggression infolge „Eifersucht" (auch eine Form von Rangrivalität) handelt es sich ebenfalls um Frustration, nämlich der etepimeletischen Triebansprüche. Jede Umstellung im sozialen Bereich eines Tieres, wie Besuch in der Familie, Ankunft eines neuen Tieres als Hausgenosse, Verlust eines bereits in die Meute eingegliederten Tieres und Verpflanzung in anderes soziales Milieu, können zu vorübergehender, manchmal sogar zu dauernder allgemeiner Aggressivität oder zu Trauerverhalten (Depression) oder aber zu psychosomatischen Störungen führen. Durch den Wegfall oder das Hinzukommen eines Mitgliedes kann sich die gesamte Struktur einer Gruppe verändern.

n) „Untugenden", wie z. B. das Hetzen von Radfahrern (das etwa mit dem Verhalten eines nicht hasenreinen Jagdhundes verglichen werden kann), die hauptsächlich bei jüngeren, auch sonst „unerzogenen" Hunden beobachtet werden, sind als Ausdruck mangelnder Hemmbarkeit ersatzweise abreagierten Beutejagdverhaltens, nicht als Sozialverhaltensstörungen aufzufassen. Sie sind mit den üblichen „Erziehungsmaßnahmen", wenn frühzeitig zum Einsatz gebracht, relativ leicht abzustellen. Dasselbe gilt für das berüchtigte Hühnerjagen. Großstadthunde mit geringen Möglichkeiten, ihre Triebe regelmäßig natürlich und sinnvoll zu betätigen, mögen besonders anfällig für „Entgleisungen" dieser Art sein.

o) Verschiedenartige Fälle von gefährlichen, manchmal zunächst unerklärlich erscheinenden plötzlichen Aggressionen eines Hundes gegen seinen Besitzer schildert auch Grzimek. Beim Großteil dieser Fälle handelt es sich um Rangrivalität, bzw. um Versuche des Hundes, seine Rangstellung gegenüber seinem Herrn zu verbessern, indem er ihn in dem Augenblick angreift und zu „besiegen trachtet", in dem dieser sich in den Augen des Tieres eine Blöße zu geben scheint (etwa der vor dem Hund, infolge Ausgleitens, auf den Fußboden gestürzte Besitzer). Auch Hunde, die verkauft wurden und beim neuen Besitzer durch unerwartete Aggressionsversuche nun ihre Rangposition neu einzustufen versuchen, sind typische Beispiele dafür. Es gibt Hunde, die sich nur widerspruchslos unterordnen, wenn sie von Zeit zu Zeit von ihrem Herrn tüchtig verprügelt werden (Unterordnungsübungen tun meist den gleichen Dienst!) und so ihre Unterlegenheit erleben konnten. Nach einem derartigen Erlebnis sind sie längere Zeit wieder sehr folgsam und besonders anhänglich. Häufig gehorchen solche Hunde nur einer Person in der Familie, nämlich dem „Meutenführer" wirklich verläßlich. Diese Typen rekrutieren sich besonders aus Vertretern großer wehrhafter Rassen, z. B. Doggen, Dobermann, Deutscher Boxer.

Das erste Auftreten und der weitere Verlauf aggressiver Tendenzen gegen die eigenen Meutengenossen bei diesen verschiedenen Kategorien abnorm aggressiven Verhaltens können, wie schon erwähnt, recht unterschiedlich sein. Manche Hunde zeigen schon als Welpen außerordentlich starke Aggressivität, andere erst mit beginnender Geschlechtsreife, in wieder anderen Fällen liegt der Beginn der Verhaltensstörung im Alter von zwei bis vier Jahren oder datiert von einem bestimmten Ereignis an. Elektroenzephalographische Untersuchungen, Untersuchungen der Hirnrückenmarkflüssigkeit, Röntgenspezialuntersuchungen und pathologisch histologische Befunde des getöteten Tieres liefern häufig keine Anhaltspunkte. In anderen, von den unter a), b), c) und d) charakterisierten Typen kaum abgrenzbaren Fällen dagegen handelt es sich eindeutig um durch organische Hirnveränderungen (unabhängig von deren Ursache) bedingte Verhaltensstörungen; sie sind daher als sogenannte organische Psychosen aufzufassen (einige von ihnen sind mehr dem akuten unspezifischen Reaktionstyp, andere dem hirnlokalen Psychosyndrom des Menschen analog). Einige Sektionsbefunde wurden genannt; auch ein Hirntumor kann, je nach Lokalisation, gelegentlich ähnliche Verhaltensstörungen verursachen. Die Ursachen aggressiven Verhaltens können also von erblicher, sogenannter ethopathischer Veranlagung verschiedener Instinktfunktionsanteile über Fehlprägungen, traumatische Fixierung, pervertierte Sexualität (sowie auch des Mutterverhaltens und et-epimeletischen Verhaltens), hormonelle Dysfunktionen (Geschlechtsdrüsen, Schilddrüse, Nebenniere) und organische Hirnschädigungen der verschiedensten Art bis zum arttypischen Ausdruck ranghoher Einstellung gegenüber den zu nachgiebigen – und ja schließlich tatsächlich sich unterlegen verhaltenden – menschlichen Betreuern reichen; aus der Stärke, der Richtung sowie der Art der Auslösbarkeit aggressiver Handlungen ist leider – von einigen Typen abgesehen – nur selten sofort ein sicherer Rückschluß auf die Ursache der Abnormität möglich.

Auf den jeweiligen Fall abgestimmte Behaviortherapiemaßnahmen haben nur bei einem Teil der Fälle Erfolg, besonders bei den unter den Punkten d), h), i), k), l), m) und n) genannten Typen aggressiven Verhaltens; Umkonditionierung unter Zuhilfenahme von Millers Methode der Anwendung der „Hi-Fido"-Kette (unter Ausnützung der hemmenden Wirkung gewisser Ultraschallreize) kann ebenfalls in manchen Fällen mit Erfolgschancen versucht werden. (Dasselbe gilt für das ähnliche Verfahren, das Konz beschreibt.) Wie dabei vorzugehen ist, muß der Originalliteratur entnommen werden.

In anderen Fällen, besonders jenen, die mit Hypersexualität vergesellschaftet sind, und solchen, deren Beginn mit oder bald nach dem Eintritt in die Geschlechtsreife beobachtet wird, führen operative Hodenentfernung oder, meist nur begrenzte Zeit wirksam, Injektionen von Gestagenen in Depotform in hohen Dosen (durch Bremsung der Hodentätigkeit und gewisser Vorgänge im Zwischenhirn) zum Erfolg. Auch andere Möglichkeiten der Beeinflussung eines etwaigen Grund- oder Begleitleidens (z. B. Schilddrüsenüberfunktion) kommen fallweise in Frage.

Frontale Leukotomie, Amygdalektomie und andere Gehirnoperationen sowie Schocktherapiemaßnahmen wurden noch nicht genügend oft erprobt, um ein abschließendes Urteil über ihren Wert abgeben zu können. Erfolge wurden insbesondere aus den USA neuerlich gemeldet – in Deutschland und Österreich ist man skeptischer geworden.

Beruhigungsmittel vom Minor-Tranquilizertyp scheinen in vielen Fällen durch Angstdämpfung die letzten Hemmungen zu beseitigen und die Aggressivität zu steigern; nur in einigen wenigen Fällen konnte durch Langzeitkur mit Major-Tranquilizern Dauererfolg gesehen werden.

Auf einige maskierte Aggressivitätsformen wird noch in den folgenden Kapiteln unter anderem eingegangen. Über gelegentlich störendes Auftreten von Aggressivität bei Hunden, die in großen Meuten gehalten werden, wird in Kapitel 14 des Speziellen Teiles referiert.

Dieses Kapitel schließend sei noch folgendes zu bedenken gegeben: Das Ziel der Behandlung eines gegen seinen Besitzer oder andere Personen übermäßig aggressiven Hundes sollte in erster Linie zunächst sein, das Risiko weiterer Bisse so schnell wie möglich zu reduzieren (unbedingt Maulkorb!). Ein probeweises Austesten verschiedener Arzneimittel und diverser Erziehungsmaßnamen ist aber wegen der damit verbundenen großen Gefahren im Falle des Versagens in vielen Fällen leider nicht möglich. Wenn es auch stimmt, daß ein gegen seinen Besitzer aggressiver Hund nicht selten sich selbst für den Meutenchef der Familie hält (weil die Betreuungspersonen in der Jugend des Hundes diesem gegenüber zu nachgiebig waren) und daß ein „hundeähnlicher" Kampf um die Rangordnung die „soziale" Stellung des Hundehalters gegenüber seinem Tier schlagartig verbessern könnte, so ist zu bedenken, daß ein nachgiebiger Besitzer dazu eben einfach nicht in der Lage ist; abgesehen davon, daß ein ernstlicher Kampf mit einem Hund einer größeren Rasse, der entschlossen die Zähne fletscht, nicht ohne ernstliche Gefahren wäre. Es ist daher geradezu unverantwortlich, Besitzern von großen aggressiven Hunden harte Dressurmaßnahmen zu empfehlen, da diese nicht in der Lage sind, sie durchzuführen, bzw. so durchzuführen, daß es für den Hund überzeugend wäre. (Beim Kampf um die Alphaposition gibt es keine Demutsgeste.) Proportional dem zu erwartenden Ausgang würde das aggressive und selbstsichere Verhalten des Hundes nur noch gesteigert werden. (Es brächte für den Hundehalter auch keinen Nutzen, wenn stellvertretend ein Hundeabrichter das täte.) Es ist heute zwar manchmal möglich, durch Gaben bestimmter hormonartiger Substanzen auf relativ einfache und ungefährliche Weise für eine gewisse Zeit die Aggressionslust eines Hundes zu verringern, doch ist dies allein auf Dauer häufig ungenügend. Die Zeit der verringerten Aggressivität könnte der Besitzer aber dazu nutzen, den Hund umzuerziehen, bzw. seine Rangstellung auf „unblutige" Weise zu verändern (z. B. Unterordnungsübungen im Rahmen eines Abrichtekurses). Die Evolution des Verhaltens beim Wolf hat angeblich der Präsentation von Unterlegenheits- und Zugehörigkeitsgebärden mehr Bedeutung beigemessen als der von Dominanzgebärden. (In der freien Natur spielt sich nämlich alles viel weniger despotisch-autoritär ab als im beschränkten Territorium des Zoologischen Gartens oder Beobachtungszwingers, wie man heute durch neuere Freilandbeobachtungen vermutet.) Daher könnte es kommen, daß ein subtiles Rollenverhalten bei Hunden vieler Rassen stärker entwickelt ist als die Neigung zu Dominanzhierarchien. Daher kann der Hundehalter versuchsweise trachten, bei Rangforderungsaktionen systematisch Unterwerfungsgesten – wenn diese anfänglich auch nur angedeutet auftreten – zu belohnen und zu entwickeln und aggressive Kontakte durch geschicktes Arrangement möglichst zu vermeiden. So z. B. hat es sich bei solchen Hunden manchmal als erfolgreich erwiesen, das Tier für drei bis fünf Minuten zurückzuweisen, wenn dieses um Liebkosungen bettelt. Nach Ablauf dieser Zeit sollte man es rufen und ihm die Liebkosungen gewähren: Der Hund erlebt solcherart die Abhängigkeit von seinem Besitzer. Man kann auch systematisch ein positives Verhalten, das mit der Manifestation unerwünschter Handlungsmuster unvereinbar ist, hervorrufen und solcherart eine „Verhaltensverdrängung" entwickeln: Ein Hund, der im Auto bellt und dies nicht tun sollte, kann in dieser Situation – noch bevor er mit Bellen anfängt – mit Leckerbissen gefüttert werden (allerdings: sofern man ihn vorher ausreichend hungern ließ). Er wird dann lieber fressen statt bellen, denn beides gleichzeitig ist nur schwer möglich. Diese Methode – entsprechend abgewandelt –

kann in vielen Situationen angewendet werden. Insbesondere wenn man recht spezifische Verhaltensreaktionen auf definierte Reize unterdrücken will. Wenn schon einmal „Strafe" angewendet werden muß – man spreche richtiger von unbedingtem oder bedingtem „Hemmreiz" –, dann sollten statt grob physischer Methoden lieber nicht interaktive Methoden, wie z. B. zeitweilige Nichtbeachtung oder schrille akustische Reize oder Ultraschallreize (mit entsprechenden Geräten) und ähnliches, vorerst versucht werden – meint ein amerikanischer Kollege.

In vielen Fällen ist die Kastration eine wesentliche Hilfe – jedoch wird dies zu Enttäuschungen führen, wenn man erwartet, daß Kastration jegliche Art von aggressivem Verhalten beseitigen könnte! Es kommt stets auf die Motivationslage, auf die Art und Ursache der Neigung zu aggressivem Verhalten an, über die man sich vorher Klarheit verschaffen muß.

Destruktives Verhalten wird von Hundehaltern oft als eine Form von Trotz oder larvierter Aggression aufgefaßt (manchmal sicherlich zu Recht). Aus dem Umstand, daß der Hund ein schuldbewußtes Verhalten zeigt, wenn der Besitzer zurückkehrt und die Wohnung mit Harn und Kot verunreinigt oder Gegenstände zerstört vorfindet, darf aber nicht geschlossen werden, daß sich der Hund im klaren ist, was er tut, bzw. daß er dies in „boshafter" Absicht getan hätte. Körperliche Strafe – noch dazu Stunden nach der Missetat – führt in solchen Fällen selbstverständlich demnach zu keinerlei Veränderung des unerwünschten Verhaltens für das nächste Mal. Mehrere Tierpsychologen haben neue belohnungsorientierte Verhaltenstherapiemethoden entwickelt, um einen Hund daran zu gewöhnen, allein gelassen zu werden: Diese Methoden erweisen sich teilweise als recht wirksam, allerdings muß der Besitzer viel Zeit zur Verfügung haben. So wird z. B. heute von einigen amerikanischen Verhaltenstherapeuten empfohlen, in solchen Situationen zunächst einmal die Bindung zwischen Hund und Mensch zu reduzieren. Dies wird beispielsweise dadurch erreicht, daß der Hund planmäßig nach dem Wiederkommen geliebkost wird, statt (wie das fälschlich oft geschieht) vor dem Weggehen, und daß der Besitzer dem Tier zu Hause weniger lang seine Aufmerksamkeit zuwendet. (Weiteres siehe Kapitel 7 des Speziellen Teiles und Kapitel 12 des Allgemeinen Teiles.)

Nach meiner Erfahrung führen viele Tierbesitzer heute Ratschläge, gezielte Belohnungen und Liebkosungen bei ihrem Tier einzusetzen, verläßlicher durch als diverse Strafempfehlungen der Gebrauchshundeabrichter – so notwendig deren Anwendung manchmal auch wäre. Man sollte viel häufiger als bisher die Psychologie des jeweiligen Hundehalters in Rechnung stellen! Man kann einem forschen Hundehalter Ratschläge der weichen Erziehung weniger zumuten als einem verhätschelungsbedürftigen, nachgiebigen Menschen (dasselbe gilt auch umgekehrt). Oft führt mit der Zeit – viel Zeit allerdings – auch das nachfolgende Prinzip zur Verhaltensänderung eines vorher unleidlichen Hundes: Man wende – konsequent! – statt „Strafe" als Hemmreiz auf unerwünschtes Verhalten ausschließlich systematische „Belohnung" eines zufällig auftretenden (oder durch geschicktes Arrangement hervorzulockenden) erwünschten Verhaltens an, um letzteres mehr zu verstärken und so das unerwünschte Verhalten allmählich zu verdrängen.

Wie schon erwähnt, sollte zweckmäßigerweise ein Tierhalter stets diejenige Methode auswählen, die er kraft seiner Veranlagung am zuverlässigsten wird befolgen können, die also seiner inneren Natur am ehesten entspricht. Schlimm wird die Sache allerdings dann, wenn in einer Familie die beiden Ehepartner konträrer Veranlagung sind. So mancher Ehekrach hat sich schon wegen eines Hundes ergeben.

Nie sollte man aber verantwortungsloserweise eine sorgsame Gefahrenabwägung außer Betracht lassen, insbesondere in einem Haushalt mit kleinen Kindern. So manche Erfahrung aus meiner gerichtsgutachterlichen Tätigkeit läßt mich heute manches kritischer sehen als früher!

2.3 Der „Befehlsverweigerer"

Setter brauchen viel Auslauf, weshalb sie als Stubenhund in der Großstadt nicht sehr geeignet sind. Läßt man sie frei herumlaufen, dann toben sie manchmal so hemmungslos über die Straßen, daß sie verkehrsgefährdend werden. Zur Betätigung unabreagierter Triebe lernen einige von ihnen sogar, Einrichtungsgegenstände und Kleider zu zerstören. Werden sie nur an der Leine ausgeführt, zerren sie hin und her, da ihr Bewegungstrieb einer Dauerfrustration unterliegt. Ein Irish Setter, der hier als Beispiel für viele genannt werden soll, war acht Jahre alt, Rüde, im Besitz eines Spielwarenhändlers. Schon oft hatte sein Besitzer den Termin für die Tötung vereinbart, es sich aber dann doch immer wieder anders überlegt. Der Hund belästigte die Kunden im Geschäft, machte an Kindern sexuelle Aufreitversuche, stand im Wege herum, wenn Waren verladen werden sollten, und ließ sich nicht wegtreiben. Keine Gelegenheit ließ er ungenützt, zu entweichen und stundenlang in Wiens Straßen sein Unwesen zu treiben, indem er andere Hunde anfiel, den Verkehr behinderte, Kinder schreckte, Radfahrer verbellte usw. In der Wohnung konnte man ihn nicht eingesperrt halten, sonst wäre die Einrichtung verwüstet worden; er ließ sich nicht auf seinen Liegeplatz kommandieren, sich überhaupt nichts befehlen, sondern machte, was er wollte. Versuchte sein Herr, ihn am Halsband zu halten und aus dem Wege zu führen oder zu bestrafen oder mit dem Stock auf seinen Platz zu treiben, dann knurrte er nur böse, blieb aber wie angewurzelt auf seiner Position. Bei mir als seinem Tierarzt benahm er sich aber ängstlich. Im übrigen handelte es sich um ein schönes, in jeder Hinsicht der Rasse entsprechendes, ruhiges Tier, das nie überflüssig bellte und gewiß nicht ohne Zärtlichkeitsbedürfnis war. Wenn auch viele Setter nicht so ausarten, sondern in der richtigen sozialen und territorialen Umwelt eher besonders „brave" Hunde sind, für die Stadtwohnung kann ich die Haltung dieser schönen Tier im allgemeinen nicht empfehlen, wenn man nicht sich selbst und seiner Umwelt das Leben erschweren will. Gewiß mag es Ausnahmen geben, ich kenne aber nur wenige. Zweifellos verringert Abrichtung und fleißige Übung auf dem Dressurplatz oder im Jagdrevier – wie bei allen Hunden großer Rassen in der Großstadt – auch bei Settern die Zügellosigkeit; leider sind aber nur die wenigsten Besitzer, die sich in das Aussehen dieser Tiere verliebt haben, von der Notwendigkeit einer Abrichtung und regelmäßigen Betätigung (täglich mindestens drei Stunden schnellen Laufes) zu überzeugen.

Eines Tages kam ein Herr mit einem kraftstrotzenden eineinhalbjährigen Deutschen Boxerrüden in die tierpsychologische Beratungsstunde mit der Klage, daß der Hund beim Spaziergang so sehr an der Leine zerre, daß man zeitweilig Gefahr laufe zu stürzen. Auch sonst mache das Tier, was es wolle: Es springt auf den Tisch und stiehlt das Essen, es zerfetzt Schuhe und Polster, es springt einen zur Begrüßung derart an, daß man an die Wand gedrückt wird, und es gehorcht überhaupt nicht.

Da sich die Beratungen vornehmlich in meiner Ordination abspielen, verhalten sich wegen der „unheilkündenden" Gerüche meist auch Hunderowdies schon im Wartezimmer gedrückt und sittsam – zumindest, solange man ihnen nichts tut. Dieser Hund allerdings fühlte sich offensichtlich so ranghoch und selbstsicher, daß er, kaum hatte er den Raum betreten und schnüffelnd untersucht, kurzerhand sein rechtes Hinterbein hob und den Fuß des Untersuchungstisches benäßte, was bekanntlich einer Besitznahme dieses Territoriums gleichkommt. Ein derart „dreistes" Auftreten sieht man selten. Kein Wunder, daß mit einem so selbstbewußten Tier der Besitzer seine liebe Not hatte. Dieser befürchtete, des Hundes Widerspruchsgeist sei neurotischer Natur oder er „sei überhaupt nicht ganz richtig im Kopf". Einfache Lerntests ergaben jedoch sofort, daß von einem Intelligenzdefekt gar keine Rede sein konnte. Was das rowdyhafte Auftreten anbelangte, versuchte ich, dem Besitzer klar zu machen, daß dieses, einem menschlichen „Halbstarken" vergleichbar, lediglich Ausdruck zu wenig strenger Erziehung und zu wenig regelmäßiger, ausreichend kräfteverzehrender Tätigkeit und vor allem Ergebnis einer natürlichen Einstellung auf eine für den Hund zu weiche soziale Umwelt sei. Geeignete Maßnahmen, mit denen ein so hartes Tier zu „bestrafen" wäre, die wirklich als Strafe und nicht als Stimulans zum Kräftemessen oder als Spielaufforderung aufgefaßt würden, ließ ich dem Hundeführer anhand von einigen Einzelstunden eines Hundeabrichters vor Augen führen. Leider war dies alles vergeblich, wie ich mich anläßlich eines Kontrollbesuches überzeugen mußte. Die Kraftanwendungen des Herrn an der Leine waren so gering und schüchtern, daß derartig zaghaftes Rütteln am Halsband von diesem Hund nicht einmal empfunden zu werden schien. Dem Hund auf

Auf „fremdem Territorium", im tierärztlichen Wartezimmer, sind alle gehemmt und friedlich.

die Zehen zu treten, wenn er trotz Signales „Fuß" voraus zerrte, getraute er sich überhaupt nicht. Es kostete schon Mühe, diesen Hundebesitzer wenigstens davon zu überzeugen, daß das Brustgeschirr, an dem er den Boxer anfänglich geführt hatte – „weil er so an der Leine zöge, daß ihn das Halsband einschneiden müsse" – in diesem Falle keine zweckmäßige Beschirrung darstellte.
Um sich als Mittelpunkt zu fühlen, muß man aber kein großer Hund sein! Auch ein Zwergpudel kann dies, wenn er von Geburt an genügend energisch veranlagt ist und das Glück (oder Pech) hat, in eine entsprechende soziale Umwelt zu kommen: Eine Familie aus Vater, Mutter und zwölfjäh-

riger Tochter mit einer zweijährigen Zwergpudelhündin besuchte mich eines Tages mit der Klage, ihr Hündchen bringe sie zur Verzweiflung. Wenn Besucher im Hause wären, winsle und belle das Tier ununterbrochen, so daß man sich nicht unterhalten könne; das täte es auch, wenn es spazieren zu gehen wünsche und man diesem Wunsch nicht gleich nachkomme. Das Hündchen springe unermüdlich bellend an jedem Familienmitglied hoch, wenn immer es zu Aufmerksamkeit, zu Verwöhnung oder Spiel auffordern wolle, und das sei tagsüber sehr häufig, fast ununterbrochen aber, wenn man abends beim Fernsehen sitze oder nach dem Essen Zeitung lesen wolle. Die rastlosen persönlichen Inanspruchnahmeversuche diese Tieres hätten sogar schon dazu geführt, daß das Mädchen in der Schule schlechte Noten bekommen habe, da es bei der Erledigung der Hausaufgaben gestört sei. In ein Nebenzimmer könne man den Hund nicht sperren, denn dann belle er so laut und kratze an der Tür, daß es nicht auszuhalten sei. Weder lautes Schimpfen noch Hiebe machten länger als einige Minuten Eindruck auf ihn.

Um den Besitzern zu demonstrieren, wie man sich in einem solchen Falle verhalten solle, um das Tier die Erfahrung gewinnen zu lassen, daß seine Bemühungen um Aufmerksamkeit nicht erfolgreich seien, was immer es auch tue, wurde ein kleines Experiment durchgeführt; bisher wurde ja das Aufmerksamkeit heischende Verhalten dieses Tieres stets durch schließlich doch erfolgende Zuwendung belohnt, führte also zum Erfolg. Alle Personen stellten sich in einem Raume wie Statuen reglos auf, der eine las Zeitung, der andere unterhielt sich, und ich beobachtete, ohne den Kopf zu bewegen, und gab von Zeit zu Zeit Kommentare oder Korrekturanweisungen. Die Spielregel lautete: Was immer der Hund während der nächsten dreißig Minuten mache, niemand dürfe seine Tätigkeit unterbrechen, nicht einmal dem Hund den Kopf zuwenden, geschweige denn ihn ansprechen oder berühren. Und was tat das Tier? Zunächst kam das übliche Konzert, auch versuchte es, an jedem von uns der Reihe nach hochzuspringen, einen beim Hosenbein zu erfassen und daran zu zerren, an der Tür zu kratzen, auf dem Fußboden zu rutschen und zu scharren, auf Möbelstücke zu springen usw. Als darauf niemand reagierte, gähnte der Hund und begann sich zu kratzen – die ersten Übersprungreaktionen deuteten empfundene Frustration an (alles bisher zielführende Verhalten hatte plötzlich versagt – welch eine Frustration!). Schließlich legte sich das

Hündchen für Augenblicke hin (Konfliktschlafintention) – um gleich darauf wieder von vorne damit zu beginnen, sein gewohntes Verhaltensinventar zur Erregung von Aufmerksamkeit (et-epimeletisches Verhalten) abzuhaspeln. Als sich wieder keinerlei Erfolg zeigte, setzte sich die Hündin vor uns alle hin und urinierte. Keine Reaktion (die Besitzer mußten von mir mehrmals energisch ermahnt werden, sich weiterhin strikt an die „Spielregel" zu halten). Allmählich fing der Hund an, erregt zu hecheln und Personen und Raum zu beschnüffeln, als müsse er sich vergewissern, ob dies alles wirklich existiere. Kaum hatte ich dem Besitzer vorausgesagt, daß in den nächsten Minuten möglicherweise auch noch Kotabsatz oder Erbrechen erfolgen könne, lief der Hund auch schon in einen Nebenraum und legte ein „Würstchen" auf den Teppich (acht Minuten nach dem Urinabsatz). Doch der Hund wurde von uns ignoriert. Erst als er sich schließlich resignierend – den Kopf zwischen den Vorderpfoten – aus eigenen Stücken zum ersten Male für längere Zeit niedergelegt hatte und die menschlichen Personen nicht mehr beachtete, wurde er, ohne Übertreibung und ohne Berührung, von der Ferne gelobt und das Experiment beendet. Harn und Kot entfernte man wortlos.

Es war nicht öfter als einmal täglich vier aufeinanderfolgende Tage lang nötig, dieses Experiment zu wiederholen. Bereits beim zweiten Male erfolgten kein Harn- und kein Kotabsatz mehr, beim darauffolgenden Mal legte sich der Hund schon nach acht Minuten brav nieder und gab zu erkennen, daß er seine Absichten aufgegeben hatte. Die Zeichen der Erregung wurden von Mal zu Mal geringer. Natürlich durfte auch zu anderen Tageszeiten niemand den Hund hochheben, wenn er es darauf anzulegen versuchte; beim Futterbetteln durfte er nicht durch eine Gabe „belohnt" werden. Wurden Befehle nicht sofort ausgeführt, so ließ man den Hund stehen, entfernte sich aus dem Zimmer und ignorierte ihn. Auf promptes Gehorchen erfolgte dagegen Zuwendung, Belobung, Streicheln.

Bereits nach einer Woche rief mich der Hundebesitzer begeistert an, der Hund habe sich so gewandelt, daß man glaube, ein anderes Tier vor sich zu haben.

Ein junger Boxer wurde anläßlich einer sogenannten Jugendveranlagungsprüfung einer „Mutprobe" zur Testung der Wesensfestigkeit unterzogen. Bei dieser Prüfung rasselt ein Helfer, der sich in einem Gebüsch oder hinter einer spanischen Wand verborgen hält, plötzlich mit einer Kette, mit Blechstücken, schießt mit einem Kapselrevolver oder bläst in ein Horn, sobald der Hund in der Nähe ist. Ein anderer Gehilfe springt, ebenfalls unvermittelt, auf den Hund los und spannt vor ihm einen Regenschirm auf, den er vor dem Kof des Tieres hin und her bewegt; wieder ein anderer Helfer geht zum Schein mit einem Stock auf Herrn und Hund los. Ein Preisrichter registriert das Verhalten des Hundes a) allein und b) an der Leine mit seinem Herrn. Mancher Hund erschrickt, zeigt sich dann aber neugierig oder aggressiv, ein anderer Hund flieht in weitem Bogen und ist ein zweites Mal nicht einmal in die Nähe der Stelle zu bringen, wo er solchen Schrecken erlebte. Wieder andere Hunde zeigen sich nicht einmal erschreckt, sie reagieren gefaßt und prompt wie auf ein eingelerntes Signal (was mitunter tatsächlich der Fall ist, wenn unsportliche Hundebesitzer versuchen, den Wert der Prüfung zu verfälschen, indem sie ihren Hund vorher auf die ihn erwartenden Reize trainieren).

In diesem Fall zeigte der Hund ein merkwürdiges Verhalten: Er scheute stark, wenn er an der Leine des Herrn den Mutproben unterzogen wurde, viel weniger aber, wenn er allein war oder von einem Fremden an der Leine geführt wurde. Normalerweise ist das umgekehrt. Wenn man den Besitzer dieses Hundes unauffällig beobachtete, während er abseits von den anderen Sportfreunden darauf wartete, bis er mit seinem Hund an die Reihe kam, wurde jedoch alles sofort verständlich: Sobald er sich unbeobachtet fühlte, schimpfte er mit hochrotem, drohend aussehendem Gesicht und fuchtelnden Händen, unter zeitweiligen Peitschenschlägen und Halsbandrucken, auf sein in dieser Situation verschreckt und unterwüftig sich auf den Boden duckendes Tier ein, mit etwa folgenden Worten: „Du Kerl, blamiere mich nicht, sonst kriegst du zu Hause Hiebe..." „Was ist mit dir, vielleicht wirst du nun endlich spuren, voran..." usw.; und dann flehentlich: „Du kriegst eine feine Wurst, wenn du mutig bist; los, mach' schon...". Der Hund wurde durch den für ihn natürlich unverständlichen Wortschwall und durch das für ihn als „verrückt" verstandene Gebaren seines „Meutenführers" oder „Leithundes" völlig verwirrt und verschüchtert. Nachdem er – für ihn völlig unmotiviert und situationsfremd – auch noch Hiebe, Pfiffe und Rüffler vom eigenen Herrn (!) bekommen hatte, legte er sich schließlich zitternd und völlig gehemmt auf den Boden (Unterwerfungsgeste) und war für jede weitere gemeinsame Aktion mit seinem Herrn nicht mehr zu haben. Sein wahres Wesen aber – übrigens völlig dem Rassestandard entsprechend – enthüllte sich erst an der Leine eines ihm bekannten Abrichters und nachdem man den Herrn gebeten hatte, sich außer Hör- und Sichtweite zu begeben. Die Reaktivität dieses Hundes, der an der Seite seines überehrgeizigen Herrn trotz völlig normaler Veranlagung das Bild eines gehemmten und wesensschwachen Tieres bot, erinnerte frappierend an das Verhalten eines überforderten Schulkindes in Gegenwart verständnisloser und allzu gestrenger Erzieher.

Ein junger Pudel lief weg, wenn sein Frauchen ihn zu sich rief. Aus Erfahrung „wußte" er, daß er Hiebe bekam, wenn er sich nicht sogleich zur Stelle meldete; er hatte aber bemerkt, daß man sich durch Flucht der Strafe entziehen kann; außerdem fand er es sehr lustig, wenn das Frauchen hinter ihm herlief und ihn nicht erwischte. Auch anderen Befehlen, wie „Sitz", entzog er sich durch Flucht, wenn er nicht in Stimmung war, ihnen Folge zu leisten. Aufklärung der Besitzerin über richtiges menschliches Verhalten zur Erziehung des Hundes und einige Lehrstunden für den Hund an der langen Leine führten zum gewünschten Erfolg.

Abschließend noch ein Fall, der mir von Prof. Lorenz einmal erzählt wurde: Ein ehemaliger Offizier besaß einen Hund, der recht folgsam war. Durch eine Erkrankung verlor der Herr vorübergehend seine laute und energische Befehlsstimme. So lange die Heiserkeit andauerte, betrachtete der Hund seinen Herrn offenbar als entmachtet: Er konnte sagen, was er wollte, der Hund machte, was er wollte! Als die Stimme des Herrn wieder gewohnt scharf klang, verhielt sich der Hund wieder folgsam wie ehedem.

Die Beispiele von notorischen Befehlsverweigerern wären noch vielfältig fortsetzbar. Versuchen wir, zusammenfassend, einen Überblick über die häufigsten Umstände zu gewinnen, die zu diesem Verhalten führen:

a) Bewegungseinschränkung und Beschäftigungslosigkeit bei Vertretern großer Gebrauchshunderassen mit starkem Bewegungsdrang; insbesondere bei mangelnder Abrichtung.

b) Wenn zu schwache Führerautorität eines Menschen mit besonders harten und selbstbewußten Hunden zusammentrifft. Inkonsequenz, zu spät begonnene Erziehung, nachgiebige bzw. allzu verhätschelnde Behandlung wirken fördernd, doch müssen nicht immer derartige Einflüsse zu aggressiven Hundecharakteren führen.

c) Überforderndes, zu strenges Verhalten des Herrn seinem Hunde gegenüber.

d) Falsche und ungeschickte Erziehungsmethoden begünstigen die Ausbildung von Fehlverknüpfungen und führen damit zur ungewollten – gänzlich unbewußt erzeugten – Andressur falschen Verhaltens. Unbeherrschtheiten und Ungeduld des Erziehers schaffen häufig eine ungünstige Atmosphäre für die Abrichtung.

e) Plötzlicher Verlust der sozialen Rangstellung des Hundeführers.

f) Umweltumstände, die den Hund vorübergehend in eine Konfliktsituation drängen oder seine Aufmerksamkeit durch die Ungewohntheit der Reize stark in Anspruch nehmen, können ebenfalls zeitweilig zu Unfolgsamkeit führen (Hemmung der bedingten Reaktionen). – Ein Beispiel: In der Familie ist ein Gast anwesend, der ein paar Tage im Haushalt bleibt. Wie Kinder in solchen Fällen sich häufig besonders schlimm gebärden, so reagieren auch viele Hunde. Eifersucht oder vermeintliche Zurücksetzung, also „drohender Rangverlust", so wie Unterbringung des Tieres in neuer Umgebung und vieles andere mehr stellen Belastungen dar, die zu Störungen des psychischen Gleichgewichtes führen können.

g) Schließlich sei, auch wenn hier kein Beispiel dafür genannt wurde, betont, daß etwa vorhandene Taubheit oder besondere Unintelligenz eines Tieres diesem ebenfalls schon den Vorwurf allgemeiner und notorischer Unlenkbarkeit, also Mangel an sozialer Beeinflußbarkeit („Führigkeit"), seitens seiner ungeduldigen Besitzer eingebracht hat. Nicht immer ist auf den ersten Blick zu entscheiden, ob ein Hund nicht gehorchen will oder nicht gehorchen kann und warum er nicht will oder warum er nicht kann.

Hat man ergründet, was im jeweiligen Fall die Ursache des mangelnden Gehorsams darstellt, so gelingt es – auch bei älteren Hunden noch – zumeist leicht, durch Abstellung derselben, den Hund zu einem anderen Verhalten zu bewegen; hinsichtlich der gezielten Einübung gewisser Unterordnungsfertigkeiten siehe in Kapitel 12 des Allgemeinen Teiles. Es nützt allerdings gar nichts, den Hund von einem Abrichter nacherziehen zu lassen, wenn man nicht ebenfalls bereit ist, sein eigenes Verhalten dem Tier gegenüber zu ändern!

2.4 Ausdrucksformen der Abwehr, des Bettelns und der Eifersucht: „Der Hysteriker" und andere Parallelen zu menschlichen Typen

Nach Meinung einiger amerikanischer Forscher beruhen die Erscheinungen, die man beim Menschen unter dem Fachausdruck Hysterie zusammenfaßt, allein auf Lernvorgängen, die bereits in der frühen Kindheit stattfinden.

Die sogenannte „Flucht in die Krankheit", mit der die Kinder sehr schnell lernen, sich einer unangenehmen Anforderung zu entziehen oder die Mutter zu mehr Fürsorge oder Aufmerksamkeit zu zwingen, ist ein bekanntes Beispiel hierfür. Wenn auch die Mehrzahl aller Psychiater der Ansicht ist, daß die Dinge nicht immer so einfach liegen und zur Erklärung des Mechanismus der Konversion (Umwandlung eines psychischen Konfliktes in körperliche Krankheitserscheinungen mit Darstellungseffekt, also symbolhaftem Ausdruckscharakter) und der Verhaltensregression (Rückschritt auf typisch kindliche Verhaltens- und Reaktionsformen angesichts für unlösbar gehaltener Lebensprobleme) Lernvorgänge allein nicht als ausreichend angesehen werden können, so trifft die Lerntheorie zumindest für viele hysterieähnliche („hysteriforme") Erscheinungen bei Tieren zu. Verhaltensabweichungen dieser Art erwecken manchmal geradezu den Eindruck zweckbewußter Simulation, wovon jedoch nicht die Rede sein kann, denn dazu reicht die Intelligenz nicht aus.

Hierzu gleich ein bekanntes Beispiel: Wenn ein Pferd oder ein Hund durch Zufall im Gefolge einer Verletzung am Bein darauf kommt, daß man geschont wird, wenn man hinkt, dann passiert es später recht häufig, daß so ein Tier plötzlich lahmt, wenn es in einer bestimmten Richtung oder Geschwindigkeit oder in Begleitung einer bestimmten Person nicht laufen will. Beim Pferd nennt man das Zügellahmheit. Ich selbst besaß einen Hund, der, wenn er an der Leine kurz gehalten, streng gezwungen wurde, gegen seinen Wunsch „bei Fuß" zu gehen, sofort mit einem Vorderbein zu hinken begann. Auch Prof. Lorenz erzählt von einem seiner Hunde, der an einem Bein stark zu lahmen begann, wenn er hinter dem Fahrrad her oder einen bestimmten Weg mitlaufen sollte, der zu einem ihm unerwünschten Ziele führte. Der amerikanische Tierarzt Prof. Fox bringt zur Erklärung dieser als „Sympathy Lameness" („Sympathielahmheit", d. i.

hysterische Lahmheit) bezeichneten Erscheinung noch einen weiteren, interessanten Gesichtspunkt: Das Heben einer Vorderpfote und Hochhalten dieser, also Pfote-Heben, Pfote-Geben kann bekanntlich als Intention des infantilen „Sich-auf-die-Seite-fallen-Lassen" aufgefaßt werden, also als et-epimeletische Verhaltensweise (das Signal des Kindes, um bei der Mutter Pflegehandlungen auszulösen). Der Leser erinnere sich an das, was in Kapitel 2 des Allgemeinen Teiles schon erwähnt wurde, nämlich daß dieses Verhalten auch Unterwürfigkeit ausdrückt und in vielen Situationen sozialer Unsicherheit (Verlegenheit, Befangenheit) besonders von halbwüchsigen Hunden auch Menschen gegenüber oft gezeigt wird. Es wird als Bettelverhalten und auch als Abwehrintention beobachtet. In anderen durch Unsicherheit und Unschlüssigkeit gekennzeichneten Lagen kann man Hunde ebenfalls mit erhobener Vorderpfote stehen sehen: Wenn ein Stadthund in einem unbekannten Wald dem Herrn ein Stück Weges vorausgelaufen ist und etwas ihm Unerklärliches sieht oder sich nicht weiter zu entfernen wagt, bleibt er zögernd stehen und hebt ein Vorderbein. Hinterher erfolgt oft Flucht bzw. Rückzug zum Herrn oder aber gesteigertes Orientierungsverhalten auf anfeuernden Zuruf des mittlerweile nachkommenden Führers, der Rückendeckung bietet. Ob auch die Verhaltensweise des Anzeigens von Niederwild, wie sie für viele Vorstehhunde typisch ist (durch regloses Stehenbleiben als Ausdruck von Ambivalenz: „Vorstehen"), in dieser bestimmten, speziellen Situation mit eine Rolle spielt, gilt als noch nicht genügend abgeklärt (interessantes Dissertationsthema für Verhaltensforscher). In besonderen Fällen kann Pfote-Heben als Versuch des Hundes, die Aufmerksamkeit des Besitzers auf sich zu lenken, dermaßen krankhaft übertrieben werden, daß das Tier bei Betasten der geschonten Pfote Schmerzäußerungen zeigt und durch längeren Nichtgebrauch des Beines sogar Muskelatrophie auftritt, obwohl bei noch so genauer Untersuchung organisch nichts Krankhaftes an dem Bein festgestellt werden kann. Sieht so ein Hund aber eine zu verfolgende Katze oder ein läufiges Weibchen, oder flüchtet er vor irgend etwas (in Abwesenheit des Besitzers), so läuft er völlig normal und belastet alle vier Beine!

Dauernde oder häufig wiederkehrende Lahmheit kann gelegentlich auch in häuslichen Konflikt- und Eifersuchtssituationen, besonders im Anschluß an eine einmal vorhanden gewesene Verletzung an demselben

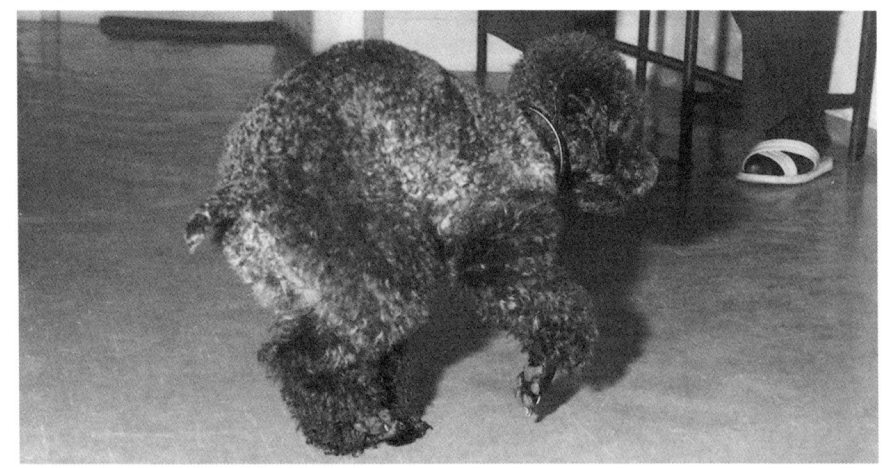

Immer wenn von der Pudelhündin „Nixe" etwas verlangt wird, was sie nicht tun möchte, lahmt sie beträchtlich.
Der achtjährige Riesenschnauzer „Buchsi" will nicht auf den Ordinationstisch gehoben werden.

(oder auch einem anderen!) Bein, beobachtet werden oder als zeitweilige Verschlechterung früherer chronischer Gelenkserkrankungen auftreten. Bei einem Dackel, der von mir an einer Zehe operiert worden war, genügte es nach Jahren noch, ihm einen Verband an einem Fuß anzulegen oder bloß ein weiches Tuch umzubinden, um ihn sofort in eine Stimmung zu versetzen, in der er stundenlang winselnd und zitternd sich unter dem Tisch verkroch und tat, als könne er überhaupt nicht stehen. Entfernte man den Verband, so war es, als hätte man augenblicklich „den Dämon ausgetrieben"! Ein gutes Beispiel für Regression auf eine einmal eingeübte Verhaltensweise der Pflegebedürftigkeit. Es können also auch latente Furchtzustände, die an die Begleiterscheinungen einer früheren Gliederverletzung assoziiert sind, nach dem Mechanismus der Konditionierung jederzeit aktiviert werden.

Zur Anwendung einer solchen Art eingeschliffener Reaktion im übertragenen Sinne, also Körperbehinderungsäußerung, um Verhätschelung oder Vorrechte zu erzwingen (und Ausdruck einer hilflos-demütigen Stimmung in seelischen Konfliktsituationen), ist es dann nur mehr ein Schritt, der um so eher möglich ist, je höher die Intelligenz ist.

Damit sind wir beim individuell modifizierten Ausdrucksverhalten als Anpassungserscheinung an eine bestimmte soziale Situation. Ein keinesfalls als allgemein ängstlich zu bezeichnender männlicher Riesenschnauzer namens „Buchsi" pflegte zeitlebens zur „Angstabwehr" die Pfote zu heben und gleichzeitig Harn zu träufeln, wenn ich auf ihn zuging, um ihn im Sprechzimmer auf den Untersuchungstisch zu heben. Mit dieser Unterwürfigkeitsbezeugung des „hilflosen Welpen" (Regression infolge ausweglos bedrängender Situation) wollte das Tier wohl meine – wie es vermutete – „aggressive Stimmung" beschwichtigen. Besonders bei männlichen Hunden, die sich beim Eintritt in die Pubertät befinden, ist diese Verhaltensweise der Intention des schon vorhin erwähnten, infantilen Sich-auf-die-Seite-Fallenlassens als Begrüßungsgeste gut bekannter Meutengenossen hoher sozialer Stellung (Elterntier, also auch das Herrl) verbreitet und gilt während dieses Entwicklungsstadiums als völlig normales Verhalten. (Man würde also einem solchen Junghund sehr unrecht tun, würde man ihn für die damit verbundene „Stubenunreinlichkeit" bestrafen). Wenn intelligente Hunde etwas Unangenehmes von sich abwehren wollen – und dies durch ihren Besitzer erwarten –, dann können auch erlernte Verhaltensformen geradezu menschenähnlich situationsangepaßt versuchsweise zum Einsatz kommen: Ein Pudel wollte nicht in die Ordination eintreten, weil er sich vor der Behandlung, die er schon kannte, fürchtete. Als die Tür zum Wartezimmer geöffnet wurde, kam der Besitzer herein, der Hund aber – an straff gespannter Leine – stemmte sich dagegen und weigerte sich mitzugehen. Als man ihm zuredete, stellte er sich vor die Türschwelle wie ein männchenmachendes Häschen auf die Hinterbeine und bettelte mit beiden Vorderpfoten, so wie er es gelernt hatte, etwas vom Besitzer zu erbitten. Doch sind solche Erscheinungen in derartigen Situationen sehr selten.

Ein weiblicher Dackel zeigte die mehrfach vorerwähnte, infantile et-epimeletische Geste nicht nur angedeutet, sondern vollständig und mimisch sogar dermaßen übertrieben (indem er nicht nur eine Vorderpfote hob, sondern sich auf den Rücken fallen ließ und die Hinterpfoten weit von sich streckte), daß das Ganze teils einem epileptischen, teils einem tetanischen Krampfanfall ähnlich sah, was anfänglich wirklich vermutet wurde. Erregt rief mich der Besitzer dieses Hundes an, daß das arme Tier plötzlich umgefallen sei, Kopf und Hals verdrehe und die Beine steif in die Luft strecke. Alle Familienmitglieder liefen herbei und kümmerten sich um das arme Tier, das Mittelpunkt zu sein gewohnt war. Die Anfälle traten denn auch immer dann auf, wenn erregende oder ängstigende Ereignisse in einem Nebenraum oder vor dem Hause sich abspielten, die das Interesse des Tierbesitzers und seiner Familie so sehr in Anspruch nahmen, daß das Tier in seinem gewohnten Genusse der alleinigen Aufmerksamkeitszuwendung ernstlich gestört war. So genügte beispielsweise das Vorüberfahren der Feuerwehr oder die Lieferung eines Möbelstückes oder sonst eine ungewohnte Unruhe im Vorzimmer, um den im Wohnzimmer befindlichen empfindlichen Hund zu einem Anfall zu veranlassen, sofern Personen im Zimmer anwesend waren. Verließ man den Raum, dann stand der Hund sofort auf und lief hinterdrein!

Daß Angst und Muskelspannung, also gesteigerter Muskeltonus zu Schmerzempfindungen führen können, Schmerz aber wieder zu Steigerung der Spannung usw., ist ja eine bekannte Tatsache. Auch Eifersucht, das ist Kampf um das Triebobjekt – oder Furcht vor Verlust des Triebobjektes – für et-epimeletisches Verhalten oder sexuelles Werbungsverhalten (Sozialpartner, auf den die entsprechenden Auslöser gerichtet sind), kann zu allen möglichen „psychoreaktiven Störungen" führen, so zu Aggressivität, ängstlicher Resignation bis Depression, Entlastungsphänomenen, wie Verlust der sogenannten Stubenreinheit oder Freßzwang, Trinkzwang, oder zu psychosomatischen Störungen, wie Appetitlosigkeit, Erbrechen, Durchfall, Herzbeschwerden usw., aber auch zu Störungen des Muskeltonus, pseudoepileptiformen (also hysterischen) Anfällen, Äußerung von Schmerzzuständen (besonders an Körperstellen, die früher einmal schmerzhaft erkrankt waren) und Bewegungsstörungen, Berührungsempfindlichkeit, zu scheinbaren Änderungen von Sinnesleistungen und damit zu Zuständen, die man beim Menschen in vergleichbarer (subjektiv erlebter) Situation als hysterische Konversionserscheinungen bezeichnen würde. Auch der Rückfall in infantile Verhaltensweisen und auf primitive Verhaltensstufen – die sogenannte Regression – kann, wie schon angedeutet, nicht selten beobachtet werden. Daß sich in Konflikt- und Frustrationssituationen schon vorher vorhandene schmerzhafte Leiden scheinbar verschlimmern (wahrscheinlich werden nur die durch sie verursachten Schmerzen schlimmer empfunden!), während vorhandene Schmerzen durch freudige Ereignisse „vergessen" werden können, ist ebenfalls eine Tatsache, die nicht nur für den Menschen und nicht nur für Kranke gilt; wieder und wieder konnte ich derartiges in meiner tierärztlichen Praxis beobachten. Als auslösende psychische Belastung genügt in manchen Fällen schon die Abreise der Lieblingsperson. Im Kapitel über die reaktiven Depressionen wird näher auf diese Zusammenhänge eingegangen werden.

Ob und wie ein Tier auf eine seelische Belastung abnorm reagiert, hängt mehr vom Erbgut und den Jugenderlebnissen (und manchmal zusätzlich auch von bestimmten zufälligen Begleitumständen), als von der Art der belastenden Situation selbst ab.

Wenn man ein Tier besitzt und ein zweites einstellen möchte, muß man daher manchmal mit allen möglichen Schwierigkeiten rechnen. Tranquilizergaben und kluge „Regieführung" bei Unterbringung, Fütterung und Kontaktnahmen in den ersten Tagen geben jedoch die Möglichkeit, Schwierigkeiten durch Auftreten von reaktiven Störungen zu vermeiden oder wenigstens wesentlich abzukürzen. Bestimmte Richtlinien für die Art der ersten Vorstellung des neuen Tieres, für die Entscheidung über gleichzeitige Fütterung in gemeinsamem Raum, für die Lage der getrennten oder gemeinsamen Schlafplätze, die Unterbringung während der Abwesenheit menschlicher Betreuer, für soziale Einflußnahmen in Form von Ermunterung, Streicheln, Spiel, Verteilung der Spielgegenstände u. a. m. lassen sich dafür kaum aufstellen. Scharfe Beobachtung und einiges „Einfühlungsvermögen" werden den aufmerksamen Tierfreund aber das jeweils Richtige bald herausfinden lassen.

Bevorzugte Behandlung des alteingesessenen Tieres und Vermeidung oder rasches Abbrechen von Situationen, die zur Zuspitzung von Konflikten führen könnten, sind Grundregeln, von denen es aber auch Ausnahmen gibt. Oft ist es gut, sich schon Wochen vorher betont jeder Verwöhnung des alteingesessenen Tieres zu enthalten. Die ersten Kontakte sollten mit satten Tieren in Räumen stattfinden, die nicht als Heim 1. Ordnung (Schlafplatznähe oder vornehmlicher Aufenthaltsraum) oder als „Freßstelle" dienen. Während des Essens der menschlichen Familienmitglieder sollte anfänglich keines der Tiere im gleichen Raume anwesend sein. Starke Affektausbrüche, besonders in Form von Flucht oder Aggression (gleichgültig gegen wen letztere gerichtet ist), des einen Tieres in Anwesenheit des zweiten sollte man tunlichst zu vermeiden trachten. Spielsachen (Ball, Kauknochen) werden anfänglich am besten fortgeräumt. Manchmal bewährt sich die gleichzeitige Fütterung unter Aufsicht. Manchmal wieder ist es besser, getrennt zu füttern.

Die Aufnahme eines menschlichen Kleinkindes oder eines anderen neuen Familienmitgliedes in den bisherigen, gewohnten „Sozialverband" ist für besonders sensible Tiere anfänglich eine ebenso große Belastung wie die Neueinstellung eines Artgenossen oder anderen Tieres im Haushalt. Das richtige Anpassungsverhalten (aller Beteiligten!) zur „neuen sozialen Gemeinschaft" zu ermöglichen und zu erleichtern, ist wichtige Aufgabe des klugen „Familienvorstandes" (Leittieres!).

Auf die in diesem Kapitel behandelten Probleme werden wir bei der Betrachtung weiterer Anpassungsstörungen noch mehrmals stoßen.

2.5 Das ewige Kind

Daß allzu große Bevormundung und Verhätschelung zu völliger Unselbständigkeit und damit zu einer Fortdauer typisch kindlicher Verhaltensformen bis tief ins Erwachsenenalter hinein führen können, ist eine bekannte Tatsache, die nicht nur für die Behandlung menschlicher Kinder gilt. Die Unselbständigkeit kann so weit gehen, daß längst erwachsene Schoßhunde überhaupt kein Futter aus einer Schüssel oder vom Fußboden aufnehmen, sondern nur fressen, wenn man das Essen vorkaut und mit dem Löffel in den Fang stopft. Da solche Wesen aber soziale und sexuelle Triebe wie andere erwachsene Tiere entwickeln, sind die diesen Trieben entsprechenden Verhaltensformen merkwürdig mit kindlicher Ängstlichkeit, Schutzbedürftigkeit und extrem fixierter Abhängigkeit von einer Person (infantile Flucht- und Demutsgestik, infantiles Nahrungsaufnahmeverhalten, fehlendes Erkundungs- und Beuteverhalten usw.) verbunden, wodurch es zu recht grotesken Erscheinungsbildern kommt. Das durch die häufig gleichzeitig bestehende Kontaktscheue vor fremden Artgenossen auch unbefriedigt bleibende Sexualbedürfnis – das bei Haustieren domestikationsbedingt zwar gesteigert, aber oft genug umständehalber dauerfrustriert ist – führt zu allerlei Perversionen und „Überspanntheiten", auf die im Kapitel über Sexualverhaltensstörungen näher eingegangen wird. In unbekannter Gegend oder in der Nacht versuchen solche Tiere, keinen Fußbreit von der Seite ihres Besitzers abzuweichen; sie können beim geringsten Schreckreiz zusammenfahren und bewegungsgehemmt auf dem Boden liegen bleiben und welpenhaft winseln; auf dem Arm des Besitzers gebärden sie sich dagegen Fremden gegenüber manchmal als Angstbeißer. Werden sie auf den Untersuchungstisch gestellt, so ist es besser, den Besitzer ins Wartezimmer zu schicken. Ein solches Tier läßt dann alles widerstandslos mit sich geschehen, zittert oder uriniert höchstens. Auf der Straße gebärden sich solche Hunde an der Leine wie verrückt, wenn ein größerer Artgenosse in die Nähe kommt. Sie ziehen den Schwanz ein, winseln, verstecken sich hinter dem Besitzer oder springen an diesem hoch. Werden sie hochgehoben, dann allerdings kläffen sie den anderen frech an – wer kennt nicht diese Bilder! Sexuelle Infantilität bei weiblichen Hunden zeigt sich in ängstlich-aggressiver Abwehr und

Flucht bei Annäherungsversuchen von Sexualpartnern während der Läufigkeit. Unreifes Sexualverhalten von Rüden ist am unsicher-ängstlichen, „unentschlossenen", gehemmten Auftreten gegenüber der heißen, deckbereiten Hündin und Kopulationsversuchen an unrichtigen Körperstellen

Vom Arm des Frauchens aus, als sicherem Rückhalt, droht so mancher künstlich infantil gehaltene Schoßhund. Müßte er sich selbständig mit seinen Artgenossen auseinandersetzen, würde er winselnd fliehen.

erkennbar. Meist besteht dabei enge sexuelle Bindung an einen menschlichen Betreuer, der dann ersatzweise sexuell belästigt wird.

Da ein beim Futter sehr wählerischer Hausgenosse dem Bedürfnis so mancher Hundebesitzerin nach intensiven Fütterungs- und anderen Pflegehandlungen sehr entgegenkommt, wird zwar über ein solches Verhalten des Tieres geklagt und oft der Arzt aufgesucht, aber kaum je ernstlich etwas dagegen unternommen. So manches Tierchen dieser Art lernte erst fressen, nachdem tagelanger Hunger es schließlich zur Selbstaufnahme von Futter zwang, oder aber, wenn der Futterneid – manchmal auch Instinktansteckung – beim Anblick eines fressenden, neueingestellten weiteren Tieres dazu trieb. Nicht zu selten allerdings verbirgt sich hinter fadem und wählerischem Fressen auch eine echte organische Erkrankung chronischer Art, nämlich eine Mandelentzündung.

Außer im Bereiche der Nahrungsaufnahme, der sozialen Kontakte, des Orientierungs-, Revierverteidigungs-, Beutebewachungs- und Beutejagdverhaltens sowie des Sexualverhaltens sind auch Reifungsverzögerungen des Körperausscheidungsverhaltens bekannt. Wenn ein Hund mit eineinhalb Jahren noch nicht stubenrein ist, ist auch dies gewöhnlich die Schuld des Besitzers, nicht die des Hundes; die menschlichen Betreuer waren nicht konsequent genug, das Tier darauf zu dressieren, oder sie hatten aus Angst vor Infektionen oder manchen anderen Beweggründen den jungen Hund nicht oft genug auf die Straße geführt.

Es gibt Hündinnen, die so an ihren Herrn gebunden sind, daß sie als Muttertier ihre Jungen vernachlässigen oder eifersüchtig als Eindringlinge behandeln. Demnach ist so manche Blockierung des Mutterverhaltens, die man durch erbliche Instinktverluste verursacht hält, stattdessen auch durch Persistenz infantiler sozialer Stellung möglich. Erwachsene Hunde, die nicht allein bleiben wollen und, wenn sie es müssen, ein klägliches Gejammer anstimmen, wie das natürlicherweise ein von der Mutter verlassener, frierender Welpe tut, liefern ein weiteres Beispiel dafür. Wenn eine selbst ängstliche Besitzerin ihr Tier andauernd vor allerlei – vermeintlichen – Gefahren (einschließlich Bakterien und kaltem Luftzug!) beschützt, dann darf sie sich hinterher nicht wundern, wenn daraus ein überall Gefahren witterndes und ohne Schutz zitterndes, jammerndes und vor Angst urinierendes Bündel Leben wird.

Bis zu einem gewissen Grade könnte man auch das sogenannte „ungezogene", übermütig jungtierhafte Herumspringen, Davonlaufen und Stehlen von Gegenständen mancher Hunde als Zeichen einer auf jugendlicher Stufe stehengebliebenen Verhaltensentwicklung auffassen.

Zu Regression (Rückfall) auf infantile Verhaltensweisen kann es angesichts unlöslicher Konfliktsituationen und angesichts vermeintlich übermächtiger Gegner kommen, meist im Gefolge noch weiterer, anderer Verhaltensabnormitäten. Begrüßung oder Abwehr bekannter Personen durch Pfote-Heben oder Auf-die-Seite-Fallenlassen (unter gleichzeitigem Harnträufeln), eine Verhaltensweise, die schon mehrmals erwähnt wurde, ist bei halbwüchsigen Rüden angesichts der Begegnung oder des „Angriffes" eines erwachsenen Artgenossen oder – wie in einem im vorigen Kapitel genannten Beispiel – des Tierarztes (der das Tier zur Vornahme der ach so gefürchteten Untersuchung hochheben will) noch eine normale Verhaltensweise; tritt sie aber im Erwachsenenalter *regelmäßig* auf, so ist dies als Verbleiben („Persistenz") infantiler Züge, tritt sie *nur gelegentlich* in als außergewöhnlich bedrohlich erlebten Situationen auf, ist es als Rückschritt („Regression") auf eine infantile Verhaltensweise zu bezeichnen.

Es gibt auch einen Regreß, d. i. ein Zurückgreifen auf früher – nicht in der Kindheit – einmal aktuell gewesene Reaktionsformen, als Versuch, eine ausweglos scheinende Lage zu meistern. Ein solcher „Aufgabenlösungsversuch" kann sich als unzweckmäßige Anpassung erweisen und zugunsten anderer Reaktionsformen wieder aufgegeben werden. Als krankhaft ist ein situationsfremder Regreß eigentlich nur zu betrachten, wenn er trotz Erfolglosigkeit (oder gar Verschlimmerung der ungünstigen Lage) beibehalten wird.

Beispiele ähnlicher Art kann man – ohne komplizierte Versuchsanordnung – in jeder tierärztlichen Praxis erleben: So genügt es, manchen Hund auf den Untersuchungstisch zu heben und so zu tun, als verabreiche man ihm eine Injektion, um ihn sogleich freudig herumspringen und einen Leckerbissen heischen zu lassen, wenn man ihm einmal nach einer schmerzhaften Behandlung „zur Versöhnung" einen solchen gereicht hat.

In der Aufregung während der Untersuchung kann die Schmerzempfindlichkeit durch die mit der Erregung verbundene Adrenalinausschüttung verringert, oder aber erheblich gesteigert sein, wenn frühere Erfahrungen und besondere Veranlagung zu großer Ängstlichkeit zusammenwirken. (Diese Fehlerquelle läßt sich aber durch geschickte Ablenkung während der Untersuchungs- und Behandlungsmaßnahmen ähnlich wie bei Kindern ausschalten.)

Übermäßige Abhängigkeit vom Herrn bei verhätschelten, durch liebeaufzwingendes Verhalten des Besitzers infantil gebliebenen Hunden führt ebenfalls zu gesteigerter Schmerzempfindlichkeit („Wehleidigkeit!") und erheblicher Senkung der Schmerzreizschwelle für Berührungsreize. Herzrhythmusstörungen und Temperatursteigerungen durch Aufregung (z. B. während einer tierärztlichen Untersuchung) sind weitere bekannte Erscheinungen. Ich konnte Hunde beobachten, die aus dem gleichen Wurf stammten und sich anfänglich noch beim Züchter affektiv im wesentlichen recht ähnlich verhielten. Einige Monate später hatte sich, unter dem Einfluß der jeweiligen neuen Besitzer, das Verhalten einiger von ihnen so sehr verändert, daß sie nicht wiederzuerkennen waren. Neben „normal" gebliebenen Geschwistern waren einige wehleidig, überängstlich, ja Angstbeißer, und andere vorwiegend bissig und ungebärdig, eigenwillig, wild geworden. Bei den letzteren Kategorien handelte es sich – dieser Vergleich mit menschlichen Verhältnissen sei gestattet – um „unausgeglichene Persönlichkeiten".

Auch das Kauen und gelegentliche Verschlucken von Steinen und kleinen Spielsachen, ursprünglich beim Welpen zum normalen oralen Erkundungsverhalten gehörig, kann, wenn es noch bei erwachsenen Hunden – als „Unart" – auftritt, ein abnormes Fortbestehen infantiler Handlungstendenzen darstellen. In der eintönigen Umwelt des Stubendaseins ist ein gewisses Verharren auf kindlich spielfreudiger Verhaltensebene eine offenbar notwendige Anpassungserscheinung an einen Lebensablauf in Langeweile und aufgezwungenem Müßiggang. Manche Rassen neigen besonders dazu. Starke Veranlagung zur Apportierfreudigkeit dürfte wohl mit daran beteiligt sein. Näher wird darauf und auf das Aufnehmen unverdaulicher Gegenstände wie Kot, Aas, Knochen u. a. auf der Straße in einem anderen Kapitel eingegangen.

Bei allzu streng oder gar brutal aufgezogenen Hunden herrschsüchtiger Besitzer kann es ebenso zur Persistenz kindlicher Verhaltenszüge kommen wie bei stark verhätschelten und disziplinlos aufgezogenen.

Behaviortherapie, die auf eine Stärkung des Selbstvertrauens (Bewußtsein der sozialen Lagebefindlichkeit) abzielt, bewirkt eine „Individualitätsnachreifung".

Wie sehr die Eigenart der feineren Variationen des sozialen Verhaltens eines Tieres nicht nur von diesem selbst (seinem „Charakter"), sondern auch von den persönlichen Verhaltenseigentümlichkeiten des Partners (Rangstellung, Geschlecht, Tätigkeitsbereich) abhängt, geht aus zahlreichen Beobachtungen hervor. Ein z. B. von der Großmutter betreuter Hund verhält sich ganz anders als in Gegenwart des etwa strengeren Herrchens oder Frauchens. So kann sich ein Hund in Begleitung einer bestimmten Person beim Tierarzt aggressiv, abwehrbereit und ungebärdig verhalten, während der gleiche Hund, von einem anderen Familienmitglied vorgeführt, ein sittsames, geduldiges, ja geradezu „verständiges" Tier ist; in der Hand wieder einer anderen Person aber tritt dasselbe Individuum evtl. gar mit regressiven Verhaltenszügen und mimisch übertrieben wehleidig („hysterisch") auf.

Die besonders kindhaft vom Besitzer abhängigen, partiell unausgereiften Typen sind es auch, die bei einer vorübergehend notwendigen Einstellung in Tierpensionen, Kliniken oder in einem fremden Haushalt am häufigsten unter reaktiven Depressionen oder psychosomatischen Störungen leiden.

Wie psychologische Untersuchungen von Tierbesitzern unter anderem ergaben, projiziert so mancher seine eigenen Jugenderinnerungen und an der Verwirklichung behinderte Wünsche in sein Tier, so daß ihm insgeheim an dem Tier besonders jenes Verhalten gefällt, das dieser uneingestandenen oder gar nicht voll bewußten Tendenz seiner Persönlichkeit entgegenkommt bzw. diese Tendenz symbolhaft zum Ausdruck bringt. So werden Verhaltensweisen, die an jugendliche Schalkhaftigkeit und Ungebärdigkeit erinnern, ja oft auch gefährliche Aggressivität gegen Fremde – trotz scheinbaren Rügens (pro forma!) – durch wohlwollende, gewährenlassende (manchmal gar unbewußt ermunternde) Haltung gefördert, die das Tier wohl zu erkennen und auszunützen versteht. Obwohl man die Unfolgsamkeit eines Dackels beklagt, wird sein Dickschädel als „charaktervoll" gerühmt, und so mancher Besitzer eines Hundes wäre sehr enttäuscht, würde sich sein Tier, das ihm das Essen vom Tische stiehlt, durch seine Scheltworte tatsächlich ändern und von solchem Tun ablassen.

Werden die die Triebreifung unterdrückenden Einflüsse beseitigt oder gelangt ein Tier in eine völlig andere soziale Umgebung, so kommt es häufig alsbald von selbst zu einem „Nachreifen der Persönlichkeit" und zur Normalisierung des Verhaltens. Leider läßt sich in vielen Fällen eine „Milieusanierung" nicht so ohne weiteres bewerkstelligen, nicht zuletzt weil unbewußte oder uneingestandene bewußte Wünsche nach einem Verwöhnungsobjekt in Form einer „lebenden Puppe" das Verhalten des Betreuers zu seinem Tier steuern und das Allein-für-sich-haben-Können, das Beherrschen-Können, das Füttern- und Verhätscheln-Können den ganzen Sinn und Zweck der Haltung des Schoßtieres darstellen; letzteres weist mitunter zweifellos starke Anklänge an das Ausleben neurotischer Einstellungen auf.

Fälle von sexueller Reifungsverzögerung durch tiefe soziale Rangstellung konnte ich auch beobachten: Ein Rüde hob mit zweidreiviertel Jahren noch immer nicht das Bein, sondern hockte sich zum Harnabsatz nach Hündinnen- und Jungtierart hin. Er wohnte gemeinsam mit seiner wesentlich ranghöheren Mutter und zeigte selbst während deren Läufigkeit keinerlei sexuelle Ambitionen, auch sonst benahm er sich typisch welpenhaft gegenüber seiner Mutter, legte sich in et-epimeletischer Bettelstellung zwecks sozialer Körperpflege vor sie hin, um sich die Ohren auslecken zu lassen, usw. Gegenüber fremden Hunden war er kontaktscheu und unterwürfig wie ein Junghund. Auch verläßliche Stubenreinheit wurde bei diesem Tier vermißt. Sechs Wochen nachdem der Hund von der Mutter getrennt lebte, verhielt er sich wie ein normaler, erwachsener Rüde und war plötzlich auch zimmerrein. Auf Störungen des sexuellen Verhaltens durch tiefe Rangposition, Verlust der Rangstellung und weitere Ursachen werden wir in einem diesem Thema gewidmeten späteren Kapitel ausführlicher zurückkommen.

Zeitweilige, kurzdauernde Rückkehr zu juvenilen Verhaltensweisen (Betteln, Füttern, Sich-füttern-Lassen, gegenseitige Körperpflegehandlung) gehört im Rahmen der sexuellen Werbung bei vielen Tierarten zum normalen Verhaltensinventar – übrigens ja auch beim Menschen!

Regression auf Jungtierverhaltensweisen kann sogar einen höchst zweckmäßigen, lebenserhaltenden Anpassungsmechanismus an eine Lage der Hilflosigkeit darstellen. So schreibt Frau Prof. Meyer-Holzapfel, daß verletzte und verkrüppelte Vögel, die sich nicht mehr selbständig ernähren können, andere Vögel oder Menschen nach Art eines Jungtieres anbetteln. In vielen Fällen reagieren die anderen Vögel darauf tatsächlich mit Fütterungsverhalten. Auch Wölfe füttern bekanntlich verletzte und am Mitlaufen behinderte Rudelgenossen wie Jungtiere und können sie wieder gesundpflegen, wenn die Hilflosen die Pflegeinstinkte ihrer Gefährten durch Regression auf jungtierhafte Bettelverhaltensweisen genügend stark ansprechen.

Ein Rauhhaardackel, auf seine menschliche Pflegemutter geprägt, „bittet" hochgenommen zu werden, da ihn die Artgenossen im Wartezimmer nicht anziehen, sondern verwirren. ▶

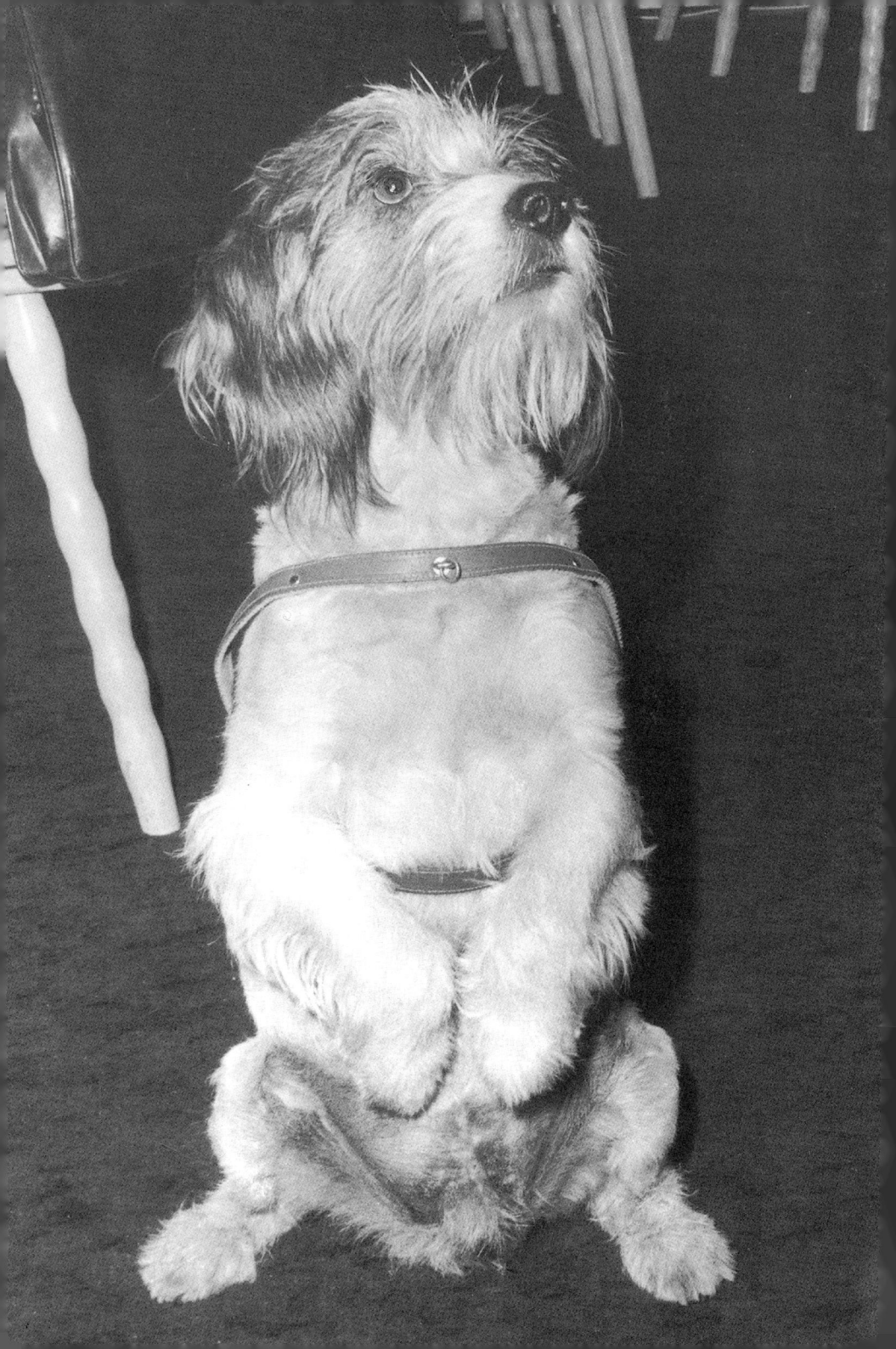

2.6 Reaktive Depression (Trauerverhalten)

Daß ein Muttertier um seinen gewaltsam entfernten Säugling einige Tage trauern kann, ist eine jedem Bauern bekannte Tatsache. Daß viele Hunde unter der Abreise oder dem Tod, kurz dem plötzlichen Verschwundenbleiben ihres geliebten Herrn tagelang leiden können, ist wohl auch nichts Neues. Noch viel schlimmer ist der Zustand, wenn sich zu der Depression über die Trennung vom gewohnten Genossen auch noch Heimweh gesellt, wie es der Fall ist, wenn ein Hund oder eine Katze in einer Tierpension oder einem Tierspital eingestellt, also in völlig fremder Umgebung zwangsweise festgehalten wird. Auch das Fehlen der liebgewordenen Lebensgewohnheiten scheint besonders verhätschelte Tiere in einer solchen Lage schwer zu treffen. Die äußerlichen Anzeichen der psychischen Belastung dauern allgemein ein bis drei Tage, je nach Temperament manchmal auch viel länger. Hat sich ein Tier mit der Umstellung einmal abgefunden und in die neue Umgebung eingelebt, so sollte sich der Besitzer keinesfalls durch Besuche in Erinnerung bringen, um dem Tier beim Weggehen nicht neuerlich Trennungsschmerz aufzuerlegen. In jeder Tierklinik und Tierpension weiß man aus eigener Anschauung, welch schwerwiegende Komplikationen sich gelegentlich einstellen können.

Das Bild eines reaktiven Depressionszustandes sieht bei Hunden nicht immer völlig gleich aus, im allgemeinen findet man jedoch eine oder zumeist mehrere folgender Erscheinungen: Bewegungseinschränkung, Verkriechen, Interesselosigkeit an den Vorgängen der Umgebung, Schlaflosigkeit bzw. nächtliche Unruhe, Appetitlosigkeit, also Futterverweigerung, gesteigerte Fluchtbereitschaft und Versuche zu entweichen, Verlust der Spielfreude und des sexuellen Interesses, eine gewisse Apathie, bzw. Reaktionslosigkeit bei Berührung und Schmerzzufügung, verbunden mit vermindertem Muskeltonus, oder aber gesteigerte Schmerz- und Berührungsempfindlichkeit und gesteigerter Muskeltonus; ferner Pupillenerweiterung und mitunter Verzögerung des Pupillenreflexes auf Lichteinfall, manchmal Stuhlverstopfung, oft aber auch Durchfall und Erbrechen. In vielen Fällen lassen sich eine Verminderung der Herzfrequenz und Senkung der Körpertemperatur feststellen. Kampflos wird die soziale Rangstellung aufgegeben, manchmal beobachtet man auch Ver-

◄ Ein Hund in einer Tierpension, der unter „reaktiver Depression", das ist permanente Weigerung gegen alles, leidet. Er kann nur mit Gewalt zum Futter und zur Erledigung seiner Ausscheidungsgeschäfte geführt werden.

lust der Stubenreinheit, Verschwinden der Körperpflegehandlungen (Fellputzen), Nichtbewachen des Territoriums gegen Fremde u. a. m. Manche dieser Tiere machen einen richtig schwerkranken Eindruck. Mit genaueren Meßmethoden würde man zahlreiche weitere Störungen innerer Organtätigkeiten feststellen. Siehe Kapitel über psychosomatische Störungen.

Dies alles findet man nicht nur in der Fachliteratur verstreut beschrieben, es deckt sich mit eigenen Beobachtungen in Tierpensionen und einigen Praxisfällen: Mehrere Hunde verschiedener Rassen, einige von ihnen als „Kindersatz" besonders verhätschelt, zeigten jedesmal ein bis zwei Tage, nachdem sie während des Urlaubs bei Bekannten ihrer Besitzer eingestellt waren, gespannt aufgezogenen Bauch, manchmal aufgekrümmten Rükken, Druckschmerz in der Nierengegend, zeitweiliges Zittern, gesteigerten Hautmuskelreflex bei Berührung, Bewegungsunlust, ja sogar Erbrechen gelben Schleimes und schleimigen, gelegentlich blutigen Durchfall. Die Freßlust war dabei nicht immer aufgehoben. Zunächst denkt man als Tierarzt in solchen Fällen etwa an Magendarmkatarrh, allenfalls auch an Nierenentzündung, evtl. durch Infektion verursacht, und verabreicht Antibiotika. Später, als ich diese besonderen Fälle schon näher kannte, beschränkte ich mich darauf, Beruhigungsmittel und krampflösende Präparate zu geben, was zu einem rascheren Heilerfolg führte: Verschwinden der Symptome nach ein bis zwei Tagen, früher oft erst nach fünf bis sechs Tagen, manchmal sogar nicht vor der Rückkehr des gewohnten Betreuers.

Fox beobachtete ähnliche Störungen bei sehr verwöhnten Hunden, wenn Besucher im Hause der Familie des Tieres waren und der Hund nicht, wie gewohnt, Interessenmittelpunkt der Familie sein konnte. Der Zustand verschwindet oft nur für die Dauer der Wirkung eines verabreichten Sedativums, um sofort nachher wiederzukehren und erst endgültig zu verschwinden, wenn die früher gewohnten Zustände im sozialen Milieu des Tieres wieder hergestellt sind.

Unter dem Zustande des gestörten Stoffhaushaltes im Organismus als körperlicher Begleiterscheinung psychischer Depressionen können banale Infektionen bösartige Verlaufsformen annehmen und zum Tode führen; eine Selbstaufnahme von Futter stellt sich manchmal – allerdings sehr selten – selbst nach mehreren Wochen nicht ein.

Bei Rindern kann in seltenen Fällen stundenlange Tränensekretion, also Weinen nach deprimierenden Ereignissen (vergeblicher Sprungversuch bei Bullen, Wegnahme des Kalbes bei Mutterkühen) beobachtet werden. Auch an Schreckerlebnisse und andere außergewöhnliche seelische Belastungen, die zu einem vorübergehenden Schockzustand geführt hatten, können sich längerdauernde Veränderungen anschließen, die den beschriebenen Zuständen der reaktiven Depression ähnlich sehen. Der Leser sei in diesem Zusammenhang an einige in dem Kapitel über die Formen der Überfunktion des Flucht- und Meideverhaltens beschriebenen Fälle erinnert (man beachte besonders den von Prof. Lorenz beschriebenen Fall), aus denen hervorgeht, welch verschiedenartige Umstände zu reaktiven Depressionen bei Haustieren führen können.

Prof. Meyer-Holzapfel vergleicht mit Recht manche an Zootieren beobachteten Reaktionen auf Vereinsamung mit dem bekannten Hospitalismus bei Kleinst- und Kleinkindern, die von der Mutter getrennt aufgezogen werden müssen.

Oft aber manifestiert sich eine reaktive Depression viel unauffälliger, so daß sie überhaupt nur durch Einsatz diagnostischer Hilfsmittel oder durch Zufall entdeckt wird, wie folgender Praxisfall demonstrieren möge: Einer drei Jahre alten männlichen Dachsbracke wurde wegen durchgeführter Mandeloperation zur Schonung eine Woche Stubenaufenthalt verordnet, was leicht einzuhalten war, da das Tier daran gewöhnt war, seine Ausscheidungsgeschäfte auch auf einem zur Wohnung gehörigen Balkon statt auf der Straße zu verrichten. Regelmäßig dreimal täglich vorgenommene Kontrollen der Rektaltemperatur, die der übervorsichtige Besitzer auf eigenen Wunsch durchführte, ergaben Werte von 37,4 bis 37,6 Grad Celsius. Erst als dem Hund wieder die Aufnahme des gewohnten Tagesablaufes (Spaziergänge usw.) gewährt wurde, konnten seine von früher her bekannten Normalwerte (38,3 bis 38,5) gemessen werden. Als man zur Kontrolle versuchsweise das Tier abermals drei Tage lang die Wohnung nicht verlassen ließ, konnten ab dem zweiten Tag wieder die gesenkten Rektaltemperaturen festgestellt werden.

Daß Katzen nach Übersiedlungen besonders leicht entlaufen, ebenso wie Hunde, die erst in erwachsenem Alter verkauft werden, ist bekannt. Manche erwachsen verpflanzte Hunde gebärden sich im neuen Haushalt recht mürrisch, mißtrauisch und aggressiv und legen Charakterzüge an den Tag, die man niemals vorher an ihnen beobachten konnte; ob dies eine atypische Wirkung der Trauer um das verlorene Heim und die gewohnten Gefährten ist oder als Versuch der Neueinordnung in eine möglichst hohe soziale Rangposition in der neuen Umwelt zu deuten ist, konnte bisher nicht entschieden werden.

Viele Umstände, die bei dem einen Hund zu reaktiver Depression, also einem Überwiegen von Hemmungserscheinungen führen, können nämlich bei einem anderen Tier zu einer Art „reaktiven Manie" führen, d. i. einem Zustand dauernder oder längerer Zeit anhaltender Übererregbarkeit – verbunden mit „Ungehorsam" und erheblicher Aggressivität (wobei selbst gegenüber den eigenen übergeordneten Meutengenossen, also dem Besitzer und seinen Familienmitgliedern keine Hemmung besteht), bei weiteren zu allerlei Entlastungshandlungen, wie Zerstörungssucht, oder aber Freßzwang, Trinkzwang und bei wieder anderen zum Verlust der Stubenreinheit, wovon in späteren Kapiteln noch die Rede sein wird. Beispiele für reaktive Aggressivität – aus „Eifersucht" – wurden in früheren Abschnitten schon genannt.

Als weiteres Beispiel wäre in diesem Zusammenhang der Fall des Schottischen Schäferrüden Lord anzuführen, der schon im Kapitel über die aggressiven Hunde beschrieben wurde.

Nicht nur bei höheren Säugetieren, selbst bei Stubenvögeln wie z. B. Papageien tritt manchmal nach dem Verlust des Gatten wochen-, ja monatelang andauernde Apathie, oder aber anhaltende Aggressivität ein.

Daß reaktive Depression und das Gewöhnen an geänderte, in der Erlebniswelt des Tieres einschneidende Umweltverhältnisse mitunter mehrere verschiedene Stadien durchlaufen kann, an denen auch allerlei psychosomatische Störungen maßgeblich beteiligt sind, möge folgendes Beispiel demonstrieren: Eine Familie mit einem vier Jahre alten weiblichen Zwergpudel war wegen Umbaues des Hauses aus der bisherigen, relativ ruhig gelegenen und geräumigen Wohnung vorübergehend in ein Ersatzquartier umgezogen, das nur aus zwei Räumen bestand und gassenseitig an einer Hauptstraße lag. In der ersten Woche beobachtete man bei dem Hund plötzlichen Verlust der „Stubenreinheit", Harn und Kot wurden in der Wohnung ungeniert an verschiedenen Zimmerecken abgesetzt (Markierungsverhalten oder Konfliktentlastungsphänomen?). Die Stubenreinheit kehrte von selbst wieder, anschließend aber zeigte sich Verminderung der Darmmotorik, so daß der Hund, der früher täglich ein- bis zweimal Kot absetzte, dies nun nur mehr zweimal wöchentlich tat. Dieser Zustand hielt zweieinhalb Monate lang an (Darmmotorik steigernde und abführende Mittel hatten nur kurzdauernden Effekt) und war spontan schlagartig verschwunden, als man wieder in die frühere Wohnung zurück übersiedelte.

Glücklicherweise paßt sich die Mehrzahl aller Hunde komplikationslos oder wenigstens nach kurzer Adaptationszeit an veränderte Umweltbedingungen gut an.

2.7 Zerstörungswut, übermäßiges Essen oder Trinken, Steinekauen, Kotfressen, Pfotenlecken und anderes

So mancher Tierbesitzer konsultiert mich, weil sein Hund außergewöhnlich großen Schaden in der Wohnung anrichtet. Da ist z. B. der einjährige Boxerrüde „Beryll", der während der Abwesenheit seines Frauchens deren Nerzmantel zerfetzte, ein anderesmal einen Perserteppich in Streifen zerriß, Bettzeug durchlöcherte, daß die Federn flogen; Vorhänge, Polstermöbel, Decken, Möbelfüße – nichts war vor ihm sicher, von Schuhen und Kleidungsstücken gar nicht zu reden.

Ähnlich gebärdete sich ein weiblicher Foxterrier, der außerdem seit dem fünften Lebensmonat seine Besitzerin mit männlichen Sexualbewegungen belästigte, gegenüber Artgenossen beiderlei Geschlechts auf der Straße aber selbst während der Läufigkeit äußerste Scheu und Fluchtverhalten zeigte.

Der Deutsche Schäferhundbastard „Pongo" litt außer an Zerstörungswut noch an Überfunktion des Beutebewachungstriebes; die Gegenstände, besonders Kleider, Polster und Decken, die er auf seinen Schlafplatz geschleppt und zerlegt hatte, bewachte er vor seinem Besitzer und knurrte drohend, wenn man ahnungslos nur den Raum betrat. Diese Verhaltensstörung war mit etwa neun Monaten aufgetreten, gleichzeitig fiel dem Besitzer auf, daß der Hund Angst oder zumindest Kontaktscheue gegenüber anderen Hunden auf der Straße zeigte. Da diese typische Pubertätserscheinung viel zu lange, nämlich sechs Monate andauerte und weder Beruhigungspillen noch Bestrafungen und Dressurmaßnahmen Erfolg zeigten, entschloß man sich zur Kastration. Schon einige Tage nach der Kastration waren Zerstörungssucht, abnormes Beutebewachen sowie übertriebene Furcht vor Artgenossen verschwunden.

Beim Boxer „Beryll" hingegen hatte Kastration leider gar nichts genützt. Er wurde erst normal, als man ihn an einen anderen Besitzer vermittelte, einen sehr energischen Herrn, der ein Haus mit Garten besaß und mit dem Hund häufig den Dressurplatz aufsuchte. Vordem wohnte er in der Innenstadt, wurde nur an der Leine zweimal täglich kurz auf die Gasse geführt und mußte ansonsten das Dasein eines Stubenhockers führen. Kein Wunder, daß das kraftstrotzende Tier seine Energien ersatzweise auszuleben

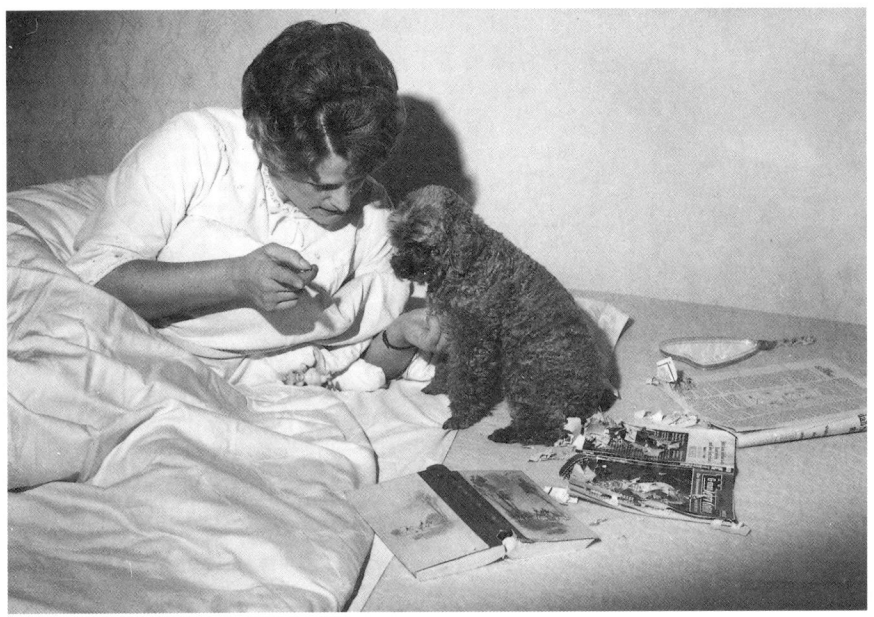

So mancher Hund weiß sich die Aufmerksamkeit seines Frauchens zu erzwingen, wenn er nicht permanenter Interessemittelpunkt ist.

versuchte, um so mehr, als er infolge der geringen Rangstellung seines Frauchens alle Gegenstände in der Wohnung als Eigentum betrachten mußte.

Ähnlich dürfte wohl die entsprechende Verhaltensabnormität bei der Foxterrierhündin zu deuten sein. Nach Sterilisation verschwanden zwar die Sexualverhaltensanteile, nicht aber die Lust, Polster und andere Textilien zu zerfetzen. Hier aber half Strafreizverabfolgung: Man legte dem Hund ein Halsband mit elektrischen Kontakten um und schloß das Kabel an den zugehörigen Generator mit einem Zugschalter so an, daß sich das Tier überallhin um seinen Korb bewegen konnte, nur nicht in eine Zimmerecke, in die zur Verleitung Decken und Poster gelegt worden waren. Der Hund wurde auf seinen Platz verwiesen, und der Besitzer verließ die Wohnung. In dem Augenblick, in dem der Hund ein Textilstück nehmen wollte, schaltete er selbst durch Zug die Strafreizimpulse ein;

wich er wieder zurück, schaltete sich die Vorrichtung wieder aus. Niemand kann sagen, wie oft sich der Hund wohl seine Strafreize selbst applizierte, ehe er ein unbehagliches Gefühl gegenüber Textilien behielt. Eine Woche hindurch verfuhr man täglich während mehrstündiger Abwesenheit des Besitzers in derselben Weise. Die Textilien wurden immer in anderer Anordnung und an anderen Zimmerstellen ausgelegt; sonst hätte der Dressurfehler passieren können, daß der Hund nicht Textilien zu meiden, sondern eine bestimmte Zimmerecke nicht zu betreten gelernt hätte. Es ist anzunehmen, daß das Tier schon vom zweiten Tag an keinen Versuch mehr wagte, sich an Textilien zu vergreifen. Damit der Hund seinen starken Beutetrieb trotzdem abreagieren konnte, kaufte man ihm u. a. ein Stück Gummischlauch, das er recht gerne in den Fang nahm und damit die Beutetotschüttelbewegung vollführte. Diese Beuteattrappe zwecks Instinktermüdung von spezifischer Energie aus dem Beute- und Nahrungsfunktionskreis läßt sich aber noch viel vollkommener gestalten und bewährt sich dann zu wesentlich vielseitigerer Verwendbarkeit, so z. B., um einem oft viele Stunden allein zu Hause bleibenden Hund die Langeweile zu vertreiben, daß er nicht heult, daß er seinen ungenügend gestillten Bewegungsdrang abreagieren kann usw.: Es wird zu diesem Zweck der Gummischlauch oder ein Gummiring an einem festen Strick mit dem einen Ende einer Zugfeder (oder einem gut dehnbaren Vollgummistreifen) verbunden, dessen anderes Ende direkt oder mittels einer Schnur auf einem Ringhaken an der Zimmerdecke oder dem oberen Balken eines Türpfostens und dergl. angehängt wird. Schnell hat ein Hund herausbekommen, daß das Zerren an dem in seiner Kopfhöhe elastisch beweglichen Ding ein äußerst vergnüglicher Ersatz für das Spiel des Beuteentreißens mit einem Artgenossen ist. (In Kalifornien gibt es solche Stretchy-Exerciser sogar fertig zu kaufen.)

Ein nachträgliches Schlagen mit den zerstörten Gegenständen hatte bei keinem der drei Hunde zum Erfolg geführt; derlei „Strafreize" scheinen nur in „Normalfällen" wirksam zu sein und auch nur dann, wenn sie möglichst „in flagranti" appliziert werden können. Junghunde versuchen ihre Zähne ja bekanntlich an allem (orales Erkundungsverhalten). Ein sofort erfolgender Schlag mit der Zeitung auf den Gegenstand, der in Ruhe gelassen werden soll, genügt bekanntlich häufig als Erziehungsmaßnahme.

Wie wir schon gesehen haben, können die Ursachen krankhafter Zerstörungssucht verschiedener Art sein: inadäquates Ausleben blockierten Sexualverhaltens, besonders zur Pubertätszeit (solche Fälle beschreibt auch Woodhouse); Überfunktion der Instinkthandlungen des Beute-Totschüttelns, Beute-Aufreißens, -Rupfens, -Zerlegens und nicht zuletzt auch Langeweilebeschäftigung bei besonders vitalen, kräftigen Tieren, die im Stubendasein ihre brachliegenden Energien ersatzweise zu betätigen gezwungen sind. Solche Fälle beschreibt auch Fox (1965). Der Leser erinnere sich in diesem Zusammenhang an das, was in Kapitel 1 des Allgemeinen Teiles nach Auffassung der modernen Verhaltensforschung über die endogene Triebproduktion, das Aufstauen von Instinktenergien und Leerlaufreaktionen, Übersprungreaktionen usw. ausgeführt wurde. Müßiggang und Langeweile führen bekanntlich ja auch beim Menschen, besonders bei Jugendlichen, zu allerlei abwegigen, häufig destruktiven und aggressiven Verhaltensbereitschaften.

Was ist eigentlich Langeweile? Langeweile kann aufgefaßt werden als ein Zustand unspezifischer Erregtheit oder Erregungsstauung infolge einer

Welch vergnügliches Spiel mit dem Stretchy-exerciser „Dog-A-Cizer"!

Situation, in der längere Zeit hindurch Umweltreize fehlen, um spezifische Erregungspotentiale adäquat abreagieren zu können. Aus dieser „Labilität" heraus kommt es offenbar besonders leicht zur Ausbildung und gewohnheitsmäßigen Beibehaltung verschiedener Abreagier- bzw. Ersatzhandlungen.

Bei manchem Hund ist der Übersprung auf Symbolbeute-Aufreißen wohl als Konfliktentlastungshandlung aufzufassen: Er ärgert sich, daß sein Herr ohne ihn ausgegangen ist (Frustration!), und reagiert sich solcherart ab; ein anderer setzt Urin oder Kot ab, oder er heult und winselt, oder er stiehlt Leckerbissen. Derartige Reaktionsweisen werden volkstümlich als „Protesthandlungen" bezeichnet. Auch die Tiefenpsychologie sieht darin eine unbewußte Aggression.

Wie man dies nach Erfahrungen amerikanischer Kollegen auch alternativ beeinflussen kann (sowie andere Probleme des „Nicht-allein-bleiben-Wollens"), wurde Ende des zweiten Kapitels des Speziellen Teiles schon kurz erwähnt und auch in Kapitel 12 des Allgemeinen Teiles unter „Allein bleiben ohne zu heulen" schon beschrieben.

Rekapitulieren wir, präsentiert sich uns die Motivation unerwünschter Zerstörungshandlungen uneinheitlich: Ersatzhandlung für nicht abreagierte Triebe, versteckte Aggression wegen der Frustration des Alleingelassenseins, Spiel, um sich die Langeweile zu vertreiben (es ist ja niemand zugegen, der diese Art Spiel verbietet, auch ablenkende Reize fehlen); oft handelt es sich zunächst nur um eine Art Erkundungsverhalten. Natürlich können auch alle möglichen Konfliktsituationen zu einem verstärkten Bedürfnis nach Übersprunghandlungen, hier Übersprung auf Handlungen aus dem Beute- und Nahrungsfunktionskreis (Totschütteln, Federausrupfen, Bauchdecke-Aufreißen), führen.

So kann auch übermäßiges Trinken sowie manchmal übermäßiges Essen, übertriebenes Sich-Kratzen, Pfotenbelecken und Steinekauen als übersprungartig auftretende Konfliktentlastungshandlung auftreten und dann später, nach Wegfall der außergewöhnlich erregenden (auch angstauslösenden) Ursachen, gewohnheitsmäßig beibehalten werden oder bei geringfügigstem Erregungsstau im Verlaufe anderer Frustrationen des Alltags wieder auftreten. Derartiges ist den menschlichen Nervositätshandlungen einerseits und gewissen „Beruhigungsgewohnheiten" andererseits vergleichbar.

Fordern Sie unsere kostenlosen
Prospekte an!

- [ ] Gesamtverzeichnis
- [ ] Neuerscheinungen
- [ ] Jagd / Angeln / Natur
- [ ] Tierhaltung
- [ ] Imkerei
- [ ] Natur und Umwelt

Absender des Kunden:

Vor- und Zuname

Straße / Hausnummer

PLZ / Wohnort

Datum / Unterschrift

Antwortkarte

Verlag
J. Neumann-Neudamm

Postfach 320

3508 Melsungen

Ich / Wir bestelle/n folgende Bücher:

— Ex. Amann, Säugetiere und Kaltblüter
des Waldes zu ca. DM 48,—

— Ex. Amann, Bodenpflanzen
des Waldes zu je DM 44,—

— Ex. Amann, Vögel des Waldes
zu je DM 39,—

— Ex. Amann, Kerfe des Waldes
zu je DM 39,—

— Ex. Amann, Bäume und Sträucher
des Waldes zu je DM 39,—

— Ex. Amann, Pilze des Waldes
zu je DM 14,80

— Ex. Bellmann, Heuschrecken
zu je DM 32,—

— Ex. Bellmann, Spinnen zu je DM 28,—

— Ex. Bellmann, Libellen
zu je ca. DM 38,—

— Ex. Godet, Bäume und Sträucher
zu je DM 29,80

— Ex. Godet, Blüten zu je DM 44,—

— Ex. Godet, Knospen und Zweige
zu je DM 39,—

— Ex. von Hagen, Hummeln
zu je DM 32,—

— Ex. Koch, Schmetterlinge
zu je DM 78,—

— Ex. Küppers/Kaltenbach, Klein-
schmetterlinge zu je ca. DM 38,—

— Ex. Pforr/Limbrunner, Ornithologischer
Bildatlas, Band 1 zu je DM 68,—

— Ex. Pforr/Limbrunner, Ornithologischer
Bildatlas, Band 2 zu je DM 85,—

— Ex. Trautner, Käfer, Band 1
zu je ca. DM 36,—

— Ex. Weidemann, Tagfalter, Band 1
zu je DM 38,—

— Ex. Weidemann, Tagfalter, Band 2
zu je DM 38,—

Viele Säugetiere können unter extremen Bedingungen und bei entsprechender Veranlagung und manchmal frühkindlicher Streßsituation (z. B. Frustration des Saugtriebes) verschiedene, häufig bis zur maßlosen Leidenschaft ausartende Gewohnheiten entwickeln, um frustrations- und konfliktbedingte Erregungen abzureagieren. Hierzu gehören z. B. das bekannte Zungenschlagen mancher Rinder, das Luftschlucken der Pferde und verschiedene andere volkstümlich als „Untugenden" bezeichnete Verhaltensweisen. Auch bei Hunden können manchmal spezifische Gewohnheiten solcher Art beobachtet werden: z. B. das maßlos übertriebene Spielen mit Steinen und Kauen an Holzstücken (es können dadurch die Zähne bis zu Stummeln abgewetzt werden!) und das sogenannte „neurotische Wassertrinken" (bis zu vier Liter Wasser pro Tag können von einem Hund mittlerer Größe aufgenommen werden!).

Bei der geringsten Erregung verschiedenster Art (ein Fremder betritt den Raum, unbekannte Geräusche dringen von der Straße in die Wohnung, Handwerker arbeiten im Nebenzimmer, das Frauchen schimpft mit dem Hund, das Herrchen fährt mit dem Auto vor) läuft das Tier zu seiner Wasserschüssel, um sich abzureagieren (Übersprung auf Flüssigkeitsaufnahmeverhalten). Erinnert das nicht sehr an das Verlangen mancher Menschen nach einer Aufregung oder nach vollbrachter Mühe: „Jetzt kann ich aber einen Cognac gebrauchen"? In gewissem Sinne handelt es sich um – im Prinzip – recht gut vergleichbare psychologische Situationen und entsprechende Erscheinungen. Auch das maßlose Steinekauen mancher Hunde kann durchaus als eine Parallelerscheinung zum menschlichen Kettenrauchen oder unentwegten Kaugummikauen aufgefaßt werden.

Wir alle wissen, wie sehr eingeschliffene Gewohnheiten bei innerer Unruhe vermehrt betrieben werden und wie schwer sie wieder abzugewöhnen sind. Das Therapieprinzip der Raucherentwöhnung und vieler Alkoholentziehungskuren zeigt denn ebenfalls frappierende Ähnlichkeiten mit den bei Hunden zur Anwendung kommenden Verfahren, um unerwünschte Displacement Activities zum Verschwinden zu bringen. So wird dem Raucher etwas gegeben, damit ihm die Zigarette nicht mehr schmeckt oder er beim Rauchen husten muß, und der Gewohnheitstrinker muß seine Tabletten schlucken, damit ihm beim ersten Gläschen übel wird. – Mit derartigen Erlebnissen wird eine Aversion gegen das Objekt der üblen Gewohnheit (und gegen diese selbst!) entwickelt. In ähnlicher

Weise legt man mehrmals dem „lasterhaft" mit Steinen spielenden Hund erhitzte „Verleitungssteine" in den Weg, damit er sich die Zunge verbrenne (man kann auch Steine mit übelschmeckenden oder Erbrechen erregenden Stoffen bestreichen); oder man vergällt dem Gewohnheits-Wassertrinker die Flüssigkeit mit Bitterstoffen (oder man läßt einfach nicht mehr gefüllte Wasserschüsseln herumstehen). In beiden Fällen wird durch Unlusterlebnisse (später zusätzlich durch Verminderung der Gelegenheit) über den Mechanismus der Bildung bedingter Reaktionen eine Aversion erzeugt und die unzweckmäßige Gewohnheit solcherart zeitweilig oder auf Dauer unter Hemmung gesetzt.

Es gibt also auch bei Tieren verschiedene Gewohnheiten (hier wurden nur zwei typische Beispiele genannt), deren Vergleich mit gewissen menschlichen „Untugenden" durchaus nicht abwegig ist.

Auch zu dem nervösen Fingernägelkauen der Kinder gibt es bei Hunden Parallelerscheinungen: das sogenannte Pfotenknabbern. In „Verlegenheitssituationen", bei Angst vor Bestrafung, bei Ungeduld und aus Langeweile, oder wenn das Futter nicht zur gewohnten Stunde gereicht wird oder noch zu heiß ist, um gefressen werden zu können (Frustration), kauen solche Tiere an ihren Krallen herum, belecken die Zehen und machen Abflohbewegungen an den Beinen; manchmal besteht darüber hinaus auch noch eine ausgeprägte Neigung zu heftigem Kratzen. Der Verhaltensforscher spricht in solchen Fällen von Alternativbewegung im Funktionskreis der Körperpflege (Übersprung auf Körperpflegehandlungen).

Die Neigung zu solchen Handlungen kann manchmal – bei Kind und Hund – derart „hypertrophieren", daß man die Spuren dieser üblen Gewohnheit auf den ersten Blick bemerken kann.

Anlässe, die aus dem einen den Nervositätstrinker machen, können einen anderen zum Vielfraß werden lassen. Fox beschreibt einen Fall, in dem in einen Haushalt, in welchem bisher ein Hund allein war, eine Katze eingestellt wurde. Die ersten drei Tage lang zeigte sich daraufhin der Hund aggressiv und appetitlos. Innerhalb von etwa zehn Wochen hatte sich aber ein derartiges Kumpanverhältnis zwischen den beiden Tieren entwickelt, daß man sie unbedenklich alleinlassen konnte. Der Hund knurrte lediglich, wenn sich die Katze seinem Schlafkorb näherte. Wenn der Besitzer anwesend war, zeigte der Hund gesteigertes Zärtlichkeitsbedürfnis. Der

Hund bekam üblicherweise seine Tagesration an Trockenfutter morgens in seine Futterschüssel und holte sich tagsüber von dort immer nur so viel, wie er Appetit hatte. Am vierten Tage nach der Einstellung der Katze in den Haushalt begann er jedoch, seine Tagesration auf einmal zu leeren. Um Eifersüchteleien bei der Fütterung der Katze zu vermeiden, wurde die Futterschüssel wieder aufgefüllt. „Die Methode der Fütterung ad libitum wurde fortgesetzt", schreibt Fox, „bis der Hund das fünffache seiner Ration konsumierte. Die ständigen Folgen des raschen Futterverschlingens waren Erbrechen und Blähungen. Nach sechs Wochen war der Hund übergewichtig, und das zwanghafte Fressen hörte nicht auf, wenn der Hund in Gegenwart der Katze gefüttert wurde. Nie versuchte die Katze, aus der gleichen Schüssel zu fressen, der Hund hätte sie beim Fressen nicht in der Nähe geduldet". Als man dem Hund zur gleichen Zeit, während der Fütterung der Katze, sein Futter – jedoch in der Menge begrenzt – vorsetzte und es streng vermied, eines der Tiere im Beisein des anderen zu liebkosen, fraß der Hund seine Ration zwar immer noch schneller als früher, war aber nach zwei Wochen so weit, daß man ihm wieder die gesamte Tagesration auf einmal zur Selbstaufnahme nach Belieben vorlegen konnte, ohne daß diese in einem Zuge aufgefressen worden wäre.

Auch unter den Menschen gibt es bekanntlich Typen, die einen psychischen Kummer in Form von Vielessen – oft geradezu unter Essenszwang – „hinunterschlucken", während andere durch dieselben belastenden Ereignisse eher jeglichen Appetit verlieren. Gestörtes Anpassungsverhalten an Problemsituationen gibt es also bei vielen Lebewesen; manche davon sind einander recht ähnlich, um nicht zu sagen identisch. Freilich sind die Probleme der Menschen durch die Überlagerung gesellschaftlicher Faktoren weit verwickelter als die der Tiere.

Noch ein Wort zum Vielfraß: Es gibt aber auch noch andere Hunde, die ausgesprochene Allesfresser sind und so lange fressen, wie man sie läßt, bzw. bis sie erbrechen. Verfettung des ganzen Körpers ist schließlich der Endeffekt. Wildtiere „wissen" immer, wann sie genug haben. Nicht immer aber handelt es sich in solchen Fällen um psychoreaktive Überfunktion des Freßverhaltens. In vielen Fällen scheint die appetithemmende Funktion des sogenannten Sättigungszentrums im Gehirn als Folge nervenschädigender Erkrankungen, in anderen Fällen aus anlagebedingter Schweransprechbarkeit (domestikationsbedingte Reizschwellenerhöhung infolge mangelnder Zuchtauslese – also eine Instinktinsuffizienz) gestört zu sein. Wie weit dabei auch besondere soziale Umstände während der Jugend mit eine Rolle spielen können, wäre genauerer Erforschung wert (Dissertationsthema!).

Bei der Deutung einer Polydipsie, d. h. des Vieltrinkens als psychoreaktive Störung, sind selbstverständlich vorher auch andere mögliche Ursachen in Betracht zu ziehen und auszuschließen, so z. B. chronische Nierenentzündung, Gebärmutterentzündung, Gastritis, Zuckerkrankheit. Beim übermäßigen Sich-Kratzen und Pfotenbelecken kommen außer psychoreaktiven Ursachen Juckreiz infolge verschiedener innerer Krankheiten, Hautkrankheiten, Ungezieferbefall und verborgener Verletzungen in Betracht. Auch beim Vielfraß sind organische Ursachen, z. B. Pankreasstörung, bei der Diagnose in Betracht zu ziehen. Nun zum sogenannten alienierten, d. h. widernatürlichen, fremdgerichteten, perversen Appetit: Mauerwerk, Steine, Koksstücke, Holz, alte Knochen, Menschenkot, Textilien, Gras, alles mögliche wird gefressen. Manche Stubenhunde sind wie versessen auf solche Funde im Park und auf der Straße. Viel ist über diese Erscheinungen schon geschrieben worden, fast in jedem Hundebuch findet man darüber verschiedene Ansichten. In vielen Fällen handelt es sich dabei um den Ausdruck einer Mangelerscheinung: Der Stubenhund hat meist keine Gelegenheit, anrüchige Fleischknochen und Darminhalt von Pflanzenfressern mit den darin reichlich enthaltenen Vitaminen und Spurenelementen sowie Aminen und anderen für ihn offenbar notwendigen Stoffen aufzunehmen, deshalb frißt er Kot und verfaulte Lebensmittel. Wenn man wöchentlich einmal rohen, ungeputzten Pansen und des öfteren überreifen Käse füttert, so bleiben diese unappetitlichen Gelüste bei vielen Hunden tatsächlich aus. Bei vielen Hunden aber nützt die genannte Beigabe zum Futter gar nichts. Interessant ist die Tatsache, daß dieselben Gegenstände, die solche Hunde im Freien – trotz meist vergeblicher Versuche, dies zu verhindern – eiligst aufnehmen und verschlucken, zu Hause, wenn man sie versuchsweise in der Futterschüssel serviert, abgelehnt werden und nicht einmal mit Gewalt zu verfüttern sind. Es dürfte sich in diesen Fällen also wohl um die bei Stubenhunden ja mangels ausreichender Gelegenheit gestaute Instinkthandlung des Beute-Findens handeln, die da abreagiert wird. In einigen Fällen könnte es sich auch um eine Persistenz infantilen oralen Erkundungsverhaltens handeln.

Hunde, die in einem Garten aufwachsen, vergraben bekanntlich nicht mehr benötigte Futterreste, um sie später wieder hervorzuholen und zu verzehren. Als unser Münsterländer zufällig von weitem zusehen konnte, an welcher Stelle im Garten ich die Köpfe und Flügel geschlachteter Hühner vergraben hatte, eilte er, nachdem ich mich entfernt hatte, dorthin, um „die versteckte Beute des Herrn" auszugraben und woanders einzugraben.

Natürlich kann man Stadthunden das unerwünschte Aufnehmen von allerlei Gegenständen nicht gestatten; es könnte ja auch einmal ein Rattenköder sein. Deshalb ist es wichtig, schon von frühester Jugend an derlei Ambitionen zu unterdrücken. In der einschlägigen Literatur gibt es ausführliche Anleitungen, wie man einen Hund dazu bringt, überhaupt nur auf Befehl Futter aufzunehmen und ohne Befehl alles Genießbare unberührt und unbeachtet zu lassen. Wenn ein Hund schon einmal ein unerwünschtes Ding in den Fang genommen hat, sollte man es ihm auf jeden Fall sofort wieder wegnehmen (das Abschlucken hätte ja die Wirkung eines Belohnungsreizes) und vor dem Fang des Hundes unter Pfuirufen auf das Ding schlagen. Wie aber nimmt man einem Hund gewaltsam etwas aus dem Fang? Mit der einen Hand fixiert man den Hund bei der Genickhaut, mit der anderen drückt man vom Unterkiefer her beiderseits die Lefzen so kräftig gegen die Zahnreihen, bis der Hund den Fang öffnet. Dann schüttele man den Kopf des Tieres, daß der Gegenstand herausfällt. Je unsanfter man dies unter gleizeitigem Lautsignal „Aus" tut, desto weniger oft wird man es tun müssen. Apportiernärrischen Hunden, die die Tendenz zeigen, Steine aufzunehmen und herbeizubringen, auf daß man sie wieder wegwerfe, sollte man umdressieren, ein Stück Kunststoffschlauch oder ein Apportierholz zu bringen (und auf diese Weise reichlich mit ihnen spielen). Dann kann nicht der Fall eintreten, daß zufällig und ungewollt ein Stein verschluckt wird und zu Darmverschluß führt oder daß an dem Stein herumgekaut wird, wodurch sich die Zähne vorzeitig stark abnutzen. Man kann sich auch einer Wurfkette – für kleine Hunde ein zehn Zentimeter langes Stück einer billigen Aluminiumschmuckkette – bedienen, die man dem Hund wortlos oder unter Pfuiruf zwischen die Füße wirft, wenn man sieht, daß er eben einen verbotenen Gegenstand aufzunehmen sich anschickt (sehr wirksam durch Überraschungsmoment!).

Anders ist das Fressen von Mauerwerk durch einen Junghund oder eine scheinträchtige Hündin zu beurteilen; hierbei dürfte wohl Kalkmangel die hauptsächlichste Rolle spielen (bei der trächtigen und scheinträchtigen Hündin zusätzlich Nestbauverhalten). Manche Hunde fressen aber auch Fell, Textilien, Koksstücke und andere rauhe Gegenstände. Bei Junghunden ist dies wohl meistens nur als vorübergehende, normale Entwicklungserscheinung oralen Erkundungsverhaltens zu beurteilen; besonders gerne werden Leder, Rohrgeflecht, Stroh, Papier zernagt, aber nur selten abgeschluckt. Bei erwachsenen Hunden können solche Verhaltensweisen, wenn sie plötzlich auftreten, ein Hinweis auf Mandelentzündung oder Gastritis sein. Auch im Anfangsstadium der Tollwut werden bekanntlich allerlei unverdauliche Gegenstände aufgenommen. Die Frage, warum eigentlich Hunde Gras fressen – eine normale Verhaltensweise, die nur verschieden häufig auftritt –, ist noch viel zu wenig exakt untersucht worden. Nach Fox sieht man beim Welpen nach der Aufnahme von Gras Erbrechen von Spulwürmern. Er schließt daraus, daß möglicherweise das Grasfressen bei Hunden demselben Zweck wie bei Katzen dienen soll, nämlich durch Reizung der Magenwände Erbrechen zu erleichtern und so zur Reinigung des Magen-Darm-Traktes von unerwünschten Ballaststoffen beizutragen.

Das Einreiben des Gesichtes, Halses und der Flanken mit Aas, Kot, faulem Fisch, ranzigem Fett und dergleichen – viele Hunde wälzen sich auf solchen Stoffen – ist keine Verhaltensabnormität, sondern gilt als normale, artgemäße Verhaltensweise. Manche Hunde „parfümieren" sich nur bei der erstmaligen Begegnung mit solchen Duftstoffen, aber nicht mehr, wenn man denselben Reiz wiederholt anbietet. Die wissenschaftliche Aufklärung der Auslösebedingungen, der Motivation und des biologischen Zweckes dieser Instinkthandlung anhand vergleichender Untersuchungen an mehreren hundeartigen Raubtieren wäre ein interessantes Thema für eine gründlichere Untersuchung; verschiedene bisherige Theorien darüber befriedigen nicht, weshalb hier auch nicht weiter darauf eingegangen sei.

2.8 Zwangshandlungen, Bewegungsstereotypien und andere „eingefrorene" Ausdrucksformen seelischer Konfliktzustände

Eines Tages wurde mir in der tierpsychologischen Beratungsstunde ein Foxterrierbastard vorgestellt, der die Eigentümlichkeit zeigte, mit zwanghafter Verbissenheit mehrmals täglich einige Minuten lang seiner eigenen Schwanzspitze nachzujagen und sich solcherart ununterbrochen im Kreise zu drehen. Irgendwelche Besonderheiten konnten bei der Untersuchung des Schwanzes und der hinteren Körperhälfte nicht festgestellt werden. Durch Verabreichung eines Lokalanästhetikums wurde versuchsweise etwaiges Bestehen von Juckreiz ausgeschaltet, das Tier änderte sein Verhalten aber nicht. In für das Tier erregenden Situationen traten diese Anfälle besonders häufig und lange auf; möglicherweise handelte es sich stets um die Abreaktion irgendeiner psychischen Erregung. Leider war über die Vorgeschichte dieses Hundes nichts in Erfahrung zu bringen, denn er wurde herrenlos aufgegriffen und dem derzeitigen Besitzer, bei dem er nun schon drei Jahre lebte, übergeben. Die geschilderte Verhaltenseigentümlichkeit wurde schon am zweiten Tag der Einstellung im neuen Haushalt beobachtet, der Hund war damals etwa ein bis eineinhalb Jahre alt. Einige Schweizer Fachleute, Frauchiger, Frankhauser sowie Bachmann, beschrieben ähnliche Fälle bei Hunden anderer Rassen.

Diesen Fällen in gewissem Sinne ähnlich waren andere, in welchen ein Hund, zwanghaft und durch Zurufe oder optische Störreize unablenkbar, blitzenden Lichtreflexen und wieder ein anderer Hund vorbeihuschenden Schatten beutehaschend nachjagte, ganz so wie ein Foxterrier einen geworfenen Tennisball fängt. Dieser Fall wurde in anderem Zusammenhang schon einmal kurz erwähnt und dabei bemerkt, daß auffälligerweise fast immer nur Foxterrier, manchmal auch Zwergpinscher diese Art Zwangshandlungen zeigen. Bei ihnen liegt diese Verhaltensform sozusagen als „fertige Schaltung" vor und braucht nur im Übermaß und bei „falschen Anlässen" erregt zu werden. Es handelt sich nämlich um die spezifische Beuteinstinkthandlung des Fangens und Tötens schneller, wehrhafter kleiner Tiere, wie z. B. Mäuse und Ratten. Tatsächlich verwendete man ja Hunde dieser Rassen früher einmal sehr häufig und mit gutem Erfolg zur Bekämpfung von Hausschädlingen.

Diesen Formen recht ähnliche Verhaltensweisen sind solche, in denen Hunde scheinbar „zwanghaft" in die Speichen vorüberfahrender Räder beißen; manche dieser Tiere zeigten außerdem noch andere Verhaltensstörungen und wurden schließlich bösartig, so daß man sie töten mußte. Pathologisch-anatomische und histologische Hirnuntersuchungen erbrachten keine Anhaltspunkte für eine organische Hirnschädigung. Es gibt verschiedene Theorien und Ansichten über das Entstehen solcher Zwangshandlungen, die aber alle nicht recht befriedigen. Eine Behandlung erwies sich bisher immer als aussichtslos.

Ein weiterer Fall betraf einen Hund, der in eigentümlicher Weise zehn- bis zwanzigmal in den Stock seines Herrn biß, immer wenn dieser ihn ergriff, um aufzustehen. Aus genauen Beobachtungen des Ausdrucksverhaltens des Tieres vermutete man, daß es sich um eine Art Beutespiel handeln könnte. Ein kurz vor dem Ergreifen des Stockes geworfenes Beutespielzeug lenkte den Hund so ab, daß er den Stock in Ruhe ließ, so daß man über diesen Umweg weitere Beschädigungen des Stockes verhindern konnte. Während die Entwicklung all dieser mehr oder weniger normalen Instinkthandlungsweisen zur Zwangshandlung gänzlich unaufgeklärt blieb, ist die folgende wohl verständlicher: Gelegentlich eines tierärztlichen Hausbesuches konnte ich vom Fenster aus einen Hund in einem großen Hofe beobachten, der ununterbrochen bellend in einem Kreise von etwa zwei Meter Durchmesser rundum lief, als hinge er an einer Kette. Der Besitzer erzählte mir, daß das Tier früher einmal ein Kettenhund gewesen und seither – im Hofe frei gehalten – bei allen möglichen erregenden Anlässen wie früher im Kreise liefe. Im gegenwärtigen Falle sei ich als Fremder Anlaß; aber auch bei freudigen Erregungen, wenn er das Frauchen mit der Futterschüssel von weitem kommen sehe, reagiere dieser Hund so. Ob es sich hier um eine erhalten gebliebene Gewohnheit oder um eine sogenannte Kreisstereotypie handelt, wie sie bei hundeartigen Raubtieren in zoologischen Gärten häufig beobachtet wird, kann nicht sicher entschieden werden. Die Entstehungsbedingungen können in beiden Fällen aber prinzipiell ähnlich beurteilt werden; der Hund befindet sich in einer Frustrationssituation und kann das durch ein aufregendes Ereignis ausgelöste Bewegungsbedürfnis (durch die Kette in dem einen Fall, durch allzuenge Käfigwände in dem anderen Fall) nicht anders als durch ununterbrochenes Laufen im Kreise abreagieren. Außerdem kennen wir (Konfliktverhalten im Allgemeinen Teil dieses Buches) Bewegungsstereotypien (Hin- und Herlaufen, Im-Kreise-Laufen u. a.)als dem Tier in psychischen Belastungssituationen unter vielen anderen (adäquaten und inadäquaten) Abreagierungsmöglichkeiten, wie z. B. Bellen und Hecheln, zur Verfügung stehende Entlastungshandlungen.

Unter welchen Bedingungen eine einmal eingefahrene Stereotypie (oder auch andere Displacement Activities, die wir ja schon reichlich kennengelernt haben) auch nach dem Wegfall der ursprünglich auslösenden Situation beibehalten bleibt oder als ausschließliche Erregungsabreagierhandlung auch in ganz anders gelagerten Erregungssituationen später vorzugsweise immer wieder benutzt wird, warum es also zur Fixierung kommt, warum gewissermaßen als Denkmal eines ehemaligen Konflikts ein bestimmter Reaktionsmechanismus konserviert wird, das gilt nach wie vor als weitgehend unaufgeklärt. Auf dem jungen Gebiet einer „vergleichenden Psychiatrie" wird in den nächsten Jahren noch viel Forschungsarbeit zu leisten sein.

Außer Fox haben auch noch andere Untersucher die Entstehung von Stereotypien bei Caniden beschrieben.

Im folgenden sollen Teile einer Abhandlung von Frau Prof. Meyer-Holzapfel, die dieses Thema anhand vergleichender Beobachtungen an mehreren Tierarten sehr anschaulich darstellt, wörtlich wiedergegeben werden (aus „Psychoreaktive Verhaltensstörungen bei Tieren", 1961):

„...in einem Zoogehege hat das Wildtier oft keine Möglichkeit, nach Belieben ein Versteck aufzusuchen. Solange es noch nicht eingewöhnt ist, vermeidet es daher die offenen Flächen und bewegt sich längs den Käfigwänden oder den Gehegegittern hin und her, und zwar vor allem *jenen* Abschrankungen entlang, die am weitesten von den Besuchern entfernt sind. So entsteht häufig ein stereotyper Weg, der oft so stark ausgetreten ist, daß man ihn ohne weiteres erkennen kann. Ich habe diese *Bewegungsstereotypie* ‚Flucht am Ort' genannt (Meyer-Holzapfel, 1938, 1939). Dieses gerade Hin- und Herlaufen, das ein Auswegsuchen darstellt, ist die einfache Grundform jeder Bewegungsstereotypie, aus der sich die anderen ableiten lassen.

Wenn sich die Tiere nach und nach beruhigen, dann lockern und vergrößern sie ihre Bahnen. So kann ein Tier, das in der Aufregung ganz dicht am Gitter hin- und herlief, beim Umwenden immer größere Schleifen in seiner Bahn durchlaufen. Mit zunehmender Beruhigung entstehen auf diese Weise schließlich *achterförmige* Bahnen, deren Form für den Besucher zunächst unverständlich erscheint (Holzapfel, 1938). Eine etwas andere Genese haben Achterschleifen, die unabhängig von einer Wand zwischen Fixpunkten mitten in einem Raume gelaufen werden (Tembrock, 1958).

Es gibt aber auch noch andere seltsame Bewegungsstereotypien. Jeder Besucher eines zoologischen Gartens oder eines Zirkusses kennt das merkwürdige Gehaben mancher Eisbären, den Kopf auf- und ab- und hin- und herzuwiegen und dazu mit gegrätschten Vorderbeinen gleichsam den Takt zu treten. Man nennt dieses eigenartige Verhalten, welches an die Bewegung eines Weberschiffchens erinnert, das ,Weben'. Auch dieses ist eine Gefangenschaftserscheinung, die viel verbreiteter ist, als man sich dieses gewöhnlich vorstellt, und die nicht nur bei verschiedenen Bärenarten, sondern auch bei Elefanten und Pferden häufig ist. Manche Eisbären gehen auch einige Schritte vorwärts, werfen den Kopf auf und ab, manchmal mit so viel Gewalt, daß sie sich blutig scheuern, dann gehen sie die gleiche Zahl von Schritten wieder zurück und so fort, stundenlang. In älteren Lehrbüchern der Tierheilkunde findet man dieses stereotype Weben als sogenannte ,Untugend' verzeichnet, die aus Langeweile entstehen soll. Hediger (1934) hatte bereits vermutet, daß es sich hier nicht um eine spielerische Unterhaltung des Tieres handelt. Nach eingehender Analyse dieser Zwangsbewegungen konnte ich diese Hypothese bestätigen (Holzapfel, 1939). Tatsächlich ist das Weben meist Ausdruck einer Aufregung wie die geschilderte ,Flucht am Ort'. Viele Tiere haben die Neigung, oft durchlaufene Wege abzukürzen. Sucht ein Zootier, vor einem gefürchteten Menschen fortzulaufen, oder sucht es umgekehrt, einem lockenden Ziel, etwa dem futterbringenden Pfleger oder dem Artgenossen im Nachbarkäfig entgegenzueilen, so steht seinem Streben das Käfiggitter oder die Käfigwand als Hindernis entgegen. Statt nun der ganzen Gitterlänge eines Käfigs entlangzulaufen, läuft z. B. ein Bär allmählich nur noch drei Schritte nach links, drei Schritte nach rechts, und schließlich wird das Auswegsuchen so stark abgekürzt, daß es nur mehr ,symbolischen Charakter' hat: Das Hin- und Hertreten am Ort zeigt bloß noch die beiden Richtungen an, in die das Tier ursprünglich laufen wollte, und das Hin-und Herpendeln des Kopfes ist ‚Überbleibsel‘ des Umwendens. Die nickende Bewegung dürfte eine noch stärkere Abkürzung bedeuten.

Manche Tiere neigen in engen Käfigen mehr zu Kreisgängen, andere zu elliptischen Bahnen. Bei Tierarten, die ein starkes Aktivitätsbedürfnis haben, wie Bären, Marder, Hyänen, genügt oft die Raumbeschränkung allein, um einen in seiner Form stereotypen Spaziergang entstehen zu lassen, mit dem das Bewegungsbedürfnis abreagiert wird. Bei den wenig aktiven, ja geradezu faulen Löwen beobachten wir im Zirkuswagen dagegen stereotypes Hin- und Hergehen hinter dem Vordergitter, meist nur kurz vor der Fütterung. Die Tiere, denen ein guter Zeitsinn eigen ist, trachten danach, dem zunächst noch nirgends sichtbaren futterspendenden Wärter entgegenzueilen. Wenn sie dann das Fleisch vor dem Käfig sehen und riechen, geht das Hin- und Hertraben in ein Hin- und Herjagen in höchster Aufregung über, ja die Tiere springen regelrecht am Gitter hoch, und der Bewegungssturm erreicht seinen Höhepunkt auch in bezug auf Geschwindigkeit. Die Bewegungsstereotypie ist also durchaus nicht immer Ausdruck eines spontanen Bewegungsbedürfnisses. Sie kann sogar dann auftreten, wenn das Tier eigentlich Ruhe sucht, jedoch seinen Schlafplatz nicht aufsuchen kann. So konnte ich einmal bei einem kleinen südamerikanischen Nasenbären ein stundenlang andauerndes stereotypes Hin- und Herlaufen vor dem geschlossenen Türchen zum geheizten Innenkäfig beobachten, was sofort aufhörte, wenn man sein Türchen öffnete. Das Tier begab sich augenblicklich in seinen Innenstall, wo es auf seinem Schlafbrett meist bald einschlief (Holzapfel, 1939).

Daß auch bei Geisteskranken Fälle von übersteigertem Streben nach dem Schlafplatz vorkommen können, wird durch einen Fall belegt, den mir vor Jahren ein Psychiater (Dr. med. Adolf Friedemann) mitteilte. Es betraf einen Fall infantiler Demenz. Nahm man den Knaben aus dem Bett, so machte sich ein primitives Neststreben bemerkbar. Er kletterte sofort wieder ins Bett zurück, wenn man ihn nicht in einer gewissen Entfernung von seinem Lager hielt. Gelang es aber, ihn abzulenken, wurde ein ausgesprochener Bewegungsautomatismus ausgelöst, der den Kranken fast ständig zum mehr oder weniger raschen Gehen zu zwingen schien. Während der Beobachtungszeit von etwa einer Stunde schien der Patient nur einmal während zehn Sekunden ruhig zu stehen (Holzapfel, 1940). Hier stimmen die Verhaltensweisen von Tier und Kind auffallend auch in ihrer Motivierung überein (vergl. Ploog, 1958).

Sehr häufig sind Bewegungsstereotypien auch sozial bedingt, sei es, daß ein Tier von einem oder mehreren Artgenossen getrennt ist, sie aber durch Gitter oder Stalltüre noch sehen, riechen oder hören kann und daher in ihre Richtung strebt, sei es, daß sozial überlegene Tiere ein unterlegenes dauernd bedrohen und angreifen und dieses sich nicht genügend zurückziehen kann. In beiden Fällen ist die Bewegungsstereotypie wiederum Ausdruck des Zu- oder Wegstrebens, das durch ein Hindernis gestaut wird.

So beobachtete ich im Zoo von Whipsnade bei London einen indischen Nashornbullen, der vor der geschlossenen Türe des Stalles, in welchem sich das Weibchen befand, jeweils eine Zeitlang ‚webte‘. Und ein Braunbär im Bärengraben lief in stereotypen Achterbahnen umher und prüfte unterwegs den Schieber, hinter dem sein Wunschobjekt, die Bärin, sich befand.

Und noch ein Beispiel für den umgekehrten Fall: das Wegstreben von einem gefürchteten Artgenossen. Ein Mantelpavianmännchen im Amsterdamer Zoo lief oft im Kreise in seinem Käfig herum und machte in einer bestimmten Ecke eine tiefe Verbeugung. Es hatte sichtlich Angst vor einem zweiten, den Käfig bewohnenden Männchen. Ich habe deshalb sein Verhalten als eine starre Gewohnheit des Auswegsuchens gedeutet; ein Ausweg wird ja bei Tieren vor allem in einer Ecke gesucht, daher die ‚Verbeugung‘ zur Ecke hin, als abgekürztes, symbolisches Ausbrechen.

Eine seltene Form stereotypen Verhaltens zeigte ein Lippenbärweibchen des Zoologischen Gartens Basel, das vom Zootierarzt Dr. Lang (1943) untersucht wurde. Es war eine eigentümliche Brechgewohnheit, bei der das Erbrechen willkürlich durch Einkrümmung des Körpers vom Tier provoziert wurde. Dies geschah jeweils nach der Fütterung und konnte zwei Stunden anhalten und bis über zweihundertmal erfolgen, worauf das Tier den erbrochenen Nahrungsbrei jeweils wieder aufschlürfte. Lang hielt diese Brechstereotypie für den Ausdruck einer Magenstörung. Wie sich zeigte, war sie jedoch nicht physiologisch bedingt. Durch Trennung vom sozial überlegenen Männchen, vor dem sich das Weibchen deutlich fürchtete, konnte sie schlagartig behoben werden. Das Zurückversetzen des geheilten Weibchens zum Männchen nach sechs Wochen löste das alte Verhalten sofort wieder aus. Es erwies sich demnach als eine Form des Abreagierens gestauter Fluchttendenz vor dem ranghöheren Partner, ähnlich wie die ‚Verbeugungen' des Pavians. Diese Beispiele mögen genügen, um zu zeigen, wie vielfältig die Ziele sein können, die ein Tier aus dem Käfig locken, oder die Ursachen, die ihm seine Behausung unerträglich machen. Immer sind solche automatisierten Bewegungswiederholungen ein Zeichen, daß ein Tier aus irgendeinem Grunde einen Ausweg aus seiner Behausung sucht.

Während in den meisten Fällen die Stereotypie durch Beseitigung der Ursache behoben werden kann, gibt es extreme Fälle, hauptsächlich bei Bären und Elefanten, bei denen sie auch in großen Freigehegen fast pausenlos ausgeführt wird, trotz der Möglichkeit, das Bewegungsbedürfnis auch ganz anders abzureagieren. Solche, zur unüberwindlichen Gewohnheit gewordene, starre Bewegungswiederholungen sind in der Regel ein zuverlässiger Fingerzeig für frühere dauernde Haltung an der Kette (bei Elefanten) oder in zu engen Käfigen (bei Bären). So zeigen ehemalige Menagerietiere zuweilen auch nach Versetzung in ein weiträumiges Freigehege immer noch das Weben oder Vorwärts- oder Rückwärtsschaukeln (Holzapfel, 1939). Das erste Beispiel hierfür verdanken wir Eipper (1928): Ein Eisbär, der von einer Wandermenagerie gekauft worden war, wo er einen Käfigwagen bewohnte, war im Münchner Tierpark Hellabrunn in der großen Freianlage ausgesetzt worden. Dort suchte er sich ein flaches Plateau und lief tagaus, tagein sechs Schritte vorwärts, sieben Schritte rückwärts. Schloeth (1954) berichtete ähnliches von Zirkusbären, die vom zoologischen Garten in Basel übernommen worden waren. Gleich zu Beginn zeigten sich sehr starke individuelle Unterschiede. Einige der Bären brachten ihre Stereotypie mit, andere zeigten kaum etwas davon. Das älteste Weibchen, ‚Anita', wählte von Anfang an einen ihr zusagenden Standort, wo sie fast pausenlos während einiger Zeit Tag und Nacht webte. Eine andere Bärin hatte eine ovale Kreisbahn entwickelt, die genau den Dimensionen des Zirkuswagens entsprach, obwohl ihr neues Gehege diesen um ein Vielfaches an Größe übertraf. Sie hatte also die Maße ins neue Gelände projiziert!

Aus vielen dieser scheinbar sinnlosen Verhaltensweisen, die eine Psychose vortäuschen, können wir wichtige biologische und psychologische Bedürfnisse der Tiere ablesen. Aber mehr noch: Durch die Analyse des stereotypen Verhaltens beim Tier hat man auch gewisse Verhaltensweisen bei Geisteskranken verstehen gelernt, deren Interpretation vorher nicht möglich war..."

Diese Schilderung Meyer-Holzapfels wurde hier eingeschoben, um den Entstehungsmechanismus von Bewegungsstereotypien besonders zu verdeutlichen. Das folgende Beispiel zeigt, daß Bewegungsstereotypien – solange ein aktueller Anlaß dazu besteht – sogar schon bei Vögeln vorkommen können: Der Nachbar meines Gartenhäuschens ist ein begeisterter Geflügelzüchter. Es ergab sich, daß er einmal einen Truthahn von seinem gewohnten Gehege und den Gefährten, mit denen er aufgewachsen war, wegen allzu großer Kampflust entfernen und in eine drei Meter daneben und eineinhalb Meter höher gelegene Umfriedung zu Hühnern sperren mußte. Daraufhin entwickelte sich eine stundenlang andauernde Stereotypie, indem sich das Tier vor der Ausgangstür mit Blickrichtung auf sein früheres Territorium zwei Meter nach links und zwei Meter nach rechts hin und her bewegte und Klagelaute ausstieß. Der Zustand dauerte einige Monate, bis das Tier der Verwertung in der Küche zugeführt wurde.

Eine ähnliche Stereotypie konnte ich in einem Katzenasyl bei einem Siamkater beobachten, nachdem man seine Gattin von ihm getrennt und in einem Nachbargehege, gemeinsam mit anderen weiblichen Tieren untergebracht hatte.

Ein Verbleiben der Bewegungsstereotypien über die Zeit der aktuellen erregenden Situation hinaus – gewissermaßen als „eingefrorene Konfliktdarstellung" – ist jedoch, zumindest bei Hunden und Katzen, der seltenere Fall, sicherlich deshalb, weil niemand Welpen und Junghunde für längere Zeit in winzigen Käfigen hält oder schon an die Kette legt. Bewegungsbeschränkungen bzw. -behinderungen spielen bei der Auswahl einer Stereotypie (aus anderen, dem Tier ebenfalls möglichen Entlastungshandlungen) anscheinend eine wichtige Rolle.

Das aufgeregte Hin- und Hergehen frisch gebackener Väter auf den Gängen von Geburtskliniken, fünf Schritte von der Tür nach links und fünf Schritte von der Tür nach rechts, weil sie die Tür zu ihrer Frau und dem

Neugeborenen noch nicht durchschreiten dürfen, ist ohne Zweifel eine echte Parallelerscheinung zu tierischen Bewegungsstereotypien. Andere junge Väter rauchen eine Zigarette nach der anderen, wieder andere fühlen sich abgeschlagen und krank: „Die Mutter bekam das Baby, der Vater liegt im Wochenbett". Andere gähnen, wieder andere suchen jede halbe Stunde das WC auf, denn sie verspüren plötzlich Stuhldrang oder immer wieder Harndrang. Alles Entlastungshandlungen, wie sie auch bei anderen Gelegenheiten auftreten und wir sie auch bei Hunden und anderen Tieren in außergewöhnlichen, verwirrenden Situationen emotionellen Erregungsstaues kennen und von denen einige in diesem Buche schon geschildert wurden oder noch folgen.

Gleichförmige, stereotype Abflohbewegungen am Arm des Frauchens unter gleichzeitig vorhandenen Zeichen sexueller Erregung seines Gliedes und beschleunigter, keuchender Atmung konnten bei einem Langhaardackel beobachtet werden, der mit seinem Frauchen im Bett schlafen durfte, was ja in Großstädten Hunde kleinerer Rassen oft tun. Sexuelle Triebhandlungsperversionen, denen ja die Hemmung bzw. das Fehlen der trieblösenden natürlichen Instinktendhandlung gemeinsam ist, können also, wie es den Anschein hat, ebenfalls Anklänge zu stereotypen Wiederholungen einzelner Teilbewegungen zeigen. Wie und warum diese Perversionen entstanden, konnte leider nicht aufgeklärt werden, wahrscheinlich kommen sie häufiger vor, als zugegeben wird.

Eine Brechstereotypie, wie sie Meyer-Holzapfel bei einem Lippenbären beschreibt, wurde, wenn wohl nicht in so ausgeprägtem Maße stereotyp, auch bei Hunden beobachtet (z. B. Schmidt und Müller; Brummer u. a.). Wir wissen ja schon, daß Erbrechen und Speicheln ebenso wie Durchfall oder Verstopfung, Herzfrequenzänderungen, Blutdruckänderung, Atemveränderungen, Zittern, Temperatursteigerung usw. als psychosomatische Störungen neben oder auch ohne weitere „eigentliche Verhaltensstörungen" auftreten können.

Bei manchen, anscheinend zwanghaft wiederholten Bewegungen wie Fliegenschnappen ohne Vorhandensein von Fliegen (Ursache häufig Glaskörperflocken, also eine Augenerkrankung), Schwanzverfolgen u. a. handelt es sich nicht um psychoreaktive Vorgänge, sondern um Symptome organischer Erkrankungen. Genaueste fachtierärztliche (Kleintierspezialisten!) Untersuchung zum Ausschluß dieser Möglichkeiten vor der

Annahme einer psychischen Ursache der Verhaltensstörung ist also auch in solchen Fällen notwendig. Von den in diesem Kapitel beschriebenen Zwangshandlungen und Bewegungsstereotypien umweltreaktiver Art, also psychogener Ursache, sind jene streng zu unterscheiden, die im Gefolge von Schädigungen ableitender Nervenwege oder untergeordneter Steuerungszentren auftreten, wofür ich hier nur zwei Beispiele nennen möchte. Bei einseitiger Erkrankung des Gleichgewichtsorganes, Reizung des Nervus stato-akusticus, Gehirnhautentzündung an bestimmten Stellen oder manchen Kleinhirnschädigungen wird ebenfalls Kreis- und Bogenlaufen beobachtet (häufig, aber nicht immer begleitet von außerdem vorhandener deutlicher Gleichgewichtsstörung, ersichtlich an unsicherem Gang und der Neigung, auf eine bestimmte Seite zu fallen; meist wird auch der Kopf schief getragen). Das zweite Beispiel betrifft den bekannten sogenannten Staupetick. Als Folge oder Spätfolge nach überstandener Nervenstaupe können Zuckungen einzelner Muskelgruppen zurückbleiben, die entweder dauernd oder nur in Aufregungssituationen oder in der Phase des Einschlafens beobachtet werden. So zuckt bei manchem Patienten in rhythmischer Gleichförmigkeit ein Fuß; ein anderer klappert mit dem Kiefer, bei wieder anderen zuckt die Rückenhaut usf. Diese Zustände, die nach monatelanger Dauer verschwinden können, meist aber zeitlebens anhalten, sind nicht schmerzhaft und belästigen das Tier offensichtlich kaum, so daß der Patient in seiner psychischen Reaktionsfähigkeit nicht beeinträchtigt ist; es kann aber manchmal beobachtet werden, daß sie während Aufregungen des Tieres verstärkt auftreten.

2.9 Der Streuner

Es gibt mehrere Motive für einen Hund, sein Heim unter Überwindung von Widerstand und Hindernissen zeitweilig oder dauernd selbständig zu verlassen. Sie müssen stark sein, denn die Anziehung des gewohnten Heimes, also die Tendenz, dieses nicht zu verlassen, ist gewichtig, ganz abgesehen von der Gesellschaft der vertrauten „Familiengenossen".

Daß besonders ältere Hunde einem neuen Heim oder einem neuen Besitzer oder aus einer Tierpension zu entlaufen trachten, um in die früher gewohnte Umwelt und zu ihrem früheren Herrn zurück zu gelangen, ist bekannt. Der Geschlechtstrieb, zu gewissen Jahreszeiten besonders stark, veranlaßt insbesondere männliche Individuen (aber auch weibliche während der Hochbrunst), von zu Hause zu entweichen und sich einen Partner zu suchen, dessen Brunstduft sich kilometerweit durchs Gelände verbreitet.

Der Beutejagdtrieb veranlaßt bekanntlich ebenfalls hundeartige Raubtiere, ihr Heim zu verlassen und umherzustreifen. Hunden kann man derlei Freiheiten aber im allgemeinen nicht zugestehen, wildernde Hunde werden erschossen. Einem eingefleischten Wilderer diese „Untugend" abzugewöhnen, ist oft sehr schwer. Bei Hunden ist nur im Anfangsstadium der Entwicklung einer solchen Leidenschaft durch Schmerz- oder Schreckreize im rechten Augenblick (sogleich nach dem Verlassen des Heimatterritoriums, keinesfalls erst nach der Heimkehr) ein Erfolg zu erwarten. Die praktische Durchführung dieser Forderung, etwa mit einem drahtlosen elektrischen Dressurhalsband (z. B. „Teletakt"-Gerät) oder einem im Abstand von zehn Zentimeter innerhalb des Gartenzaunes entlang desselben in zwei Höhen (etwa sechzig Zentimeter und einhundertsechzig Zentimeter über dem Boden) montierten elektrischen Weidezaunes oder versteckt postierter Schützen mit Steinschleudern oder Knallkörpern ist begreiflicherweise nicht immer sehr einfach, letzteres außerdem zeitraubend. Dem Hund muß beigebracht werden, daß er nur innerhalb des Zaunes sicher vor „furchtbaren Erlebnissen" sein kann, wenn er ohne Begleitung seines Herrn ist.

Außer der Heimfindung, dem Geschlechtstrieb und Instinkttendenzen aus dem Beutefunktionskreis sowie selbstverständlich Hunger, Durst,

Verlassenheitsgefühl und Fluchtverhalten (etwa bei Katastrophen wie Feuersbrunst, Erdbeben usw.) gibt es aber noch weitere Motivationen, von einem Ort wegzustreben: Eines Tages wurde ich zu einem Kuvasz gerufen, der sich im Garten um eine schöne Villa mit großen Glasveranden frei bewegen durfte. Seit einem Alter von etwa zehn Monaten übersprang das Tier immer häufiger den Gartenzaun und wurde, scheinbar ziellos dahinwandernd, auf verschiedenen Landstraßen aufgegriffen. Genauere Erkundung ergab folgende Umstände: Das Tier hätte gerne mit den Kindern im Hause gespielt, durfte dieses aber nicht betreten. Sehnsüchtig stand der Hund stundenlang vor den bis zur Erde reichenden Glaswänden. Er mußte sich wohl wie aus „seiner Meute" ausgestoßen vorkommen. Daß Hunde aufgezwungenen Frustrations- und Konfliktsituationen sich unter anderem auch durch Flucht zu entziehen versuchen, ist eine durch die Untersuchungen Prof. Schmidts experimentell bewiesene Tatsache. Zudem haben viele große, kräftige Hunde – ganz besonders der Kuvasz – starkes Bewegungsbedürfnis, das in einem relativ kleinen Garten (noch dazu allein) unmöglich abreagiert werden kann. Da das Tier selten spazierengeführt wurde, die Kinder lieber innerhalb des Hauses mit ihrer Katze als mit dem selbst als Junghund für sie viel zu großen Hund im Garten spielten und der Hund zudem dies ständig vor Augen, Ohren und Nase haben mußte, bestand ohne Zweifel für den Kuvasz eine Mehrfachmotivation, sich in seinem Heim nicht zu Hause zu fühlen. Würden Sie an der Stelle dieses Hundes nicht auch das Weite suchen, um dieser immerwährenden Zwangslage zu entkommen?

Ich riet also, diesem Hund einen Spielgefährten zu geben. Ein zweiter Kuvasz, etwa ein Jahr jünger als der erste, wurde angeschafft. Es wäre allerdings besser gewesen, ein Tier einer anderen Rasse zu wählen. Zunächst schien alles gut zu sein, mein Ratschlag hatte den erhofften Erfolg gezeitigt. Als der zweite Hund aber ebenfalls halb erwachsen war, übersprangen beide Tiere den Zaun und streunten gemeinsam. Daß ein Hund den anderen, ganz besonders wenn letzterer in einer bestimmten Altersphase ist, allerlei lehren, in unserem Falle zu allerlei „verführen" kann, war nicht genügend bedacht worden. Um Instinktansteckung, nicht um Nachahmung handelt es sich dabei. Wo aber bleibt nunmehr das Motiv für den ersten? Gewohnheit? Erinnerung an die früheren Erlebnisse lustvollen Abreagierens des Bewegungsdranges? Letzteres scheint wohl der

Fall gewesen zu sein, denn im Garten hetzten die Hunde nie sehr lebhaft herum, dazu war er wohl zu klein. Wie Erkundigung bei der Züchterin ergab, ist von keinem der Geschwister oder Vofahren dieser Hunde bekannt geworden, daß sie ähnliche Tendenzen gezeigt hätten; um eine besondere erbliche Veranlagung etwa zu mangelnder Revierbindung dürfte es sich also kaum gehandelt haben. Seither wurden mir mehrere ähnliche Fälle bekannt, bei allen war Vernachlässigung der Betreuung, also des sozialen Kontaktes während des Junghundealters zu erheben.

Ein anderer Fall: Ein Bastard aus einem Schäferhund und einer Vorstehhunderasse führte am Rande Wiens das bei uns – im Gegensatz zum Orient – seltene Dasein eines Vagabunden. Irgendwo in einem Schlupfwinkel geboren oder als unerwünschter Welpe vom Besitzer der Hündin verstoßen, ist er „in Freiheit" aufgewachsen und hat wahrscheinlich seine prägsamen Entwicklungsphasen ohne Bindung an Menschen, ja ohne Dauerbindung an irgendeinen Gefährten und ein bestimmtes Heim durchlebt. Monatelang bettelte er auf einem Marktplatz, war aber so scheu, daß er nie gefangen werden konnte. Es war auch nicht möglich, ihm zu folgen, um seine Schlupfwinkel ausfindig zu machen. Zu einer Marktfrau, die ihn regelmäßig fütterte, faßte er allmählich soviel Vertrauen, daß man ihn in einen Verschlag locken und fangen konnte. Bei Berührung wehrte er sich wie ein Angstbeißer und entleerte Analbeutel, Harn und Kot vor Schreck. Auf mein Anraten mischte man ihm ein Beruhigungsmittel ins Getränk, um ihn anleinen und transportieren zu können. Er wurde als Sonderinsasse in ein Katzenheim einquartiert. Der große schwarze Hund war zu der Zeit etwa ein Jahr alt, total verwurmt, sehr mager. Er fraß alles, was nur freßbar war und wurde bald recht übergewichtig. Eine gewisse Berührungsscheue, besonders gegenüber Fremden, blieb zeitlebens bestehen. Tierärztliche Behandlungen waren nur unter Zwangsanwendung möglich. Bereits nach vier Wochen verteidigte er das Katzenheim wie ein echter Wachhund und bellte, wenn nachts jemand in die Nähe der Türe kam, während er bei Tag Besucher unbehelligt ein- und ausgehen ließ. Man hatte ihn nur für die erste Woche in ein Gehege gesperrt, später durfte er sich frei im Heim bewegen. Katzen jagte er nie. Seinen Lieblingskatzen, vornehmlich schwarzen Tieren (wie er), leckte er, obwohl er ein Rüde war, mütterlich die Ohren und ruhte in enger körperlicher Berührung mit ihnen in der Sonne.

Alle vier bis fünf Wochen aber überkam es ihn: Listig huschte er ins Freie, wenn ein Besucher die Gittertür des Zugangs zu dem Gesamtkomplex des Heimes (mit einem großen Hof und mehreren barackenartigen Gebäuden sowie Freigehegen) öffnete, und eilte davon. Einige Male wurde er in der Nähe, mehrmals an einem entfernten Stadtende Wiens aufgefunden. Er bettelte auf Märkten, obwohl er satt und fett war. Einige Male kam er nach Tagen von selbst wieder, mehrmals wurde er gefangen und im Tierschutzhaus des Tierschutzvereines in Gewahrsam gehalten, bis man ihn wieder abholte.

Als weitere Ursachen für das Entweichen und Vagabundieren haben wir nun Flucht aus einer Dauerfrustrationsatmosphäre (verhinderten sozialen Kontaktes), Instinktansteckung bzw. Verleitung durch einen Gefährten, Abreagieren gestauten Bewegungsdranges und Jugendaufzucht bei fehlender Sozialisierungsmöglichkeit und Bindung an ein bestimmtes Heim – kurz Verwahrlosungsbedingungen – kennengelernt.

Krasser Intelligenzmangel – auf angeborener Basis oder als Folgeerscheinung schwerer Erkrankungen mit Hirnzellschädigungen – kann ebenso zu Fehlen oder Verlust der Bindung an Heim und Gefährten führen.

In tiermedizinischen Lehrbüchern werden Entweichen und Drangwandern auch als eines der kennzeichnenden Symptome der ersten beiden Stadien der Tollwut sowie als gelegentliche Begleiterscheinung anderer Gehirnkrankheiten, die mit Bewußtseinsstörungen einhergehen, genannt. Auch an solche Möglichkeiten muß bei der Beurteilung eines derartigen Falles zunächst gedacht werden (genaue tierärztliche Untersuchung).

Den Fällen von unerwünschtem Streunen seien diejenigen – „normalen" – Verhaltensweisen bei hochintelligenten Hunden als Kuriosum angefügt, die täglich selbständig ausgehen: Manche Tierbesitzer schicken ihr Tier – mitten in der Großstadt – allein spazieren. Diese Tiere bewegen sich erstaunlich verkehrssicher, durchstreifen ihr bestimmtes Gebiet (mit Grenzstraßen und -ecken) meist auf demselben Wege und kehren erstaunlich pünktlich nach einer halben Stunde oder, individuell verschieden, nach einer größeren Zeitspanne regelmäßig wieder heim. Anläßlich meiner Dissertation „Das Verhalten des Hundes im Großstadtverkehr" hatte ich vor Jahren das Vergnügen, auch solche Fälle kennenzulernen und genauer zu verfolgen.

2.10 Schwierigkeiten mit der Stubenreinheit und deren plötzlicher Verlust

Wenn man das Pech hat, ausgerechnet zur unwirtlichen Herbst- oder Winterszeit einen jungen Hund zu bekommen, dann sind die Schwierigkeiten mit dem Stubenreinwerden besonders groß. Begreiflich, denn wie soll sich der Hund lösen – Schließmuskel erschlaffen lassen –, wenn er vom warmen Zimmer in das rauhe, kalte Wetter ins Freie geführt werden muß. Schwierigkeiten bereiten auch Hunde, die viel länger als üblich in einer Zwingeranlage gehalten wurden, ehe man sie an ihren endgültigen Besitzer in einer Großstadt verkaufte. Die günstigste Zeit, das Richtige zu erlernen, ist verstrichen, der Zögling muß sich mühsam umorientieren.
Wie wichtig es ist, einen jungen Hund besonders in den ersten Tagen, nachdem man ihn ins Haus genommen hatte, möglichst oft ins Freie zu führen, zu welchen Zeiten dies geschehen soll, was man eventuell für Hilfsmittel zwecks rascher Sauberkeitsdressur anwenden kann und dergl. siehe unter dem Stichwort „Stubenreinheit" in Kapitel 12 des Allgemeinen Teiles.
In der Hand eines inkonsequenten Tierbesitzers kann ein so hochintelligenter Hund wie der Pudel noch mit zehn Monaten nicht zimmerrein sein; er meldet sich nicht, wenn er „hinaus muß", sondern gibt Harn und Kot wahllos an verschiedenen Stellen in der Wohnung von sich. Da schlampige Personen meist auch sonst einen recht unordentlichen Haushalt führen, beobachtet man bei solchen Hunden bald noch alle möglichen weiteren „Abnormitäten"; so werden zum Beispiel Damenbinden und unsaubere Unterwäsche gefressen, Schuhe zerbissen, Essen vom Tisch „gestohlen" und vieles andere mehr.
Hunde, die zu Anfang ihrer Neueinstellung wegen Krankheit nicht ins Freie geführt werden konnten, brauchen ebenfalls mitunter bis zum sechsten Lebensmonat, um rein zu werden. Auch schwachsinnige, angeborenermaßen mit Intelligenzdefekten behaftete Hunde werden nicht oder nie verläßlich stubenrein.
Natürlich kann Verlust der Stubenreinheit auch nach schweren Krankheiten, die zu Hirnschädigungen führten, zugleich mit allgemeiner Verdummung auftreten.

Junghunde, die tagsüber schon stundenlang stubenrein sind, in der Nacht aber des öfteren „sich vergessen", sperrt man am besten in eine große Tiertransporttasche oder in ihr Schlafkörbchen ein, denn niemals – von wenigen Ausnahmen abgesehen – würde ein gesunder Hund sein Lager beschmutzen. Diese Lagerstelle muß aber genügend klein sein, damit der Hund nicht ausweichen kann. Auf solche Art kann man am einfachsten die Gewohnheit ausbilden, auch nachtsüber sauber zu bleiben. Freilich wäre es eine Quälerei, dies mit einem organisch kranken (Durchfall, Blasenlähmung, Blasenkatarrh usw.) Tier zu tun. Zweckmäßig ist es außerdem, einem Junghund ab fünf Uhr nachmittags weder Flüssigkeit noch Futter zu reichen und möglichst spät abends noch einmal mit ihm auf die Gasse zu gehen. Über weitere Möglichkeiten, insbesondere der Anwendung diverser Hilfsmittel zur Überwindung von Schwierigkeiten, wurde ebenfalls im Kapitel über Erziehungsfragen schon berichtet.

Rüden, die mit ihrem Besitzer den Besitzer einer Hündin besuchen, benässen fast regelmäßig an mehreren Stellen jene Wohnung, um zu markieren, da sie ja die Hündin riechen. Auch in derartigen Fällen darf man eigentlich noch nicht von Stubenunreinheit sprechen; bei einem streng gehaltenen Hund kann sein Herr dieses Verhalten beim ersten Versuch desselben durch Verbot leicht unterdrücken! Auch würde einem Rüden derartiges zu Hause nie einfallen, es sei denn, es wäre eine läufige Hündin in seiner Wohnung zu Besuch gewesen. Viele Tierbesitzer sehen tatenlos zu, wie ihr Rüde im Treppenhaus einen Eckpfeiler oder den Türstock der Eingangstür eines Hündinnenbesitzers benäßt; allerhöchstens fühlen sie sich bei Entdeckung zu einem (dem Hund natürlich unverständlichen und sichtlich gleichgültigen) Wortschwall bemüßigt. Wie soll ein Hund „sich beherrschen", wenn sein Meutenführer auch keine rechten Manieren hat oder zu schwach (oder zu dumm?) ist, seinen Willen durchzusetzen! Für den Hund allerdings ist es gewiß „unnatürlich" und unverständlich, wenn sein menschlicher „Leithund" von seinem Recht – ja Pflicht – zu markieren nicht Gebrauch macht.

Im hohen Greisenalter kann, infolge des Nachlassens der Schließmuskelfunktionen, Harn oder Kot oder beides zeitweilig verloren bzw. nicht mehr gehalten werden; dasselbe kann in jedem Alter im Gefolge oder während verschiedener organischer Erkrankungen passieren. Es gibt aber noch eine Reihe anderer – nämlich psychoreaktive – Ursachen für plötzlichen Verlust der Reinlichkeit bei bereits verläßlich stubenrein gewesenen Hunden:

Wenn Haustiere in einen seelischen Zwiespalt geraten und längere Zeit in einem Konfliktzustand leben müssen, dann zeigen sie oft recht merkwürdige, vom normalen Gebaren abweichende Verhaltensweisen, die mitunter an das Benehmen von menschlichen Kindern in annähernd vergleichbarer Notlage erinnern. Verschiedene dieser Entlastungshandlungen haben wir schon kennengelernt. So kommt es, daß auch manche plötzliche Stubenunreinheit eines bereits verläßlich stubenrein gewesenen Hundes als Reaktion auf Vorgänge in der Umwelt auftritt, wenn gewisse Umstände das Tier an der Befriedigung eines Triebes, an der Stillung eines Bedürfnisses, an der Erfüllung eines Wunsches oder an einer bisher gewohnten Tätigkeit hindern und so das seelische Gleichgewicht stören. Solche Verhältnisse mögen einige Fälle illustrieren:

Eine Tierbesitzerin klagt, daß ihr junger Hund, der schon stubenrein gewesen war, seit dem Überstehen einer Krankheit täglich nachts ins Vorzimmer uriniere; bei Tag hielte er es bis zu sieben Stunden aus. Die tierärztliche Untersuchung zeigte, daß kein organisches Leiden dieser Erscheinung zugrunde liegen könne, so daß der naheliegende Gedanke an eine Folgeerscheinung der kürzlich überstandenen Infektionskrankheit wieder fallengelassen werden mußte. Bestrafungen erwiesen sich als nutzlos. Im Zuge genauerer Erforschungen der Begleitumstände (wie etwa veränderte Lebensweise und dergl.) konnte ich von der Besitzerin erfragen, daß der Hund während der Erkrankung im Bett des Besitzers schlafen durfte, während er nach seiner Genesung wieder auf der Matratze im Vorzimmer zu übernachten hatte.

Theoretisch bleibt die Frage offen, ob man diese Erscheinung als konfliktbedingte Regression auf Infantilverhalten oder als unbewußte „Protesthandlung" wegen des „Nun-nicht-mehr-im-Bett-schlafen-Dürfens" (wie das Bettnässen mancher Kinder, die ein Geschwisterchen bekommen haben) deuten soll, oder aber einfach als vegetatives Entlastungsphänomen (Übersprunghandlung infolge Angst, Verwirrung, Frustration der bisherigen Gewohnheit), das – veranlagungsbedingt – bei diesen Individuen vor anderen, ebenfalls möglichen Entlastungshandlungen individuell bevorzugt auftritt. Wir wissen ja, daß Hecheln, Zittern, Betteln, Kotabsatz, Erbrechen, Zerstörungs- und Aggressionshandlungen, Bewegungsstereotypien und vieles andere in Konfliktsituationen und bei Frustrationen auftreten können. Der Tierhalterin wurde der Ratschlag erteilt, das Hundebett in ihrem Schlafzimmer aufzustellen, so daß das Tier wenigstens in der Nähe „seiner Meute" – wenn schon nicht im Bett des Besitzers – die Nacht verbringen könnte. Seit Befolgung dieses Tips zeigte sich keine neuerliche nächtliche Stubenunreinheit mehr.

Andere Hunde zeigten in ganz ähnlichen Situationen Kotabsatz oder gar Erbrechen. Diese Erscheinungen verschwanden ebenfalls schlagartig nach einer für den Besitzer meist geringfügigen, für das Tier aber offenbar wichtigen Umstellung in der Umwelt oder in der Lebensweise.

„Bestrafungen" verschiedener Art – womöglich erst Stunden später, nach Entdecken der Spuren der unerwünschten Handlung – nützten nicht nur nie, sondern verschlimmerten die Verhaltensstörung meistens, indem sie noch häufiger auftrat. Dies ist durchaus verständlich, da Angst vor Bestrafung die ohnehin schon bestehende unlustbetonte Erregung noch zusätzlich steigert und somit noch mehr Grund für Entlastungsreaktionen liefert. Die Versuchsschafe des amerikanischen Professors Liddell, mit denen er täglich zu bestimmter Stunde Konditionierungsexperimente durchführte, um die Entstehungsbedingungen neurotischen Verhaltens zu studieren – eine den Tieren also unangenehme Prozedur, weil man sie psychisch überforderte –, urinierten schon und setzten Kot ab, wenn sie den Versuchsleiter nur von weitem den Hof betreten sahen. Jeder kann beobachten, wenn er als Fremder, womöglich noch zu ungewohnter Stunde, einen Kuhstall betritt, daß viele Kühe sofort aufstehen und aus Beunruhigung über die ungewohnten Vorgänge auf ihrem Territorium wiederholt Harn und Kot absetzen.

In manchen Fällen treten solche „abnormen", nicht situationsgerechten Handlungsweisen nur als jeweilige Reaktion auf einmalige, plötzliche, ungewohnte oder unerwartete Begebenheiten bzw. Erlebnisse auf: Ein Dakkel, der gewohnt war, von seinem Herrn abends stets zum Spaziergang mitgenommen zu werden, macht immer nur dann ein Häufchen auf den Teppich, wenn dieser „sich erlaubt", abends ausnahmsweise einmal allein das Haus zu verlassen. Tagsüber findet er nichts dabei, stundenlang allein zu sein, er war das ja nie anders gewöhnt. Hat er wohl Angst, daß es „ins Höschen geht"? Diese Erscheinung ist besonders bei Dackeln gar nicht so selten. Manchmal hat man dabei den Eindruck, als handle es sich um eine

Art Protest, doch hüte man sich vor allzu voreiliger Unterstellung. Immerhin aber können Harn- und Kotabsatz bei vielen Tieren auch soziale Funktionen haben – besitzergreifende, also aggressive Demonstration. Die Frustration des ungewohnten Nicht-mitlaufen-Dürfens quittieren manche anderen Hunde damit, daß sie Kleidungsstücke, Leckerbissen oder andere „Gegenstände des Meutenführers" stehlen und fressen, zerstören oder auf ihr Lager tragen.

Erfahrung zeigte, daß es auch in solchen Fällen statt zu bestrafen wirksamer ist, die Sache zu bagatellisieren, indem man kommentarlos die Exkremente beseitigt und den Hund dabei womöglich nicht einmal zusehen läßt. Besonders in den Fällen, in denen es den Anschein hat, als ob stubenunreines Verhalten als Folge von vermeintlich zu geringer Beachtung des Tieres auftritt, etwa wenn Besucher anwesend sind oder Veränderungen in der Umgebung das Interesse des Tierbesitzers und der menschlichen Wohngenossen in Anspruch nehmen und von dem verwöhnten Hündchen abziehen, ist betonte Nichtbeachtung dieser Handlungsweise viel wirksamer, als durch großes Gezeter dem Hund die erhoffte Belohnungswirkung durch schließlich doch erfolgende Zuwendung (wenn auch in aggressiver Form) zuteil werden zu lassen. Eine von allen Mitgliedern gehandhabte, möglichst gleichmäßig unpersönliche Behandlung des Tieres – also weder Verhätschelung noch besonders strenge Haltung, vor allen Dingen keine launische Behandlung – bewährt sich am besten. Sind mehrere Tiere im Haushalt vorhanden, dann sollen sie bei Fütterungen, Körperpflege, Schlafplatzauswahl, wichtigen Begebenheiten und dergleichen so behandelt werden, daß keines offensichtlich bevorzugt oder offensichtlich benachteiligt wird – schon gar nicht in Gegenwart der anderen.

Abschließend noch die Geschichte eines weiteren Falles: Ein bis zum sechsten Lebensjahr verläßlich stubenreiner Pudelrüde benäßt plötzlich Stiegenhaus, Terrasse und Vorraum seiner Villa. Keine der bisher bewährten Methoden konnte Abhilfe schaffen, die Ursache war zunächst nicht eruierbar. Schließlich stellte sich heraus, daß in der Nachbarvilla ein Besitzerwechsel stattgefunden hatte und die neuen Inhaber einen Hund hielten und daß unser Pudelpatient durch Glasscheiben des Stiegenhauses und Vorraums sowie durch das Terrassengländer die bislang ungewohnte Nachbarschaft des Artgenossen wohl sehen, aber nicht Kontakt aufnehmen konnte. Man gewann den Eindruck, der Hund fühlte sich verpflichtet zu markieren, um seine Vorherrschaft und Überlegenheit zu demonstrieren; wie jedoch sollte man ihn von dieser im gepflegten Hause untragbaren Verhaltensweise abhalten? In-flagranti-Bestrafung mit einer Miniaturwurfkette führte wenigstens dazu, daß er in Anwesenheit der Besitzer von diesem Verhalten abließ. Geeignete Gestagenpräparate, deren Injektionen in ähnlichen Fällen bei Rüden manchmal erfolgreich sind, existierten damals noch nicht. Natürlich hätte man das Tier in anderen Räumen unterbringen können; das aber wollte der Besitzer nicht. Da kamen wir auf die Idee, dem Pudel, wenn er allein zu Hause bleiben mußte, seinen Pyjama anziehen zu lassen (er besaß einen solchen, da er mit Herrchen und Frauchen im Bett schlafen durfte): Das Benässen des Pyjamas und damit des eigenen Bauches müßte der Selbstsetzung eines Strafreizes gleichkommen. Tatsächlich urinierte er nie mehr an den unerwünschten Stellen im Haus, sofern er den Pyjama anhatte. Verließ man einmal die Villa und hatte vergessen, ihn anzuziehen, verfiel er sofort in seine frühere Verhaltensweise (in anderen ähnlich gelagerten Fällen genügte das Anlegen einer Binde oder eines Pullovers zur Abdeckung der Penisgegend für drei bis vier Wochen, um ein entsprechendes Verhalten für immer unter Hemmung zu setzen).

2.11 Der Hund mit dem lockeren Hals

Wer kennt nicht den immerfort kläffenden Zwergspitz? So mancher verwünschte schon seinen Nachbarn mit einem solchen Tier, so mancher Besitzer eines solchen Tieres zitterte vor Reaktionen seitens des Hausherrn oder der Nachbarn. Die Eigenschaft, schon bei geringfügigen Anlässen laut und anhaltend zu bellen, ist aber nicht nur auf einige wenige Hunderassen – wozu u. a. auch einige kleinere Terrierrassen gehören – beschränkt, sie kann bei Vertretern jeder Hunderasse vorkommen und ist häufig dominant vererblich. Meine Frau und ich machten uns öfter den Spaß, Pudelbesitzer, die zum ersten Male in die Ordination kamen, damit zu verblüffen, daß wir ihnen die Abstammung ihres Hundes sogleich richtig sagten, wenn es sich um ein Tier handelte, das wir im Wartezimmer viel und in charakteristischer Tonfolge und Stimmlage bellen gehört hatten. Wir kannten nämlich den Deckrüden, der auf alle seine Nachkommen seine leicht erregbare und besonders charakteristische Bellfreudigkeit dominant vererbte. In der kynologischen Fachsprache sagt man, so ein Hund habe einen „lockeren Hals". Auch das Gegenteil gibt es: Hunde, die im Vergleich zum Durchschnitt ihrer Rassengenossen besonders bellfaul sind, was bei gewissen Jagdhundarten, die spurlaut sein und totverbellen sollen, nicht immer erwünscht ist. Territoriumsverteidigungsbellen reift bei vielen Hunden erst spät, kaum vor dem zwölften bis achtzehnten Lebensmonat, bei anderen aber bereits mit fünf bis sechs Monaten.

Mit Dressurmaßnahmen kann man extrem ausgeprägte Eigenschaften, die zum überwiegenden Teil auf angeborenen Faktoren beruhen, leider nur sehr wenig beeinflussen, am ehesten noch in der ganz frühen Jugend, wenn sie eben im Reifen begriffen sind (siehe hierzu auch das, was schon in Kapitel 12 des Allgemeinen Teiles unter „Alleinbleiben ohne zu heulen" aufgeführt wurde). Lautes Schimpfen und Hiebe als Hemmreiz bewähren sich allerdings nicht so wirksam, wie gewöhnlich angenommen wird. Zuhalten des Fanges wirkt besser.

Leichter beeinflußbar sind Hunde, die nur auf ganz bestimmte Reize (Läuten der Türklingel oder des Telefons, Erscheinen eines bekannten Tieres, während der Autofahrt und dergl.) ihrer Erregung in Form über-

mäßigen Bellens Luft machen; bei ihnen spielen ohne Zweifel erlebnisbedingte Faktoren mit eine Rolle, möglicherweise sind sie als die überwiegende Ursache dieses Verhaltens anzusehen. In solchen Fällen bewährte sich die Methode des Fangzuhaltens besonders. Sie spricht nämlich einen angeborenen auslösenden Mechanismus an: Eisfeld beobachtete bei Wölfen und anderen Caniden eine Verhaltensweise, die er „Über-die-Schnauze-Beißen" nannte und die eine hemmende Einwirkung auf unerwünschte Aktivität bei einem Sozialpartner darstellt. Er schreibt wörtlich: „Ein Tier faßt einem anderen von oben her quer über die Schnauze, seltener über den Kopf oder den Nacken. Die Bedeutung dieser Geste möchte ich als ‚Aufforderung, etwas zu unterlassen' umschreiben. Eifersüchtige Tiere wendeten sie gegenüber ihrem Partner an, der sich von einem Menschen streicheln ließ, Eltern gegenüber ihren Jungen, wenn diese sie durch erregtes Hin- und Herrennen störten, ruhebedürftige Tiere gegenüber ihren Partnern, die sie gerade zum Spiel ermuntern wollten." Auch winselnde und kläffende Jungtiere wurden mit dieser Geste von ihrer Mutter zum Schweigen und Stillhalten aufgefordert. Eine Geste dieser Art scheint also den Schlüsselreiz zur Hemmung in Gang befindlicher motorischer und lautlicher Aktivität darzustellen und ein Hundeerzieher, soll seine Bemühung möglichst rasch und sicher erfolgreich sein, wird gut daran tun, diesen von der Natur vorgezeichneten Weg nachzugehen!
Wer kennt nicht in der Wohnung, im Garten, in Lokalen übermütig umherkläffende, ungezogene Hunde kleinerer Rassen? Die Besitzer sind oft machtlos. Wenn man aber das beschriebene Über-die-Schnauze-Beißen (natürlich als Mensch mit der Hand bzw. mit beiden Händen – eine Hand fixiert dabei den Hund in der Genickhaut, damit er nicht entweichen kann) unter begleitendem, möglichst energischem Lautsignal „Pfui" oder „Aus Laut" möglichst regelmäßig und ganz besonders frühzeitig im Leben eines Junghundes übt, dann wird man – auch bei Hunden mit anlagebedingt „lockerem Hals" – schließlich die Bellreaktionen eines Hundes so sicher „in die Hand bekommen", wie das „Sitz", das „Platz" und andere Unterordnungsfertigkeiten auch, ohne je zu brutalen Strafreizen greifen zu müssen.
Mancher Hund hat die Eigenschaft, in mondhellen Nächten stundenlang zu heulen. Manchmal bewährte es sich, so ein Tier in einem völlig dunklen Raum ohne Fenster unterzubringen. Noch besser aber ist die Methode,

dem Hund in einem fensterlosen Raum (oder einem Raum mit verhängtem Fenster) seinen Schlafplatz anzuweisen und die ganze Nacht über künstliches Licht brennen zu lassen.

Eines Tages fragte mich ein Herr aus Brasilien brieflich um Rat, was er tun könne; sein Dackel, der ihn stets im Auto begleitete, belle durchdringend, wenn er mit dem Wagen anhalte oder wenn Personen besonders nahe an dem Wagen vorbeigingen. Mit Beruhigungspillen verschiedener Art und Dosierung hätte er es schon versucht, aber nichts erreicht.

Von der Überzeugung ausgehend, daß Fressen und Bellen einander ausschließen, riet ich, dem Dackel vor Antritt der Fahrt doch weiterhin Beruhigungsmittel zu geben (um die Erregbarkeit wenigstens ein wenig zu dämpfen) und außerdem, jedesmal, wenn der Wagen anhielte, dem Tier einen begehrten Leckerbissen unter die Nase zu halten. Sollte der Leckerbissen nicht genommen werden, so könne man das Interesse an Futter durch mehrere Tage lang fortgesetztes Hungernlassen steigern. Bereits nach einigen Wochen kam ein Dankschreiben, die Befolgung meines Ratschlages habe sich tatsächlich als wirksam erwiesen. Leider war diese Methode in weiteren, ähnlichen Fällen nicht immer gleichermaßen erfolgreich. Verwöhnte und gut gesättigte Hunde bellen eher, als sich um den – dann nicht sehr begehrten – Leckerbissen zu kümmern. Und verhätschelnde Hundebesitzer sind nicht imstande, ihre Hunde zur Steigerung der Futterappetenz einige Tage lang hungern zu lassen oder die Futterration wenigstens auf die Hälfte zu reduzieren.

Interessant ist, daß auch dann, wenn man nach zwei bis drei Wochen derartiger täglicher Umkonditionierungsexperimente keinen Leckerbissen mehr reicht, die Hunde nicht wieder rückfällig werden.

Es gibt Rüden, die übermäßig viel bellen, besonders nachts. Die zeitweilige Verabreichung bestimmter weiblicher Sexualhormone in Depotform, nämlich synthetischer Gestagene (z. B. Chlormadinonacetat), dämpft das wenigstens bis auf das bei weiblichen Tieren der Rasse übliche Maß. Früher verwendete man zu diesem Zweck Östrogene, sie haben sich wegen unerwünschter Nebenwirkungen jedoch hierfür nicht bewährt: Es können die Schnauzenbarthaare (Sinustasthaare) ausfallen, der Rüde kann einen weiblichen Geruch annehmen, so daß ihm andere Rüden wie einem Weibchen nachlaufen; auch Knochenmarks-, Leber- und Nierenschäden sind bei langdauernden sehr hohen Dosen beobachtet worden. Gestagene, die

u. a. auch zur Dämpfung der Hypersexualität bei Rüden und zur Läufigkeitsverschiebung bei weiblichen Hunden und Katzen verwendet werden können, zeigen diese Nebenwirkungen nicht. Selbstverständlich hat Kastration dieselbe Wirkung.

In einigen Fällen mit typischen Anzeichen von Schilddrüsenüberfunktion besserten sich das übermäßige Bellen sowie alle anderen Symptome Basedowscher Erkrankung durch Langzeitkur mit schilddrüsenhemmenden Medikamenten.

Auch längere Kuren mit dem Thymolepticum Amitriptylin haben sich manchmal bewährt. Da häufig und stundenlang anhaltend kläffende Hunde wegen Ruhestörung der Nachbarn dem Besitzer allerlei Anzeigen und Ungelegenheiten einbringen, hat es nicht daran gefehlt, auch technische Geräte zu entwickeln, mit denen ein solcher Hund die unerwünschte Verhaltensweise sich gewissermaßen selbst abdressieren kann. Ein derartiges Gerät beispielsweise stammt aus Japan und wird im deutschen Sprachraum im Hundeabrichteartikelfachhandel unter dem Namen „Bell-Ex" vertrieben. Man kann dieses Gerät einem solchen Hund wie ein Lederhalsband umlegen. Es enthält ein Mikrofon, welches, wenn die lauten Schallfrequenzen auftreffen, ein Relais schaltet, so daß für kurze Zeit ein aus einer eingebauten Batterie über eine Induktionsspule erzeugter elektrischer Strafreiz appliziert wird. Der faradische Strom ist gesundheitlich ungefährlich, aber schmerzhaft. Der Hund setzt sich also Strafreize selber just in dem Augenblick, in dem er zu kläffen beginnt, also zum lernpsychologisch richtigen Zeitpunkt. Da menschliches Zutun dabei nicht vonnöten ist, funktioniert das Ganze auch dann, wenn man gar nicht zu Hause ist. Es hat nur einige Nachteile: Da das Gerät eine gewisse Größe hat und eine gewisse Breite des Halsbandes voraussetzt, ist es bei Zwerghunden nicht anwendbar. Außerdem hat die Erfahrung gezeigt, daß die elektrische Auslösung manchmal nicht richtig funktioniert, so nämlich bei Betriebsstörungen, z. B. auch dann, wenn der Hund den Kopf schüttelt oder an einem Gegenstand anschlägt. Es gibt auch Hunde, die hartnäckig versuchen, dieses Halsband mit dem zylindrischen Anhängsel abzustreifen, und es unter Umständen beschädigen.

Ein Gerät, das nach einem anderen Prinzip funktioniert, ist das sogenannte „Kläff-Ex" von Schecker. Man muß es nicht am Körper des Hundes befestigen. Auch dieses enthält ein Mikrofon und diverse Elektronik, so

416

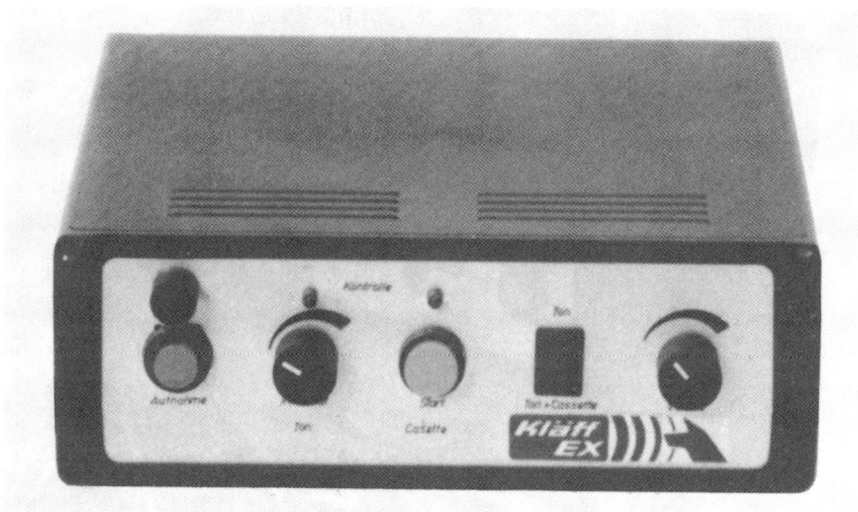

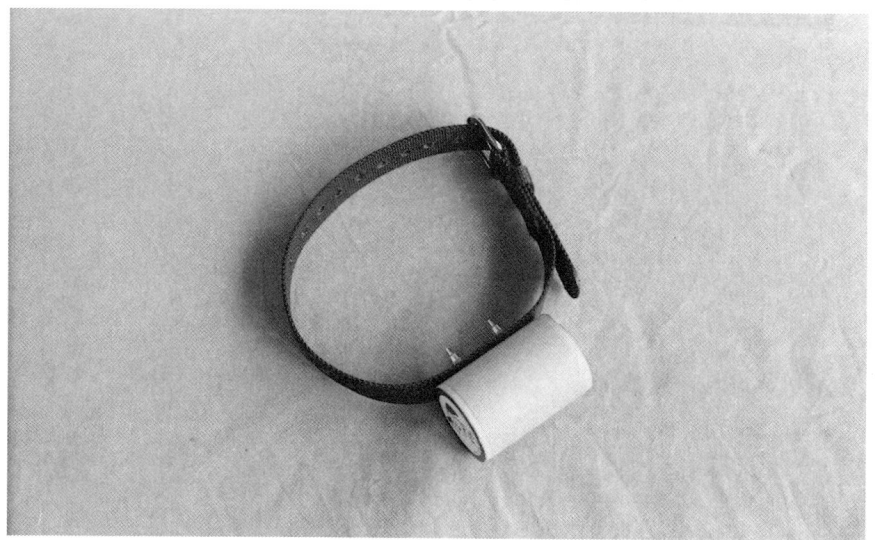

„Kläff-Ex" (oben) und „Bell-Ex" (unten).

daß beim Auftreffen der Bellgeräusche ein akustischer Strafton im Ultraschallbereich ertönt. Diejenigen Hundehalter, die gegen Strafmethoden, die körperlichen Schmerz erzeugen, grundsätzlich negativ eingestellt sind und trotzdem vor der Notwendigkeit stehen, dem Hund unerwünschtes Bellen abgewöhnen zu müssen, können sich nun eines solchen Hilfsmittels bedienen. Da jeder Hund anders reagiert, muß zu Beginn der Antibelldressur diejenige Tonfrequenz durch Vorversuche ermittelt werden, die dem jeweiligen Hund am unangenehmsten ist. An seinem Verhalten (z. B. Ohrenspiel) läßt sich beim versuchsweisen Einschalten des Tones und Variieren der Frequenzen am Einstellknopf sehr leicht erkennen, welche Einstellung den unangenehmsten Reiz darstellt und somit geeignet ist, als Hemmreiz bzw. Strafton am wirksamsten zu fungieren. Auch die Empfindlichkeit des Mikrofones läßt sich so einstellen, daß nicht Umweltgeräusche anderer Art unerwünschterweise zur Auslösung führen können. Die Anwendung dieses Gerätes setzt selbstverständlich voraus, daß der Hund sich in Hörweite des Gerätes aufhalten muß. Leider hat sich herausgestellt, daß es auch Hunde gibt, die so hartnäckige Beller sind, daß man ihnen auf diese Art das Gebell nicht verleiden kann. Das „Kläff-Ex" wurde daher weiterentwickelt und mit einem Zusatzgerät versehen, wodurch gleichzeitig mit dem Ultraschallton ein Magnetofonband eingeschaltet wird, das – vorher aufgesprochene und entsprechend eintrainierte – Befehle oder andere Verbaleinwirkungen auf den Hund seitens seines Herrn oder Abrichters ertönen läßt, sobald der Hund zu bellen anfängt. Der Tonbandbefehl bewirkt, daß die „Kläff-Ex"-Straftondressur zwingender und damit noch wirksamer ist. Später kann dann die Zuschaltung des Tonbandes wieder weggelassen werden, und es wirkt der (ja nur dem Hund hörbare) Ultraschallton als Erinnerungsreiz allein. Entscheidend für den sicheren Erfolg dieser Methode ist die richtige Handhabung (laut beigepackter Gebrauchsanleitung).

Für besonders hartnäckige Fälle kann es erforderlich sein, anfänglich beide Geräte, „Bell-Ex" und „Kläff-Ex", oder „Kläff-Ex" kombiniert mit Teletakt zu verwenden.

2.12 Gegen Freudenäußerungen gibt es keine Pillen (Herumspringen, Hecheln, Bellen, Speicheln im Auto, beim Waldspaziergang usw.)

Wenn man in einer größeren Stadt spazierengeht oder sonntags die Autoschlangen der Ausflügler an den Ausfallstraßen aufmerksam beobachtet, dann kann man feststellen, daß in manchen Autos hinter der Windschutzscheibe auf dem Beifahrersitz oder auf den Rücksitzen ein Hund ununterbrochen ruhelos hin- und herspringt, hechelt, bellt, speichelt usw. Sieht man genauer hin, so bemerkt man, daß dabei die Rute hoch erhoben getragen und wedelnd bewegt wird. Das ganze Verhalten drückt unbändiges Lusterleben aus; Hunde reagieren ja als Lauraubtiere starke Emotionen, wenn nur irgend möglich, in Bewegung ab. Sie machen sich solcherart Luft, da das Auto wenig Bewegungsmöglichkeit gestattet, der optische Eindruck der vorbeifliegenden Landschaft aber das lustvolle Begleitgefühl des Hetzens und Schnellaufens des Tieres anregt. Besonders bei cholerischen Typen (starker zügelloser Typ nach Pawlow) nimmt die Emotionsäußerung des Tieres für die menschlichen Begleiter oft unerträgliche Formen an.

Bleibt das Auto stehen, so verhält sich ein solcher Hund meist ruhig. Nimmt man so einem Tier die Sicht, etwa indem man im Fußteil des Wagenfonds den Kopf des Hundes mit Leine und Halsband möglichst tief fixiert, oder indem man ihm die Augen verbindet, oder indem man etwa einen Zwerghund in eine Tiertransporttasche sperrt, dann verhalten sich solche Typen meist wesentlich ruhiger, sofern es nicht bereits zur Ausbildung einer bedingten Reaktion auf Geräusch und Vibration (als Begleitreiz und nun stellvertretenden Reiz für den Anblick der vorbeifliegenden Landschaft) gekommen ist. Fährt man sehr schnell, dann legen sich die meisten Hunde von selbst zum Schlafen nieder, wahrscheinlich, weil dann ihr optisches Auflösungsvermögen nicht mehr ausreicht, bzw. ein so rasches Vorbeisausen der Umgebung vom physiologischen Eindruck eines selbstlaufenden Hundes zu sehr abweicht.

Versuche mit dem Ziel, die Erregungsäußerung derartiger Hundetypen, die sich unter allen Rassen finden, mit Beruhigungsmitteln zu dämpfen, so etwa, wie man das bekannte Erbrechen mancher Junghunde während des

Auch wenn die Fahrt Stunden dauert, beruhigt sich dieser Hund nicht, hechelnd und winselnd bewegt er sich unermüdlich auf der Sitzbank hin und her.

Autofahrens mit Präparaten gegen Reisekrankheit verhindern kann, erbringen leider kein befriedigendes Ergebnis. Tranquilizergaben, die Anzeichen von Angst verläßlich zu dämpfen oder gar völlig aufzuheben vermögen, sind nicht imstande, Freudenäußerungen auch nur zu beeinträchtigen. Natürlich könnte man mit größeren Mengen starker Mittel schlafähnliche Zustände und damit Ruhe erzwingen, aber ein solcher Hund schwankt dann wie betrunken, wenn er aussteigen soll, und legt sich sogleich zur Ruhe nieder, um dahinzudösen, sofern man nicht dauernd auf ihn einwirkt. Nimmt man das Tier nach mehrmaliger derartiger Behandlung wieder ohne Drogeneinfluß im Auto mit, so tritt das frühere unruhige Verhalten in voller Stärke wieder auf.

Es gäbe wohl eine Methode der Setzung eines „bedingten Hemmreflexes", die wirksam wäre, doch ist diese für die Allgemeinpraxis meist allzu umständlich: Man müßte die bedingte Reaktion Autogeräusch-Schlaf ausbilden. Zu diesem Zwecke muß man ein Sedativum so injizieren, daß der Wirkungseintritt mit dem Fahrtbeginn zusammenfällt, und diese Konditionierung ein- oder mehrmals täglich durch Wochen hindurch fortführen, eventuell auch später von Zeit zu Zeit durch Wiederholungen bekräftigen. Wenn man zudem möglichst noch darauf achtet, daß der Hund nie vor dem Einschlafen zum Autofenster hinausblickt, dann erreicht man, daß – gewissermaßen auf Knopfdruck – Motorenlärm und Vibration zum bedingten Auslöser für Ruheappetenz und Schlafverhalten werden.

Bei Jagdhunden ist ein Fehlverhalten bekannt, dessen Grundlage erblich zu sein scheint und das mit der Autounruhe entfernt vergleichbar ist: Wenn der Herr mit dem Hund in den Wald geht und in Jagdkleidung ist, gar noch das Gewehr umgehängt hat, dann winseln und singen manche Hunde ununterbrochen vor Jagdpassion und Ungeduld angesichts der bevorstehenden, für ein Raubtier wie den Hund so lustbetonten Erlebnisse. Auch dieses, glücklicherweise nicht allzu häufig auftretende Verhalten kann gelegentlich so ausgeprägt sein, daß es sich weder durch Strafreize noch pharmakologisch als beeinflußbar erweist.

Nicht jeder unruhige Hund im Auto benimmt sich solcherart aus abnorm übergroßer Freude. Mancher ist nur „ungezogen", und sein „rangtieferer" Herr ist nicht „Meutenführer" genug, besitzt nicht genügend Autorität, ihn einfach auf seinen Platz verweisen zu können und seine Lautäußerung durch sozialen Auslöser zu unterdrücken. Leichte Fälle von enthemmter Freudenäußerung unterliegen der sozialen Überformung, das Verhalten wäre durch Drohverhalten seitens eines Ranghöheren zu hemmen.

Außer einer temperamentsmäßigen Ausgangsposition zu unbeherrschbaren Freudensäußerungen kommt es zu unruhigem Verhalten von Hunden im Auto auch dann, wenn diese erst mit dem dritten oder vierten Lebensjahr zum ersten Mal das Gefühl des Autofahrens kennenlernen. In diesen Fällen handelt es sich aber meistens um Angst, nicht um freudige Erregung. Der Hund sucht zu fliehen und „stereotypiert" vor der Türe hin und her, die ihn am Aussteigen hindert. In solchen Fällen hat der Hund seinen Schwanz eng anliegend nach unten gedrückt und zittert und winselt. Manchmal liegt die Ursache eines solchen Verhaltens auch in vorangegangenen unangenehmen Erlebnissen, von denen der Tierbesitzer gar nichts wissen muß. Tranquilizerkuren oder Umkonditionierungsverfahren unter gezielter Tranquilizerwirkung sind in diesen Fällen fast immer erfolgreich.

Manchmal bewährt es sich auch, ausgehungerten Hunden während der Autofahrt in kürzeren Zeitabständen fortlaufend in Form von Leckerbissen nach und nach ihre Futterration anzubieten, um ihre Erregung auf Freßverhalten als Entlastungshandlung umzuleiten, bzw. ihre Aufmerksamkeit vom Erlebnis des Autofahrens abzulenken. Manchmal ist zuvor ein- bis zweitägiges Hungern notwendig, damit der Hund in solcher Situation das Futter annimmt.

Einer meiner Hunde, ein Münsterländer Vorstehhund, ein gut veranlagtes und keineswegs nervöses oder wesensschwaches Tier, das seit frühester Jugend an gewöhnt war, mit mir auf tierärztlichen Hausbesuchen im Auto mitzufahren, und stets brav auf seinem Platz im Fond des Wagens saß, begann eines Tages zu hecheln und zu zittern. Während der gesamten Fahrtdauer tat er dies, an den folgenden Tagen ebenfalls. Er zeigte aber keinerlei Hemmung, ins Auto einzusteigen. Wochen später erst entdeckte ich, daß dem Hund die aus einer Heizungsöffnung ausströmende heiße Luft, die direkt auf ihn blies, offenbar sehr unangenehm war und er, auch wenn die Autoheizung abgestellt war, sich offenbar weiterhin vor einem unangenehmen Reiz fürchtete; es hatte sich ungewollt eine bedingte Reaktion eingespielt. Es bedurfte zehn aufeinanderfolgender Fahrten unter Einwirkung eines Diazepampräparates, um diese Fehlkonditionierung wieder zu löschen.

2.13 Unerwünschte Eigenschaften und Fehlverhalten bei Gebrauchshunden

„Verhaltensfehler" dieser Art berühren das Thema dieses Buches eigentlich nur am Rande. Es gibt Verhaltensweisen, die – beim wilden Vorfahren des Hundes oder bei manchen Hunderassen durchaus natürlich – bei gewissen Gebrauchshunderassen die besondere Zweckbestimmung eines solchen Tieres als Jagdhund, Schutzhund, Fährtenhund, Rettungshund usw. infrage stellen können. Der Züchter muß daher Tiere mit solchen Veranlagungen möglichst ausmerzen. Manche „Verhaltensfehler" beruhen aber nicht oder nicht nur auf erblicher Belastung, also unzweckmäßiger Zuchtwahl, sondern sind durch irgendwelche zufälligen Erlebnisse oder Fehlverknüpfungen bei der Abrichtung erworben (noch unerfahrenen Hundeführern kann so manches passieren), man spricht dann vom „verdorbenen" Hund. Auch fehlerhafte Jugendaufzuchtverhältnisse, wie z. B. die schon früher öfters genannte ungenügende Sozialisierung und reizarme Aufzucht, können zum späteren Auftreten unerwünschter Verhaltensbereitschaften führen.

Nicht jede unerwünschte Verhaltensbereitschaft, die beim Junghund zunächst nicht beobachtbar war, sondern erst in der Jugend auftritt, muß erworben sein. Es gibt spätreifende und auch sexualverhaltensabhängige Instinktreaktionen, die erst beim erwachsenen Tier in Erscheinung treten und dennoch auf angeborener Grundlage basieren. In den meisten Fällen jedoch ist die Annahme, daß eine Verhaltensstörung, die zunächst lange Zeit nicht beobachtbar war und erst von einem gewissen Zeitpunkt an in Erscheinung tritt, nicht auf angeborenen und schon gar nicht auf erblich bedingten, sondern auf erworbenen Ursachen beruht, durchaus zutreffend, nur müssen solche Ursachen nicht immer psychogen bzw. reaktiv, also erlebnisbedingt oder haltungsbedingt sein, sie können auch auf organischer Grundlage beruhen. Dies kommt sogar ziemlich häufig vor, viel häufiger als so gemeinhin angenommen wird.

Eine solche sogenannte symptomatische Verhaltensstörung kann nur durch sehr sorgfältige fachtierärztliche Untersuchung erkannt werden. Dazu nur ein Beispiel aus mehreren typischen, die der Leiter des Hundewesens der deutschen Bundeswehr, Oberfeldveterinär Dr. G. Marx, in seiner Publikation „Verhaltensstörungen bei Hunden durch Krankheiten nicht zentraler Genese" (1976) beschrieben hat:

„‚Rasse': D. Schäferhund; Alter 11 Jahre; Wesensbeurteilung beim Ankauf: Temperament + + +; Führigkeit + +; Härte + +; Schärfe + + +; Unerschrockenheit + +; Verfolgungsfreude + +; Knallgleichgültigkeit + +. Klinischer Befund beim Ankauf: keine Beanstandungen, die eine Verwendung als Diensthund der Bundeswehr ausschließen. Nach erfolgreicher Ausbildung jahrelang als Wachbegleitung im Einsatz gewesen. Wegen allmählich zunehmendem ‚Wesensmangel' zur Ausmusterung vorgeschlagen. Anamnese: Der Hund zeigt in steigendem Maße Aggressivität gegen den eigenen Führer bei Zwangseinwirkungen, ‚Überschärfe'. Befund: wenig umgänglicher Hund, unwillig und aggressiv bei Korrektur der Körperhaltung. Mangelnde Zielstrebigkeit bei der Verfolgung, schwankende Hinterhand. Klinische Diagnose: Hüftgelenksdysplasie 3. Grades. Prognose: aussichtslos für die Verwendung als Diensthund, da Gelenksveränderungen irreversibel. Diskussionen: Die schweren degenerativen Verformungen der Hüftgelenke lösen bei Veränderungen der Körperhaltung des Tieres, vornehmlich bei den Übungen ‚sitz', ‚platz' und ‚spring', sowie bei starker körperlicher Beanspruchung (Verfolgung) starken Schmerz aus und bedingen ein aggressives Verhalten und mangelnde Zielstrebigkeit bei der Verfolgung. Der sich zeigende ‚Wesensmangel' ist hier nur als Symptom eines organpathologischen Geschehens zu werten und nicht als eine altersbedingte Aggressivitätszunahme".

Anmerkung für Hundezüchter: Obgleich der Wesensveranlagung nach dieser Hund durchaus zur Zucht geeignet wäre, da seine Verhaltensstörung nicht auf angeborenen Grundlagen beruht, verbietet sich eine Weiterzucht wegen des – genetisch bedingten – körperlichen Defektes!

Bei Vorträgen vor Hundeclubs muß ich seit Jahren immer wieder die Feststellung machen, daß selbst erfahrene Hundezüchter unter den in der Kynologie üblichen, das Wesen eines Hundes charakterisierenden Fachausdrücken nicht immer völlig Identisches verstehen. Ehe daher auf das eigentliche Thema dieses Kapitels eingegangen werden soll, wollen wir hier, gewissermaßen zur Sprachregelung, die in der Kynologie derzeit üblichen, die wichtigsten Verhaltenscharakteristika beschreibenden Fachausdrücke nochmals einer kurzen kritischen Betrachtung unterziehen (soweit hier auch Methoden zur Verhaltensänderung erwähnt werden, beziehen sie sich auf solche „herkömmlicher" Art, d.h. jahrelang bewährte Praxen kompetenter, professioneller Hundefachleute und Meisterführer; bezüglich der Entwicklungsmöglichkeiten eventueller gewaltloser „Alternativmethoden" siehe Kapitel 13 und letztes Viertel des Kapitels 12 des Allgemeinen Teiles.

Unter „*Wesen*", Charakter oder Verhaltensindividualität versteht man die Gesamtheit aller Verhaltensweisen eines Hundes, soweit sie in der Symbiose Hund-Mensch sowie für einen bestimmten Gebrauchszweck von Interesse sind. Manche Fachleute definieren diesen Begriff noch weiter: „Wesen ist die Summe aller angeborenen und erworbenen Verhaltensmuster des Hundes." Obgleich also das Wesen eines erwachsenen Hundes nicht nur auf angeborenen Grundlagen beruht, sondern ebenso ein Produkt seiner Umwelteinflüsse darstellt, hat es sich eingebürgert, unter dem Begriff Wesensschwäche oder Wesensmangel in erster Linie solche unerwünschten Verhaltensfehler einzuordnen, die vorwiegend auf angeborenen (und vermutlich größtenteils vererblichen) Grundlagen beruhen, während man ausschließlich oder überwiegend erworbene und symptomatische Abweichungen vom erwünschten Normalverhalten eines Hundes als Verhaltensstörung bezeichnen sollte. Die Begriffe Wesensschwäche einerseits sowie Verhaltensstörung im engeren Sinne andererseits enthalten eine Sammlung verschiedenster Verhaltensformen, auf die an anderer Stelle genauer eingegangen wird.

Unter „*Temperament*" versteht man, nach Marx treffend definiert, die Ansprechbarkeit, Stärke und Geschwindigkeit der Reaktionen auf äußere und innere Reize (Reaktionsintensität). Das Temperament wird von verschieden hohen Reizschwellen, wie aber auch durch rasche, typische Hemmungen und Enthemmungen beeinflußt. Der auf diesem Gebiet selbst heute theoretisch immer noch tonangebende russische Physiologe Pawlow unterschied hierbei bekanntlich drei Grundeigenschaften der Nervenprozesse, nämlich deren *Stärke* (das ist der Grad der Erregung oder Hemmung), deren *Ausgeglichenheit* (das ist der Gleichgewichtszustand der Erregungs- und Hemmungsprozesse) und die *Beweglichkeit* der Nervenprozesse (das ist die Geschwindigkeit der Umwandlung von Erregung in deren Hemmung und umgekehrt). Genaueres hierüber sowie über Methoden zur Testung der verschiedenen Verhaltenscharakteristika eines Hundes wurde schon in Kapitel 5 des Allgemeinen Teiles ausgeführt.

„*Härte*" definiert Marx in der vorstehend zitierten Publikation sehr treffend als die Fähigkeit des Hundes, sich durch physischen Schmerz und unlustvolle Empfindungen und Erlebnisse im Augenblick wie auf Dauer nicht nachhaltig beeinflussen zu lassen. Das Gegenteil wäre der „weiche" Hund.

Besonders divergierend sind die Ansichten zahlreicher Hundefachleute hinsichtlich des Begriffsumfanges der Bezeichnung „*Schärfe*". Wenn man Schärfe als Synonym für Aggressivität allgemein betrachtet, so ist unter ihr eine ständig gegenwärtige Bereitschaft zu kämpferischer Auseinandersetzung zu verstehen. Je nach dem Kampfobjekt unterscheidet man daher dann verschiedene Arten von Schärfe, und diese Unterscheidung hat sich in der Praxis der Gebrauchshundehaltung und Abrichtung seit Jahren bewährt:

Da ist zunächst die sogenannte „*Raubzeugschärfe*". Damit bezeichnet man die Neigung eines Hundes, Raubwild und auch anderes Wild sicher zur Strecke zu bringen. Sie entspricht den Instinktgrundlagen aus dem Beutefunktionskreis und ist bei jagdlichen Gebrauchshunden äußerst erwünscht, bei Begleithunden und Schutzhunden dagegen eher eine recht störende und unerwünschte Eigenschaft. (Man denke nur an einen Deutschen Schäferhund, der sein Herrchen auf einem Waldspaziergang begleiten darf und der infolge der ihm angewölften Raubzeugschärfe, in Verbindung mit der bei Großstadthunden infolge ungenügenden Trainings so häufig mangelnden Führigkeit und Unterordnung, ausbricht, sobald er einen Hasen oder einen Fuchs aufstöbert.)

Unter „*Mannschärfe*" versteht man die Eigenschaft eines Hundes, jeder scheinbaren oder tatsächlichen Bedrohung durch den Menschen aktiv entgegenzutreten (unter dem Gesichtspunkt, daß ein gut sozialisierter Hund den Menschen als eine Art zweite Erscheinungsform von Artgenossen betrachtet, ist Mannschärfe, ethologisch gesehen, dem sozialen Verhaltensbereich zuzuordnen).

Die *Schärfe gegenüber Artgenossen* (also die berüchtigte „Rauflust"), die dem menschlichen Hundehalter immer unerwünscht ist, ist dagegen nicht nur ein Charakteristikum des Sozialverhaltensbereiches eines Hundes, sondern häufig auch eine spezifische Erscheinungsform des Sexualverhaltens. In vielen Fällen jedoch, insbesondere wenn übertrieben intensiv auftretend, ist sie als Ausdruck von „Asozialität" eine neurotische Verhaltensweise bzw. eine Verhaltensabnormität (z. B. Rüde attackiert auch Hündinnen oder Jungtiere).

Während beim Dienstgebrauchshund die Mannschärfe durchaus erwünscht ist, sofern sie durch entsprechende Führigkeit und Unterordnung lenkbar bleibt, ist Wild- und Raubzeugschärfe sowie Rauflust – bei Nichtjagdhundrassen jedenfalls – immer eine unerwünschte Eigenschaft, und es ist gut, daß die verschiedenen Arten der Schärfe nicht unbedingt gleichzeitig auftreten müssen, sondern offenbar auf völlig getrennt vererblichen Grundlagen beruhen. Beim Jagdgebrauchshund kann Mannschärfe, neben Raubzeugschärfe vorkommend, von praktischem Gebrauchsinteresse sein. Da Aggressivität einerseits und Fluchtbereitschaft oder Angst andererseits auf getrennt vererblichen Verhaltensgrundlagen beruhen können – wie schon die Altväter der Kynologie Menzel & Menzel ausführlich beschrieben haben –, führt das Vorhandensein beider Eigenschaften, nämlich Schärfe und gesteigerte Ängstlichkeit, bekanntlich zu einer besonders unerwünschten Kombination, nämlich zum bereits mehrmals erwähnten *Angstbeißer*.

Schärfe ist ähnlich wie Härte nicht ausschließlich angewölft, sie kann in ihrem Ausmaß durch entsprechende Ausbildung in gewissen Grenzen gefördert oder gehemmt werden. Eine Unterscheidung in Naturschärfe und Scheinschärfe, wie sie Seiferle trifft (1972), wird in letzter Zeit immer mehr fallen gelassen, weil der Begriff besonders leicht zu falschen Schlüssen verleitet. Auch Seiferle selbst spricht heute stattdessen von angstbedingter oder unerwünschter Schärfe, die er als Ausdruck der Selbstverteidigungstendenz versteht; dieser stellt er die sicherheitsbedingte oder erwünschte Schärfe als eine Wesenseigenschaft gegenüber, bei der Aggressivität gepaart mit mangelnder Fluchtbereitschaft als Ausdruck eines gewissen „Selbstwertgefühles" (also eher ein lustvolles Erleben!) des Tieres, oder aber in Verbindung mit ausgeprägtem Schutztrieb vorkommt (dieses wohl aus dem Familienverhalten, nämlich Mutterverhalten stammend, das auch einem männlichen Meutegenossen nicht mangelt).

Das, was das Forscherehepaar Menzel – und nach ihnen Bodingbauer – unter der Vokabel „*Mut*" verstehen, nämlich das Standhalten in einer ihrem ganzen Umfang und ihrer Tragweite nach erkannten Gefahrsituation, bei der unter bewußter Verdrängung des Selbsterhaltungstriebes und unter bewußter Hinnahme des damit verbundenen Risikos ein Einsatz gewagt wird, halte ich – gemeinsam mit vielen anderen Verhaltensforschern – für eine absolut unzulässige Vermenschlichung. Marx bezeichnet die synonyme Eigenschaft für mangelnde Fluchtbereitschaft als „Unerschrockenheit", „Furchtlosigkeit", *„Schneid"*. Er versteht darunter die Eigenschaft eines Hundes, scheinbaren oder tatsächlichen Herausforderungen angriffslustig und verteidigungsbereit handelnd gegenüberzustehen, obwohl er bereits unangenehme Erfahrungen gemacht hat. Auch diese Definition scheint mir nicht sehr glücklich, wenn auch schon realitätsnäher. Viel einfacher könnte man meines Erachtens Schneid, welcher ja durchaus nicht immer in Verbindung mit Aggressivität aufzutreten braucht, wohl aber immer eine gewisse Härte zur Voraussetzung hat, als Gegenteil von Ängstlichkeit, also als *besonders geringe Fluchtbereitschaft* verstehen.

Ich lege also hier besonderen Wert auf die Beachtung der quantitativen, nicht der qualitativen Komponente einer teils auf angeborenen Anlagen, teils aber auch auf Umwelteinflüssen während der Sozialisierungsphase beruhenden Verhaltensbereitschaft. Erstere wäre konstitutionell bedingt, letztere beruhte auf einer gewissen Rangstellung eines Hundes. Auch ein von Natur aus sehr schneidiger Hund kann seinen Schneid verlieren, wenn er in der frühen Jugend (und auch später) bei verschiedenen Auseinandersetzungen mit Artgenossen oder mit Menschen stets Niederlagen und Entmutigungserlebnisse hinnehmen muß. Umgekehrt kann man den „Mut" eines von Natur aus nicht sehr standfesten Tieres durch wohldosierte Siegeserlebnisse bei sorgfältig kontrollierten Auseinandersetzungen innerhalb gewisser Grenzen steigern! In jedem Falle handelt es sich aber um ein triebdynamisches und nicht um ein einsichtiges oder gar „moralanaloges" Verhalten, wie die vorgenannten älteren Autoren wohl vermenschlichend in den Hund hineindichten wollen. Als praktischen Kompromiß schlage ich vorläufig den kurzen und prägnanten Ausdruck *„Furchtlosigkeit"* vor und gehe damit durchaus konform mit den neueren Auffassungen Seiferles, der selber vorschlägt: „das Wörtlein Mut wollen und müssen wir aus unserem kynologischen Wortschatz streichen; denn mit dem Problem des Mutes haben sich Human-, nicht aber Tierpsychologen zu befassen!" Beim Testen dieser Eigenschaft ist überdies zu bedenken, daß auf dem eigenen Territorium oder im Beisein seines Hundeführers ein Hund sich sehr viel standfester zeigen kann als im fremden Territorium und allein. Fluchtbereitschaft ist ja bekanntlich ausgeprägt territoriumsabhängig. (Dies ist nicht nur beim Hund so!)

In der praktischen Kynologie ist zur Wesensbeurteilung der Begriff „Ausdauer" von gewisser Bedeutung, dies jedoch stets in Verbindung mit einer gewünschten konkreten Instinktverhaltensweise. Wenn man das Temperament im Pawlowschen Sinne aufgegliedert betrachtet – und dieses nicht nur als eine Angelegenheit der Reizschwellen –, so ist hohe Ausdauer wohl von der Stärke und von der Beweglichkeit der Nervenprozesse abhängig. Diese Belange sollten verhaltensphysiologisch in Zukunft genauer untersucht und abgeklärt werden!

Abschließend noch ein paar Worte zu den wichtigen Begriffen *Führigkeit, Unterordnungsbereitschaft, Geltungstrieb.* Marx, dessen Auffassung jedenfalls für das gesamte Militärhundewesen der Bundesrepublik Deutschland verbindlich ist, versteht unter Führigkeit die Eigenschaft eines Hundes, sich bereitwillig in die Mensch-Hund-Meutegemeinschaft einzuordnen. Sie ist weitgehend von der Bereitschaft zur Unterordnung gegenüber dem ranghöheren Meutegefährten Mensch abhängig und beinhaltet eine gute Lenkbarkeit des Hundes bei Ausbildung und Einsatz. Wenn man die Arbeiten Trumlers und einiger anderer neuerer Hundeethologen über den beträchtlichen Einfluß des menschlichen „Erziehers" anstelle des Hundevaters in der Prägungs-, in der Rangordnungs- und in der Rudelordnungsphase berücksichtigt, wird einem auffallen, daß besonders die Führigkeit wohl recht wenig auf angeborenen Verhaltensgrundlagen zu beruhen scheint, sondern sehr wesentlich von der Art der Einflüsse (und deren „autoritärer" Natur!) während der Jugendentwicklung abhängt; von Einflüssen also, die stattfinden, schon lange bevor ein Hund zur Gebrauchshundeausbildung gelangt.

Dennoch scheint es auf das Vorhandensein oder Fehlen von gewissen angeborenen Instinktgrundlagen nicht unwesentlich anzukommen: Wenn man den Versuch unternimmt, ein Säugetier einer nicht primär sozialen Tierart, wie z. B. etwa den Dachs, unter ähnlichen Bedingungen wie einen jungen Hund aufzuziehen, dann fällt einem sehr schnell auf, daß Unterordnungsbereitschaft sehr eng gesteckte Grenzen haben kann; ähnlich verhält es sich bei der Katze.

Auch der sogenannte „Geltungstrieb", als mehr oder minder ausgeprägte Widersetzlichkeit zumeist störend in Erscheinung tretend, zeigt bei verschiedenen Hundeindividuen trotz gleicher Aufzuchtbedingungen und selbst unter Wurfgeschwistern beträchtlich unterschiedliches Ausmaß. In der Verhaltenspathologie erlangen die durch Erziehung variierbaren Ausmaße an Geltungstrieb und Unterordnungsbereitschaft – selbst bei von Liebhabern gehaltenen Tieren in der Großstadt – so einschneidende Bedeutung, daß die Haltung eines solchen Individuums gelegentlich in Frage gestellt wird. Beispielsweise ist das bekanntlich bei manchen blonden Cocker Spaniels der Fall. Und da ist nicht immer nur der Besitzer Schuld! Abgesehen von der bei einfarbigen Cocker Spaniels als Erbkrankheit vorkommenden, schubweise auftretenden und an eine „Geisteskrankheit" erinnernden Wesensveränderung in Richtung völliger Asozialität und untragbarer Aggressivität gegen die eigenen menschlichen Hausgenossen, ist besonders bei manchen Stämmen blonder Cocker Spaniels eine nicht schubweise auftretende, nicht mit dem Alter zunehmende und zumeist bereits in früherer Jugend beobachtbare Verhaltensvariation übersteigerten Geltungstriebes bekannt. Sie ist meist verbunden mit Berührungsscheue und der Neigung zur Bewachung vieler Gegenstände (so z. B. auch eines Knochens vor den eigenen menschlichen „Meutegenossen"), die nur abgebaut werden kann, wenn einem so veranlagten Welpen von seinem menschlichen Vaterersatz, Mutterersatz und „Leithund" in leider äußerst brutal notwendiger Form von Anfang an ein- oder zweimal klargemacht wird, daß das Alphatier in der Familie der Mensch und nicht der Hund ist! Wird auf eine solche manchmal geradezu an eine „Schocktherapie" erinnernde Maßregelungsweise in der frühen Jugend eines derart veranlagten Hundes verzichtet, dann kommt dies, bildlich gesprochen, einer Art Fehlprogrammierung eines Computers gleich. Das heißt, daß das auf Distanz bedachte, körperliche Pflegemaßnahmen mit Bissen quittierende Auftreten eines solchen jungen Hundes mit nachträglichen Dressureinwirkungen kaum je mehr zu verändern ist. Dies offen zu bekennen und zur Bekämpfung der Ursachen aufzurufen, hat nichts mit Diskriminierung einer ganzen Rasse zu tun! Es gibt ja, Gott sei Dank, in der Mehrzahl normal reagierende, rassetypische Cocker Spaniels.

Zurück zur „Führigkeit". Ein führiger Hund zeichnet sich also durch leichte Lenkbarkeit und Abrichtbarkeit aus, zeigt aber – nach Seiferle –

häufig wenig Bindung an seinen Herrn. Das heißt, er ist zwar anhänglich, schließt sich aber auch rasch an fremde Personen an. Diese Eigenschaft mag bei manchen Gebrauchshunden, so bei Polizei und Heer, oder auch bei der Verwendung eines Hundes als Blindenführhund durchaus erwünscht sein. Eigenen Beobachtungen zufolge glaube ich jedoch nicht, daß diese Kombination immer auftreten muß. Man denke da z. B. an die als „Einherrenhunde" (im Lorenzschen Sinne) besonders bekannten Dobermannpinscher, Spitze, Chow-Chow, Schnauzer. Es gibt dort sehr führige Hunde, die jedoch sehr extrem an nur einer Bezugsperson hängen. Der Einwand, daß durch geschickte, sozial isolierende Erziehungs- und Abrichtungsmethoden eine Fixierung an eine oder nur wenige Bezugspersonen bei vielen Hunden künstlich erreichbar ist, widerlegt nicht die Tatsache, daß dies eine rassespezifische Eigenheit zu sein scheint und manche Hunde eher dazu prädestiniert sind „Jedermanns-Hund" werden zu können. Um nochmals auf die Cocker Spaniels zurückzukommen, bei denen Unterordnung eine ihrer schwächsten Seiten ist, sei die Tatsache erwähnt, daß mangelnde Führigkeit resp. mangelnde Unterordnung auch mit nicht ausgeprägter Anhänglichkeit an einen bestimmten Herrn und der Fähigkeit zum raschen Anschluß an fremde Personen verbunden sein kann. Mit Futterköder sind bekanntlich zwei Drittel aller Spaniels (sowie auch Vertreter anderer Stöberhundrassen) mühelos zu stehlen!

Wahrlich, ein Nichthundebesitzer kann nicht verstehen, wie einem zumute ist, wenn man seinen geliebten vierbeinigen Hausgenossen verliert. Der letzte Gang zum Tierarzt oder zu einem Jäger, um einem alten oder unheilbar schwerkranken, leidenden Hund eine sinnlose Fortsetzung der Qual endgültig zu ersparen, ist zwar einschneidend, aber doch, wie der Tod nun einmal ist, eine unabwendbare, naturgesetzliche Notwendigkeit. Viel schmerzlicher allerdings ist es, sich von einem gesunden, kraftstrotzenden jungen Tier womöglich bloß deswegen trennen zu müssen, weil gewisse Verhaltenseigenschaften seinen weiteren Verwendungszweck in Frage stellen. Mit diesem Problem sieht sich gelegentlich der Jäger, gelegentlich ein Diensthundeführer, gelegentlich aber auch der Halter eines Liebhaberhundes konfrontiert.
Fast immer aber ließe sich die Ausbildung eines untragbaren Fehlverhaltens bei einem Hunde vermeiden, wenn er von Anfang an richtig verstan-

den und richtig behandelt würde, denn nur die wenigsten Verhaltensfehler basieren allein auf „unabänderlichen" Erbeinflüssen!

Der Besitzer eines Gebrauchshundes, der höhere Prüfungen ablegen soll, wird mit seinem Hund nicht nur auf einem Dressurplatz unter kundiger Führung einen Kurs absolvieren, sondern auch die erforderliche Spezialliteratur studieren. Darin werden die einschlägigen Verhaltensfehler meist ausführlich behandelt. Deshalb sei hier – nun zum eigentlichen Thema des Kapitels kommend – nur auf einige der bekanntesten und wichtigsten „üblen Eigenschaften" in alphabetischer Reihenfolge kurz hingewiesen:

Anschneider – nennt man einen Hund, der gefundenes Wild als seine eigene Beute betrachtet und sie anfrißt, wie es den ursprünglichen Instinkten eines Raubtieres entspricht. Sofern das Übel nicht auf angeborenen Grundlagen beruht (dem Wiederaufleben eines ursprünglich weggezüchteten Instinktanteiles), erweisen sich verschiedene Korrektionsdressurmaßnahmen als erfolgreich (siehe bei Andreas). Granderath und Tabel halten neben zu wenig korrekter Abrichtung auch unzweckmäßige, bzw. zu einseitig zusammengesetzte Ernährung für die Ursache der Neigung zum Anschneiden. Seine Vorbeugung läge daher in vernünftig ausgewogener Ernährung.

Die weitverbreitete Meinung, wenn man einen fermen Jagdhund nach vollbrachter Leistung mit einem Stück Aufbruch genossen macht, dann fördere man damit das Anschneiden, ist nach Ansicht namhafter Fachautoren aus Jägerkreisen ebenso wie nach meiner Überzeugung ganz sicher unrichtig.

Blender – nennt man einen Vorstehhund, der schon auf geringfügige Reize vorsteht, ohne daß sich tatsächlich Wild vor ihm befindet. Die Reizschwelle für diese Instinkthandlung scheint also zu niedrig, seine Reaktionen sind allzu leicht auslösbar (durch zu wenig spezifische, differenzierte Reize).

Nach Meinung einiger erfahrener Meisterführer, wie z. B. Tabel, handelt es sich bei Blendern meist um wenig jagdlich geführte Hunde mit unsicherer Nase. Letztere kann durchaus gut sein, jedoch versteht sie der Hund nicht richtig zu gebrauchen. Eine Heilung des Blenders erreicht Tabel durch eifriges, vielseitiges Jagen. Er schreibt: „Wer vor seinem Hunde im Herbst hundert Hühner und je ein Dutzend Hasen, Fasane und Enten schießt, wird keinen Scheinvorsteher mehr haben. Allerdings darf man nicht jedes Vorstehen loben, vielmehr ist ein Vorwärtstreiben zeitweise angebracht und ein Lob nur dann richtig, wenn er tatsächlich Wild in der Nase hat. Man dränge den Hund immer schneller vorwärts und reagiere auf jedes blinde Vorstehen mit einem „Pfui" und „Voran". Durch vielseitiges Bejagen wird der Hund gewöhnlich im Gebrauch der Nase schnell sicher. Beim Blender handelt es sich vorwiegend um unselbständige Tiere, die mir gar nicht lieb sind, aber für einen ernsten Fehler halte ich das Blenden nicht, weil es nach meinen bisherigen Erfahrungen unschwer mit den genannten Maßnahmen zu heilen ist."

Blinker – ist (gewissermaßen als Gegenstück des Blenders) ein Hund, der Wild nicht anzeigt, obwohl welches vorhanden ist.

Blinken und Blenden lassen sich durch reichliche Übung unter geschickten „Dressurmaßnahmen" (man spricht in der Jägerei eigentlich nicht von Dressur, sondern vom Abführen des Hundes) beheben. Trotzdem sollten, nach Meinung älterer Autoren, solche Hunde lieber nicht zur Weiterzucht verwendet werden.

Bei Hunden, die im Vorstehen unverläßlich sind, bewährt sich die Methode, einen solchen Hund gleichzeitig mit einem verläßlichen Vorsteher zu trainieren, da die Instinktansteckung (Stimmungsübertragung) durch das Verhalten des älteren, geschulten Tieres dem Anlernling seine Aufgabe wesentlich erleichtert. Da die Verhaltensweise des Vorstehers aber vorwiegend auf angeborenen Grundlagen zustande kommt, kann kein Lernerfolg erzielt werden, wo jegliche Instinktgrundlage fehlt (z. B. bei anderen als Vorstehhundrassen).

Tabel, der für seine reichhaltigen praktischen Erfahrungen bekannt ist, schreibt in seinem Buch „Der Jagdgebrauchshund": „Blinken nennt man das Verhalten des Vorstehhundes, der beim Wahrnehmen von Hühnerwitterung nicht vorsteht, sondern ganz unauffällig weitersucht. In den Anfängen dieses Fehlers zieht der Hund noch kurz an oder stutzt wenigstens einen Moment, um dann schnell auszuweichen. Der Blinker sucht seinen Herrn zu belügen – er handelt ganz bewußt –, indem er den mit der Nase wahrgenommenen Hühnern aus dem Wege geht. Ein in diesen Dingen unerfahrener Jäger merkt das gar nicht …". Nach Tabel beruhe das Blinken nicht auf angeborenen Grundlagen, sondern auf Fehlern bei der Abführung des Hundes. So schreibt er in diesem Zusammenhang weiter: „… die Ursachen des Blinkens sind wohl immer in falscher, der Eigenart des Hundes und dem Stand seiner Ausbildung nicht angepaßter Führung zu suchen. Statt zu Hause seinen Hund im »Halt« ordnungsgemäß durchzudressieren und ihn draußen im Revier an Federwild zunächst ohne Schuß zu arbeiten, geht der Führer ohne ausreichende Vorbereitung zur Hühnerjagd, bei der der Zögling die Hühner prompt heraustößt. Der schießlustige Herr und Meister ist wütend, greift zur Peitsche und prügelt den armen Hund, der diese Behandlung natürlich mit den Hühnern und ihrer Witterung in Verbindung bringt. Wenn sich das einige Male wiederholt, meidet der intelligente und empfindliche Hund künftig in Gegenwart seines Herrn jedes Zusammentreffen mit Hühnern; er reagiert nicht im geringsten auf ihre Witterung. Routinierte Blinker gehen, ohne auch nur einen Bruchteil einer Sekunde zu stutzen, mit den gleichen flüssigen Bewegungen weiter. Kein Mensch sieht ihnen an, daß sie die Hühner wahrnehmen. Übrigens gibt es dieses Blinken nicht nur bei Federwild, sondern womöglich auch noch sehr viel häufiger auf der Fuchsschleppe und gelegentlich auch auf der künstlichen Rotfährte.

Bei der Besserung des Blinkers hat der Führer ein Augenmerk auf die Wiederbelebung der Jagdleidenschaft und der Freude an der Arbeit an Hühnern zu richten. Im Felde, auf der Hühnerjagd, gewähre man ihm volle Freiheit. Sieht man Hühner einfallen, so gehe man mit schlechtem Wind an dieselben heran, so daß sie von uns bzw. dem Hund hochgemacht werden, und schieße ein Huhn. Sofort wird der Hund in freundlichem Ton zum Bringen veranlaßt und bei und nach der Ausführung des Befehls lebhaft gelobt. Er soll hier die Überzeugung bekommen, daß das Heraustoßen keine Nachteile für ihn haben wird ...". „Das Blinken auf der Fuchsschleppe behandele ich allerdings ganz anders. Zum Anzeigen von Hühnern kann ich den Hund nicht zwingen, bin vielmehr auf seine Jagdleidenschaft angewiesen, muß diese anregen. Bei der Ausarbeitung der Fuchsschleppe kann ich hingegen Zwang anwenden und halte solchen auch für nötig, jedenfalls für besser, weil sicherer". (Näheres kann bei Tabel im Original nachgelesen werden.)

Bei jungen Hunden ist meiner Meinung nach jedoch gelegentlich auch daran zu denken, daß die Anlage zum Vorstehen verschieden schnell reift. Es gibt Hunde, die schon im Welpenalter vorstehen, und andere, bei denen diese Verhaltensweise erst zwischen dem ersten und zweiten Lebensjahr voll auftritt. Granderath schreibt in seiner „Hundeabrichtung", daß ein von Natur gut begabter, frühreifer Hund der Vorstehrasse mit fünfeinhalb bis sechs Monaten bereits Lebendwitterung in freiem Lande markiert und dann langsam aber zielbewußt im sicheren Vorstehen trainiert werden kann. (Auf die Instinktgrundlagen dieser Verhaltensweise wurde schon in Kapitel 2 des Allgemeinen Teiles hingewiesen.)

Changieren – nennt man in der Jägersprache das Überwechseln eines Hundes von einer Wundfährte auf eine Gesundfährte. Für dieses Fehlverhalten können eine „schlechte Nase", also ungenügende Empfindlichkeit, mangelnde Unterscheidungsfähigkeit (Intelligenzmangel) für verschiedene Geruchswahrnehmungen, oder aber ungenügende Ausbildung, also mangelnde Übung verantwortlich sein. Allzu leichtfertig sind manche Praktiker geneigt, über die Nasenleistungen eines Hundes ein schlechtes Urteil zu fällen und von ungenügender Veranlagung zu sprechen. Nicht immer geschieht dies zu recht. Ein Hund, der in der Großstadt aufwächst und seine gesamte Entwicklungszeit hindurch keine Gelegenheit hatte, sich davon zu überzeugen, daß eine Hochwildfährte oder der Geruch von Niederwild zu einem erregenden Ziel führt, das Instinktendhandlungen möglich macht, kann jegliches Interesse an ausdauernden Witterungsarbeiten (Fährte, Wundspur, systematisches Stöbern) überhaupt verlieren. Es kommt zu Instinktverkümmerung, vergleichbar der Atrophie eines unbenutzten Muskels. Trotzdem kann so ein Hund ausgezeichnete Nasenveranlagung vererben. Individuell erworbene und verlorene Fähigkeiten wirken sich ja nicht auf die Erbsubstanz aus.

Wie der Jäger verlangt, daß der Hund auf der angesetzten Fährte bleibt, so verlangt man *„Fährtenfestigkeit"* auch vom Polizeihund. Die Erfüllung dieser Forderung ist für den Hund eine nicht immer leichte Aufgabe, wenn man bedenkt, daß sich ja die Zusammensetzung des Fährtenmischgeruchs je nach Unterlage sehr verändert (und der Individualgeruch nur eine unter vielen Komponenten eines Duftgemisches darstellt).

Hinsichtlich der Ursachen des Changierens sind die verschiedenen Fachautoren aus Jägerkreisen nicht immer ein und derselben Meinung. So sei Changieren nach Tabel keinesfalls Anzeichen einer schlechten Nase, sondern ein changierender Hund habe nicht gelernt, einer individuellen Duftlinie beharrlich zu folgen, wenn eine andere – den Hund möglicherweise mehr interessierende – kreuzt. Mit der Nasenqualität habe das Überwechseln auf eine andere Duftlinie nichts zu tun. Tabel neigt also mehr dazu, im Changieren einen Übungsmangel oder Konzentrationsmangel zu sehen.

Handscheu – wird ein Hund genannt, der sich nicht berühren lassen will, dem Herrn nicht zugeht, sich Halsband und Leine nicht umgeben lassen will. Rohe Behandlung und allzuviel Schläge mit der Hand oder dem Stock, falsche, vermenschlichte Abrichtung, wobei Strafreize erst nach dem Herankommen eines zuvor unfolgsam gewesenen Hundes verabreicht werden, und derlei Behandlungsfehler mehr sind die Ursache. Dieses Verhalten ist durch richtige Behandlung des Hundes meist rasch wieder korrigierbar. Wer die Physiologie der Verhaltensentstehung eines Hundes richtig versteht, so daß er in Strafreizen nicht eine Strafe in moralischem Sinn, sondern das Setzen bedingter Hemmungen sieht, der kann seinen Hund gar nicht falsch erziehen. Ihm werden dann Fehler, wie sie dem Unerfahrenen – oder allzu brutalen Abrichter des alten Schlages – gelegentlich unterlaufen, gar nicht passieren können!

Zur Heilung der Handscheue ist die Gerte absolut ungeeignet! Ein brauchbares Hilfsmittel ist die lange Leine. Mitunter wird ein Führerwechsel anfänglich notwendig sein. Man soll so verfahren, wie beim Junghund das Herankommen geübt wird: Immer wenn der Hund freiwillig oder unter ruckweisem Zug an der langen Leine zum Herrn näher herankommt, ist er zu loben und weiter anzulocken; man kann auch Leckerbissen reichen und ausgiebig liebkosen. Hilfreich ist eine Verkleinerung der Körpergröße des Führers durch Niederhocken oder -knien (dem herankommenden Hund erscheint dann der Herr nicht so bedrohlich).

Hasenhetzer – wird ein Hund stets durch unsachgemäße Erziehung bzw. Führung. Von einem Jagdgebrauchshund wird verlangt, daß er auf einen Pfiff von der Verfolgung eines Hasen abläßt, indem er sich auf der Stelle niederlegt; auf zwei Pfiffe muß er unverzüglich zum Führer zurückkommen. Tut er dies, so gilt er als hasengehorsam. Die Unterordnung muß also die auf den natürlichen Instinktgrundlagen des Hetzens beruhende Verhaltensweise jederzeit unterbrechen können. Dies verlangt von einem Raubtierstämmling, wie es der Hund ist, ein beachtliches Maß an Beherrschungsleistung, die zu erlernen gewiß schwierig ist und nicht ohne „dornenvolle" Erlebnisse abgeht.

Manche Hunde mit besonders starkem angewölftem Hetztrieb oder allzu vielen vorausgegangenen lustvollen Hetzerlebnissen in der frühen Jugend lernen das nie. Leider lassen sich manche Jäger deshalb zu sehr brutalen „Lehrmethoden" verleiten, die noch dazu meist von hundepädagogischen Fehlern nur so strotzen (wenn z. B. empfohlen wird, den Hund *nach* dem Zurückkommen von der Hetze tüchtig zu verprügeln oder zu treten usw.). Die in letzter Zeit immer mehr zur Verwendung kommenden drahtlosen elektrischen Dressurgeräte bieten besonders bei dieser Disziplin wertvolle Hilfsmittel; sonst müßte man sich mit Dressurhalsband und überlanger Leine oder mit einer Zwille (Steinschleuder) behelfen; den sogenannten Strafschuß mit Schrot hat so mancher Hundeführer nachher sehr bereut. Jüngste Erfahrung hat leider bewiesen, daß die sehr wirksamen Strafreize, die mit elektrischen Dressurhalsbändern möglich sind, in der Hand brutaler Abrichter oder gar unkundiger Laien ein sehr zweischneidiges und nicht ungefährlichhes Hilfsmittel darstellen. So mancher Hund wurde schon zum Neurotiker gemacht und gänzlich verdorben.

Früher sprach man von einem h a s e n r e i n e n Hund. Dies ist im Jagdhundewesen heute ein überholter Begriff. Hasenreinheit wird der Interessenlosigkeit am Hasen oder gar der Hasenscheuheit gleichgesetzt. Ist es so weit gekommen, so hat der Hundeführer mit seinen Hemmethoden über das Ziel geschossen. Der Jäger will vielmehr den h a s e n g e h o r s a m e n Hund (dem der Folgewille bleibt, der sich aber durch Pfiff beherrschen läßt).

Hühnerhetzen – ist eine Verhaltensweise, die nicht nur bei Diensthunden und Jagdhunden, sondern auch bei großstädtischen Schoßtieren, bei Begleithunden, also kurz bei Liebhaberhunden aller Rassen unerwünscht ist. Eine auf dem Prinzip der bedingt-reflektorischen „Erzeugung einer Aversion" beruhende Methode besteht darin, dem Hund ein gerissenes Huhn sogleich nach der Missetat für vierundzwanzig Stunden am Halsband festzubinden. Dies stört ihn sehr, und viele Hunde machen nach einem derartigen Erlebnis künftig einen weiten Bogen um Hühner und alles, was nur nach Hühnern riecht. In den USA gewöhnt man Hunden das Wildern ab, indem man ihnen mehrmals ein Duftkonzentrat ins Gesicht sprüht oder auf das Halsband träufelt, das den Geruch des betreffenden Wildes so intensiv ausströmt, daß es von der feinen Hundenase als widerwärtig empfunden wird. Der Hund läßt dann nur diejenige Wildart unbehelligt, mit deren spezifischem Geruch er vorbehandelt wurde. Konditionierte Verknüpfungen, deren Reize verschiedene Sinnesgebiete betreffen, werden ja sehr schnell und dauerhaft gebildet. Nach einer anderen Methode wird der Wildduft – in unserem Falle Hühnergeruch – versprüht und dem Hund gleichzeitig ein schmerzhafter elektrischer Hautreiz mit einem „elektrischen Dressurstock" oder „elektrischen Halsband" (man kann auch einen elektrischen Viehtreibstock verwenden) verabreicht. Wird diese Reizkombination mehrmals geboten, so entwickelt sich auf bedingt-reflektorischem Wege die Verbindung Duft-Meideverhalten (Unlusterlebnis). So wird der Aufforderungscharakter des Spurengeruchs der betreffenden Wildart (resp. in unserem Fall der Hühner) zum lustvollen Beutesuchen und Beutehetzen unter Hemmung gesetzt.

Alle diese Methoden sind wesentlich weniger brutal und wesentlich weniger gefährlich als der früher üblich gewesene Strafschuß aus dem Schrotgewehr. Wenn man schon mit Hilfe von Schüssen Strafreize applizieren will, dann kann man eine Dressuranordnung so aufrichten, daß ein Helfer, in einem Versteck postiert, mit einer Steinschleuder just in dem Augenblick auf den Hund schießt, in dem er sich anschickt, ein Huhn zu hetzen. Auch ein Wasserstrahl aus einem Gartenschlauch hat ungeheuer abschreckende Wirkung. All dies hat jedoch nur dann einen Sinn, wenn es in dem Augenblick zum Einsatz kommt, in dem der Hund sich eben anschickt, ein Huhn zu hetzen. Nachherige Bestrafung, wenn er das Huhn bereits getötet hat, ist, mit Ausnahme der vorher beschriebenen Methode zur Erzeugung einer bedingt-reflektorischen Aversion, viel weniger wirksam.

Mangel an Revierverteidigungsverhalten und Mangel an Bewachungstrieb – Hunde mancher Rassen sind auch Fremden gegenüber manchmal so gutmütig und freundlich, daß sie sich nicht als Wachhund eignen. Bei anderen ist die Veranlagung zur Bewachung ihres Territoriums eine zufriedenstellend stark ausgeprägte Verhaltenseigenschaft, die allerdings erst sehr spät (zwischen dem ersten und zweiten Lebensjahr) voll ausreift. Auch bei Wölfen reift die Aggressivität gegen Rudelfremde erst spät.

Nur bei Vertretern der typischen Schutzhundrassen kann fehlende Bereitschaft zur Revierverteidigung als auszumerzender Fehler angesehen werden. Obgleich ohne Zweifel überwiegend angeborene Faktoren am Zustandekommen dieses Mangels beteiligt sind, kann dieser relativ leicht durch Dressurmaßnahmen korrigiert werden. Jeder erfahrene Abrichter weiß darüber Bescheid.

In diesem Zusammenhang sei auch auf den leider oft beobachtbaren *Mangel an Schutztrieb* kurz eingegangen: Die bei Hunden mancher Rassen normalerweise besonders ausgeprägte Eigenschaft, ihrem Herrn in der Gefahr kämpfend beizustehen, darf mit Kampflust, Schärfe und Mut nicht in einen Topf geworfen werden! Um die Klarstellung dieser verschiedenen Begriffe haben sich bekanntlich schon die österreichischen Hundeforscher R. & R. Menzel besonders verdient gemacht. Sie waren es auch, die als erste bewiesen, daß es sich dabei um eine aus mehreren getrennt vererblichen Faktoren zusammengesetzte Eigenschaft handelt. Eine Tatsache, auf die in diesem Buche schon mehrmals hinzuweisen war. Auch der Schutztrieb reift mitunter erst spät (im Alter von ein bis zwei Jahren), so daß bei Jugendveranlagungsprüfungen (vor dem vollendeten ersten Lebensjahr) darüber nicht immer sichere Urteile zu gewinnen sind. Der ernste Hundesportler, der Gebrauchshundeführer sei auf Spezialliteratur verwiesen. Wie man den Schutztrieb eines Hundes wecken und durch Üben steigern kann, steht ebenfalls in den üblichen Abrichtungsbüchern (in den Kapiteln über die Ausbildung zum Schutzhund).

Wenn es auch in erster Linie einige bestimmte, große Hunderassen sind, die man als die typischen „Dienstgebrauchshunde" bezeichnet und die sich für Schutzdienst, Fährtendienst, Wasserrettungsdienst, Lawinensuchdienst und Militärwesen sowie als Blindenführhund besonders eignen, so kann man durchaus – wenn auch nicht immer – auch Hunde vom Typ des jagenden Hundes, des Erdhundes, des Vorstehhundes, des Stöberhundes, des Schweißhundes usw. (deren Fähigkeiten normalerweise in einer ganz anderen Richtung ausgebildet werden) zu erfolgreicher Schutzhundearbeit bringen.

Mutmangel – also Mangel an Standfestigkeit in einer bedrohlichen Situation, sei es durch Umweltreize unbelebter Art, durch ein artfremdes Tier oder sozialer Art, ist ein Anzeichen besonders leicht auslösbaren Flucht- und Meideverhaltens. Diese „Instinkthypertrophie" kann in Verbindung mit nur optischen oder nur akustischen Wahrnehmungen immer oder nur in affektarmer (appetenzfreier), ruhiger Situation plötzlichen Reizangebotes vorkommen und als teilweiser Atavismus (Rückschlag zur Verhaltensweise der vordomestikativen Ahnen) gedeutet werden. Tritt er nur in der sozialen Situation auf, dann kann man nicht von Atavismus sprechen, sondern eher von sozialer Unterwerfungsbereitschaft, Infantilität. Beobachtet man bei einem Hund beide Erscheinungsformen, dann nennt man dies Wesensschwäche; sie kann kombiniert mit einer oder mehreren Aggressivitätsformen oder deren völligem Fehlen vorkommen. Ob ein Hund aus Mutmangel, also Feigheit, Ängstlichkeit oder infolge zu hoher Reizschwelle für Auslösung aggressiven Verhaltens nicht kämpft, wenn er sollte, ist aus seinem Ausdrucksverhalten, also aus der sogenannten „Körpersprache", zu erkennen (Ohrstellung, Schwanzhaltung usw.). Manche Fachleute bezeichnen mit Mutmangel den Mangel an Aggressivität; erhöhte Fluchtbereitschaft, also Ängstlichkeit wird dann mit Wesensschwäche bezeichnet, ohne weitere Unterscheidungen.

Rauflust – ist eine Eigenschaft, die auf allzu starkem Kampftrieb (soziale Aggressivität gegen Gleichgeschlechtliche) in Verbindung mit Mut und Härte (das ist Schmerzunempfindlichkeit) beruht. Nach Meinung einiger tonangebender Kynologen sei der Kampftrieb des Hundes dem Spieltrieb verwandt und durch künstliche Zuchtauslese entstanden; er hätte nichts mit dem sozialen Geltungsstreben des Wildtieres im Rudel (agonistisches Verhalten) gemein. Diese etwas kühne Interpretation muß aber zumindest als ungenügend bewiesen betrachtet werden. Bei bestimmten Rassen – z. B. einigen Terrierrassen – wird Rauflust geradezu als eines der typischen Rassekennzeichen angesehen. Ohne Zweifel ist ein solcher Hund nur von einem starken Herren so im Zaum zu halten, daß es in Städten nicht zu Störungen des Verkehrs und anderer Hundebesitzer kommt. Besonders kampffreudige und harte Hunde gehören daher keinesfalls in die Hand eines Anfängers. Die verschiedenartigen Ursachen besonderer Aggressivität mancher Hunde auf nur bestimmte Artgenossen (Angehörige einer bestimmten Rasse, eines bestimmten Geschlechts) wurden in Kapitel 2 des Speziellen Teiles schon erwähnt.

Schärfe – ist, etwas vereinfacht ausgedrückt, der Fachausdruck für den Grad der Auslösbarkeit aggressiven Verhaltens. Wir haben uns mit diesem Begriff zu Anfang dieses Kapitels schon auseinanderzusetzen begonnen; nun müssen wir uns weiter damit befassen. Manche Fachleute verstehen unter Schärfe den Grad des Mißtrauens und der Feindseligkeit, den ein Hund Fremden gegenüber aufweist. Wie wohl jeder scharfe Hund besonders leicht fremde Personen beißt, kann dies der eine aus Revierverteidigungsbereitschaft in Verbindung mit Schutztrieb, der andere aber aus Ängstlichkeit, Furchtsamkeit, Feigheit tun, weil er seine eigene Sicherheit bedroht glaubt. Der Angstbeißer beißt, wenn er sich in die Enge getrieben fühlt, und flieht, sobald ihm dies nur möglich ist (Scheinschärfe). Allzu leicht auslösbare Bissigkeit ist, von wenigen Ausnahmen abgesehen, zumeist eine recht unerwünschte Eigenschaft eines Hundes und keinesfalls ein Maßstab für die Verläßlichkeit eines Schutzhundes in der Gefahrsituation oder gar ein Anzeichen echten Mutes!

Völlig fehlende Schärfe kann andererseits natürlich auch einen mutigen Hund für den vorgesehenen Zweck minder geeignet erscheinen lassen. Mit Dressureinwirkungen kann man die Schärfe eines Hundes wecken und erhöhen, zuviel Schärfe allerdings in weit begrenzterem Maße verringern. Hier sei nochmals in Erinnerung gerufen, daß es mutige Hunde gibt, die scharf sind, und mutige, die nicht scharf sind, daß es aber auch mutlose Hunde gibt, die scharf sind, und mutlose, die nicht scharf sind.

Nach Meinung der Menzels ist ein Individuum umso schärfer, je größer der Umfang des Reizbezirkes ist, der aggressive Reaktionen auszulösen imstande ist, und je niedriger die entsprechende Reizschwelle. Sie setzen also Schärfe nicht mit Abwehraggressivität, sondern allgemein mit Aggressionserregbarkeit gleich. Demnach würde der mutig-aggressivste Hund („Naturschärfe") in der Meute eine höhere Rangposition als alle anderen erlangen können. Alle Wölfe – auch die meuteführenden – wären, da sie sich fremden Menschen gegenüber als Angstbeißer verhalten, dann als scharf aber mutlos zu betrachten, was jedoch einigermaßen verwundern muß und unglaubwürdig erscheint! Man sieht, daß die Benennung individueller Variationen des arttypischen Verhaltens – insbesondere wenn es um komplexere Charaktereigenschaften geht – ein immer noch nicht befriedigend gelöstes Problem darstellt. Viele Kynologen unterscheiden – den Menzelschen Vorschlägen folgend – streng zwischen Mißtrauen und Schärfe. Mißtrauen wäre demnach ein Maß für die Tiefe der Reizschwelle zur Auslösung entweder von aggressiven Verhaltensweisen oder aber von Fluchtverhalten; es wird weiter zwischen Aggressivität im Sinne von Schärfe und dem sogenannten Kampftrieb unterschieden (siehe Kapitel 5 des Allgemeinen Teiles).

Da jede Form von Aggressivität beim Blindenführhund, beim Meldehund und beim Sanitätshund absolut unerwünscht ist, gilt sie bei Hunden, die zur Abrichtung für derartigen Gebrauch bestimmt sind, als schwerer Fehler, beim Wachhund hingegen als sehr erwünschte Eigenschaft.

Ganz anders ist die mit dem Ausdruck Raubzeugschärfe benannte Verhaltenseigenschaft zu betrachten, die sich auf die Aggressivität und Schmerzempfindlichkeit eines Hundes im Beutefunktionskreis bezieht. Es gibt Jagdhunde, von denen rasches und furchtloses „Kampfverhalten" mit wehrhaften Beutetieren als selbstverständlich verlangt wird; fehlende Raubzeugschärfe gilt bei solchen Hunden als schwerer Fehler, der mit Dressurmaßnahmen nicht immer beseitigt werden kann. Raubzeugschärfe hat mit Bissigkeit bzw. der als Schärfe bezeichneten Verhaltenseinstellung im sozialen Bereich nichts zu tun.

Erwähnt wurde ebenfalls bereits der Umstand, daß die auch als „Härte" bezeichnete Raubzeugschärfe bei solchen Hunden vorkommen kann, die in anderen als den durch die Emotionen des aktivierten Beuteinstinktfunktionskreises überlagerten Situationen überdurchschnittlich weiche und geradezu wehleidige Tiere sind; wie häufige Feststellungen in der tierärztlichen Ordination – hauptsächlich an Vorstehhunderassen und anderen Jagdhunden – beweisen.

Anders liegen die Verhältnisse bei einigen Terrierrassen und Dackeln, unter denen zahlreiche Individuen vorkommen, die offensichtlich auch im Zustand der Ruhe (ohne spezifische Appetenz) auf schmerzhafte Reize weniger Reaktionen zeigen als andere. Auch unter Deutschen Boxern, Rottweilern und einigen anderen Hunden großer Rassen kommen oft Individuen solchen Härtegrades vor.

Eine „gemütsmäßige Labilität", wie bei manchen Jagdhunden, ist auch besonders bei Deutschen Schäferhunden bekannt: Unter dem Einfluß des Affektes (und der damit verbundenen Adrenalinausschüttung ins Blut im Zuge eines Kampfes mit dem Scheintäter oder einem gleichgeschlechtlichen Artgenossen) sind diese Typen schmerzunempfindlich, also hart und mutig (standfest); trifft sie ein Schreckreiz unvorbereitet oder behandelt man sie in der tierärztlichen Sprechstunde, erweisen sie sich als sensibel wie ein verhätscheltes Schoßhündchen.

Schußscheue und Schußunruhe – kann auf angeborenen Anlagen, Schreckhaftigkeit oder überempfindlichem Gehörorgan beruhen, sie kann aber auch durch zufällige ungünstige Erlebnisse und Fehlverknüpfungen bei ungeschickter Abrichtung erworben werden; und in diesem Falle durch Dressurmaßnahmen relativ leicht wieder korrigiert werden. In den verschiedenen Hundeabrichtungsbüchern finden sich ausgezeichnete

Anleitungen darüber, wie man einen jungen Hund an das Schußgeräusch gewöhnen kann. So wird z. B. der Schußscheue weitestgehend vorgebeugt, wenn man einen Junghund bereits im Alter von fünf bis sechs Monaten öfters ins freie Gelände mitnimmt, in dem geschossen wird. Das Mißtrauen eines drei Monate alten Hundekindes ist nicht annähernd so groß, wie das eines Hundejünglings von zehn bis zwölf Monaten. Wie bei vielen anderen Umweltreizen auch ist die Gewöhnung an Schußgeräusche von frühester Jugend an sehr viel leichter als später!

Der Grad der Schußscheue kann außerordentlich verschieden sein. In Kapitel 1 des Speziellen Teiles wurde bereits ausführlich auch auf solche Hunde eingegangen, in Kapitel 11 des Allgemeinen Teiles wurden Behandlungsmöglichkeiten erwähnt. Obgleich auch in den meisten Abrichtungsbüchern ebenfalls Praktiken zur Beeinflussung der Schußscheue ausgiebig beschrieben sind, sei der besonderen Wichtigkeit wegen hier nochmals konkret auf eine meiner bewährtesten Methoden eingegangen. Sie ist auch für schwere Fälle geeignet, sofern nicht angeborene Grundlagen überwiegend mit im Spiele sind. Die Methode eignet sich auch dazu, Hunden die Angst oder das Fluchtverhalten auf einen bestimmten anderen Reiz (etwa Motorengeräusch, Klingelgeräusch, Lichtblitze) oder eine unerwünschte Bellreaktion, ausgelöst durch solche Reize, wieder abzugewöhnen.

Bei Auftreten des Reizes (oder nachdem man den Hund zwangsweise in die Reizsituation führte und festhielt) wird dem Hund ein Leckerbissen gereicht. Flucht, Bellen oder Aggression und gleichzeitiges Fressen schließen nämlich einander aus.

Der nicht mit einem besonderen Beruhigungsmittel (Tranquilizer) vorbehandelte Hund nimmt jedoch in den meisten Fällen in einer solchen Situation den Leckerbissen nicht einmal dann, wenn ihm schon ein oder zwei Tage lang jegliches Futter vorenthalten wurde. Man reiche den Leckerbissen deshalb nach Vorbehandlung mit einer geringen Tranquilizergabe (das in dem individuellen Fall am günstigsten wirkende Beruhigungsmittelpräparat und die individuell wirksamste Dosierung muß stets durch Vorversuche ermittelt werden). Wird der Leckerbissen angenommen, so ist der erste Schritt getan zur Bahnung eines Erregungsabflusses in eine andere Instinktverhaltensweise. Wenn nach etwa zehn bis zwanzig solcher (innerhalb zwei bis drei Wochen erfolgender) Erlebnisse das Tier dann ohne vorherige Tranquilizergabe den erregenden Reizen ausgesetzt wird, tritt in vielen Fällen die frühere, unerwünschte Verhaltensweise nicht wieder auf, auch dann nicht, wenn später kein Leckerbissen mehr gereicht wird. Der ehemals erregende Reiz ist nun zum bedingten Auslöser für Futteraufnahmeverhalten oder aber auch völlig indifferent geworden. Wichtig dabei ist, stets darauf zu achten, daß der zu bietende konkurrierende unbedingte oder bedingte Reiz noch in die Appetenzphase der zu hemmenden oder durch eine andere zu ersetzende Instinkthandlung fällt. Wenn es sich ermöglichen läßt, daß die Reize, die wirksam verknüpft werden sollen, auf möglichst viele verschiedene Sinnesbereiche einwirken, so steigert es die Geschwindigkeit des beabsichtigten Lernerfolges und die Wirkungssicherheit unter zufälligen Störeinflüssen erheblich.

Sehr wichtig ist bei der ganzen Sache, daß in sehr kurzer Zeit viele Heildressurmaßnahmen erfolgen und nicht zwischen den einzelnen Übungen tagelange Intervalle verstreichen! (Ansonsten könnte das Umgekehrte eintreten, nämlich statt psychischer Desensibilisierung tritt Sensibilisierung und damit Steigerung der unerwünschten Verhaltensweise auf.)

Auch Tabel schreibt, daß man mit etwas Fingerspitzengefühl für die Regungen des Hundes die Schußscheue in den meisten Fällen heilen kann und daß ein geheilter Hund in der gleichen Hand kaum wieder rückfällig wird. Leichtere Fälle von Schußängstlichkeit kann man schon allein dadurch mildern, daß man den Hund allmählich an einen Schießstand heranführt, an dem geschossen wird. An den allmählich stärker werdenden, sich regelmäßig wiederholenden Knall gewöhnt sich der Hund sehr viel leichter als an einen einzelnen unvermittelten Schuß in der Nähe.

Von anderen Autoren werden noch zahlreiche weitere Methoden zur Behandlung der Schußscheue empfohlen, auf die in diesem Rahmen nicht eingegangen werden kann.

Streunen und Wildern – sind manchmal schwer bekämpfbare Leidenschaften vieler Hunde, die besonders bei Wachhunden, die sich in ländlicher Gegend frei auf einem Hof bewegen können, schon von frühester Jugend an bekämpft werden müssen. Bereits bei der Auswahl der Hunderasse für einen bestimmten Gebrauchszweck sollte man an die Möglichkeit dieses Fehlers denken. Es gibt bekanntlich hoftreue Hunde, z. B. Spitze (und einige andere), die selbst bei entsprechender Gelegenheit dazu nicht leicht eine solche Untugend entwickeln. Bei der Wahl der richtigen Hunderasse für einen bestimmten Gebrauchszweck soll der Käufer daher nicht versäumen, vorerst den Ratschlag eines Hundefachmannes, z. B. eines Vereinsfunktionärs, einzuholen! In jedem Lande gibt es solche Fachleute.

Die Triebfeder (Motivation) zum Entweichen kann verschiedener Art sein, nämlich dem Sexualfunktionskreis, dem Beutejagdfunktionskreis oder auch einer mehr unspezifischen Appetenz (Langeweile, Bewegungsmangel) angehören.

Schuld an Verhaltensweisen des Streunens und Wilderns hat nicht der Hund, sondern häufig die mangelnde Obsorge des Besitzers während der Jugend des Hundes. Hat ein junger Hund im Alter zwischen etwa vierzehn Wochen und einem dreiviertel Jahr durch ungenügende Beaufsichtigung die Möglichkeit, sich selbst von Haus und Hof – zunächst aus Langeweile und Neugierde – zu entfernen, so gelingt es später fast nie mehr, und sei es mit noch so harten und ausgeklügelten Methoden, ihm die erworbene Neigung zum gelegentlichen Abhauen und Herumstreunen wirklich verläßlich wieder abzugewöhnen. Nicht selten endet sein Leben dann vorzeitig durch Unfall oder Abschuß.

Totengräber – nennt man einen Jagdhund, der aufgefundenes Wild vergräbt, anstatt es zu apportieren oder zu verweisen. Wenn man einen solchen Hund suchen läßt, sucht er überall, nur nicht dort, wo er „seine Beute" vergraben hat. Bei vielen Totengräbern ist das Motiv Futterneid, bei zu gering entwickeltem Meutetrieb; in gewissem Sinne stellen daher manche Autoren den Totengräber dem Anschneider zur Seite. Ohne Zweifel sind in vielen Fällen angeborene Instinkthypertrophien mit dabei im Spiele. (Wir wissen ja, daß das Futtervergraben zum angeborenen Verhaltensinventar des Hundes gehört.) Solche Hunde zeigen häufig die Neigung, auch sonst alle möglichen Gegenstände – z. B. neben dem Hund abgelegte Kleidungsstücke seines Herrn – zu vergraben oder, wo dies möglich ist, mit Anderem zu verblenden, zuzudecken.

Bestimmte Umweltumstände können einen Hund, der zum Vergraben neigt, zum perfekten Totengräber machen, so daß er für die Jagd unbrauchbar wird. Andererseits kann geschickte Abführung – in manchen Fällen aber erst eine Korrektionsdressur – einen Hund mit solchen Ambitionen wieder zum erwünschten Verhalten veranlassen; mitunter genügt schon ein Führerwechsel.

Ungenügende Sozialisierung an Menschen, also mangelnde Verbindung zu Menschen während der kritischen Entwicklungsphasen in der Jugend (z. B. durch unpersönliche Fütterung, ausschließliche Zwingerhaltung), kann leider später nie mehr ganz korrigiert werden und könnte Erbdefekte vortäuschen.

Ungenügend hohe „soziale Rangstellung" des Hundeführers über dem Hund – erkenntlich an schlechtem oder schwankendem Appell – kann eine weitere Hilfsursache sein, daß der Hund das zu apportierende Wild als „seine" Beute betrachtet und behandelt.

Auch Anwesenheit anderer Hunde – als „Konkurrenten" – kann Beutevergraben bei Hunden stimulieren, die dies sonst nie tun würden.

Während die Neigung zum Totengraben nach Meinung verschiedener Autoren vorwiegend erblich bedingt ist, vertreten Granderath und Tabel die auch mir richtiger erscheinende Auffassung, daß sehr viele erlebnisbedingte, zufällige Ursachen am Entstehen dieser unerwünschten Eigenschaft zumindest wesentlich mitbeteiligt sind. Die Motivlage im Hunde könnte nach Tabel etwa folgender Art sein: „Es liegt in der Hundenatur, denjenigen Fraß, den er im Augenblick nicht mehr braucht, zu vergraben. Das sehen wir bei fast allen Junghunden, und es ist nicht tragisch zu nehmen. Es entspricht dem natürlichen Drang zur Sicherung der Beute. Nun bilden Herr und Hund eine Beutegemeinschaft, in welcher der Herr der Meutenführer ist (mindestens darstellen sollte). Alles Wild, jede Beute gehört ihnen gemeinsam. So sieht es der ordnungsgemäß gehaltene Hund normalerweise. Bei dem zur Strecke gebrachten Stück Schalenwild empfängt er seinen Herrn freudig Rute wedelnd, während fremde Menschen oder gar Hunde höchst mißtrauisch betrachtet, meist angeknurrt oder gar heftig angegriffen werden. Seine Einstellung: Unsere Beute! Sie muß dem Zugriff Dritter entzogen werden! So weit es sich um zu bringende Gegenstände, insbesondere Niederwild handelt, hat der Hund im Beisein anderer Menschen oder gar fremder Hunde häufig Sorge um seine Beute. Er bringt sie ungern in die Gegend, in welcher er Menschen weiß oder Hunde gar sieht. Das gilt in erhöhtem Maße dann, wenn er in die Nähe der Menschenansammlung herankommt und in ihr seinen Herrn nicht erkennt. Es ist daher nicht nur zulässig, sondern selbstverständliche Pflicht eines Führers, sich dem mit dem Stück Wild nähernden Hund durch eigene Bewegung und Lob und Zuspruch bemerkbar zu machen. Wer das nicht tut, geht nicht auf die Seelenregung des Hundes ein: ‚Unsere gemeinsame Beute'. Sehr selbstsichere und selbstbewußte Hunde kommen naturgemäß weniger leicht in Sorge um ihre Beute, die eigentlich immer nur dann auftritt, wenn der Hund sich unsicher fühlt; und diese Unsicherheit entsteht natürlich wieder leichter in fremder Örtlichkeit, in nicht bekannten Verhältnissen und gegenüber fremden Personen und Tieren. Neid und Unsicherheit sind die häufigsten Motive zum Eingraben. Daß beides bei jungen Hunden leichter auftritt, ist einleuchtend, denn im Laufe der Zeit macht der Hund die Erfahrung – jedenfalls bei rechtzeitigem Aufpassen seines Führers –, ‚daß ihm niemand seine Beute wegnehmen darf und wegnimmt'" – schreibt Tabel sehr treffend. Und weiter führt er aus: „Ist Neid und Unsicherheit der Grund zum Vergraben, so müssen wir in dem Hunde die Überzeugung festigen, daß ihm keiner seine Beute streitig macht. Anfangs grundsätzlich fort von Mensch und Tier – und lobend bemerkbar machen, später das letztere auch in der Nähe von Menschen und Hunden!

Selbstverständlich muß der Hund das eingebuddelte Stück selbst holen, notfalls an Korallen und Leine … Man muß ihn zu vielfach wiederholten Malen erfahren lassen, daß ihm niemand das Stück wegnimmt und daß das Herantragen für ihn zu einem angenehmen Abschluß führt."

Ist einmal die Neigung zum Vergraben hartnäckig eingefressen, dann können nur mehr oder weniger harte Abrichtemethoden Aussicht auf Erfolg haben. Gewisse Abrichteschwierigkeiten sind dabei mehr „technischer Art": Aus praktischen Gründen nicht immer leicht durchführbar ist die Forderung, dem Hund im Augenblick seines unerwünschten Tuns Schmerz oder Schreckreize zuzufügen, ohne daß dieser die Anwesenheit des solche Maßnahmen veranlassenden Menschen bemerkt. Man läßt mehrmals Wild auf einem bestimmten Ort auslegen, und ein Gehilfe setzt sich auf einen Baum und wartet; der Hund wird von seinem Führer zum Suchen mit dem Winde losgeschickt. Sobald er bei der Beute angekommen ist und damit beginnt, sie als die seine und nicht die seines Herrn zu behandeln, wird ihm mit der Zwille ein Kieselsteinregen auf das Fell geschleudert. Auch die modernen drahtlosen elektrischen Dressurgeräte (wie z. B. „Teletakt") eignen sich gut für solche Umkonditionierungsmaßnahmen. Verhält sich der Hund aber richtig, so ist er vom Führer ausgiebig zu beloben und zu belohnen, indem man ihm entweder vom Aufbruch der

„Beute" einen Brocken gibt – z. B. ein Stück Leber oder Milz –, um ihn „genossen" zu machen, oder indem man einen mitgebrachten Leckerbissen verabreicht (um die adäquate Instinktendhandlung zu ermöglichen). Granderath wendet allerdings in seinem Buch „Hundeabrichtung durch wahre Verständigung zwischen Mensch und Hund" ein, daß ein Erschrekken des Hundes bei der Beschäftigung mit seiner Beute durch Kettenwurf u. U. keineswegs die erhoffte Wirkung habe, sondern den Hund davon abhält, noch einmal an das gefundene Stück heranzugehen, und ihn dazu verleite, in zukünftigen Fällen das Finden der zu apportierenden Beute einfach zu verleugnen. (Eine Meinung, der ich mich anhand eigener Beobachtungen nicht anschließen kann.) Granderath heilt „Totengräber" von ihrer uns unerwünschten Neigung, Wild zu vergraben, indem er den Apportierwillen des Hundes stärkt und ihn beim Eintreffen am Stück durch sofortiges Einwirken zum Bringen veranlaßt. (Ich habe das nachgeprüft und als ebenfalls empfehlbare Methode der Wahl befunden.)

Wenn ein Hund mit der Methode des Zwangsapportierens das Bringen erlernt, so ist die Gefahr, daß sich falsche Motivationen einschleichen und die Leistung auf Abwege gerät, trotz ungünstiger Veranlagung wesentlich geringer. Mit der „weichen Lehrmethode des Spielbringens" hingegen müßte man in sehr früher Jugend des Hundes beginnen und viel Zeit aufbringen, soll die Bringleistung verläßlich werden (viele jagdliche Fachleute halten sie überhaupt für ungeeignet).

Wasserscheue – ist immer erworben, obgleich es Rassen gibt, denen Bewegung im Wasser viel Vergnügen bereitet, während andere weniger Beziehung zum nassen Element haben. Wie man einen Junghund vorsichtig ans Wasser gewöhnt, daß nicht durch Schreckreize Fehlverknüpfungen entstehen, und wie man ihn zum Apportieren aus dem Wasser oder zum Wasserrettungshund abrichtet, steht in allen größeren Hundeabrichtungsbüchern; dort wird meist auch darauf eingegangen, wie eventuell auftretende Schwierigkeiten überwunden werden können. Ein paar Worte nur für den, der keinen Hund mit Spezialausbildung haben möchte und über kein entsprechendes Lehrbuch verfügt, aber trotzdem will, daß sein Hund ihn beim Baden ins Wasser begleitet: Junge Hunde planschen gerne durch Pfützen – spielerisch apportieren sie auch ein Hölzchen daraus. Man spritze einen Hund, der erst Vertrauen zum Freibaden gewinnen soll, nicht an, oder werfe ihn nicht einfach ins Wasser hinein, man verlange auch nicht sogleich, daß er sich in einen großen See wagt (auch wenn die Ufer seicht sind). Wenn er im flachen Wasser ohne Hemmung planscht, dann schwimme man vor ihm her, wenn er das erste Mal ins Tiefe folgen soll. Sobald er den Boden unter den Füßen verliert, überschütte man ihn mit Lob und dehne die ersten Versuche dieser Art nur auf kurze Augenblicke aus.

Sollte durch eigene oder fremde Unbeherrschtheit ein Hund aber bereits Furcht vor dem Wasser haben, dann gibt es (je nach Härte des Tieres und des Besitzers!) zwei verschiedene Methoden, eine solche Hemmung zu überwinden: a) Man lasse weder eine Person, noch Kleidung, noch andere Gegenstände (Auto) unmittelbar am Ufer zurück, steige in ein Boot und fahre langsam unter ständigem Locken davon (man kann auch schwimmen). Schickt sich das Tier an, ins Wasser zu gehen, dann breche man in Lob aus und kehre die ersten Male sofort um und fahre (schwimme) zu ihm zurück. b) Statt des sanften Zwanges geht es mitunter nur mit einer derberen Methode: Dem Hund wird ein Brustgeschirr umgeschnallt und daran eine lange Leine befestigt. Vom Boot aus, oder weiter entfernt im mitteltiefen Wasser stehend, wird der Hund gerufen. Kommt er nicht auf das ihm geläufige Befehlssignal „hier", so zieht man ihn zu sich heran – im letzten Drittel des Weges schwimmt er meist freiwillig weiter auf den Führer zu, worauf sofort ausgiebig Lob einzusetzen hat. Brustgeschirr und Leine sollte man womöglich nicht erst unmittelbar vor dem Wasser umlegen. Bei späteren Übungen, wenn sich der Hund schon nicht mehr so sehr sträubt, genügt das Einhängen der langen Leine in den Halsbandring (ohne Zug) statt in das Brustgeschirr.

Wesensschwäche – bedeutet, grob vereinfacht, im wesentlichen so viel wie Feigheit, Ängstlichkeit, Schreckhaftigkeit, „schwache Nerven".

In Kapitel 1 des Speziellen Teiles wurden unter anderen auch solche Typen beschrieben. Daß Wesensschwäche nicht nur angeboren, sondern unter besonderen Umständen auch erworben werden kann, wurde schon dargelegt. Bei der angeborenen Wesensschwäche – wenn diese Ursache als sichergestellt gilt – helfen weder Dressurmaßnahmen, noch irgendeine andere Methode, um den Eigenschaftskomplex Mutmangel, Schreckhaftigkeit, übertriebene Fluchttendenz zu verringern oder zu beseitigen, weshalb Hunde, die derartige Eigenschaften vererben, unter allen Umständen – möge ihr Exterieur noch so preisverleihungswürdig sein – von der Weiterzucht auszuschließen sind (auch dann, wenn es sich nur um Nicht-Nutzhunderassen handelt). Dies gilt ganz besonders dann, wenn gleichzeitig mit der abnormen Furchtsamkeit extreme Neigung zu aggressivem Verhalten vererbt wird. Man kann dies gar nicht oft genug immer wieder betonen!

Über Methoden, um Wesensmängel besonders frühzeitig zu erkennen, siehe Kapitel 5 des Allgemeinen Teiles (bei den Welpentests).

2.14 Der Störenfried wird gelyncht
(Unverträgliche Gruppen)

Massenreaktionen und ähnliche Erscheinungen sind auch bei Hunden bekannt. Da jedoch heutzutage, von einigen Großzwingern und Tierasylen abgesehen, selten viele Hunde ohne trennende Unterteilungen auf einem eng begrenzten Raume gemeinsam gehalten werden, stellen derartige Vorgänge ein nur selten vorkommendes Problem dar. Wie schon früher einmal erwähnt, ist besonders von gewissen Terrierarten bekannt, daß man nur wenige gleichgeschlechtliche Individuen zu einer Meute vereinigt gemeinsam halten kann. Die Ausbildung einer Rangordnung verhindert bei diesen kampffreudigen Tieren nicht, daß bei geringfügigen Anlässen – wozu auch Erregungen durch zufällige Vorgänge außerhalb des Zwingers zählen können – sich alle Tiere aufeinanderstürzen und schließlich ein Tier von den anderen buchstäblich zerrissen wird. Auf bestimmte Gebrauchszwecke ausgerichtete Zuchtwahl ließ hier Hundecharaktere entstehen, die im Grade der Ausgewogenheit der verschiedenen sozialen Verhaltensanteile so weit von ihren wilden Verwandten und Vorfahren abweichen, daß gewisse, an sich natürliche Gemeinschaftsformen überhaupt nicht mehr aufrechterhalten werden können. Dies trifft ganz besonders für die Zeit der Rangordnungskämpfe in der Jugend zu, wie Versuche in einem amerikanischen Forschungsinstitut (Hamilton Station des Jackson Memorial Laboratory in Bar Harbor) zeigten. Das Ergebnis solcher Untersuchungen führte auch zur Entdeckung einer Möglichkeit, wie derartige Gefahren praktisch verringert werden könnten. Zog man die Wurfgeschwister eines als extrem sozial unverträglich erkannten Stammes von Drahthaarfoxterriern bis zur sechzehnten Lebenswoche voneinander isoliert auf und vereinigte sie erst dann zu einer Meute, dann vertrugen sie sich friedlich, da die Entwicklungsphase der Rangordnungskämpfe vorbei war und, wie wir ja aus Kapitel 3 des Allgemeinen Teiles noch wissen, ein späteres Nachholen von Vorgängen, die auf bestimmte kritische Entwicklungsphasen beschränkt sind, nicht oder nur ungenügend möglich ist. Da Verhaltensweisen sozialer Aggressivität – ähnlich solcher der Beuteaggressivität – zu den sogenannten trainierbaren Instinkten zählen, kann man durch entsprechende Maßnahmen eine Instinktverkümmerung (oder aber durch zeitgerechtes Training eine Steigerung) – innerhalb gewisser Grenzen – erzielen.

Das gegenteilige Extrem stellen bekanntlich die Bracken dar, die besonders früher an Fürstenhöfen in großen Meuten zur Jagd gehalten wurden. In ihrem rassetypischen Erbbild sind Anlagen, die für aggressive Sozialkontakte und Meutenführungsansprüche verantwortlich zeichnen, so geringgradig vorhanden, daß man, ohne gefährliche Raufereien befürchten zu müssen, viele gleichgeschlechtliche Artgenossen zusammenhalten kann. Von den vielen anderen Hunderassen nähern sich einige diesem, andere jenem Extremtyp.

In Tierasylen und großen Versuchshundeställen kann man beobachten, daß es zu Raufereien – auch unter den Alteingesessenen – besonders dann kommt, wenn einer geschlossenen sozialen Gruppe ein weiteres, neues Mitglied einverleibt wurde. Nach Fox werden Neulinge, die einer anderen Rasse angehören als die Hunde der bisher geschlossenen sozialen Gruppe, weniger angegriffen als rassengleiche; dasselbe gilt für das Geschlecht. Zwischen Hunden, unter denen kein deutliches, hohes Ranggefälle besteht, kommt es besonders häufig und zu besonders harten Reibereien. Wird in einem Zwinger eine Hündin läufig, so herrscht zwischen den Rüden eine besonders gespannte Atmosphäre.

Raufereien von zwei Hunden wirken auf die ganze Gruppe stimmungsübertragend.

Wird aus einer Gruppe der Ranghöchste entfernt, so finden solange Raufereien statt, bis sich einer die vakante Position neu erkämpfen und sichern konnte.

Ein Gruppenmitglied, das durch sein andersartiges Verhalten die täglichen Gewohnheiten und eingespielten Reaktionsgepflogenheiten der anderen Gruppenmitglieder stört – das sozusagen „auffällt" –, zieht sich meist Zurechtweisungen aller anderen zu. In einem von mir betreuten Zwergpudelzwinger passierte einmal folgendes: Es wurde eine junge Pudelhündin einer Gruppe von sechs oder sieben anderen, in einer großen Wohnung gehaltenen Pudelhündinnen eingegliedert. Nach anfänglichen Reibereien, die die Züchterin mit strafandrohender Zeitungsrolle stets rasch unterbrechen konnte, schien alles gut zu gehen. Leider hatte das neue Tier die Eigenschaft, bei geringsten Anlässen (z. B. wenn Fremde im Treppenhaus an der Eingangstüre vorbeigingen) schrill aufschreiend zu bellen, so daß die anderen Hunde offenbar erschraken; ihre Aggressionen – wenn manchmal auch nur in Form von Gebell – richteten sich daraufhin sofort gegen dieses Tier, obwohl sie es auf den Liegeplätzen und beim Fressen längst als gruppenzugehörig duldeten. Als eines Tages die Zwingerinhaberin kurze Zeit nicht zu Hause und zufällig auch sonst keine Aufsichtsperson anwesend war, passierte dann Fürchterliches: Sie fand den einen Hund tot inmitten des Zimmers liegen und alle anderen „schuldbewußt" hinter Verstecken verkrochen. Äußerlich war keine Verletzung sichtbar. Die Sektion ergab einige Zahndruckstellen an der Nackenhaut und ein gebrochenes Genick: Einer hatte den verhaßten Sonderling totgeschüttelt. Den erregungsauslösenden Reiz, auf den hin der Hund wahrscheinlich wieder in seiner, den anderen verhaßten Eigenart mit Bellen reagiert hatte, lieferte möglicherweise – ahnungslos – ich selbst, denn ich hatte die Dame sprechen wollen und angerufen und da sich niemand meldete, längere Zeit das Telefon läuten lassen. Wie in Schulklassen Sonderlinge, die durch anderes Verhalten oder anderes Aussehen auffallen, häufig das Objekt von Anfeindungen und Neckereien seitens der anderen Klassenkameraden sind, so scheint es wohl auch bei den Hunden zu sein; was liegt näher, als in allgemeiner Aufregung den einen, der schon lange vom gewohnten Verhalten der anderen „aufreizend" absticht, zum Sündenbock zu stempeln? Andere Zwingerbesitzer konnten beobachten, daß ein oder mehrere oder alle Hunde einen bestimmten Meutengenossen immer wieder besonders heftig anfallen (um Ärger an ihm abzureagieren), wenn dieser eine rangtiefe Stellung genießt und sich gleichzeitig der besonderen Aufmerksamkeit oder Bevorzugung des Tierpflegers erfreut. Normalerweise wird in einer eingespielten Hundegesellschaft ein rangtiefes Tier nicht von allen Gruppenmitgliedern, sondern lediglich von seinem nächststehenden Rangrivalen zeitweilig attackiert, außer es handelt sich um den Rangtiefsten, den Prügelknaben.

Bei der Verteilung der Hunde auf die verschiedenen Zwingerabteile ist es daher zweckmäßig, alle diese Besonderheiten in Betracht zu ziehen; muß man aber eine Änderung einer gut eingespielten, ruhigen sozialen Gruppe vornehmen, dann sollte man in den ersten Tagen mit dem Futter Beruhigungsmittel zur Verringerung der Erregbarkeit verabreichen; dabei ist hoch zu dosieren, denn geringe Dosen wirken zunächst nur angstdämpfend und somit sozial enthemmend, was die Reibereien vermehren kann.

2.15 Störungen des Sexualverhaltens

Viele der beim Menschen bekannten Störungen, Abnormitäten und Perversitäten des Sexualverhaltens finden wir, wiewohl viel seltener, auch bei Hunden. Im Gegensatz zum Menschen stehen uns aber wirksame „Behandlungsmaßnahmen" ohne Einschränkung zur Verfügung, wie z. B. die Kastration. Aus der Fülle des Materials, dessen Besprechung ein eigenes Buch ergäbe, seien nur einige Tatsachen herausgestellt. Zunächst einige Störungen bei männlichen Tieren:

Es wurde einmal beobachtet, daß ein Kater eine im gleichen Haushalt wohnende Hündin zu decken versuchte. Hunde, die man im Experiment einzeln und streng isoliert als Kaspar Hauser aufzieht und denen als einziges bewegliches Spielzeug von der dritten bis zur fünfzehnten Lebenswoche nichts als etwa eine Futterschüssel zur Verfügung steht, behalten zeitlebens Scheu vor Artgenossen beiderlei Geschlechts: Ihre späteren sexuellen Werbungs- und Aufreitversuche richten sich auf die Futterschüssel, wobei sie sichtlich zur Instinktendhandlung gelangen (Triebobjektperversion, also Sexualhandlung aufs falsche Objekt gerichtet). Die soziale Isolierung, in welche eine unbeabsichtigte teilweise Kaspar-Hauser-Aufzucht ein Tier führt, kann zu Hemmungen normaler sexueller Betätigung – wenigstens im Appetenzbereich – führen und dann Ersatzhandlungen notwendig machen: Ein Pudel, einziger Welpe einer bei der Geburt gestorbenen Hündin, künstlich aufgezogen, kam bis zum fünften Lebensmonat nicht aus der Wohnung. Er wurde sehr verhätschelt und fürchtete sich vor Artgenossen. Sexuelle Handlungen vollführte er an Polstern. Vor läufigen Hündinnen flüchtete er. Jeden Versuch anderer Hunde, mit ihm ein Spiel aufzunehmen, wehrte er ängstlich-aggressiv ab. Rüden, die während der Sozialisierungsperiode nicht Gelegenheit hatten, mit Geschwistern oder anderen Artgenossen beiderlei Geschlechts sexuell gefärbt zu spielen, zeigen für lange Zeit, manchmal zeitlebens, ungeschicktes Sexualverhalten, indem sie z. B. von der falschen Stelle (etwa seitlich oder von vorn) auf eine deckbereite Hündin aufreiten und solcherart zu regulärem Deckbetrieb ohne Hilfe nicht zu gebrauchen sind.

Das Vorkommen von Onanie bei Rüden wurde in der Fachliteratur mehrmals beschrieben; sie ist jedoch nicht als Perversität, sondern wie beim menschlichen Jugendlichen mehr als Versuch des Abreagierens, also als Ausweg aus sexueller Not (in Ermangelung eines gegengeschlechtlichen Partners) aufzufassen. Dasselbe gilt für die so häufig beobachteten „homosexuellen" Handlungen. Vereinzelt soll jedoch auch echte Homosexualität bei Rüden – die dann läufige Hündinnen ablehnen – beobachtet worden sein.

Nach Untersuchungsergebnissen von Meyer-Holzapfel und von Inhelder u. a. spielt im Tierreich die Abhängigkeit der Art des sexuellen Verhaltens von der jeweiligen sozialen Rangposition eine große Rolle, geht also nicht immer mit dem tatsächlich vorhandenen Geschlecht konform. Imponiergehabe und weiteres aktives männliches Sexualauftreten niederer Ebene demonstriert Dominanz, weibliches, mehr passives, deckbereites Auftreten soziale Unterlegenheit oder Unterwerfungsbereitschaft, was normalerweise gleichzeitig aggressionshemmend auf den (gleich- wie gegengeschlechtlichen) Partner wirkt. Bei Beurteilung scheinbar homosexuellen Verhaltens wären solche Tatsachen auch mit in Betracht zu ziehen.

Hypersexualität mit ihren lästigen Begleiterscheinungen bei Stubenhunden (in Form von häufigen Aufreitversuchen auf menschliche Körperteile, hauptsächlich Beine, sowie auf Puppen, Polster und andere Gegenstände) ist eine besonders bei gut genährten Hunden – wenn sie noch dazu wenig Betätigungsmöglichkeit haben – häufige Erscheinung. Sie läßt sich zeitweilig dämpfen durch Injektion gewisser synthetischer Progesteron-Depot-Präparate (Progestativa) und Epiphysan, einem Extrakt aus der Zirbeldrüse (Epiphyse). Die Epiphyse produziert nämlich Hormone, die u. a. die Tätigkeit der Sexualhormondrüsen zügeln. Reichlichere, ermüdende Bewegung und kalorien- sowie eiweißärmere Ernährung sind als unterstützende Maßnahmen bei solchen Hunden zusätzlich empfehlenswert. Sedativa und Bromsalze sind nutzlos. In hoffnungslosen Fällen wird man sich zur Kastration entschließen, die in den USA beim Rüden viel häufiger geübt wird als bei uns.

Als weitere Begleiterscheinungen übermäßigen Geschlechtstriebes beobachtet man nicht selten intensives Schnüffeln und Lecken an urinbenäßten Hausecken, Lust zu entweichen, Rauflust (verbunden mit den dann unvermeidlichen Verletzungen), allzuhäufiges Bellen und, bei älteren Rüden, Prostatareizungen, die zu Absatz blutigen Harnes führen können.

Alle diese Erscheinungen können durch Gaben von Progestativa in Tabletten- oder Depotinjektionsform zeitweilig – reversibel – gedämpft werden. Die Prostatareizung bedarf gesonderter Behandlung.

Überstarker Geschlechtstrieb kann auch in maskierter Form in anderen, nicht nur am Rande dem zuständigen Funktionskreis angehörigen Instinkthandlungen zutage treten. Fehlt dabei jedes Bedürfnis für normale sexuelle Betätigung, obgleich die Möglichkeit dazu bestünde, dann muß man dies als echte Triebhandlungsperversion ansehen (vergleichbar z. B. dem Sadismus, dem Masochismus, ja möglicherweise sogar der Kleptomanie beim Menschen).

Ein Dackelrüde, der mit seiner Herrin im Bett schlafen durfte, machte täglich an deren Arm stereotypisierte Abflohbewegungen mit den Kiefern und Lefzen und geriet dabei sichtlich in starke sexuelle Erregung, ja förmlich in Extase.

Es scheint, daß sich anstatt adäquater Instinkthandlung über gehemmte Aggressionsanteile immer mehr ein Erregungsabfluß in soziale Körperpflegehandlungen entwickelte, wie sie das Abflohen und Belecken darstellt. Beide Verhaltenskreise stehen dem Sexualverhalten im weiteren Sinne ja nahe. Die Besitzerin hatte dieses Tier immer wieder ängstlich vor dem Kontakt mit Artgenossen behütet. Es zeigte sich noch mit vier Jahren an gegengeschlechtlichen Artgenossen sexuell desinteressiert, gegenüber gleichgeschlechtlichen bestand Unsicherheit und Fluchtbereitschaft, obwohl dieser Hund, seinem sonstigen Verhalten nach, nicht als allgemein ängstlicher Typ bezeichnet werden konnte. Der Hund soll außerdem als Jungtier von einem gegengeschlechtlichen erwachsenen Hund attakkiert worden sein – es ist allerdings zu bezweifeln, ob dieses Erlebnis mit eine ursächliche Rolle für das abnorme Sexualverhalten spielte.

Die Unfähigkeit (aus verschiedensten Ursachen) sowie die Unlust, den Deckakt auszuführen, und offensichtlich unterentwickelter oder fehlender Geschlechtstrieb (auch keine Ersatzbetätigung) können durch mehrere verschiedenartige Umstände bedingt sein. So können z. B. angeborene Anomalien und Unterentwicklung des Hodens zu verringerter Sexualhormonproduktion und in weiterer Folge zu verringertem geschlechtlichem Interesse führen. Auch gewisse Hirnanomalien und -störungen können gestörtes oder vermindertes Sexualverhalten zur Folge haben. Aber selbst tiefe soziale Rangstellung kann zu Reifungsbehinderung und völliger Hemmung jeder Instinkthandlung aus dem Sexualfunktionskreis führen. Bekanntlich lassen sich ranghohe Weibchen von tief rangunterlegenen Männchen nicht decken. Wenn ein rangtiefer Rüde mit einer sich sehr ranghoch verhaltenden Hündin aufwächst und keinen Kontakt mit Geschwistern oder anderen Artgenossen hat, kann es vorkommen, daß er sich wie ein geschlechtsloses Wesen und noch mit zwei Jahren wie ein Jungtier verhält; er kann sich zum Harnabsatz hinhocken, statt das Hinterbein zu heben, und weiß, mit einer läufigen Hündin zusammengebracht, nichts mit ihr anzufangen, so daß manche Hündin – ihrem überstarken Geschlechtstrieb dann in männlicher Art Ausdruck verleihend – auf den unsicheren Jüngling aufreitet, worüber dieser so in Bestürzung gerät, daß er schreiend flieht.

Aus dem Betrieb von Bullenstationen in Besamungsanstalten ist bekannt, daß noch zahlreiche weitere Umstände bei männlichen Tieren, und zwar (wie wir auch aus Beobachtungen in zoologischen Gärten wissen) zahlreicher Tierarten, zu Hemmungen sexuellen Verhaltens führen können. Empfindlichen Zuchtrüden sollte man die zu deckenden Weibchen daher immer in ihr eigenes, gewohntes Territorium bringen, da sie in fremdem Milieu gehemmt, ja u. U. einem im eigenen Territorium weniger unterwerfungsbereiten Weibchen gegenüber mitunter nicht dominant genug auftreten.

Auch Trauerverhalten, also reaktive Depression kann für kürzere oder längere Zeit zu sexueller Inappetenz und Inaktivität führen.

Prof. Fox beschreibt eine weitere, andersartige Störung, die bei einem Golden Retriever beobachtet wurde und die er mit der Ödipus-Situation vergleicht. Er schreibt: „... der männliche Hund, der Sohn, war gegenüber der Hündin, seiner Mutter, sehr unterwürfig und zeigte et-epimeletisches Verhalten, indem er sich zwischen ihre Vorderpfoten legte und sie aufforderte, sein Gesicht und seine Augen zu belecken. Diese Verhaltensweise wurde oft lange fortgesetzt, aber niemals erwidert. Der Sohn war größer und kräftiger als die Mutter, und beim Spielen mit dem Ball oder einem Knochen zeigte er soziale Dominanz über die Mutter, einschließlich Packen beim Genick und Niederhalten. Oft wurde Beriechen der Genitalien (Geschlechtsorientierung) beobachtet..." „Fünf Jahre zurückliegend war die Mutter nach ihrer ersten Scheinträchtigkeit einer Ovario-Hysterektomie unterzogen worden, so daß sie seither niemals mehr

Anzeichen von Hitze zeigte. Trotzdem versuchte der Sohn häufig, auf die Mutter aufzusteigen, wobei Peniserektionen beobachtet wurden. Alle Versuche, diesen Hund mit einer normalen läufigen Hündin zu erfolgreicher sexueller Betätigung zu bringen, scheiterten..." – der Hund erwies sich also als sexuell auf nur einen einzigen Partner fixiert.

Einen ähnlichen Fall, nur mit vertauschten Geschlechtsrollen, beobachtete ich bei einer Dackelhündin und einem Deutschen Schäferhund. Die Hündin zeigte sich während der Hitze allen Rüden auf der Straße gegenüber ablehnend. Traf sie aber „Lord", mit dem sie im gleichen Hause (nicht im gleichen Haushalt) aufgewachsen war, dann stellte sie sich auch außerhalb ihrer Läufigkeitszeit (!) in unmißverständlicher Präsentierhaltung vor ihn und bemühte sich um sexuelle Werbung.

Es handelt sich hierbei also um Fälle sexueller Fixierung (Einengung des Sexualverhaltens auf nur einen Partner), da vermutlich zur prägsamen Zeit und während der Pubertät keine anderen Objekte zur Auswahl standen.

Auch bei weiblichen Tieren ist das Repertoire an Störungen und Abnormitäten des Sexualverhaltens groß, wenn auch nicht ganz so vielfältig wie bei den Männchen. Unter den üblichen Haltungsbedingungen spielen aber nur zwei Abweichungen vom Normalverhalten zahlenmäßig eine wirkliche Rolle in der Praxis, das sind Frigidität oder sogenannte mangelnde Deckbereitschaft während der Brunst einerseits und andererseits Nymphomanie oder Dauerdeckbereitschaft.

Frigidität kommt besonders häufig bei Hündinnen vor, die, allzufrüh von der Mutter entfernt, ausschließlich in menschlicher Gesellschaft aufgezogen werden. Sie scheinen auf den Menschen artgeprägt zu sein; nur ihm gegenüber, meistens sogar fixiert auf ein einziges, besonders vertrautes Familienmitglied, zeigen sie während der Läufigkeit ihre sexuellen Anbiederungsversuche, während männliche Artgenossen aller Art und Rassen sogar im Stadium der Hochbrunst defensiv weggebissen, ängstlich gemieden, ja gelegentlich sogar spontan attackiert werden. Fast immer zeigen solche Hündinnen auch außerhalb der Läufigkeit wenig Kontaktbedürfnis mit oder gar Scheu vor Hunden beiderlei Geschlechts. Während Hündinnen gelegentlich Raufhändel miteinander austragen, ähnlich wie die Rüden untereinander, scheinen solche Tiere nur für ihren Besitzer da zu sein, und man hat den Eindruck, daß sie das Ausdrucksverhalten auf der

Straße begegneter Artgenossen entweder nicht zu interessieren oder nur zu verwirren und zu ängstigen scheint.

Trotz der beobachteten Fälle sexueller Kontaktschwierigkeiten und Artgenossenablehnung seitens isoliert aufgewachsener Hunde kann man mit einigem Geschick (manchmal schon allein durch Beruhigungsmittelgaben) – nicht nur mit der leider häufig geübten „Hilfe" in Form von Festhalten und Vergewaltigenlassen der widerstrebenden Hündin oder durch manuelle Samengewinnung von einem deckunwilligen Rüden – solche Tiere später doch als Zuchttiere gebrauchen. Es hat den Anschein, als könnte in diesem Fall die Auswirkung falscher Artprägung durch spätere Lernvorgänge auf Umwegen zumindest teilweise korrigiert werden. Manche Forscher bezweifeln überhaupt die Wirksamkeit von Prägungsvorgängen auf den Sexualfunktionskreis bei Hundeartigen. So schreibt z. B. Trumler: „Zieht man einen Hund von Geburt an isoliert auf, dann betrachtet er den Menschen als Artgenossen; bekommt er niemals einen Hund zu sehen, dann ist er es zufrieden, und er wird dem Menschen eines Tages auch seine Heiratsanträge machen. Aber von der Stunde an, in der er einen Hund kennenlernt, wird er diesen als Artgenossen betrachten. Die Prägung wird hier also rückgängig gemacht, und damit entspricht diese Form der Prägung nicht der strikten Definition. Lorenz selbst hat die Erklärung dafür gefunden, warum das bei Säugetieren anders ist . . ." „. . . Säugetiere sind, im Gegensatz zu den rein optisch orientierten Vögeln, vorwiegend Nasentiere. Sie können sich selbst beschnuppern. Ein Vogel kann sich nicht selbst betrachten, daher kann ein Vogel nicht wissen, wie er als Vertreter seiner Art aussieht. Ein Säugetier aber weiß, wie es als Vertreter seiner Art riecht. Der Mensch, den der isoliert aufgezogene Hund bislang allein gekannt hat, riecht anders als er. Der erste Hund, den er trifft, riecht ganz vertraut, ganz ähnlich wie er selbst. Und deshalb zieht es ihn von nun an zu dem vertraut riechenden Artgenossen."

So einleuchtend diese Darstellung klingt, so steht sie doch im Widerspruch zu vielfältigem Beobachtungsmaterial, demzufolge von Artgenossen völlig isolierte Schafe, Pferde, Katzen (nach Berichten in der Fachliteratur, z. B. von Grzimek, Leyhausen, Fox, um nur einige Autoren zu nennen) und auch Hunde (nicht nur meinem Beobachtungsgut zufolge) die versäumten, resp. falschen Prägungsvorgänge nicht echt rückgängig machen, sondern bestenfalls nach langen Hilfsbemühungen der Betreuer zum Teil kompensieren lernen. Es kommt dann häufig dazu, daß das Werbungsverhalten (also die sexuelle Appetenzhandlung) auf einen menschlichen Betreuer gerichtet und nur die Instinktendhandlung am Artgenossen vollzogen wird. Andererseits vermag übrigens bei verschiedenen Vogelarten, so z. B. bei Enten, isolierte Aufzucht oder Aufzucht mit Artfremden ein späteres Erlernen erfolgreicher Verpaarung mit Artgenossen nicht zu verhindern, wie Versuche von Schutz im Max-Planck-Institut für Verhaltensphysiologie in Seewiesen zeigten.

Nach Schutz sind für die sexuelle Partnerwahl nicht nur irreversible Prägungsvorgänge, sondern auch das artspezifische Schlüsselreizangebot, das ja angeborenermaßen verstanden wird und das nur ein Artgenosse als Partner bietet, maßgebend; fehlgeprägte Tiere können sich manchmal in der einen Richtung, manchmal nach der anderen hin entscheiden.

In vielen Fällen ist aber gewiß keinesfalls isolierte Aufzucht schuld an der Paarungsunwilligkeit, sondern eine Hündin will sich von einem bestimmten Rüden nur deshalb nicht decken lassen, weil er in ihr Territorium gebracht wurde, das sie gegen fremde Tiere verteidigt, oder weil er sich rangunterlegen und entsprechend unsicher oder unterwürfig benimmt. Andererseits gibt es geübte Deckrüden, die sich so voller Elan auf eine noch jungfräuliche Hündin stürzen, daß diese erschreckt wird und deshalb künftig sexuellen Annäherungsversuchen abgeneigt bleibt. Man verlangt ja manchmal von unseren Hunden ein derart hohes Maß an Instinktlosigkeit, das sie denn doch noch nicht besitzen: Wie soll eine Instinktendhandlung ohne jedes Vorspiel – ohne Appetenzverhalten also – zum Ablauf kommen, wenn den Tieren nicht einmal Zeit gegönnt wird, einander überhaupt kennenzulernen. Normalerweise wäre bei keinem wild lebenden Tier eine Fortpflanzung ohne lange, meist sehr verwickelte Paarungsvorbereitung möglich. Außerdem wird das Paar häufig – ist denn das nicht verständlich? – durch die Anwesenheit und Aktion weiterer Tiere und Menschen gestört.

Durch Verzärtelung infantil gebliebene, isoliert aufgezogene und damit fehlgeprägte oder auf den Besitzer fixierte, durch ungünstige erste sexuelle Erlebnisse abgeschreckte Hündinnen und solche, die den Rüden nicht genug kennen oder ihm sozial oder territorial überlegen sind, zeigen also ablehnendes Verhalten beim Deckakt. Es ist aber als sicher anzunehmen, daß es weitere Faktoren gibt, die wir noch nicht genügend kennen:

Warum ist z. B. – bei Ausschluß aller vorgenannten Gründe – mancher Rüde mancher Hündin einfach „unsympathisch"?

Zu den bisher genannten „psychischen Ursachen" für mangelnde Deckbereitschaft gesellen sich natürlich weitere Ursachen organischer Art (Mißbildungen der Scheide, die den Geschlechtsakt schmerzhaft machen, u. a.). Störungen in der hormonellen Steuerung der verschiedenen, an der Brunst beteiligten Vorgänge, die ihrerseits wieder von allerlei Umweltumständen abhängig sein können (Haltungs- und Ernährungsbedingungen, Temperatur, Beleuchtungsstärke), wären ebenfalls zu berücksichtigen. So gibt es z. B. Hündinnen, die nach Rüdenart ein Hinterbein heben, ehe sie sich zum Harnabsatz niederhocken. Bei Wölfinnen gehört diese Erscheinung zum normalen Verhaltensinventar (nach Zimen). Durch Zufuhr eines männlichen Sexualhormones kann man dieses Verhalten bei jeder Hündin experimentell hervorrufen. Auch kann man dadurch und durch gewisse weibliche Hormone (Östrogene) eine nicht läufige Hündin deckbereit machen, Scheinläufigkeit (äußere Brunstzeichen ohne Vorhandensein befruchtungsfähiger Eizellen) erzeugen und anderes mehr, und so künstlich Störungen im Modell hervorrufen, die durch noch wenig bekannte Ursachen manchmal krankhafterweise von selbst entstehen und dann der tierärztlichen Behandlung bedürfen.

2.16 Störungen des Mutterverhaltens und der frühen Kind-Mutter-Beziehungen

Ähnlich wie die Bewegungsformen im Sexualfunktionskreis stellen die verschiedenen Handlungen der mütterlichen Fürsorge besonders typische Beispiele für angeborenes Verhalten dar. Während das Sexualverhalten des erwachsenen Tieres durch das soziale Milieu während der Kindheit – z. B. Isolation, Umgang mit artfremden Lebewesen usw. – modifiziert wird, bleiben Richtung, Stärke und Form von Brutpflegehandlungen von längst vergangenen, erlebnishaften Umwelteinflüssen anscheinend weitgehend unbeeinflußt. Ähnlich wie im Sexualfunktionskreis bestehen bei Haustieren – unter Wegfall der natürlichen Zuchtauslesebedingungen erst ermöglicht – auch im Funktionskreis des epimeletischen Verhaltens verschiedengradige Instinktverluste und Instinktverschiebungen, die die angeborene (und erbliche) Grundlage individueller Verhaltensunterschiede darstellen. Ganz ähnliche Abnormitäten des Mutterverhaltens können aber auch durch Umweltumstände bedingt, also psychoreaktiv auftreten.

Als ich einmal zur Geburtshilfe bei einem schwarzen Zwergpudel, „Trixi", gerufen wurde, konnte ich beobachten, wie die Hündin zitternd und hechelnd, offenbar ratlos (möglicherweise durch einen Konflikt aktionsgehemmt) vor ihren soeben geborenen Welpen stand, deren Abnabelung und Eihautablösung ihr menschliche Hilfe abgenommen hatte, weil sie keinerlei Anstalten machte, dies selbst zu erledigen. Saugversuche der Welpen wurden abgewehrt, die Wimmerlaute der Kleinen schienen diese Hündin nicht zu interessieren, eher Unruhe und Fluchtstimmung statt mütterliche Fürsorgehandlungen auszulösen. Gegenüber dem Besitzer zeigte sie vermehrt Bettelverhalten, um hochgehoben und verhätschelt zu werden. Mir als Fremdem gegenüber verhielt sich die Hündin als Angstbeißer. Von Bewachen der Jungen oder des Wurflagers zeigte sie aber keine Spur. Abends, acht Stunden später, sprang die Hündin ins Bett der Besitzerin, wie gewohnt, und knurrte, wenn man ihre Welpen daneben legen wollte.

Daß erstgebärende Hündinnen mitunter etwas Zeit brauchen, ehe ihre eben erst hormonell aktivierten Instinktmechanismen auf die erstmals in ihrem Leben angebotenen Schlüsselreize ansprechen, kommt öfter vor; daß allzuviel menschliche Hilfe oder ungewohnte oder veränderte Umgebung die Hündin so beunruhigen, ablenken oder in Konflikte stürzen können, daß Mutterverhaltensweisen vorübergehend gehemmt oder gestört werden, hatte ich auch schon oft erlebt. Ich wußte auch, daß es infolge extremer Inzucht (wie sie zur Gewinnung wertvoller Ausstellungshochzuchttiere üblich und notwendig ist) bei mangelhafter Zuchtauslese vermehrt zum Auftreten von Typen kommen kann, die infolge Instinktverlustes weder bei der ersten noch bei jeder weiteren Geburt ihre Neugeborenen richtig abzunabeln verstehen, indem sie mit dem Verzehr der Nachgeburt und dem Ablösen des Nabelstranges nicht ein bis zwei Zentimeter vor der Bauchdecke ihrer Kinder aufhören, so daß diese angefressen werden. Es kommt auch vor, daß sie überhaupt völlig rat- und tatlos vor den Kleinen stehen, die dann ohne menschliche Hilfe verloren wären. Bei dieser Hündin aber handelte es sich offenbar um etwas ganz anderes. Ich kannte sie aus dem Haushalt ihres Vorbesitzers, wo sie eine von vielen Zuchthündinnen war. Dort war sie eine der besten Hundemütter gewesen und hatte bereits bei zwei Mutterschaften nicht die geringsten Anzeichen von Verhaltensausfällen gezeigt. Nun war sie sechs Jahre alt und fast zweieinhalb Jahre lang bei der neuen Besitzerin, die sie als ihren einzigen Wohnungsgenossen stets verwöhnte. Man sieht, wozu dies führen kann: zu Eifersucht auf die eigenen Kinder und dadurch zur Hemmung jeder mütterlichen Regung. Wieder einmal zeigt sich, daß übertriebene Verhätschelung ähnlich schädlich sein kann wie ihr Gegenteil, nämlich lieblose und rohe Behandlung und Mangel an jeglicher Fürsorge. Die Hündin wurde einige Tage nach dieser Geburt mit ihren Jungen bei der Erstbesitzerin im Zwinger untergebracht, weil die Zweitbesitzerin nicht die Zeit hatte, die Kleinen künstlich aufzuziehen. Bereits nach einigen Stunden verhielt sich die Hündin ihren Jungen gegenüber normal, säugte, pflegte und bewachte sie, wie ihre früheren Würfe.

Nicht nur bald nach der Geburt, auch später können Störungen in den Mutter-Kind-Beziehungen auftreten. Es gibt Mütter, die so viel putzen, daß die Welpen stellenweise wundgeleckt werden, und solche, die unausgesetzt bewachen, so daß für anderes kaum Zeit bleibt. Die Verhaltensweisen der Aggression und Bestrafung bei Auseinanderstreben der Jungen können zu stark oder zu geringgradig sein. Manche Mütter erdrücken ihre Jungen während des Schlafes (was bei einer wirklich guten Mutter mit intakter Instinktausrüstung undenkbar wäre).

Nach Fox kommt extrem feindliches Verhalten der Mutter gegen die eigenen Jungen besonders häufig zum Zeitpunkt des Abstillens vor, wenn die Jungen feste Nahrung aufzunehmen beginnen und mit der Mutter aus derselben Schüssel zu fressen anfangen. Bei vielen Muttertieren tritt das zu dieser Zeit aktuelle Futter-Vorbrechen nicht mehr auf (Instinktinsuffizienz?).

Bei labilen Müttern können alle Instinkthandlungen des Mutterverhaltens durch plötzliche Umweltereignisse oder -veränderungen unterbrochen werden.

Einem Untersuchungsbericht Whitneys (zitiert nach Fox, 1965) zufolge, nehmen bei experimentellem Abortus vor dem sechsundfünfzigsten Trächtigkeitstag Hündinnen keine Notiz von ihren erstgeborenen Welpen; die Versuchstiere flüchteten oder lehnten ihre Welpen ab. Erst gegen Ende der Geburt sollen solche Mutterhündinnen sich den später geborenen Welpen gegenüber normaler verhalten und sie beleckt haben. Hündinnen hingegen, die ab dem achtundfünfzigsten Tag warfen, hatten ungestörte situationsangepaßte Mutterverhaltensweisen gezeigt.

Prof. Schneider stellt in seinem reich illustrierten Büchlein „Mutterliebe bei Tieren" als Überschrift je eines Kapitels die interessanten Fragen „Wann fängt die Mutterliebe an?" und „Wann hört die Mutterliebe auf?" und belegt die nicht für jede Tierart gleich ausfallenden Antworten mit zahlreichen interessanten Beispielen aus Beobachtungen an seinen Zooinsassen. Auch Frau Prof. Meyer-Holzapfel, Direktor des Berner Zoos, und das Ehepaar Menzel befaßten sich eingehend mit den Störungen und Abnormitäten des Mutterverhaltens.

Es würde zu weit führen, die vielen verschiedenen Beobachtungen zu den einzelnen Kategorien von Störungen des Mutterverhaltens hier im einzelnen wiederzugeben, deswegen seien lediglich die Ergebnisse und Schlußfolgerungen zusammenfassend dargestellt: Im wesentlichen unterscheidet man alle möglichen Abstufungen von a) verkümmertem (und gehemmtem) Brutpflegeinstinkt, b) fehlgeleiteten einzelnen Instinktanteilen (gestörtes Instinktgleichgewicht), wie z. B. Hypertrophie des Beleckens, des Bewachens, allzu leicht auslösbare Aggressivität, und c) Überfunktion des Brutpflegetriebes sowie d) Erweiterung des Auslöseschemas für sein

Ansprechen bzw. Senkung der Auslösereizschwelle. Die Ursachen für alle diese Abnormitätsformen können sehr unterschiedlicher Art sein: Die verschiedenen Erbkoordinationen für die einzelnen mütterlichen Handlungen sind angeboren und können bei Haustieren individuellen Unterschieden durch teilweise Instinktverluste unterliegen (doch scheint dies der seltenste Fall zu sein). Weitere Unterschiede entstehen durch Steigerungen oder Verringerungen der endogenen spezifischen Triebproduktion für die einzelnen Triebhandlungen, was zu unterschiedlichen Senkungen oder Erhöhungen der Auslösereizschwellen führt.

Zu diesen angeborenen Ursachen für oft recht weitgehend unterschiedliches Verhalten kommen noch die nicht immer gleich starken und rechtzeitigen und lang genug anhaltenden Aktivierungen der Mutterinstinkte durch hormonelle Einwirkungen. Auch die persönliche Erfahrung des Tieres, also Lernakte und Übung durch schon früher einmal überstandene Mutterschaften (und Instinktreifung?) scheinen für das optimale Funktionieren und klaglos ablaufende Wechselspiel der verschiedenen mütterlichen Verrichtungen von gewissem Einfluß zu sein, doch kommt dem – im Gegensatz zu diesen Verhältnissen bei Affen und Menschen – keine wesentliche Bedeutung zu. Außer diesen Innenfaktoren können Störungen und Unterschiede der mütterlichen Triebhandlungen durch die verschiedenartigsten Umweltbedingungen (wie z. B. im Falle der verhätschelten Pudelhündin „Trixi") und durch Störreize verursacht werden. Schließlich aber sind die vom Welpen ausgehenden Schlüsselreize zur Auslösung und Steuerung der einzelnen Bewegungen der Mutterhandlungen von großer Bedeutung für die Mutter-Kind-Beziehung.

Wie sehr die jeweils von den Jungen ausgehenden Reize die Art der mütterlichen Handlungen steuern, geht aus einer von vielen Hundezüchtern immer wieder gemachten Beobachtung hervor: Nimmt man einer Hündin mitten in der Saugperiode – wenn die mütterliche Obsorge sich nur mehr auf kurze Kontakte im Tag beschränkt – die Welpen weg und ersetzt sie durch ganz hilflose Neugeborene, dann treten wieder die viel intensiveren mütterlichen Bemühungen auf, wie sie für Neugeborene notwendig sind. Ein Junges aber, das mißgebildet ist, also nicht wie ein Junges aussieht, nicht saugt, nicht schreit, sich nicht bewegt oder fremdartig riecht, wird nicht nur meistens nicht gesäugt und nicht gepflegt, sondern erdrückt oder aus dem Wurflager geworfen und nicht ins Nest getragen, wenn es sich außerhalb befindet, sondern sehr häufig sogar einfach gefressen. Die Chance, daß ein sich abwegig verhaltender Saugwelpe mit dem Leben davonkommt und, wenn es sich um einen erblichen Defekt handeln sollte (es gibt auch allerlei früherworbene Erkrankungen, die zu Intensitätsschwächungen führen, die nicht erblich wären), diesen weiterverbreiten könnte, ist also gering, sofern der Mensch nicht durch künstliche Aufzucht diese Auslese zunichte macht.

Auch andere Triebe als die zum Mutterverhalten gehörigen können, wenn sie zu stark entwickelt oder anlagebedingt hypertrophiert sind – und besonders wenn sie gleichzeitig durch ungünstige Umwelteinflüsse stimuliert werden –, das Mutterverhalten blockieren oder bis zum entgegengerichteten Effekt verändern (Veränderungen im Instinktgleichgewicht, in der „Rangordnung der Triebe" führen bei Haustieren ja öfter zu biologischen Anpassungsschwierigkeiten). So beschrieben Inhelder und andere Autoren eine als häufig vorkommend bezeichnete – von mir selbst aber nur vereinzelt beobachtete – Störung der Mutter-Kind-Beziehung, die darin besteht, daß die mütterlichen Schutz-Aggressionen nicht nur gegen Fremde oder andere Meutengenossen (wie dies besonders in den ersten Tagen nach der Geburt ja nicht selten vorkommt), sondern gegen ihre eigenen, gesunden und völlig artgemäß sich verhaltenden Jungen gerichtet werden, die dann nicht nur verletzt oder getötet, sondern manchmal wie Beute einfach aufgefressen werden. Dies ist eine Erscheinung, die auch bei anderen Haustierarten, z. B. bei Katzen und ganz besonders häufig bei Schweinen, vorkommt. Verschiedene Wissenschaftler haben dafür andere Erklärungen. Es dürfte aber verschiedene Faktoren geben, die zu ähnlichem Effekt führen, so daß die unterschiedlichen Erklärungen sich nicht auf dieselbe Entgleisung beziehen und somit nicht Widersprüche darstellen müssen. Meinem Dafürhalten nach scheint folgender Sachverhalt sehr häufig zuzutreffen: Während der Mutterschaft ist bei vielen Hündinnen Bewachungs- und Verteidigungsverhalten, also Aggressionsbereitschaft besonders stark aktiviert. Aggressionen gegen fremde Menschen und Tiere – sogar gegen den eigenen Besitzer – sowie gegen kleine artfremde Lebewesen, die sich dem Lager des Hundes nähern, sind dann als durchaus artgemäße Verhaltenserscheinungen anzusehen, die während der Mutterschaft nur durch die von den eigenen Jungen ausgesandten Signale geruchlicher, optischer, akustischer und taktiler Art so weit unter

Hemmung gesetzt werden, daß sie nicht gegen diese gerichtet werden können. Die aggressionsbesänftigende Wirkung des „Kindchenschemas" empfinden ja auch wir Menschen. Viele Hündinnen bewachen interessanterweise das Nest deutlich mehr als die Jungen.

Bei aggressionserregenden Störreizen in der Umgebung des Wurflagers kann es insbesondere bei entsprechend aggressiv oder „labil" veranlagten Hündinnen mit schwachen Hemmungen dazu kommen, daß die Hemmschwelle für Aggressionen gegen die eigenen Jungen überschritten wird und dann nach Art umorientierten Verhaltens diese wie Feinde oder Eindringlinge den aggressiven Handlungen zum Opfer fallen. Man sollte daher das Wurflager der Hündin – wie auch eine Abferkelbox für ein Mutterschwein – so aufstellen, daß das Muttertier von Außenreizen und von anderen Artgenossen möglichst wenig gestört wird. Bei gut ausgewogen veranlagten Muttertieren kommen aber selbst unter ungünstigen Verhältnissen keine Entgleisungen vor. Sogar die entfernt ähnlichen Reize, wie sie von menschlichen Kindern und Jungen anderer Tierarten ausgehen, bewirken bei Hunden Aggressionshemmung, auch außerhalb der Mutterschaft und selbst beim männlichen Geschlecht. Dies ist der Grund, warum viele Hunde sich von Kindern viel mehr ohne Gegenwehr gefallen lassen als je von Erwachsenen, sofern nicht besondere Erlebnisse des Hundes diese Verhaltensbereitschaft verändert haben.

Außer den vorgenannten gibt es aber auch noch andere Entstehungsursachen für das Auffressen der eigenen Jungen. Die hormonellen Steuerungsvorgänge für den Muttertrieb einerseits, den Milchfluß andererseits und die Geburtsauslösung sind sehr kompliziert und dementsprechend vielseitig störungsanfällig, und auch sie können ursächlich an solchen Verhaltensentgleisungen beteiligt sein.

Bei Mäusen, Ratten, Kaninchen und anderen Tierarten soll Auffressen einzelner Junger gar nicht so selten vorkommen, doch scheint die Ursache dafür wieder gänzlich verschiedener Art zu sein.

Lorenz berichtet von einer säugenden Hündin, der er ein Dingojunges unterschieben wollte: „. . . In der Hoffnung, Senta würde ihn sogleich ins Nest tragen, setzte ich den Dingo auf den Boden. Will man nämlich, daß eine Säugetiermutter ein fremdes Kind adoptiert, so soll man es ihr außerhalb des Nestes und in einer möglichst hilfsbedürftigen Lage präsentieren, weil das hilflos und frei daliegende Junge den Brutpflegeinstinkt intensiver auslöst als eines im Nest. Es kann sein, daß dieselbe Pflegemutter denselben Findling liebevoll einträgt, wenn man ihn außerhalb des Nestes niederlegt, ihn dagegen als Eindringling empfindet und auffrißt, wenn sie ihn im Nest zwischen den eigenen Jungen vorfindet.

Allerdings ist das Eintragen eines fremden Jungen noch keine sichere Gewähr dafür, daß es endgültig adoptiert wird. Zumal bei tieferstehenden Säugern, wie Ratten und Mäusen, kommt es sogar häufig vor, daß ein außerhalb des Nestes vorgefundenes fremdes Junges zwar zunächst den Eintragetrieb auslöst, später aber, wenn es zwischen den eigenen Jungen im Nest liegt, doch als Fremdling erkannt und aufgefressen wird.

Senta schien es eilig zu haben. Sie nahm sich nicht einmal Zeit, den Dingo zu beriechen, ob er sozusagen ihres Blutes sei, sondern beugte sich gleich mit weit geöffnetem Rachen über das wimmernde Kind, um es mit jenem sicheren Griff zu fassen, mit dem Hundemütter den Kopf eines Jungen, das sie tragen wollen, so tief ins Maul nehmen, daß er hinter den Eckzähnen zu liegen kommt und dergestalt von ihnen nicht gedrückt werden kann. Da aber schlug ihr der wilde und fremde Geruch entgegen, den der Dingo aus dem kleinen Raubtierhaus des Schönbrunner Tiergartens mitgebracht hatte. Entsetzt fuhr Senta zurück, meterweit, dabei stieß sie die Luft durch das geöffnete Maul, spuckend und fauchend wie eine Katze, und näherte sich hernach wieder vorsichtig schnuppernd dem kleinen Dingo. Es währte gut eine Minute, bis sie mit ihrer Nase dicht an ihn herangekommen war; dann begann sie plötzlich, sein Fell zu lecken, mit weitausholenden und saugenden Zungenbewegungen, die gewöhnlich dazu dienen, die Eihäute neugeborener Jungen zu entfernen..."

Lorenz gibt dann eine ausführliche Erklärung der Unterschiede zwischen den Fällen, in denen Säugetiermütter ihre Jungen sofort nach dem Wurf an- oder auffressen – eine Art fehlgeleitetem Abnabelungsvorgang – und jenem Instinkt bei Raubtieren und Allesfressern, demzufolge tote oder fremdartige Junge durch Auffressen entfernt werden; auch in letzterem Falle wird mit dem Anfressen des Jungen unter weit ausgreifenden Leckbewegungen der Zunge in der Nabelgegend begonnen. Während man in ersterem Falle einer zu derartigen Entgleisungen disponierten Mutter die Jungen sofort bei der Geburt wegnimmt und sie erst später, wenn sie trocken sind, zum Säugen anlegt (nach dem ersten Saugakt ist die Krise überwunden), ist im zweiten Falle – bei Hyperfunktion dieses Instinktes –

mitunter die einzige sichere Lösung die Trennung des Muttertieres von den Jungen und deren künstliche Aufzucht.

Auf eine weitere, ganz andere, mehr mittelbare Störung des Mutterverhaltens, nämlich die sogenannte Eklampsie, wird im letzten Kapitel eingegangen.

Sofern es der fremde Geruch eines absichtlich untergeschobenen fremden Jungen ist, der die Auffreßreaktion stimuliert, wissen sich erfahrene Züchter und Tierhalter zu helfen, indem sie das Kuckucksei vorerst waschen und dann – mit dem Urin der anderen Jungtiere und dem Scheidensekret der zukünftigen Ziehmutter eingerieben – neuerlich zur Adoption präsentieren, die dann meist anstandslos gelingt.

Wie erheblich ein Muttertier unter dem Konflikt durch zwei einander ausschließende Handlungsweisen ansprechende Schlüsselreize leiden kann, geht aus folgender Schilderung Prof. Lorenz' hervor, die ebenfalls aus der oben zitierten Abhandlung stammt: „. . . Senta machte eine deutliche Intentionsbewegung nach dem Kopf des Welpen, als wolle sie ihn ins Nest tragen. Da sie aber das Maul öffnete, um ihn zu packen, schlug ihr wiederum der böse fremde Duft entgegen. Das hastige Lecken begann aufs Neue, steigerte sich wieder bis zum leisen Zwicken in die Bauchhaut, wieder kam der Schmerzensschrei des Kindes, entsetzt prallte die Hündin zurück. Sentas Bewegungen wurden immer hastiger und nervöser, immer rascher wechselten die einander widerstrebenden Triebe: der, das Kind einzutragen, und der, den unerwünschten, „falsch" riechenden Wechselbalg aufzufressen. Man sah deutlich, unter welch seelischen Qualen die arme Senta litt. Plötzlich brach sie unter der Last des inneren Konfliktes zusammen: Sie setzte sich vor dem Dingo auf die Keulen, streckte die Nase gegen den Himmel und heulte . . ."

Nicht immer aber scheint der Geruch beim Erkennen und Anerkennen eines Jungen als eigenes Kind die Hauptrolle zu spielen. In der Literatur wird auch ein Fall genannt, demzufolge im Leipziger Zoo eine Streifenhyäne einmal einen langhaarigen Hund, den sie selbst aufgezogen hatte, auffraß, nachdem er geschoren worden war. Daraus geht übrigens auch hervor, daß nicht nur bei Haustieren der Auslösemechanismus so weit und unspezifisch sein kann, daß es gelingt, fremde Junge unterzuschieben, sondern auch bei anderen Raubtieren, besonders hundeartigen. Und damit kommen wir zum gegenteiligen Extrem, den Müttern, die so triebstark sind, daß sie alles bemuttern, was nur irgendwie dazu geeignet erscheint, selbst leblose Gegenstände.

Es gibt Hündinnen, die die Säuglinge anderer stehlen, um ein Pflegeobjekt zu haben, und solche, die, ohne selbst Mutter zu sein, mit anderen Müttern um die Säuglinge raufen, um diese in einen als provisorisches Nest gewählten Unterschlupf in charakteristischer Weise einzutragen und bemuttern zu können; sie belecken sie dann und legen sich in typischer Säugehaltung hin, auch wenn sie gar keine Milch haben. Bekanntlich kann man mit mancher Hündin als Amme junge Raubtiere aufziehen, und das macht oft bei weitem keine so großen Anfangsschwierigkeiten wie in dem von Lorenz beschriebenen Fall. Es ist dazu nicht einmal notwendig, daß die Amme wirklich Mutter ist, es genügt mitunter sogar, wenn sie sich bloß im Zustand der sogenannten „Scheinträchtigkeit", streng genommen Scheinmutterschaft (Lactatio falsa), befindet. Und damit sind wir bei einer sehr häufigen Verhaltensstörung angelangt, die auf einer hormonellen Regulationsstörung in der Steuerung des Sexualzyklus beruht; sie kann sich in sehr verschiedener und vielfältiger Weise bemerkbar machen und läßt sich durch entsprechende Hormonkombinationsgaben auch experimentell hervorrufen. Hier soll aber nur kurz darauf eingegangen werden, weil sich ausführliche Schilderungen dieser Erscheinungen ohnehin in vielen Büchern über Kleintierkrankheiten finden.

Man unterscheidet zwischen Scheinträchtigkeit einerseits und der sich daran anschließenden Scheinmutterschaft andererseits. Die äußerlichen, körperlichen Veränderungen, die bei vielen Hündinnen nach jeder Läufigkeit ohne befruchteten Deckakt, bei manchen nur nach einigen Läufigkeiten auftreten, gleichen jenen einer erfolgreich gedeckten Hündin. Der Bauchumfang nimmt zu, und das Gesäuge wächst. Etwa um den Zeitpunkt, zu dem im Falle erfolgter Befruchtung und tatsächlicher Trächtigkeit die Geburt erfolgen müßte, zeigen sich – auch wenn die vorhergehenden Erscheinungen undeutlich waren oder fehlten – bei vielen derartigen Hündinnen Milchbildung im vergrößerten Gesäuge, starke Unruhe, Bauchhaare-Ausrupfen und Kratzen an Mauern als leerlaufendes „Gesäugefreimachen" und „Wurflagergraben", die Neigung, Schlupfwinkel aufzusuchen oder zu entweichen; oder aber verstärkte Liebebedürftigkeit (also Regression auf et-epimeletisches Verhalten). Einzelne dieser Erscheinungen können auch fehlen. Gegen die gewohnten Gefährten,

470

Die scheinträchtige Münsterländerhündin „Eila" behandelt ein Spielzeug als Symbolwelpen. ▶

selbst gegen den eigenen Herrn werden solche Hündinnen während dieser Zeit – die bis zu zwei Monaten andauern kann – manchmal bissig. Sie bewachen verschiedene Gegenstände oder Orte oder jeden Platz, an dem man sie für kurze Zeit abgelegt hatte, als wäre es ihr Wurflager. Puppen, Bälle oder andere kleine und manchmal auch größere Gegenstände werden herumgetragen, wie ein Junges bewacht, ins Schlaflager geschleppt, beleckt usw. Manche Hündinnen sollen während dieser Zeit sogar tagelang kein Futter zu sich nehmen und weigern sich, spazierengeführt zu werden. Da manchmal nur einzelne der genannten Verhaltensweisen leerlaufender Mutterinstinkthandlungen auftreten, kann das Bild sehr wechselvoll sein und ohne tierärztliche Untersuchung gelegentlich zu allerlei Fehldeutungen Anlaß geben (Angst, Schmerz-Krampf-Zustände, Wesensänderungen zur Bösartigkeit). Eine Bestrafung für plötzlichen Ungehorsam und scheinbar grundlos asoziales Verhalten dem Herrn gegenüber – in der Meinung, die Rangverhältnisse wieder einmal klarzustellen – ist in solchen Fällen daher fehl am Platze und kann manchmal zu Handscheue und anderen bleibenden Fehleinstellungen des Tieres führen. Je weniger man von den Wesensänderungen Notiz nimmt, desto besser ist es; auch wenn man nichts tut, ist alles in längstens sechs bis acht Wochen wieder von selber zu Ende. Zwecks rascher therapeutischer Beeinflussung der unerwünschten Laktation (Milchbildung) und der auf Ersatzobjekte gerichteten Mutterverhaltensweisen sowie des unerwünschten Bewachungsverhaltens war die Applikation von Testosteron (ein männliches Sexualhormon) unter Zusatz geringer Mengen Östrogen (synthetisches Eierstockhormon) vornehmlich zur Bremsung bestimmter Hypophysenfunktionen (die Hypophyse oder Hirnanhangdrüse ist sozusagen eine übergeordnete Hormonregulationszentrale) neben Sedativagaben früher üblich, was allerdings nicht stets gleich erfolgreich und bei unvorsichtiger Dosierung der Hormone nicht immer frei von Nebenwirkungen war. So kann als eine relativ harmlose Nebenwirkung bei hohen Hormondosen das Auftreten von Scheinläufigkeit die Scheinmutterschaft ablösen. Auch männliches Miktionsverhalten (Harnabsatz nach Rüdenart mit gehobenem Hinterbein), schleimiger Scheidenausfluß, ja manchmal sogar Gebärmutterentzündung können auftreten. Nur zur Reduktion der Milchbildung dienen ungefährlichere Maßnahmen wie wöchentliches Einpinseln des Gesäuges mit Jodtinktur oder tägliche Alkoholumschläge,

Auftragen durchblutungssteigernder Salben (tunlichst unter Vermeidung von Massagereizen) sowie flüssigkeitsarme Diät, neben abführenden und harntreibenden Mitteln. Leider ist viel zu wenig bekannt, daß es sehr wichtig ist, dem Tier seine „symbolischen" Pflegeobjekte *nicht* zu belassen und fleißig mit ihm – wenn nötig zwangsweise – spazierenzugehen, um es abzulenken. Ich konnte zahlreiche Fälle beobachten, in denen die leerlaufende Laktation schon mehrere Tage lang abgeklungen war und binnen vierundzwanzig Stunden erneut auftrat, nachdem der Hündin ihr Spielzeug wieder gereicht wurde, das sie zu Anfang der Scheinmutterschaft als Welpenattrappe behandelt hatte. Ersatzobjekte können unter bestimmten Voraussetzungen (über „psychostimulatorische" Wirkungen) inkretorische Funktionen (Hormonbildung) ebenso in Gang setzen oder verhindern wie Schlüsselreize, die ein adäquates Triebobjekt bietet. Ähnliche Erscheinungen sind bei anderen Tierarten auch im Sexualfunktionskreis bekannt. Nebenwirkungsfrei kann man die Lactatio sine graviditatae mit Akupunktur behandeln. Vornehmlich werden heute aber bestimmte Alkaloidpräparate aus dem Mutterkorn verwendet.

Manche Hündinnen sind so veranlagt, daß sie regelmäßig acht Wochen nach jeder Läufigkeit die Erscheinungen der Scheinträchtigkeit in voller Stärke und für die volle Dauer der artgemäßen Säugezeit zeigen. Operative Entfernung der Eierstöcke ist dann die Methode der Wahl, um jedem Sexualzyklus ein für allemal ein Ende zu bereiten. Bei kastrierten Hündinnen treten unerwünschte Folgeerscheinungen dieses Eingriffes äußerst selten auf, wenn man von etwas gesteigertem Fellwachstum und der Notwendigkeit, die Fütterung knapp halten zu müssen, absieht, da ja ein Zustand ruhender Sexualdrüsentätigkeit bei Caniden normalerweise vorkommt, der lediglich durch Operation sozusagen künstlich auf Lebenszeit ausgedehnt wird. Außerdem fehlt den Tieren die Einsicht in ihre entstandene Geschlechtslosigkeit, so daß Autosuggestivwirkungen durch etwaige Minderwertigkeitsgefühle unterbleiben. Die verbreitete Meinung, daß kastrierte Tiere verdummen und temperamentlos werden, ist falsch.

Außer den schon erwähnten Welpen mit mangelhaften sozialen Auslösern für epimeletisches Verhalten existieren noch weitere Störungen der frühen Kind-Mutter-Beziehungen, über deren Spätwirkungen noch viel zu wenig bekannt ist. Es kommt leider gelegentlich vor, daß eine Mutterhündin bei der Geburt zu Grunde geht oder infolge einer Erkrankung von den Welpen völlig getrennt werden muß. Der Mensch hat dann die Aufgabe, sämtliche Mutterfunktionen zu übernehmen; freilich wird er die artgemäßen hundlichen Brutpflegehandlungen nur dürftig nachahmen können, weshalb es nicht selten zu allerlei Schwierigkeiten kommt (diese sowie ihre Meisterung werden anderenorts beschrieben). Es ist bekannt, daß unter solchen Umständen Welpen vorzeitig flüssige Nahrung aus einer Schüssel aufzunehmen lernen. Da dabei der Saugtrieb unabreagiert bleibt, kommt es zu Saugverhalten an Ersatzobjekten wie Schwänzen und Ohren der Geschwister, Tuchzipfeln u. a. m. Welche späteren Verhaltensabnormitäten dadurch begünstigt werden, ist nicht bekannt. Für Katzen, Schweine, Rinder u. a. Tiere in entsprechender Lage sind solche in der Fachliteratur beschrieben worden. Auch Verhaltensentwicklungen von Hunden, die als Welpen von einer sich abnorm verhaltenden Mutterhündin aufgezogen wurden, scheinen noch nicht erforscht zu sein.

2.17 Altersveränderungen

Das Greisenalter geht bei Hunden, genau wie bei anderen Tieren und dem Menschen, mit allerlei körperlichen und seelischen Beschwerden einher, auch dann, wenn keine besondere, schwere Erkrankung vorliegt. Der Zeitpunkt, von dem an sich charakteristische Zeichen des Altwerdens bemerkbar machen, ist von Rasse zu Rasse und von Individuum zu Individuum verschieden. Für vorzeitiges Altern dürfte es familiäre Dispositionen geben. Hunde großer Rassen altern zumeist schneller als die Angehörigen von Zwergrassen.

Um das neunte bis vierzehnte Lebensjahr macht sich bei Stubenhunden und -katzen etwa folgendes bemerkbar: Elastizitätsminderung der Haut, Beeinträchtigung des Wärmeregulationsvermögens, stellenweise ergrautes und defektes Haarkleid, Trübung der Augenlinsen, Muskelschwund, Neigung zu Warzen-, Schwielen- und Geschwulstbildungen, Zahnsteinbildung bis Zahnverlust, Nachlassen der Leistungsfähigkeit der Verdauungsorgane, Neigung zu chronischen Verlaufsformen etwa neu erworbener Erkrankungen, verlangsamte Wundheilung, Nachlassen der Sinnestätigkeiten, Verringerung der Bewegungslust und der Muskelspannung, zunehmende Schläfrigkeit, eine Art mürrisches, also wenig kontaktfreudiges Gehaben, vermehrtes Festhalten an starren Gewohnheiten und somit Reduktion bis Verlust der Anpassungsfähigkeit an Veränderungen in der Umwelt, besonders in sozialer, territorialer sowie zeitlicher Hinsicht (Tagesablauf). Der Appetit und die Bevorzugung bestimmter Speisen können sich ändern. Die Fähigkeit, erregte Affektäußerungen (wie z. B. Bellen) auf Signal zu unterdrücken, Kot- und Harndrang längere Zeit zurückzuhalten usw. läßt nach, d. h., bedingte Hemmreaktionen werden schwach und unsicher. Eine zunehmende allgemeine Neigung, auf neue Reize oder ungewohnte Reize mit Unlustreaktionen (statt mit neugierigem Orientierungsverhalten) oder überhaupt nicht zu reagieren, wird deutlich, bei genauer Beobachtung fällt manchmal auch Gedächtnisschwäche (besonders neue Eindrücke betreffend) und Intelligenzabnahme auf. Eine – den realen Gegebenheiten meist nicht mehr zukommende – hohe soziale Rangstellung gegenüber jüngeren, nun stärkeren und agileren, auch intelligenteren, kurz leistungsfähigeren Meutemitgliedern wird längere Zeit noch durch Senkung der Reizschwelle für Aggressionsreaktionen aufrechterhalten; zunehmende – etwas „kindisch" anmutende – Streitsucht oder „Rechthaberei" sind bekanntlich ja auch eine häufige Begleiterscheinung menschlichen Alterns.

Auf die mit diesen äußeren Alterserscheinungen gleichzeitig verlaufenden, anatomischen und histologischen (feinanatomischen) Veränderungen charakteristischer Art am Gehirn und einigen anderen Organen, die teilweise mit den am Menschen feststellbaren übereinstimmen, sei in diesem Rahmen nicht eingegangen.

Vom Standpunkt der vergleichenden Psychiatrie sind die psychischen Erscheinungen der Altersinvolution (des Altersabbaues) als sogenanntes psychoorganisches Syndrom aufzufassen.

Der Geschlechtstrieb alter männlicher Hunde läßt wohl etwas nach, erlischt aber selten ganz. Prostatahypertrophie und Adenome der Zirkumanaldrüsen sind typische Altersveränderungen, die als Folge verminderter Sexualhormonproduktion des Hodens auftreten. Bei weiblichen Hunden kommt ein Klimakterium, das ist ein Aufhören der zyklischen Tätigkeit der Geschlechtsdrüsen, nicht vor, wohl aber eine verstärkte Neigung zu Erkrankungen der Geschlechtsorgane, die zum Ausbleiben oder zur Verlängerung von Läufigkeitsausfluß führen können. Dem veränderten Stoffwechselgeschehen und gesteigerten Vitaminbedarf des alternden Organismus Rechnung tragend, erhält man sein Tier möglichst lange jung, wenn man es in der zweiten Lebenshälfte knapper und mit leichter Kost füttert (z. B. keine Knochen; halbe Rationen in die Futterschüssel. Die üblichen, für den Menschen bestimmten, sogenannten Geriatrika zur täglichen Einnahme, vorwiegend Präparate auf Vitaminbasis, können auch bei alten Hunden mit Erfolg gegeben werden. Es ist erstaunlich, in wie kurzer Zeit nach einer Kur von etwa acht bis zehn Injektionen (bestehend aus je 2000 γ Vitamin B_{12}, eventuell kombiniert mit Zellextrakten aus embryonalem Gewebe) die Beschwerden und vielen typischen Alterserscheinungen bei Hunden verschwinden: Noch mehrere Monate nach einer solchen Kur sind die Tiere auffallend frischer und lebhafter, zeigen wieder Spielfreude, besseren sozialen Kontakt und Interesse an Vorgängen in der Umwelt. In manchen Fällen ist es zweckmäßig, solche Kuren in sechs- bis zwölfmonatigen Abständen zu wiederholen oder mit Dauergaben von Präparaten zur Einnahme mit dem Futter zu kombinieren. In welcher Weise diese Maßnahmen in den Stoffwechsel eingreifen, um derartige Revitalisierungswirkungen zu erzielen, gilt als noch nicht voll aufgeklärt. Ob es damit auch gelingt, die Lebensgrenze eines Tieres hinauszuschieben, ist experimentell exakt schwer zu beweisen.

2.18 Intelligenzdefekte

Die Schnelligkeit der Bildung und die Stabilität bedingter Reaktionen sowie die Fähigkeit, rasch umlernen zu können, um sich neuen Aufgaben und Situationen möglichst zweckmäßig anzupassen, gelten bei Tieren als Kennzeichen der Intelligenz. Wie es Hunde mit besonderen angeborenen Begabungen und überdurchschnittlich guter Lernfähigkeit gibt, so gibt es auch Individuen mit unter dem Durchschnitt liegenden Leistungsqualitäten. Besonders in Inzuchtstämmen finden sich vermehrt Tiere mit einseitiger Steigerung günstiger bzw. ungünstiger Eigenschaften sowohl der Intelligenz als auch der Affektivität (des „Wesens"). Auch verschiedene, durch Erbfaktoren oder andere Einflüsse bedingte Mißbildungen gehen mit Minderung der Intelligenz einher.

Sofern ein Hund oder eine Katze nur als Schoßtier gehalten wird, spielt ein unterdurchschnittlicher Intelligenzgrad wohl kaum eine Rolle, in vielen Fällen muß er sogar eher als erwünscht betrachtet werden, weil ein intelligentes Tier viel eher seinen Vorteil und die schwachen Stellen im Verhalten seiner menschlichen Hausgenossen erkennt und Haltungsschwierigkeiten macht; ein dummes Tier hingegen wird, sofern es nicht ein extremes Temperament und sogenannte Wesensmängel hat, selbst in der Hand eines nicht sehr verständigen Tierbesitzers, der es ausschließlich vermenschlicht und zur Befriedigung eigener unerfüllter Wünsche mißbraucht, kaum je Schwierigkeiten machen. Nur ausgesprochen schwachsinnige, meist auch mit Instinktverlusten behaftete Individuen, die es nicht einmal bis zu Zimmerreinheit und selbständigem Fressen bringen, sind selbst zum Stubendasein als Luxuswesen ungeeignet. So manches äußerlich prachtvolle Ausstellungstier hat leider solche Nachkommen, wenn bei der Zuchtwahl die wesensmäßigen Veranlagungen völlig vernachlässigt wurden, was aus gewinnsüchtigen Motiven und mangelnder Sachkenntnis leider mitunter der Fall ist. Ganz andere Anforderungen stellt man an den Gebrauchshund.

Verminderte Lernfähigkeit und Intelligenzmangel müssen aber nicht immer auf Erbanlagen beruhen. Auch Entwicklungsschädigungen im Mutterleib können zu angeborenen, jedoch nicht erblichen Anomalien (z. B. Wasserkopf, Kretinismus) führen, die mit Intelligenzmangel verbunden sind. Auch Hirnschädigungen, etwa durch Blutungen bei der Geburt und als Folge von Verletzungen bei Unfällen, bestimmten Vergiftungen, Entzündungen (z. B. Gehirnhautentzündung, Staupe und andere Viruserkrankungen) sowie Tumoren an bestimmten Hirnstellen, können neben anderen Störungen zu verschiedengradigen Intelligenzminderungen, ja zu völliger Verblödung führen. Ein solches Tier erkennt dann nicht einmal mehr seinen eigenen Herrn, begrüßt niemand mehr als bekannt, läßt keine unterschiedliche Reaktionsbereitschaft mehr erkennen auf eigenem, gewohntem oder auf fremdem Territorium, erkennt seine Futterschüssel nicht mehr, verliert die Stubenreinheit, behält abnorme Gliedmaßenstellungen bei, wenn man es passiv in eine Zwangslage bringt usw.; zumeist besteht gleichzeitig Verminderung jeder Spontanaktivität (die Tiere dösen, wenn in Ruhe gelassen, vor sich hin) oder aber ungerichtete Hyperaktivität, also Unruhe, Ruhelosigkeit.

Erworbene Verblödungs- oder Schwachsinnszustände nennt man Demenz, die angeborenen Formen wie beim Menschen je nach Schweregrad Debilität, Imbezillität, Idiotie. Angeborene Intelligenzdefekte höheren Grades kommen bei Hunden selten vor; noch viel seltener wird ein solches Tier großgezogen, da die häufig gleichzeitig bestehende Unfähigkeit, den Saugakt auszuführen und sich als normales Jungtier zu benehmen, zur Ablehnung durch die Mutter und Verdrängung durch die Geschwister und in weiterer Folge zum frühzeitigen Ende eines solchen Individuums führen.

Ein wirksames Verfahren zur Behandlung von Intelligenzdefekten ist bisher nicht bekannt geworden.

2.19 Akuter Nervenzusammenbruch (Schock), Bewußtseinsstörungen, Sinnestäuschungen und -ausfälle, Störungen der Aktivitätsperiodik (Schlafstörungen), Epilepsieformen und andere Anfälle

Die in diesem Kapitel beschriebenen Störungen sind sachlich nicht zusammengehörig. Vielmehr werden hier jene Zustände behandelt, die bisher noch nicht betrachtet wurden, wegen ihrer Häufigkeit aber praktische Bedeutung haben. Überwiegend handelt es sich um Gesundheitsstörungen, bei denen abnormes Verhalten nur einen Teil der Symptome insgesamt darstellt und die in den Fachbüchern ausführlich beschrieben werden, so daß ich mich auf ganz kurze Hinweise beschränken kann.
Auch hier zunächst wieder einige Krankengeschichten in Kurzform zur Illustration.
Ein Foxterrierbastard, der gewohnt war, täglich ca. eine Stunde lang allein in den Straßen der engeren Umgebung seines Wohnhauses spazierenzugehen, kommt eines Tages verspätet heim, zittert, hat die Schwanzpartie mit übelriechendem Analbeutelinhalt verschmiert (wie dies bei Schreckerlebnissen passiert), zeigt keine Lust zu fressen und verkriecht sich. Bei der tierärztlichen Untersuchung ließ sich dieser Hund widerstandslos alles gefallen (andere Patienten wieder zeigen sich in derselben Situation überempfindlich und verhalten sich bei jeder Berührung ihres Körpers so, als ob diese äußerst schmerzhaft wäre). Man konnte extrem blasse Schleimhäute und schwachen, viel zu schnellen Puls feststellen. Äußere Anzeichen einer Verletzung waren nicht zu finden. Der Hund mußte irgend etwas für ihn Entsetzliches erlebt haben und befand sich in einer Art Schockzustand. In manchen Fällen kann ein solcher Zustand, in dem nicht nur vegetative Regulationen gestört sind, sondern das In-Gang-Kommen jeder gewohnten Tagesablaufbeschäftigung (einschließlich Komfortverhalten wie Sich-Durchstrecken, Körperpflegehandlungen) und die Futterappetenz blockiert sind, tagelang anhalten; meist erstreckt er sich aber nur auf wenige Stunden. Als auslösende Erlebnisse für derartige Störungen konnte ich bisher Autounfälle (wobei das Tier aus dem Wagen geschleudert wurde, aber unverletzt blieb), Kollision mit Fahrzeugen (bei nur geringer Verletzung), Nachstellung durch Tierfänger, Hauseinsturz, Kes-

selexplosionen, darüber hinaus manchmal auch Niederlagen bei Raufereien im eigenen Territorium (die zu erheblichen Rangverlusten führen)
feststellen. Es sind Fälle bekannt, in denen Hunde nach Autokarambola-
gen einfach davonstürzten und weder das Rufen ihres Herrn beachteten,
noch sich durch andere Lockmittel daran hindern ließen, ziel- und planlos
in einer Art richtungslos entfesseltem Fluchtverhalten durch die Gegend
zu rasen, wobei sie nicht selten durch Anrennen an Gegenstände oder
durch Auslösung von Verkehrsunfällen nachträglich verletzt wurden.
Manche Hunde scheinen stundenlang wie von Sinnen zu sein und nicht
einmal ihre eigenen Hausgenossen zu kennen: Sie fliehen, wenn man sie in
einem Versteck im Freien aufstöbert (in das sie sich schließlich verkrochen, weil sie sich offenbar verirrt hatten), oder aber sie kehren nach vielen Stunden von selbst heim, verkriechen sich unter eine Deckung und
knurren unterschiedslos jedermann an, der in die Nähe kommt. Manchmal
dauern solche Zustände, die den Nervenzusammenbrüchen der Labor-
tiere mit akuter experimenteller Neurose sehr ähnlich sind, tagelang an
und werden später von viele Monate anhaltenden Charakterveränderungen und besonders von Phobien, z. B. sogenannter Platzangst, Weigerung, gewisse Straßen zu überqueren, Weigerung, in ein bestimmtes Auto
einzusteigen, Fluchtreaktionen bei verschiedenen Gerüchen und dergleichen mehr, abgelöst, sofern man nicht möglichst frühzeitig nach dem
schreckauslösenden Ereignis therapeutisch eingreift. Sofortige Einleitung
eines tiefen, narkoseähnlichen medikamentösen Schlafes, der mindestens
etwa zwölf bis vierundzwanzig Stunden ohne Unterbrechung aufrechterhalten werden soll, ist eine Möglichkeit, Nachwirkungen eines solchen
Erlebnisses gewissermaßen zu löschen (einigen Berichten zufolge soll
elektrische oder medikamentöse Schockbehandlung denselben Effekt
erzielen können). Hirnvorgänge, die zur Überführung des frisch Erlebten
aus einem sogenannten Kurzzeitgedächtnis in ein Langzeitgedächtnis notwendig sind, werden durch solche Maßnahmen gestört und damit das Ereignis echt „vergessen". Die Tiere stehen nach dem Schlaf auf, als ob
nichts gewesen wäre (Retrograde Amnesie).
Plötzliche Aufregungszustände und übergroße Schreckerlebnisse können
bei Hunden ein derartiges Ausmaß annehmen, daß es zu plötzlichem
Herzstillstand – vermutlich durch Überreizung des herzhemmenden Nervus vagus – kommt. Manche disponierte, „vegetativ labile" Typen und

besonders verfettete Individuen – ich selbst konnte oft bei älteren Dachshunden solche Beobachtungen machen – zeigen sofort Blaufärbung der Zunge und Atemnot, wenn man sie unter zwangsweiser Fixierung „unerwünschten", aber völlig harmlosen Behandlungsprozeduren, wie z. B. Zahnsteinentfernung, Zahnbehandlung, Reinigung des äußeren Gehörganges und ähnlichem, ohne vorbereitende Beruhigungsspritze unterzieht. Gewisse Begleitumstände, wie schwüles Wetter, Erregung durch vorheriges Anhören der Abwehrschreie eines Artgenossen, unbeabsichtigtes Zusammendrücken des Brustkorbes bei der Zwangsfixierung und vieles andere, können dabei die Rolle von Hilfsursachen spielen.

Außer den vorhin erwähnten Fällen von panischem, planlosem Fluchtverhalten auf einen übergroßen Schreckreiz hin kann psychischer Schock manchmal auch das Gegenteil des Bewegungssturmes, nämlich sofortige allgemeine Bewegungshemmung und weitgehende Reaktionslosigkeit, also einen *Ohnmachtsanfall* (Neurovegetativer Schock) bewirken. Ein solcher Hund bricht – etwa nach einem Autounfall – zusammen und zeigt sich für Minuten, selten Stunden unfähig zu gehen, ohne daß er körperlich verletzt worden wäre. Es kommt dabei durch eine reflektorische Fehlregulation in der Blutverteilung zum Versacken des Blutes in gewisse Baucheingeweide und einer Blutleere im Gehirn. Die Erscheinung ist somit dem Wundschock (durch plötzlichen starken Schmerz, besonders bei großflächig an der Körperoberfläche verteilten Reizen) analog.
Ob die oft als „Schreckstarre" bezeichnete sogenannte Totstellreaktion, die bei vielen, besonders bei kleinen Säugetieren zum physiologischen Verhaltensinventar gehört, auf derselben Grundlage zustande kommt, müßten künftige Untersuchungen klarstellen (Dissertationsthemen!). Auch Blutleere im Gehirn infolge starker Blutverluste oder eines anfallsweisen Herzversagens sowie Kreislaufkollaps, Volumenmangelkollaps durch Flüssigkeits- und Elektrolytverlust u. a. m. führen zu äußerlich ähnlichen Verhaltensstörungen.
Nach angloamerikanischen Fachautoren wird eine begriffliche Unterscheidung zwischen Schock und Kollaps nicht mehr gemacht: Jede Abnahme der zirkulierenden Blutmenge, die zu Störungen der Kapillardurchblutung und damit verminderter Sauerstoffversorgung der Körpergewebe (besonders in lebenswichtigen Organen) führt, gilt heute als

Schock; man unterscheidet aber verschiedene Schockarten und -stadien, die unterschiedlicher therapeutischer Behandlung bedürfen.

Von den beschriebenen Erscheinungen sind die – manchmal äußerlich ähnlichen – Verhaltensstörungen abzugrenzen, die sich als Begleiterscheinungen von Gehirnerschütterung, Hitzschlag, Sonnenstich und bei manchen Vergiftungen ergeben. Damit kommen wir in den Bereich der Bewußtseinsstörungen und Sinnestäuschungen, die die Grundlage des plötzlich gänzlich veränderten Gehabens oder der völligen Reaktionslosigkeit darstellen; sie treten auch im Gefolge akuter Gehirnentzündungen und anderer Schädigungen des nervösen Zentralorgans statt oder im Wechsel mit verschiedenen Krampfanfällen auf.

Nach Meinung mancher älterer Autoren sollte man vermeiden, bei Tieren von Bewußtsein zu sprechen, und besser den Begriff Sensorium verwenden. Statt von Bewußtseinstrübung, Bewußtseinseinengung usw. müßte man demnach von getrübtem und eingeengtem Sensorium sprechen. Man muß diesen Streit einiger Fachgelehrter aber nicht so ernst nehmen, im Grunde läuft das Ganze auf ein Spiel mit Worten hinaus: Daß Tiere ein Bewußtsein haben, wird niemand bezweifeln, daß dieses aber nicht identisch mit dem des Menschen ist, ist als ebenso selbstverständlich anzunehmen. Wenn ein Elefantenfuß anders als ein Menschenfuß aussieht und funktioniert, so wird man deswegen auch nicht bemüßigt sein, für den entsprechenden Körperteil beim Elefanten einen anderen Namen zu erfinden. Ob ein Tier bewußtlos ist, kann jeder leicht erkennen. Wenn es daliegt, sich nicht rührt und weder auf Schmerzreize noch auf bekannte angenehme Reize reagiert, starre Pupillen hat, Herz- und Atemtätigkeit aber sichtlich funktionieren, dann wird man mit der Annahme kaum fehlgehen, es mit einem bewußtlosen Tier zu tun zu haben. Freilich könnte es auch schlafen, dann aber müßte es weckbar sein.

Schwieriger wird es – selbst für Fachleute –, wenn es darum geht zu entscheiden, ob ein Tier ein getrübtes oder eingeengtes Bewußtsein hat oder gar bei vollem Bewußtsein infolge nicht bekannter Ursachen reaktionsgehemmt ist. Nur besondere neurologische Untersuchungsverfahren, z. B. Prüfung der Reflexe, der Tiefensensibilität u. a. m., sowie längere Beobachtung unter verschiedenen Umweltbedingungen helfen dann weiter. Indessen soll in diesem Rahmen nicht näher auf diese speziellen Probleme eingegangen werden; vielmehr sei zur Orientierung ein grober Überblick

über die sogenannten exogenen oder symptomatischen, also organischen Psychosen vermittelt:
Je nach Umfang und Art der eine körperliche Erkrankung begleitenden Verhaltensstörungen unterscheidet man den

1. *Akuten exogenen Reaktionstyp* mit den graduellen Unterteilungen:

a) *Delirium,* bei dem Bewußtseinstrübung, Desorientiertheit, ungeordneter Bewegungsdrang, Angstausdruck, Flucht, Verkriechen, Zittern, Abwehrreaktionen oder gesteigerte Aggressivität bestehen. Auch verschiedenartige Sinnestäuschungen (z. B. Flucht vor einem nicht vorhandenen Feind, Schnappen nach nicht vorhandenen Fliegen und ähnliche Verhaltensweisen; sie werden – so nimmt man an – durch Halluzinationen ausgelöst) und Überempfindlichkeiten (z. B. Lichtscheuheit, Berührungsempfindlichkeit usw.) können auftreten. Das Futter bleibt unbeachtet. Manchmal springen die Tiere plötzlich auf und beißen z. B. in ein Tischbein oder in eine Waschschüssel, oder sie versuchen, Futter mit löffelnden Zungenbewegungen aus dem Napf aufzunehmen, wie sie normalerweise mit Getränken verfahren. Kurz, es handelt sich im ganzen um ein Bild völliger Verwirrtheit bei gesteigerter Aktivität; manche Tiere heulen, atmen stoßweise oder zeigen primitive Zwangsbewegungen, wie z. B. Ruder- oder Schwimmbewegungen, Drehen im Kreise, Gleichgewichtsstörungen, gespannten Gang, Muskelsteifheit und Krampfanfälle (auf letztere wird später genauer eingegangen). Man erinnere sich in diesem Zusammenhang an die Schilderung des Verlaufes der Tollwut.

b) *Dämmerzustand.* Das Tier geht unablenkbar „drangwandernd" im Kreise oder geradeaus, z. B. einen Zaun oder eine Zimmerwand entlang, bis es auf ein Hindernis stößt, vor dem es völlig hilflos stehen bleibt. Die erweiterten Pupillen blicken starr, bekannte Personen und Gegenstände werden offensichtlich nicht erkannt. Der Hund gehorcht nicht mehr. Auf plötzliche Geräusche erfolgt keine Orientierungsreaktion. Futter wird oft nicht beachtet oder mit Heißhunger in Unmengen verschlungen, wobei auch unverdauliche Gegenstände mit aufgenommen werden. Manche Tiere nehmen unnatürliche Stellungen ein oder berichtigen diese nicht, wenn man sie passiv in solche bringt.
Es ist bei Tieren schwer, dieses Bild von dem folgenden abzugrenzen.

c) *Benommenheit.* Es besteht Antriebslosigkeit, starke Verminderung jeder eigenen Aktivität und Reaktivität auf Reize. Die Tiere verkriechen sich und dösen sitzend oder liegend vor sich hin.

Stellt man einem solchen Tier Futter oder Getränk hin, so taucht es manchmal den Kopf zu tief ein oder nimmt überhaupt keine Notiz davon. Ein solches Tier liegt im eigenen Kot, auf Zuruf oder andere bedingte Reize wird nur träge oder unvollständig oder erst nach oftmaliger Wiederholung reagiert.

Sowohl hohes Fieber (unabhängig von dessen Ursache), als auch frische Vergiftungen, Urämie, Ikterus und alle möglichen akuten allgemeinen oder örtlich umschriebenen Hirnschädigungen, wie etwa bei Hitzschlag und Sonnenstich, bei Gehirnerschütterung, Gehirnquetschung und -blutung, Gehirnhautentzündung und Hirnentzündungen führen zu den Bildern des akuten exogenen Reaktionstyps. Außerdem o. a. können noch zeitweilige epileptische Krampfanfälle oder völlige Bewußtlosigkeit oder auch Lähmungen einzelner Gesichtsmuskeln oder einer ganzen Körperhälfte auftreten. Je nach weiteren körperlichen Begleiterscheinungen spricht man von allgemeinen Gehirnstörungen (wie sie z. B. besonders durch Überdruck im Gehirn verursacht werden) und von sogenannten Herdsymptomen (wie lokal ausgelösten Lähmungen oder Muskeltonusveränderungen, Zwangsbewegungen, Krämpfen oder Zuckungen einzelner Muskelgruppen).

Bei den organischen Psychosen ist vielfach nicht die Art der Krankheitsursache für die Form der Störung maßgeblich, sondern der Umstand, ob die Schädigung akut oder chronisch und ob das Gehirn allgemein oder lokal (nur an einer bestimmten, umschriebenen Stelle) betroffen ist.

Für *chronische Krankheiten mit diffuser* (allgemeiner) *Hirnschädigung* ist das folgende Störungsbild charakteristisch:

2. *Psychoorganisches Syndrom.* Beim Menschen besteht trotz klarem Bewußtsein die Schwierigkeit, sich frische Ereignisse zu merken, während man sich an lange zurückliegende Ereignisse relativ gut erinnern kann. Es bestehen außerdem Konzentrationsschwierigkeiten, das Denken ist einfallslos und läßt Kritik und Urteilsfähigkeit vermissen. Es besteht Auffassungsschwäche und oft auch Orientierungsstörung, manchmal Affektlabilität. Das Endstadium ist die sogenannte Demenz, also allgemeine Verblödung. Es dürfte schwer fallen, bei Tie-

ren sichere Zuordnungskennzeichen zu diesem Störungsbild – insbesondere im Frühstadium – aufzufinden, obgleich es sie sicherlich gibt. Man denke nur an die sogenannten Verhaltensänderungen, die bei Hunden im hohen Alter auftreten können. Häufige Krankheitsursachen, die beim Menschen zum langsam fortschreitenden Erscheinungsbild des psychoorganischen Syndroms führen, fallen beim Tier weg, wie beispielsweise chronischer Genuß von Alkohol und anderen Giften.

Gelegentlich führt ein Hirntumor zur Verlegung der Liquorwege (Hirnflüssigkeitswege), so daß es zu einem erworbenen Wasserkopf kommt. Der zunehmende Hirndruck führt schließlich zu allgemeinem Ganglienzellschwund. Die dabei beobachtbaren – unmerklich beginnenden, doch stetig fortschreitenden – Verhaltensstörungen und -ausfälle müßten dem Bild des psychoorganischen Syndroms zugeordnet werden; sie machen sich tatsächlich vornehmlich in allmählich zunehmenden Intelligenzdefekten, Abnahme der Lernfähigkeit und Anpassungsmangel an neue Situationen bemerkbar, was bei Gebrauchshunden viel früher als bei Schoßhunden auffällt. Auch auf andere Weise entstandener Hydrocephalus (Wasserkopf), chronisch verlaufende Hirnhautentzündungen und Tumoren (neben weiteren Störungen) sowie die Veränderungen, die sich als Folge häufiger epileptischer Krampfanfälle einstellen, können sich ähnlich bemerkbar machen.

3. *Hirnlokales Psychosyndrom:* Als Spätfolge nach lokalen Hirnschädigungen infektiöser (z. B. virusbedingter) oder traumatischer (z. B. Hirnverletzung durch Unfall) Art kann man bei Hunden und Katzen außer Neigung zu epileptischen bzw. epileptiformen Anfällen und sogenannten neurasthenischen Beschwerden („Nervenschwäche" drückt sich in gesteigerter Ermüdbarkeit, Lärm- und Lichtempfindlichkeit, Hitzeempfindlichkeit und leichter Überreizbarkeit, mangelnder Hemmbarkeit usw., evtl. auch in Neigung zu Erbrechen aus) noch folgende Erscheinungen beobachten: gesteigerte Reizbarkeit (d. h. Senkung der Auslöseschwelle für Schreckreaktionen, Fluchtreaktionen oder Aggressionsreaktionen), Neigung zu – mitunter nur anfallsweise auftretenden – Depressionen oder zu aggressiven Verstimmungen (z. B. Berührungsaversion oder Überfunktion des Bewachungsverhaltens – siehe einige Fälle in Kapitel 2 des Speziellen Teiles), ferner

gesteigerte Ängstlichkeit oder Schreckhaftigkeit, Sprunghaftigkeit (z. B. Hund bellt, um gestreichelt zu werden, beißt aber daraufhin ohne Vorwarnung in die streichelnde Hand), Ruhelosigkeit, Schlaflosigkeit, Umkehrung des Schlaf-Wach-Rhythmus' oder aber Verminderung der Lebhaftigkeit, der Spielfreude, der Lust spazieren geführt zu werden. All diese „Wesensveränderungen" sind den vom Menschen her bekannten Charakteristiken für hirnlokales Psychosyndrom (die im wesentlichen in Störungen des Antriebes und der Stimmung bei erhalten gebliebener Bewußtseins- und Gedächtnisleistungsfähigkeit bestehen) zwanglos vergleichbar.

Neben diesen Verhaltensstörungen sind bei genauer tierärztlicher Untersuchung fast immer auch zahlreiche körperliche Krankheitserscheinungen festzustellen, aufgrund deren erst eine Diagnose hinsichtlich der gemeinsamen Ursache der verschiedenen Symptome möglich wird.

Im Verlaufe von Bewußtseinsstörungen, besonders in den Bildern des akuten exogenen Reaktionstypes, aber manchmal auch knapp vor epileptischen Anfällen kann man gelegentlich Handlungen beobachten, die so aussehen, als erlebe das Tier Wahnvorstellungen oder Halluzinationen (Sinnestäuschungen ohne tatsächliche Sinneswahrnehmung). Durch Kokainvergiftung, Gaben von LSD und anderen Drogen kann man kurzzeitig ähnliche Verhaltensstörungen bei Hunden und anderen Tieren experimentell erzeugen. Besonders bekannt sind Verhaltensweisen der Flucht vor einem nicht vorhandenen Feind, Angriff auf einen nicht vorhandenen Gegner, sowie heftiges Putzen und Benagen einer völlig intakten Körperstelle. Es wird sich wohl nie mit absoluter Sicherheit beweisen lassen, was das Tier während solcher, an Leerlaufreaktionen erinnernder Verhaltensweisen subjektiv erlebt. Vor vorschnellen Vergleichen mit ähnlichen Erscheinungen beim Menschen sollte man sich daher jedenfalls hüten. Gelegentlich beobachtet man auch bei völlig gesunden Hunden ein Verhalten, als würde das Tier z. B. durch eine Fliege gestört: Es spitzt die Ohren, verfolgt mit gespanntem Blick ein nicht vorhandenes Etwas in der Luft und schnappt danach. Mitunter ergibt eine tierärztliche Untersuchung dann das Bestehen einer feinflockigen Glaskörpertrübung, die wahrscheinlich die Ursache einer Sehstörung darstellt. Es handelt sich somit lediglich um eine Mißdeutung einer optischen Wahrnehmung. Eine Instinkthandlung kommt hier also durch einen Reiz zum Abrollen, der einem Schlüsselreiz ähnlich ist. Mißdeutungen von Wahrnehmungen (sogenannte Illusionen) scheinen bei Hunden und wahrscheinlich auch bei Katzen und anderen Tieren gar nicht so selten zu sein. Anläßlich abendlicher Waldspaziergänge konnte ich bei jedem meiner Hunde immer wieder einmal beobachten, daß sie Gegenstände, wie etwa einen Baumstrunk, ein Stück verfallenen Zaun, einen Heuschober und anderes, verbellten oder sich weigerten, daran vorbeizugehen, kurz, wie ein Ungeheuer behandelten, sobald man in der Dunkelheit die Konturen nur unscharf erkennen konnte, das Gebilde aber kontrastierend vom Hintergrund abstach. Dabei handelte es sich um Dinge, die dem Hund jeweils eine Stunde vorher, als wir denselben Weg noch bei Helligkeit in umgekehrter Reihenfolge zurücklegten, in keiner Weise störend aufzufallen schienen. Gewiß kommen auch im Bereich des Geruchssinnes, des Gehörs und des Tastsinnes Täuschungen bei gesunden und kranken Tieren vor, und man würde sie entdecken, wenn man sich die Zeit zu vorurteilsloser genauer Beobachtung nähme.

Daß durch verborgene symptomarme Erkrankungen verursachte, teilweise oder vollständige Ausfälle einzelner Sinnesfunktionen zu argen Mißverständnissen bezüglich der Verhaltensbeurteilung eines Tieres Anlaß geben können, davon war ja schon mehrmals die Rede. Man erinnere sich an den vermeintlich unfolgsamen Hund, der unter Mißachtung jedes Befehles seines Herrn machte, was er wollte: Er war taub! Es ist nur zu verständlich, daß Sehbehinderungen und Erblindung einen Hund in fremder Umgebung unsicher machen, so daß ihm die Lust zum Ausgehen nach mehreren unangenehmen Erlebnissen immer mehr vergeht, seine Gewohnheiten sich also verändern. In vertrauter Umgebung bewegt sich ein teilweise oder völlig blinder Hund dagegen meist so erstaunlich sicher, daß mancher Tierbesitzer die Diagnose Blindheit einfach nicht glauben will. Was gäbe so mancher erblindete Mensch darum, wenn er wenigstens ein so präzises Richtungshörvermögen wie der Hund zur ersatzweisen Orientierung heranziehen könnte!

Andererseits gibt es Hunde, die zeitweilig so „unkonzentriert" wie ein „zerstreuter Professor" ihnen gut bekannte Wege entlanglaufen, daß sie an Gittertore und andere Weghindernisse in voller Wucht anlaufen. Sie überlassen sich trotz der Möglichkeit, von ihren intakten Sinnen Gebrauch zu machen, einfach „gedankenlos" der Gewohnheit. Die Achtlosigkeit eines Tieres durch Gewohnheit oder auch durch geschickte Ablenkung der Aufmerksamkeit machten sich seit eh und je Jäger, Tierfänger, Dresseure, Hirten und schließlich nicht zuletzt auch Tierärzte praktisch zunutze, um ihre Arbeit zu erleichtern. Uns Menschen geht es übrigens mitunter nicht anders. Wer hätte sich nicht schon dabei ertappt, nachdem er in einem Zimmer Möbel umgestellt hatte, noch öfters dahin zu gehen, um etwas zu holen oder abzulegen, wo früher das entsprechende Möbelstück stand! Und jedes Kind hat wohl schon die Situation des „Hans-Guck-in-die-Luft" am eigenen Leibe erlebt.

Von den *Störungen der arttypischen Aktivitätsperiodik* ist Schlaflosigkeit, begleitet von unruhigem Hin- und Herlaufen, Hecheln, Bellen, stundenlangem Winseln und Heulen in der Nacht, mit oder ohne kompensatorische Schläfrigkeit am Tage, die auffälligste. Man beobachtet sie im Verlaufe oder als Spätfolge verschiedener Hirnkrankheiten (z. B. nervöse Staupe), selten als einzige Störung, meist neben vielen anderen Krankheitserscheinungen. In diesen Fällen ist sie, je nach Umständen, als Begleiterscheinung einmal den Bildern des akuten exogenen Reaktionstypus und einmal denen des hirnlokalen Psychosyndroms zuzurechnen. Jedenfalls ist diese Form der Schlaflosigkeit von den Fällen zu unterscheiden, in denen ein verwöhnter Hund sich nur dann unruhig gebärdet, weil er zornig oder ängstlich ist, weil man ihn ungewohnter Weise einen bis tief in die Nacht dauernden Abend lang allein in der Wohnung läßt. Auch das schon früher einmal erwähnte Heulen mancher Hunde in mondhellen Nächten ist nicht als krankhafte Schlafstörung aufzufassen. Selbstverständlich verhindern auch starke Schmerzen, Herzbeschwerden, Brechreiz, außergewöhnliche Störreize und anderes mehr den Eintritt des Schlafes. Es scheint aber darüber hinaus noch echte chronische Schlaf-Wach-Rhythmusstörungen zu geben, die nicht durch organische Psychosen bedingt sind, da sich nach dem Tode eines solchen Tieres nicht immer Hirnveränderungen finden lassen. In der Beschreibung der verschiedenen Zustandsbilder experimenteller Neurosen werden gelegentlich auch Schlaflosigkeit, nächtliche Unruhe und dergl. erwähnt; es könnte sich mitunter also um psychoreaktive Ursachen handeln, worauf in Zukunft vermehrtes Augenmerk gerichtet werden sollte, weil darüber noch so gut wie gar nichts bekannt ist. (Wie man heute annimmt, ist der Schlaf eine echte

Instinkthandlung, an deren Zustandekommen die rhythmische Tätigkeit mehrerer Nervenzentren beteiligt ist.)

Doch nun zum Thema der *Epilepsie*. In der menschlichen Psychiatrie stellt man die genuine Epilepsie, neben den Erscheinungsbildern der Schizophrenie und der manisch-depressiven Psychose, als sogenannte echte oder endogene Geisteskrankheit den organischen Psychosen einerseits und den abnormen psychogenen Reaktionen und Entwicklungen (Neurosen) andererseits sowie schließlich den angeborenen Psychopathien (abartige Charakterveranlagungen) gegenüber.

Eine solche, auf erblicher Veranlagung beruhende Epilepsie kommt beim Hund selten vor. Die meisten Fälle der beim Hund gar nicht so selten beobachteten epileptischen Krämpfe beruhen auf organischer Grundlage und sind daher als sogenannte symptomatische Epilepsie anzusehen bzw. den „erworbenen organpathologisch bedingten Verhaltensstörungen" zuzurechnen. Nach älterer Lehrbuchmeinung habe man dann in der Tiermedizin nicht von epileptischen, sondern von epileptiformen Anfällen zu sprechen, von welchem Standpunkt neuere Autoren aber abkommen. Auch beim Menschen wird zwischen der genuinen oder endogenen und einer symptomatischen Epilepsie unterschieden, die im Verlauf und als Folge organischer Hirnschädigungen, d. h. als Begleiterscheinung der exogenen Psychosen vorkommt. Als Ursache „epileptiformer" Anfälle kommen also entzündliche Hirnzellschädigungen, ausgedehnte Hirnhautentzündungen, Hydrocephalus internus (sogenannter innerer Wasserkopf) und lokale herdförmige Hirnschädigungen durch Blutungen, Quetschungen (mit nachfolgender Narbenbildung), Tumor und auch gewisse Vergiftungen (z. B. Blei, Leuchtgas, Schlafmittel) in Frage. Als Sonderform der symptomatischen Epilepsie unterscheiden manche Fachleute eine sogenannte Reflexepilepsie, bei der die Anfälle durch Schmerzreize, bestimmte optische oder akustische Reize, durch starken Wurmbefall (bei Junghunden häufig!) ohne bestehende direkte Hirnschädigung ausgelöst werden.

Nach Martinek ist der Anfallsprozeß von drei Hauptfaktoren abhängig: der Anfallsbereitschaft, dem Anfallsherd und dem epileptogenen Reiz, resp. der epileptogenen Situation.

Die verschiedenen äußeren Erscheinungsbilder sowohl der genuinen (bzw. primären) wie der symptomatischen Epilepsie können einander völ-

490

lig gleichen, lediglich die sogenannten Jackson-Anfälle legen den Verdacht auf die symptomatische Form besonders nahe. Häufigkeit und Dauer der Anfälle können zunehmen, abnehmen oder gleichbleiben. Von der Art der Verhaltensstörung her unterschied man früher (in Anlehnung an humanmedizinische Einteilungen):

1. Große Anfälle oder Grand Mal: Der Patient verspürt zunächst unerklärliche Unruhe, Angst oder Schwindel, auch Sinnestäuschungen können vorkommen. Dieses Vorstadium nennt man Aura epileptica. Dann kommt es plötzlich zu Bewußtseinsverlust, Hinstürzen und dem tonischen Krampfstadium, in dem alle Beine (beim Menschen Beine und Arme) steif vom Körper weggestreckt, Kopf und Hals seitlich nach rückwärts verdreht werden. Danach schließt sich das sogenannte klonische Stadium an, in dem es zu rhythmischen Zuckungen der Gliedmaßen, raschen krampfhaften Kaubewegungen (dabei kommt es zu Bissen in die Zunge, auch wird der Speichel zu Schaum geschlagen), Urin-oder Kotabgang und Ausstoßen schriller Schreie kommt; der Rumpf windet sich manchmal schlangenartig. Nach einigen Minuten (beim sogenannten Status epilepticus aber erst nach Stunden) tritt Erschlaffung und Ruhe ein, noch immer aber zeigt völlige Reaktionslosigkeit der Pupillen an, daß der Bewußtseinsverlust andauert. Mitunter folgt ein Nachschlaf oder Dämmerzustand, oft aber, und das besonders nach nur kurzen Anfällen, stehen die Tiere alsbald auf und tun, als ob nichts gewesen wäre, oder benehmen sich noch eine zeitlang matt oder ängstlich. Manche Hunde suchen alsbald ihre Futterschüssel auf und fressen mit Appetit. Von der menschlichen Epilepsie her weiß man, daß für den Anfall Gedächtnisverlust besteht.

2. Jackson-Anfälle oder sogenannte rindenepileptische Herdanfälle: Sie unterscheiden sich von den vorbeschriebenen hauptsächlich dadurch, daß der Krampf zuerst in einer Muskelgruppe, etwa einem Fuß oder der Kaumuskulatur beginnt, um dann erst allmählich auf den übrigen Körper überzugreifen.

3. Psychomotorische Anfälle: Als solche bezeichnet man anfallsartig auftretende Zustände kurzer Verwirrtheit mit sinnlosen Bewegungen und Handlungen, die etwa an die bekannten Instinktleerlaufreaktionen erinnern könnten; manchmal beobachtet man ein bis drei Minuten dauerndes anfallsweises Schlucken, Lecken, Kratzen; typisch sind so-

genannte „Chewing Gum Anfälle", also Kaukrämpfe besonderer Art; manche Hunde rennen sinnlos bellend los oder beißen in den nächstbesten Gegenstand. Beim Menschen spricht man auch von Dämmerattacken oder „Dreamy State", weil keine Bewußtlosigkeit, sondern nur leichte bis mittelschwere Bewußtseinstrübung diese Anfälle begleitet.

4. Petit Mal oder kleine Anfallsarten, mit mehreren Untergruppen (bei der sogenannten Absence besteht z. B. lediglich einige Sekunden dauernder Bewußtseinsverlust, erkenntlich an plötzlich starrem Blick und vorübergehender Reaktionslosigkeit auf Reize, evtl. Schwanken und kurzem Hinfallen ohne Muskelspannungen und Zuckungen).

Statt aller Anfälle können aber auch *Anfallsäquivale,* sogenannte „akute episodische Geistesstörungen", auftreten, die sich beim Menschen entweder in plötzlichen (und bestimmte Zeit lang anhaltenden) Verstimmungen, wie Reizbarkeit, Depressionen, Fehlhandlungen, oder als stunden- bis tagelange Dämmerzustände manifestieren, in denen traumhaftes Erleben, Kritiklosigkeit, unhemmbare Aggressivität oder Neigung zu anderen Triebhandlungen primitiver oder perverser Art besteht. Es könnte durchaus sein, daß es Vergleichbares auch bei Hunden gibt, dieses nur bisher nicht als solches erkannt wurde.

Außerdem beschreiben einige Fachleute noch seltene Sonderformen, z. B. „Hypothalamic Epilepsy", bei der es zu anfallsweisen Schmerzen im Bauchraum, verbunden mit starrem Gesichtsausdruck, oder zu kurzen Kollapszuständen kommt. Manchmal beobachtet man im Laufe langjähriger tierärztlicher Praxis bei einem Hund oder einer Katze einen Fall, der wahrscheinlich hier einzuordnen wäre.

Die vorerwähnte, recht einfache und übersichtliche Einteilung der klinischen Bilder der Anfälle kann durch geänderte Einteilungsprinzipien anhand neuerer Forschungsergebnisse aus heutiger Sicht der einschlägigen Spezialisten insbesondere für den Hund in dieser Form nicht weiter aufrecht erhalten werden. So betont der Epilepsieforscher Martinek (1979) in einem umfassenden Übersichtsreferat unter anderem z. B. die Tatsache, daß der humanmedizinische Begriff Petit Mal für den kleinen Anfall beim Hund nicht weiter benützt werden sollte, weil dieser Fachausdruck eine genau definierte Form der „centrencephalen Epilepsie" bezeichne und es bisher nicht gelungen sei, das Elektroenzephalogramm bei einem partiellen Spontananfall beim Hund zu registrieren. Er teilt die klinischen Erscheinungsbilder der epileptischen Anfälle beim Hund ungeachtet ihrer vielfältigen Ursachen ein in: a) den kleinen (partiellen) Anfall, b) den großen (generalisierten) Anfall bzw. „Grand Mal" und c) den Status epilepticus. Auf seine den Tierarzt überzeugenden Argumente hierfür und auf weitere wichtige Details seiner Ausführungen kann in diesem Rahmen leider nicht eingegangen werden.

Bei der Beobachtung kurzer anfallsweiser Bewußtseinsstörungen und dem plötzlichen Wiedererlangen der normalen Reaktionsfähigkeit eines Hundes kann man sich in besonders eindrucksvoller Weise der Deutung nicht erwehren, daß zumindest die höheren Tiere ein Bewußtsein haben müssen, ähnlich wie wir selbst. Wann und wie weitgehend dieses tatsächlich mit dem des Menschen vergleichbar ist, kann aus den schon zu Anfang dieses Buches erwähnten erkenntnistheoretischen Gründen nicht erörtert werden, wenn man in naturwissenschaftlichem Rahmen bleiben will. Die Fragestellung nach der Art des Bewußtseins und der Beschaffenheit der subjektiv als real erlebten Erscheinungen und Zustände ist Gegenstand der Psychologie im engeren Sinne. Um wenigstens annähernd zu ergründen, welche Verhaltensweisen überhaupt von Bewußtseinsvorgängen begleitet sind und welche Anteile unbewußt ablaufen – und warum dies vermutlich so ist –, hat man ausgeklügelte Experimente angestellt. Es kann hier aber auf diesen komplizierten Sachverhalt nicht eingegangen werden; der interessierte Leser sei auf die ausgezeichnete Darstellung von Ebbecke, „Physiologie des Bewußtseins in entwicklungsgeschichtlicher Betrachtung", hingewiesen.

Durch elektroenzephalographische Untersuchungen – Aufzeichnungen von „Hirnstrombildern" – könnte man das Bestehen einer Disposition zu epileptischen Anfällen erkennen und so in Zweifelsfällen von anders verursachten, ähnlichen Erkrankungsbildern sicher abgrenzen. Leider ist dies nicht immer möglich, weil in etwa zwanzig Prozent der Fälle von Epilepsien in den oft wochen-, ja manchmal monatelangen anfallsfreien Phasen sich keine von normalen Hirnstrombildern abweichende, für Epilepsie typische Aufzeichnungsergebnisse finden lassen. Außerdem sind EEG-Aufzeichnungen bei Tieren schwierig und umständlich, und hinsichtlich der Auswertbarkeit besteht noch recht wenig Erfahrung.

Vom menschlichen Epileptiker her sind eine allmähliche, charakteristische Wesensveränderung sowie eine Intelligenzminderung bekannt, wenn es nicht gelingt, auf medikamentösem Wege die Anfälle zu unterdrücken oder wenigstens wesentlich zu verringern, und sofern die Epilepsie nicht ausheilt, was ca. bei einem Drittel der Erkrankten der Fall ist. Auch bei einigen der mir seit Jahren bekannten epileptischen Hunde haben die Tierbesitzer und ich den Eindruck, sie würden allmählich dümmer, empfindlicher, reizbarer und vielleicht auch ängstlicher. Zur Behandlung der relativ häufigen epileptiformen Anfälle (manchmal nur als Kaukrämpfe auftretend) bei Hunden nach überstandener Nervenstaupe bewährten sich neben den verschiedenen symptomatisch wirkenden antiepileptischen Medikamenten in Tablettenform Injektionskuren mit Vitamin B_{12} in sehr hohen Dosen. Ein Eingehen auf die entzündungswidrig wirkenden und hirndrucksenkenden Maßnahmen und die jeweilige Behandlung der Krankheitsursachen bei epileptischen Anfällen als Begleiterscheinung der Symptome des akuten exogenen Reaktionstypes und der übrigen exogenen Psychosen liegt außerhalb des Rahmens dieses Buches. Nach neuesten Erfahrungen ist es auch durch Gaben gewisser Gestagene manchmal möglich, epileptiforme Anfälle unbekannter Ursachen zu verringern. (Ja sogar Akupunkturbehandlungen sollen sich gelegentlich bewährt haben.)

Außer den epileptischen sind noch weitere anfallartig auftretende Krämpfe bekannt, so die bekannte und gefürchtete puerperale *Eklampsie* oder sogenannte Tetanie der säugenden Hündin. Anders als bei der Eklampsie bei menschlichen Schwangeren und Wöchnerinnen handelt es sich bei der Hündin ursächlich um eine Störung der Hormon- und Stoffwechselregulation im Zusammenhang mit der Milchbildung, bei der häufig – aber nicht immer – der Blutcalcium-Spiegel abnorm erniedrigt ist, weshalb durch intravenöse Calciumapplikationen die Anfälle mitunter schlagartig zu beheben sind. Beruhigungsmittelgaben, Injektionen von Nebenschilddrüsenhormonersatzstoff und Trennung der Mutterhündin von den Jungen, so daß jeder weitere Milchentzug und Erregung unterbunden werden, sind bekannte tierärztliche Behandlungsmaßnahmen.

Die Störung tritt besonders häufig bei Hunden kleiner Rassen auf. Anfälle vor der Geburt sind besonders ungünstig zu beurteilen und zwingen zum Kaiserschnitt. Vielfach kommt es aber erst gegen Ende der Hauptsäugeperiode, also vier bis sechs Wochen nach der Geburt zum Auftreten der

Störung. Den Anfällen gehen zumeist tage- oder stundenlang verschiedene andere Gesundheitsstörungen voraus, so etwa hohes Fieber, Ruhelosigkeit, Winseln, Hecheln, Appetitlosigkeit und eine leichte Steifheit aller Muskeln. Die Schleimhäute des Mundes und die Augenbindehäute sind vermehrt gerötet, die Auslösbarkeit aller prüfbaren Reflexe erweist sich als gesteigert. Die Krämpfe, die fünfzehn bis hundertzwanzig Minuten dauern können, sind zuerst lange tonisch (die Muskeln sind hart, die Gliedmaßen werden steif vom Körper weggestreckt), dann aber auch klonisch (rhythmisches Beugen und Strecken der Beine, Klappern mit den Kiefern) wie bei der Epilepsie, nur daß im Gegensatz zu letzterer während des Anfalls kein Bewußtseinsverlust besteht. Das Tier schaut einen an, erkennt seinen Besitzer, die Hornhaut- und Pupillenreflexe sind erhalten. Gelangt ein solches Tier nicht alsbald in tierärztliche Behandlung, so geht es an dem Anfall meistens durch Erstickung zugrunde. Allerlei emotional erregende Reize aus der Umwelt können als Hilfsursachen Anfälle auslösen, wenn bereits Anfallbereitschaft besteht. Beruhigungsmittelgaben über längere Zeit hinweg sind bei einer Hündin nach einem erfolgreich behandelten Anfall daher nicht zu vernachlässigen. Es hat oft den Anschein, als bestünde eine familiäre erbliche Disposition zur Eklampsie. Da während der Krampfanfälle weder das Bewußtsein getrübt ist wie bei der Epilepsie, noch psychogene Faktoren als eigentliche alleinige Ursache für die Eklampsie der säugenden Hündin in Frage kommen – im Gegensatz zu hysteriformen Krampfanfällen –, ist diese Erscheinung, von der Seite der Verhaltensstörungen her gesehen, eigentlich lediglich als Verhaltensbehinderung, wie eine Muskellähmung durch einen Nervendefekt, eine Lahmheit durch Gelenksentzündungen oder einen anderen Schmerzzustand, verminderte Lebhaftigkeit und verminderte Reaktivität infolge einer fieberhaften Erkrankung, Erbrechen im Gefolge von Gastritis oder Vergiftung und ähnlichem, anzusehen und gehört somit nicht mehr zum eigentlichen Themenkreis dieses Buches. Dasselbe gilt für die Tetanie, den Tetanus, die Strychninvergiftung und den Schwindel. Wegen der großen Verwechslungsmöglichkeit mit Verhaltensabnormitäten durch psychogene (psychoreaktive) Störungen und Bewußtseinsstörungen sei aber auch auf diese Gesundheitsstörungen kurz eingegangen. Selbstverständlich können auch anfallsartige innere Schmerzzustände (z. B. Kolik) ein Tier dazu veranlassen, sich wie in Krämpfen zu winden, doch zeigen sich dann meist außerdem für Schmerzen typische Ausdrucksreaktionen, so daß in solchen Fällen auch für den Laien Unterschiede leicht zu erkennen sind. Große Ähnlichkeiten mit Schmerzzuständen können allerdings gelegentlich hysteriforme Anfälle aufweisen. Wie man hysteriforme von epileptiformen und anderen Krampfanfällen unterscheiden kann, wurde schon in Kapitel 4 des Speziellen Teiles demonstriert. Daß auch im Verlaufe der sogenannten Fright Disease außer emotionellen Störungen Krampfanfälle vorkommen können, die sich in keiner Weise von epileptiformen unterscheiden, ja daß die im Bilde der Fright Disease auftretenden Verhaltensstörungen zeitweilig sogar solchen, wie sie im Verlaufe der Tollwut beobachtet werden, zum Verwechseln ähnlich sehen können, wurde schon in Kapitel 1 und bezüglich Tollwut in Kapitel 2 des Speziellen Teiles beschrieben.

Unter *Tetanie* oder Starrsucht versteht man anfallartig auftretende Krampfanfälle, bei denen es meist nur zu Streckkrämpfen und gesteigerter Muskelspannung, nicht zu klonischen Krämpfen kommt. Auch bei dieser Erkrankung liegt den Anfällen ein abnorm niedriger Calciumgehalt des Blutes, ähnlich wie bei der Eklampsie der säugenden Hündin, zugrunde. Diese Hypocalcaemie kann durch Unterfunktion (oder irrtümliche operative Entfernung anläßlich einer Kropfoperation) der Nebenschilddrüsen, durch Vitamin D- und Kalkmangel in der Nahrung bei rachitischen Tieren sowie – nach Ansicht einiger Autoren – auch durch Wurmbefall (Darmwürmer scheiden Giftstoffe aus) ausgelöst werden.

Von der Tetanie zu unterscheiden sind die Streckkrämpfe im Bilde des *Tetanus* (verursacht durch die Giftproduktion des Wundstarrkrampferregers) und der Strychninvergiftung. Wundstarrkrampf tritt bei Hunden selten und nicht immer in typischer, vollständiger Form auf. Oft sieht man nur geringgradige Kiefersperre und eine etwas steife Haltung des Kopfes und Halses. In ausgeprägten Fällen kommt es zu einer Zusammenziehung und Erstarrung aller Muskeln, wobei die Kraft der Streckmuskeln überwiegt, so daß ein Tier mit steif abstehenden Beinen wie ein Sägebock dasteht und nur kurze Schritte machen kann oder umfällt und alle Viere steif von sich streckt. Die geringste Aufregung, Berührung, Lärm, starke Lichtreize verstärken den Zustand. Der ganze Körper fühlt sich hart an, die weiße Nickhaut (das dritte Augenlid) fällt vor, die Ohren stehen aufgerichtet weg (außer bei hängeohrigen Hunden), die Stirnhaut liegt in

Längsfalten, und die Mundwinkel werden weit nach hinten gezogen, so daß ein maskenhaft grinsender Ausdruck entsteht. Während dieses qualvollen Zustandes besteht volles, unvermindertes Bewußtsein. Da von dem Krampf schließlich auch die Atemmuskulatur betroffen wird, ersticken solche Tiere, wenn ihnen nicht Hilfe zuteil wird.

Die Inkubationszeit, also die Zeit von der Infektion einer Wunde mit Tetanuserregern (die nur unter bestimmten Bedingungen sich entwickeln können) bis zum Ausbruch der Krankheitszeichen kann einige Tage bis mehrere Wochen betragen, so daß die Wunde, die den Erregern als Eingangspforte diente, äußerlich schon längst abgeheilt sein kann.

Verwechslungsmöglichkeiten bestehen eventuell mit durch verschiedene Rückenmarkserkrankungen bedingten Lähmungen der Hinterbeine (es gibt straffe und schlaffe Lähmungen) und vor allem mit der Strychninvergiftung, aber auch noch mit einer Reihe anderer Erkrankungen (z. B. Myositis eosinophilica), auf die hier nicht eingegangen sei.

Strychnin wird in manchen Gebieten heute noch zur Fuchs-, Ratten- und Mäusebekämpfung verwendet. Zehn bis zwanzig Minuten nach der Aufnahme solcher Köder seitens eines kleinen Hundes oder einer Katze tritt eine gesteigerte Reflexerregbarkeit des Rückenmarks auf, so daß schon leichte Licht-, Geräusch- und Berührungsreize zu Krampfanfällen führen. Es bestehen Atemnot und Fieber, die Tiere hecheln. Schließlich ersticken sie bei voll erhaltenem Bewußtsein, sofern man nicht rechtzeitig mit narkotisierenden Präparaten zu Hilfe kommt, die die Krämpfe lösen. Auch einige weitere Vergiftungen können neben anderen Symptomen Erscheinungen allgemein gesteigerter Nervenerregbarkeit hervorrufen.

Vertigo ist ein Fachausdruck für das Bestehen von Schwindel. Schwindelige Tiere stehen still oder lehnen sich an, schwanken hin und her oder fallen um und lassen Ausdruckszeichen von Angst erkennen. Zuweilen treten auch Erbrechen, Harn- und Kotabsatz, starker Speichelfluß und Hecheln sowie Augenzittern auf. Ein Schwindelanfall dauert oft einige Minuten. Schwindel kann vielerlei Ursachen haben, so Erkrankungen des Kleinhirnes, des Gleichgewichtsorganes, des Vestibularnerves, Durchblutungsstörungen des Gehirns, Sehstörungen, Vergiftungen, Kreislaufschwäche u. a. m.

Schwindel und Erbrechen, neben starker Unruhe, Hecheln, Speicheln, Winseln, oder aber plötzlicher besonderer Ruhe, völliger Erschlaffung aller Muskeln und verminderter Reaktionsbereitschaft, zeigen viele Junghunde, wenn sie die ersten Male mit dem Auto fahren. Es entspricht dies der bekannten Seekrankheit (Nausea) des Menschen. Dieselben Medikamente, die bei Menschen zur Behandlung der Reisekrankheit Verwendung finden, bewähren sich auch bei den Tieren; Dosierungsschlüssel: Ein 10 kg schwerer Hund erhält dieselbe Dosis wie ein 50 bis 60 kg schwerer Mensch (15 Minuten vor Fahrtantritt mit Leckerbissen auf nüchternen Magen). Nicht jede Unruhe eines Hundes im Auto, die von vegetativen Reizerscheinungen, wie z. B. Zittern, Schwäche, Speichelfluß oder gar Brechreiz, begleitet ist, entspricht aber der hier behandelten Ursache und ist demnach mit Präparaten gegen Reisekrankheit zu dämpfen (siehe Kapitel 1 und 12 des Speziellen Teiles).

2.20 Einige weiterführende Fragen und Schlußwort

Wohlbefinden bedeutet nicht nur physisches Wohlsein, d. h. Freisein von Krankheiten, Verletzungen, Schmerzen, die meisten Menschen verstehen darunter auch eine intakte Psyche. Dies führt uns zum Problem der subjektiven Erlebniswelt der Tiere.

Können wir das Wohlbefinden der in unserer Obhut lebenden Tiere objektiv feststellen? Sollen wir Leiden vermindern – sind Tiere nicht auch grausam gegeneinander? Ist das natürliche Leben frei von Leiden? Leiden Tiere, wenn sie sich nicht natürlich verhalten können? Gibt es Beziehungen zwischen Verhalten und Leidensgrad, die dem Beobachter eine objektive Beurteilung ermöglichen?

Es ist noch gar nicht so lange her, da hielt man die Beschäftigung mit derartigen Fragestellungen für eine Domäne der Philosophie, da den Verhaltenswissenschaften nicht zugänglich. Heute denkt man anders darüber. Dawkins beschäftigt sich in dem Büchlein „Leiden und Wohlbefinden bei Tieren" (1982) ausführlich mit dem Stand des heutigen Wissens über diese Fragen und gibt Methoden an, mit denen diese wissenschaftlich bearbeitet werden können, um endlich von Mutmaßungen und durch ungenügend gesichertes Wissen (aber dafür um so heftigere Emotionen!) gestützte Meinungen und Überzeugungen auf dem Gebiet des Tierschutzes zu unanfechtbarem Grundlagenwissen vorzudringen.

Mit der Frage des Selbstbewußtseins beim Tier befaßt sich Prof. Hediger – die bisherigen Untersuchungsergebnisse zahlreicher Forscher zusammenfassend – in einem Beitrag zu dem Buch „Tierpsychologie – die biologische Erforschung tierischen und menschlichen Verhaltens" von R. A. Stamm (erschienen im Rahmen der umfassenden fünfzehnbändigen Enzyklopädie „Psychologie des 20. Jahrhunderts"). Er belegt darin die Auffassung, daß wenigstens das Wissen vom eigenen Körper beim Tier der Erforschung durchaus zugänglich sei und daß man mehrere Arten von Bewußtsein (gewissermaßen Vorformen des menschlichen) anzunehmen berechtigt sei. So verfügen viele, insbesondere aber die höheren Wirbeltiere ganz sicher über ein Wissen vom eigenen Körper (seiner Dimensionen, auch seiner Anhänge), vom eigenen Schatten, vom individuellen Eigennamen, vom eigenen Duft, von der eigenen sozialen Stellung, vom eigenen Spiegelbild, von der Übereinstimmung der eigenen Erscheinung mit der Umgebung (mimetische Ähnlichkeit) und vom eigenen Heim im Sinne einer Körperumhüllung.

Von älteren Autoren zitiert Hediger Oeser und Betz, die schon vor fast fünfzig Jahren die Arten des vermutlich bei Säugetieren bestehenden Bewußtseins treffend zu charakterisieren wußten mit den Aussprüchen: „Das Tier weiß, wie groß es ist, aber es weiß nicht, daß es das weiß" und „Der Hund, der tolle Freudensprünge macht, weil er mit spazierengehen darf, ist froh, aber er weiß vermutlich nicht, daß er froh ist ... Da er zwischen sich und fremden Hunden unterscheidet und freundlich oder feindlich ist, hat er ein Selbstbewußtsein und Selbstgefühl, aber er weiß schwerlich, daß er es hat."

Auch Thorpe kommt aufgrund vieler Tatsachen zu der Feststellung, daß etwas wie Bewußtsein im Laufe des Evolutionsgeschehens wohl mehrmals entstanden sein muß, ja er hält die zahlreichen Beweise dafür, daß gewisse Formen von Bewußtsein im Tierreich auftreten, für geradezu überwältigend. Er nimmt auch an, daß ein gewisses Bewußtsein im Tierreich einen Selektionsvorteil darstellt gegenüber rein mechanischen Reaktionen. In seinem Buch „Lernen und Instinkt bei Tieren" kommt er zu der Feststellung, daß echte Imitation (Nachahmung) ohne Selbstbewußtsein gar nicht denkbar sei. Ein neuerer Autor, Griffin, widmet diesem Thema sogar ein ganzes Buch: „The Question of Animal Awareness."

Und im Zuge der Untersuchung der Verständigungsweisen unter Tieren kommt auch Konrad Lorenz bei Beobachtung der „Aufforderung zur Mitwirkung Anderer" zu der Überzeugung, daß höhere Tiere ein Bewußtsein haben. Er schreibt: „Dem Menschen gegenüber finden höhere Tiere, vor allem Hunde, ganz sicher einen völlig bewußten Ausdruck für ihre Gefühle und Wünsche. Der Hund, der mich mit der Nase anstößt, zum Wasserhahn läuft, die Pfoten auf den Spülstein legt, sich nach mir umsieht und winselt, will mir verständlich machen, daß ihn dürstet, und der Ausdruck, den er für seinen Wunsch findet, ist frei erfunden und nicht ererbte Instinktbewegung ..."

Hediger betont, daß es schwierig sei, die Grenze des „Bewußtseins" zu finden. Diese Grenze verläuft nämlich nicht im Einklang mit systematischen Einheiten; aber es spricht manches dafür, daß wir ein Körperbewußtsein außerhalb der Wirbeltiere nicht allgemein annehmen dürfen. Und selbst innerhalb der Wirbeltiere ist dieses nicht entsprechend der zoologischen Systematik verteilt.

Unter den verschiedenen Vertretern der Verhaltenswissenschaften werden auch heute noch sehr extreme Standpunkte eingenommen, was die Bewußtseinsfrage bei Tieren betrifft. So kommt z. B. Wolf zu der Fragestellung (und Buchtitel) „Seele oder Programm?" Und im Nachwort seiner ganz ausgezeichneten, gemeinverständlichen Darstellung der biologischen Grundlagen tierischen und menschlichen Verhaltens (unter Einschluß des heutigen neurophysiologischen und kybernetischen Wissens) zu der Feststellung, daß es weder erwiesen noch überhaupt wahrscheinlich sei, daß zur Erklärung der dem Psychischen zugrunde liegenden Funktionsmechanismen Voraussetzungen gemacht werden müssen, die über die Kompetenzbereiche von Naturwissenschaften und Kybernetik hinausgehen. Er hält aber die Aufgabe, die Ganzheit einer Verhaltensweise aus dem Zusammenwirken elementarer Strukturen und Funktionen zu erklären, z. Zt. noch für unlösbar. Einen ähnlichen Standpunkt vertritt Ermisch in seiner (gemeinverständlich gehaltenen) Darstellung des heutigen Wissens über Hirnphysiologie. Eine gegenteilige Meinung verficht dagegen Griffin energisch: Er möchte „aufräumen mit der heute unter Biologen noch weit verbreiteten Tendenz, Bewußtseinsvorgänge außerhalb unserer eigenen Art rundweg abzulehnen und ihre Erforschbarkeit als unmöglich hinzustellen." Dabei ist er allerdings der Meinung, daß Bewußtsein nicht unbedingt an lebende Organismen gebunden sein müsse. Derartige Auffassungen versuchen auch Rensch und einige andere zu begründen. Das Nachdenken über die „Biologie der Erkenntnis" (Riedl), „Biologie und Kausalität" (Wuketits) und derlei letztlich erkenntnistheoretische Fragen, wie sie auch der bekannte Atomphysiker Capra hinsichtlich der Konsequenzen aus den neuesten Ergebnissen der theoretischen Physik behandelt, ist ja heute brandaktuell.

Es würde den Rahmen dieses Buches bei weitem sprengen, auf diese interessanten Probleme näher eingehen zu wollen, ja selbst die subtilen Untersuchungstechniken, mit denen man heute versucht, derartige Fragestellungen zu studieren, können leider hier nicht einmal aufgezählt, geschweige denn beschrieben werden. Wir wollen jedoch festhalten, daß auch nach dem heutigen Bild der Wissenschaft Grund zu der Annahme besteht, daß die Beziehung eines Hundes zu seinem Herrn von bewußtem

Erleben begleitet ist, eine Tatsache, derzufolge wir uns aufgerufen fühlen sollten, moralische Konsequenzen zu ziehen!

„In allen Kulturländern gibt es heute mehr oder weniger weitgehende, auf humanen Erwägungen beruhende Tierschutzgesetze, die zumindest bei höheren Tieren seelisches Leben voraussetzen. Durch die Ergebnisse exakter tierpsychologischer Untersuchungen erhalten sie nun eine zuverlässige Grundlage. Die praktische Auswirkung aller Tierschutzbestrebungen kann aber erst dann vollkommener werden, wenn die Mehrzahl der Menschen davon Kenntnis nimmt, wie sensibel viele Tiere sind und wie kompliziert und differenziert ihre vorauszusetzende geistige Struktur sein kann. Wenn wir auch bei Wirbeltieren keine Vorstellungsreihen in der Art menschlicher Denkprozesse annehmen können, so dürfen wir andererseits auch nicht meinen, daß sie nur ein ‚dunkles Bewußtsein' hätten. Elektroenzephalogramme machen es vielmehr wahrscheinlich, daß Wirbeltiere Empfindungen und kurze Vorstellungsreihen in voller ‚Bewußtseinshelligkeit' erleben. Speziell Schmerzempfindungen und Affekte, die der menschlichen Angst entsprechen, dürfen wohl bei allen diesen Tieren vorausgesetzt werden. Das sollte besonders bei Tieren bedacht werden, die nicht fähig sind, solche Schmerzlaute von sich zu geben, wie z. B. Fische, Salamander, Eidechsen oder Schlangen. Unsere geistige Überlegenheit macht es uns zur Pflicht, nicht nur für unsere Mitmenschen, sondern auch für Tiere ein tiefgehendes Verständnis zu zeigen." – schreibt Rensch, ein Professor, der ein ganzes Leben der wissenschaftlichen Erforschung der höheren Verhaltensleistungen der Tiere gewidmet hat, in seinem Buch „Gedächtnis, Begriffsbildung und Planhandlung bei Tieren".

Ein schwer „verhaltensgestörter" oder „unerzogener" (nicht in seine soziale Umwelt integrierter) Hund zeugt wohl nicht immer, aber sehr oft von einer schief gelaufenen Beziehung zwischen ihm und seiner Familie, seinen menschlichen „Rudelgenossen". So manches, von der gewohnten „Norm" abweichend erscheinende Hundeverhalten ist nicht als echt krankhaft, sondern nur als der menschlichen Umgebung schlecht angepaßt und deshalb unerwünscht einzustufen. Gleichwohl sind wir – wohl in beiden Fällen – berechtigt, ja verantwortungsbewußterweise sogar verpflichtet, es nicht als naturgegeben hinzunehmen (was wir ja auch nicht im Falle einer Erkrankung mit organfunktionellen Gesundheitsstörungen

◀ Der Hund bringt seinem Herrn vertrauensvolle Aufmerksamkeit entgegen.

tun), sondern zu versuchen, es in eine erwünschte Richtung umzuformen (anstatt so ein Tier einfach abzuschaffen).

Verhaltensänderung kann, wie wir im Verlaufe dieses Buches gesehen haben, recht oft auf verschiedenen methodischen Wegen erreicht werden, ebenso wie die Erziehung und Abrichtung eines Junghundes. Unter Bedachtnahme darauf, daß wir es bei einem Hund mit einem fühlenden, ja sogar hochsensiblen und gewiß auch seiner eigenen Identität bewußten Lebewesen zu tun haben (was nicht nur der Anschein der Alltagserfahrung nahelegt, sondern auch viele verhaltenswissenschaftliche Untersuchungen heute mit an Sicherheit grenzender Wahrscheinlichkeit beweisen), sollte man – ähnlich wie bei der Kindererziehung und Erwachsenenbildung bei uns Menschen selbst – von mehreren möglichen, annähernd gleich erfolgversprechenden Beeinflussungsmöglichkeiten diejenigen in erster Linie auswählen, von denen angenommen werden kann, daß sie von dem Tier subjektiv als angenehmer, weniger einschneidend, weniger schmerzhaft oder frustrierend empfunden werden als etwa brutale Zwangseinwirkungen und lang anhaltende oder unnötig intensiv schmerzerzeugende „historische" Dressurverfahren.

Es ist sicher kein Zeichen von Tierliebe, seinen eigenen menschlichen Launen und Anwandlungen (oder seiner Ohnmacht und Einfallslosigkeit) angesichts eines unerwünschten Tierverhaltens unbeherrscht oder gedankenlos freien Lauf zu lassen, anstatt sich Mühe zu geben, das Tier in seiner jeweiligen Situation richtig, also artgemäß – nicht naiv vermenschlichend oder gar „moralisch wertend" – zu verstehen und eine erfolgversprechende, situationsangepaßte, individuell angemessene Möglichkeit zu ersinnen, wie man ein Verhaltensproblem ändern könnte – etwa auch um den Preis, sich selbst einmal unter die Lupe zu nehmen und die Konsequenz aufzubringen, wenn nötig sein eigenes gewohnheitsmäßiges, aber vielleicht unrichtiges Verhalten verändern zu lernen.

„Es gibt sehr viele Gründe, einen Hund zu halten. Allerdings muß man auch einiges beachten, damit das Zusammenleben von Mensch und Hund für beide Teile befriedigend verläuft" – schreibt der bekannte Nobelpreisträger Prof. Dr. Dr. Konrad Lorenz, der sich seit Jahrzehnten für das gedeihliche Zusammenleben von Mensch und Hund engagiert einsetzt.

So möchte ich denn auch zum Abschluß dieses Buches an einen bekannten Ausspruch dieses bedeutenden Verhaltensforschers und großen Tierfreundes erinnern: „Die Haltung von Heimtieren kann dem Menschen Kontakte ersetzen, die ihm anderweitig durch seine Entfremdung von der Natur unwiederbringlich verloren gegangen sind. Wer mit einem guten Hund verständig umzugehen vermag, hat ethische Werte erworben, die allzu vielen modernen Menschen abhanden gekommen sind.

Ich schätze den kulturellen Wert der Heimtierhaltung so hoch ein, daß ich, wo immer sich Gelegenheit dazu bietet, für sie Propaganda mache. Wenn es mir gelingt, den Wunsch eines verständigen Kindes nach einem Hund bei den Eltern durchzusetzen, so weiß ich, daß ich eine wirklich gute Tat vollbracht habe."

Literaturverzeichnis

Akademie der Wissenschaften der UdSSR: Methoden der Erforschung typologischer Besonderheiten der höheren Nerventätigkeit der Tiere. Nauka-Verlag, Moskau–Leningrad, 1964.

ALEKSEJEWA, M. S., KRASSUSKI, W. K., und MELICHOWA, E. F.: Motorische Aktivität bei Hunden, die verschiedenen Typen von Nervensystemen angehören. Pavlov J. Higher Nerv. Act. VIII, (1), 1958.

ALLEN, B. D., CUMMINGS, J. F., and LAHUNTA, A.: The Effects of Prefrontal Lobotomy on Aggressive Behavior in Dogs. Cornell Vet. 64, (2), 201–216, 1973.

ALTHAUS, Th.: Die Entwicklung des Verhaltens beim Siberian Husky in den zehn ersten Lebenswochen. Lizenziatsarbeit, Univ. Bern, 1973 (und in: 100 Jahre kynologische Forschung in der Schweiz. Bern, 1976).

ALTHAUS, Th.: Tiger und Hunde – ein Beitrag zum Thema „Dressur". Schweiz. Hundesp. 93, (21), 765–767, 1977.

ALTMANN, D.: Harnen und Koten bei Säugetieren. Neue Brehm Bücherei. Ziemsen-Verlag, Wittenberg, 1969.

ALTMANN, D.: Beziehungen zwischen sozialer Rangordnung und Jungenaufzucht bei Canis lupus L. Zool. Gart. (N. F.) 44, 235–336, 1974.

ANDERSON, R. S., und MEYER, H., (Hrsg.): Ernährung und Verhalten von Hund und Katze. Schlütersche Verlagsanstalt, Hannover, 1984.

American Physiological Society (Hrsg.): Handbook of Physiology, Sekt. I (Vol. I, II, III). Williams and Wilkins Comp., Baltimore, 1960.

ANDREAS, K.: Gerechte Jagdhundschulung. BLV Verlagsgesellschaft, München, 1970, 3. Aufl.

ANGERMEIER, W. F., und PETERS, N.: Bedingte Reaktionen. Heidelberger Taschenbücher, Springer-Verlag, Berlin, 1973.

BACHMANN, W.: Pathologie und Therapie der Krankheiten von Hund und Katze. Verlag Ernst Reinhardt, München, 1961.

BAEGE, B.: Zur Entwicklung der Verhaltensweisen junger Hunde. Z. Hundeforschung 3, 1933.

BARTELS, K. P., BRAHM, E., KOBER, U., NIEMAND, II. G., RODENBECK, H., SCHMIDKE, H. O., ULLRICH, K., und VOSS, U.: Klinische Erfahrungen mit dem neuen psychotropen Antiepileptikum Tegretal in der Kleintierpraxis. Kleintier Prax. 15, 209–230, 1970.

BASTOCK, M.: Das Liebeswerben der Tiere. Verlag Gustav Fischer, Stuttgart, 1969.

BASTOCK, M., MORRIS, D., and MOYNIHAN, M.: Some Comments on Conflict and Thwarting in Animals. Behav. 6, 1953.

BECKER-CARUS, CH., BUCHHOLTZ, Ch., ETIENNE, A., FRANK, D., MEDIONI, J., SCHÖNE, H., SEVENSTER, P., STAMM, R. A., und TSCHANZ, B.: Motivation, Handlungsbereitschaft, Trieb. Z. Tierpsychol. 30, 321–326, 1972.

BEKOFF, M., and WELLS, M. C.: Behavioral Ecology of Coyotes. Z. Tierpsychol. 60, 381–395, 1982.

BERG, G., und OSTERTAG, Chr.: Erfahrungen mit einer stereotaktischen Operationsmethode zur Behandlung der abnormen Aggressivität des Hundes. Vortrag bei der 24. Jahrestagung der DVG. – Fachgruppe Kleintierkrankheiten, 2.–4. Nov. 1978 in Düsseldorf.

BETZ, W.: Zur Psychologie der Tiere und des Menschen. J. A. Barth, Leipzig, 1927.

BIELEFELDT, H.: Guide Dogs for the Blind: There Selection, Development and Training. Elsevier Sci. Publ. Co., Amsterdam, 1976.

BOCH, J.: Tierarzt und moderne Verhaltensforschung. Tierärztl. Umsch. 1, (11), 1960.

BODINGBAUER, J.: Wesensanalyse für Junghunde. Selbstverlag, Wien, 1969.

BORCHELT, P. L.: Entwicklung des Verhaltens beim Junghund. In: ANDERSON, R. S., und MEYER, H., (Hrsg.), Ernährung und Verhalten, Schlütersche Verlagsanstalt, Hannover, 1984.

BRASS, W.: Diagnose und Therapie einiger zentralnervöser Störungen (b. Hund). Kleintier Prax. 15, 231–234, 1970.

BRÜLL, H.: Der Blindenführhund. P. Schöps, Frankfurt a. M., 1951.

BRUMMER, H.: Beobachtungen zum Fluchtverhalten der Hauskatze. Kleintier Prax. 10, 201, 1965.

BRUMMER, H.: Beobachtungen zum Fluchtverhalten des Hundes. Kleintier Prax. 12, 82, 1967.

BRUMMER, H.: Psychosomatische Störungen und Erkrankungen beim Tier (IV. Harn- und Geschlechtsapparat). Dtsch. Tierärztl. Wochenschr. 77, 180, 1970.

BRUMMER, H.: Zur Terminologie von Verhaltensstörungen. Tierärztl. Umsch. 12, (74), 694, 1974.

BRUMMER, H., und EIKMEIER, H.: Psychosomatische Erkrankungen und Störungen bei Tieren. Dtsch. Tierärztl. Wochenschr. 74, (17), 433–434, 74, (18), 455–460, und 75, (18), 456–463, 1967.

BRUN, R.: Allgemeine Neurosenlehre. Schwabe, Basel, 1952.

BRUN, R.: Die biologischen Grundlagen der Übertragung. Acta Psychother. Psychosom. 3, 1, 1955.

BRUNNER, F.: Über die praktische Verwertbarkeit der Forschungsergebnisse der modernen Tierpsychologie in der Veterinärmedizin und die Notwendigkeit der Intensivierung diesbezüglicher Forschungen. Wien. Tierärztl. Monatsschr. 46, 339–348, 1959.

BRUNNER, F.: Vergleichende Untersuchung über Instinktverlust bei der Scharrbewegung bei verschiedenen Hunderassen. Kleintier Prax. 4, 108, 1959.

BRUNNER, F.: Praktische Erprobung verschiedener Tranquilizer und Sedativa bei Katzen. Wien. Tierärztl. Monatsschr. 47, 180–183, 1960.

BRUNNER, F.: „Wie der Herr, so der Hund", eine wissenschaftliche Untersuchung der Korrelation einiger Verhaltenseigenschaften des Hundes mit den entsprechenden seines Herrn. Kleintier Prax. 5, 90, 1960.

BRUNNER, F.: Das Verhalten des Hundes im Großstadtverkehr. Wien. Tierärztl. Monatsschr. 48, 14–32, 1961.

BRUNNER, F.: Die Bedeutung der modernen Verhaltensforschung für praktische Fragen des Alltags und der Tierhaltung sowie für die Zoologie, Psychologie, Medizin und Tiermedizin. Kleintier Prax. 7, 157, 1962.

BRUNNER, F.: Die Anwendung von Ergebnissen der vergleichenden Verhaltensforschung in der Kleintierpraxis. Beiträge zur Verhaltenspathologie des Hundes und der Katze. Z. Tierpsychol. 26, 129–165, 1969.

BRUNNER, F.: Notizen zur Verhaltenspathologie (1. bis 7. Mitteilg.). Kleintier Prax. 14, (4), 111–118, und 14, (6), 172–178, 1969.

BRUNNER, F.: Ein Fall von Verlust der Stubenreinheit selten vorkommender Ätiologie. Wien. Tierärztl. Monatsschr. 57, 253, 1970.

BRUNNER, F.: Zwei Fälle von psychosomatischen Störungen beim Hund. Wien. Tierärztl. Monatsschr. 57, 110, 1970.

BRUNNER, F.: Arttypisches und abnorm auftretendes Miktionsverhalten beim Großstadthund. Vet. med. Nachr. 1. 43–47, 1970.

BRUNNER, F.: Über die abnorme Aggressivität bei Hunden. Dtsch. Tierärztl. Wochenschr. 78, 346–350, 1971.

BRUNNER, F.: Akupunktur für Tierärzte – Akupunktur der Kleintiere. WBV Biologisch-Medizinische Verlagsgesellschaft, Schorndorf, 1980.

BRUNNER, F., und HLAVACEK, K.: Die Katze richtig verstanden. Gersbach & Sohn Verlag, München, 1976.

BUBNA-LITTITZ, H., SCHÄTZ, H., und BROCHIER, H.: Untersuchungen zur Laufmotivation von Schlittenhunden. Wien. Tierärztl. Monatsschr. 73, 311–314, 1986.

BUCHHOLTZ, Ch.: Das Lernen bei Tieren. Verlag Gustav Fischer, Stuttgart, 1973.

BURNS, M., und FRASER, N.: Die Vererbung des Hundes. Oertel und Spörer, Reutlingen, 1968.

BURROWS, R., und MATZEN, K.: Der Fuchs. BLV Verlagsgesellschaft, München, 1972.

CAMPBELL, W. E.: Behavior Problems in Dogs. Americ. Vet. Public. Inc., Drawer, Santa Barbara, Calif., 1977.

CAPRA, F.: Das Tao der Physik. Scherz Verlag, Bern, 1984.

CHRISTOPH, H. J.: Abriß der Klinik der Hundekrankheiten. VEB Verlag Gustav Fischer, Jena, 1960.

CROFT, Ph. G.: The EEG in Diagnosis of Nervous Diseases. J. Small. Anim. Pract. 3, 205–213, 1962.

DAWKINS, M.: Towards an Objective Method of Assessing Welfare in Domestic Fowl. Appl. Anim. Ethol. 2, 245, 1976.

DAWKINS, M.: Leiden und Wohlbefinden bei Tieren. Verlag Eugen Ulmer, Stuttgart, 1982.

DEMBROWSKY, J.: Tierpsychologie. Akademie-Verlag, Berlin, 1955.

DEXLER, H.: Symptomatologie psychotischer Erkrankungen. Dtsch. Tierärztl. Wochenschr. 5, 1909.

DIMIČ, J. M., und NONIN, St. S.: Beitrag zur Physiologie des praefrontalen Gehirnteils bei Haustieren. Acta Vet. 4, (2), 31–34, 1954.

EBBECKE, H.: Physiologie des Bewußtseins in entwicklungsgeschichtlicher Betrachtung. Verlag Georg Thieme, Stuttgart, 1959.

EHRMANN, L., and PARSONS, P. A.: The Genetics of Behavior. Sinaner Ass. Inc., Sunderland, Mass., 1976.

EIBL-EIBESFELDT, I.: Grundriß der vergleichenden Verhaltensforschung. R. Piper, München, 1967.

EISFELD, D.: Verhaltensbeobachtungen an einigen Wildcaniden. Z. Wiss. Zool. 174, (3 und 4), 227–289, 1966.

ELLIOT, O., and SCOTT, J. P.: The Development of Emotional Distress Reactions to Separation in Puppies. J. Genet. Psychol. 99, 3–22, 1961.

ENDE, R. von: Die Abrichtung des Fährtenhundes. Verlag für Sport und Technik, Halle, 1954.

ERMISCH, A.: Gehirne und Gefühle – naturwissenschaftliche Erkenntnisse über Emotionen und Motivationen. Urania-Verlag, Leipzig, 1985.

EYSENCK, H. J.: Wege und Abwege der Psychologie. RDE-Bd. 17. Rowohlt-Verlag, Reinbeck, 1956.

EYSENCK, H. J.: Behaviour Therapy and Neuroses. Pergamon Press, London, 1960.

FEDDERSEN, D.: Ausdrucksverhalten und soziale Organisation bei Goldschakalen, Zwergpudeln und deren Gefangenschaftsbastarden. Vortrag bei der 10. Internat. Arbeitstagung „angewandte Ethologie bei Haustieren" in Freiburg i. Br. und Vet. Diss. Ti. Ho. Hannover, 1978.

FEDDERSEN-PETERSEN, D.: Hundepsychologie – Wesen und Sozialverhalten. Franckh'sche Verlagshandlung, Stuttgart, 1986.

FESTETICS, H.: Grundriß der vergleichenden Verhaltenslehre. Wien. Tierärztl. Monatsschr. 55, 553–561, 1968.

FICUS, H. J., und JÖCHLE, W.: Erfahrungen mit dem Antiandrogen Delta l-Chlormadinonacetat und Chlormadinonacetat beim Rüden. Kleintier Prax. 15, 32–39, 1970.

FIEDLER, W.: Beobachtungen zum Markierungsverhalten einiger Säugetiere. Säugetierkd. Mitt. 22, 57–76, 1957.

FISCHEL, W.: Methoden der tierpsychologischen Forschung. Bouvier Verlag, Bonn, 1953.

FISCHEL, W.: Kleine Tierseelenkunde. Dalp Tb. 302. Leo Lehnen, München, und A. Franke, Bern, 1954.

FISCHEL, W.: Die Seele des Hundes. Verlagsbuchhandlung Paul Parey, Hamburg–Berlin, 1961, 2. Aufl.

FLASHMAN, A. F.: Behavioural Abnormalities of the Dogs. Austr. Vet. J. 43, 524–528, 1967.

FOX, M. W.: Observations on Paw Raising and Sympathy Lameness in the Dog. Vet. Rec. 74, 895–896, 1962.

FOX, M. W.: Psychogenic Polyphagia (Compulsive Eating) in a Dog. Vet. Rec. 74, 1023–1024, 1962.

FOX, M. W.: Canine Behavior. Ch. C. Thomas Publ., Springfield, Ill., 1965.

FOX, M. W.: Canine Pediatrics. Ch. C. Thomas Publ., Springfield, Ill., 1966.

FOX, M. W. (Hrsg.): Abnormal Behavior in Animals. W. B. Saunders & Co., London, 1968.

FOX, M. W.: Behavior of Wolves, Dogs und Related Canids. Jonathan Cape, Thirty Bedford Square, London, 1971.

FOX, M. W.: Vom Wolf zum Hund. BLV Verlagsgesellschaft, München, 1975.

FRAUCHIGER,E.: Seelische Erkrankungen bei Mensch und Tier. Verlag Hans Huber, Bern, 1945.

FRAUCHIGER, E.: Grundriß zu einer vergleichenden Psychopathologie des Menschen und der Tiere. Z. Menschenkunde 21, 48–75, 1957.

FRAUCHIGER, E., und FRANKHAUSER, R.: Die Nervenkrankheiten unserer Hunde. Verlag Hans Huber, Bern, 1949.

FREEDMAN, D. G., KING, J. A., and ELLIOT, O.: Critical Period in the Social Development of Dogs. Science 133, 1016 ff., 1961.

FRIEDJUNG, R.: Geschlecht und Rasse als verhaltensbestimmende Faktoren in der zwischenmenschlichen Begegnung, eine Studie am Modell des Haushundes. Diss. Univ. Bern, 1975.

FUCHS, W.R.: Knaurs Buch vom neuen Lernen. Droemersche Verlagsanstalt Th. Knaur Nachf., München, 1969.

FULLER, J.L.: Cross-selectional and Longitudinal Studies of Adjustive Behavior in Dogs. Ann. New York Acad. Sci. 56, 214–224, 1953.

GÄRTNER,K.: Beziehungen zwischen endokrinem System und soziologischen Situationen bei Massentierhaltung. Bericht des 8. Kongr. d. Dtsch. Veterinärmed. Gesellsch. 1969. Verlagsbuchhandlung Paul Parey, Hamburg-Berlin, 1970.

GÖTZE, K., KUBICKI, St., DÜRING, W., und KOFES, A.: Über das EEG bei gesunden und kranken Tieren. Kleintier Prax. 5, 97–120, 1959.

GRAF, R., und MEYER-HOLZAPFEL, M.: Die Wirkung von Harnmarken auf Artgenossen beim Haushund. Z. Tierpsychol. 35, 320–322, 1974.

GRANDERATH, F.: Hundeabrichtung durch wahre Verständigung zwischen Mensch und Hund. J. Neumann-Neudamm, Melsungen, 1979.

GRATZL, E.: Ein Fall von manischer Reizbarkeit bei einem Kleinpudel. Wien. Tierärztl. Monatsschr. 50, 1099, 1963.

GRIFFIN, D.R.: The Question of Animal Awareness. Rockefeller Univ. Press, New York, 1976.

GRIFFIN, D.R.: Wie Tiere denken. BLV Verlagsgesellschaft, München, 1985.

GRZIMEK, B.: Ein Fohlen, das kein Pferd kannte. Z. Tierpsychol. 6, 391–405, 1945.

GRZIMEK, B.: Die „Radfahrerreaktion". Z. Tierpsychol. 6, 1949.

GRZIMEK, B.: Tötung von Menschen durch befreundete Hunde. Z. Tierpsychol. 10, 71, und 11, 175, 1953 und 1954.

GUTTMANN, G.: Lehrbuch der Neuropsychologie. Verlag Hans Huber, Bern 1982.

GUTTMANN, G.: Hund – Partner und Freund des Menschen. In: Internat. Kynolog. Symposium, Jugend und Volk Verlag, Wien–München, 1986.

GUTTMANN, G., PREDOVIC, M., und ZEMANEK, M.: Einfluß der Heimtierhaltung und die soziale Kompetenz bei Kindern. In: Die Mensch-Tier-Beziehung, Internat. Sympos. 1983, IEMT-Selbstverlag, Wien, 1985.

HAFEZ, E.: The Behaviour of Domestic Animals. Bailliere, Tindall and Cassel, London, 1969.

HAGER, G.: Zur Geruchsempfindung bei Mensch und Hund. Unsere Hunde 63, (9), 2–4, 1986.

HAPKE, H.J.: Ein pharmakologisch begründetes System der Psychopharmaka i.d. Veterinärmedizin. Tierärztl. Umsch. 24, 315–322, 1969.

HARBAUER, H., LEMPP, R., NISSEN, G., und STRUNK, R.: Lehrbuch der speziellen Kinder- und Jugendpsychiatrie. Springer-Verlag, Berlin, 1971.

HART, B.L.: Canine Behavior. Vet. Pract. Publishing Comp., Santa Barbara, 1980.

HART, B.L., and HART, L.A.: Canine and Feline Behavioral Therapy. Lea and Febiger, Philad., 1985.

HARTLEY, E.L., and SHAMES, G.: Man and Dog, a Psychological Analysis. Gaines Vet. Sympos., Gaines, New York, 1959.

HASSENBERG, L.: Ruhe und Schlaf bei Säugetieren. Neue Brehm Bücherei. Ziemsen-Verlag, Wittenberg, 1965.

HASSENSTEIN, B.: Instinkt, Lernen. Spielen, Einsicht – Einführung in die Verhaltensbiologie. R. Piper, München, 1980.

HEDIGER, H.: Über die Angleichungstendenz. Naturwiss. 20, 28, 1940.

HEDIGER, H.: Zum Raum-Zeitsystem der Tiere. Schweiz. Z. Psychol. Anwend. 5, 1946.

HEDIGER, H.: Skizzen zu einer Tierpsychologie in Zoo und Zirkus. Europaverlag, Stuttgart, 1954.

HEDIGER, H.: Tiere verstehen. Kindler Verlag, München, 1980.

HEDIGER, H.: Zur Frage des Selbstbewußtseins beim Tier. In: STAMM, R. A., (Hrsg.), Tierpsychologie, Julius Beltz, Weinheim, 1984.

HEGENDORF: Wie sag ichs meinem Hunde. Hubertus-Verlag, Wien, 1953.

HEIMAN, M.: The Relationship between Man and Dog. Psychoanal. Q. 25, 565–585, 1956.

HEIMBURGER, N.: Das Markierungsverhalten einiger Caniden. Z. Tierpsychol. 16, 104–113, 1959.

HEIMBURGER, N.: Beobachtungen an handaufgezogenen Wildcaniden (Wölfen und Schakalen) und Versuche über ihre Gedächtnisleistungen. Z. Tierpsychol. 18, 265–284, 1961.

HERRE, W.: Sprache bei Tieren und Menschen. In: Studium Generale, Tierärztl. Hochschule Hannover, Vorl. z. Thema Mensch und Tier, Wintersem. 1982/83, M. und H. Schaper, Hannover, 1984.

HERRE, W., und RÖHRS, M.: Haustiere – zoologisch gesehen. Verlag Gustav Fischer, Stuttgart, 1973.

HESS, W. R.: Psychologie in biologischer Sicht. Verlag Georg Thieme, Stuttgart, 1962.

HOERLEIN, B. F.: Canine Neurology. Saunders Comp., Philadel.–London, 1971, 2. Aufl.

HOFF, H., BERNER, P., und RINGEL, E.: Die Zeit und ihre Neurose. Unesco Schriftenreihe Bd. 13. Austria Editions, Wien, 1956.

HOFSTÄTTER, P. R.: Psychologie. Fischer Lexikon Bd. 6. Fischer Bücherei, Frankfurt a. M., 1957.

HOLZAPFEL, M.: Über Bewegungsstereotypien bei gehaltenen Säugern. I. Mitteilung: Bewegungsstereotypien bei Caniden und Hyena. Z. Tierpsychol. 2, 46–72, 1938.

HOLZMANN, A.: Hypersexualität beim Rüden. Wien. Tierärztl. Monatsschr. 62, 355–356, 1975.

HORÁK, F.: Wesenstests bei Hunden. Schweiz. Hundesp. 101, (2), 57, 1985.

HORNSTEIN, M.: Der Mensch und sein Tier. In: HEYER-SEIFERT (Hrsg.), Reich der Seele Bd. 2, Lehmann, München, 1937.

HOTOVY, R.: Die Neuroplegica und ihre psycho-pharmakologische Prüfung. E. Merck's Jahresberichte 1956/57, L/XX, (1), 1–19, 1957.

HOTOVY, R., und KAPF-WALTER, J.: Die pharmakologischen Eigenschaften des Perphenacinsulfoxyds. Arzneim.-Forsch. 10, 638 ff., 1960.

HUMPHREY, E. S.: Mental Tests for Shepherd Dogs. J. Hered. 25, 128–136, 1964.

IMMELMANN, K.: Einführung in die Verhaltensforschung. Pareys Studientexte 13. Verlagsbuchhandlung Paul Parey, Hamburg–Berlin, 1979, 2. Aufl.

IMMELMANN, K.: Wörterbuch der Verhaltensforschung. Verlagsbuchhandlung Paul Parey, Hamburg–Berlin, 1982.

INHELDER, E.: Reaktive Verhaltensstörungen bei Tieren. Schweiz. Z. Psychol. Anwend. 20, 310, 1961.

INHELDER, E.: Skizzen zu einer Verhaltenspathologie reaktiver Störungen bei Tieren. Schweiz. Arch. Neurol. Neurochir. Psychiatr. 89, 276, 1962.

512

IWANOW-SMOLENSKI, A.J.: Grundzüge der Pathologie der höheren Nerventätigkeit. Akademie-Verlag, Berlin, 1954.

JANSSEN, A.J.: Vergleichende pharmakologische Daten über 6 neue basische 4'-Fluorobutyrophenon-Derivate. Arzneim.-Forsch. 11, 810–825, 1961.

JENSEN, C.G.: Schule für verdorbene Hunde. Das Beste 1, 45, 1962.

JURCIK, W.: Hund als Therapie. Österr. Tierärzte Ztg. 39, (7/8), 2–10, 1986.

KALINOWSKY, L., und HOCH, H.: Schockbehandlungen, Psychochirurgie und andere somatische Behandlungsverfahren in der Psychiatrie. Verlag Hans Huber, Bern, 1952.

KATZ, D., und TOLL, A.: Die Messung von Charakter- und Begabungsunterschieden bei Tieren. Z. Psychol. 93, 1923.

KILOH, L.G., GYE, R.S., und Mitarb.: Stereotactic Amygdaloidotomy for Aggressive Behaviour. J. Neurol. Neurosurg. Psychiatry XXXVII, (4), 437–444, 1974.

KLEEMANN, G.: Manege frei (die „weiche" Tierdressur). Franckh'sche Verlagshandlung, Stuttgart, 1968.

KLEMM, W.R.: Animal Electroencephalography. Academic Press, New York–London, 1969.

KLINGHAMMER, E.: The Behavior and Ecology of Wolves. Garland, STPM Press, New York, 1979.

KLINKENBERG, T.: Hundeabrichtung ohne Zwang. J. Neumann-Neudamm, Melsungen, 1979.

KMENT, A., und LEIBETSEDER, I.: Verhaltenspsychologische Studien an Ratten nach LSD-Verabreichung. Zentralbl. Veterinärmed. X, (9), 877–887, 1959.

KOCH, W.: Die Beurteilung von zur Zucht bestimmten Hunden. Kleintier Prax. 9, 217–248, 1964.

KOEHLER, O.: Zählende Vögel und vorsprachliches Denken. Zool. Anz. Suppl. 13, 129–238, 1949.

KOEHLER, O.: Vom unbenannten Denken. Zool. Anz. Suppl. 16, 202–211, 1952.

KÖHLER, W.: Intelligenzprüfungen an Menschenaffen. Berlin, 1921.

KONZ, F.: In vier Tagen gehorcht Ihr Hund auf's Wort. Verlag Heinz Wolf, Karlsruhe, 1984.

KRAMER, K.: Frontale Leukotomie beim Hund. Tijdschr. Diergeneeskd. 83, 589–597, 1958.

KRASSUSKI, W.K.: Über die Verwendung von Coffein zur Beurteilung der Stärke des Erregungsprozesses bei Hunden. Pavlov J. Higher Nerv. Act. I, (3), 1951.

KRASSUSKI, W.K.: Pawlow's Lehre über die Typen der höheren Nerventätigkeit und ihre Bedeutung für die Tierzucht. Deutscher Bauernverlag, Berlin, 1956.

KRETSCHMER, E.: Hysterie, Reflex und Instinkt. Verlag Georg Thieme, Stuttgart, 1958.

KRUSHINSKI, L.V.: Animal Behavior. Consultant Bureau, New York, 1962.

KUPALOW, P.S.: Über experimentelle Neurosen bei Tieren. Pavlov J. Higher Nerv. Act. 2, 607–628, 1952.

KUPALOW, P.S., und WOLKOWA, W.D.: Bestimmung des Types des Nervensystems der Hunde nach der motorischen Futteraufnahmemethode. In: Akademie der Wissenschaften der UdSSR (Hrsg.), Methoden der Erforschung typologischer Besonderheiten der höheren nervlichen Aktivität der Tiere. Nauka-Verlag, Moskau–Leningrad, 1964.

KURTSIN, I.T.: Pawlow's Concept of Experimental Neurosis and Abnormal Behavior in Animals. In: FOX, M.W., (Hrsg.), Abnormal Behavior in Animals, 77–106, N.B. Saunders and Co., London, 1968.

KURTSIN, I. T.: Physiological Mechanism of Behavior Disturbances and Corticovisceral Interrelations in Animals. In: FOX, M. W., (Hrsg.), Abnormal Behavior in Animals, 107–128, N. B. Saunders and Co., London, 1968.

LANGER, H.: Das Tierheim. Verlag Eberhard Kesselring, Emmendingen, 1985.

LAT, J., and MARTINEK, Z.: A Quantitative Comparison of the Dynamics of Excitation and Inhibition in "Interrupted" and "Uninterrupted" Habituation of Exploratory Reactions in Dogs. Physiol. Bohemoslov. 20, 117–130, 1971.

LAWICK-GOODALL, H. und J. van: Unschuldige Mörder. Rowohlt Verlag, Reinbek, 1972.

LEHMANN, F. E., (Hrsg.): Gestaltungen sozialen Lebens bei Tier und Mensch. Sammlung Dalp, Franke, Bern, 1958.

LEIBETSEDER, J.: Richtlinien für die moderne Ernährung von Hund und Katze. Wien. Tierärztl. Monatsschr. 53, 40–50, 1966.

LEMMER, A.: Beiträge zum Verhalten des Haushundes. Vet. Diss., Univ. Gießen, 1971.

LEVINSON, B. M.: Pets Help Disturbed Children. Science N. L. 84, 167, 1963.

LEYHAUSEN, P.: Verhaltensstudien an Katzen. Beiheft 2 zur Z. Tierpsychol., 1956.

LEYHAUSEN, P.: Oh diese Katzen. Umschau Verlag, Frankfurt a. M., 1959.

LEYHAUSEN, P.: Domestikationsbedingte Verhaltenseigentümlichkeiten der Hauskatze. Z. Tierz. Züchtungsbiol. 77, 191–197, 1962.

LEYHAUSEN, P.: Sexual Behavior in Mammals: Recognition, Choice, Selection, Causation. Penguin Science Survey, Biology NF 2687, 1967.

LEYHAUSEN, P., und WOLFF, R.: Das Revier der Hauskatze. Z. Tierpsychol. 16, 666–670, 1959.

LIDDELL, H. S.: Emotional Hazards in Animals and Man. Ch. C. Thomas, Springfield, Ill., 1956.

LORENZ, K.: Domestikationsbedingte Störungen arteigenen Verhaltens. Z. Angew. Psychol. 59, 1940.

LORENZ, K.: Ausdrucksbewegungen höherer Tiere. Naturwiss. 38, 1951.

LORENZ, K.: So kam der Mensch auf den Hund. Borotha Schoeler, Wien, 1951, 2. Aufl.

LORENZ, K.: Verständigung unter Tieren. Fontana-Verlag, Zürich, 1953.

LORENZ, K.: Über tierisches und menschliches Verhalten. Verhaltenslehre Bd. I und II. R. Piper, München, 1965.

LORENZ, K., und LEYHAUSEN, P.: Antriebe tierischen und menschlichen Verhaltens. R. Piper, München, 1968.

LUDWIG, L.: Beobachtungen über das Spiel bei Boxern. Z. Tierpsychol. 22, 13–38, 1965.

LYHS, L.: Zur Frage der Entstehung von Neurosen bei der Ausbildung von bedingten Abwehrreflexen bei Labortieren. Monatsh. Veterinärmed. 14, 674, 1959.

MAHUT, H.: Breed Differences in the Dogs Emotional Behavior. Canad. J. Psychol. 12, 35–44, 1958.

MAREK, J., und MOCSY, J.: Lehrbuch der klinischen Diagnostik der inneren Krankheiten der Haustiere. VEB Verlag Gustav Fischer, Jena, 1960, 6. Aufl.

MARTINEK, Z.: The Process of Habituation as a Test of Interindividual Differences in Behavior of Dogs. Act. Neurob. 33, 791–801, 1972.

MARTINEK, Z.: Jugendveranlagungsprüfungen und Laboratoriumstests. Schweiz. Hundesp. 89, 633–639, 1973.

MARTINEK, Z.: Die Epilepsie beim Hund unter besonderer Berücksichtigung der Spontananfälle. Schweiz. Hundesp. 19, 678ff., 1976.

MARTINEK, Z.: Zerebrale Anfallsleiden beim Hund (mit Literaturübersicht). Kleintier Prax. 24, 15–33, 1979.

MARTINEK, Z., and HORÁK, F.: Development of So-called "Genuine" Epileptic Seizures in Dogs during Emotional Excitement. Physiol. Bohemoslov. 19, 185–195, 1970.

MARTINEK, Z., and LAT, J.: Interindividual Differences in Spontaneous Reactions of Dogs to a New Environment. Physiol. Bohemoslov. 17, 329, 1968.

MARTINEK, Z., and LAT, J.: Long Term Stability of Individual Differences in Exploratory Behaviour and Rate of Habituation in Dogs. Physiol. Bohemoslov. 18, 1968.

MARTINEK, Z., LAT, J., SOMMEROVÁ, R., and HARTL, K.: About the Possibility of Predicting the Performance of Adult Guard Dogs from Early Behavior. II. Act. Nerv. Super. (Praha) 17, 76–77, 1975.

MARX, D.: Beobachtungen zur Verhaltensweise von Ferkeln während der mutterlosen Aufzucht. Tierärztl. Wschr. (Berlin u. München) 82, 25–29, 1969.

MARX, G.: Einwirkungen auf das Verhalten von Diensthunden der Bundeswehr duch Veränderung der Haltungsbedingungen bei Milieuwechsel, Ausbildung und Einsatz. Tierärztl. Umsch. 30, 239, 1975.

MARX, G.: Verhaltensstörungen bei Hunden durch Krankheiten nicht zentraler Genese. Tierärztl. Umsch. 31, 545 ff., 1976.

MASSERMANN, J. H.: Behavior and Neurosis. Chikago, 1943.

MECH, L. D.: The Wolf. The Nat. Hist. Press, New York, 1970.

MEISCHNER, W.: Lernversuche mit Hunden. Der Hund 8, 8–10 und 14–16, 1959.

MENZEL, R. und R.: Die Verwertung der Riechfähigkeit des Hundes im Dienste der Menschheit. Berlin, 1930.

MENZEL, R. und R.: Über die Analyse hundlicher Charakteranlagen. Z. Hundeforschung 2, (5/6), 1932.

MENZEL, R. und R.: Durchführung von Eignungsprüfungen bei Nichtjagdhundrassen. G. Grunau, Bern, 1937.

MENZEL, R. und R.: Welpe und Umwelt. Z. Hundeforschung N. F. 3, 1937.

MENZEL, R. und R.: Einiges aus der Pflegewelt der Mutterhündin. Behaviour 5, 289, 1953.

MESSENT, P.: Hunde – das Rätsel ihres Verhaltens und ihrer Sprache. R. Piper, München, 1980.

MEYER, V., und CHESSER, E.: Verhaltenstherapie in der klinischen Psychiatrie. Verlag Georg Thieme, Stuttgart, 1971.

MEYER-HOLZAPFEL, M.: Störungen des psychischen Gleichgewichtes bei Tieren. Schweiz. Z. Psychol. Anwend. 6, 1947.

MEYER-HOLZAPFEL, M.: Verhaltensstörungen bei Hunden. Schweiz. Hundesp. 74, 121, 1958.

MEYER-HOLZAPFEL, M.: Psychoreaktive Verhaltensstörungen bei Tieren. Heilkunst 5, 1961.

MEYER-HOLZAPFEL, M.: Tierpsychologie, Verhaltensforschung und Psychiatrie. Aktuel. Fragen Psychiatr. Neurol. 1, 253–294, 1964.

MEYER-HOLZAPFEL, M.: Reaktion auf Wortbefehle bei der Dressur von Haus- und Wildtieren. Zool. Gart. (N.F.) 52, 271–288, 1982.

MEYER-HOLZAPFEL, M.: Tiger als Reiter auf Pferd, Nashorn und Elefanten – Analyse von Dressuren im Schweizer Nationalzirkus Knie. Zool. Gart. (N.F.) 55, (5/6), 301–326, 1985.

MILLER, D.: The Secret of Canine Communication. Canine Behavior Institute, Los Angeles, 1969.

MORRIS, D.: Dog Watching – Die Körpersprache des Hundes. Verlag Wilhelm Heyne, München, 1987.

MOST, K.: Die Abrichtung des Hundes. Gersbach & Sohn, Braunschweig, 1956.

MUGFORD, R. A.: Verhaltensprobleme beim Hund. In: ANDERSON, R. S., und MEYER, H., (Hrsg.), Ernährung und Verhalten, Schlütersche Verlagsanstalt, Hannover, 1984.

MUGFORD, R. A.: Zuneigung kontra Dominanz (alternative Ansichten über die Beziehung Mensch-Hund). In: Die Mensch-Tier-Beziehung, Internat. Sympos. 1983, IEMT-Selbstverlag, Wien, 1985.

MÜLLER, B.: Experimentelle Untersuchungen über das Heimfinden beim Hund. Diss., Univ. Basel, P. Oberli, Basel, 1965.

MÜLLER-CALLGAN, H., und HOTOVY, R.: Verhaltensänderungen der Katze durch verschiedene zentral erregend wirkende Pharmaka. 1. Mittlg. und 2. Mittlg. Arzneim.-Forsch. 11, 642–649 und 775–782, 1961.

MURIE, A.: The Wolves of Mount Mc. Kinley. Fauna of the National Parks of the US, Series 5. Washington, 1944.

NAAKTGEBOREN, C.: Die Geburt bei Haushunden und Wildhunden. Neue Brehm Bücherei, 436; Ziemsen-Verlag, Wittenberg, 1971.

NACHTSHEIM, H., und STENGEL, H.: Vom Wildtier zum Haustier. Verlagsbuchhandlung Paul Parey, Hamburg–Berlin, 1977.

NEUHAUS, W.: Die Riechschwelle von Duftgemischen beim Hund und ihr Verhältnis zu den Schwellen der unvermischten Duftstoffe. Naturwiss. 42, 374–375, 1955.

NIEMAND, H. G.: Ist der Individualgeruch für den Hund richtungsgebend zum Erkennen seines Herrn. Z. Hundeforschung N. F. XII, (2), 1938.

NIEMAND, H. G.: Praktikum der Hundeklinik. Verlagsbuchhandlung Paul Parey, Hamburg–Berlin, 1972.

NIEMAND, H. G.: Hundehaltung – aber wie? Oertel und Spörer, Reutlingen, 1974.

NIESCHULZ, R.: Experimentelle retrograde Amnesie bei Mäusen. Arzneim.-Forsch. 17, 1151–1154, 1967.

OESER, R.: Individuum und Gemeinschaft im Tierreich. Z. Individualpsychol. 7, (1), 15–22, 1929.

OWREN, T.: Kommunikation mit dem Hund während des Trainings. In: ANDERSON, R. S., und MEYER, H., (Hrsg.), Ernährung und Verhalten von Hund und Katze, Schlütersche Verlagsanstalt, Hannover, 1984.

OWREN, T.: Angewandte Ethologie in der Hundeabrichtung. In: Die Mensch-Tier-Beziehung, Internat. Sympos. 1983, IEMT-Selbstverlag, Wien, 1985.

PAWLOW, I. P.: Experimentelle Neurosen. Dtsch. Z. Nervenheilkd. 124, 137, 1932.

PAWLOW, I. P.: Die bedingten Reflexe. Kindler Studienausgabe. Kindler Verlag, München, 1972.

PFAFFENBERGER, M.: The New Knowledge of Dog Behavior. Howell Book House Inc., New York, 1963.

PHILLIPS, R. E.: Approach-withdrawal Behavior of Peach-faced Lovebirds and its Modification by Brain-lesions. Behaviour 31, 163–184, 1968.

PICKENHAIN, L.: Grundriß der Physiologie der höheren Nerventätigkeit. VEB Verlag Volk und Gesundheit, Berlin, 1959.

PODUSCHKA, W. und CH.: So entwickelt sich dein Welpe. Hallwag-Verlag, Bern, 1977.

PORZIG, E.: Das Verhalten landwirtschaftlicher Nutztiere. VEB Deutscher Landwirtschaftsverlag, Berlin, 1969.

PREDOVIC, M.: Nonverbale Kommunikation und Integration bei Kindern (Das Verstehen von emotionalem Gesichtsausdruck und das soziale Verhalten von Schulkindern). Phil. Diss., Wien, 1985.

RÄBER, H.: Brevier neuzeitlicher Hundezucht. Verlag Paul Haupt, Bern, 1968.

RACHMANN, S.: Therapie durch Verhaltensänderung (Behavior-Therapie). Z. Psychother. Med. Psychol. 14, 3–14, 1964.

REDDING, R. W.: Prefrontal Lobotomy. In: BOJRAB, J., (Hrsg.), Current Techniques in Small Animal Surgery I, 3–5, Lea and Febiger, Philadelphia, 1975.

REITER, F.: So erzieht man seinen Hund zum Hausgenossen. Albert Müller, Rüschlikon–Zürich, 1952.

RENSCH, B.: Gedächtnis, Begriffsbildung und Planhandlungen bei Tieren. Verlagsbuchhandlung Paul Parey, Hamburg–Berlin, 1973.

RIEDL, R.: Biologie der Erkenntnis. Verlagsbuchhandlung Paul Parey, Hamburg–Berlin, 1980.

ROOSE, U.: Erhebungen zum Grasfressen beim Hund. Vet. Diss., Hannover, 1982.

ROYCE, J. R.: A Factorial Study of Emotionality in the Dog. Psychol. Monogr. (Gen. Appl.) 69, 1–27, 1955.

RUCH, F. L., und ZIMBARDO, P. G.: Lehrbuch der Psychologie. Springer-Verlag, Berlin, 1971.

RÜFFEL, G.: Eine „Lüge" als gerichtete Mitteilung beim Eisfuchs. Z. Tierpsychol. 26, 371–374, 1969.

RUSSEL, R. W.: The Comparative Study of Conflict and Experimental Neurosis. Brit. J. Psychol. 41, 1950.

SACHER, B.: Statistisch-genetische Auswertung von Zuchtbuchunterlagen bei kleinen Münsterländer-Vorstehhunden mit Hilfe der elektronischen Datenverarbeitung. Vet. Diss., Univ. Gießen, 1970.

SACHER, B.: Zucht- und Leistungsdaten bei Jagdgebrauchshunden – Möglichkeiten zur Objektivierung der Richtsysteme und Dokumentation der Ergebnisse. Gießener Beitr. Erbpath. Zuchthyg. 1/2, 31–45, 1970.

SAMBRAUS, H. H.: Kaspar Hauser Versuche. Tierärztl. Wschr. (Berlin u. München) 80, 438–440, 1967.

SAMBRAUS, H. H.: Nutztierethologie, Verlagsbuchhandlung Paul Parey, Hamburg–Berlin, 1978.

SARRIS, E. G.: Die individuellen Unterschiede bei Hunden. Z. Angew. Psychol. 52, 257–310, 1937.

SCHENKEL, R.: Ausdrucksstudien an Wölfen. Behaviour 1, 81–129, 1948.

SCHENKEL, R.: Zum Problem der Territorialität und des Markierens bei Säugern. Z. Tierpsychol. 23, 593–626, 1966.

SCHENKEL, R.: Submission, its Features and Function in the Wolf and Dog. Am. Zoolog. 7, 319–329, 1967.

SCHEUNERT, A., und TRAUTMANN, A.: Lehrbuch der Veterinärphysiologie. Verlagsbuchhandlung Paul Parey, Hamburg–Berlin, 1965.

SCHLEGER, A.: Spielverhalten und Rangordnung bei Rassehunden. Unsere Hunde 61, (10), 11–13, 1984.

SCHLEGER, W., und STUR, I.: Hundezüchtung in Theorie und Praxis. Verlagsgesellschaft Jugend und Volk, Wien, 1986.

SCHLEIDT, W.: Wirkungen äußerer Faktoren auf das Verhalten. Fortschr. Zool. 16, 470–499, 1964.

SCHMIDKE, D. und H.O.: Über eine Verhaltensstörung bei einfarbigen Cockerspaniels. Kleintier Prax. 11, 180–182, 1966.

SCHMIDT, H.D.: Das Verhalten von Haushunden in Konfliktsituationen. Z. Psychol. 159, 161–245, 1956.

SCHMIDT, H.D.: Vergleichende psychologische Betrachtungen zum Phänomen der Lagebefindlichkeit. Z. Psychol. 161, 91, 1957.

SCHMIDT, H.D., und MÜLLER, L.F.: Psychogenes Erbrechen beim Hund. Tierärztl. Wschr. (Berlin u. München) 74, 380–382, 1961.

SCHMIED, B.: Zur Psychologie der Caniden. Zentralbl. Kleint. u. Pelzt. XII, (6), 1956.

SCHNEIDER, K.: Probleme der Veterinärpsychiatrie. Fortschr. Neurol. Psychiatr. 11, 491, 1955.

SCHNEIDER, K.M.: Mutterliebe bei Tieren. Ziemsen-Verlag, Wittenberg, 1963.

SCHULLER, L.: Vom Wachen der Hunde. Säugetierkd. Mitt. V, 106–111, 1957.

SCHUTZ, F.: Sexuelle Prägung bei Anatiden. Z. Tierpsychol. 22, (41), 1965.

SCHWIZGEBEL, D.: Form und Bedeutung einiger Lautäußerungen des Hundes. Unsere Hunde 60, (10), 18–19, und (12), 16–17, 1983.

SCHWIZGEBEL, D.: Zusammenhänge zwischen dem Verhalten des Tierlehrers und dem Verhalten des Dtsch. Schäferhundes im Hinblick auf tiergerechte Ausbildung. In: Aktuelle Arbeiten zur artgemäßen Tierhaltung, 1982; K.T.B.L., Darmstadt, 1983.

SCOTT, J.P.: The Social Behavior of Dogs and Wolves. Ann. New York Acad. Sci. 51, 1009–1021, 1950.

SCOTT, J.P.: The Effects of Selection and Domestication upon the Behavior of the Dog. J. Nat. Cancer Inst. 15, 739–758, 1954.

SCOTT, J.P.: Critical Periods in the Development of Social Behavior in Puppies. Psychosom. Med. XX, 42–54, 1958.

SCOTT, J.P.: The Process of Primary Socialization of Canine and Human Infants. Monogr. Soc. Res. Child Dev. 85/28, (1), 1963.

SCOTT, J.P.: Modification of the Development of Emotional Behavior. Excerpta Med. Int. Congr. Ser. 129, 1966.

SCOTT, J.P., and BRONSON, F.H.: Experimental Exploration of the Et-epimeletic or Care-soliciting Behavioral System. In: LEIDERMANN, H., (Hrsg.), Physiological Approaches to Social Behavior, Stanford University Press, Stanford, Calif., 1964.

SCOTT, J.P., and CHARLES, M.S.: Some Problems of Heredity and Social Behavior. J. Genet. Psychol. 48, 209–230, 1953.

SCOTT, J.P., and CRAY, C. Mc.: Allelomimetic Behavior in Dogs. J. Comp. Physiol. Psychol. 63, 316–319, 1967.

SCOTT, J.P., and FULLER, J.L.: Manual of Dog Testing Techniques. Jackson Memorial Laboratory, Bar Harbor, Ma., 1950.

SCOTT, J.P., and FULLER, J.L.: Genetics and the Social Behavior of the Dog. Univ. of Chikago Press, London, 1965.

SCOTT, J.P., PFAFFENBERGER, C., FULLER, J.L., BIELEFELDT, H., and GINSBURG, B.: Puppy Testing Study. Bowling Green State Univ. (Center for Research on Social Behavior), Bowling Green, Ohio, 1966.

518

SCOTT, J.P., SHEPPARD, J.H., and WERBOFF, J.: Inhibitory Training of Dogs: Effects of Age at Training in Basenjis and Shettland Sheepdogs. J. Psychol. 66, 237, 1967.

SEIBT, U.: Zahlbegriff und Zählvermögen bei Tieren (Tauben). Z. Tierpsychol. 60, 325–341, 1982.

SEIFERLE, E.: Neue Hundekunde. Albert Müller, Rüschlikon–Zürich, 1960.

SEIFERLE, E.: Wesensgrundlagen und Wesensprüfung des Hundes. SKG, Bern, 1972.

SEITZ, A.: Beobachtungen an handaufgezogenen Goldschakalen. Z. Tierpsychol. 16, 747–771, 1959.

SHOBEN, J.: Psychotherapy as a Problem in Learning Theory. Psych. Bull. 46, 1949.

SKINNER, B.F.: The Behavior of Organisms. Appleton-Century-Crofts, New York, 1938.

SKINNER, B.F.: How to Teach Animals. Sci. Amer., Dec. 26-9, 1951.

SKINNER, F.B., und CORRELL, W.: Denken und Lernen. Verlag Georg Westermann, Braunschweig, 1971, 3. Aufl.

SÖNTGERATH, A.: Pädagogische Psychologie. W. Kohlhammer, Stuttgart, 1965.

SPITZ, R.A.: Vom Säugling zum Kleinkind. Verlag Ernst Klett, Stuttgart, 1967.

SPOERRI, Th.: Kompendium der Psychiatrie. Verlag Gustav Fischer, Stuttgart, 1963, 2. Aufl.

SPURWAY, N.: Der Fluchttrieb der Hauskatze und das Verhältnis von Hund und Katze. Behaviour 5, 81, 1953.

STAMM, R.A., (Hrsg.): Tierpsychologie (im Rahmen der enzyklopädischen Reihe „Kindler, Psychologie des 20. Jahrhunderts"). Julius Beltz Verlag, Weinheim, 1984.

STOCKARD, C.R., et al.: The Genetic and Endocrine Basis for Differences in Form and Behavior. Wistar Inst., Philadelphia, 1941.

STUMPF, Ch.: Pharmakologie der Psychopharmaka. Dtsch. Apoth.-Ztg. 118, 1405–1410, 1978.

TABEL, C.: Der Jagdgebrauchshund. BLV Verlagsgesellschaft, München, 1976, 4. Aufl.

TEIRICH, H.: Tierhaltung für Patienten. Heilkunst, Sonderheft V, 1961.

TEMBROCK, G.: Tierpsychologie. Ziemsen-Verlag, Wittenberg, 1956.

TEMBROCK, G.: Zur Ethologie des Rotfuchses. Zool. Gart. Lpz. 9, 23, 1957.

THEISSEN, U.: Quantitative und vergleichende Untersuchungen zu speziellen Verhaltensweisen des Hundes. Vet. Diss., Univ. Gießen, 1972.

THORPE, W.H.: Learning and Instinct in Animals. Methuen & Co., London, 1958.

TINBERGEN, N.: Instinktlehre. Verlagsbuchhandlung Paul Parey, Hamburg–Berlin, 1952.

TORTORA, D.F.: Schwieriger Hund, was tun? Albert Müller, Rüschlikon–Zürich, 1979.

TRAUTWEIN, K., und ZEEB, K.: Die „Bösartigkeit" beim Hund als ethologisch-forensisches Problem. Tierärztl. Umsch. 20, 328, 1965.

TROSCHICHIN, W.A.: Einige Ergebnisse der Studien der höheren Nerventätigkeit i. d. Ontogenese. Pavlov J. Higher Nerv. Act. 2, 743–756, 1952.

TRUMLER, E.: Mit dem Hund auf Du (Zum Verständnis seines Wesens und Verhaltens). R. Piper, München, 1971.

TRUMLER, E.: Hunde ernst genommen. R. Piper, München, 1981.

TRUMLER, E.: Ein Hund wird geboren. R.Piper, München, 1982.

TURNER, D.C.: Die Beziehung zwischen Mensch und Katze – Methoden der Analyse. In: Die Mensch-Tier-Beziehung, Internat. Sympos. 1983, IEMT-Selbstverlag, Wien, 1985.

ÜBERREITER, O.: Beitrag zur Diagnostik und Therapie der chirurgischen Krankheiten des Gehirns und seiner Häute. Schweiz. Arch. Tierheilkd. 98, 321, und 99, 51, 1956 und 1957.

UEXKÜLL, J. von, und KRISZAT, G.: Streifzüge durch die Umwelten von Tieren und Menschen. Rowohlt Verlag, Reinbek, 1956.

UEXKÜLL, Th. von: Grundfragen der psychosomatischen Medizin. Rowohlt Verlag, Reinbek, 1963.

VAUK, G.: Rassenvergleichende Beobachtungen über die Entwicklung angeborener Verhaltensweisen an Junghunden bis zum Alter von zwei Monaten. Diss., Inst. f. Haustierkunde, Kiel, 1954.

VERGA, M.: Der jeweilige Einfluß genetischer und umweltbedingter Faktoren auf das Verhalten des Dtsch. Schäferhundes. In: Die Mensch-Tier-Beziehung, Internat. Sympos. 1983, IEMT-Selbstverlag, Wien, 1985.

VESTER, F.: Denken, Lernen, Vergessen. Deutsche Verlags-Anstalt, Stuttgart, 1975.

VOITH, V.L.: Attachment Between People and Their Pets. In: FOGLE, B. (Hrsg.), Interrelations Between People and Pets, Ch. C. Thomas, Springfield, Ill., 1981.

VOITH, V.L.: Möglichkeiten zur medikamentösen Behandlung von Verhaltensstörungen. In: ANDERSON, R.S., und MEYER, H., (Hrsg.), Ernährung und Verhalten, Schlütersche Verlagsanstalt, Hannover, 1984.

VÖLGYESI, F.A.: Menschen- und Tierhypnose. Orell Füssli Verlag, Zürich, 1963.

VOUTE: Psychosomatische Tierheilkunde. Tijdschr. Diergeneeskd. 76, 343, 1955.

WALTER, W.G.: Das lebende Gehirn. Droemersche Verlagsanstalt Th. Knaur Nachf., München, 1963.

WEGNER, W.: Grundsätzliches zu Fragen der Vererbung beim Hund, unter besonderer Berücksichtigung einiger Erbanomalien und Erkrankungen im Bereiche des Kopfes. Prakt. Tierarzt 51, (4), 1970.

WEGNER, W.: Kynologie für Tierärzte. Tierärztl. Umsch. 2–12/73 und 1–3/74, 1973 und 1974.

WEGNER, W.: Kleine Kynologie. Terra-Verlag Heizmann, Konstanz, 1979, 2. Aufl.

WEIDMANN, H.: Zur Pharmakologie psychotroper Wirkstoffe. Schweiz. Arch. Tierheilkd. 103, 193, 1961.

WEIß, G.: Beobachtungen an isoliert aufgezogenen Hauskatzen. Z. Tierpsychol. 9, 451–462, 1952.

WEIß, G.: Start in die Manege. Henschelverlag Kunst u. Gesellschaft, Berlin, 1967.

WICKLER, W.: Die Evolution unsozialen Verhaltens. Tierärztl. Wschr. (Berlin u. München) 91, 486 ff., 1978.

WIRTH, D.: Psychosen des Hundes. Wien. Tierärztl. Monatsschr. 25, 23, 1938.

WOLBURG, I.: Bioelektrizität im Gehirn. Neue Brehm Bücherei. Ziemsen-Verlag, Wittenberg, 1965.

WOLF, G., und HESS, J.: Seele oder Programm – biologische Grundlagen tierischen und menschlichen Verhaltens. Urania-Verlag, Leipzig, 1985.

WOLFF, H.G.: Unsere Hunde – gesund durch Homöopathie. Verlagsbuchhandlung Johannes Sonntag, Regensburg, 1977.

WOLFF, R.: Katzen (Verhalten, Pflege, Rassen). Verlag Eugen Ulmer, Stuttgart, 1970.

WOLPE, J.: Experimental Neurosis as Learned Behavior. Brit. J. Psychol. 43, 1952.

WOOD-GUSH, D.G., DAWKINS, M., and EWBANK, R.: Self-awareness in Domesticated Animals. The Universities Federation for Animal Welfare, Herfordshire, 1981.

WOODHOUSE, B.: Difficult Dogs. Faber & Faber, London, 1957.

WUKETITS, F. M.: Biologie und Kausalität. Verlagsbuchhandlung Paul Parey, Hamburg–Berlin, 1981.

YATES, A. J.: Behavior Therapy. J. Wiley & Sons, New York–London, 1970.

ZEEB, K., und GÖBEL, F.: Angewandte Verhaltensforschung und tierärztliche Praxis. Prakt. Tierarzt 46, (9), 1965.

ZEMANEK, M.: Motivation zur Heimtierhaltung. Phil. Diss., Wien, 1981.

ZIMEN, E.: Wölfe und Königspudel, vergleichende Verhaltensbeobachtungen. R. Piper, München, 1971.

ZIMEN, E.: Der Wolf – Mythos und Verhalten. Meyster Verlag, Wien–München, 1978.

ZIMMERMANN, E.: Beobachtungen zur Geburt, Brutpflege und Verhaltensontogenese von Wild- und Hauskatzen. Vet. Diss., Friedr.-Alex.-Univ., Erlangen–Nürnberg, 1977.

Kurzerklärung einiger Fachausdrücke
(soweit nicht in Kapitel 1 des Allgemeinen Teiles erläutert)

Absence – Geistesabwesenheit, kurze Bewußtlosigkeit

Affektivität – Gefühlsansprechbarkeit

Agonistic Behavior – feindseliges Verhalten

Allelomimetic Behavior – gruppenkoordiniertes Verhalten

Atavismus – Rückschlag auf Verhalten der wilden Urform

Debilität – leichtester Grad des Schwachsinns

Domestikation – durch bestimmte Merkmale gekennzeichnete züchterische Veränderung einer Wildform zur Schaffung von Haustieren

Dominanz – Vorherrschaft

Eklampsie – Eklampsia puerperalis, Krampfanfälle bei trächtigen oder säugenden Mutterhündinnen, die durch besondere Muskelsteifheit, Fieber und verschiedene andere Symptome gekennzeichnet sind

Elektroenzephalogramm – Aufzeichnung elektrischer Vorgänge des Gehirns

Endogen – durch innere Ursachen bedingt

Ethogramm – Verhaltensinventar

Ethologie – Lehre von den Instinkten

Exogen – durch äußere Ursachen entstehend

Fötus, Föten – Leibesfrucht

Fright disease – Furchtkrankheit, auch Laufsucht oder Hundehysterie genannt, ein durch Gliadine, ein Getreideeiweiß, sowie durch Vitamin-B 1- und -B 6-Mangel hervorgerufenes Krankheitsbild, das von grundloser Furcht, Entweichen, anfallsweisem Bellen und epileptischen Anfällen begleitet ist

Frustration – Enttäuschung, Vereitelung

Ganglien – Nervenknoten (Nervenzellen, hauptsächlich im Gehirn und Rückenmark gelegen)

Genese – Entstehung, Entwicklung

Genetik – Vererbungslehre

Geriatrika – Medikamente zur Behandlung (und Vorbeugung) von Alterserscheinungen

Gestagene – Hormone, die der Vorbereitung und Erhaltung der Schwangerschaft dienen

Hydrozephalus – Wasserkopf (durch vermehrte Flüssigkeitsansammlung in den Hirnkammern)

Hypersexualität – gesteigerter Geschlechtstrieb

Hyperthyreose – Schilddrüsenüberfunktion

Hypothyreose – Schilddrüsenunterfunktion

Ikterus – Gelbsucht

Imbezillität – mittlerer Grad von Schwachsinn

Infantilität – kindisches Wesen, Unentwickeltheit

Inkubationszeit – die Zeitspanne von der Ansteckung bis zum Ausbruch einer Infektionskrankheit

Insuffizienz – Unzulänglichkeit, ungenügende Leistung

Kaspar Hauser – in erzwungener Absonderung aufgewachsenes Lebewesen (nach Kriminalfall benannt)

Kastration – Entfernung der Fortpflanzungsorgane

Kollaps – Kreislaufversagen (heute dafür besser Schock)

Koma – tiefe Bewußtlosigkeit

Kryptorchismus – eine Anomalie, bei der ein (oder beide) Hoden nicht in den Hodensack abgestiegen, sondern in der Bauchhöhle verblieben ist

Kynologe – Hundekenner, Hundezüchter (Kynologie ist die Wissenschaft vom Hund)

Labil – veränderlich, schwankend

Lahmheit – Bewegungshemmung, Hinken

Lähmung – Bewegungsunfähigkeit durch Versagen einer Nerven- oder Muskelfunktion

Manie – übersteigerte Neigung, Besessenheit

Motivation – Beweggründe einer Handlungsweise, Handlungsantrieb

Neurose – Störung des Nervensystems oder Seelenlebens, ohne organische Ursache, meistens durch seelische Konflikte verursacht

Nymphomanie – krankhaft gesteigerter weiblicher Geschlechtstrieb

Olfaktorisch – den Geruchssinn betreffend

Onanie – geschlechtliche Selbstbefriedigung

Persistenz – Verbleiben

Perversion – widernatürliche Triebrichtung oder anormale Triebbetätigung

Phobie – krankhafte Furcht

Psychopath – seelisch-geistig abartiger Mensch

Psychopharmaka – Arzneimittel, die die Psyche beeinflussen

Psychose – erhebliche seelische Störung beim Menschen: Geisteskrankheit

Psychosomatisch – leib-seelisch, Störungen, die seelisch bedingt sind und sich auch auf körperliche, organische Funktionsabläufe erstrecken

Regression – Rückfall auf frühere Entwicklungsstufen

Reinforcement – Bekräftigung

Repellents – abstoßend wirkende (Duft-) Stoffe

Somatisch – körperlich

Stereotypie – ständige Wiederholung gleicher Handlungen (Bewegungen)

Stimulierung – Erregung, Anregung, Reizung

Streß – die jeder Krankheit vorausgehende Reaktion des Körpers zur Anpassung an die Belastung (doch auch die Einwirkung selbst, auf die der Körper nicht vorbereitet ist, z. B. Unfall, seelische Belastung, Vergiftung, Operation, extreme klimatische Einwirkung)

Sympathie lameness – Lahmheit, die psychisch bedingt ist („hysterische Lahmheit")

Syndrom – Gruppe gleichzeitig auftretender, zusammengehöriger Krankheitserscheinungen

Taxis – Ausrichtung der Sinnesorgane oder der Bewegungsrichtung nach der Reizquelle

Toxisch – giftig

Toxoplasmose – eine durch besondere Parasiten, die Toxoplasmen, hervorgerufene Infektionskrankheit

Tranquilizer – Beruhigungsmittel

Trauma, traumatisch – Verletzung, Erkrankung durch äußere Einwirkung

Übersprungreaktion – Ersatzhandlung, Entlastungshandlung

Umschriebener Prozeß – auf bestimmten
Bereich begrenzte Veränderung
Urämie – Harnstoffvergiftung

Vegetative Störungen – Störungen im
Bereiche der dem Willen nicht unter-
liegenden Funktionen (wie z. B. der
Herztätigkeit, Verdauungstätigkeit,
Schweißabsonderung u. a. m.)

Vertigo – Schwindel

Volumenmangelkollaps – ein Versagen
des Kreislaufes, das durch zu starke
Verminderung der Blutflüssigkeit
bedingt ist

Vorstehen – Hunde stehen in
charakteristischer Haltung vor
versteckt liegendem Wild (z. B.
Rebhühner), ohne sich zu bewegen

Sachregister

(Sternchen * verweisen auf Abbildungen)

NJN KYNOLOGIE

Hans Eggerts

Der Kleine Münsterländer Vorstehhund

5., neubearbeitete und
erweiterte Auflage

Format 15 x 22 cm, 196 Seiten,
38 Farb- und 109 SW-Fotos,
7 Zeichnungen

Der KlM ist durch sein Wesen und seine jagdliche Leistung
inzwischen zu einem stark verbreiteten Jagdgefährten geworden. Sein angenehmer Charakter und seine Körpergröße
erlauben auch die problemlose Haltung in einer Stadtwohnung.

Dieses Fachbuch bietet nach wie vor alles, was man über Entstehungsgeschichte, sachgerechte Haltung, Zucht, Erziehung,
jagdliche Ausbildung und Führung eines der bewährtesten
Jagdgebrauchshunde wissen muß.

Dem weiter gestiegenen Informationsbedürfnis vieler KlM-
Freunde, -Züchter, -Abrichter und -Führer folgend sowie der
Entwicklung der Verbandsarbeit und dem Zuchtfortschritt
entsprechend, wurde die 5. Auflage gründlich überarbeitet
und in einigen Kapiteln wesentlich erweitert. Besonders her-
vorzuheben sind hierbei der „Züchter-Leitfaden" und die
„Grundsätze der Formwertbeurteilung".

NJN KYNOLOGIE

Wolfgang Bierwirth

Der Deutsche Jagdterrier

Pflege, Abrichtung, Zucht
5., neubearbeitete Auflage

Format 15 x 22 cm, 128 Seiten,
39 SW-Abbildungen, 13 Farbfotos,
Zeichnungen

„Ein Jagdhund, der sich zunehmender Beliebtheit erfreut, ist
der Jagdterrier. Aus dem Foxterrier herausgezüchtet hat er
von diesem vor allem den Mut und die Schärfe bekommen,
bei feiner Nase und guter Führigkeit. Er ist in erster Linie ein
Kampfhund für die Arbeit über und unter der Erde. Aber
auch für das spurlaute Stöbern und für die Wasserarbeit wird
dieser lebhafte Hund gern eingesetzt. Da er als kleiner Hund
auch gut in der Wohnung gehalten werden kann, hat das allgemeine Interesse auch von Nichtjägern am Jagdterrier stark
zugenommen. Das vorliegende Buch behandelt das Thema
Jagdterrier besonders umfassend: Geschichtlicher Rückblick,
Kauf der Welpen, Aufzucht, Fütterung, Abrichten, Prüfungen, Einsatz in der Praxis, Krankheiten usw. Allen Freunden
des Jagdterriers gibt dieses empfehlenswerte Buch eine fach-
kundige Anleitung.“

(Deutsches Waffen-Journal)

NJN KYNOLOGIE

Tillmann Klinkenberg

Hundeerziehung ohne Zwang

3., überarbeitete und erweiterte Auflage

Format 14,5 x 22 cm, 288 Seiten, 8 Farbtafeln, 16 SW-Tafeln

Der bewährte „Klinkenberg" liegt nun schon in 3. Auflage vor. Dieser Erfolg kommt nicht von ungefähr. Unter der Vielzahl der Bücher, die sich mit der Erziehung des Hundes befassen, nimmt dieses Werk eine Sonderstellung ein. Kein anderes ist psychologisch so durchdacht, so allgemeinverständlich geschrieben und so anschaulich gestaltet.
Zentrales Thema ist die Verständigung zwischen Mensch und Hund. Ausgehend von den theoretischen Grundlagen, wird eine Vielzahl ganz unterschiedlicher Übungen vorgestellt, wobei auch die Abrichtung zur Jagd nicht zu kurz kommt. Selbstverständlich behandelt der Autor auch die Fragen der Rassenwahl, Aufzucht, Welpenerziehung, Haltung und Pflege.